汽车构造原理与电路

蔡晓兵　于海东　主编

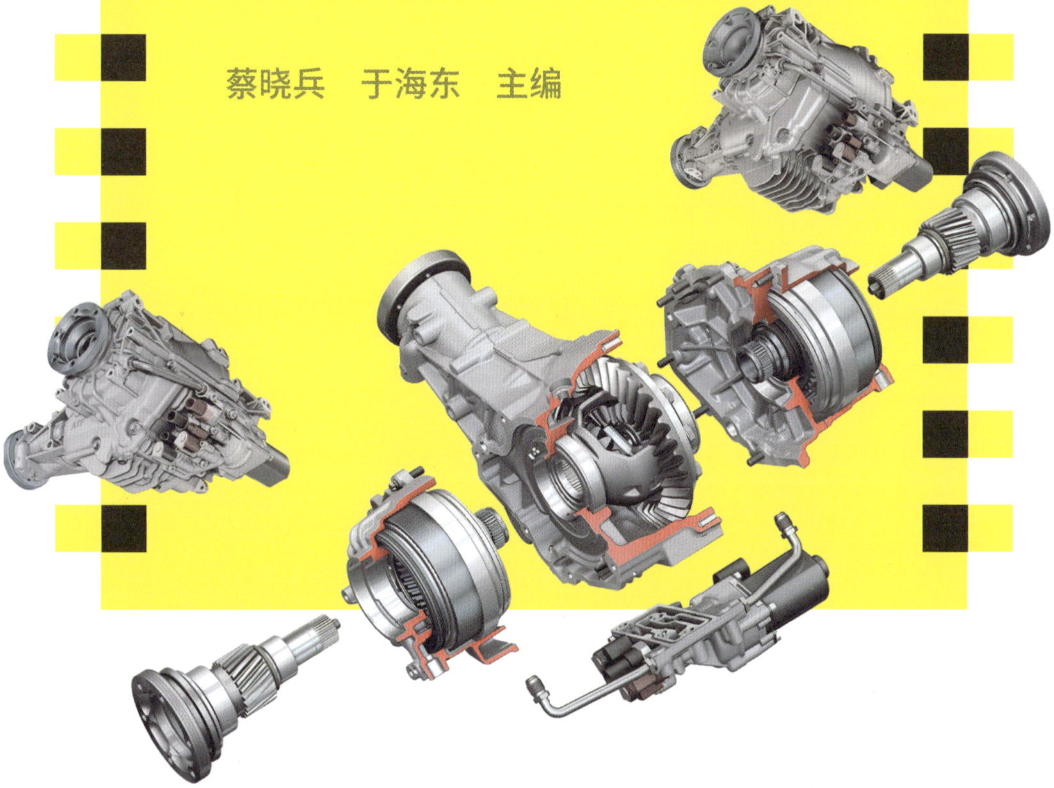

化学工业出版社
·北京·

图书在版编目（CIP）数据

汽车构造原理与电路/蔡晓兵，于海东主编. —北京：化学工业出版社，2019.10（2023.1 重印）
ISBN 978-7-122-34958-3

Ⅰ.①汽…　Ⅱ.①蔡…②于…　Ⅲ.①汽车-构造②汽车-电气设备-电路　Ⅳ.①U463

中国版本图书馆CIP数据核字（2019）第154634号

责任编辑：周　红　　文字编辑：冯国庆
责任校对：王　静　　装帧设计：韩　飞

出版发行：化学工业出版社（北京市东城区青年湖南街13号　邮政编码100011）
印　　装：北京瑞禾彩色印刷有限公司
880mm×1230mm　1/16　印张25　字数723千字　2023年1月北京第1版第5次印刷

购书咨询：010-64518888　　售后服务：010-64518899
网　　址：http://www.cip.com.cn
凡购买本书，如有缺损质量问题，本社销售中心负责调换。

定　　价：99.00元

前言

进入21世纪后，我国汽车工业的市场规模、生产规模迅速扩大，全面融入世界汽车工业体系。目前，我国的汽车产销量已经跃居世界第一。近几年我国大力推广新能源汽车，在新能源汽车产业链上下游都制定了激励和奖励政策，促进了我国新能源汽车产业的发展，2019年一季度我国新能源汽车产销分别完成30.4万辆和29.89万辆。汽车在人们工作和生活中的地位变得越来越重要。

汽车结构与原理是学习汽车知识、掌握汽车维修技术的前提和基础；汽车电路是诊断和维修汽车系统故障的基础。为了帮助读者更好地学习汽车知识，掌握汽车维修技术，特编写此书。本书采用高清大图及图解的形式描述汽车构造和原理。针对目前大多数合资车型维修技术资料为英文的特点，本书中汽车专业词汇采用了汉英对照的形式，旨在让读者在掌握汽车构造原理的同时熟悉并掌握一定的汽车专业词汇。本书具有内容直观、具体全面、资料新颖等特点。在编写过程中为了保证汉英对照的准确性，我们对照了汽车原版专著、汽车英汉词典、合资及进口车型英文原版维修手册等，确保汽车专业词汇的准确性。

本书共由六部分组成：第一部分主要讲述汽车分类、构造组成及车身参数；第二部分描述汽车发动机，内容包括汽车发动机的基础知识、曲柄连杆机构、配气机构、燃油供给系统、进排气系统及排气净化装置、冷却系统、润滑系统、点火与启动系统；第三部分详细介绍汽车底盘，内容包括汽车底盘概述，汽车传动系统和离合器，手动变速器，自动变速器，双离合变速器，无级变速器，传动轴与万向节以及车身、车桥与车轮，悬架，转向系统，制动系统；第四部分介绍目前流行的新能源汽车，内容包括新能源汽车概述、纯电动汽车、插电式混合动力汽车、燃料电池电动汽车；第五部分介绍汽车电气设备，内容包括汽车电源系统、空调系统、照明与信号系统、辅助电气系统；第六部分为汽车电路图识读与分析部分，介绍了汽车电路特点、种类、电路图识读与分析方法，并详细介绍了目前主流的大众/奥迪/斯柯达、宝马、奔驰、通用、本田、丰田、日产、福特、马自达/奔腾、现代/起亚以及国产（长安、五菱、宝骏、吉利等）等车型汽车电路特点、导线颜色、电路图识读释例以及以上车系典型电路图分析方法。

本书可作为学习汽车技术的参考书、工具书，适合汽车专业的师生、汽车从业人员以及汽车驾驶员和爱好者阅读使用。

本书由东莞市凌泰教学设备有限公司组织编写，蔡晓兵、于海东主编，参加编写的还有徐永金、陈文韬、何伯平、赵志远、陈海波、易鹏坤、潘庆浩、邓冬梅、李凤丹、潘林、付文聪、黄包观、丘少坚、关冬初、侯明周、宋俊超、陈怡禁等。

由于本书涉及的技术内容较新、汽车专业词汇量大，各汽车厂商针对同一术语的称谓也有所不同，统一起来难度较大，加之笔者水平有限，书中难免有不妥之处，恳请广大读者批评指正。

编者

PART 1 第1部分

汽车构造概述

第1章 汽车分类 / 2
第2章 汽车构造组成 / 5
2.1 汽车发动机 / 8
2.2 汽车底盘 / 9
2.3 汽车车身 /10
2.4 汽车电气设备 / 11
第3章 汽车车身参数 / 12

PART 2 第2部分

汽车发动机

第4章 汽车发动机的基础知识 / 14
4.1 概述 / 14
4.2 发动机分类 / 14
4.3 发动机基本术语 / 15
4.4 发动机的工作原理 / 16
第5章 曲柄连杆机构 / 18
5.1 概述 / 18
5.2 机体组 / 19
5.3 活塞连杆组 / 24
5.4 曲轴飞轮组 / 26
第6章 配气机构 / 30
6.1 概述 / 30
6.2 配气机构的组成 / 31
6.3 可变正时与可变气门升程技术 / 39
第7章 燃油供给系统 / 54
7.1 概述 / 54
7.2 燃油喷射系统原理 / 55
7.3 燃油供给系统部件 / 56
第8章 进排气系统及排气净化装置 / 61
8.1 进气系统 / 61
8.2 排气系统 / 62
8.3 进气增压系统 / 63
第9章 冷却系统 / 68
9.1 概述 / 68
9.2 冷却系统工作原理 / 69
9.3 冷却系统主要零部件 / 72
第10章 润滑系统 / 74
10.1 概述 / 74
10.2 润滑系统工作原理 / 75
10.3 可变排量润滑系统 / 75

10.4 润滑系统相关部件 / 78

第11章 点火与启动系统 / 81

11.1 点火系统 / 81

11.2 启动系统 / 86

PART 3 第3部分

汽车底盘

第12章 汽车底盘概述 / 90

12.1 传动系统 / 92

12.2 转向系统 / 93

12.3 行驶系统 / 94

12.4 制动系统 / 95

第13章 汽车传动系统和离合器 / 96

13.1 汽车传动系统 / 96

13.2 离合器 / 102

第14章 手动变速器 / 109

14.1 概述 / 109

14.2 变速器齿轮传动原理 / 110

14.3 手动变速器变速传动机构 / 111

14.4 手动变速器换挡操纵机构 / 115

14.5 手动变速器动力传递 / 118

第15章 自动变速器 / 119

15.1 概述 / 119

15.2 液力变矩器 / 120

15.3 行星齿轮传动原理 / 123

15.4 行星齿轮自动变速器分类 / 126

15.5 换挡执行机构 / 128

15.6 液压控制装置 / 129

15.7 电子控制系统 / 132

第16章 双离合变速器 / 133

16.1 概述 / 133

16.2 结构原理 / 134

16.3 机电控制装置 / 141

16.4 变速器管理系统 / 145

16.5 动力传递 / 147

第17章 无级变速器 / 148

17.1 概述 / 148

17.2 无级变速器原理 / 149

17.3 无级变速器主要组件 / 150

第18章 传动轴与万向节 / 154

18.1 概述 / 154

18.2 传动轴 / 155

18.3 万向节 / 156

18.4 差速器的作用及原理 / 158

第19章 车身、车桥与车轮 / 161

19.1 车身（车架） / 161

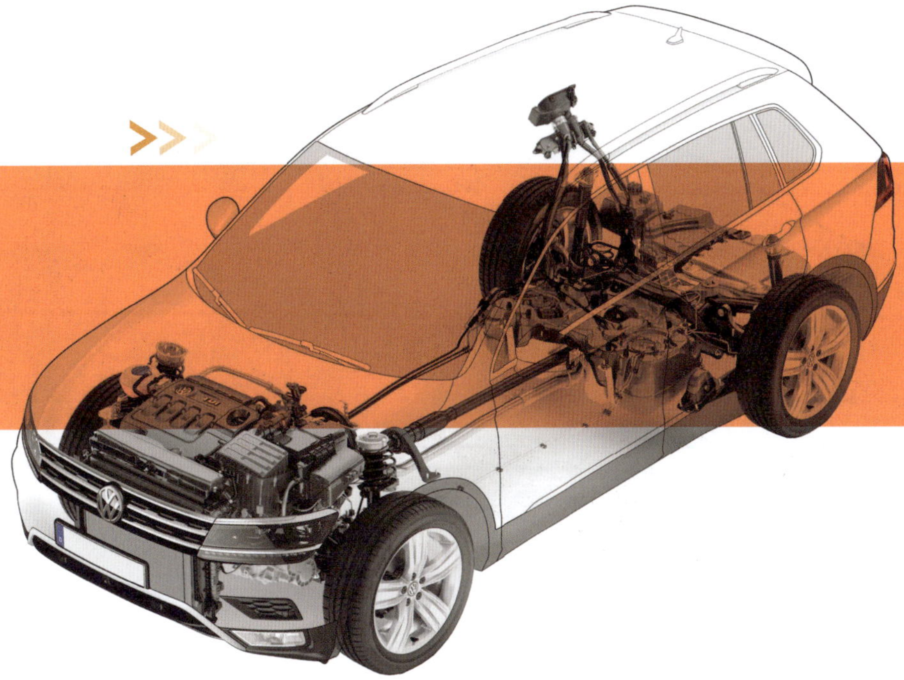

19.2 车桥 / 165
19.3 车轮与轮胎 / 169
19.4 车轮定位 / 170
第20章 悬架 / 176
20.1 概述 / 176
20.2 悬架分类 / 177
20.3 悬架主要零部件 / 179
20.4 常见悬架结构 / 182
20.5 电子控制悬架 / 187
第21章 转向系统 / 191
21.1 概述 / 191
21.2 转向器 / 192
21.3 转向操纵机构 / 194
21.4 转向传动机构 / 195
21.5 液压动力转向 / 197
21.6 电子助力转向系统 / 200
21.7 四轮转向系统 / 204
第22章 制动系统 / 207
22.1 概述 / 207
22.2 鼓式制动器 / 210
22.3 盘式制动器 / 211
22.4 液压制动传动装置 / 212
22.5 防抱死制动系统（ABS） / 216
22.6 电子牵引力控制系统（ETC/TCS/ASR/TRC） / 220
22.7 车身电子稳定系统（ESP） / 222
22.8 电子驻车制动系统（EPB） / 223

PART 4 第4部分

新能源汽车

第23章 新能源汽车概述 / 228
23.1 新能源汽车定义 / 228
23.2 新能源汽车的分类与基本组成 / 228
第24章 纯电动汽车 / 233
24.1 概述 / 233
24.2 动力电池 / 235
24.3 驱动系统 / 239
24.4 高压配电系统 / 246
24.5 纯电动汽车高压系统安全设计 / 257
24.6 纯电动汽车辅助系统 / 259
第25章 插电式混合动力汽车 / 261
25.1 概述 / 261
25.2 混合动力系统驱动模式 / 264
25.3 插电式混合动力系统高压组件 / 265
第26章 燃料电池电动汽车 / 277
26.1 概述 / 277
26.2 燃料电池汽车工作原理与结构 / 278

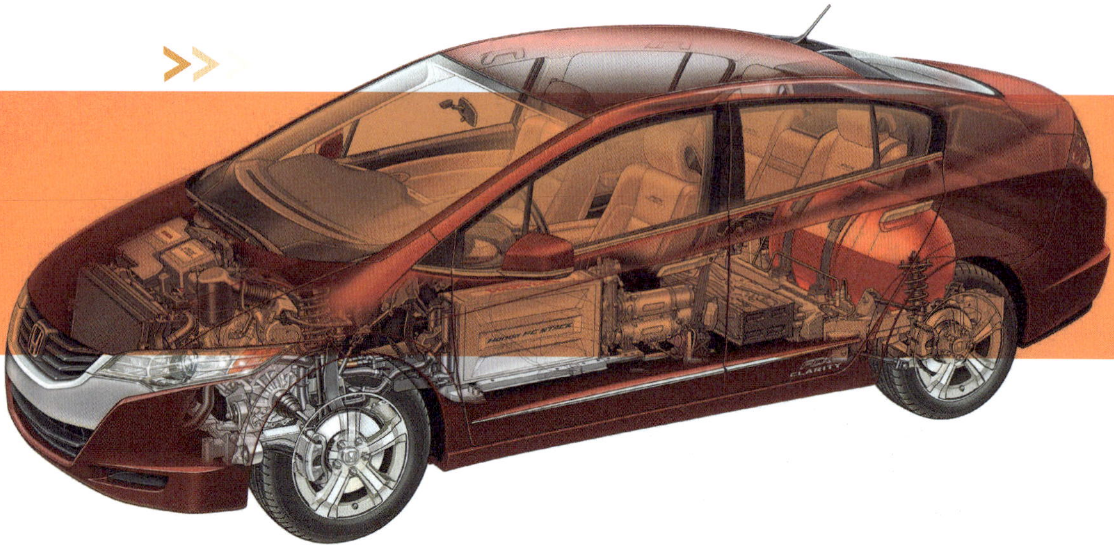

PART 5 第5部分

汽车电气设备

第27章 汽车电源系统 / 286
第28章 汽车空调系统 / 289
28.1 概述 / 289
28.2 空调制冷系统组成与工作原理 / 290
28.3 空调制冷系统零部件 / 292
第29章 汽车照明与信号系统 / 296
第30章 辅助电气系统 / 302
30.1 电动雨刮洗涤系统 / 302
30.2 电动座椅 / 303
30.3 电动车窗 / 304
30.4 电动后视镜 / 305
30.5 中控门锁系统 / 306

PART 6 第6部分

汽车电路识读与分析

第31章 汽车电路图种类及识读与分析一般规律 / 308
31.1 汽车电路特点概述 / 308
31.2 汽车电路图种类 / 309
31.3 汽车电路识读与分析方法 / 314
第32章 大众/奥迪/斯柯达车系电路图识读规范 / 315
32.1 大众/奥迪/斯柯达汽车电路符号与说明 / 315
32.2 大众/奥迪/斯柯达汽车电路特点 / 315
32.3 大众/奥迪/斯柯达汽车电路识读示例 / 318
32.4 大众车系电路中的元器件符号 / 320
32.5 大众车系电路图线色 / 322
32.6 大众车系典型电路图分析 / 322
第33章 宝马汽车电路识读与分析 / 327
33.1 宝马车系汽车电路图识图释例 / 327
33.2 宝马车系汽车电路图符号与车辆端总线名称 / 328
33.3 宝马汽车典型电路图分析 / 334
第34章 奔驰汽车电路识读与分析 / 336
34.1 奔驰车系电路图特点 / 336
34.2 导线颜色 / 336
34.3 电路符号 / 336
34.4 奔驰车系电路图识读释例 / 337
34.5 奔驰汽车典型电路图分析 / 339
第35章 通用汽车电路识读与分析 / 340
35.1 通用车系电路图特点 / 340
35.2 车辆分区策略 / 341
35.3 电路图形符号 / 341
35.4 电路导线颜色 / 344

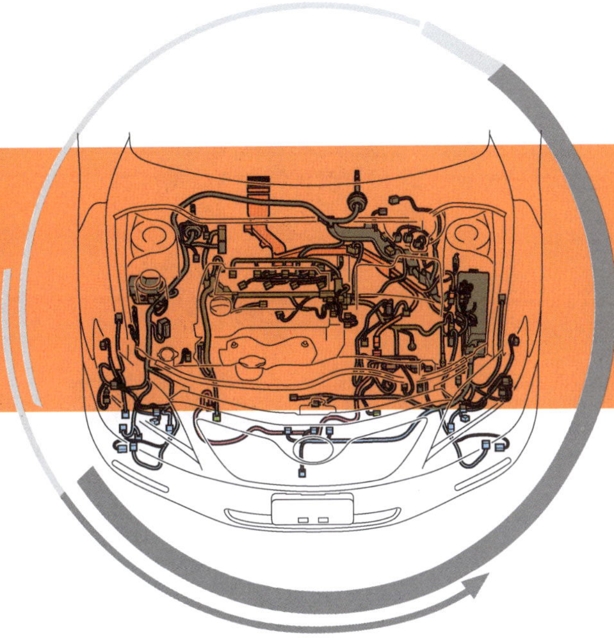

35.5 通用车系电路图识读释例 / 345
35.6 通用车系典型电路分析 / 347

第36章 本田汽车电路识读与分析 / 352

36.1 本田车系电路图特点 / 352
36.2 电路图中导线颜色对照 / 352
36.3 本田车系汽车电路图识读释例 / 353
36.4 本田车系典型电路分析 / 354

第37章 丰田汽车电路识读与分析 / 355

37.1 丰田汽车电路图特点 / 355
37.2 丰田车系电路图图形符号 / 355
37.3 丰田车系电路图识读释例 / 356
37.4 丰田车系典型电路分析 / 358

第38章 日产汽车电路识读与分析 / 361

38.1 日产/启辰车系汽车电路图导线颜色 / 361
38.2 日产/启辰车系汽车电路图识读释例 / 361
38.3 电路图中的开关位置 / 361
38.4 日产车系典型电路图分析 / 363

第39章 福特汽车电路识读与分析 / 365

39.1 福特车系电路图特点 / 365
39.2 电路图的格式及识读 / 365
39.3 电路图形符号 / 371

第40章 马自达汽车电路识读与分析 / 372

40.1 马自达/奔腾车系汽车电路图特点 / 372
40.2 马自达/奔腾车系导线颜色代码及导线、连接器 / 372
40.3 马自达/奔腾车系电路图图形符号 / 374
40.4 电路图识读释例 / 378
40.5 马自达车系典型电路分析 / 379

第41章 现代/起亚汽车电路识读与分析 / 380

41.1 现代/起亚车系汽车电路图特点 / 380
41.2 现代/起亚车系汽车电路图导线颜色 / 380
41.3 现代/起亚汽车电路图图形符号 / 380
41.4 现代/起亚车系汽车电路图识读释例 / 382

第42章 国产品牌汽车电路识读与分析 / 385

42.1 长安汽车电路识读与分析 / 385
42.2 五菱、宝骏汽车电路图识读与分析 / 388
42.3 吉利汽车电路图识读与分析 / 390

第1部分 汽车构造概述

1

PART1

第1章 汽车分类
第2章 汽车构造组成
第3章 汽车车身参数

第1章 汽车分类

汽车按级别可分为微型车、小型车、紧凑型车、中型车、中大型车、豪华车、SUV(小型SUV、紧凑型SUV、中型SUV、中大型SUV)、MPV等。

（1）微型车（A00级车）

微型车也称为A00级车，一般情况下，属于该级别车的轴距为2000 ~ 2300mm，车身长度在4000mm之内。比较典型的微型车有奥拓、奇瑞QQ3、比亚迪F0、Smart fortwo等，如图1-1所示。

图1-1 典型的微型车

（2）小型车（A0级车）

小型车也称为A0级车，一般情况下轴距为2300 ~ 2500mm，车身长度为4000 ~ 4300mm。比较典型的小型车有POLO、飞度、赛欧等，如图1-2所示。

图1-2 典型的小型车

（3）紧凑型车（A级车）

紧凑型车也称为A级车，一般轴距为2500 ~ 2700mm，车身长度为4200 ~ 4600mm。比较典型的紧凑型车有高尔夫、科鲁兹、福克斯等，如图1-3所示。

图1-3 典型的紧凑型车

（4）中型车（B级车）

中型车也称为B级车，一般轴距为2700 ~ 2900mm，车身长度为4500 ~ 4900mm。比较典型的中型车有宝马3系、雅阁、迈腾等，如图1-4所示。

图1-4 典型的中型车

（5）中大型车（C级车）

中大型车也称为C级车，一般轴距为2800 ~ 3000mm，车身长度为4800 ~ 5000mm。比较典型的中大型车有奥迪A6L、奔驰E级、丰田皇冠、宝马5系Li、沃尔沃S80L等，如图1-5所示。

图1-5 典型的中大型车

（6）豪华车（D级车）

豪华车也称为D级车，一般轴距超过3000mm，车身长度超过5000mm。比较典型的豪华车有奔驰S级、奥迪A8L、宝马7系、雷克萨斯LS、迈巴赫、劳斯莱斯幻影等，如图1-6所示。

图1-6 典型的豪华车

（7）SUV

SUV是sport utility vehicle的缩写，中文意思是运动型多功能车，是一种拥有旅行车般的舒适性空间并具有一定越野能力的车型。现在的SUV一般是指那些以轿车平台为基础生产，在一定程度上既具有轿车的舒适性，又有越野车的通过性的车型，如图1-7所示。

① 小型SUV。小型SUV车长一般为3850 ~ 4350mm，轴距小于2670mm。典型车型有现代ix25、

雪铁龙C3、本田XR-V等。

② 紧凑型SUV。紧凑型SUV车长一般为4300 ~ 4750mm，轴距为2600 ~ 2760mm。典型车型有途观、哈弗H6、宝马X1、标致2008、本田CR-V等。

③ 中型SUV。中型SUV车长一般为4400 ~ 4850mm，轴距为2650 ~ 2800mm。典型车型有奥迪Q5、奔驰GLC级、牧马人、沃尔沃XC60等。

④ 中大型SUV。中大型SUV车长一般为4750 ~ 5150mm，轴距为2790 ~ 3050mm。典型车型有路虎揽胜、丰田普拉多、大众途锐、宝马X5、奥迪Q7、兰德酷路泽等。

(a) 小型SUV

(b) 紧凑型SUV

(c) 中型SUV

(d) 中大型SUV

图1-7 典型的SUV

（8）MPV

MPV是指多用途汽车（multi-purpose vehicles），从源头上讲，MPV是从旅行轿车逐渐演变而来的，它集旅行车宽大的乘员空间、轿车的舒适性和厢式货车的功能于一身，一般为两厢式结构。

MPV拥有一个完整宽大的乘员空间，这使它在内部结构上具有很大的灵活性，这也是MPV最具吸引力的地方。车厢内可以布置7 ~ 8个座椅，还有一定的行李空间；座椅布置灵活，可折叠或放倒，有些还可以前后左右移动甚至旋转。典型的MPV车型有本田奥德赛、别克GL8、宝马2系、大众途安、大众夏朗、丰田埃尔法等，如图1-8所示。

图1-8 典型的MPV

第2章 汽车构造组成

汽车总体结构主要由发动机、汽车底盘、汽车车身和汽车电气设备四部分组成，如图2-1所示。

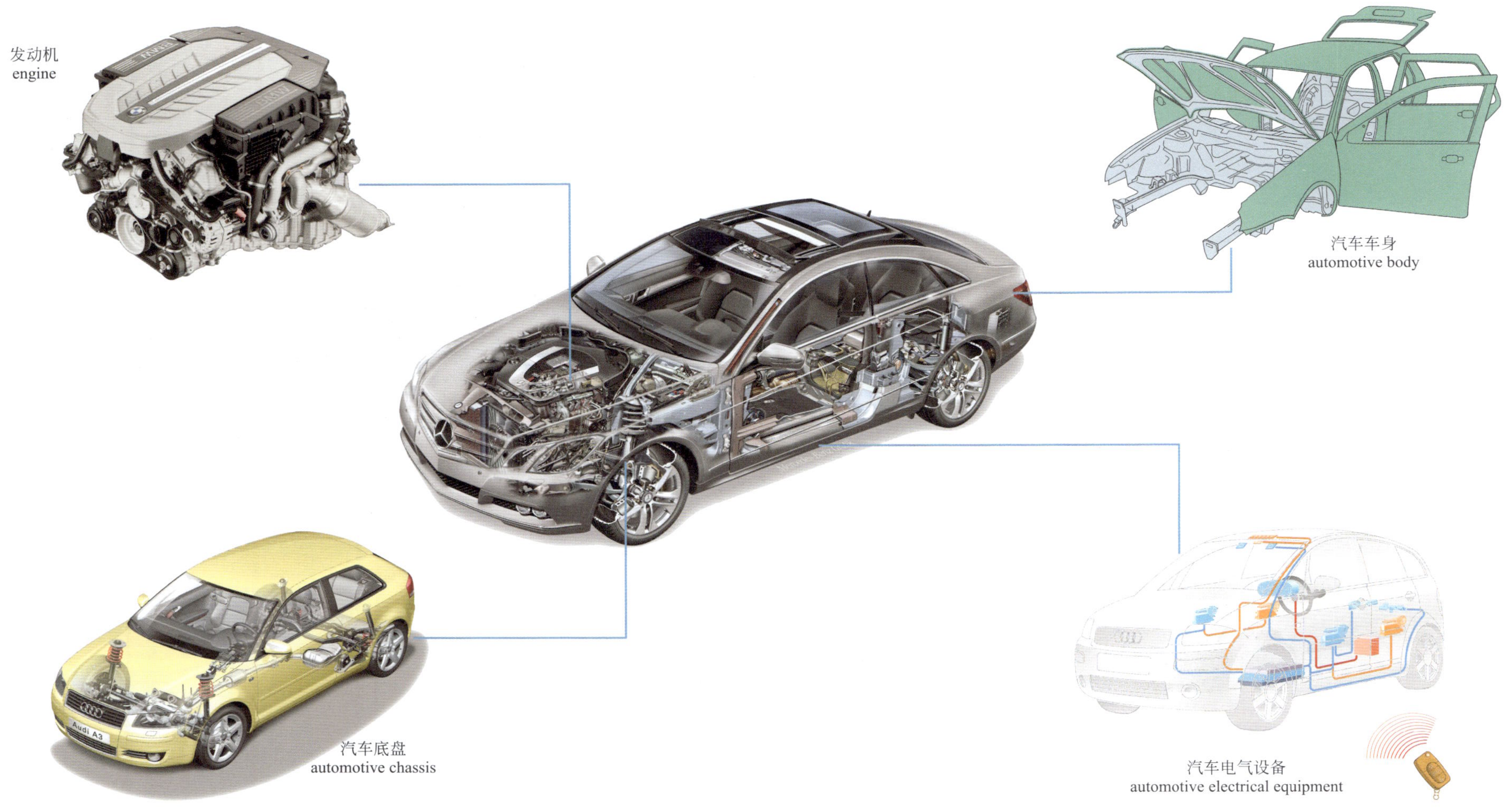

图2-1 汽车总体结构

典型的轿车和SUV结构图如图2-2和图2-3所示。

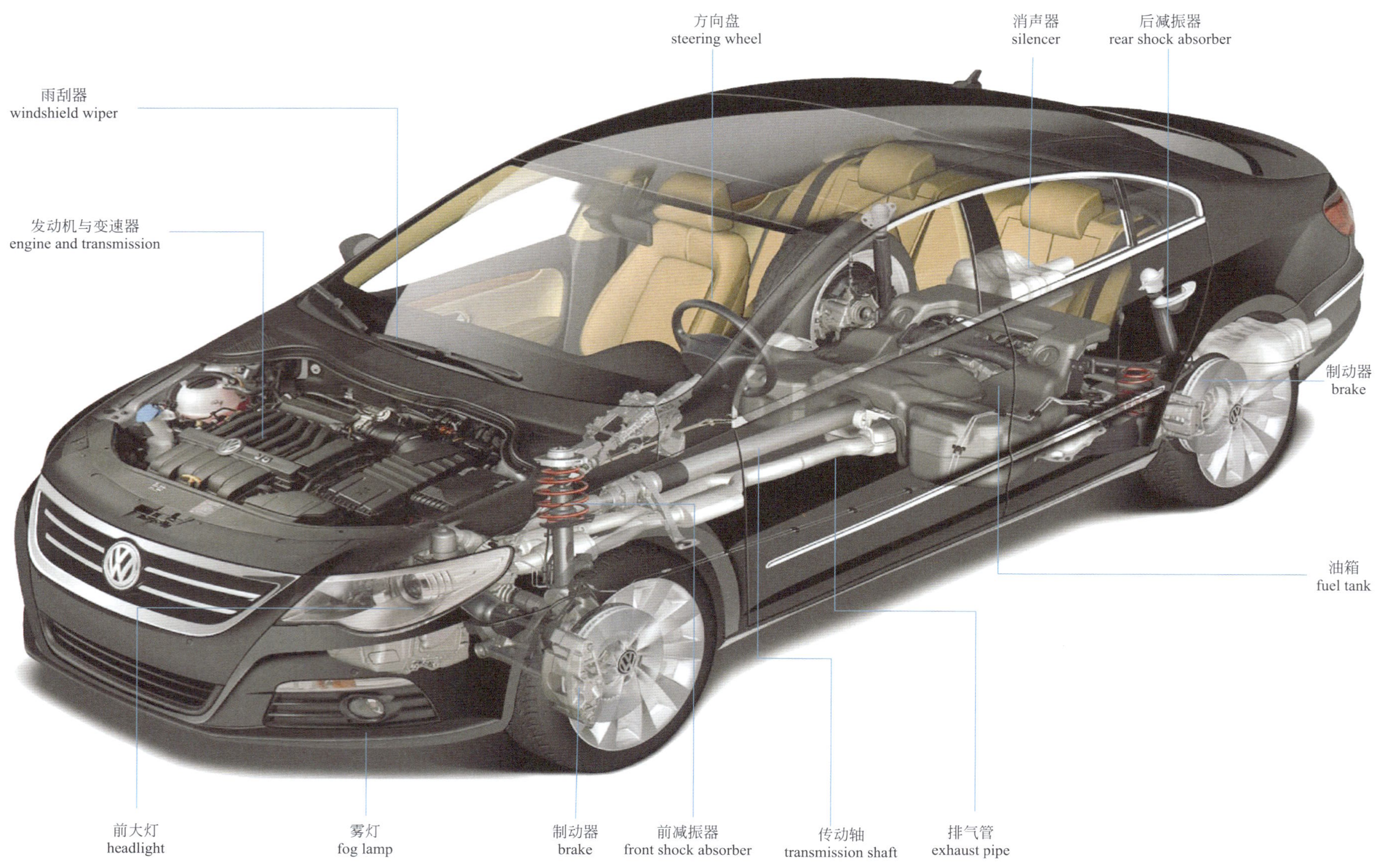

图2-2 典型的轿车结构图

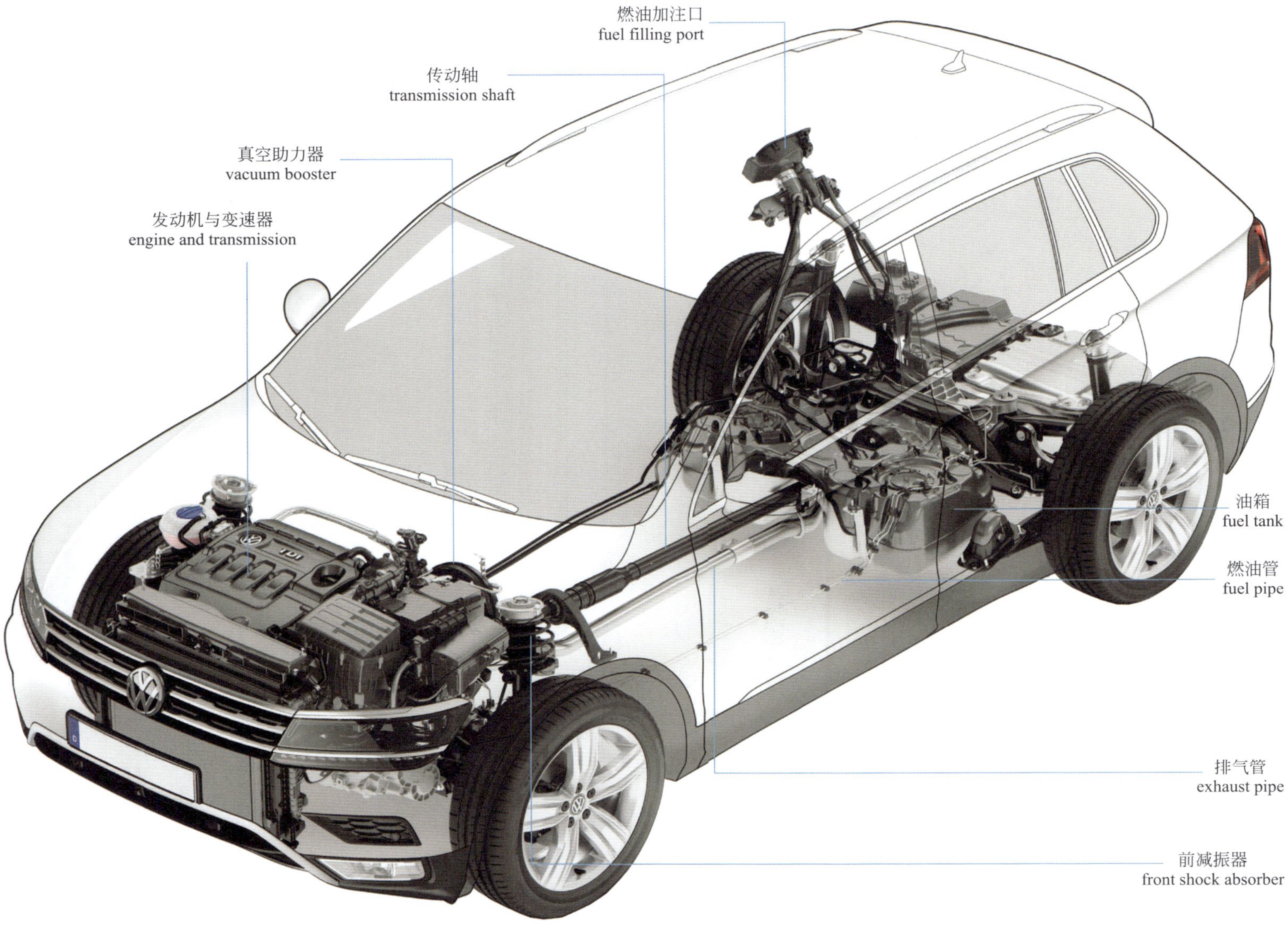
燃油加注口
fuel filling port
传动轴
transmission shaft
真空助力器
vacuum booster
发动机与变速器
engine and transmission
油箱
fuel tank
燃油管
fuel pipe
排气管
exhaust pipe
前减振器
front shock absorber

图2-3 典型的SUV结构图

2.1 汽车发动机

发动机（图2-4）是汽车的动力装置，其作用是使供入的燃料燃烧而发出动力。动力通过底盘的传动系统驱动汽车行驶。

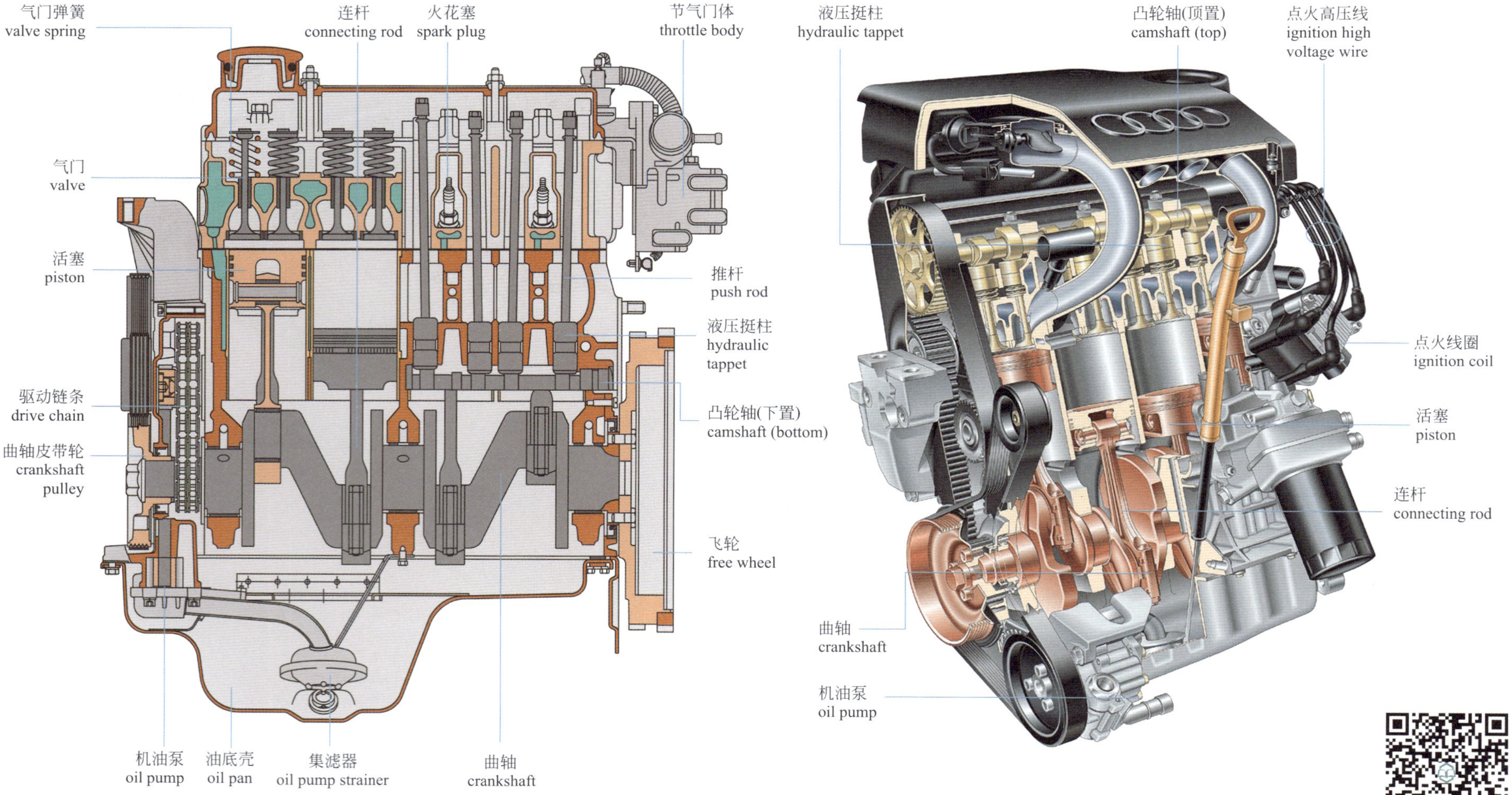

图2-4 汽车发动机构造

2.2 汽车底盘

汽车底盘（图2-5）接收发动机的动力，使汽车产生运动，并能按照驾驶员的意图正确行驶。底盘包括传动系统、行驶系统、转向系统和制动系统。

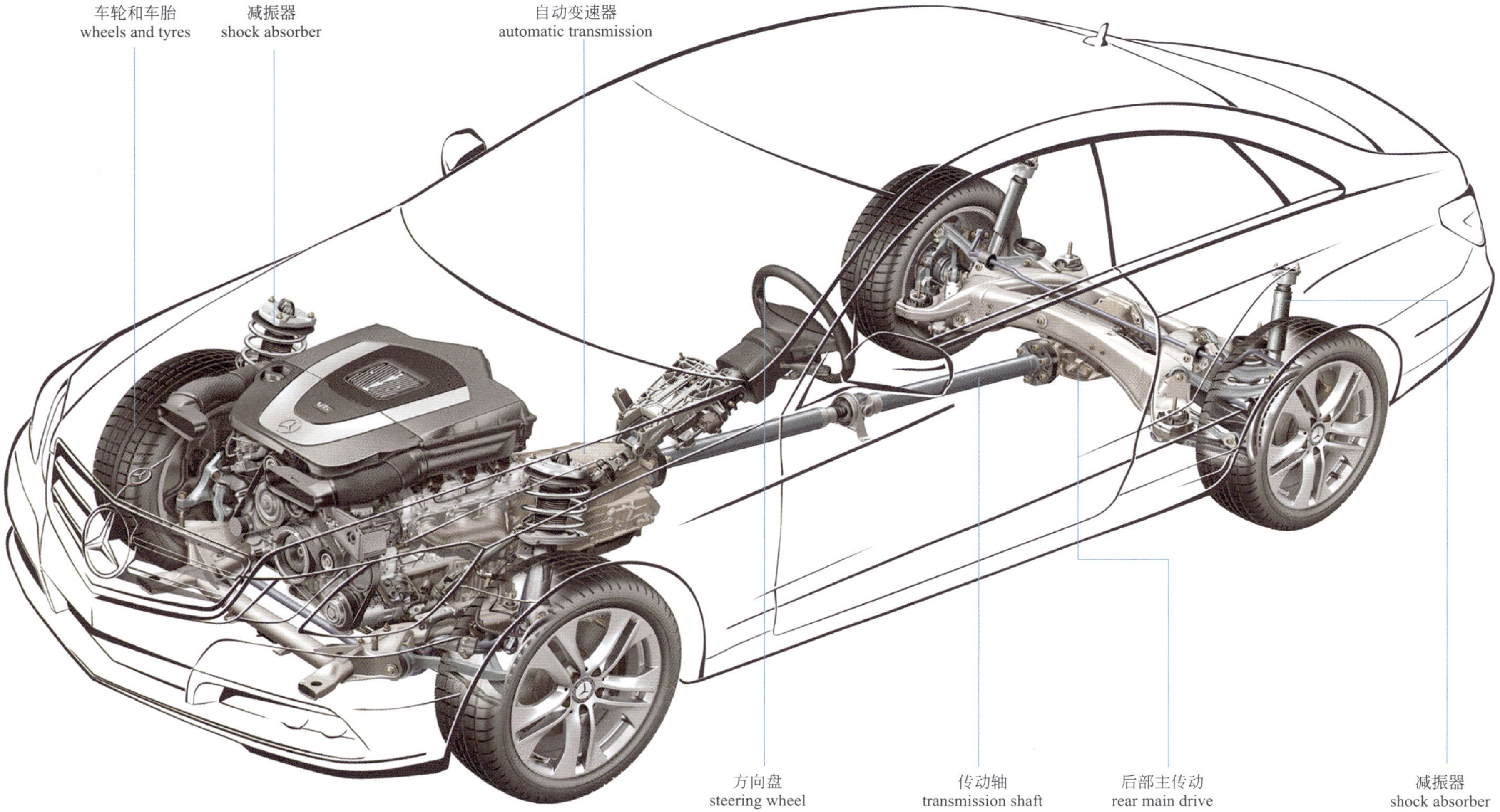

图2-5 汽车底盘结构图

2.3 汽车车身

汽车车身（图2-6）是形成驾驶员和乘客乘坐空间的装置，也可以存放行李等物品。因此要求车身既能为驾驶员提供方便的操作条件，又要为乘客提供舒适的环境。

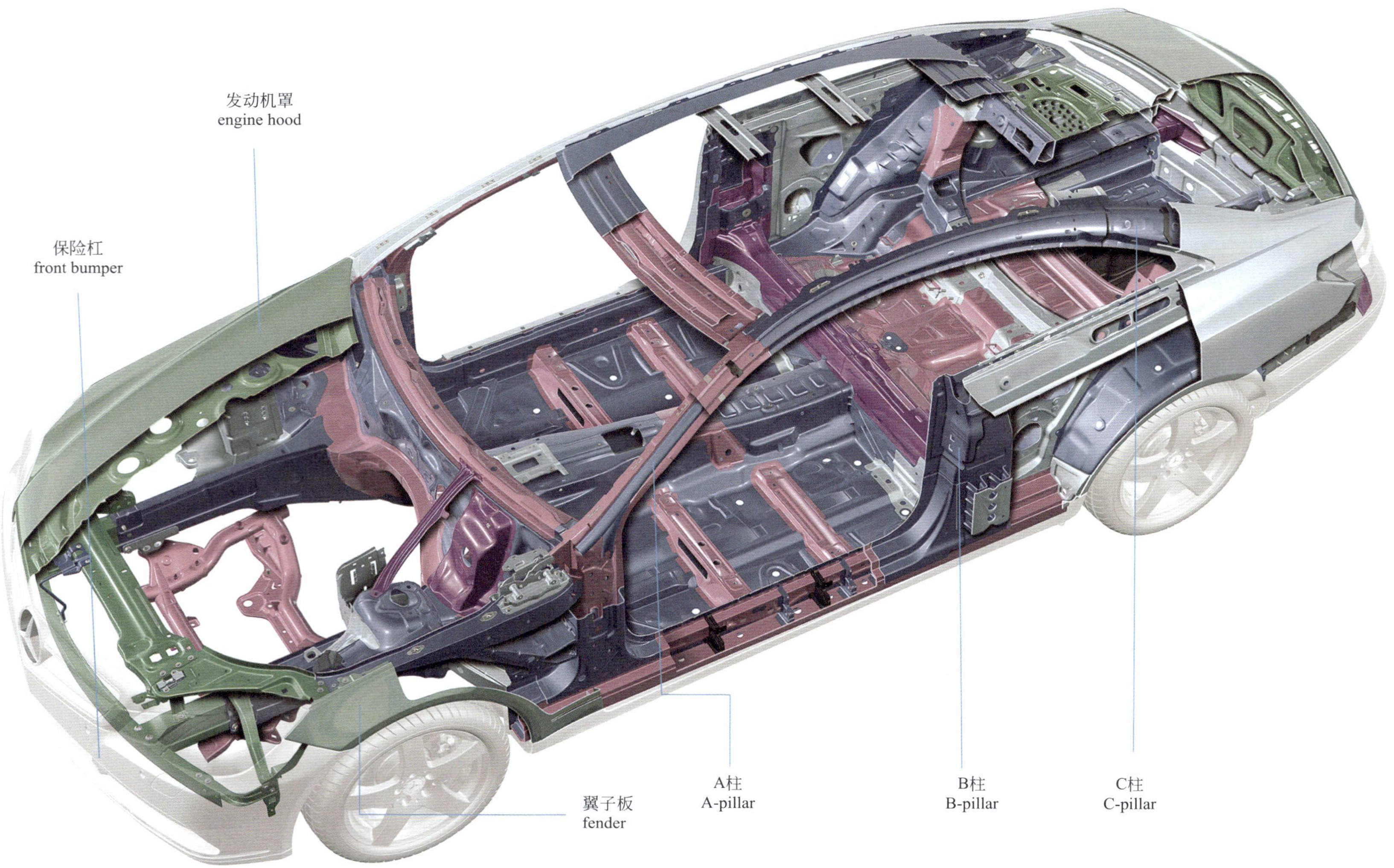

图2-6 汽车车身

2.4 汽车电气设备

汽车电气设备（图2-7）是汽车的重要组成部分，它包括电源、电源保护分配装置（熔丝、继电器）、照明和信号装置、空调、仪表和报警系统以及电动门窗/门锁等装置。电气设备可提高汽车驾驶的安全性和舒适性。

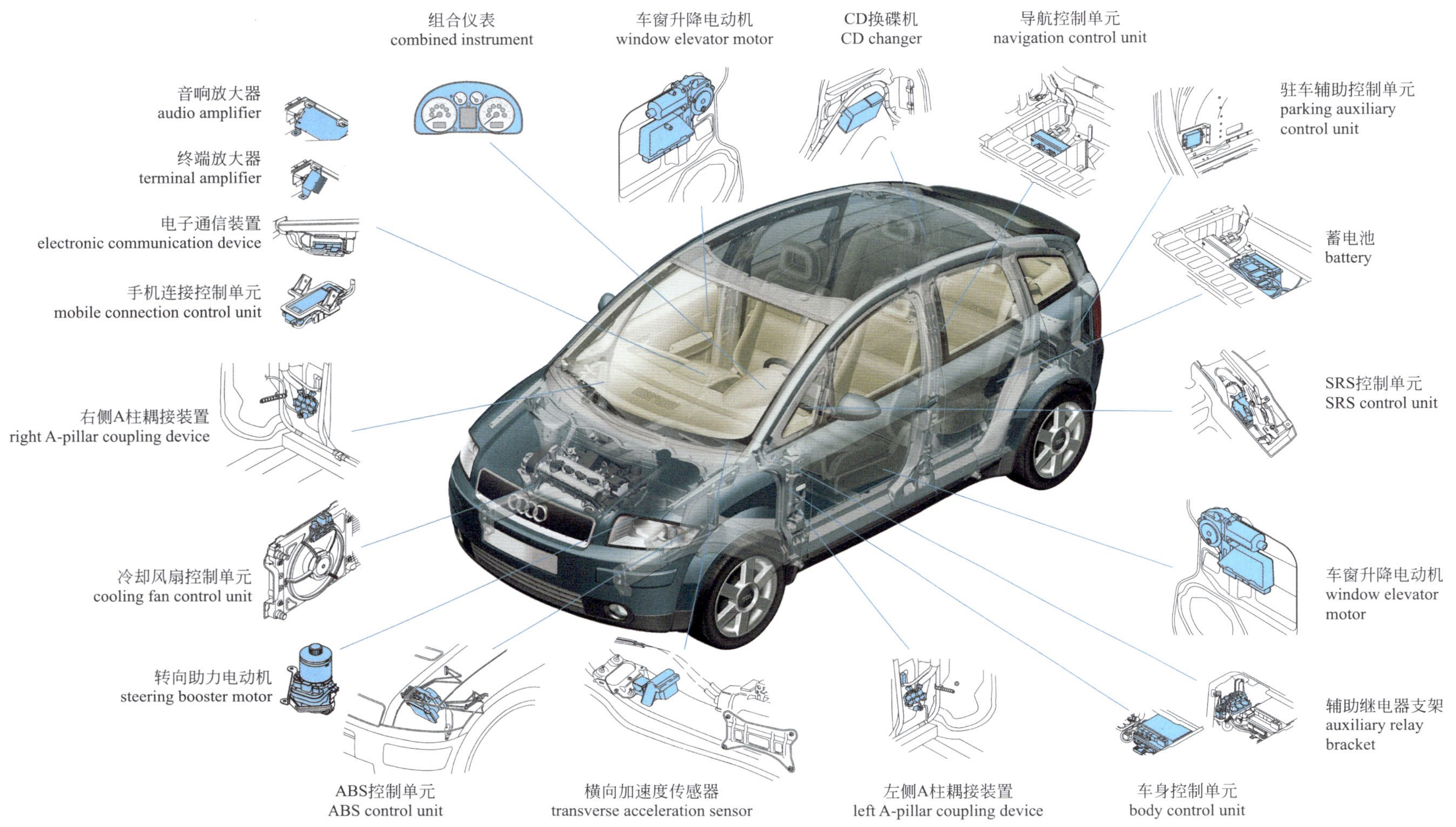

图2-7 汽车电气设备组成图

第3章 汽车车身参数

汽车车身参数主要包括车身长度、车身宽度、车身高度、轴距、前轮轮距、后轮轮距、最小离地距离、接近角、离去角等，如图3-1所示。

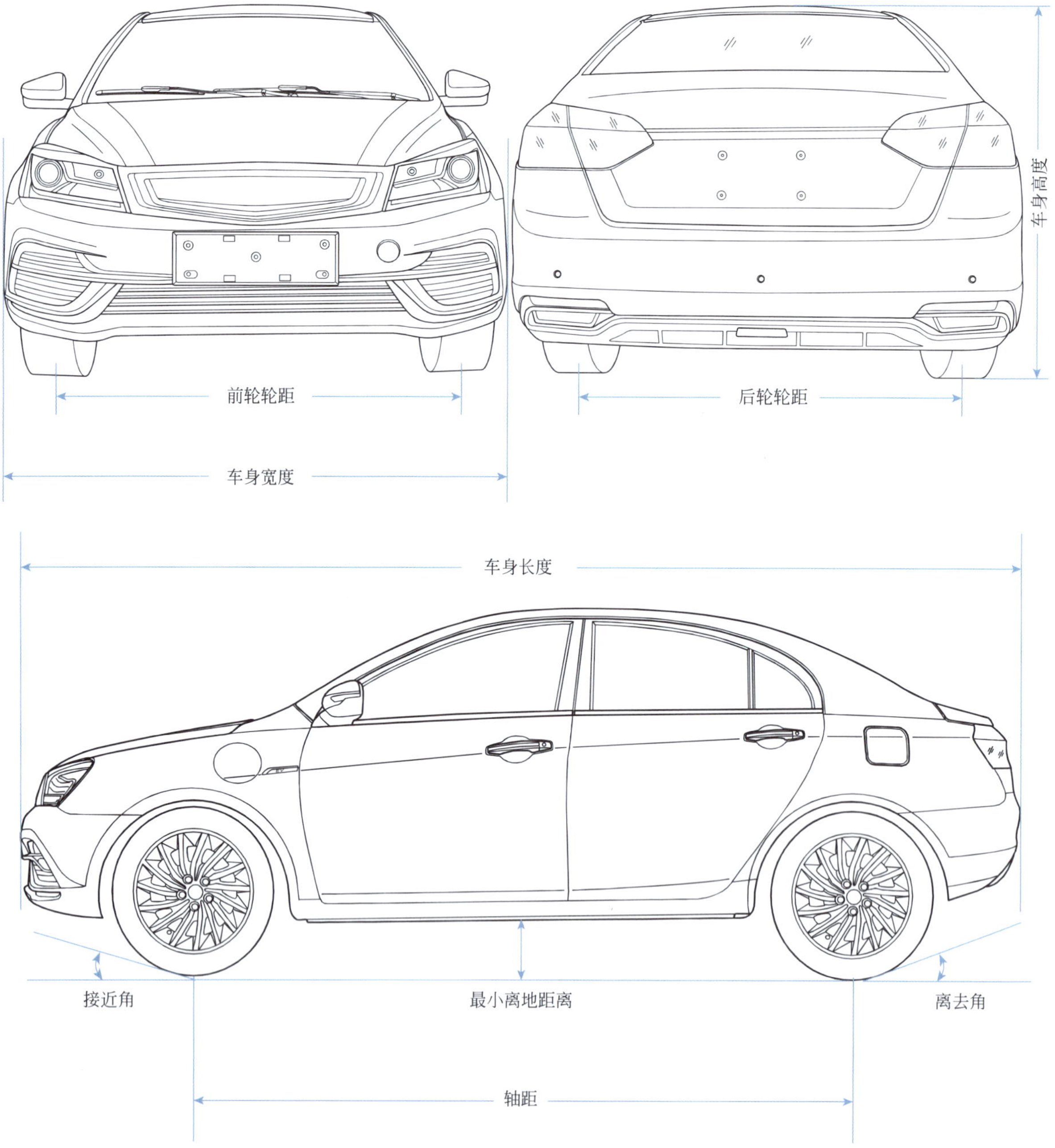

图3-1 汽车车身参数

第2部分 汽车发动机

13

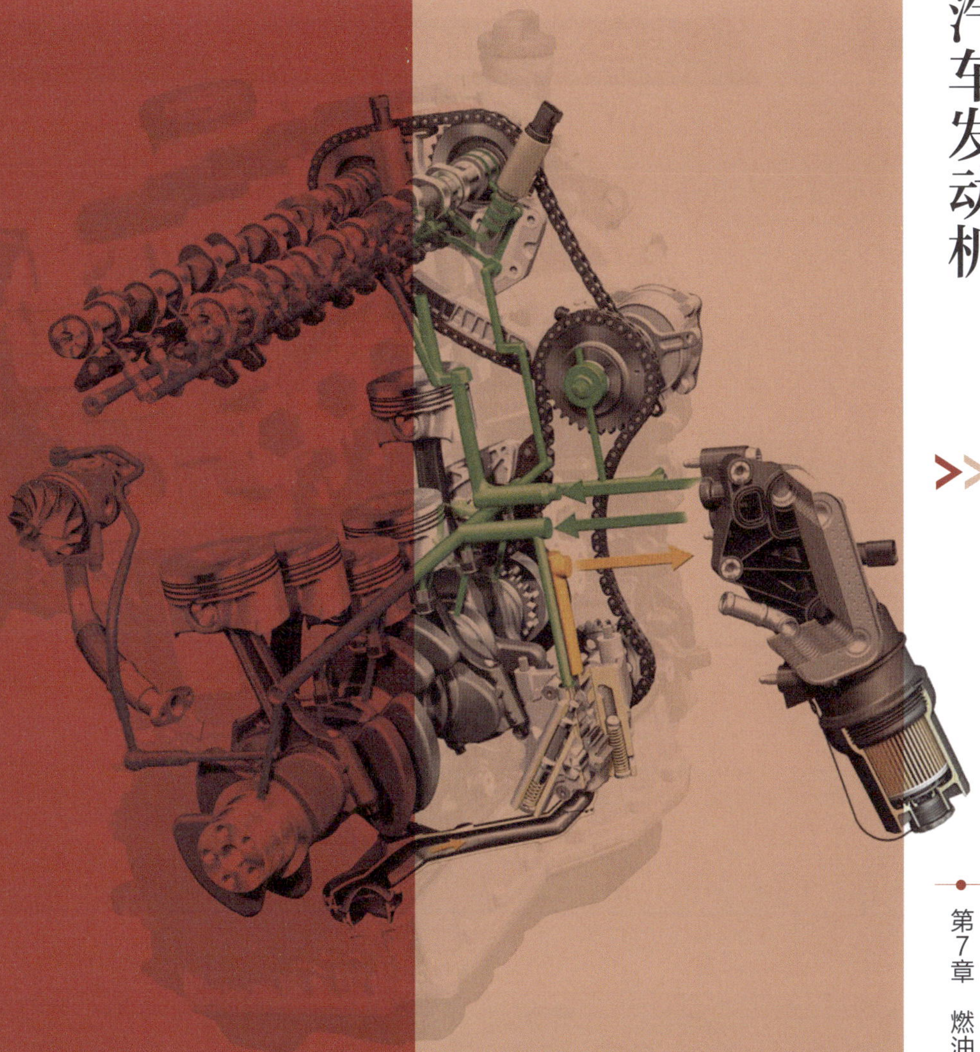

第4章 汽车发动机的基础知识
第5章 曲柄连杆机构
第6章 配气机构
第7章 燃油供给系统
第8章 进排气系统及排气净化装置
第9章 冷却系统
第10章 润滑系统
第11章 点火与启动系统

PART2

第4章 汽车发动机的基础知识

4.1 概述

发动机是汽车的动力源，为汽车提供动力。简单讲，发动机就是一个能量转换机构，将汽油（柴油）在密封气缸内燃烧，气体膨胀时，推动活塞做功转变为机械能。

4.2 发动机分类

目前汽车中常用的发动机一般按照所用燃料可分为汽油发动机、柴油发动机和燃气发动机。本书重点介绍前两种发动机。

4.2.1 汽油发动机

汽油发动机所使用的燃料为汽油，汽油发动机的每个工作循环都经历进气、压缩、做功、排气四个行程。在进气行程中燃油喷射系统将汽油喷入气缸，与进入气缸的空气混合成可燃混合气。可燃混合气在压缩行程中被压缩，达到一定温度和压力，再使用火花塞点燃，使可燃混合气膨胀做功，将汽油的化学能转化为机械能，并通过传动系统驱动车辆行驶。汽油发动机如图4-1所示。

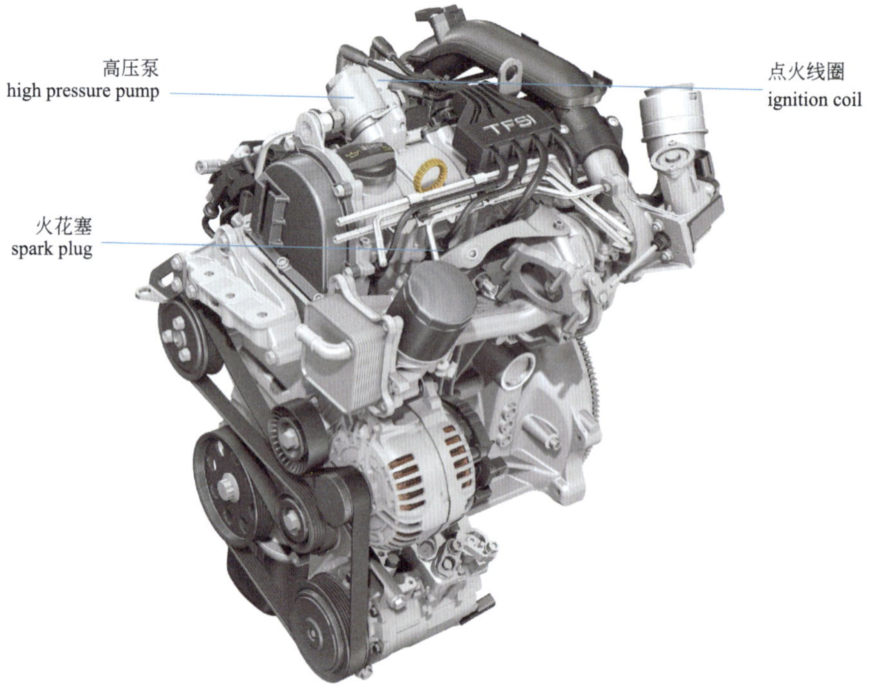

图4-1 汽油发动机

4.2.2 柴油发动机

柴油发动机所使用的燃料为柴油，每个工作循环同样经历进气、压缩、做功、排气四个行程。与汽油发动机不同的是柴油发动机进气行程只吸入空气，在压缩行程中先加压空气，空气被压缩产生一定的温度时，将柴油喷入气缸，压缩空气的温度足以点燃柴油，因此柴油发动机无需火花塞。柴油发动机如图 4-2 所示。

图4-2 柴油发动机

4.3 发动机基本术语

如图 4-3 所示为发动机基本术语，包括上/下止点、活塞行程、燃烧室容积、工作容积、气缸容积等。

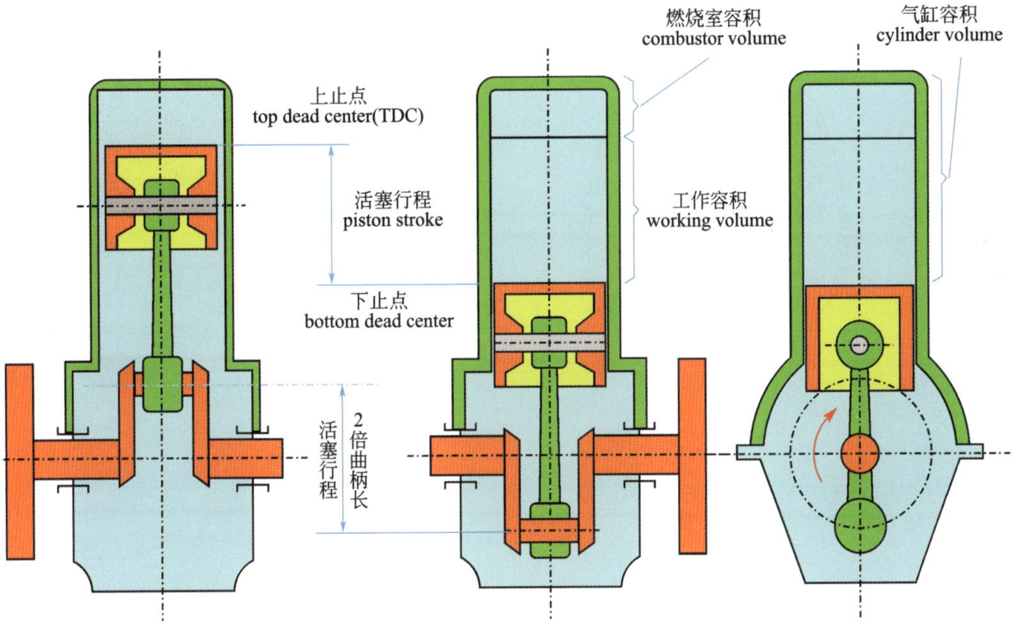

图4-3 发动机基本术语

除此之外，发动机术语还包含以下几个。

（1）工作循环

在气缸内进行的每一次将燃料燃烧的热能转化为机械能的一系列连续的过程（进气、压缩、做功、排气）称为发动机的工作循环。

（2）压缩比

气缸工作容积与燃烧室容积之比称为压缩比。压缩比的大小表示活塞由下止点运动到上止点时，气缸内的气体被压缩的程度。压缩比越大，压缩终了时气缸内的气体压力和温度就越高。

（3）工况

发动机在某一时刻的运行状况称为工况。

4.4 发动机的工作原理

目前汽车多采用四行程水冷汽油发动机，这里就以汽油发动机为例介绍四行程发动机的工作原理。

（1）进气行程（图4-4）

活塞在曲轴的带动下由上止点移至下止点，此时排气门关闭，进气门开启。在活塞移动过程中，气缸容积逐渐增大，气缸内形成一定的真空度。空气和汽油的混合物通过进气门喷入气缸，并在气缸内进一步混合形成可燃混合气。

（2）压缩行程（图4-5）

进气行程结束后，曲轴继续带动活塞由下止点移至上止点，这时进气门和排气门均关闭。随着活塞的移动和气缸容积的不断缩小，气缸内的可燃混合气体被压缩，其压力和温度同时升高。

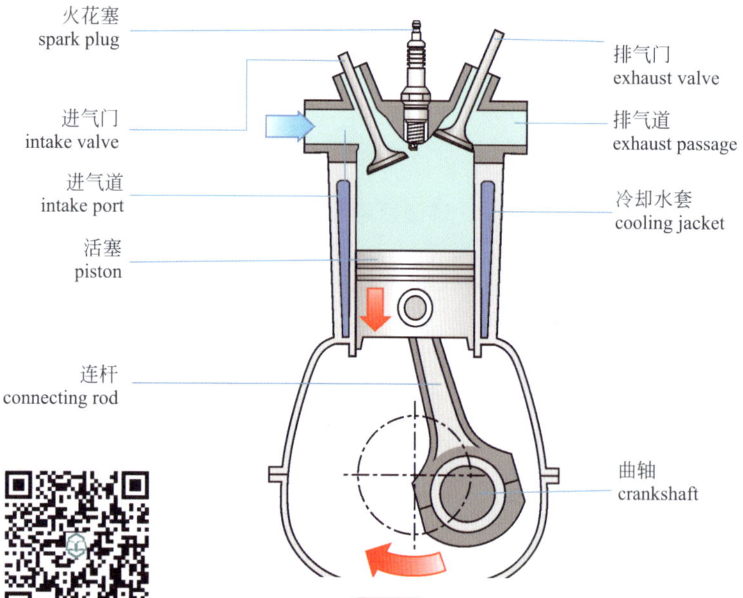

图4-4 进气行程

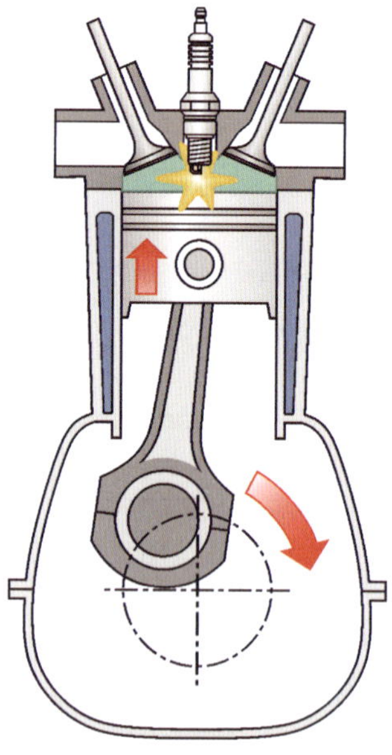

图4-5 压缩行程

（3）做功行程（图4-6）

压缩行程结束时，气缸盖上的火花塞产生电火花，将气缸内可燃混合气体点燃，火焰迅速传遍整个燃烧室，同时放出大量的热能。燃烧气体的体积急剧膨胀，压力和温度迅速升高，在气体压力的作用下，活塞由上止点移至下止点并通过连杆推动曲轴旋转做功。这时，进气门和排气门仍旧关闭。

（4）排气行程（图4-7）

排气行程开始，排气门开启，进气门仍然关闭，曲轴通过连杆带动活塞由下止点移至上止点，此时膨胀过后的燃烧气体在其自身剩余压力和活塞的推动下，经排气门排出气缸之外。当活塞到达上止点时，排气行程结束，排气门关闭。

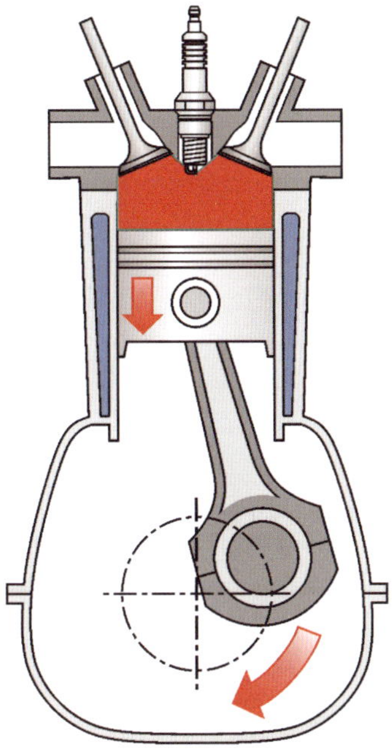

图4-6 做功行程

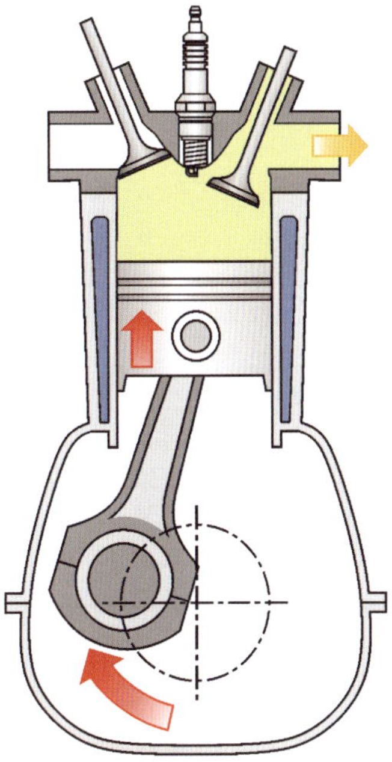

图4-7 排气行程

第5章 曲柄连杆机构

5.1 概述

曲柄连杆机构安装在机体组中，是发动机实现工作循环、完成能量转换的主要运动零件。它主要由机体组、连杆组和飞轮组等组成。气缸排列形式不同，曲柄连杆机构形式也不同，直列5缸、直列4缸和W12发动机曲柄连杆机构分别如图5-1所示。直列3缸、V6、V8和水平对置发动机曲柄连杆机构，请扫描本页二维码查看。

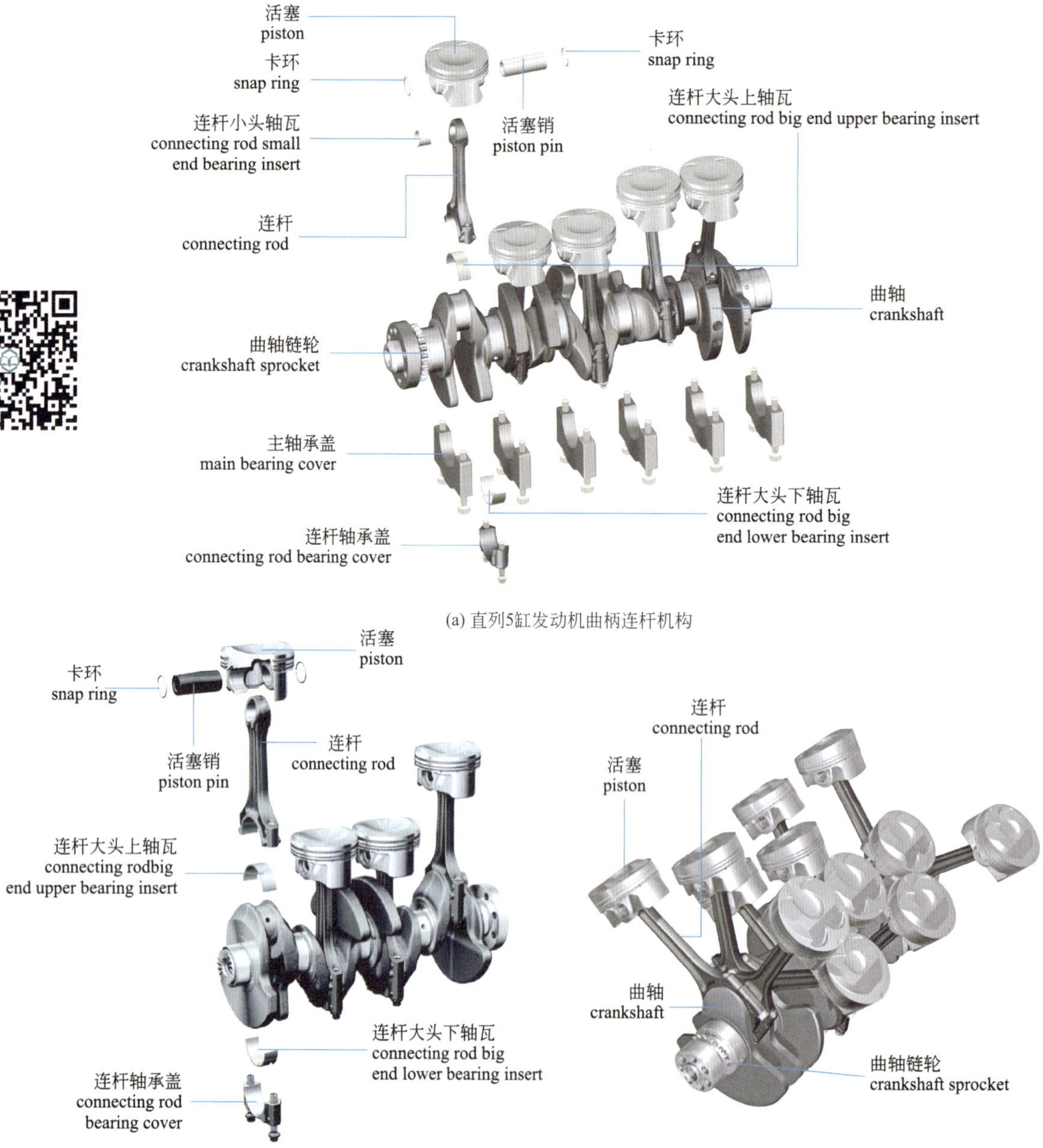

(a) 直列5缸发动机曲柄连杆机构

(b) 直列4缸发动机曲柄连杆机构

(c) W12发动机曲柄连杆机构

图5-1 曲柄连杆机构

5.2 机体组

机体组主要由气缸体、气缸盖（包含气缸盖罩盖、垫圈）、气缸垫、油底壳等组成，如图5-2所示。

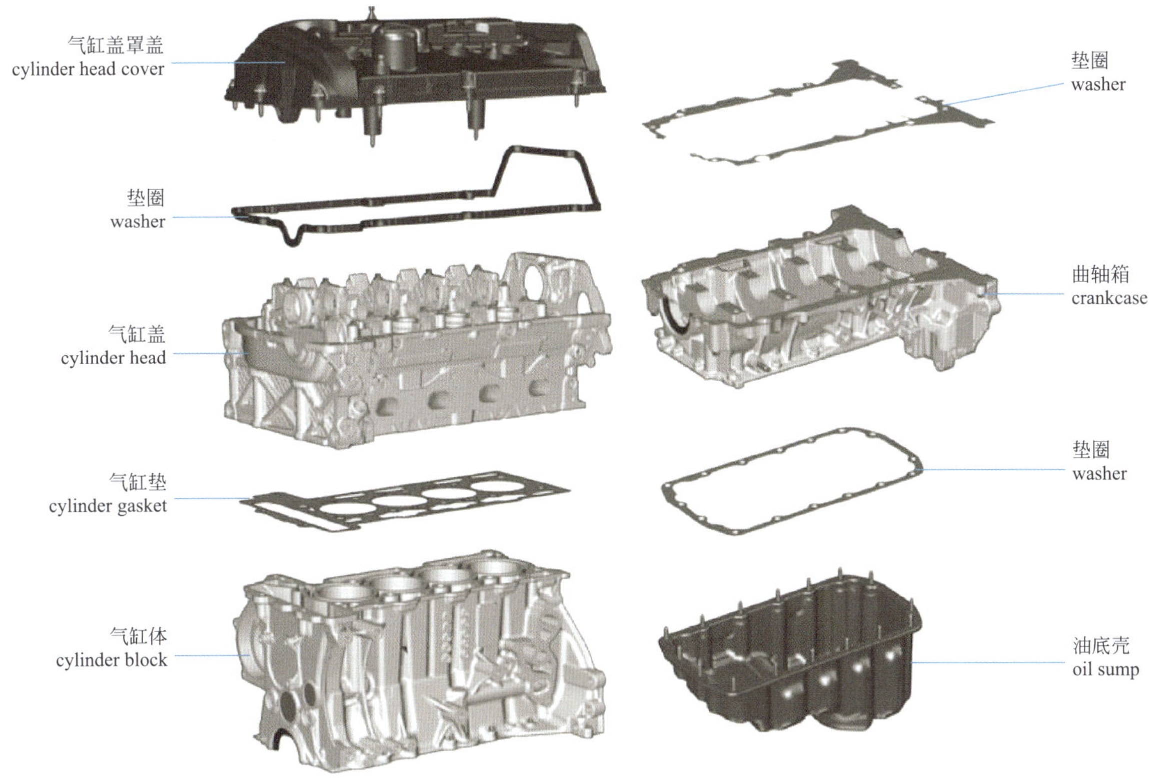

图5-2 机体组

5.2.1 气缸体

气缸体是发动机的主体，是安装活塞、曲轴及其他零件和附件的支撑骨架。气缸体内部活塞做往复运动的圆柱形空腔称为气缸。气缸体内部有冷却水套，用以冷却气缸。气缸体如图5-3所示。

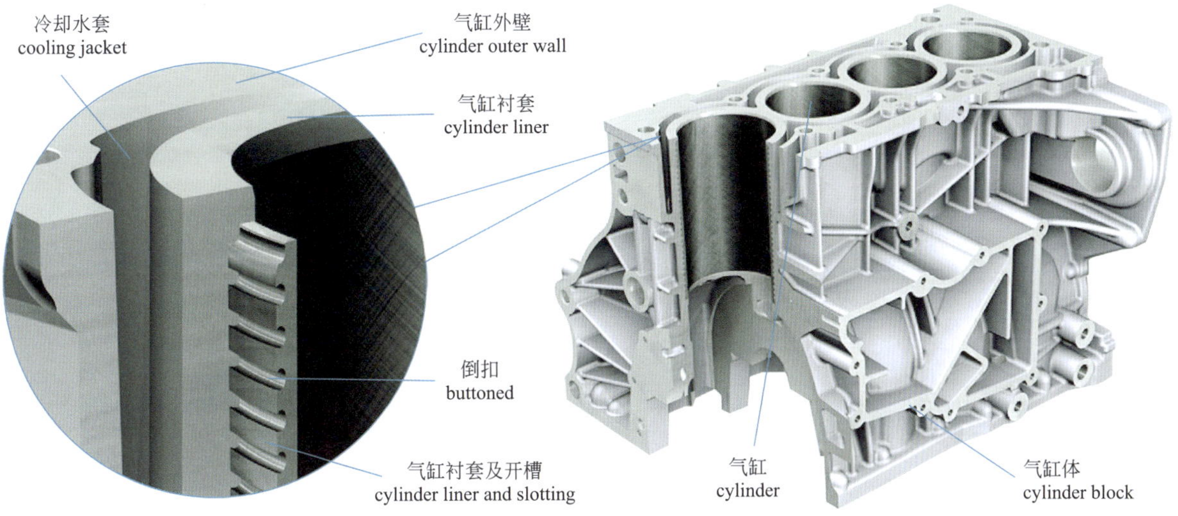

图5-3 气缸体

5.2.2 气缸排列形式

气缸排列形式是指多缸发动机各个气缸的排列形式。目前主流的有直列式、V型、VR型、W型和水平对置式。

（1）直列式

所有气缸呈直线排列并与曲轴垂直（图5-4），特点是机体的宽度小而高度高、长度大，一般适用于6缸及以下的发动机。直列式6缸发动机的平衡性好，发动机工作时产生的振动小。

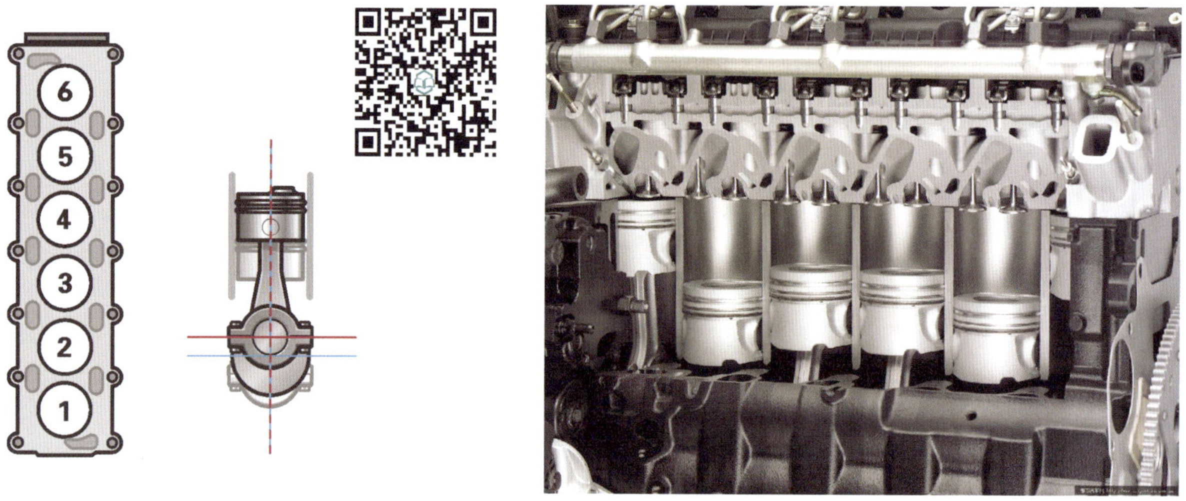

(a) 示意图　　(b) 实物图

图5-4 直列式6气缸发动机布置

（2）V型

两列气缸排列成V形的称为V型气缸排列（图5-5）。采用这种气缸排列形式的发动机称为V型发动机，目前主要有V6、V8、V10、V12等。

V型发动机机体宽大，而长度和高度小，形状比较复杂。但机体的刚度大，质量和外观尺寸较小。

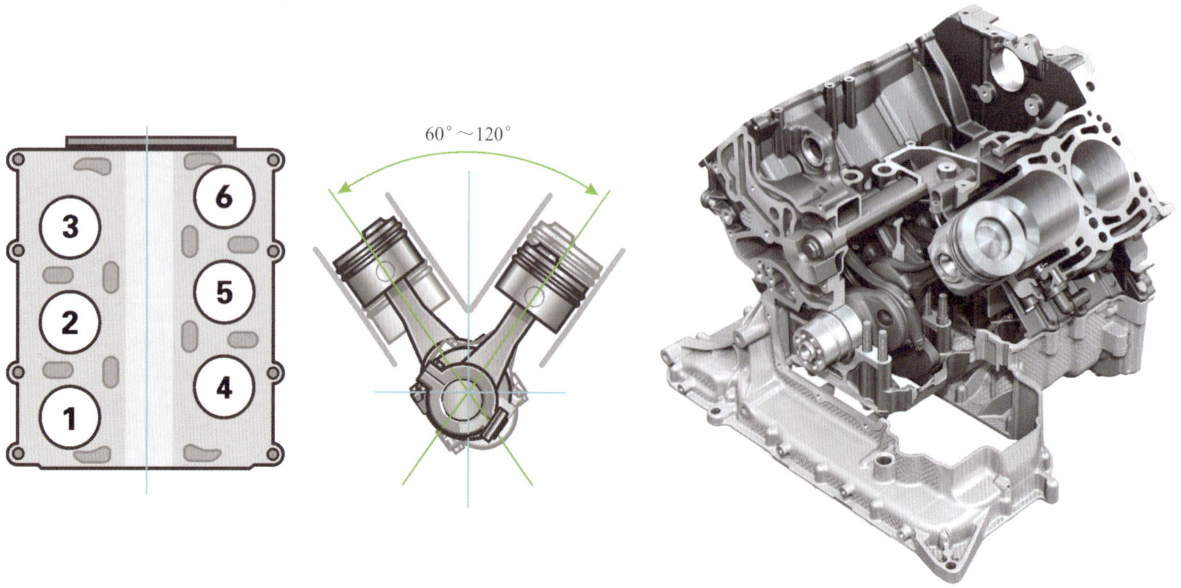

图5-5 V型发动机气缸布置

（3）VR型

为满足在中低档车辆上横向安装大功率发动机的需要，VR型发动机诞生。6个气缸互成15°角偏置布置，如图5-6所示。

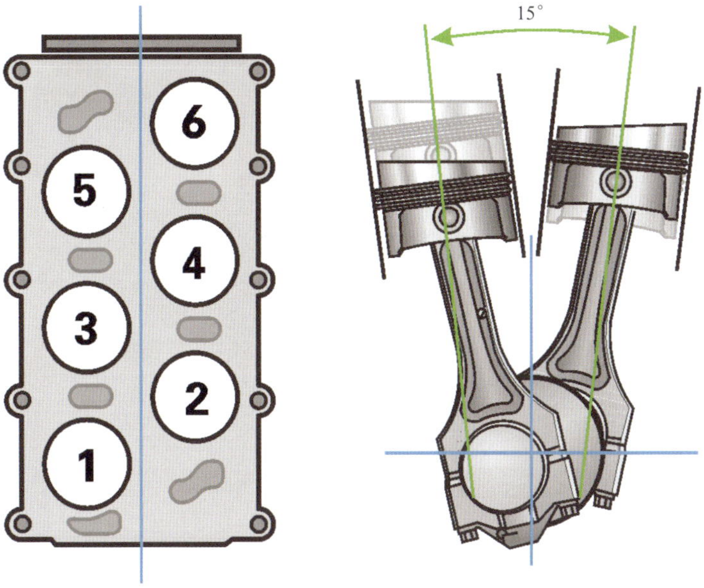

图5-6 VR型发动机气缸布置

（4）W型

W型发动机气缸排列形式可以看作糅合了两个“VR气缸组”。单个气缸组内气缸之间的夹角为15°，两个VR气缸组支架的夹角为72°，如图5-7所示。

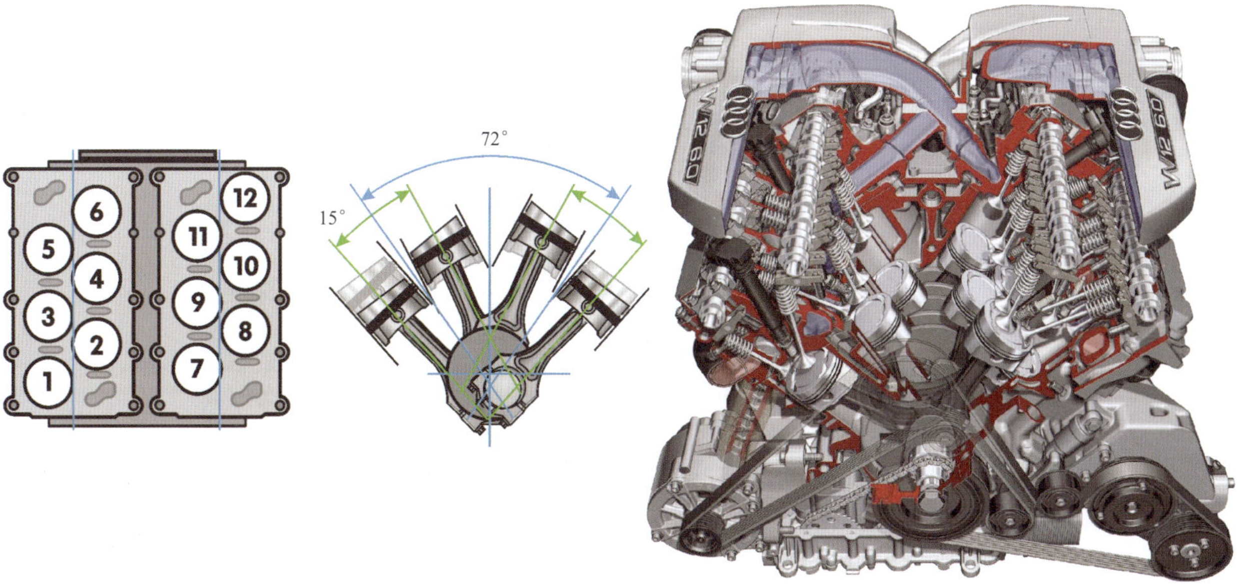

图5-7 W型发动机气缸排列

（5）水平对置式

两列气缸水平相对排列，优点是重心低，而且水平对置式发动机的平衡性更好。机体由左右两个气缸体用螺栓紧固在一起，如图5-8所示。

图5-8 水平对置式发动机气缸排列

5.2.3 气缸盖与气缸垫

气缸盖主要用来密封气缸上部，构成燃烧室，并作为凸轮轴、摇臂或挺柱及进、排气歧管的支撑。气缸体一般采用铝合金或铸铁材料。气缸盖内还安装有气门组件，并设有喷油器（直喷发动机）、火花塞安装位置。气缸盖如图5-9所示。

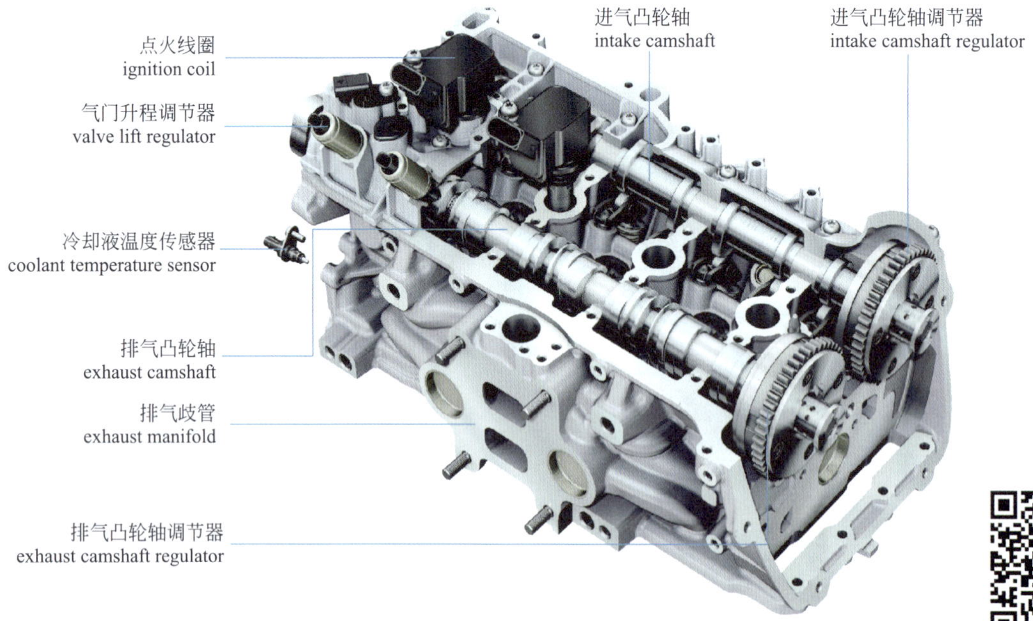

图5-9 气缸盖

气缸垫安装在气缸盖与气缸体之间（图5-10），其作用是保证气缸盖与气缸体结合面间的密封，防止漏水、漏气和漏油。气缸垫有金属-石棉衬垫、金属-复合材料衬垫和纯金属衬垫等多种，发动机大修时需更换气缸垫。

图5-10 气缸垫安装位置

5.2.4 油底壳

油底壳安装在发动机的底部，其主要作用是储存机油和封闭机体或曲轴箱。油底壳上固定有机油尺导管，并安装有放油螺栓，部分发动机的油底壳上还安装有机油温度传感器。油底壳一般采用薄钢板冲压或铝铸造而成。油底壳也可以由上下两个部件组成。油底壳安装位置及结构如图5-11所示。

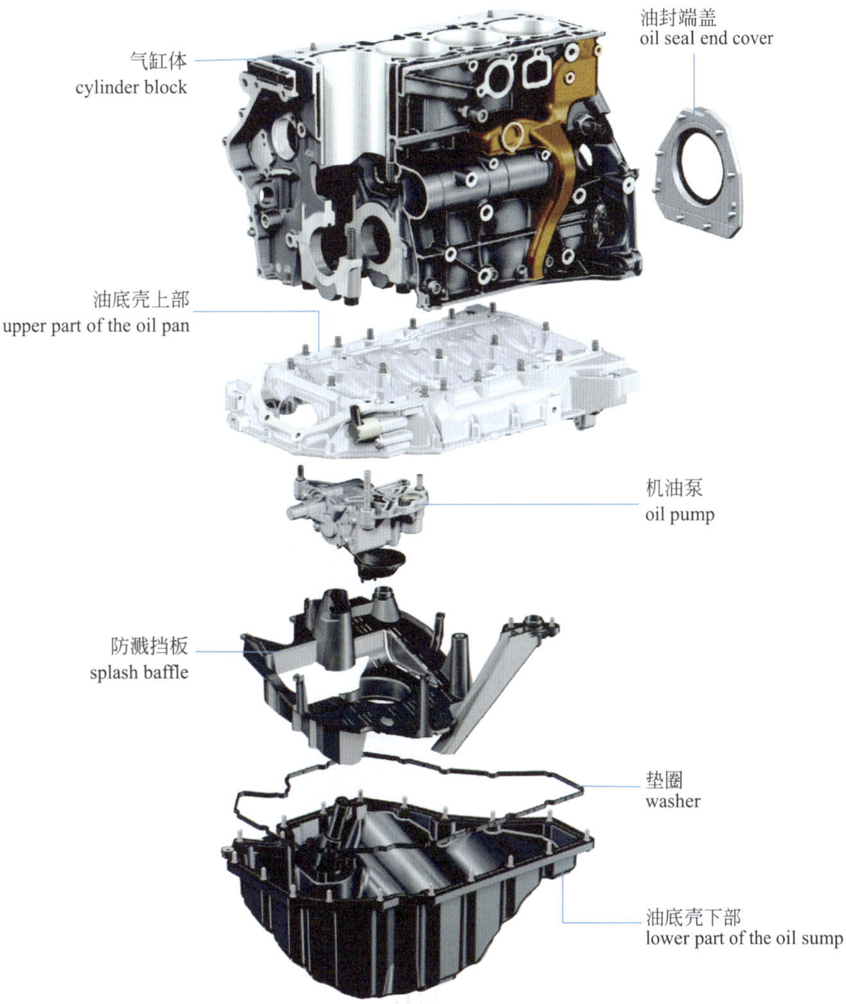

图5-11 油底壳安装位置及结构

5.3 活塞连杆组

活塞连杆组包括活塞组和连杆组两部分。在发动机做功行程中，活塞组把气缸内高压气体产生的作用力通过连杆组传递给曲轴，将活塞的往复直线运动转变为曲轴的旋转运动，如图5-12所示。

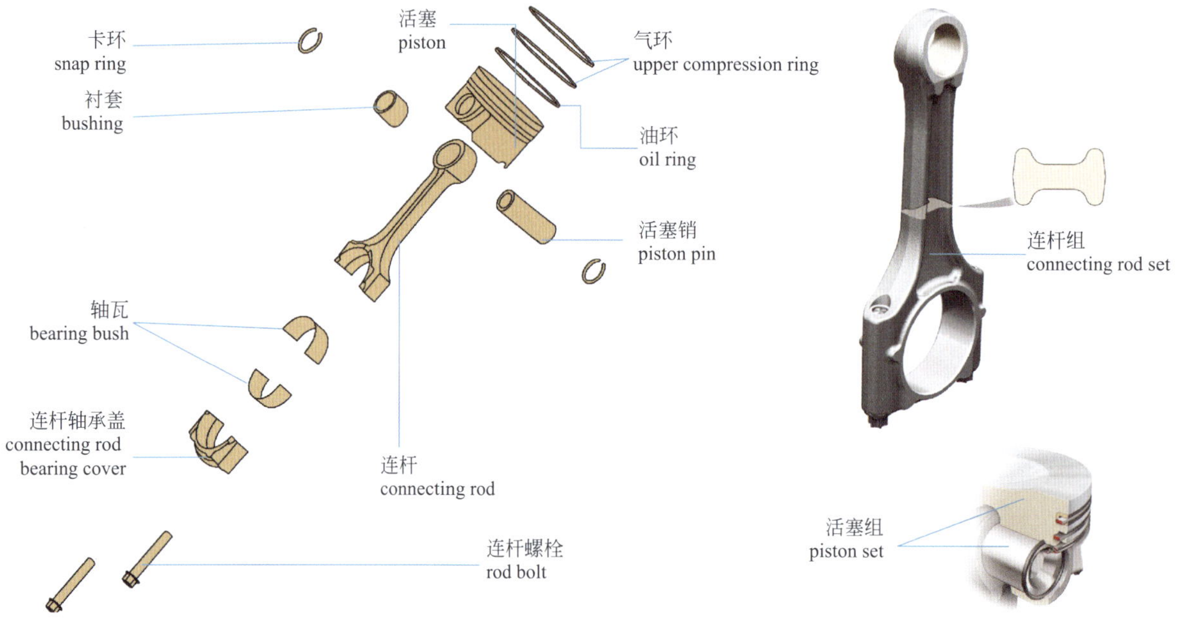

图5-12 活塞连杆组结构图

5.3.1 活塞组

活塞组由活塞和活塞销等组成，如图5-13所示。其作用是承受混合气燃烧后产生的压力，并将此压力通过活塞销传给连杆以推动曲轴旋转。

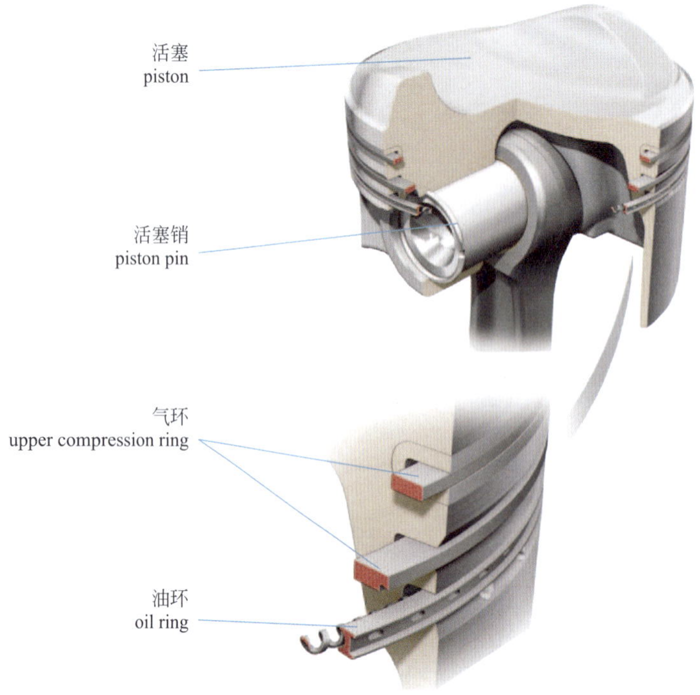

图5-13 活塞组

（1）活塞

活塞的主要作用是承受气缸中的燃烧压力，并将此压力通过活塞销和连杆传递给曲轴。此外，活塞还与气缸盖、气缸壁共同组成燃烧室。

活塞由活塞顶、活塞头和活塞裙三部分组成，如图5-14所示。活塞头是燃烧室的组成部分，其形状与燃烧室形状有关，是活塞顶至最后一道活塞环槽之间的部分。活塞环槽以下的部分称为活塞裙，负责活塞在气缸内直线运动，其类型如图5-15所示。

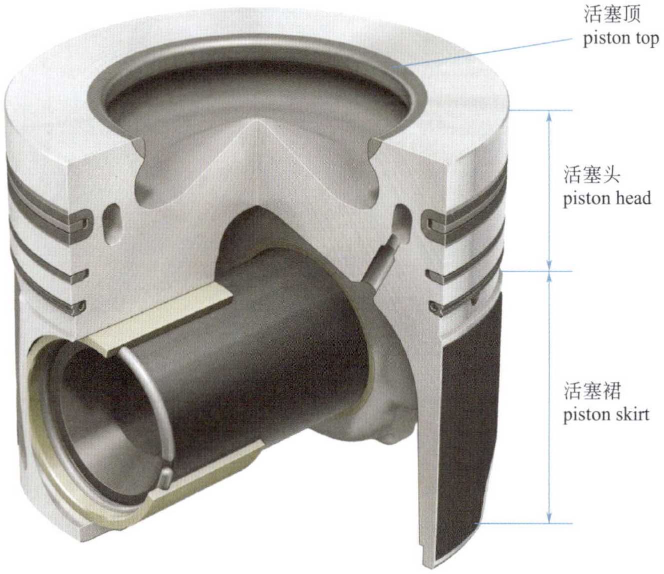

图5-14 活塞结构

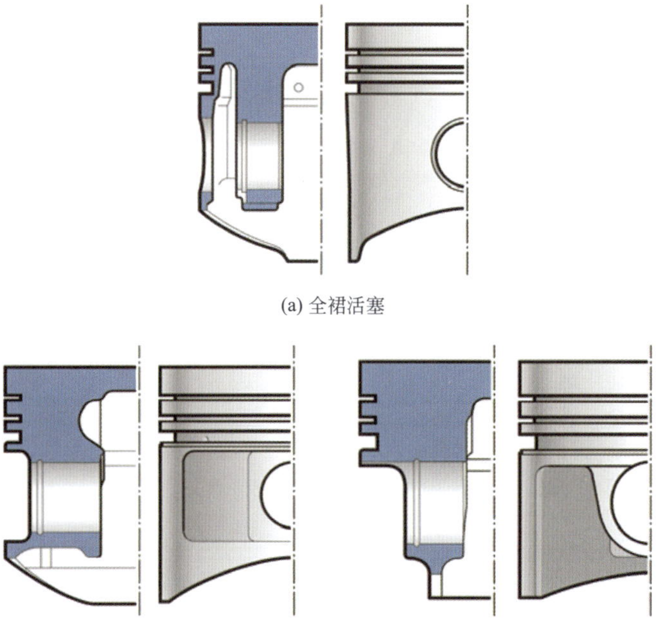

图5-15 活塞裙类型

（2）活塞环

活塞环有气环和油环两种（图5-16）。气环又称压缩环，其作用是保证活塞与气缸壁之间的密封，防止燃气窜入曲轴箱。油环的作用是刮除气缸壁上多余的机油，并在气缸壁上布油。

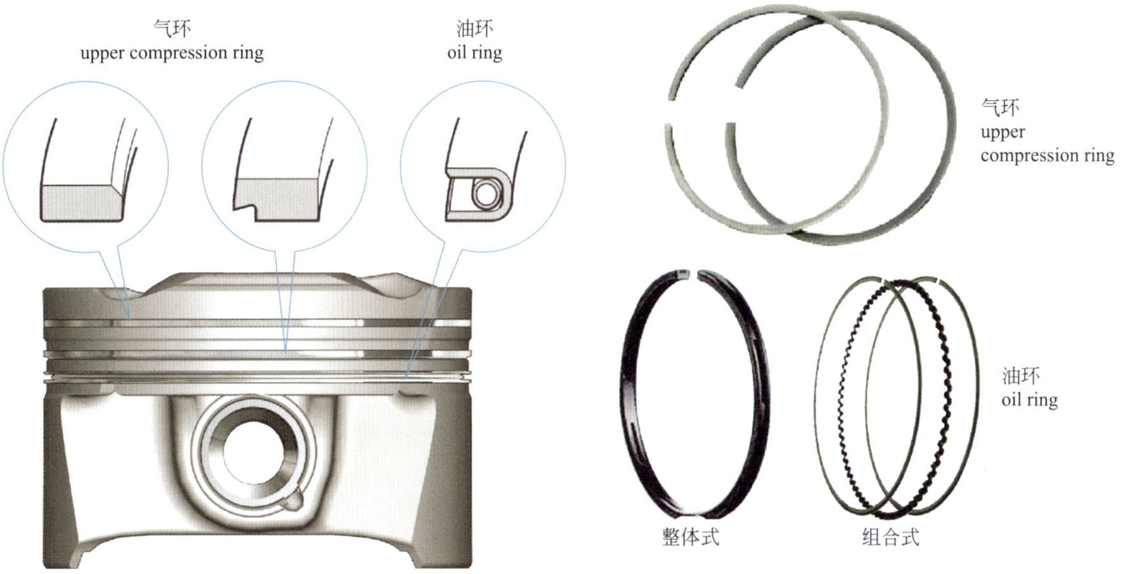

图5-16 活塞环

5.3.2 连杆组

连杆将活塞承受的力传递给曲轴，使活塞的往复运动转变为曲轴的旋转运动。连杆组由连杆小头、连杆身和连杆大头等组成［图5-17（a）］。连杆小头安装活塞销以连接活塞，连杆大头通过连杆轴瓦［图5-17（b）］与曲轴的连杆轴颈连接。连杆身一般做成“工”字形或“H”形，以便在满足刚度和强度的基础上减轻质量。

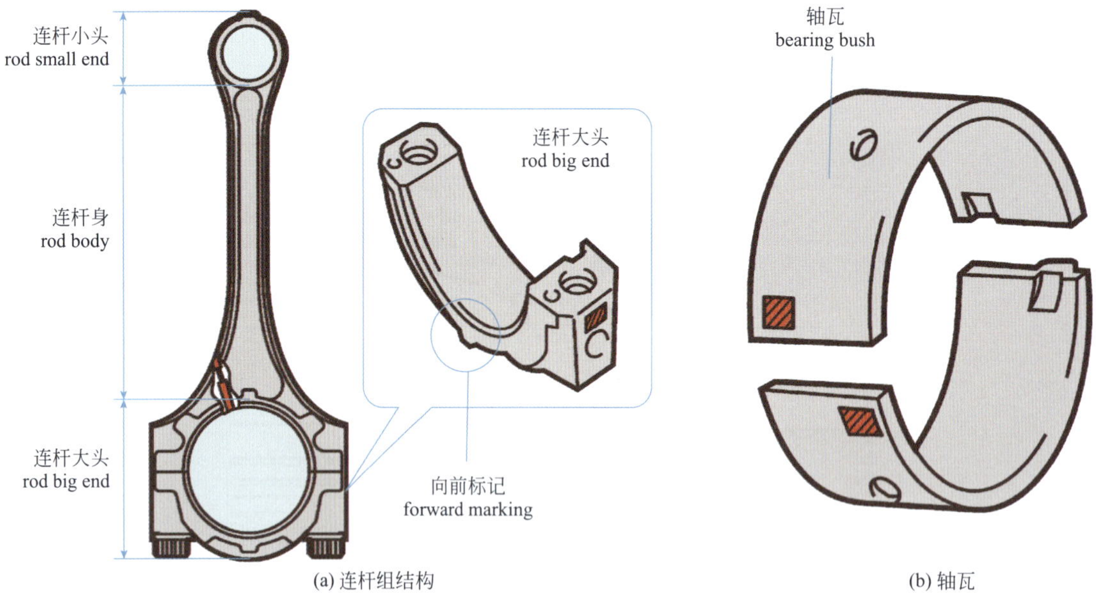

图5-17 连杆组

5.4 曲轴飞轮组

曲轴飞轮组主要由曲轴、飞轮、带轮（带有扭转减振器）等组成（图5-18），部分发动机曲轴飞轮组还带有平衡轴。曲轴飞轮组的作用是将连杆传递的活塞往复运动转变为曲轴的旋转运动，为汽车行驶和其他需要动力的机构输出扭矩。同时曲轴飞轮组还能存储能量，以克服发动机非做功行程的运动阻力，使发动机平稳运行。

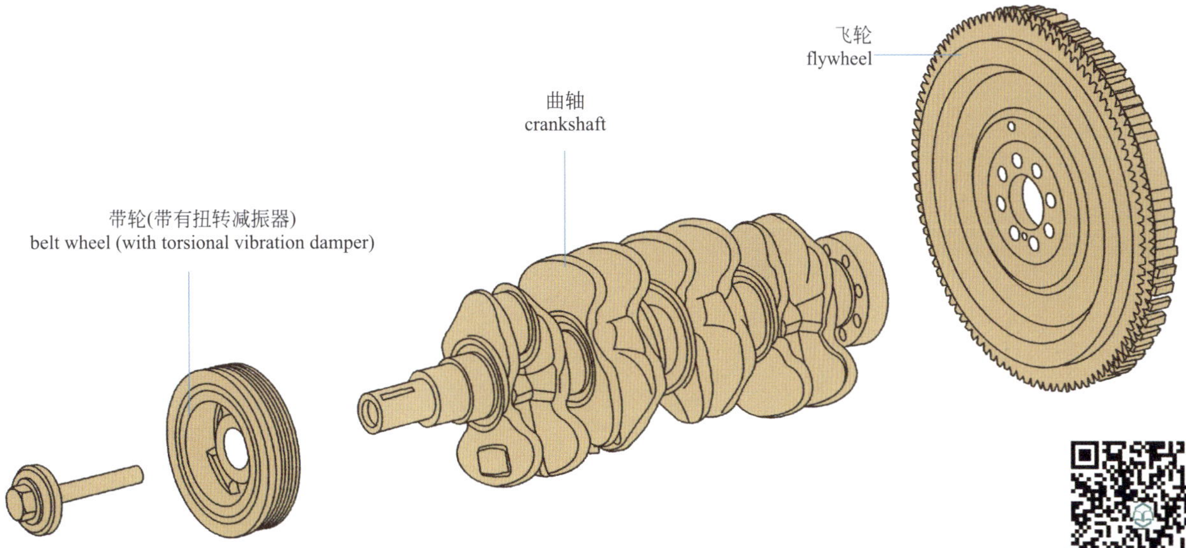

图5-18 曲轴飞轮组

（1）曲轴

曲轴的主要功用是将活塞连杆组传来的气体压力转变为转矩，然后通过飞轮输出。另外还用来驱动发动机的配气机构以及其他辅助装置（如发电机、冷却风扇、水泵、动力转向泵/空调压缩机等）。

曲轴主要由前端轴、主轴颈、连杆轴颈、曲柄、平衡块和后端凸缘等组成，如图5-19所示。

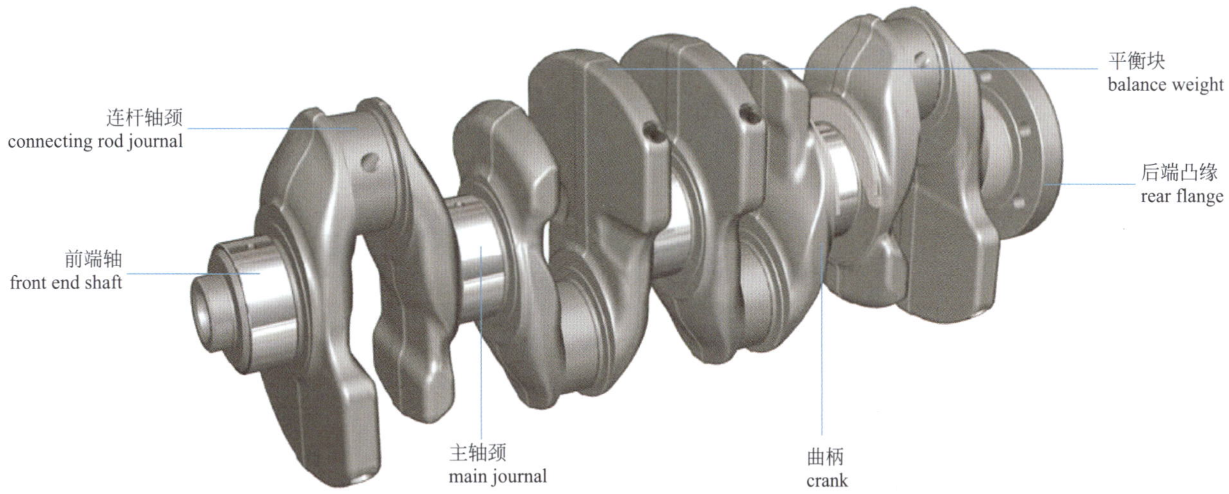

图5-19 曲轴

（2）飞轮

飞轮是一个转动惯量很大的圆盘，其作用是储存做功冲程的一部分能量，以克服各辅助冲程的阻力，使曲轴均匀旋转，使发动机具有克服短时超载的能力。现代发动机一般采用双质量飞轮（图5-20）。双质量飞轮将传动飞轮的质量块分为初级飞轮质量和次级飞轮质量。初级飞轮质量与曲轴连接，继续补偿发动机的惯量；次级飞轮质量与变速箱相连，负责提高变速箱的惯量。

（3）扭转减振器（图5-21）

在发动机的工作过程中，连杆只有在做功冲程产生作用在曲轴上的力，因此这个作用力是呈周期性变化的，从而会造成曲轴的扭转振动。为了消除曲轴的扭转振动，在曲轴的前端安装了扭转减振器，扭转减振器通常与曲轴前端带轮组合在一起。

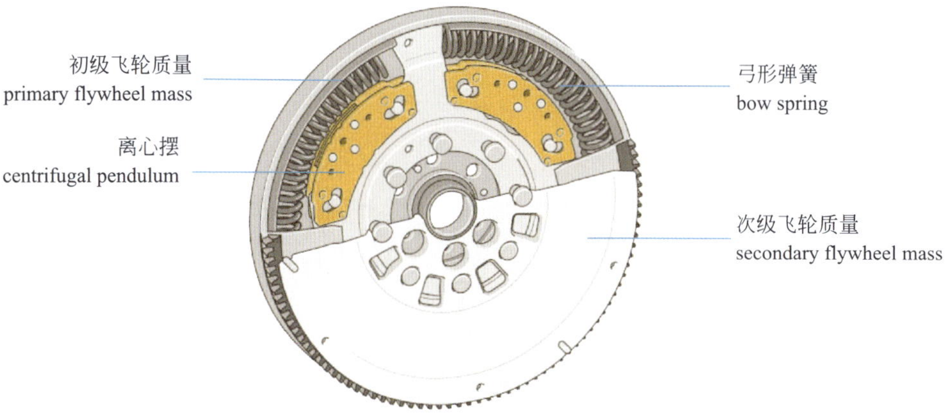

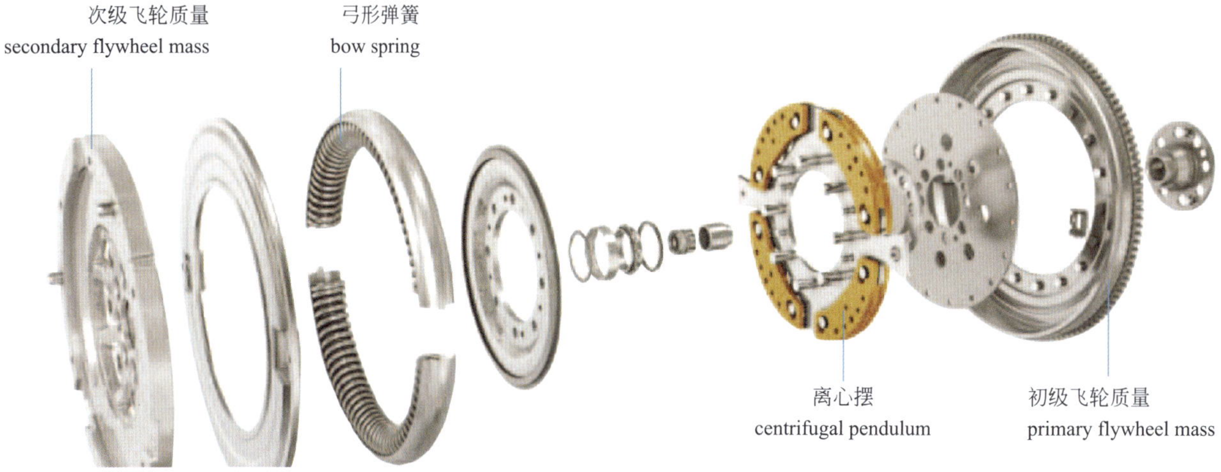

图5-20 双质量飞轮

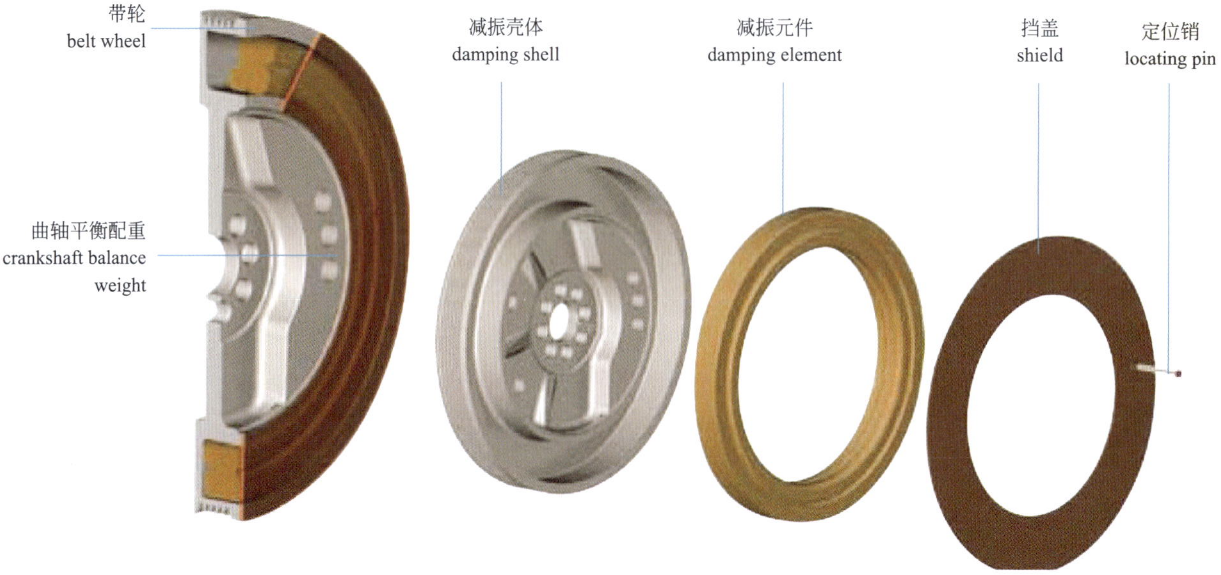

图5-21 扭转减振器

（4）平衡轴

为了减少发动机的噪声及振动，降低发动机磨损，有些发动机安装了平衡轴。V型发动机平衡轴一般安装在缸体的V形夹角内，直列发动机的平衡轴安装在曲轴的下方，用辅助链轮驱动，平衡轴与曲轴转速相同，旋转方向与曲轴相反。平衡轴有单平衡轴和双平衡轴两种，如图5-22所示。

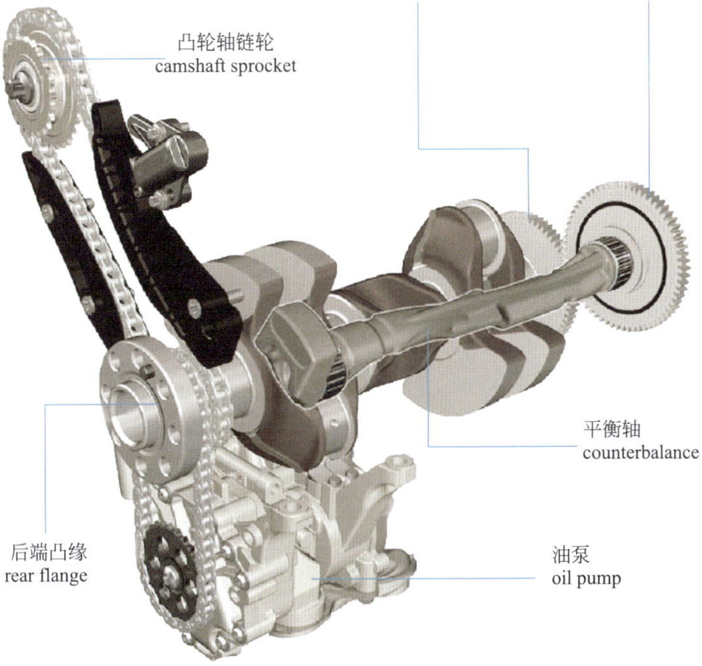

(a) 单平衡轴

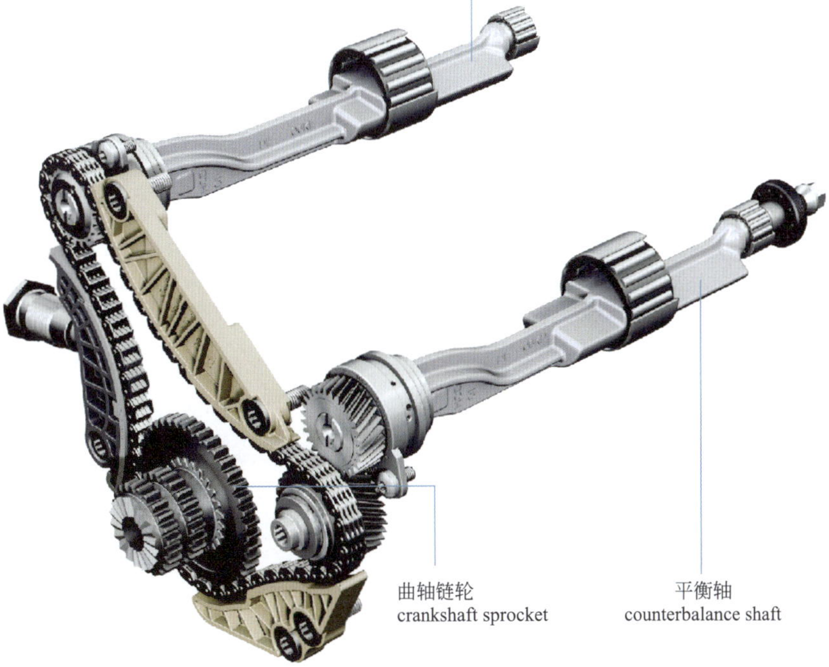

(b) 双平衡轴

图5-22 平衡轴

第6章 配气机构

6.1 概述

配气机构是发动机进气和排气的控制机构，汽车发动机一般采用气门式配气机构。配气机构按照发动机的工作顺序和工况要求，准时打开和关闭各气缸的进、排气门，使新鲜的可燃混合气或空气能充分地进入气缸，做功后产生的废气能及时、彻底地排出。当进、排气门关闭时，能保证气缸密封。

目前汽车发动机多采用顶置气门（即进、排气门置于气缸盖内，倒挂在气缸顶上），单或双顶置凸轮轴式配气机构，如图6-1所示。

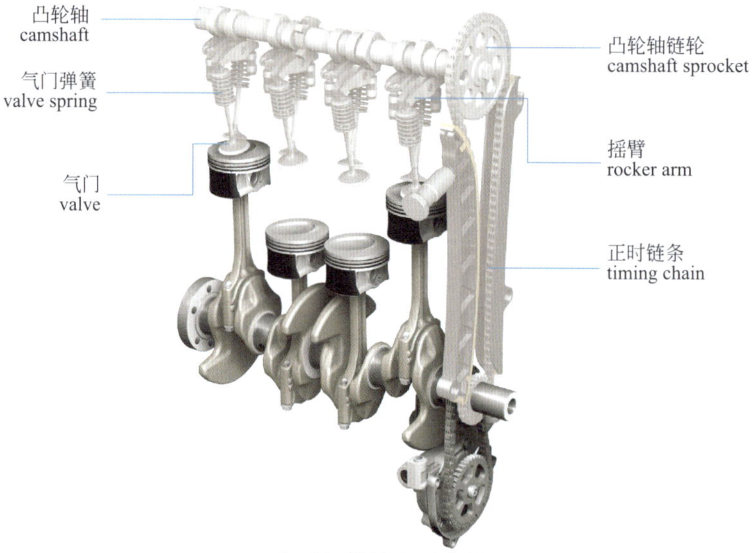

(a) 单顶置凸轮轴式配气机构

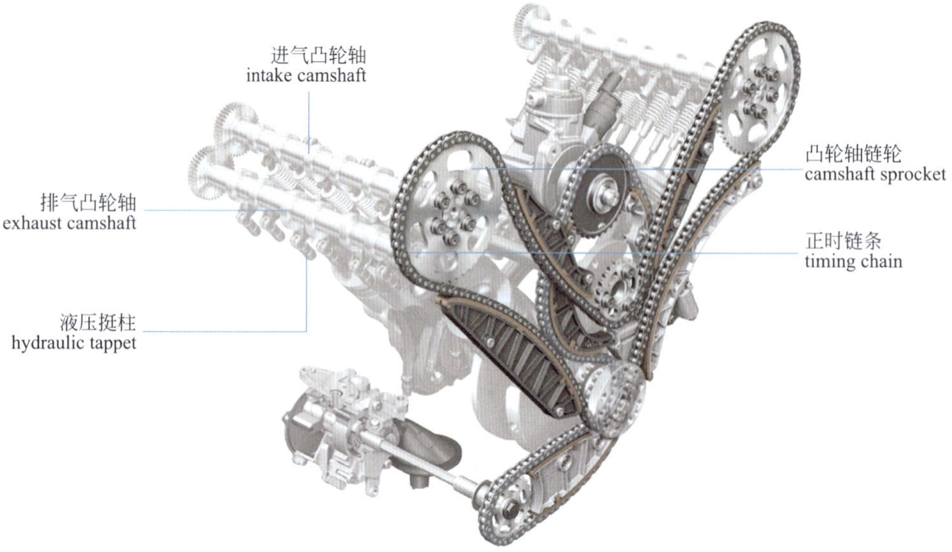

(b) 双顶置凸轮轴式配气机构

图6-1 配气机构

6.2 配气机构的组成

配气机构主要由气门组和气门传动组组成。气门组和气门传动组零部件在气缸盖中的安装位置如图6-2所示。

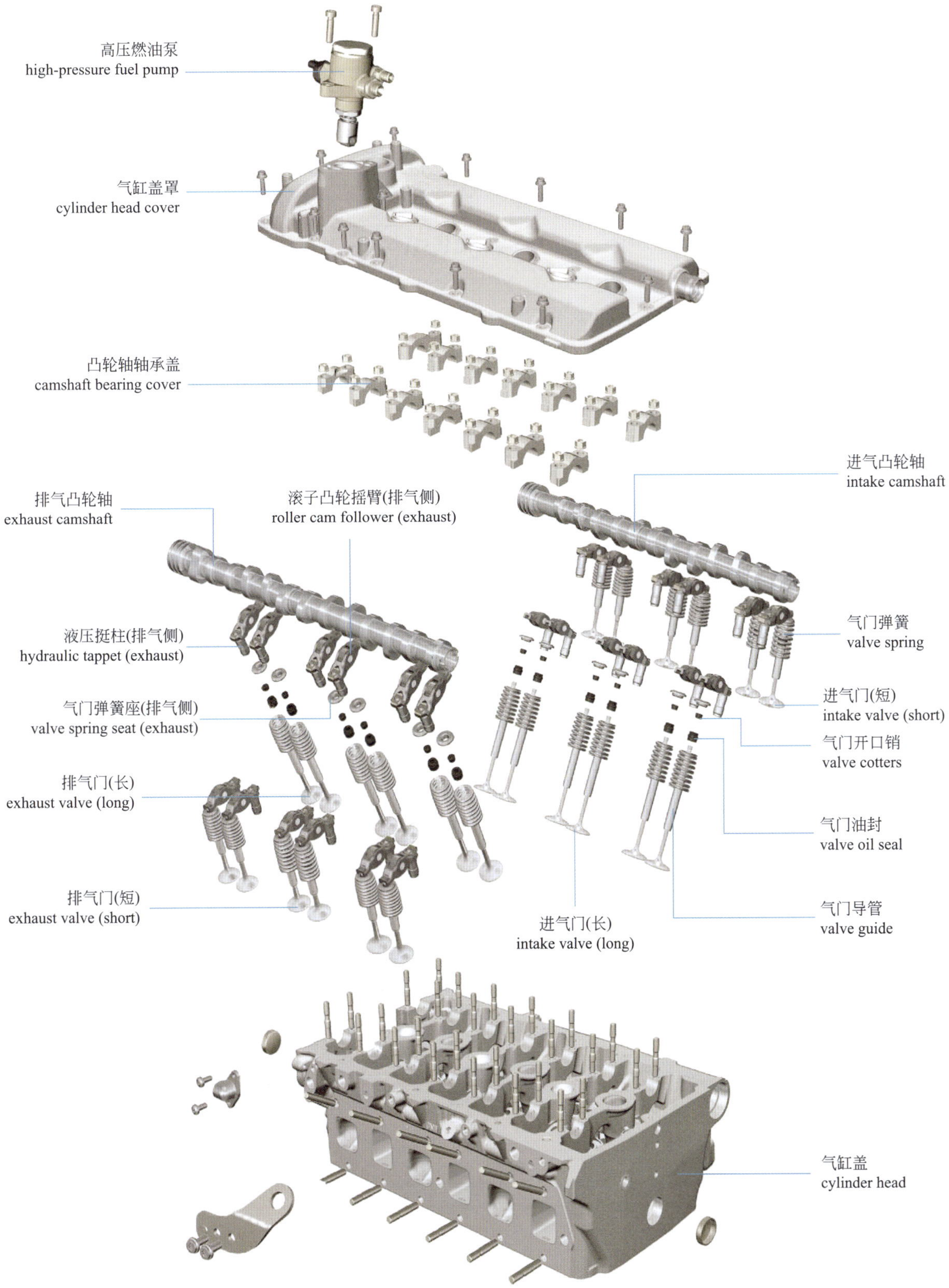

图6-2 气门组和气门传动组零部件在气缸盖中的安装位置

6.2.1 气门组

气门组的作用是实现气缸的密封。气门组包括气门、气门弹簧、气门座、气门导管和气门开口销等主要零部件，如图6-3所示。

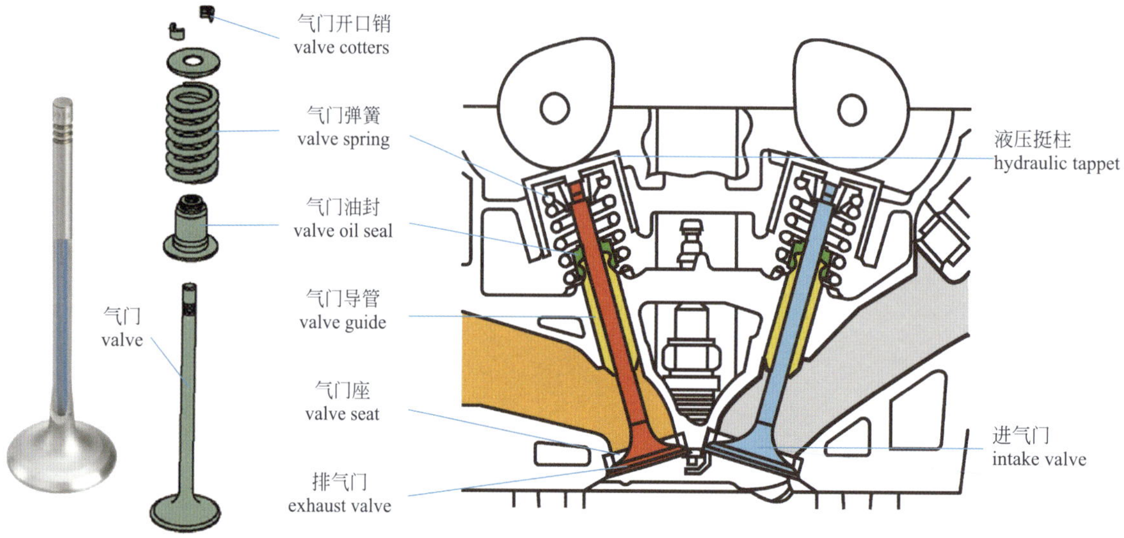

图6-3 气门组

(1) 气门

气门的功用是与气门座相配合，对气缸进行密封。气门由头部和杆部两部分组成［图6-4（a）］。头部用来密封气缸的进、排气通道，杆部用来为气门的运动提供导向作用。气门头部形状有平顶、凹顶（喇叭形）、凸顶（球形），如图6-4（b）所示。使用最多的是平顶气门。

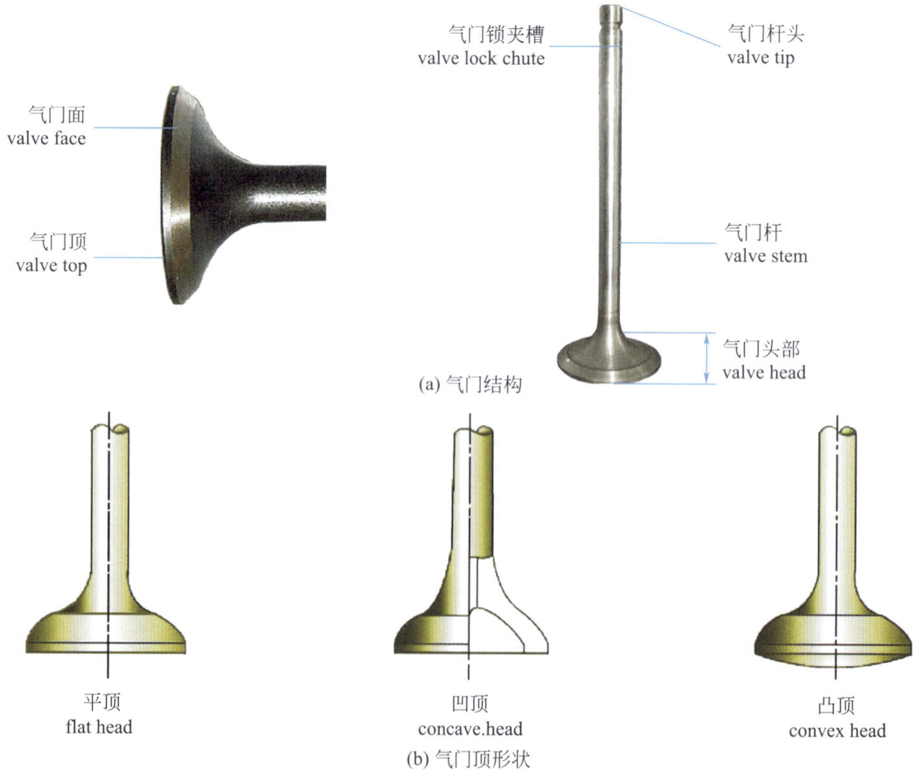

图6-4 气门结构和气门顶形状

（2）气门弹簧

气门弹簧的功用是保证气门及时落座并与气门座或气门座圈紧密贴合，同时也可防止气门在发动机振动时因跳动而破坏密封。气门弹簧多为螺旋弹簧，向气门关闭方向施加张力。大多数发动机每个气门用一个气门弹簧，但有的发动机每个气门用两个弹簧（同心安装内外两个弹簧）。为防止发动机高速运转时气门振动，常用不等螺距弹簧或双弹簧。气门弹簧如图6-5所示。

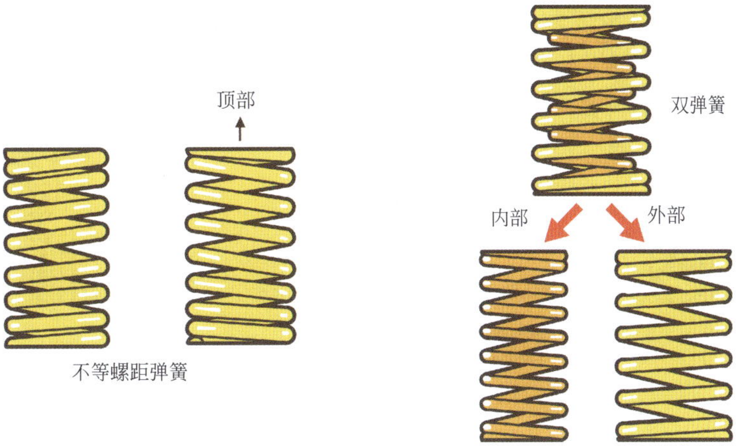

图6-5 气门弹簧

（3）气门座

气缸盖上进、排气道与气门锥面相结合的部位称为气门座。气门座是压嵌入气缸盖中的。当气门关闭时，气门工作面与气门座紧密地接触，使燃烧室保持气密。气门座也将热量从气门传递到气缸盖，使其冷却。通常气门座加工成45° 的锥面，以便与气门工作面配合。气门座接触面宽度一般为1.0 ～ 1.4mm。气门座及间隙如图6-6所示。

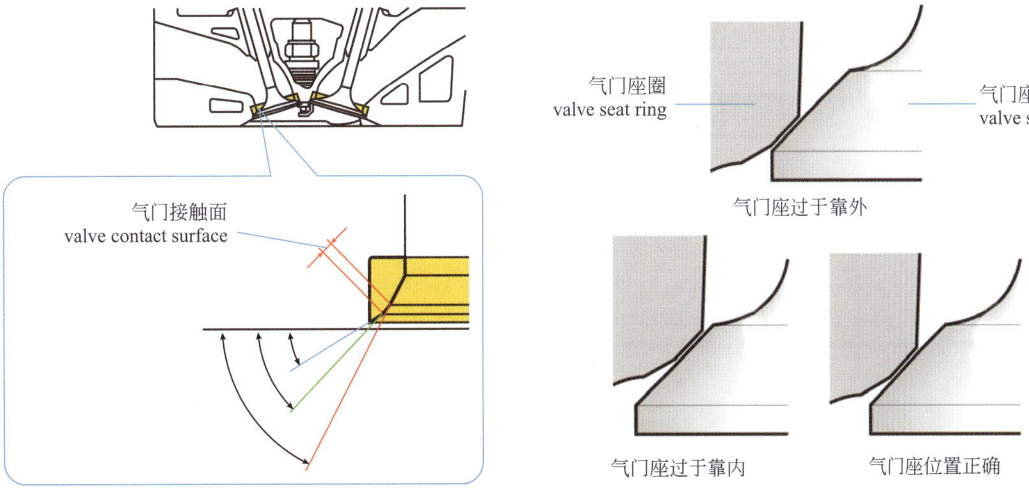

图6-6 气门座及间隙

（4）气门导管

气门导管的功用是为气门的运动提供导向作用，保证气门做直线往复运动，使气门与气门座能正确贴合。气门杆与气门导管之间一般留有0.05 ～ 0.12mm 的间隙，使气门杆能在导管中自由运动。气门导管依靠配气机构工作时飞溅起来的机油润滑。气门导管安装位置及润滑如图6-7所示。

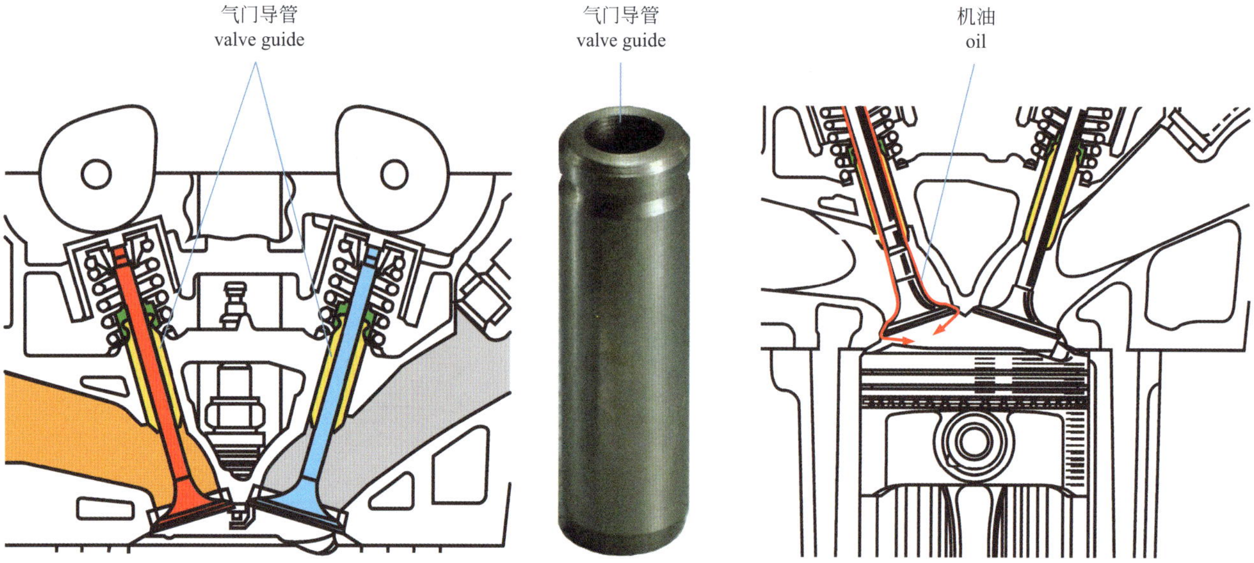

图6-7 气门导管安装位置及润滑

(5)气门锁块(气门开口销)

气门锁块(气门开口销)安装在气门杆头下方的气门锁夹槽中,用来连接气门弹簧和气门,确保气门不会跌落。气门锁块的连接方式有夹紧式[图6-8(a)]和非夹紧式[图6-8(b)]两种。

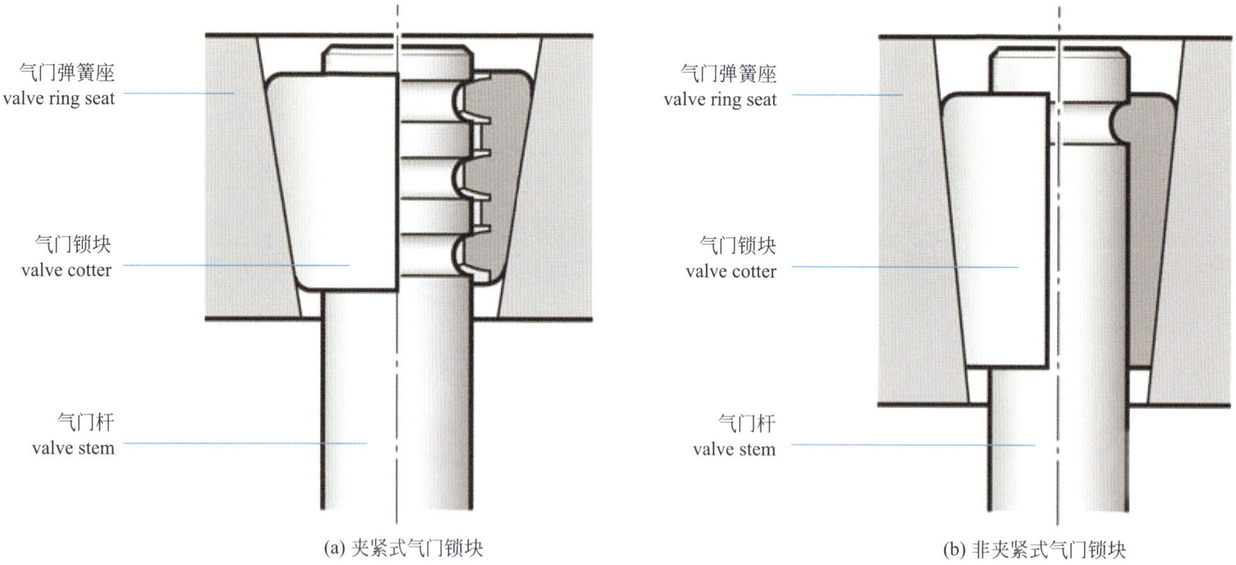

图6-8 气门锁块安装示意图

6.2.2 气门传动组

气门传动组的功用是按照发动机工作循环和点火次序开启或关闭气门,并保证气门有足够的开度和适当的气门间隙。气门传动组主要由凸轮轴、液压挺柱和摇臂等组成。气门传动组组成及在气缸盖内的安装位置如图6-9所示。

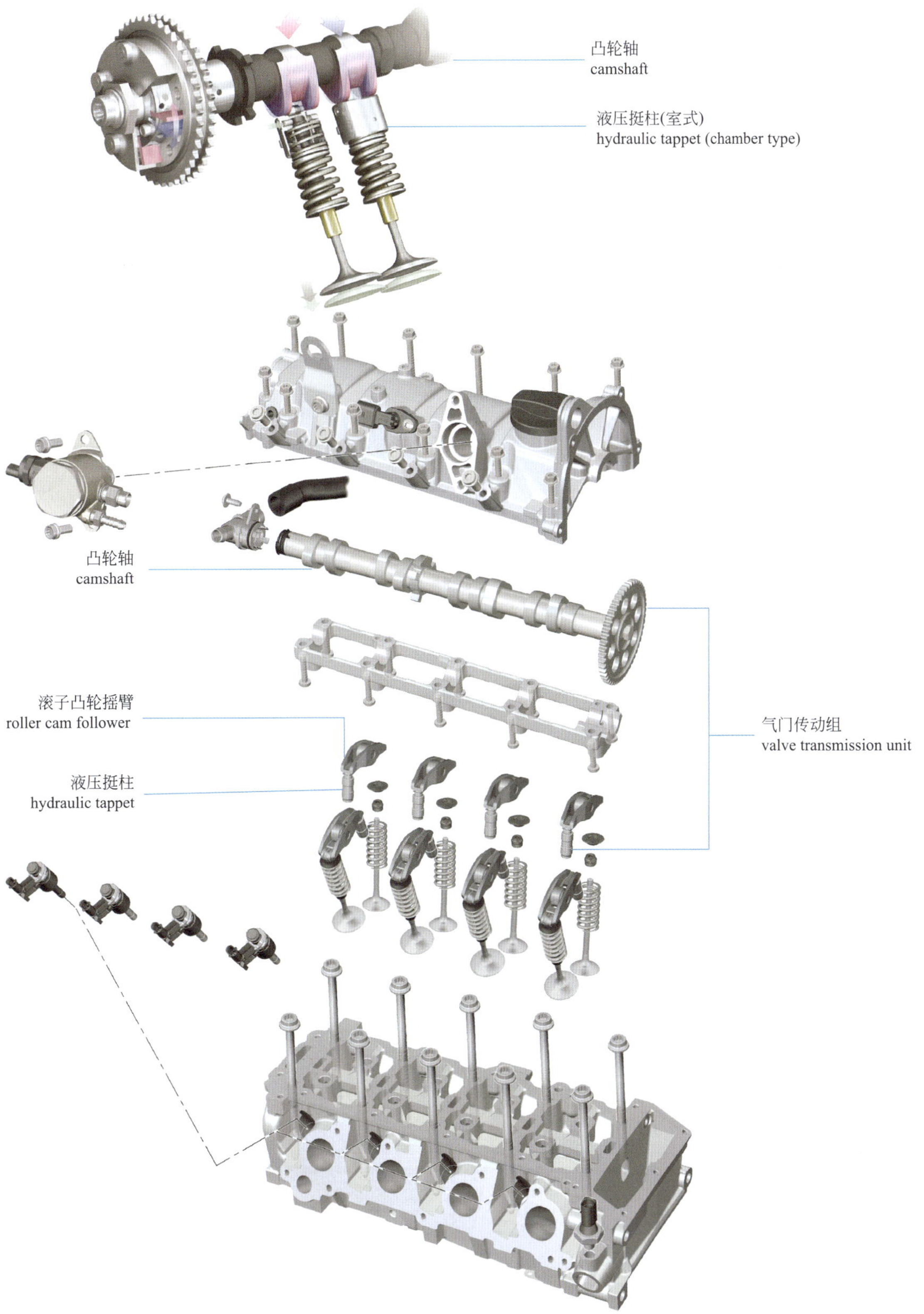

图6-9 气门传动组组成及在气缸盖内的安装位置

（1）凸轮轴

凸轮轴的功用是驱动及控制各气缸进、排气门的开启与闭合。凸轮轴控制换气过程和燃烧过程，其主要任务是开启和关闭进气门及排气门。凸轮轴由曲轴驱动，其转速与曲轴转速之比为1 ∶ 2，即凸轮轴转速只有曲轴转速的一半。凸轮轴上凸轮形状，即凸轮横截面轮廓决定了气门行程。凸轮轴及凸轮如图6-10所示。

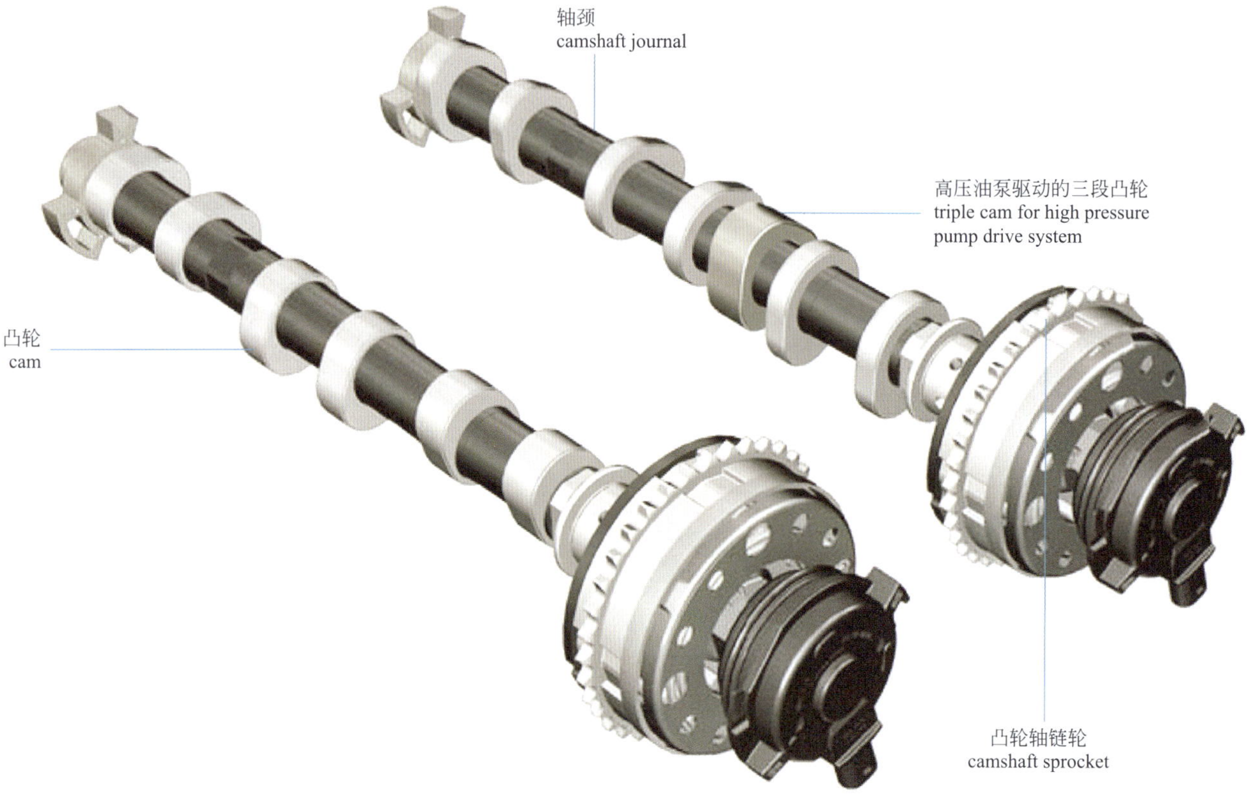

图6-10 凸轮轴及凸轮

根据凸轮轴安装位置或驱动气门的方式不同，气门传动组可以分为顶置凸轮轴直接驱动式、顶置凸轮轴摇臂驱动式和下置凸轮轴推杆驱动式三种，如图6-11 所示。

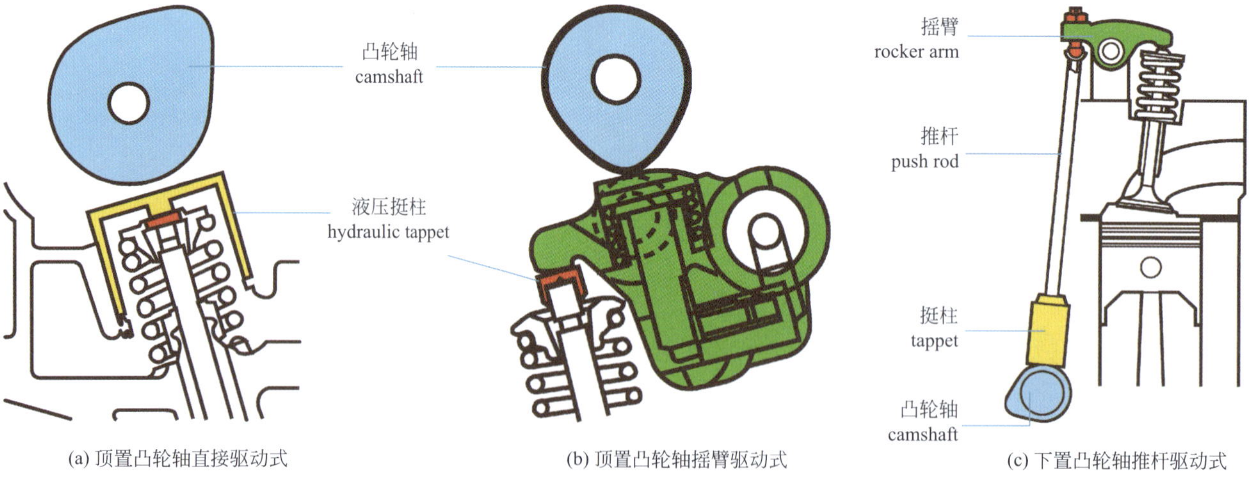

图6-11 凸轮轴安装位置

（2）液压挺柱

挺柱的作用是把凸轮传来的作用力传给推杆或气门。挺柱分为机械挺柱和液压挺柱（也称气门间隙调节器）。现代发动机大部分采用液压挺柱，如图6-12 所示。液压挺柱可以确保发动机在所有运行条件下气门间隙始终为零，即使发动机长时间运行后也无需进行气门间隙调节。

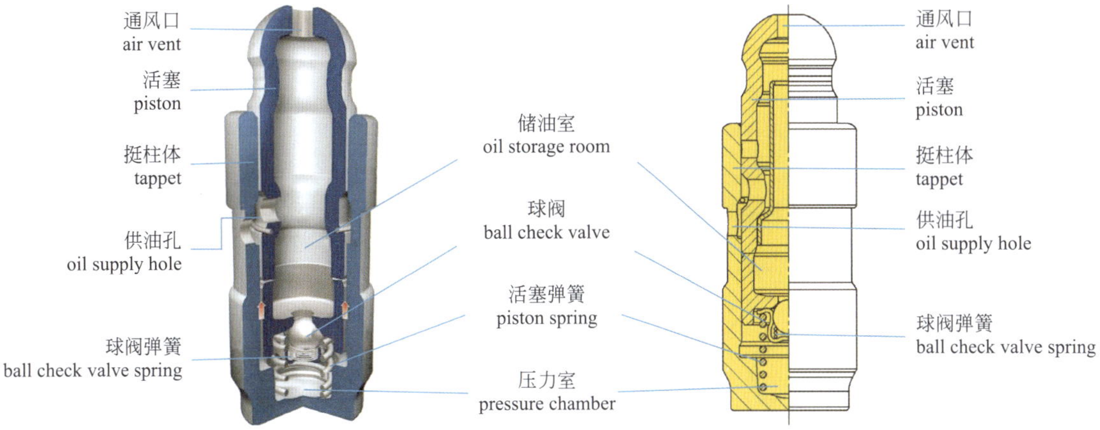

图6-12 液压挺柱

（3）摇臂

摇臂的作用是将推杆或凸轮轴传来的力改变方向，作用到气门杆尾部以推开气门。摇臂实际上是一个中间带有圆孔的不等长双臂杠杆。下置凸轮轴式气门驱动机构的摇臂短臂端与推杆相连，并有螺栓孔，用来安装气门调整螺栓，长臂端驱动气门，如图6-13（a）所示。目前常用的滚子凸轮摇臂如图6-13（b）所示，摇臂的一端支撑在液压挺柱上，另一端靠在气门上，凸轮轴的凸轮从上面压向摇臂中间的滚子上。

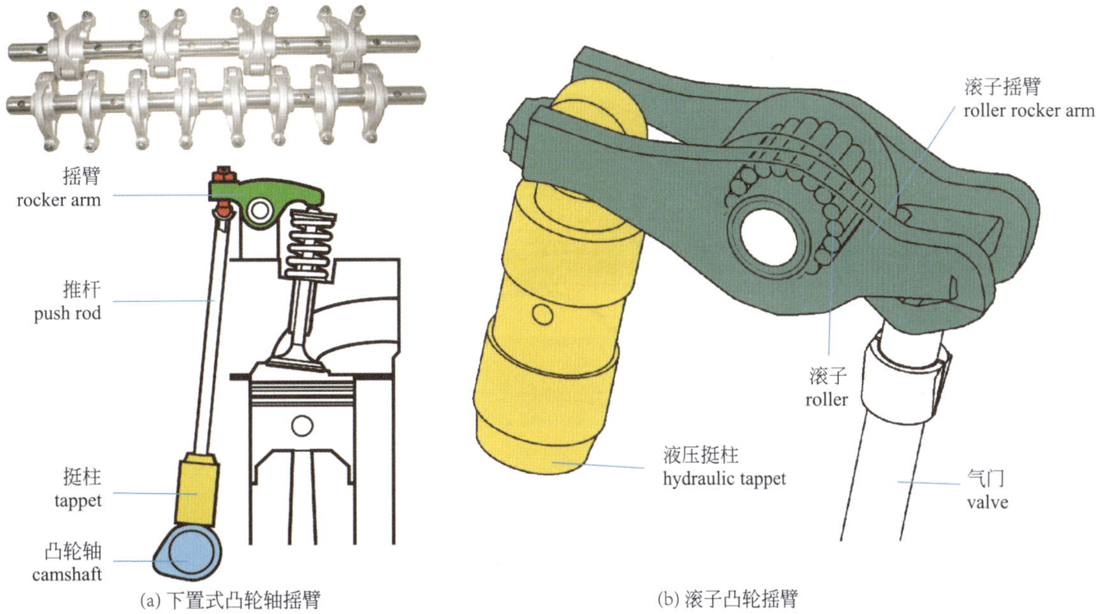

图6-13 摇臂

6.2.3 配气相位

发动机的进气门应在活塞处于上止点时开启，到下止点时关闭；排气门则应在活塞处于下止点时开启，到上止点时关闭。但是实际发动机的曲轴转速都很高，活塞的每一行程历时都极短，往往会使发动机充气不足或排气不干净，造成发动机功率下降。因此，汽车发动机采取延长进、排气时间的方法改善进、排气情况，即气门开启和关闭的时刻分别提前或延迟一定的曲轴转角。

用曲轴转角表示的进、排气门开闭时刻和开启持续时间称为配气相位，又称气门正时。用曲轴转角表示的环形图表示的配气相位称为配气相位图，如图6-14所示。

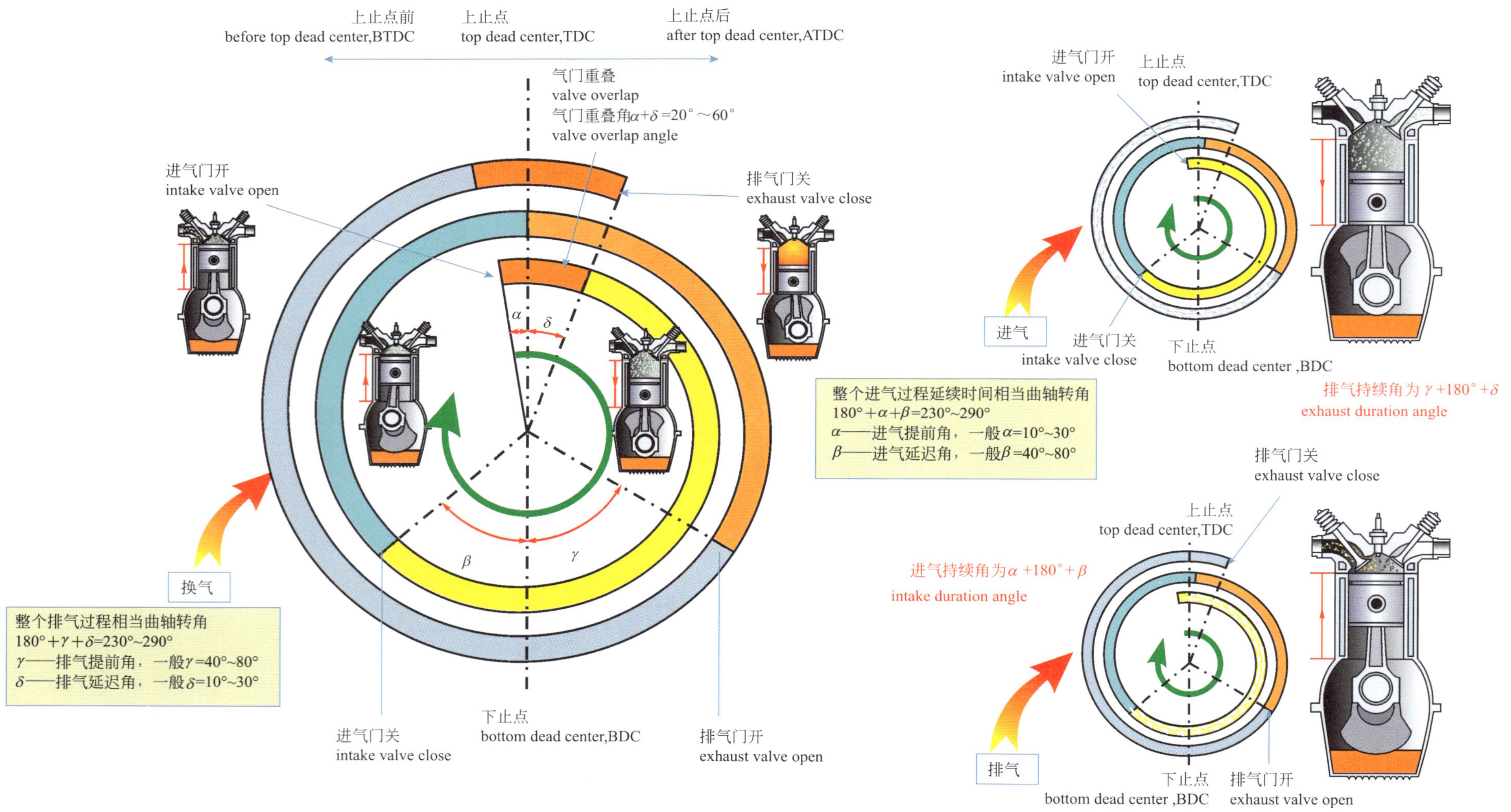
上止点前
before top dead center,BTDC
上止点
top dead center,TDC
上止点后
after top dead center,ATDC
气门重叠
valve overlap
气门重叠角α+δ=20°～60°
valve overlap angle
进气门开
intake valve open
排气门关
exhaust valve close
α
δ
β
γ
换气
整个排气过程相当曲轴转角
180°+γ+δ=230°~290°
γ——排气提前角，一般γ=40°~80°
δ——排气延迟角，一般δ=10°~30°
进气门关
intake valve close
下止点
bottom dead center,BDC
排气门开
exhaust valve open
整个进气过程延续时间相当曲轴转角
180°+α+β=230°~290°
α——进气提前角，一般α=10°~30°
β——进气延迟角，一般β=40°~80°
进气门开
intake valve open
上止点
top dead center,TDC
进气
进气门关
intake valve close
下止点
bottom dead center ,BDC
排气持续角为γ+180°+δ
exhaust duration angle
排气门关
exhaust valve close
上止点
top dead center,TDC
进气持续角为α+180°+β
intake duration angle
排气
下止点
bottom dead center ,BDC
排气门开
exhaust valve open

图6-14 配气相位图

6.3 可变正时与可变气门升程技术

可变配气相位技术可以根据发动机转速和工况不同进行调节，使得发动机在高速和低速下都能获得理想的进气和排气效率。

6.3.1 链条张紧式凸轮轴正时调节

链条张紧式凸轮轴正时调节机构，通过改变凸轮轴链条的张紧度从而改变配气正时。该机构只能对凸轮轴进行调节。该机构由凸轮轴调节阀、调节活塞、链条张紧器滑块、止动销等组成，如图6-15所示。

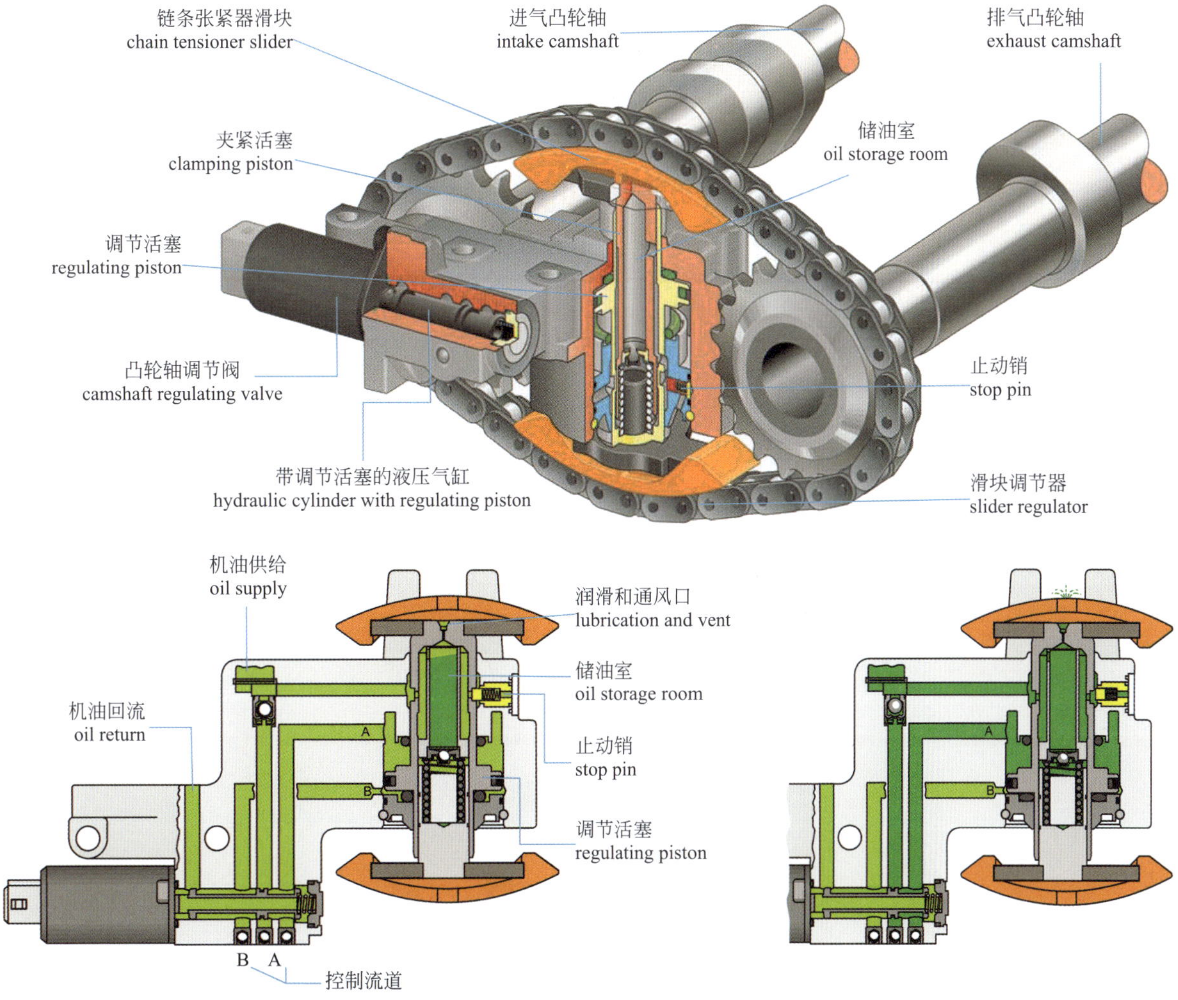

发动机关闭和启动时没有机油压力或机油压力低，调节活塞一直处于被锁止状态，该位置称为基本位置/滞后位置。此时进气门延时关闭，由于气流速度和转速较高，虽然活塞已经再次向上运动，但燃油和空气的混合仍然继续涌向气缸，充气效率更好，发动机工作在大功率工况

(a) 功率调节

当机油压力达到一定值时，机油压力就作用到锁止螺栓面上，机油压力作用方向与弹簧力作用方向相反。于是止动销松开调节活塞，这样就可按发动机控制单元的控制指令向“提前”方向进行调节。在中低速工况，发动机可获得最大的扭矩输出

(b) 扭矩调节

图6-15 链条张紧式凸轮轴正时调节

6.3.2 叶片式凸轮轴正时调节装置

叶片式凸轮轴调节装置安装在每个需要调节的凸轮轴上，与凸轮轴链轮组合在一起。调节器由转子、定子、油压分配器阀门、弹簧锁销等组成。转子焊接在进气凸轮轴上，定子直接作用在控制链条上，分配器阀门用一个带左旋螺纹的螺钉固定在凸轮轴上。

发动机控制单元使用空气流量计和发动机转速传感器的信号作为用来计算所需要调整的主信号，除此之外，还将冷却液温度传感器的信号作为修正信号，将霍尔传感器信号作为识别到进气凸轮位置的反馈信号。

调节器的位置由凸轮轴调节的电磁阀门来确定，是由发动机控制单元通过一个脉冲宽度的调制信号进行控制的。

停车后，调节器就锁定在延后位置上，这个功能通过弹簧锁销来实现。当发动机油压超过0.5bar（$1bar=10^5Pa$）时便会解锁。调节系统组成及调节器结构如图6-16所示。

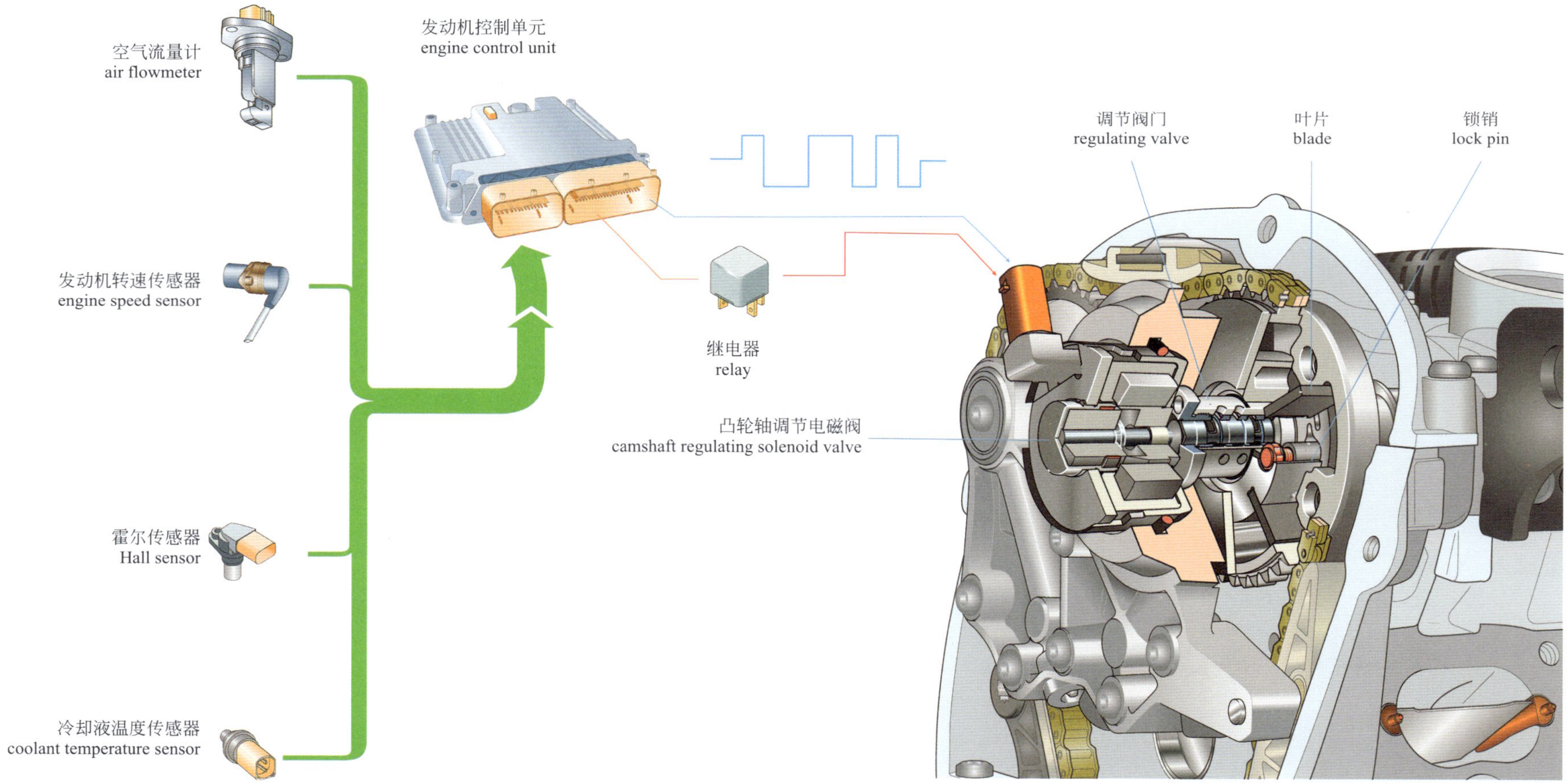

图6-16 调节系统组成及调节器结构

6.3.3　丰田VVT-i（智能可变气门正时）系统

丰田VVT-i系统利用油压来调节进、排气凸轮轴的转角，使气门正时得到优化。VVT-i系统部件主要包含可以调节凸轮轴转角的控制器和凸轮轴正时控制阀，如图6-17所示。控制器由凸轮轴正时链条驱动的外壳和固定在凸轮轴上的叶片组成。凸轮轴正时控制阀由发动机ECU的占空比控制，控制着流向控制器提前或延迟侧的油压。

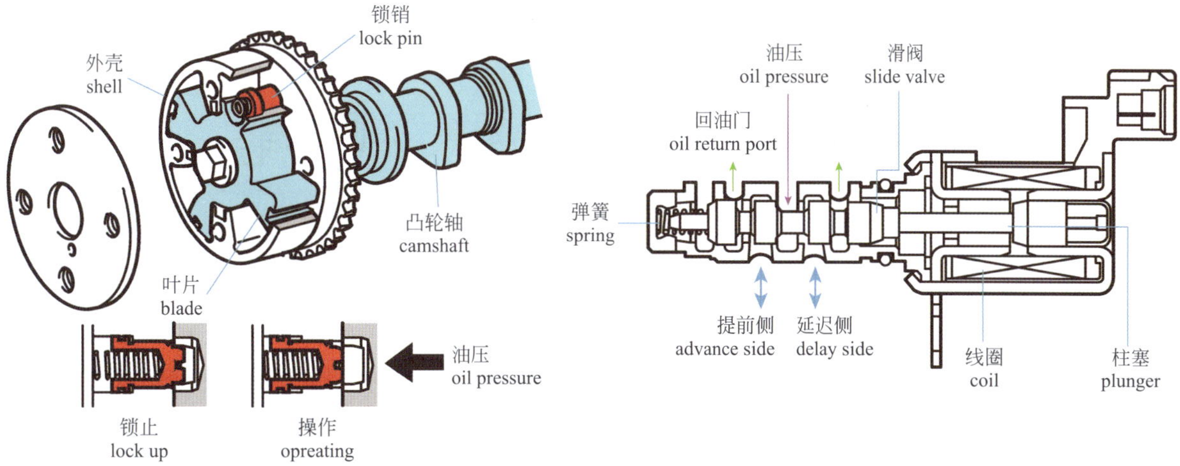

由来自进气凸轮轴提前或者延迟侧的通道传送的油压使得VVT-i控制器的叶片沿圆周方向旋转，从而连续不断地改变进气气门正时。当发动机停止时，进气凸轮轴被调整(移动)到最大延迟状态以维持启动性能。在发动机启动后，油压并未立即传到VVT-i控制器时，锁销便锁定VVT-i的机械动作部件以防撞击产生噪声

图6-17　丰田VVT-i系统组件

发动机ECU根据发动机转速、进气量、节气门位置和冷却液温度来计算出各种运行条件下的最佳气门正时，使用凸轮轴位置传感器和曲轴位置传感器信号用来计算实际气门正时，并进行反馈控制以达到预定的目标气门正时。丰田VVT-i控制系统组成如图6-18所示。

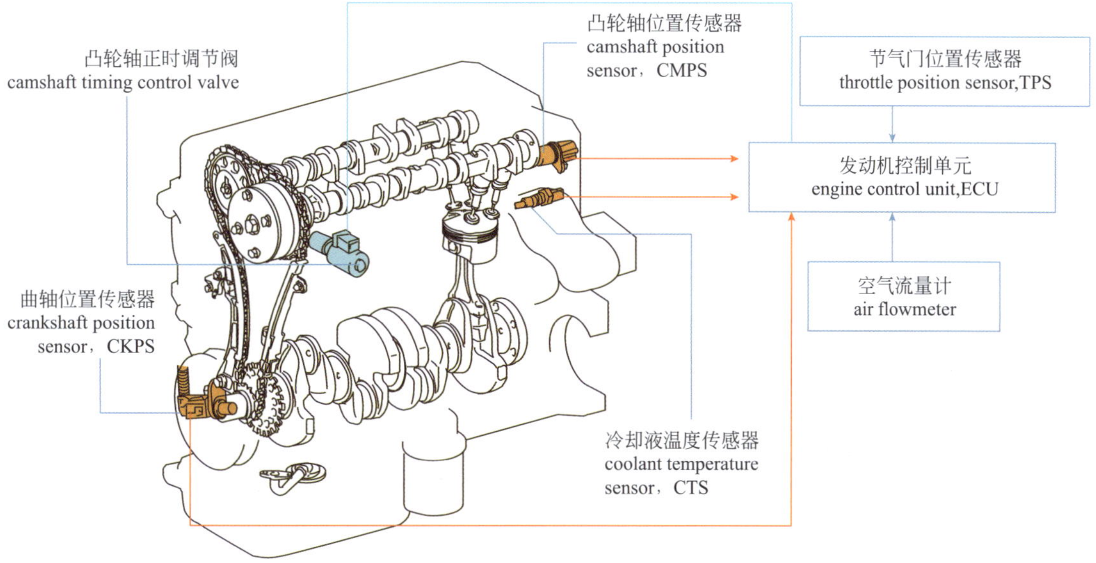

图6-18　丰田VVT-i控制系统组成

（1）提前

由发动机ECU 所控制的凸轮轴正时控制阀将油压作用于气门正时提前侧的叶片室，使进气凸轮轴向气门正时的提前方向旋转（图6-19）。

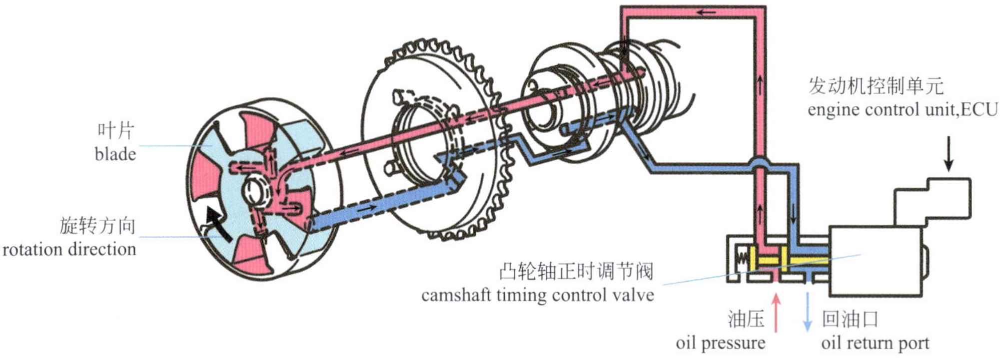

图6-19 气门正时提前调节

（2）延迟

由发动机ECU 所控制的凸轮轴正时控制阀将油压作用于气门正时延迟侧的叶片室，使进气凸轮轴向气门正时的延迟方向旋转（图6-20）。

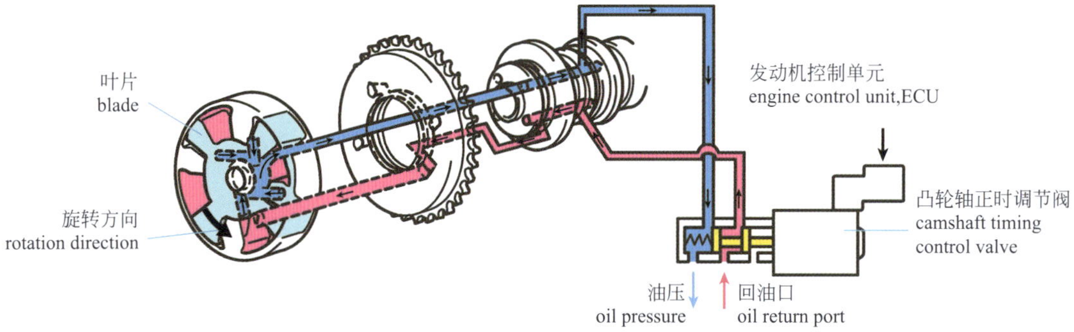

图6-20 气门正时延迟调节

（3）保持

发动机ECU 根据具体的运作参数进行处理，并计算出目标气门正时角度，当达到目标气门正时以后，凸轮轴正时机油控制阀通过关闭油道来保持油压，以保持当前的气门正时状态（图6-21）。

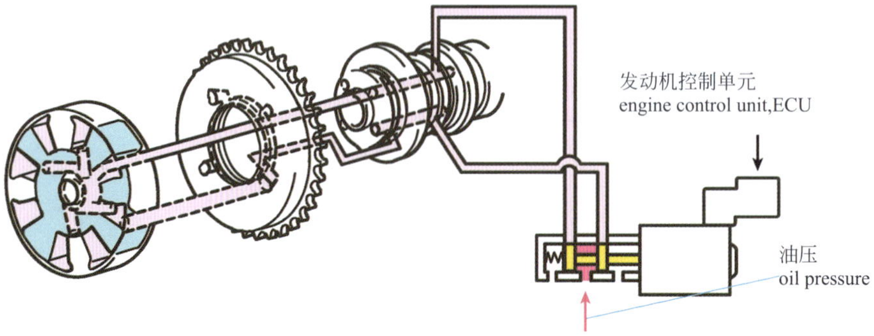

图6-21 气门正时保持当前状态

6.3.4 丰田VVTL-i（智能可变气门正时和升程）系统

VVT-i 系统只改变气门正时，VVTL-i 系统在此基础上增加了改变气门升程的控制机构。VVTL-i 系统的基本结构和运作与VVT-i系统基本相同，但采用了能转换两个不同升程量的凸轮装置，用于改变气门的升程。

VVTL-i系统的特殊部件是用于VVTL-i系统的凸轮轴正时调节阀、凸轮轴和摇臂，如图6-22 所示。

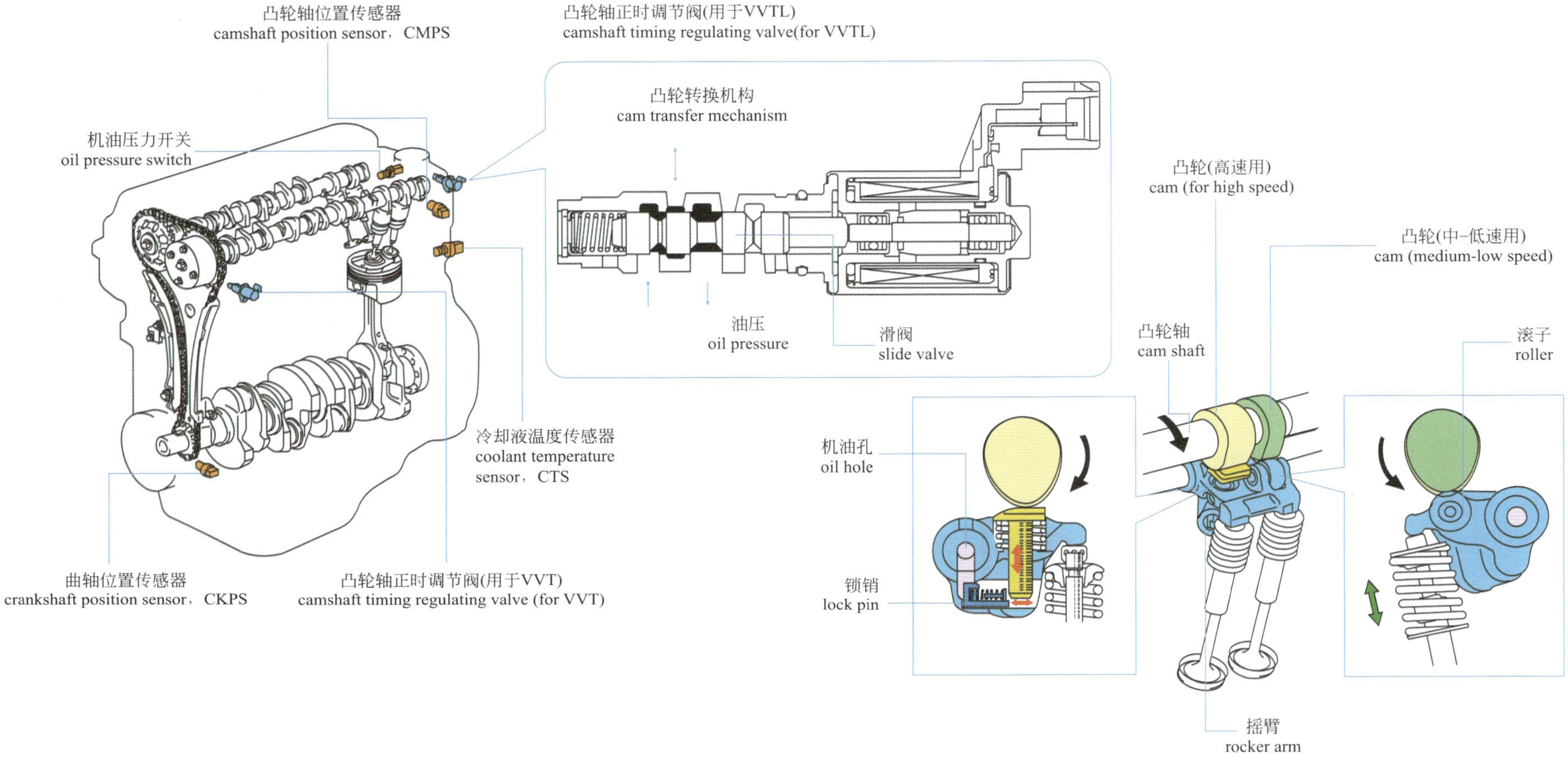

图6-22 VVTL-i 系统零件组成

VVTL-i 系统的运作和VVT-i 系统近似相同。不同点在于VVTL-i 系统的凸轮转换机构，发动机ECU 依据冷却液温度传感器和曲轴位置传感器传来的信号，作为参数进行处理，并利用凸轮轴正时调节阀（用于VVTL）在两个凸轮之间进行转换控制，如图6-23所示。

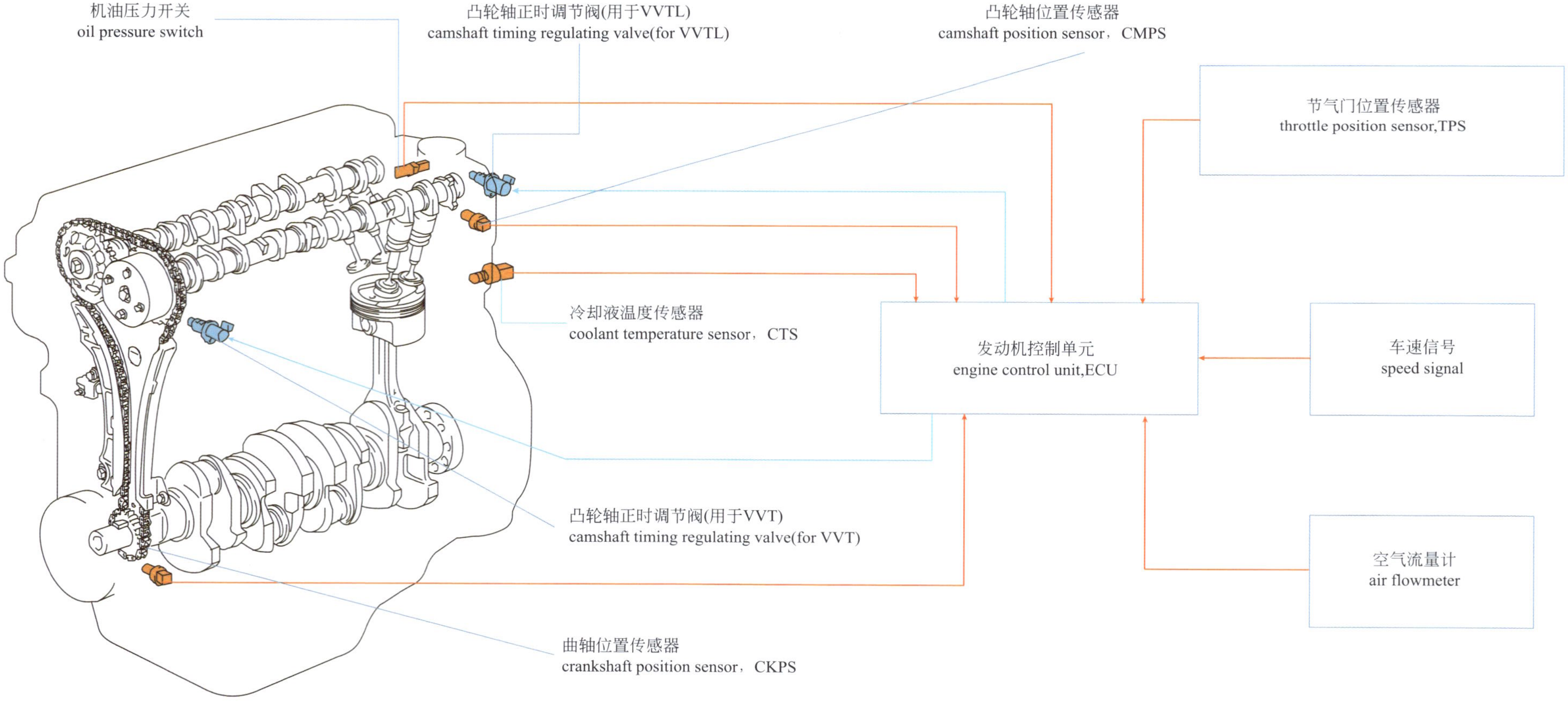

图6-23 VVTL-i 系统控制原理图

(1) 低-中转速时的调节

凸轮轴正时调节阀（用于VVTL）打开回油口，油压不能作用在凸轮的转换机构上［图6-24（a）］。油压没有作用在锁销上，因此，弹簧将锁销推到未锁定方向。在这种情况下，垫块丧失互顶作用，这时由凸轮（低-中速用）提升气门［图6-24（b）］。

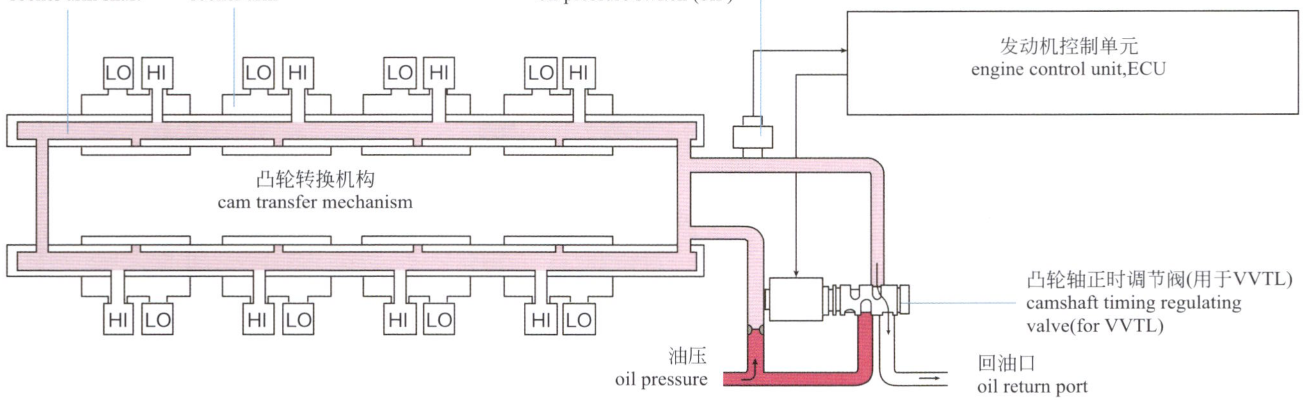

(a) 油压作用原理示意图

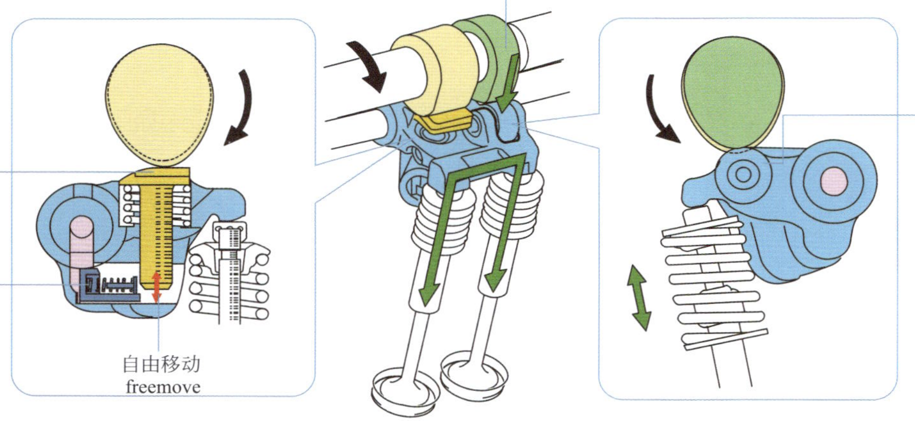

(b) 凸轮摇臂工作图

图6-24 低-中速时的调节

（2）高转速时的调节

机油控制阀关闭回油口，以使油压作用于凸轮转换机构的高速用凸轮上［图6-25（a）］。此时如图6-25（b）所示，在摇臂内部，油压将锁销推到垫块的下方，以使垫块作用于摇臂。所以，在凸轮（低-中速用）推下（作用于）滚子之前，凸轮（高速用）已先作用于摇臂，这时由凸轮（高速用）推动气门提升气门升程。

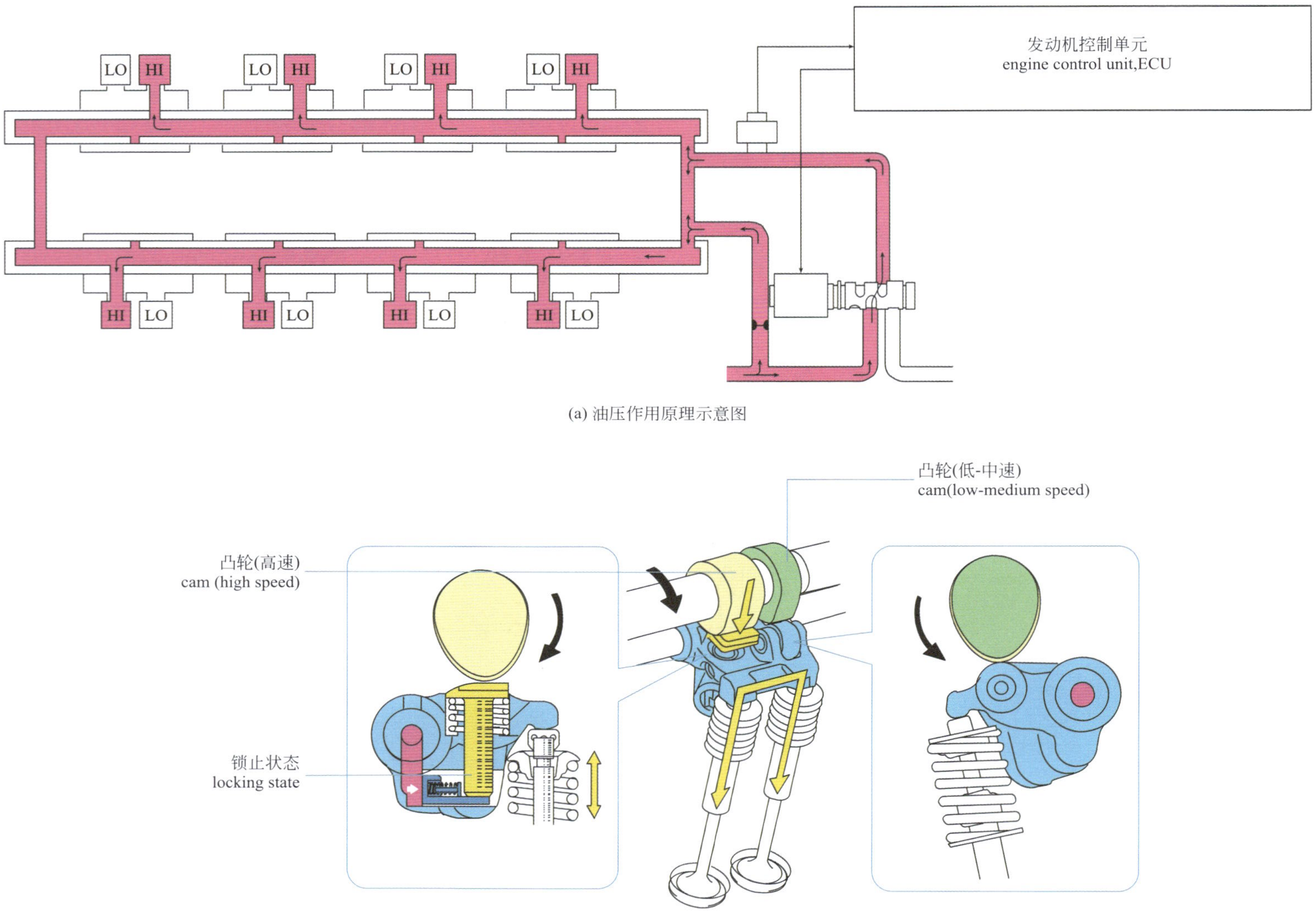

(a) 油压作用原理示意图

(b) 凸轮、摇臂工作图

图6-25 高转速时的调节

6.3.5 本田i-VTEC 可变气门正时和升程技术

本田i-VTEC 可变气门正时和升程技术，采用三根摇臂和三个凸轮。通过三根摇臂的分离与结合，来实现高低角度凸轮的切换。

发动机低负荷时，三根摇臂处于分离状态，此时由低升程凸轮驱动摇臂，压开气门，气门升程较小。当发动机处于高负荷时，三根摇臂通过卡销连接在一起，高升程凸轮先于低升程凸轮推开气门，此时气门升程较大，如图6-26 所示。

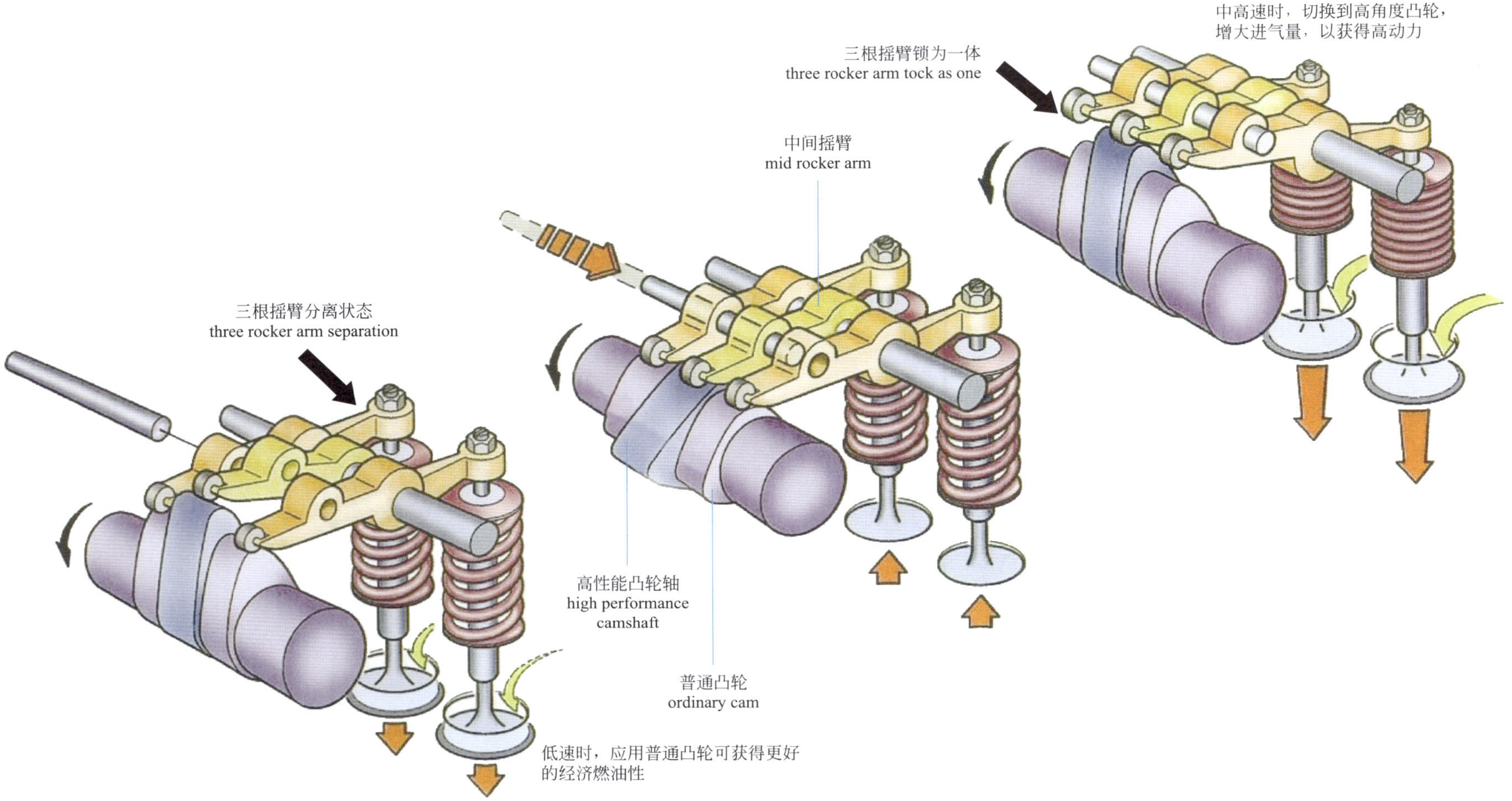

图6-26 本田i-VTEC 可变气门正时和升程技术

6.3.6 宝马Valvetronic 电子气门调节系统

宝马Valvetronic 可变气门是具有进气门升程控制功能的气门驱动系统，发动机进气完全由无级可变进气门升程控制。在发动机转速最低时，进气门将随后开启以改善怠速质量及平稳性。发动机处于中等转速时，进气门提前开启以增大转矩并允许废气在燃烧室内进行再循环，从而减少废气的排放。当发动机处于高转速时，进气门开启将再次延迟，从而发挥出最大功率。宝马Valvetronic 电子气门调节系统的气门机构如图6-27所示，气门组结构如图6-28所示，VANOS调节单元及电磁阀如图6-29所示，VANOS调节单元及电磁阀油路如图6-30所示。

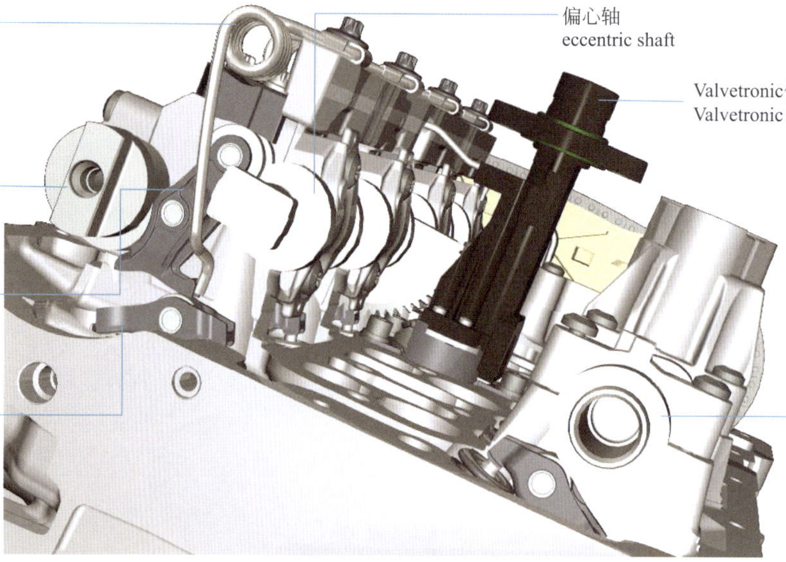

图6-27 气门机构

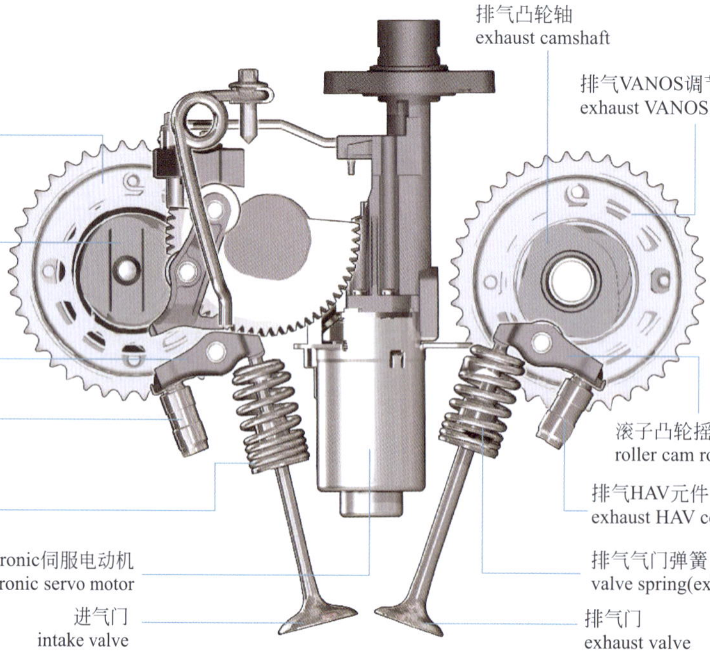

图6-28 气门组结构

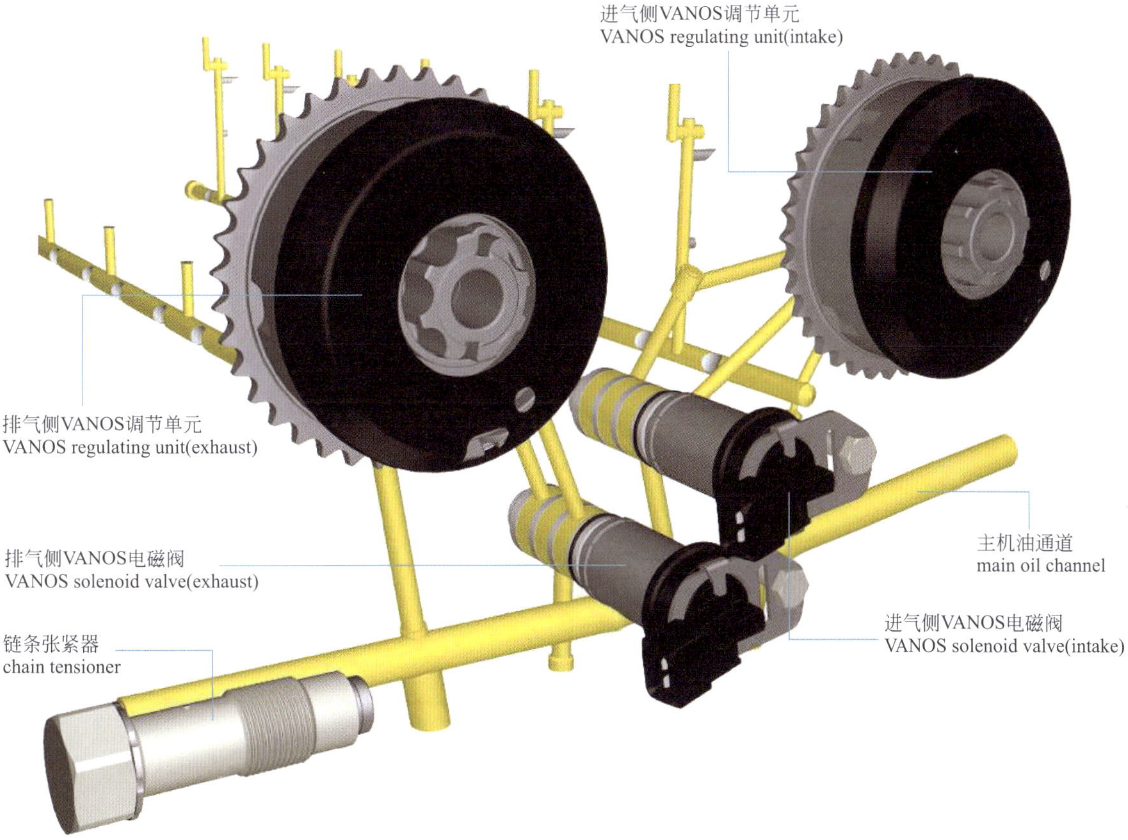

图6-29 VANOS调节单元及电磁阀

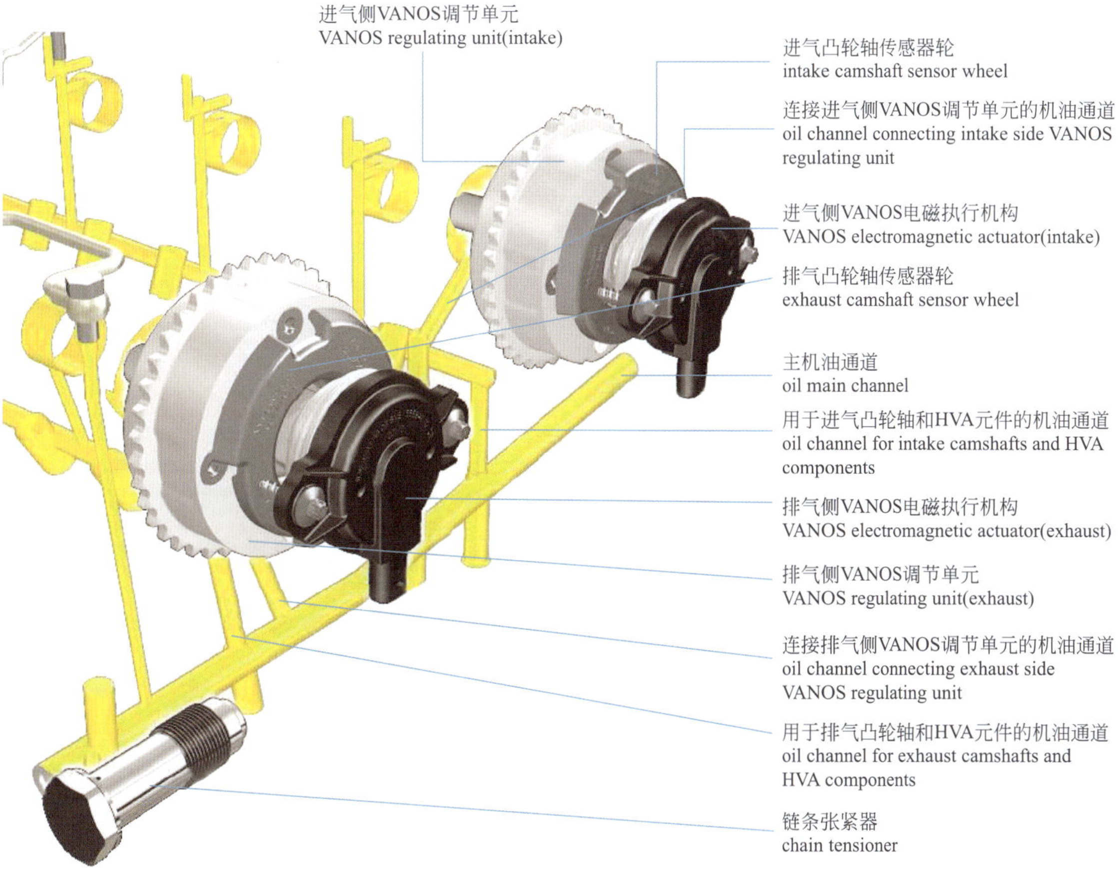

图6-30 VANOS调节单元及电磁阀油路

6.3.7 AVS可变气门升程系统

通过排气凸轮轴上的电子气门升程切换以及进气和排气凸轮轴上的可变气门正时，可实现对每个气缸气体交换的优化控制。较小的凸轮轮廓仅用于低转速。AVS原理示意图如图6-31所示。

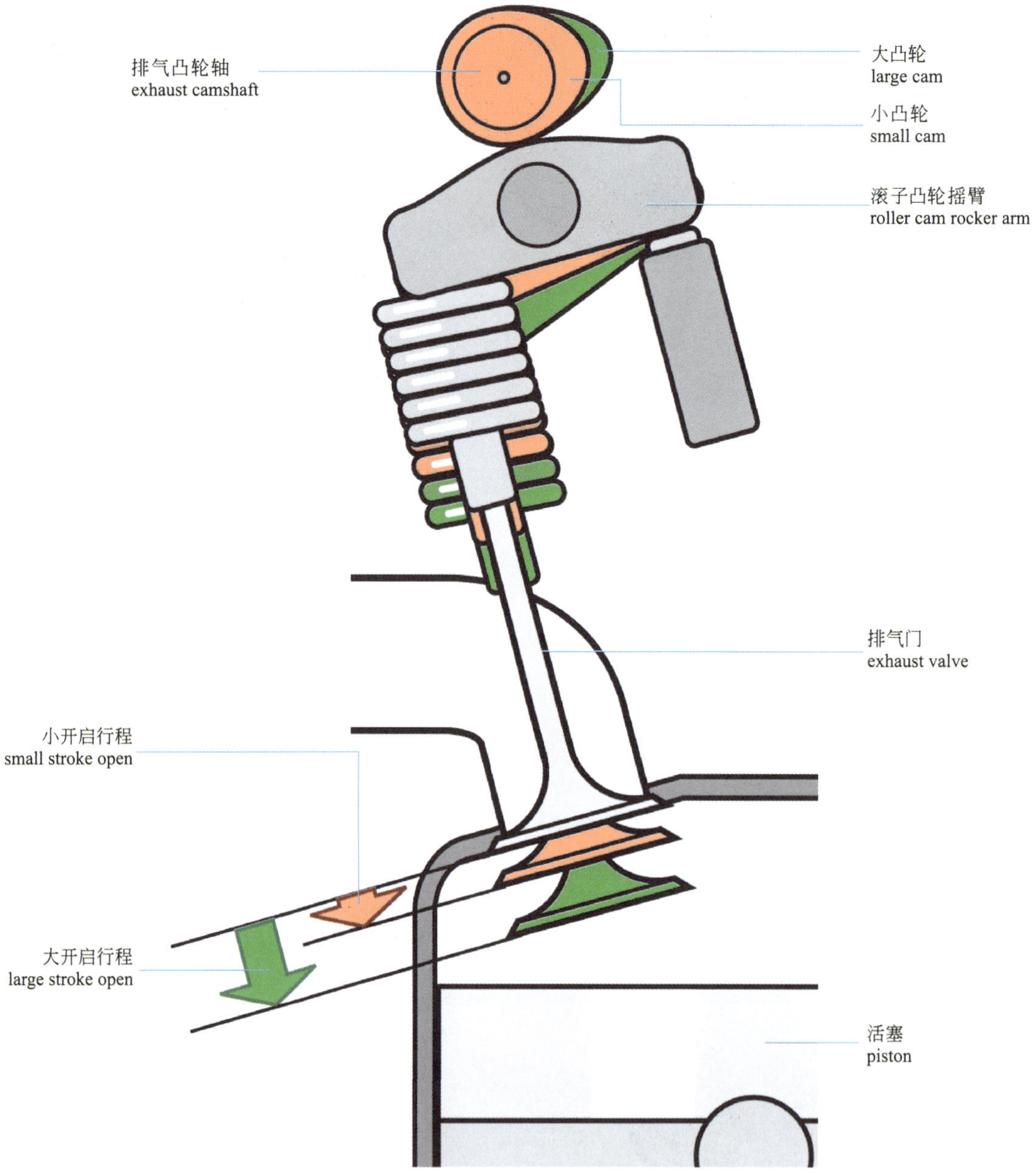

图6-31 AVS原理示意图

此功能有以下好处。

① 优化气体交换。

② 防止废气回流到之前的气缸。

③ 入口打开时间更早，填充程度更佳。

④ 通过燃烧室内的正压差减少余气。

⑤ 提升响应性。

⑥ 在较低转速和较高增压压力下达到更高的扭矩。

为了在排气凸轮轴上两个不同的气门升程之间相互切换，此凸轮轴有四个可移动的凸轮件（带有内花键），如图6-32 所示。每个凸轮件上都装有两对凸轮，其凸轮升程是不同的。通过电执行器对两种升程进行切换。电执行器接合每个凸轮件上的滑动槽，并移动凸轮轴上的凸轮件。每个凸轮件有两个执行器用于在两种升程之间来回切换。

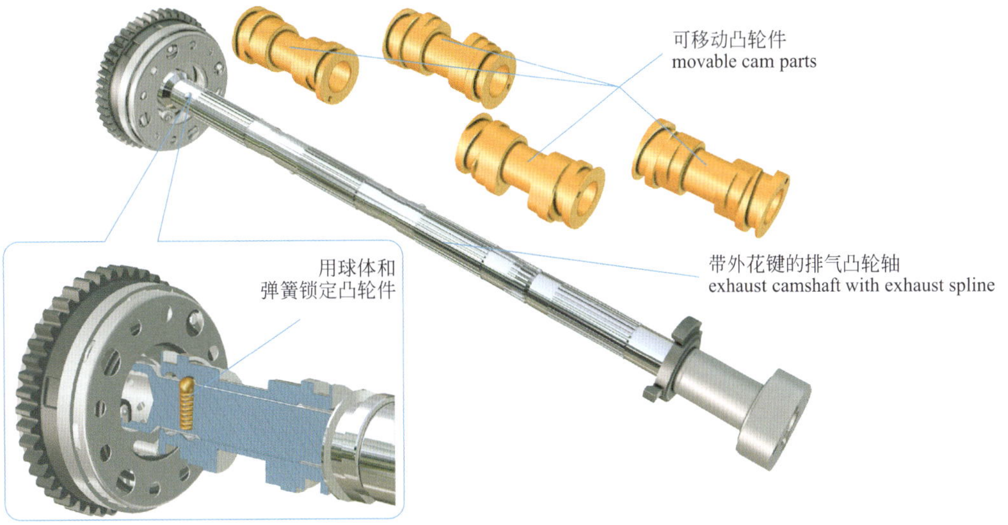

图6-32 凸轮轴结构

凸轮轴中的弹簧加载式球体将凸轮件锁定在其各自的端部位置。凸轮轴的滑动槽和轴向推力轴承会限制凸轮件的移动。因为设计包含了凸轮轴上的一对凸轮，所以滚轮摇臂棘爪的接触面更窄小。

在两个执行器（气缸1 ～ 4 的排气凸轮执行器A和B）的辅助下，每个凸轮件在排气凸轮轴上的两个切换位置之间被来回推动。每个气缸的一个执行器切换到更大的气门升程，另一个执行器切换到更小的气门升程，如图6-33 所示。

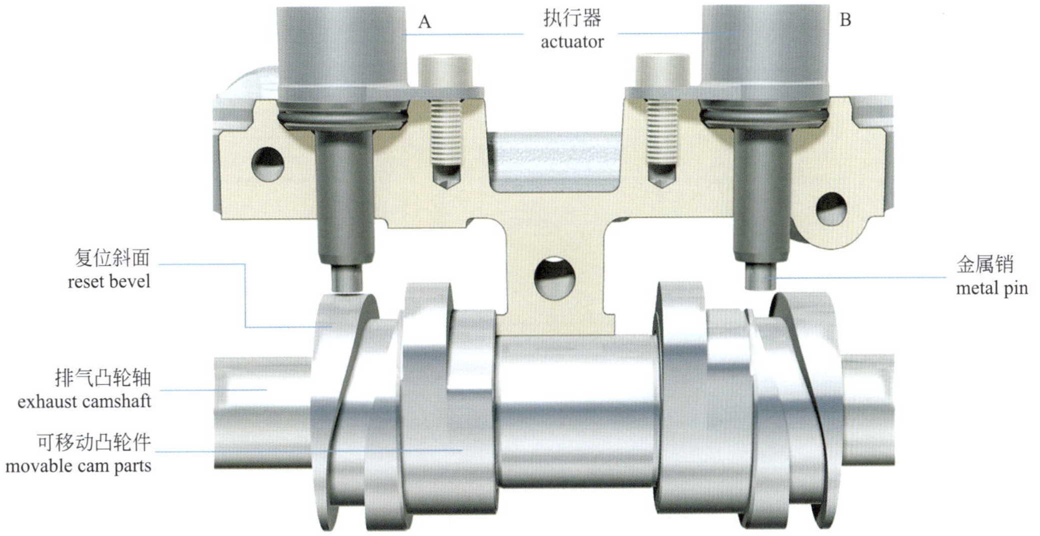

图6-33 凸轮轴执行器

每个执行器由发动机控制单元的接地信号启动，通过主继电器提供电压，执行器的电流消耗约为3A。

低发动机转速范围下的凸轮轴位置如图6-34 所示。为了使这个负载范围内的气体交换性能更佳，发动机管理系统通过凸轮轴调节器将进气凸轮轴提前，将排气凸轮轴延迟。气门升程切换至更小的排气凸轮轮廓，而且右侧执行器移动金属销，它接合滑动槽，并将凸轮件移至小凸轮轮廓。

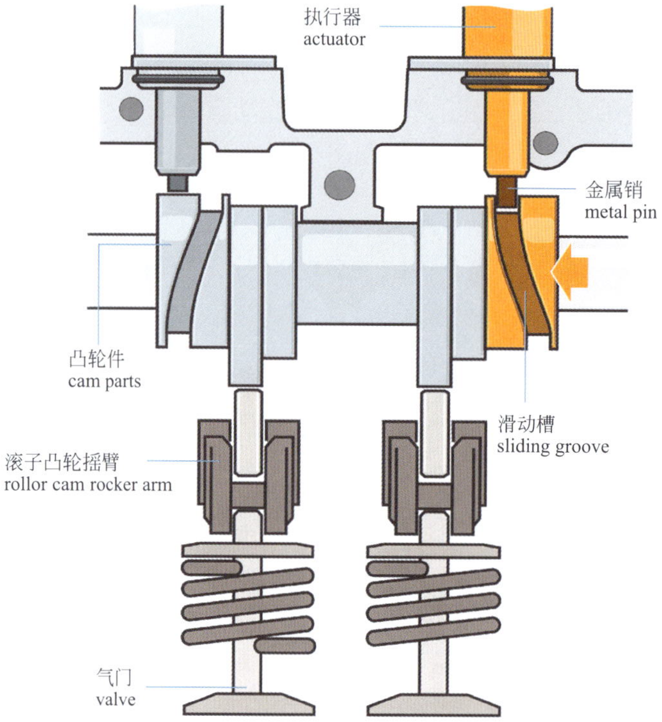

图6-34 低发动机转速范围下的凸轮轴位置（一）

气门沿着较小的气门轮廓上下移动。两个小凸轮的位置在某种程度上是交错的，确保气缸的两个排气门的开启时间是错开的。这两项措施会导致在废气被从活塞中排到涡轮增压器中时，废气气流的脉动减小，从而可在低转速范围内达到较高的增压压力，如图6-35所示。

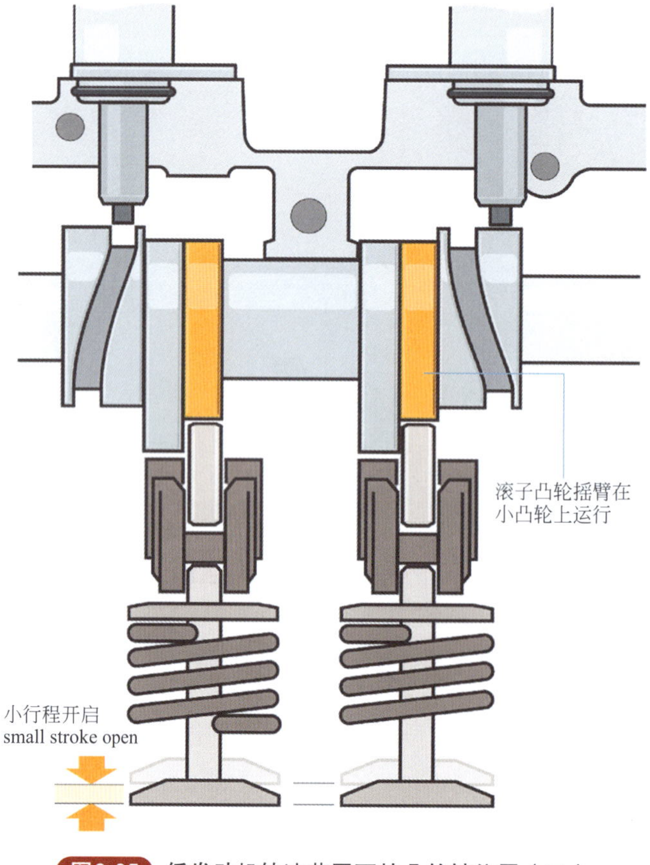

图6-35 低发动机转速范围下的凸轮轴位置（二）

部分负载和全负载下的凸轮轴位置如图6-36所示。

驾驶员使车辆加速，并从部分负载改变为全负载。气缸内的气体交换必须适应更高的性能需求。

发动机管理系统通过凸轮轴调节器将进气凸轮轴提前，将排气凸轮轴延迟。为达到最佳的气缸填充性能，排气门需要最大的气门升程。为了达到此目的，左执行器被启动，由左执行器移动其金属销。

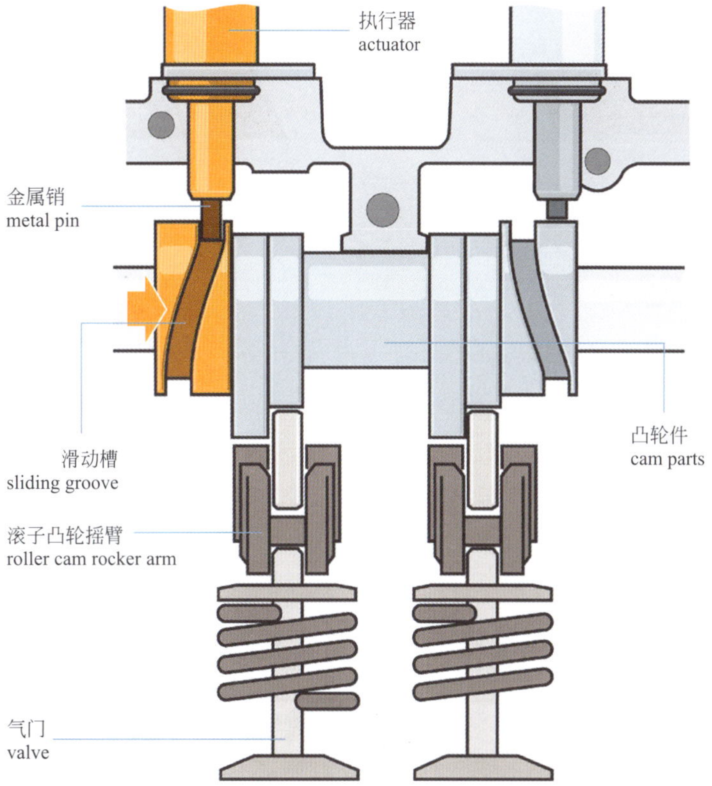

图6-36 部分负载和全负载下的凸轮轴位置（一）

金属销通过滑动槽将凸轮件移向大凸轮，排气门以最小的升程打开和关闭。

凸轮件也通过凸轮轴中的弹簧加载式球体被固定在此位置，如图6-37所示。

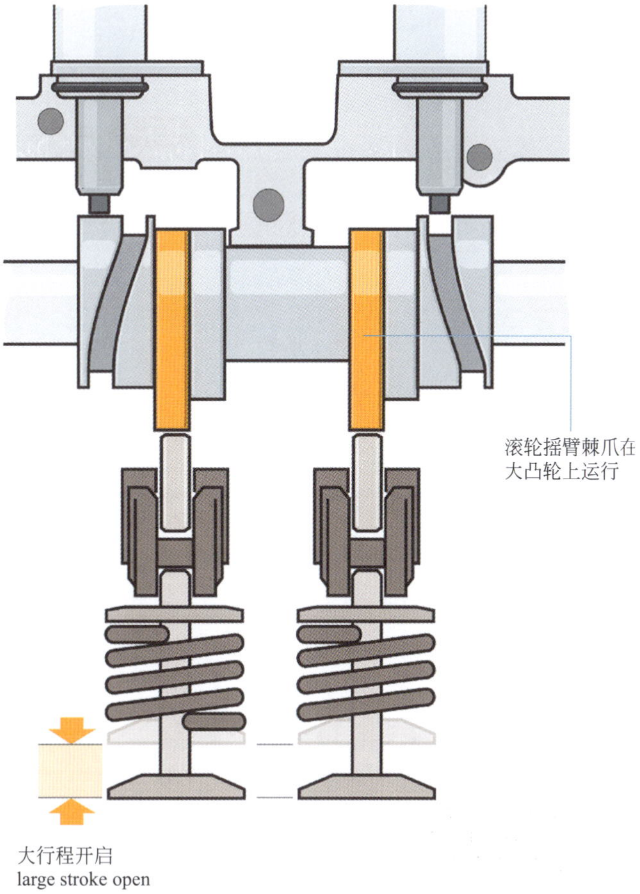

图6-37 部分负载和全负载下的凸轮轴位置（二）

第7章 燃油供给系统

7.1 概述

燃油供给系统的功用是根据发动机各工况的不同要求，准确地计量空气与燃油的混合比，并将一定数量和压力的燃油喷射到进气歧管或直接喷射进气缸中。燃油供给系统主要由燃油箱、燃油泵、燃油滤清器、燃油管、燃油分配轨和喷油器等组成，如图7-1所示。

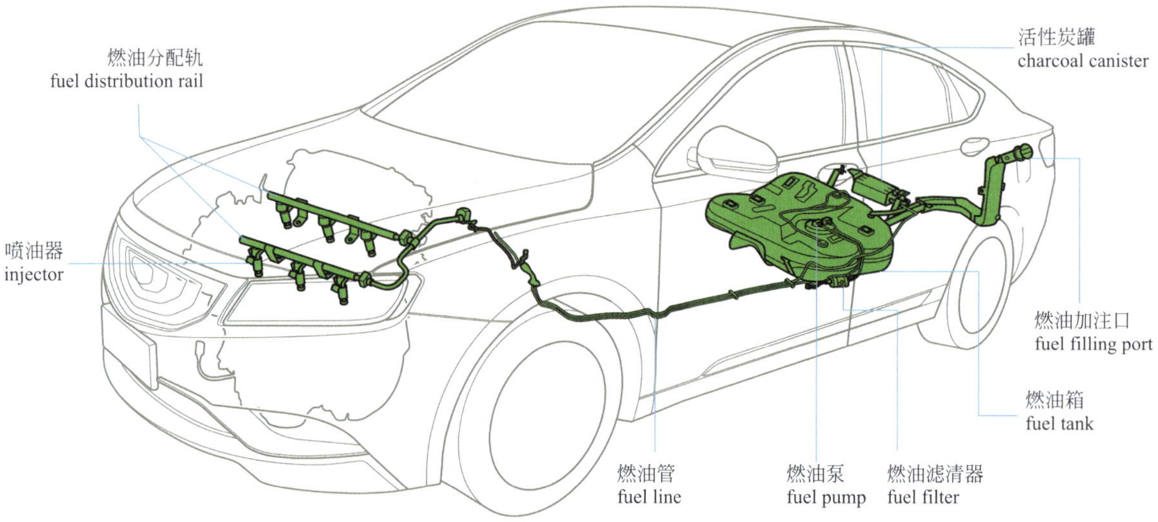

图7-1 燃油供给系统组成

燃油供给系统按照喷油器的安装位置不同可分为进气歧管喷射式和缸内直接喷射式（FSI），如图7-2所示。

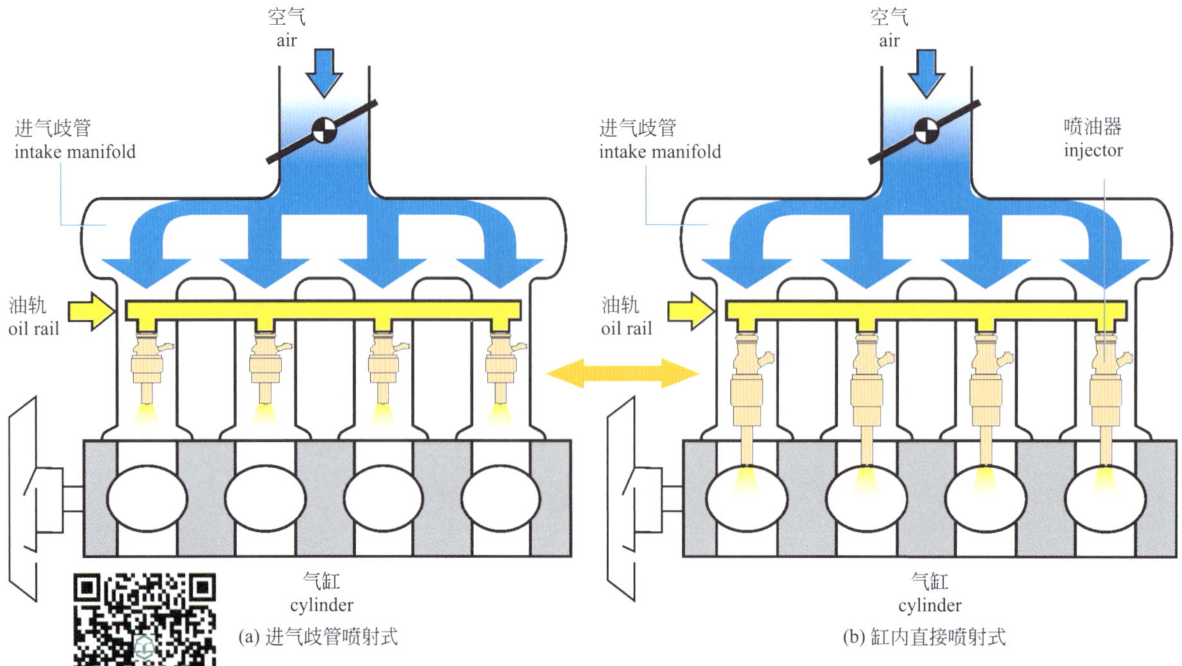

图7-2 进气歧管喷射与缸内直喷（FSI）

7.2 燃油喷射系统原理

7.2.1 进气歧管喷射系统

如图7-3所示，发动机控制单元根据各传感器信号计算和修正喷油量，将燃油喷射到进气歧管内，与空气形成可燃混合气吸入气缸。

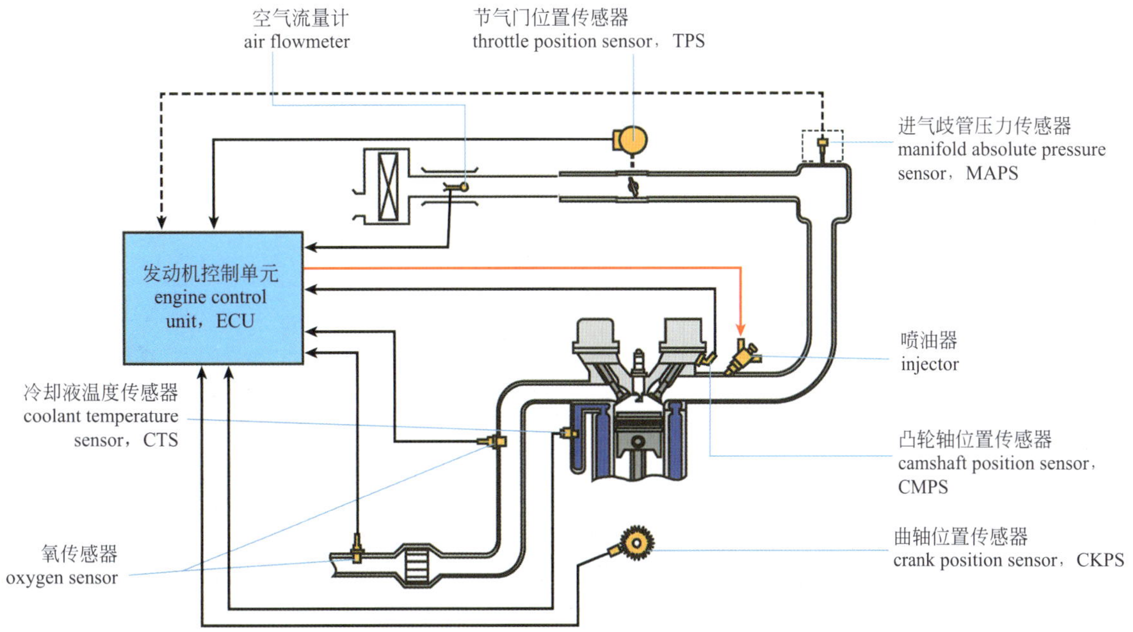

图7-3 进气歧管喷射系统组成及原理

7.2.2 缸内直喷系统

缸内直喷系统组成如图7-4所示。喷油器直接将定量的燃油喷入气缸内，在气缸内形成可燃混合气，可精确调节燃油的喷射时间和流量。

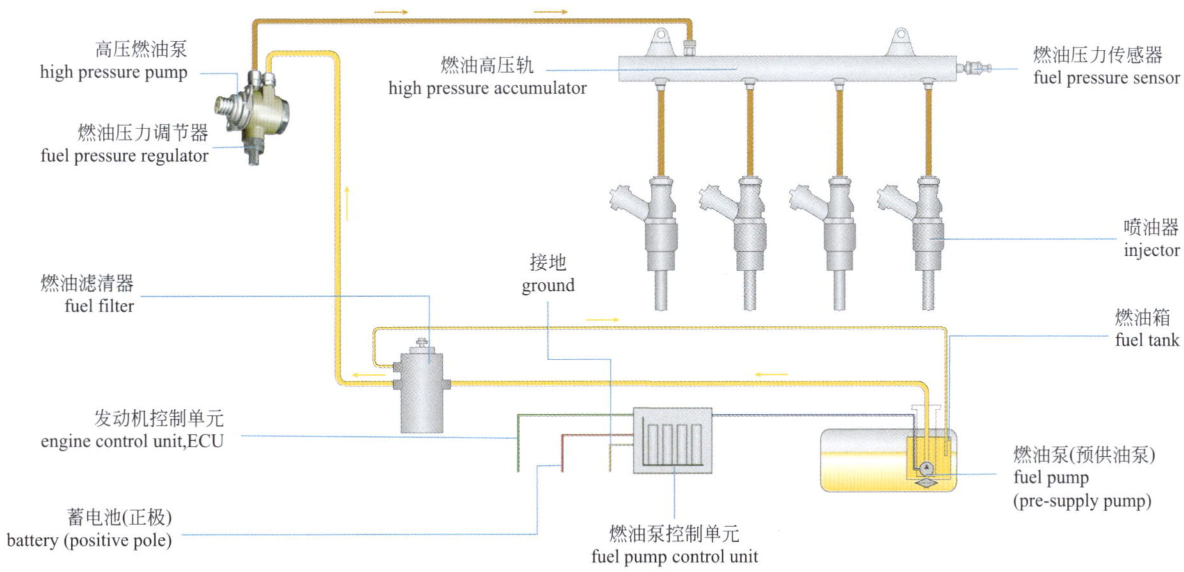

图7-4 缸内直喷系统组成

7.3 燃油供给系统部件

（1）电动燃油泵

电动燃油泵的功用是将燃油从油箱中吸出，并通过喷油器供给各气缸。电动燃油泵一般安装在油箱内，浸在汽油中。目前多采用叶片式电动燃油泵（图7-5）。部分车型的电动燃油泵还内置了燃油滤清器，内置燃油滤清器和无内置燃油滤清器的电动燃油泵如图7-6所示。

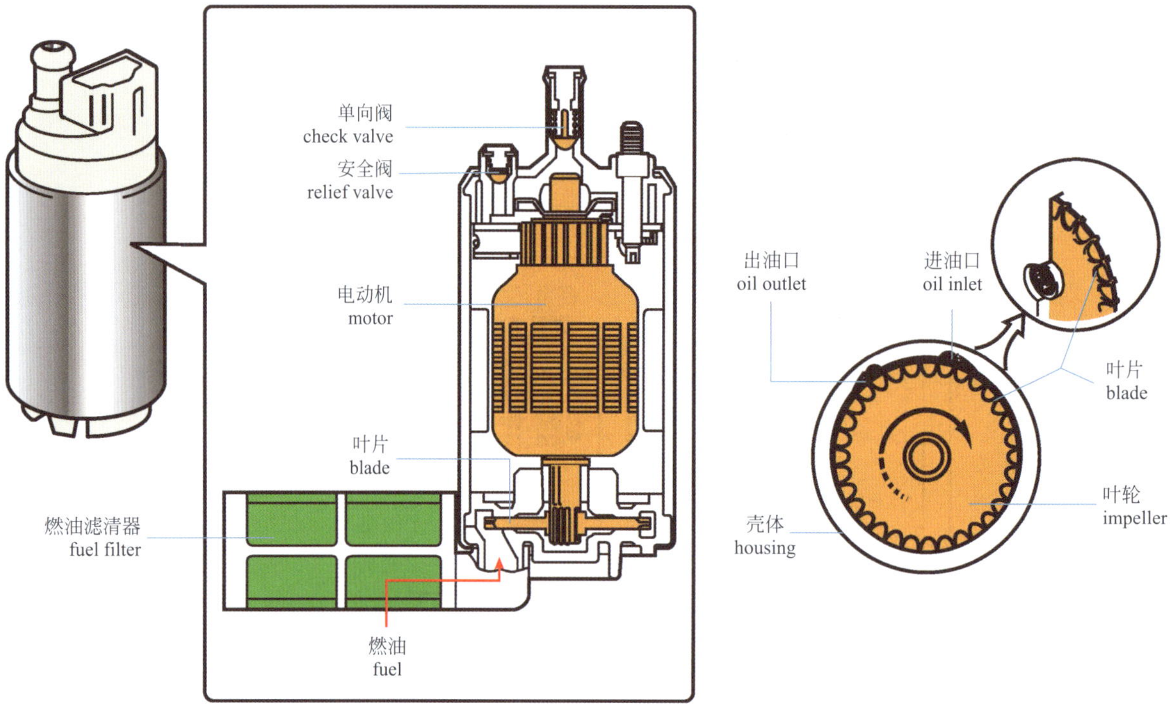

图7-5 叶片式电动燃油泵的结构

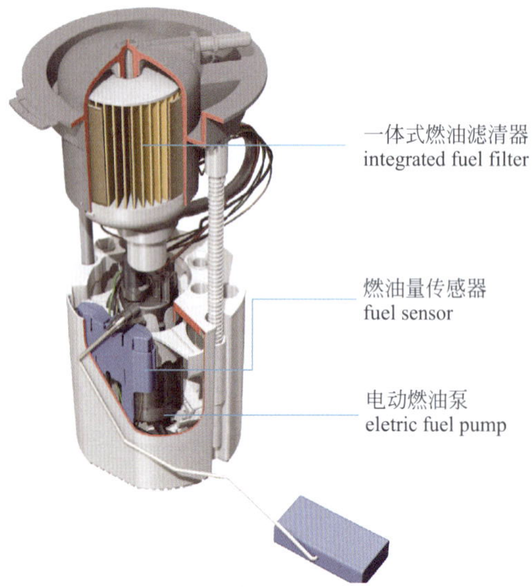

(a) 内置燃油滤清器的电动燃油泵

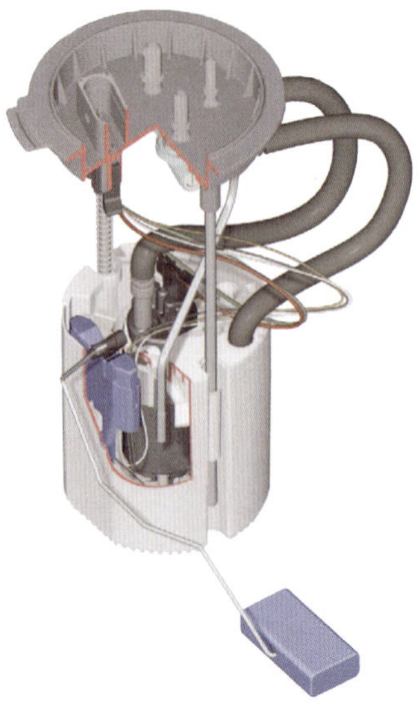

(b) 无内置燃油滤清器的电动燃油泵

图7-6 燃油滤清器对比图

（2）燃油箱

燃油箱（图 7-7）用来存储燃油，其大小与车型和发动机排量有关。目前汽车燃油箱多采用耐油硬塑料制成。燃油箱上一般装有翻车防漏阀，防止翻车时燃油溅出。内部还安装有防晃隔板，防止汽车行进中燃油在燃油箱内晃动。

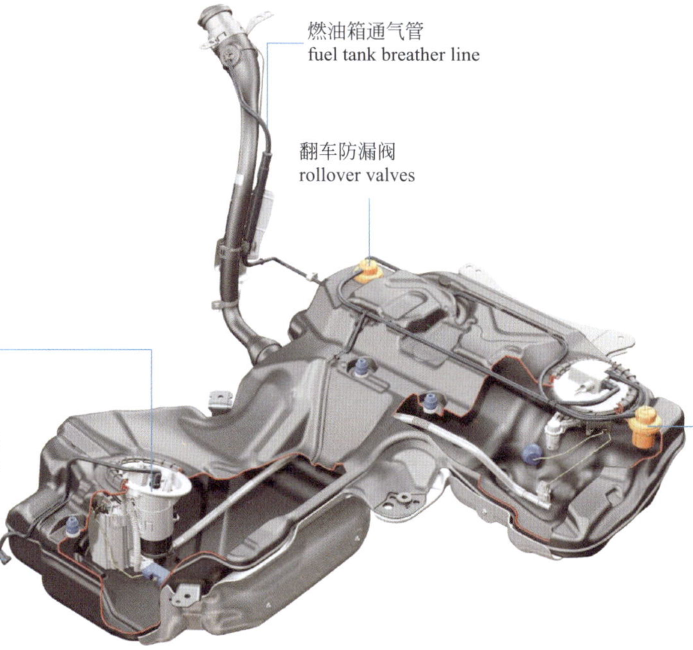

图7-7 燃油箱

（3）燃油压力调节器

燃油压力调节器（图 7-8）一般安装在燃油分配轨上，其功用是根据进气歧管内绝对压力的变化来调节系统油压，保持喷油器的喷油绝对压力恒定，使喷油器的喷油量只取决于喷油器的开启时间。

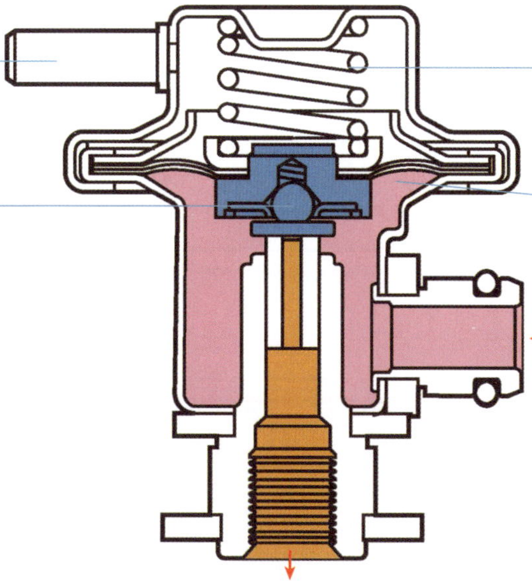

图7-8 燃油压力调节器

（4）燃油分配轨与喷油器（图7-9）

燃油分配轨的功用是将燃油均匀地、等压地分配给各喷油器，同时还具有储油续压的作用。燃油从燃油泵泵出，经滤清后流入燃油分配轨。燃油分配轨用螺栓安装在进气歧管下部的固定座上，其上安装有喷油器。

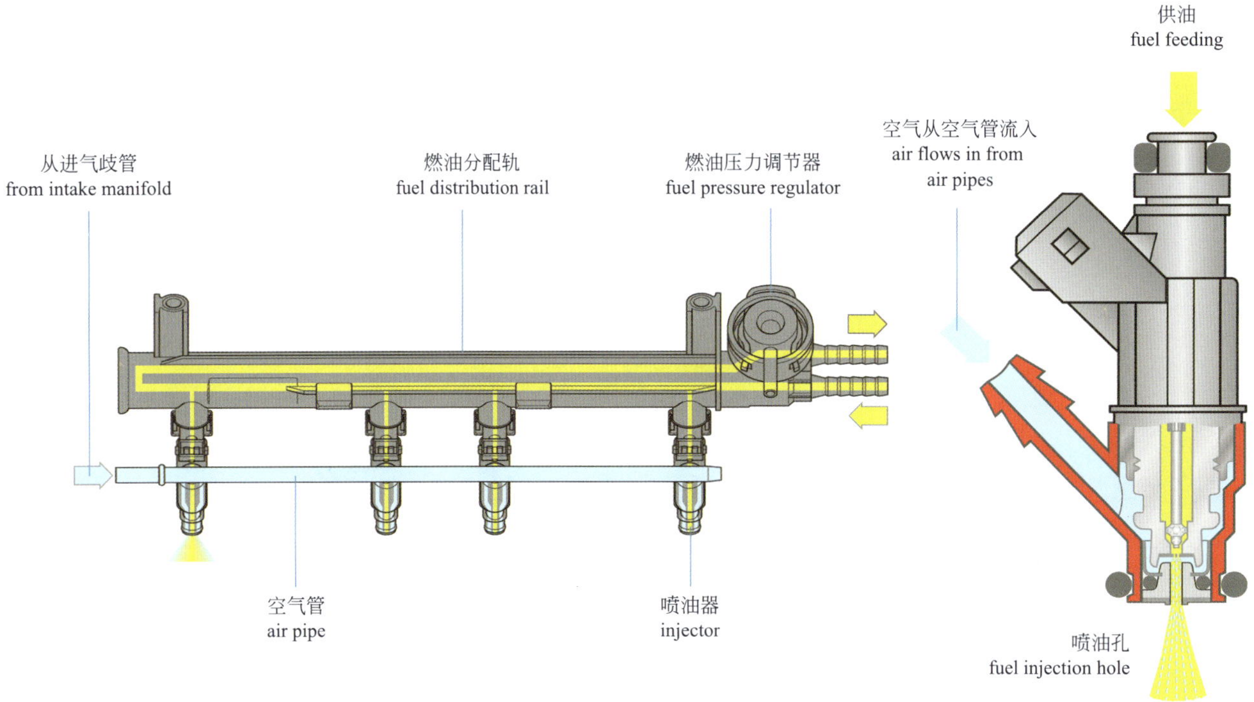

图7-9 燃油分配轨与喷油器

喷油器（图7-10）是燃油喷射系统的执行元件，相当于电磁阀，通电时电磁线圈产生电磁力，将衔铁及针阀吸起，打开喷孔，燃油经针阀头部的轴针与喷孔之间的环形间隙高速喷出；断电时电磁力消失，衔铁及针阀在回位弹簧的作用下将喷孔封闭，喷油器停止喷油。

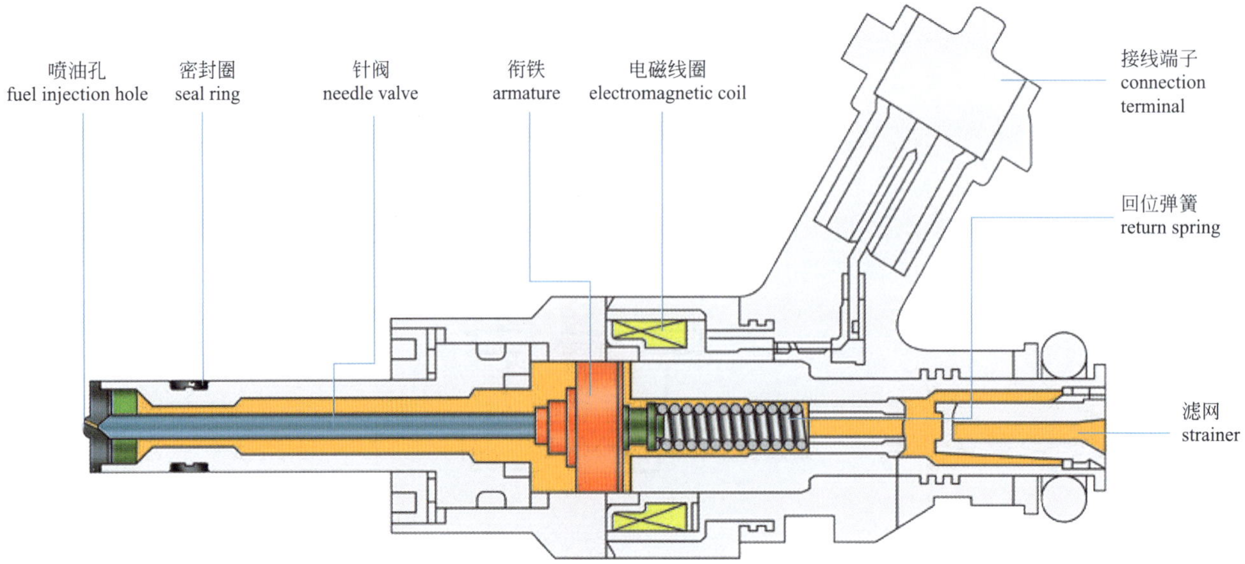

图7-10 喷油器

（5）高压泵（图7-11）

缸内直喷系统中安装有高压泵，高压泵一般安装在气缸盖上，由凸轮轴上一个三联凸轮驱动，可产生3 ~ 12MPa的燃油压力。

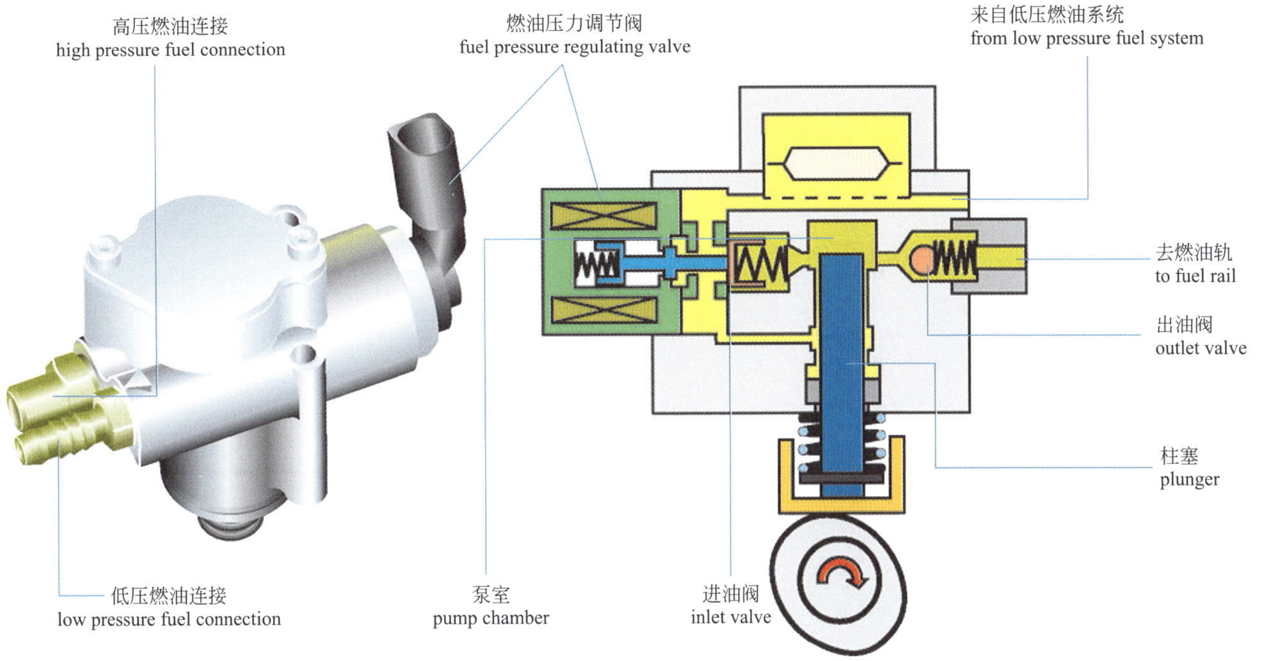

图7-11 高压泵

高压泵通过吸油行程、回油行程和供油行程将低压油变为高压油。

吸油行程如图7-12所示，燃油压力调节阀未通电，低压阀被保持在打开状态。凸轮的形状和活塞弹簧力使柱塞向下运动。由于泵内容积增大以及预工作压力的作用，燃油就跟着流入。

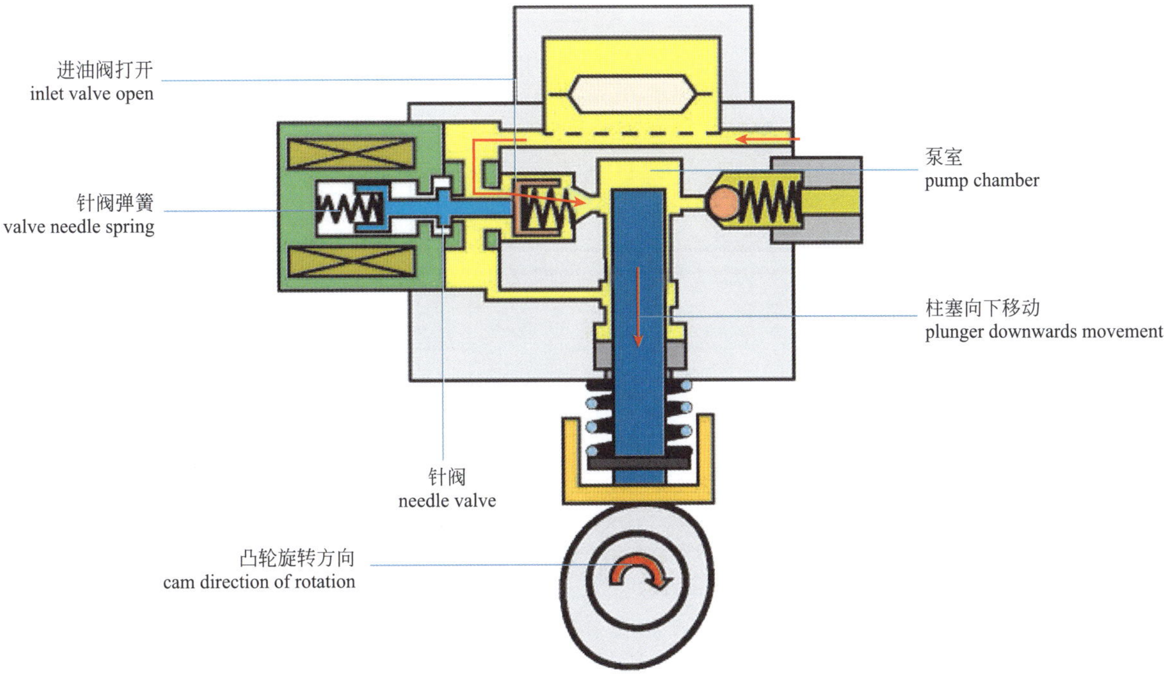

图7-12 吸油行程

回油行程如图7-13所示，凸轮上行，将柱塞向上推。此时燃油压力调节阀仍未通电，还不能建立起压力，可防止进油阀关闭。燃油被送回到低压系统和高压泵的压力缓冲腔内。

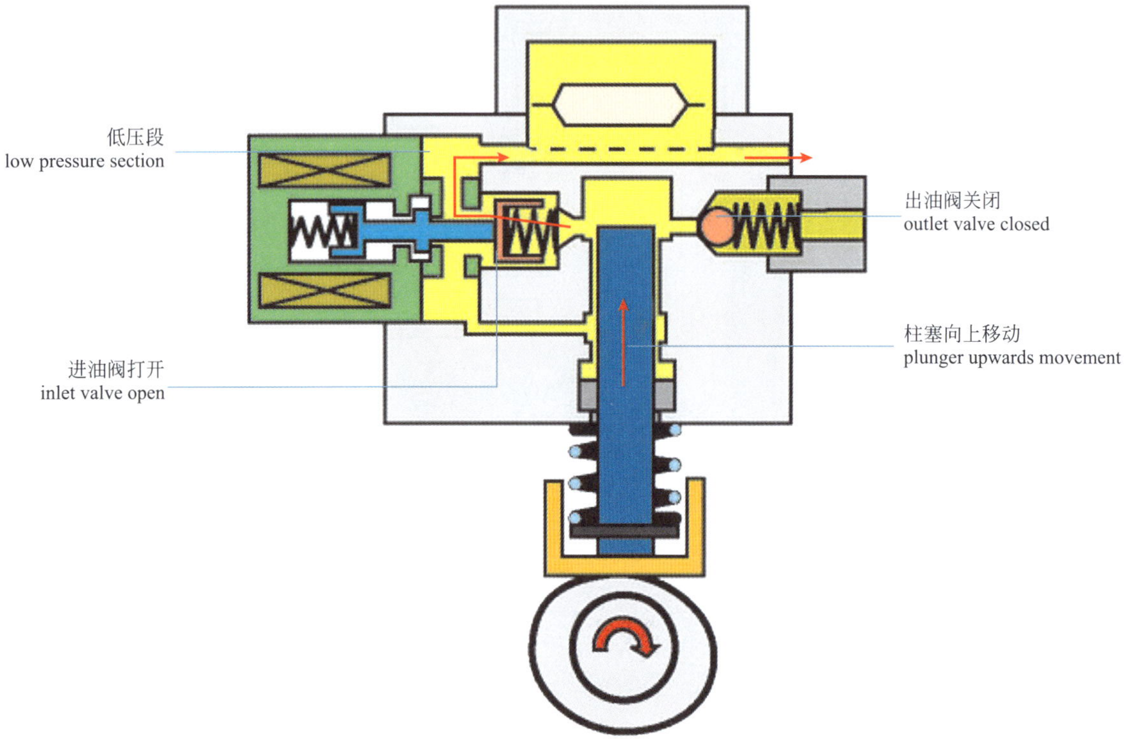

图7-13 回油行程

供油行程如图7-14所示，当凸轮上行到最高位置时，发动机ECU 给燃油压力调节阀通上规定的电流，衔铁被吸紧。泵内的压力将进油阀压入其座内。如果泵内的压力超过油轨内的压力，那么出油阀就会被推开，燃油就会进入油轨。

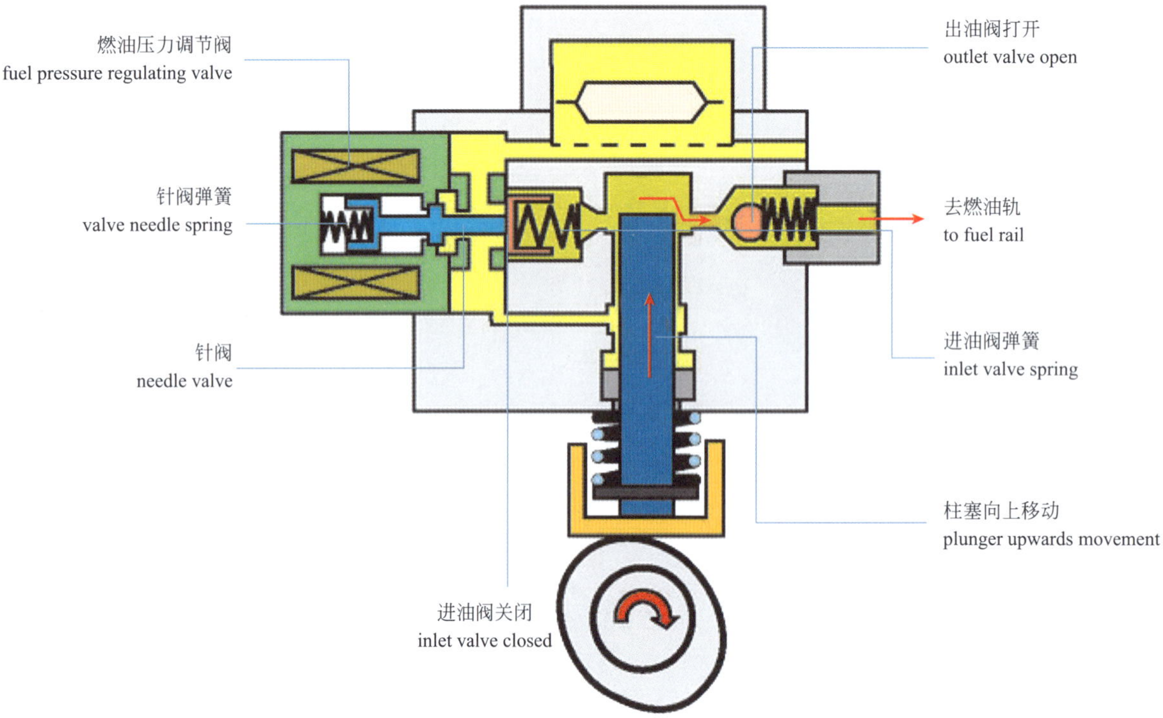

图7-14 供油行程

第8章 进排气系统及排气净化装置

8.1 进气系统

进气系统（图8-1）主要由空气滤清器总成、进气管、进气歧管、节气门以及相关传感器等组成，涡轮增压发动机进气系统［图8-1（b）］还带有空气冷却器。

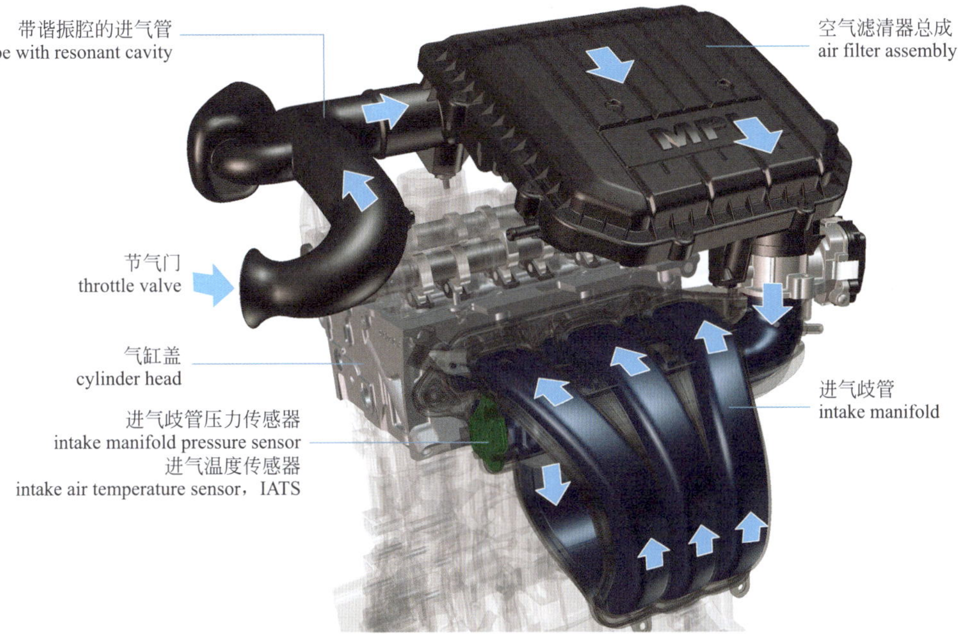

(a) 不带涡轮增压的进气系统

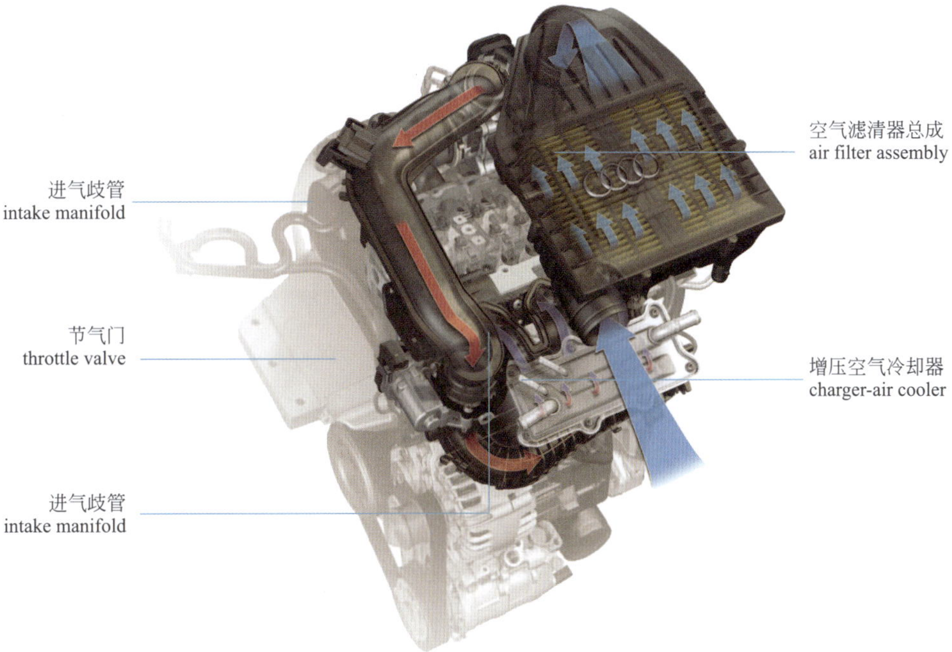

(b) 带涡轮增压的进气系统

图8-1 进气系统

8.2 排气系统

排气系统的功用是将发动机燃烧后的废气排出气缸，同时通过净化装置减少废气中的危害物，并降低排气噪声。排气系统主要由排气歧管、三元催化器、主消声器、排气管以及氧传感器等组成，如图 8-2 所示。V 型发动机一般有两个排气歧管，采用双排气装置，如图 8-3 所示。

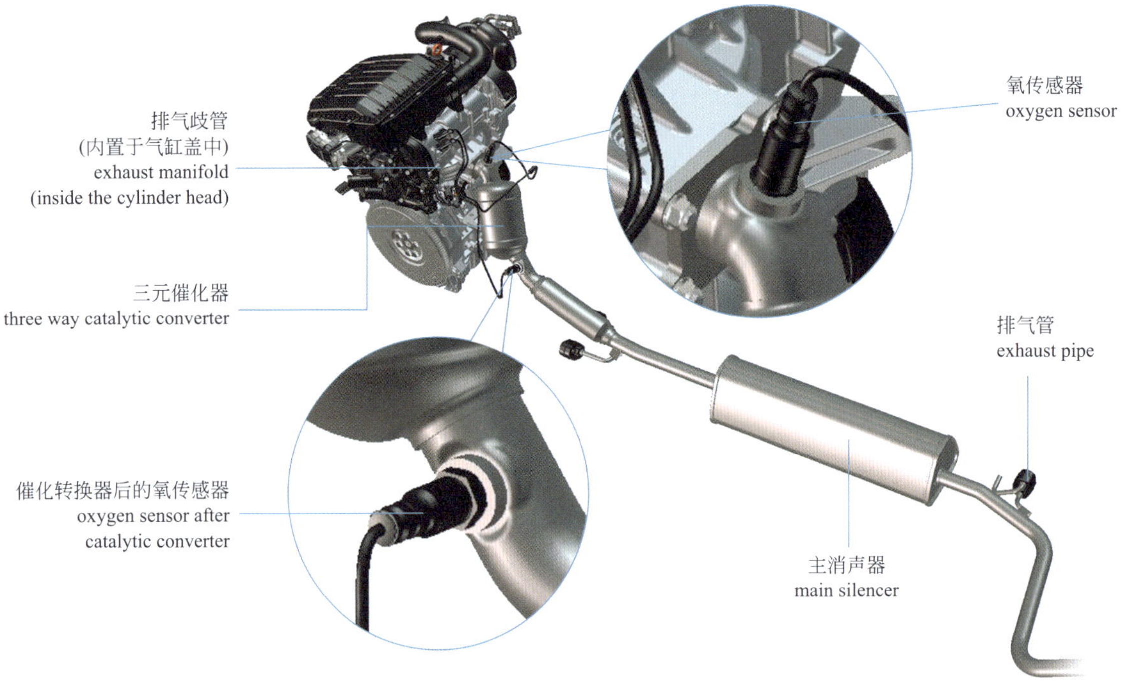

图8-2 排气系统组成

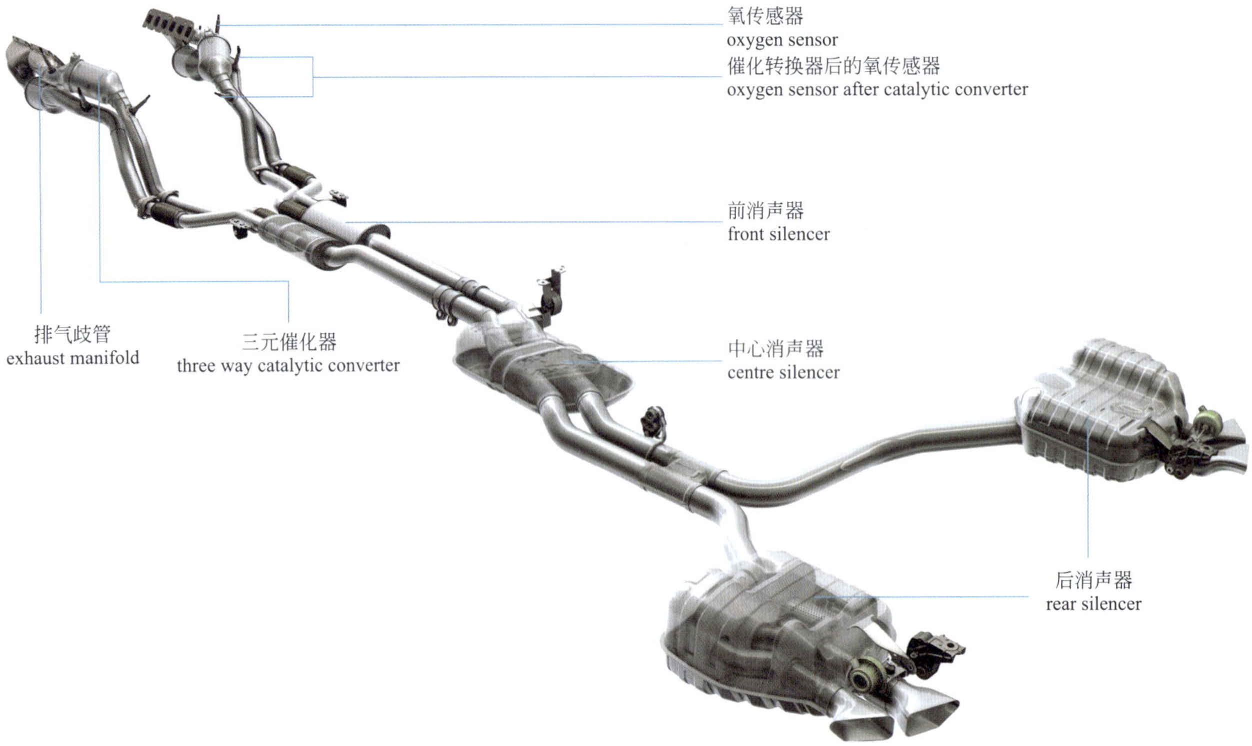

图8-3 双排气装置

8.3 进气增压系统

8.3.1 废气涡轮增压系统

废气涡轮增压系统利用发动机排气的动力使进气增压，提高发动机充气效率。涡轮增压系统对吸入的空气进行压缩，增大气体密度，增加每个进气行程进入燃烧室的空气量，增加供油量，达到提高燃烧效率和燃油经济性的目的。废气涡轮增压系统示意如图8-4所示。废气涡轮增压器一般安装在进气歧管上，如图8-5所示。

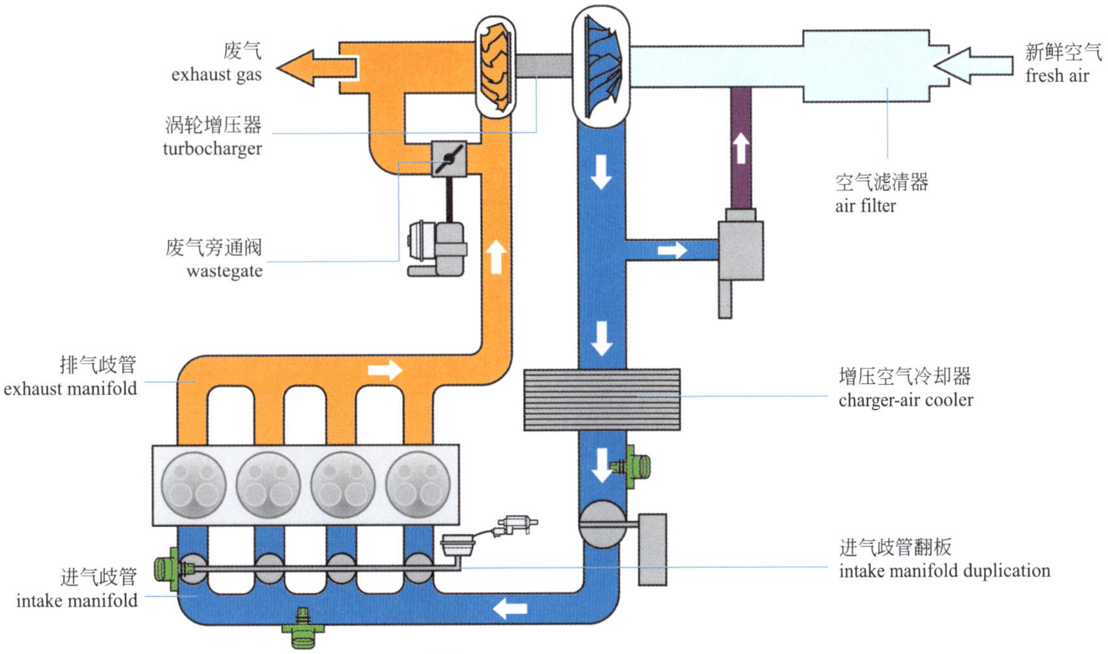

图8-4 废气涡轮增压系统示意

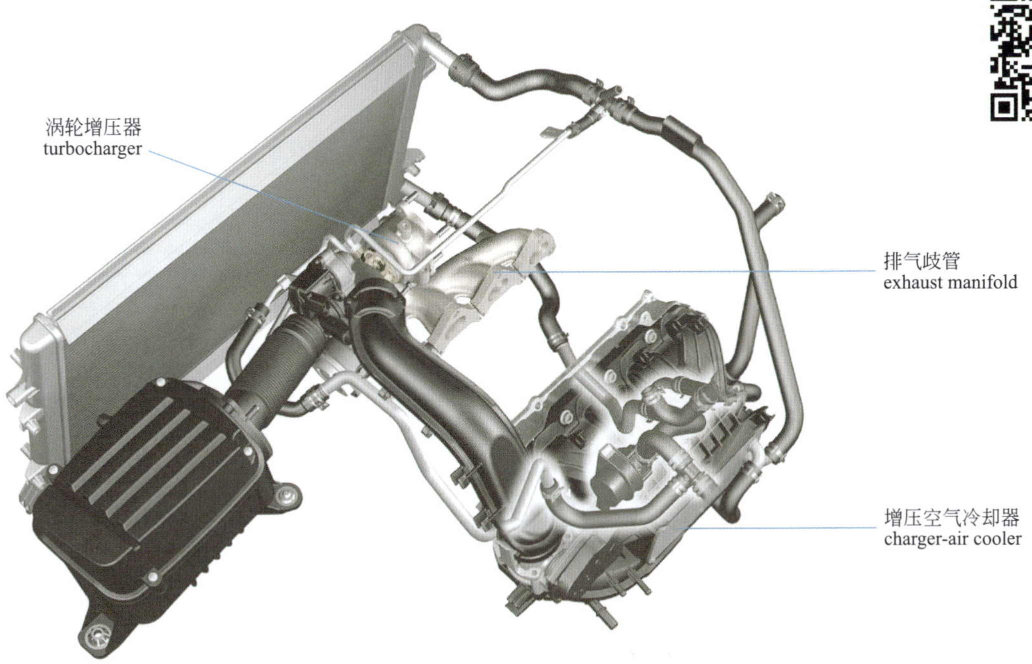

图8-5 废气涡轮增压器安装位置

涡轮增压器主要由蜗壳、涡轮、压缩机叶片、增压压力调节器等组成。涡轮增压器外观及剖视如图8-6所示。蜗壳入口与发动机排气口相连，出口与排气总管连接。压缩机入口与空气滤清器后方的进气管连接，出口与进气歧管或进气中冷装置连接。发动机排出的废气驱动涡轮旋转，带动压缩机叶片旋转，将进气增压后压入发动机。

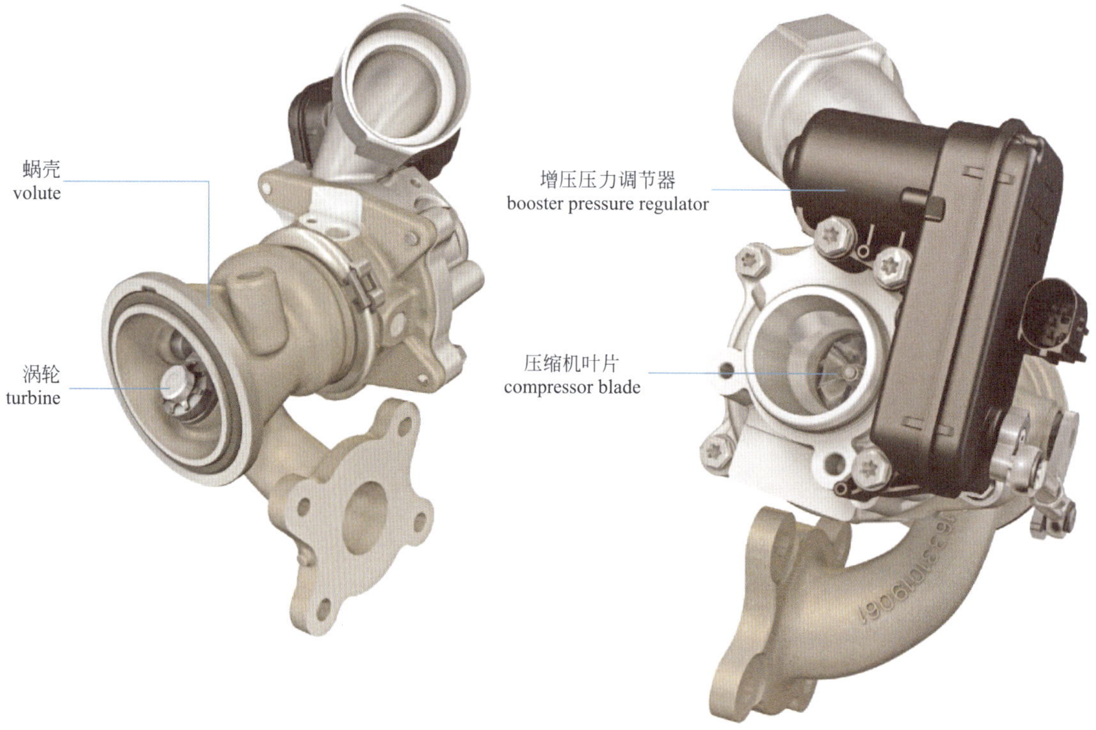

(a) 涡轮增压器外观

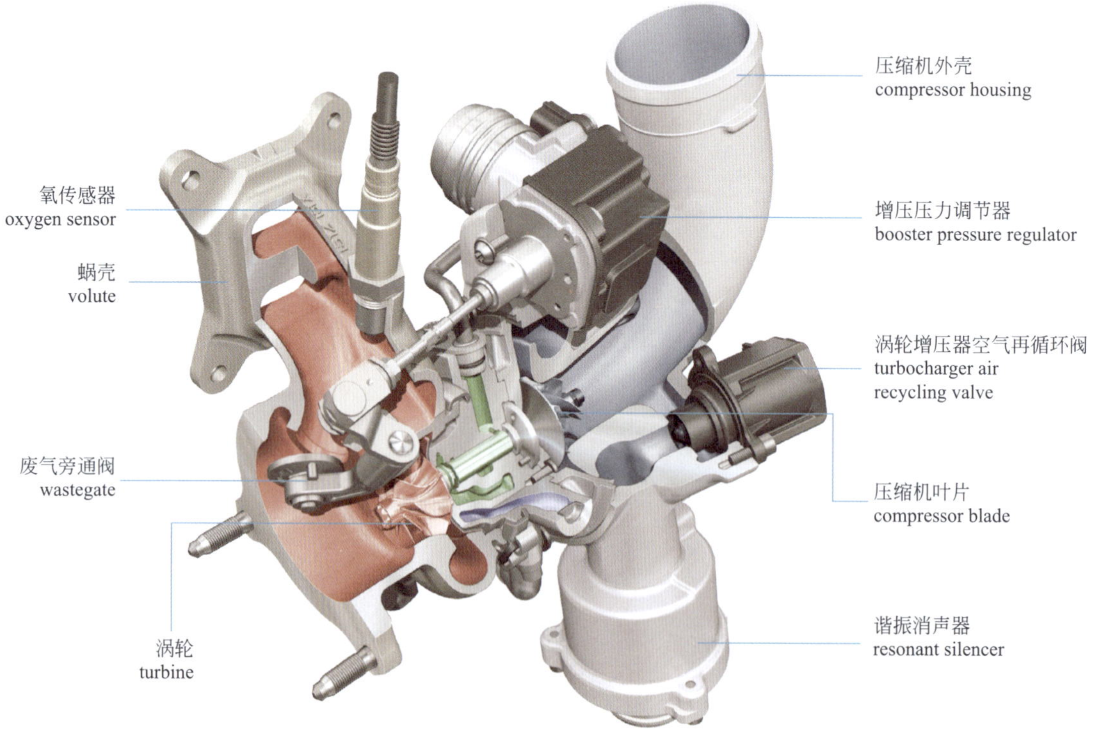

(b) 涡轮增压器剖面

图8-6 涡轮增压器外观及剖面

8.3.2 机械增压系统

机械增压器采用皮带与发动机曲轴皮带轮连接，利用发动机转速来带动机械增压器内部叶片，以产生增压空气送入发动机进气歧管内，工作温度界于70~100℃。机械增压系统如图8-7（a）所示，机械增压器驱动如图8-7（b）所示。

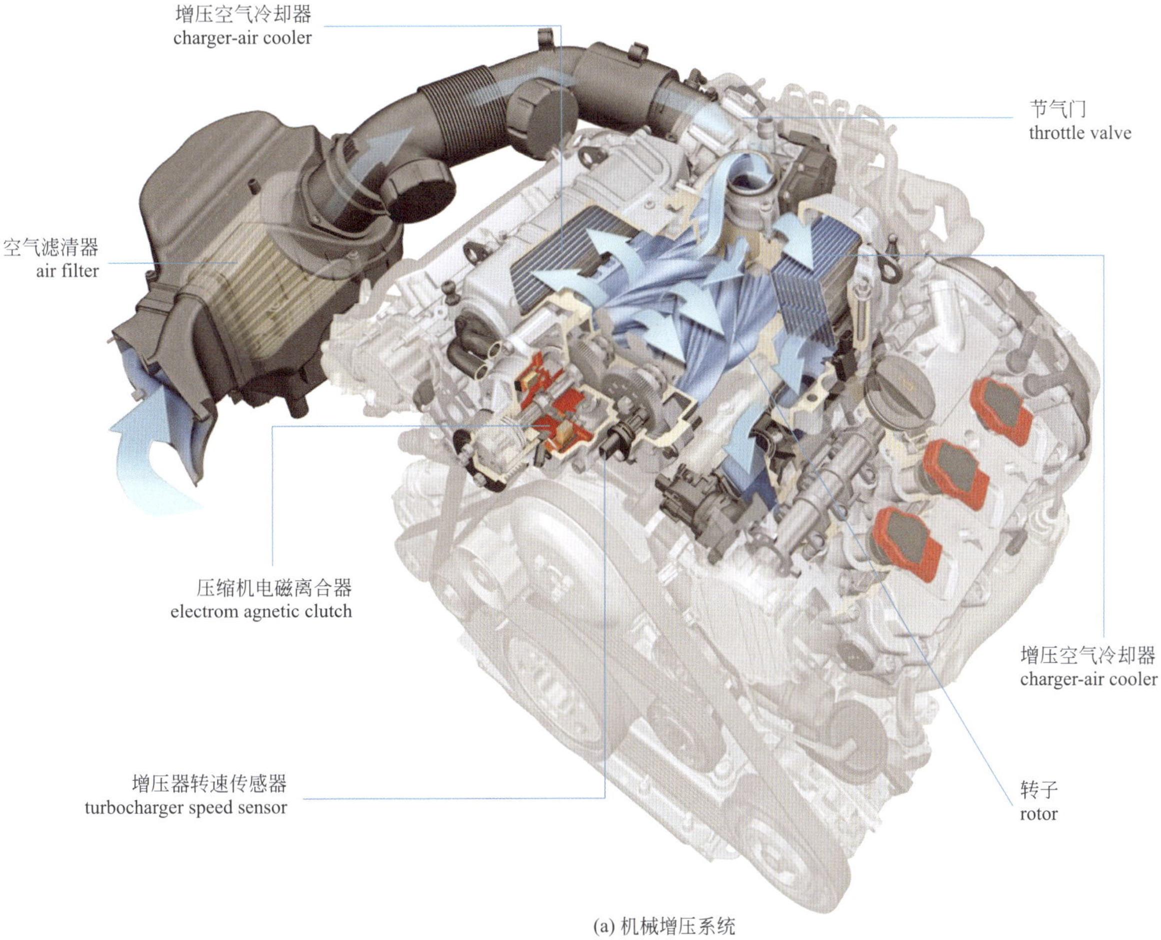

(a) 机械增压系统

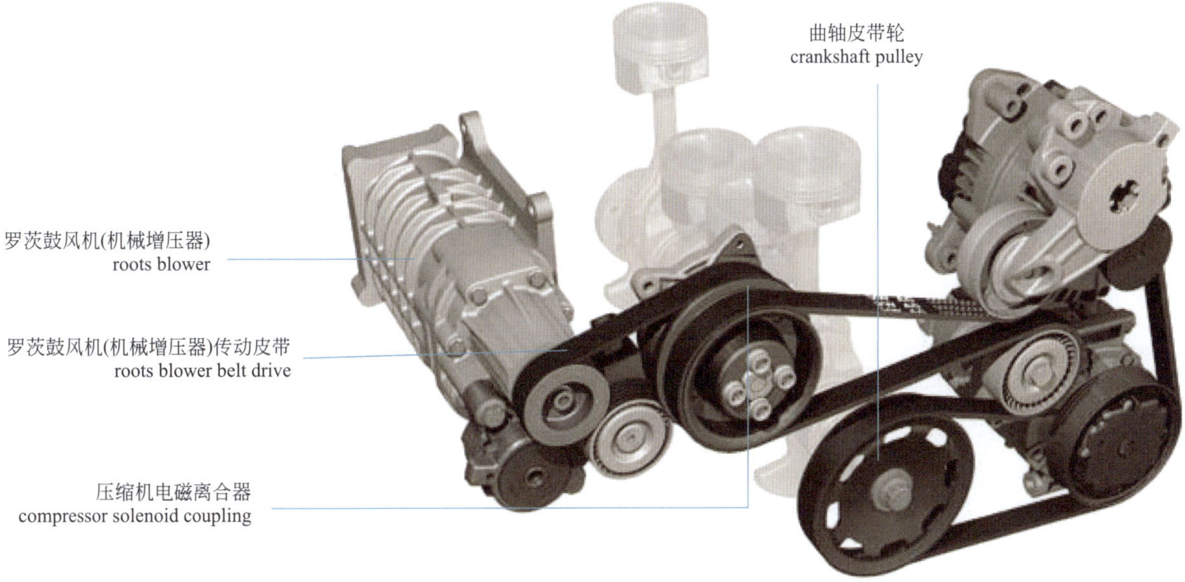

(b) 机械增压器驱动

图8-7 机械增压系统和机械增压器驱动

机械增压器是一种旋转转子式结构装置，如图8-8（a）所示。增压器壳体内有两个转子同步转动，但方向相反，于是两个转子工作起来就像在“彼此啮合”。

如图8-8（b）所示，在工作时（转子转动），叶片和外壁之间的空气就被从空气入口（吸入侧）输送到空气出口（压力侧）。

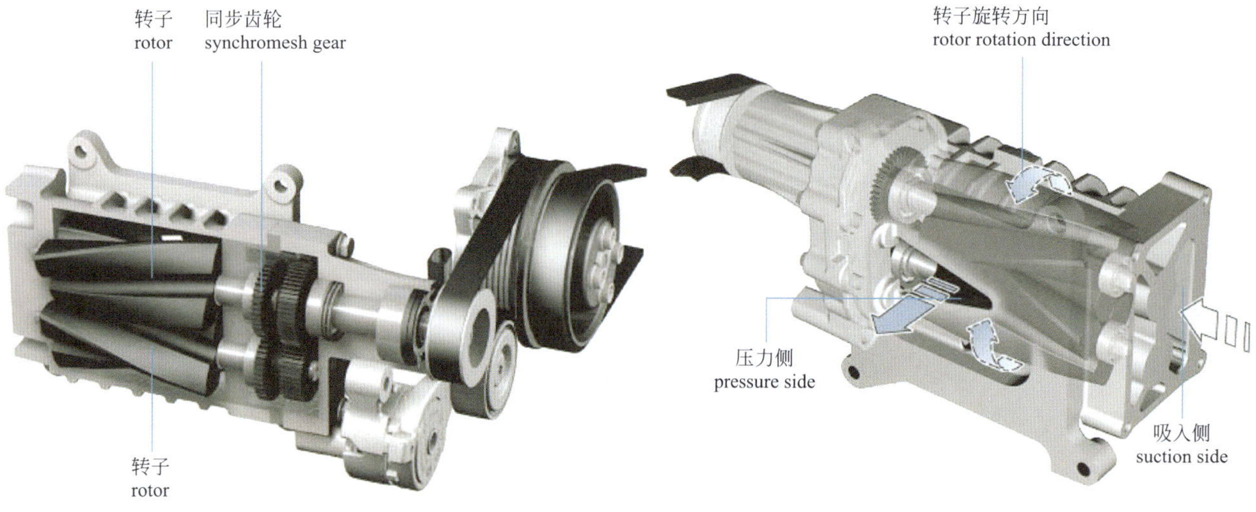

(a) 机械增压器结构　　(b) 机械增压器工作原理

图8-8 机械增压器结构及工作原理

增压器通过电磁离合器（图8-9）与发动机曲轴连接或断开。部分发动机还带有增压空气冷却器，增压后的空气流经增压冷却器，冷却后被吸入气缸，如图8-10所示。

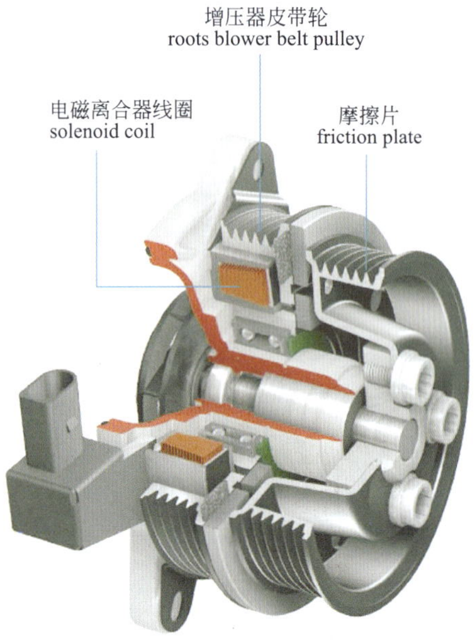

图8-9 电磁离合器

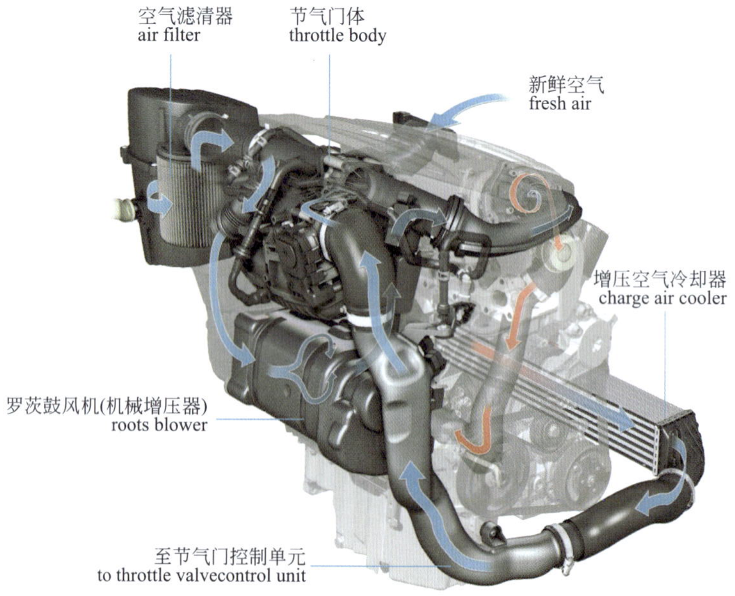

图8-10 增压空气冷却器

8.3.3 双增压系统

双增压系统（图8-11）是指把机械增压和涡轮增压结合在一起的增压系统，目的是为了更好地解决两种技术各自的不足，同时解决低速扭矩和高速功率输出的问题。双增压系统空气冷却如图8-12所示。

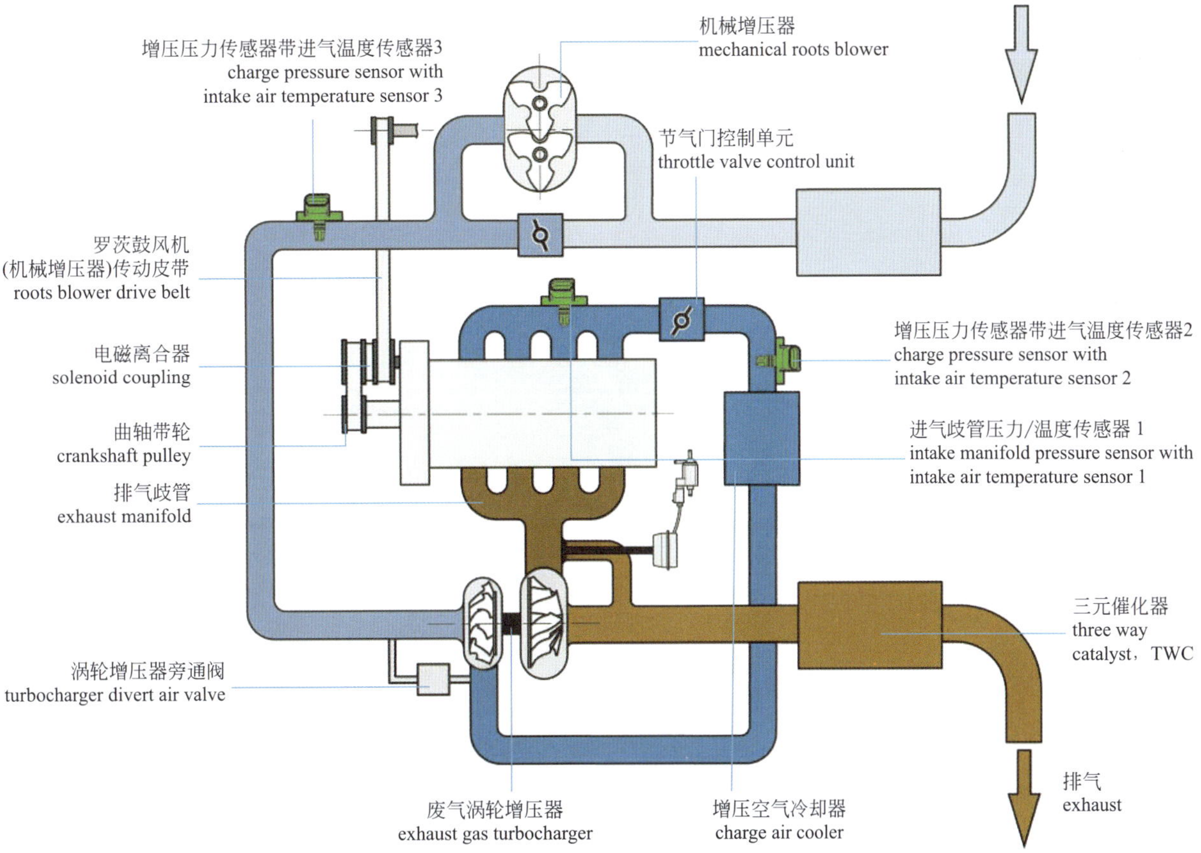

图8-11 双增压系统

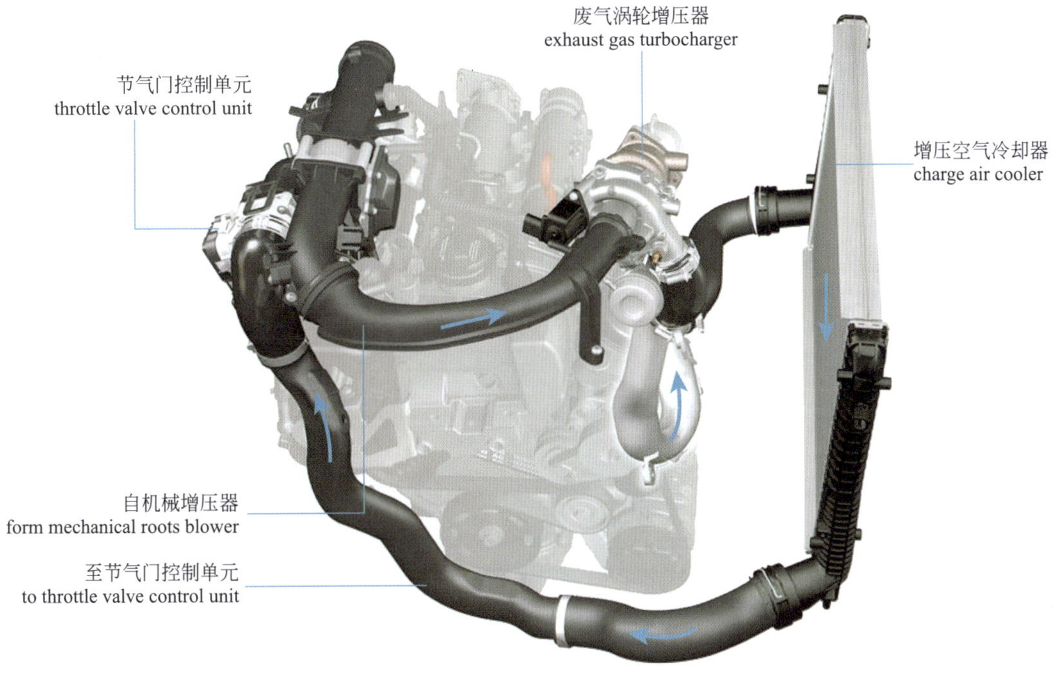

图8-12 增压空气冷却

第9章 冷却系统

9.1 概述

发动机冷却系统使运转中的发动机得到适度冷却，使其保持在最舒适的温度范围内工作。目前汽车发动机采用水冷式冷却方式。发动机冷却系统如图9-1所示。

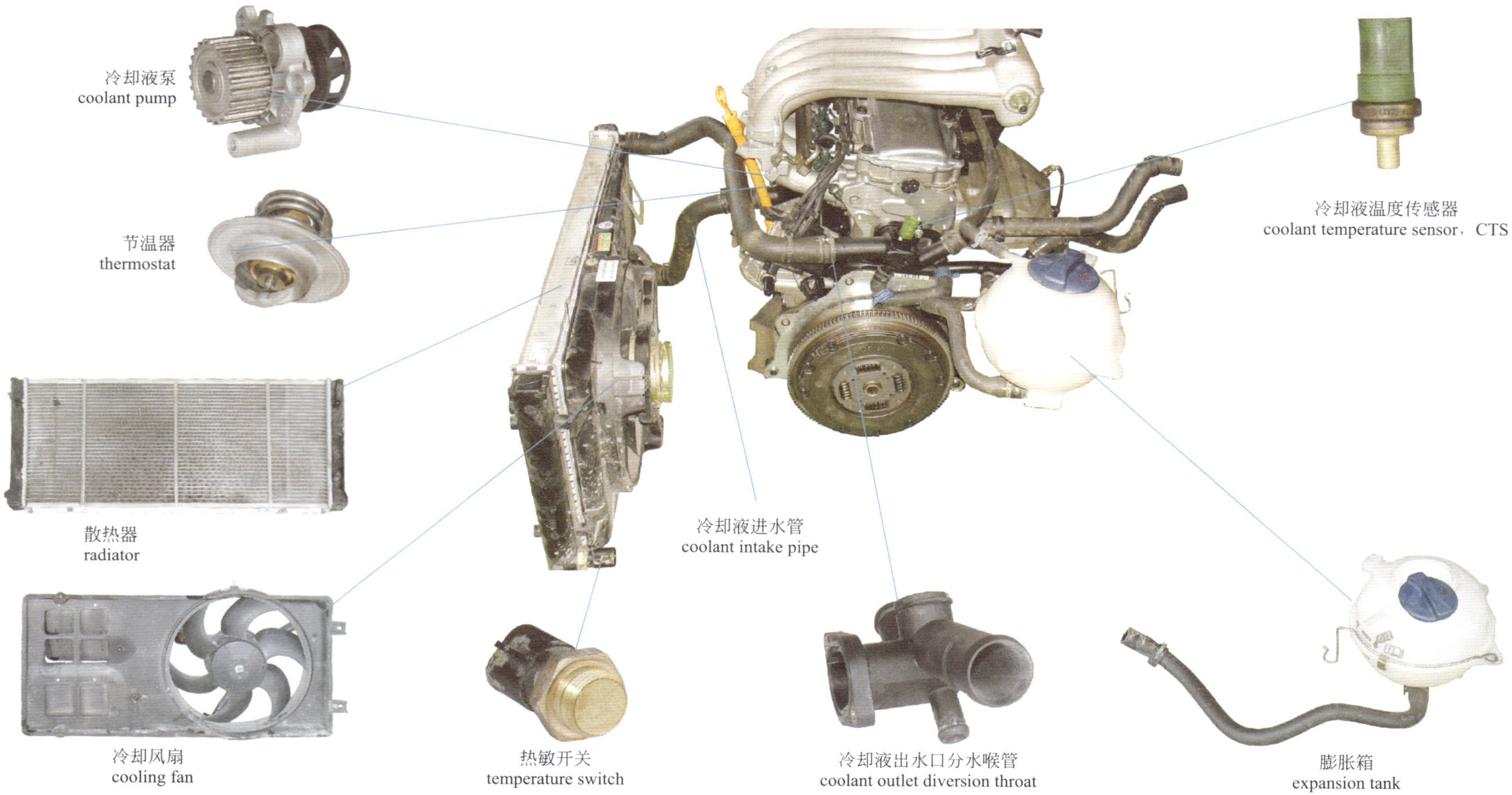

图9-1 发动机冷却系统

9.2 冷却系统工作原理

9.2.1 普通冷却系统

发动机冷却液循环由节温器控制，当发动机冷却液温度较低时，冷却液不能进入散热器，只能通过冷却液泵进行小循环（图 9-2）。当冷却液达到一定温度时，节温器阀门打开，冷却液进入散热器进行大循环（图 9-3）。

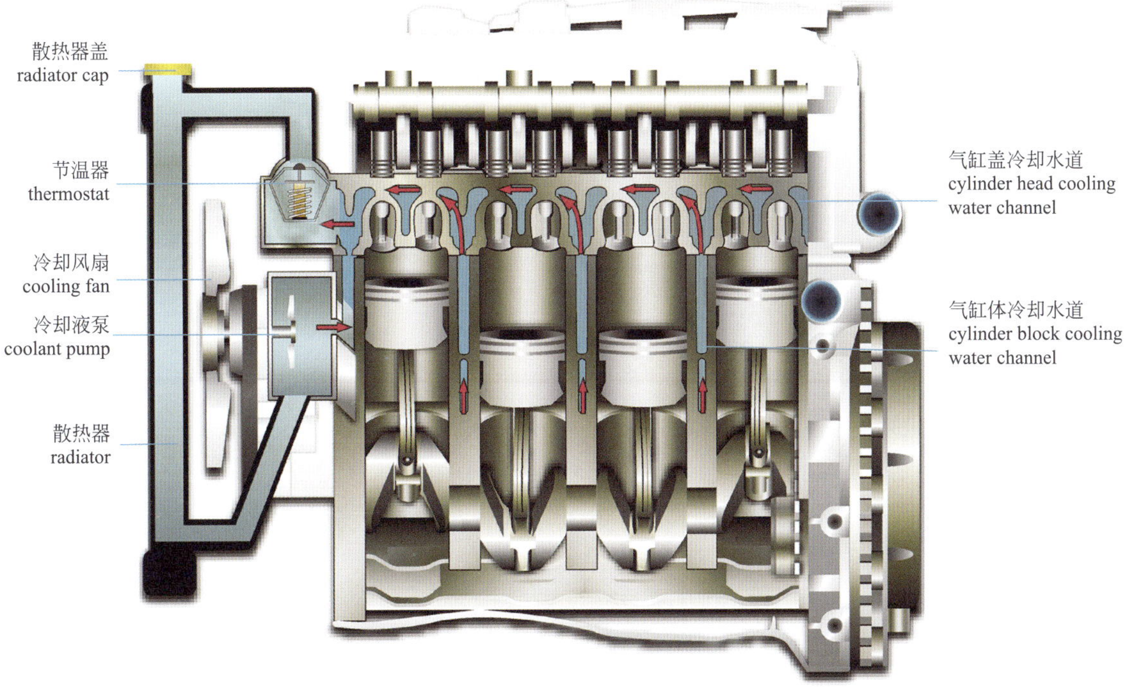

图9-2 冷却液小循环

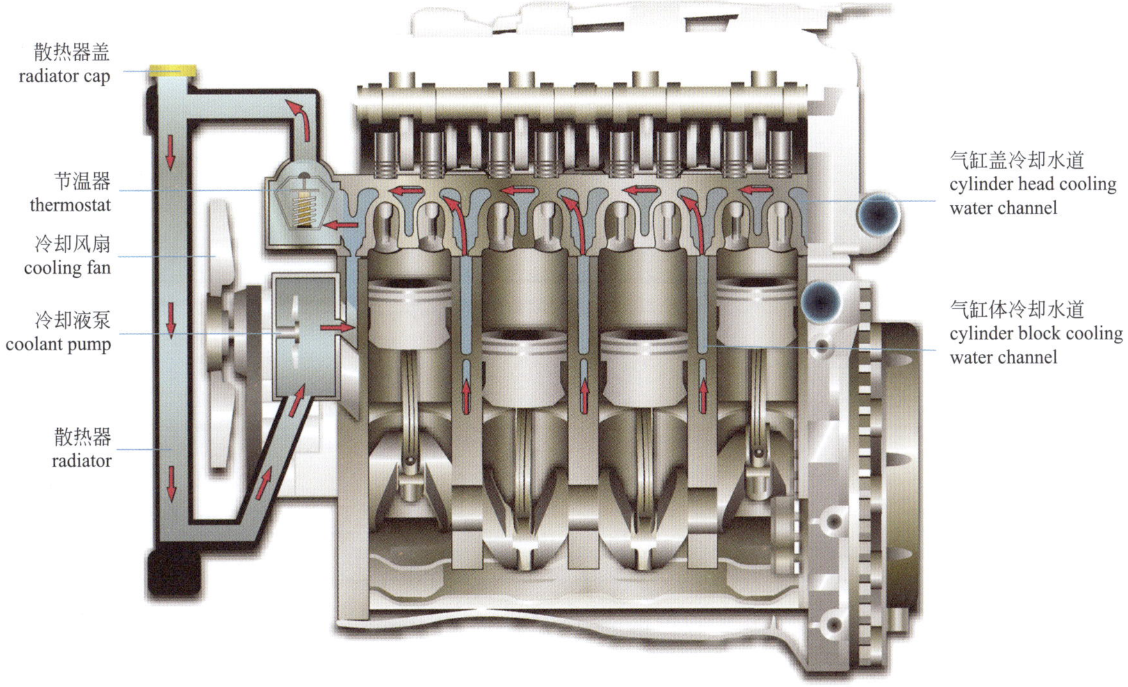

图9-3 冷却液大循环

9.2.2 双回路冷却系统

双回路冷却系统的冷却液泵将冷却液通过两个节温器分别泵送到气缸盖和气缸体中，实现冷却液分流，可以单独控制气缸体和气缸盖的温度。双回路冷却系统如图 9-4 所示。

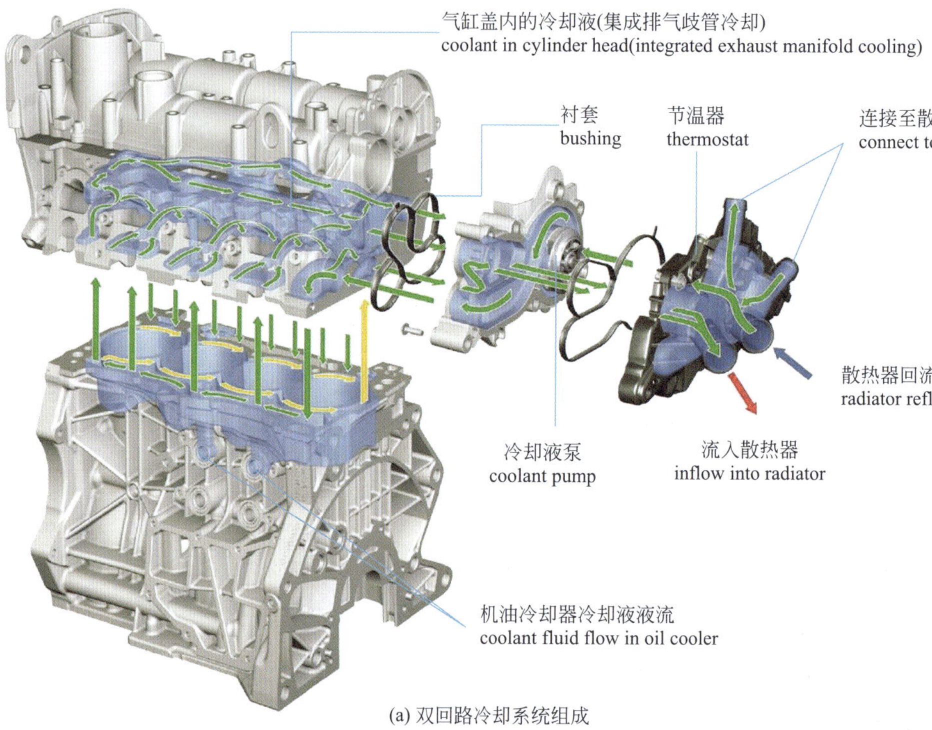

(a) 双回路冷却系统组成

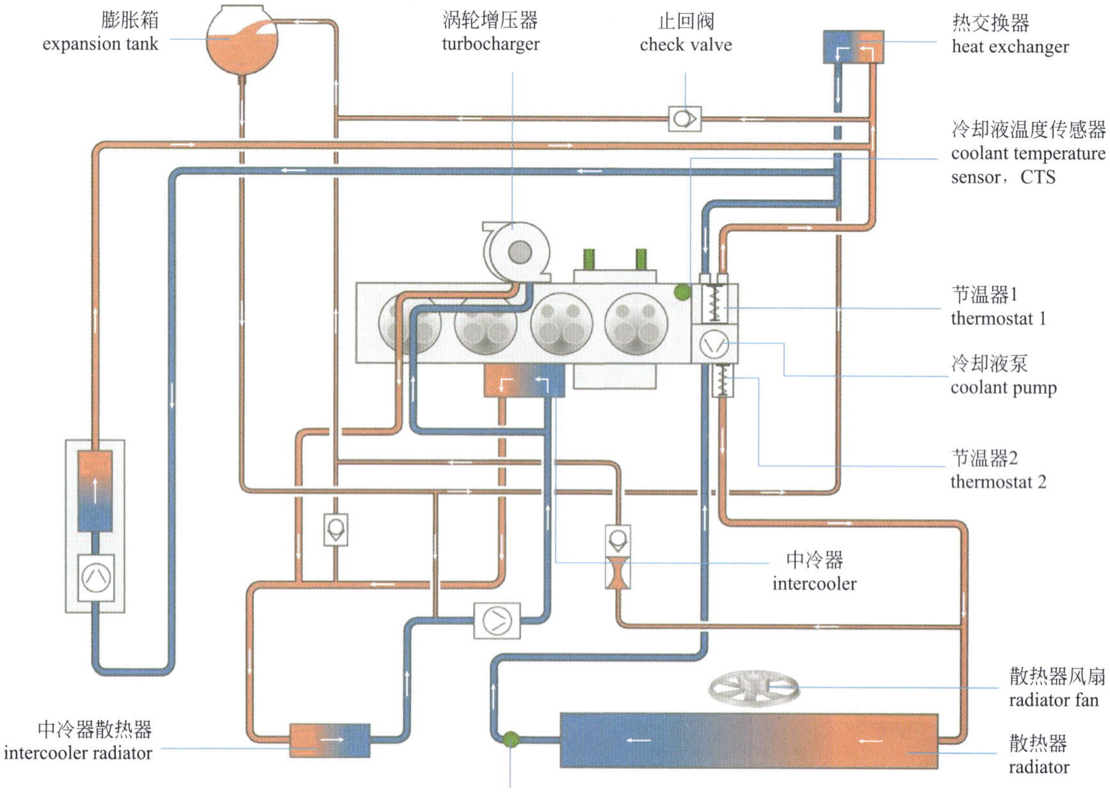

(b) 双回路冷却系统连接

图9-4 双回路冷却系统

双回路冷却系统节温器（图9-5）集成在节温器壳体内。当温度达到 87℃时节温器 1 打开，允许冷却液自散热器流入冷却液泵。当温度达到 105℃时，节温器 2 打开，允许冷却液从气缸体流至散热器，整个冷却系统循环打开。

冷却液泵集成在节温器壳体内，通过螺栓连接在气缸盖上。冷却液泵由排气凸轮轴的齿形皮带驱动，如图9-6所示。

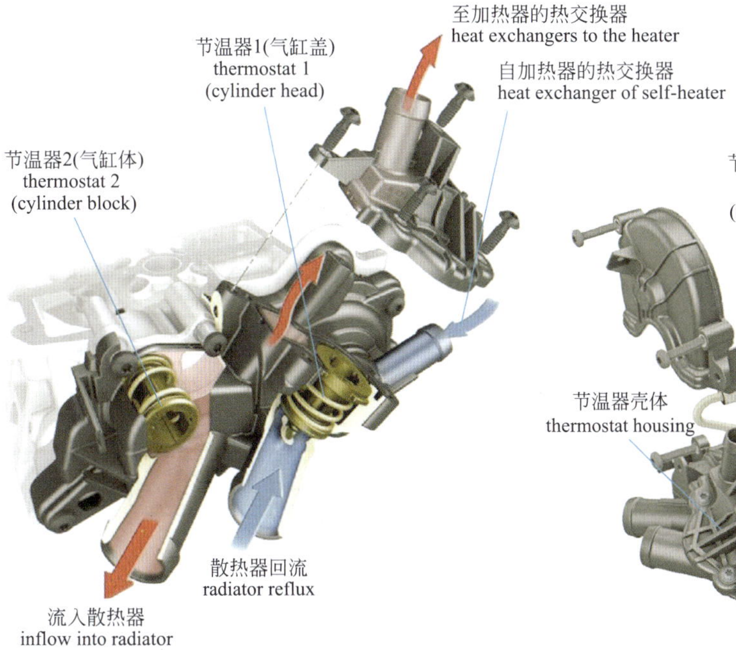

图9-5 双回路冷却系统节温器

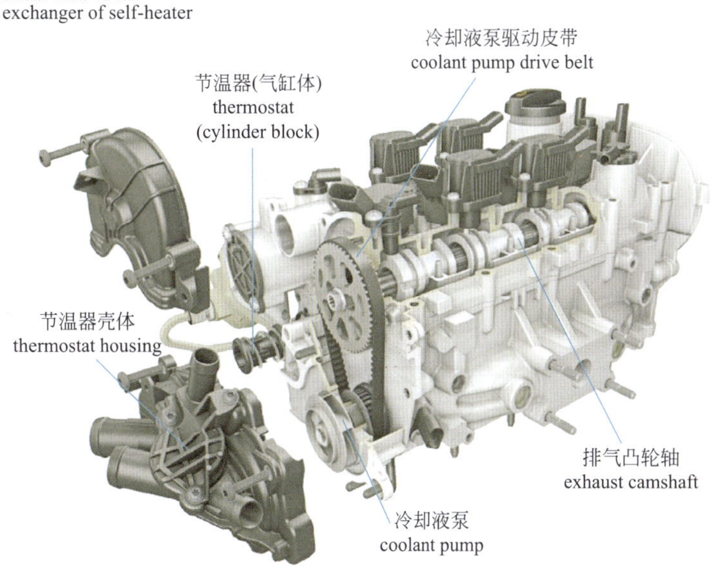

图9-6 双回路冷却系统冷却液泵

在气缸盖上，冷却液从燃烧室周围的进气侧流到排气侧。在此处，冷却液分为两个区域，排气歧管的上方和下方。冷却液流经多重管道以吸收热量。冷却液自气缸盖流入节温器壳体，并与剩余的冷却液混合，如图9-7所示。

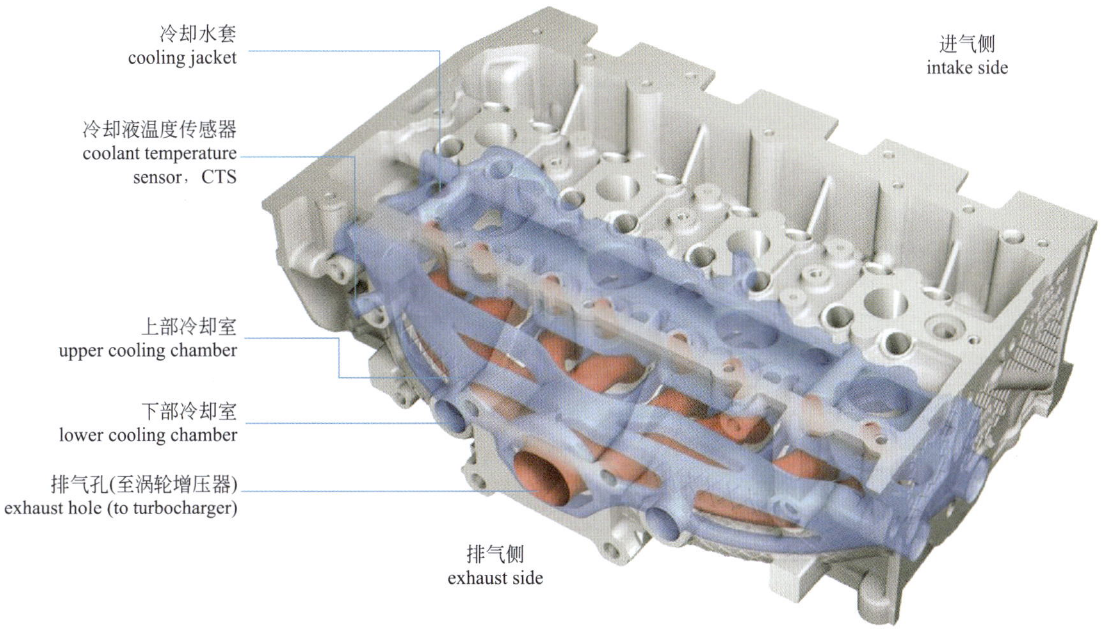

图9-7 气缸盖内的冷却液管道

9.3 冷却系统主要零部件

（1）节温器

冷却液温度较低时石蜡呈固态，主阀门在弹簧的作用下关闭冷却液流向散热器的通道，冷却液进行小循环。当冷却液温度达到一定值时，石蜡融化，打开冷却液流向散热器的通道，冷却系统开始大循环。节温器分为带旁通阀和不带旁通阀两种类型，如图9-8所示。

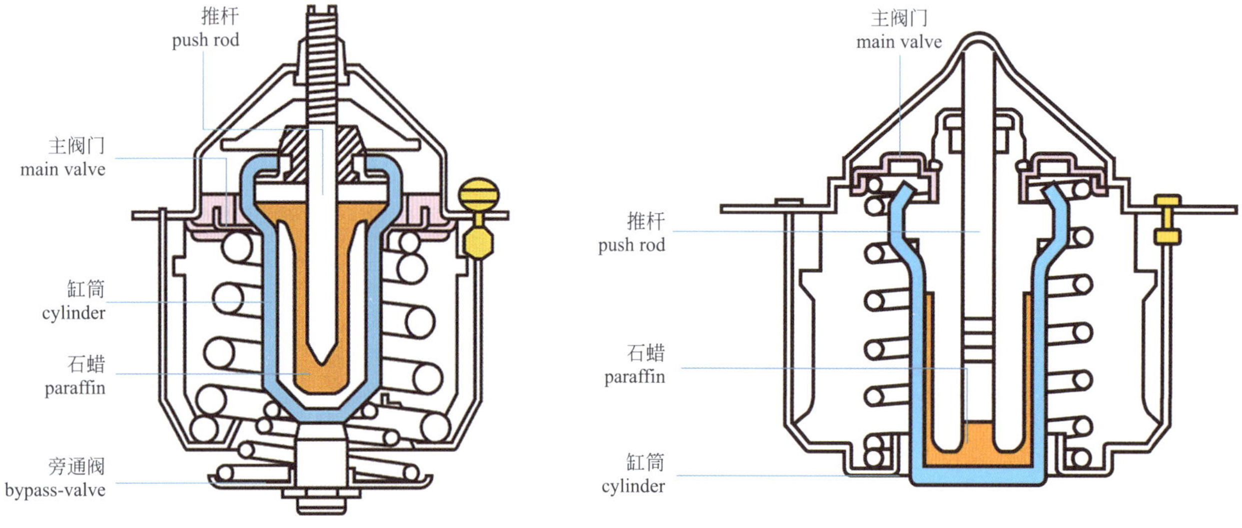

(a) 带旁通阀　　(b) 不带旁通阀

图9-8 节温器

（2）散热器盖

散热器盖［图9-9（a）］的功用是密封冷却系统并调节冷却系统压力。冷却液温度升高，压力上升到一定程度时压力阀开启［图9-9（b）］，冷却液回流至膨胀箱。发动机停机，冷却液温度下降，压力值也随之下降，当压力低于大气压力时，真空阀开启［图9-9（c）］，冷却液回流至散热器。

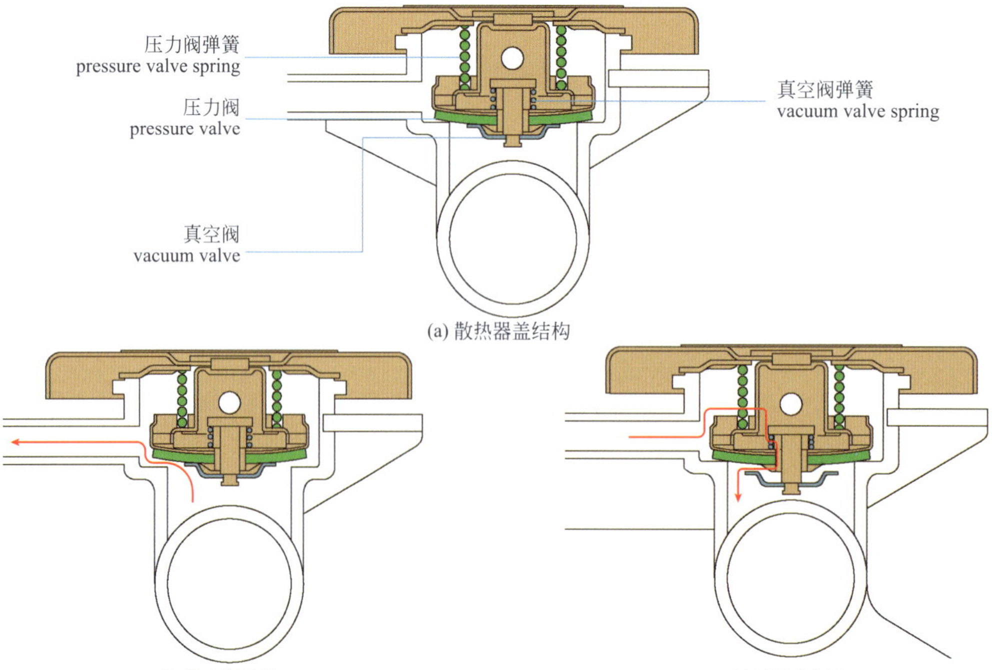

(a) 散热器盖结构

(b) 压力阀开启　　(c) 真空阀开启

图9-9 散热器盖

（3）冷却液泵（图9-10）

冷却液泵的功用是对冷却液加压，强制其在冷却系统中循环流动。当冷却液泵叶片旋转时，冷却液被叶轮/叶片带动一起旋转，并在离心力的作用下被甩向冷却液泵壳体的边缘，同时产生一定的压力，然后从出水管流出。

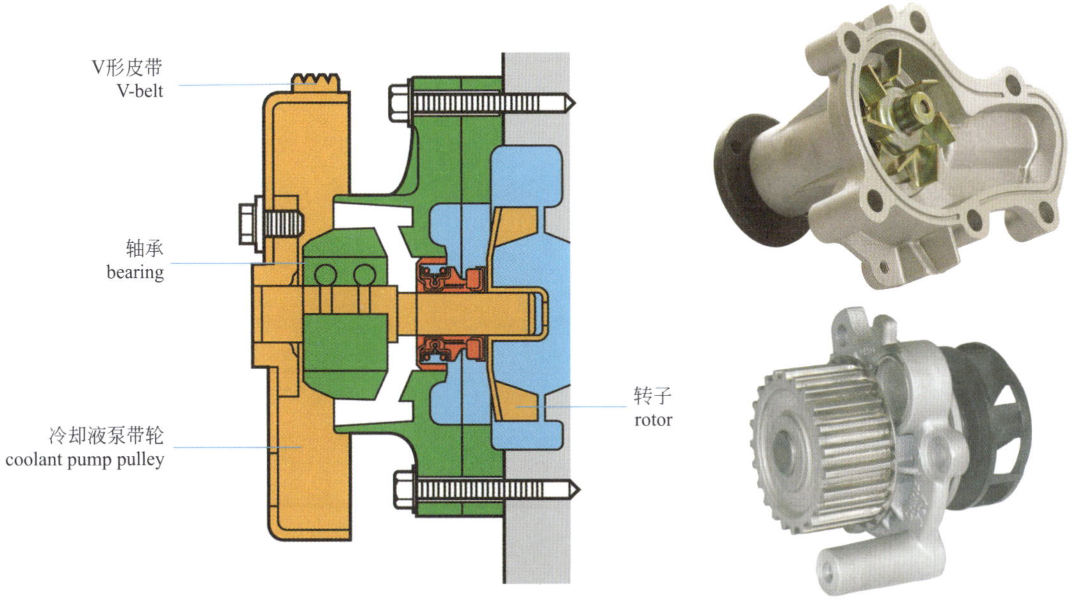

图9-10 冷却液泵

（4）冷却风扇（图9-11）

散热（冷却）风扇促进散热器通风，提高散热器热交换能力。散热风扇安装在散热器的后面，风扇的位置一般布置在散热器中间。散热风扇由蓄电池供电，风扇转速与发动机转速无关。发动机工况不同，散热风扇转速也不同。散热风扇的控制形式有热敏电阻开关控制和发动机ECU控制两种。

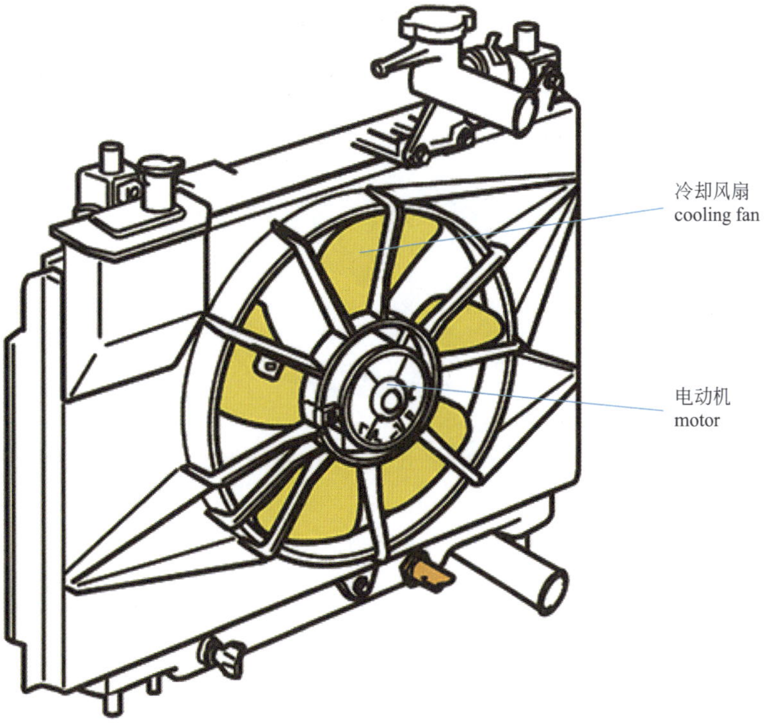

图9-11 冷却风扇

第10章 润滑系统

10.1 概述

发动机润滑系统（图10-1）的功用是在发动机工作时连续不断地将数量足够、压力和温度适宜的清洁机油输送到运动副的摩擦表面，并在摩擦表面间形成油膜，从而减小摩擦阻力、降低功率消耗、减轻机件磨损，以达到提高发动机工作可靠性和耐久性的目的。

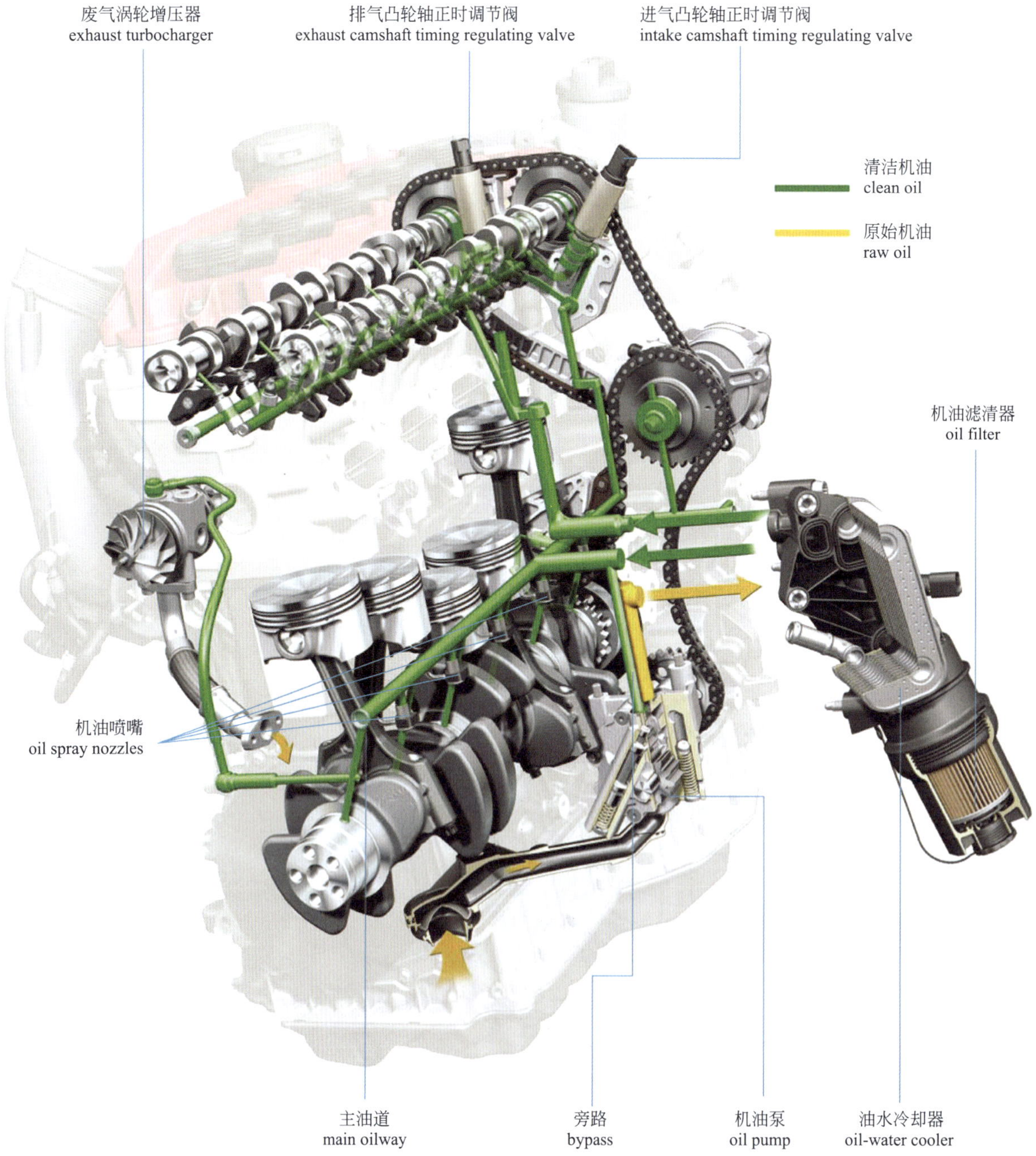

图10-1 发动机润滑系统

10.2 润滑系统工作原理

发动机运转时，带动机油泵，利用机油泵的压力将油底壳内的机油压送到发动机的各个部位。润滑后的机油会沿着气缸壁等位置流回油底壳。配气机构的液压挺柱及可变配气相位执行机构也是依靠润滑系统具有一定压力的机油进行工作的。润滑系统工作原理如图 10-2 所示。

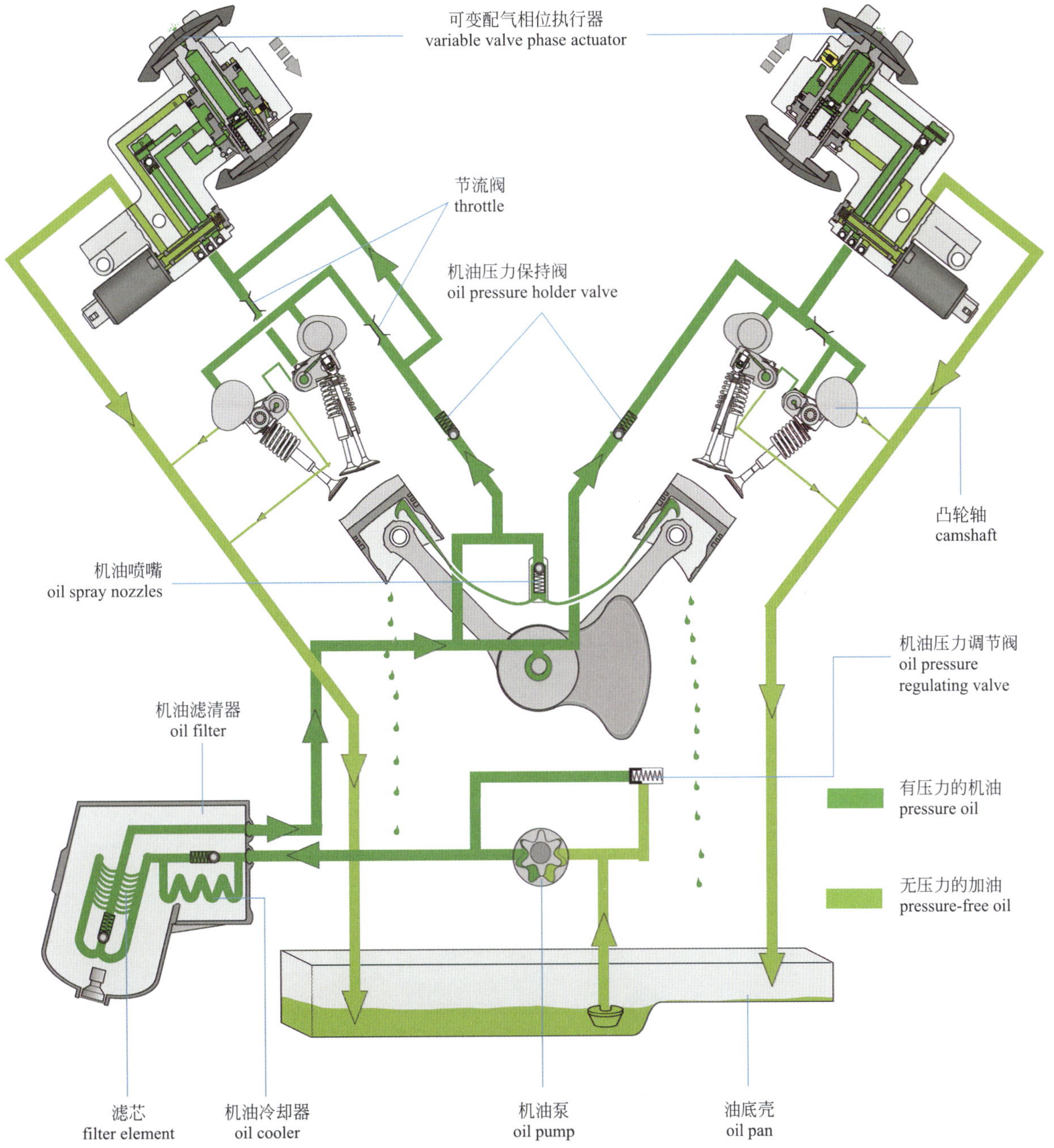

图10-2 润滑系统工作原理

10.3 可变排量润滑系统

可变排量润滑系统可根据发动机转速及负荷情况调节润滑系统的压力。机油压力根据机油泵泵送的机油量进行调节。可变排量润滑系统采用的两级调节器式机油泵及工作原理如图 10-3 所示，可变排量润滑系统工作原理如图 10-4 所示。

控制活塞和滑动装置会通过控制通道对来自机油回路的机油进行施压，泵送的机油量和机油压力会发生变化

机油泵泵送的油量取决于滑动装置的位置、两个泵轮相互啮合的位置以及发动机转速。此图中两个泵轮处于完全啮合位置，在当前发动机转速下最大的机油量被泵送到机油回路中

控制活塞移动导致两个腔室压力不同，滑动装置推动泵轮2向右移动，此时两个泵轮不再完全相互啮合，泵送的机油量减少，机油压力也随之降低

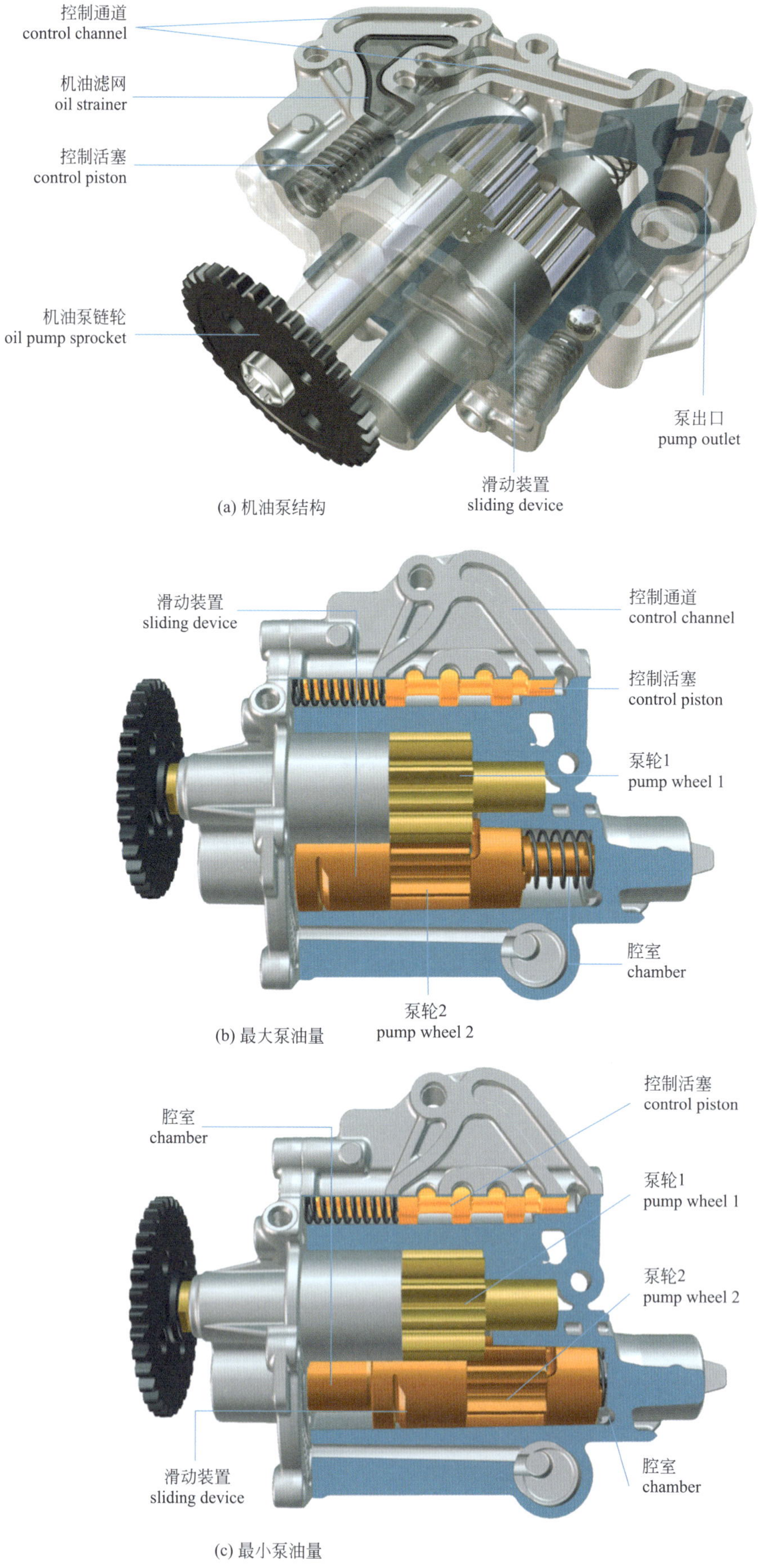

(a) 机油泵结构

(b) 最大泵油量

(c) 最小泵油量

图10-3 可变排量润滑系统采用的两级调节器式机油泵及工作原理

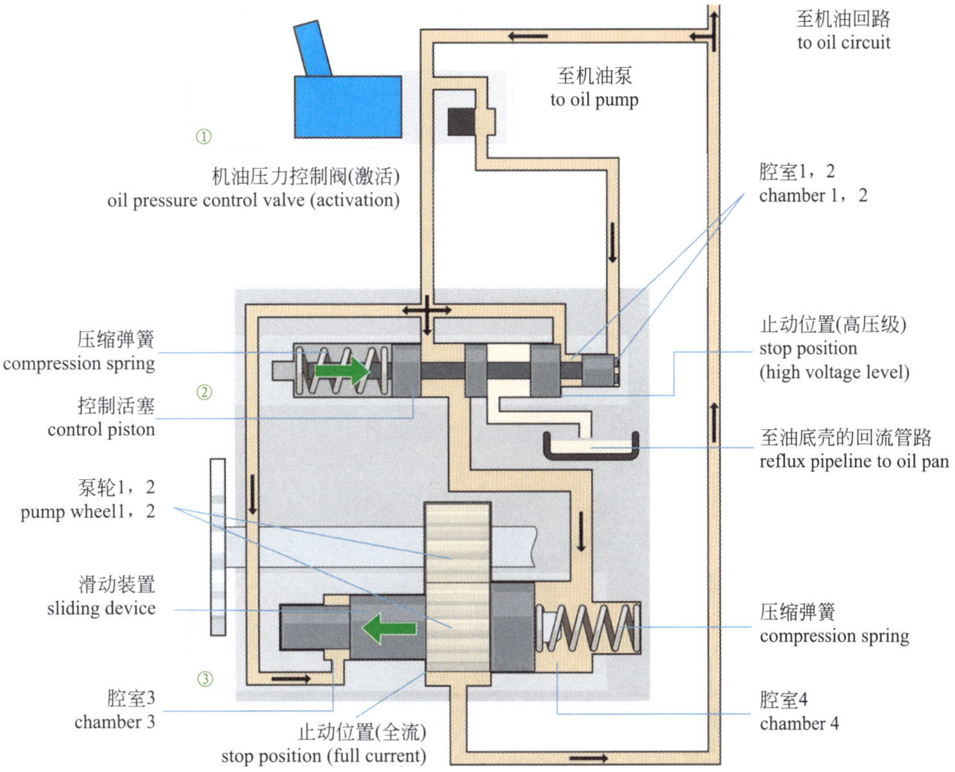

①机油压力控制阀由发动机控制单元通过接地激活，并打开腔室2的控制通道

②压缩弹簧将控制活塞压向高压级的止动位置

③腔室3和4内的机油压力总计低于 1.8bar(1bar=10^5Pa，下同)，这对滑动装置的位置没有影响。压缩弹簧将滑动装置压向全流的止动位置

(a) 高压级

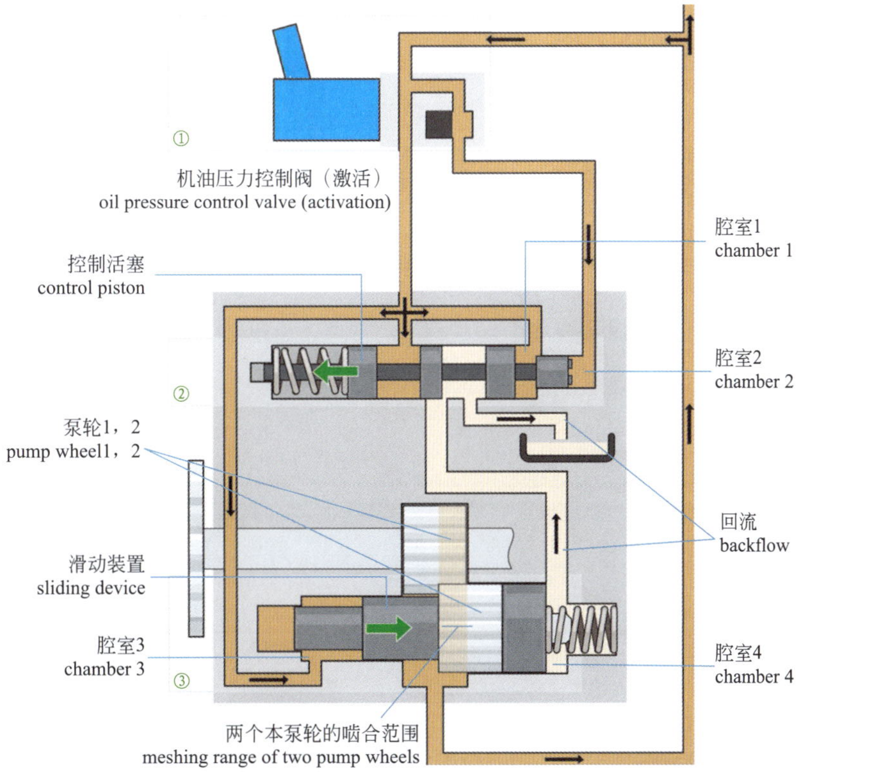

①机油压力控制阀由发动机控制单元通过接地激活，并打开腔室2的控制通道

②随着发动机转速增加，腔室1和2内的压力提高至1.8bar以上，并且控制活塞顶着弹簧力被推向左侧。从而打开腔室4到油底壳回流的通道

③腔室3内的压力超过1.8bar后，滑动装置顶着弹簧力被略微推向右侧。腔室4的机油被压回油底壳。两个泵轮不再互相啮合，泵送的机油量减少，机油压力也随之降低

(b) 低压级

图10-4 可变排量润滑系统工作原理

10.4 润滑系统相关部件

（1）机油泵

机油泵的功用是保证机油在润滑系统内循环流动，并在发动机任何转速下都能以足够高的压力向润滑部位输送足够数量的机油。发动机的机油泵有转子式机油泵（图10-5）和齿轮式机油泵（图10-6）两种。

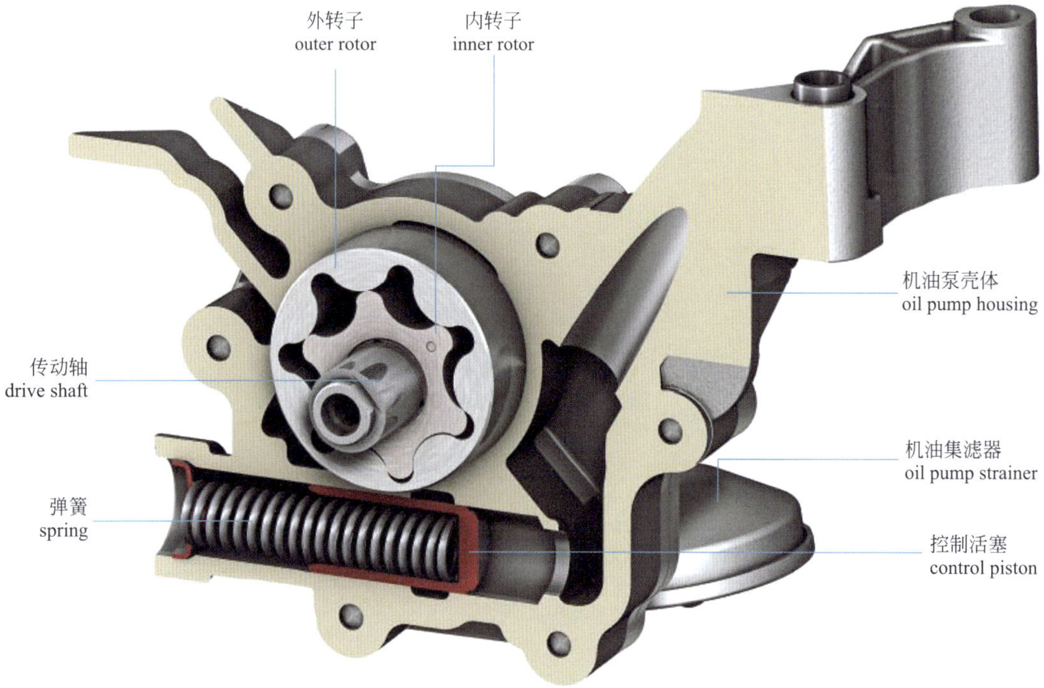

图10-5 转子式机油泵

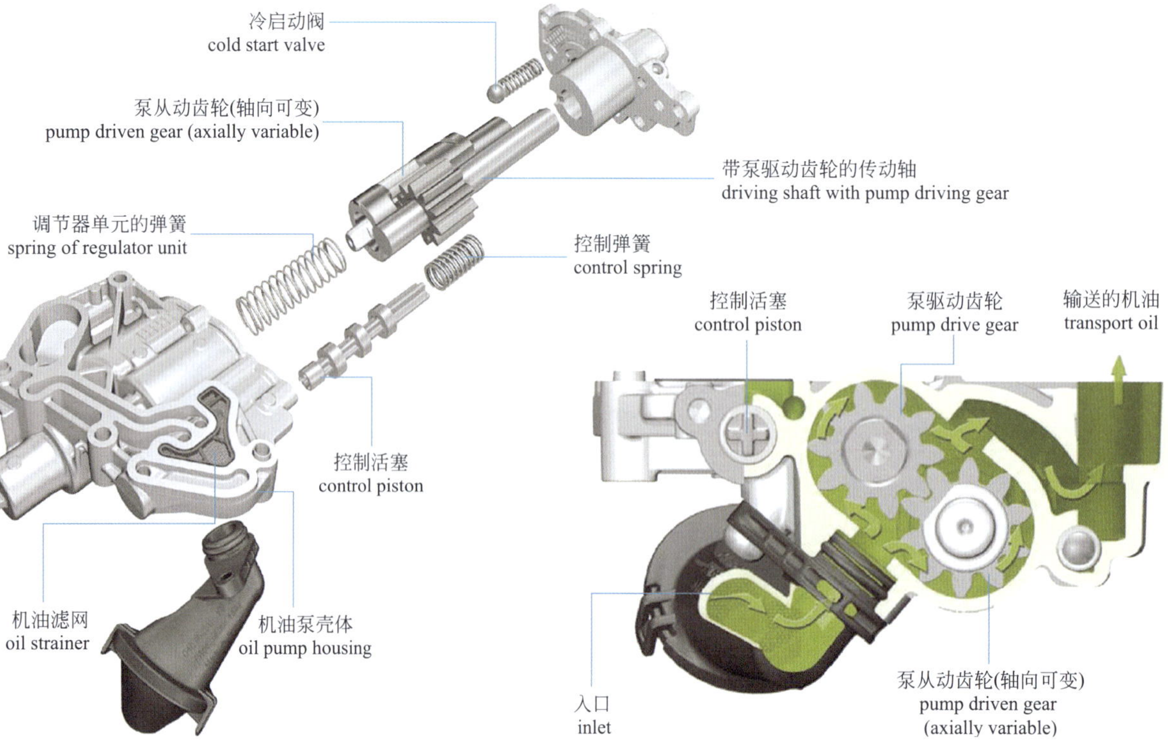

图10-6 齿轮式机油泵

（2）机油滤清器与机油冷却器

机油滤清器（图10-7）串联在机油油路中，过滤掉机油内的金属碎屑和积炭渣。

机油冷却器（图10-8）串接于机油泵与主油道之间。利用发动机冷却液流经散热片缝隙而带走机油热量，冷却后的机油再流入主油道。

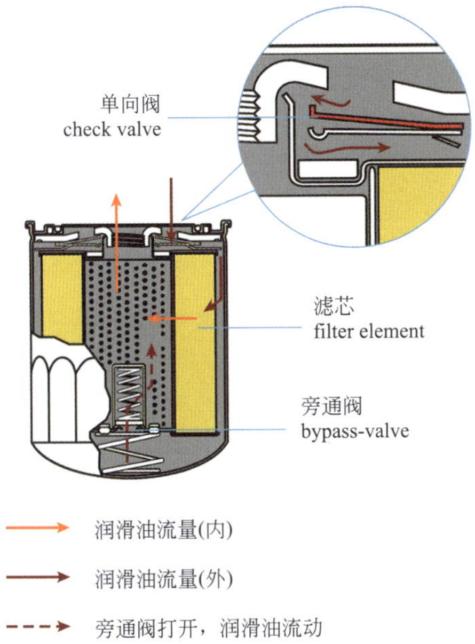

图10-7 机油滤清器

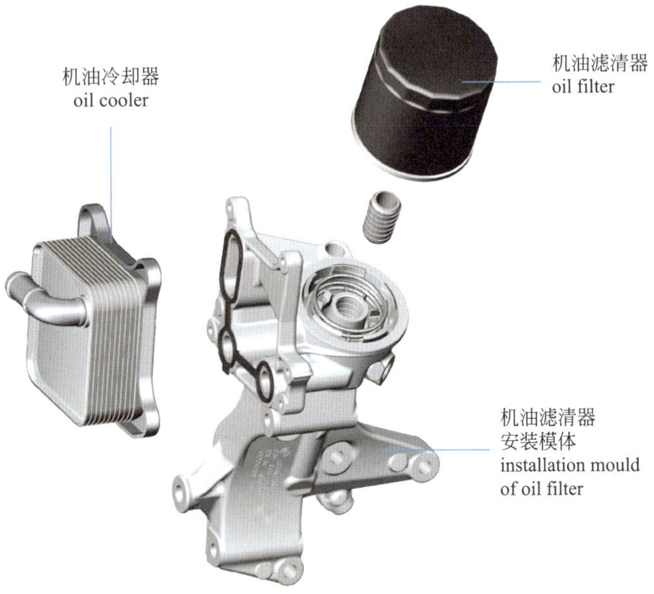

图10-8 机油冷却器

（3）油底壳（图10-9）

汽车发动机底部密封是由油底壳（又称为下曲轴箱）实现的。大多数发动机采用的是湿式油底壳，其主要功能是存储机油并封闭曲轴箱。

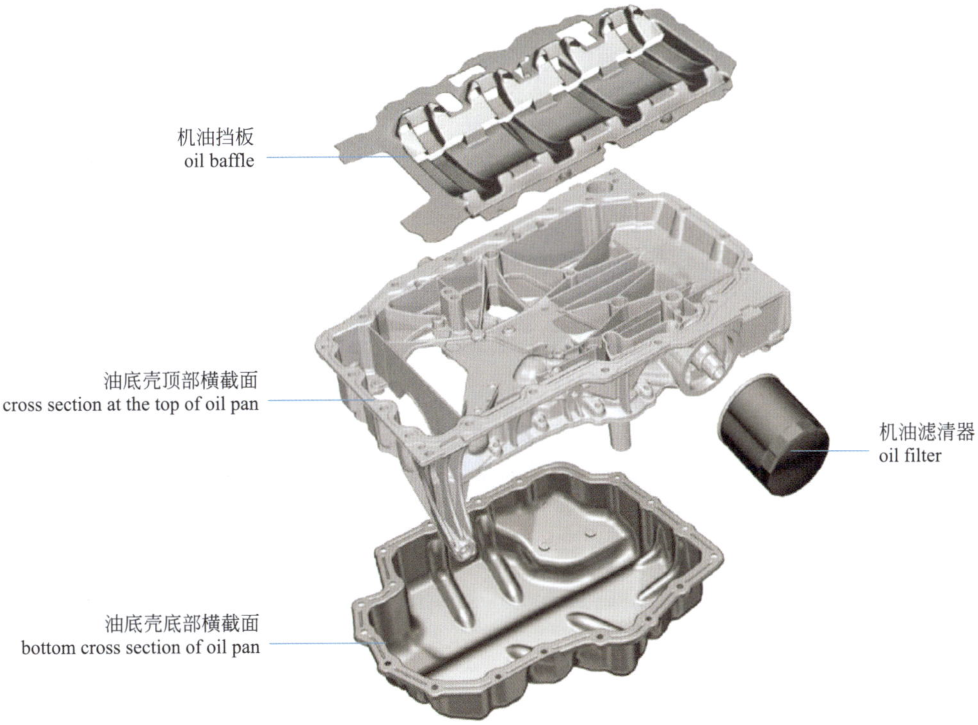

图10-9 油底壳

(4)曲轴箱通风与排气

通过曲轴箱通风装置(图10-10)实现曲轴箱的清洗，并因此减少机油中冷凝水的形成。通过空气滤清器到止回阀(安装在凸轮轴箱中)之间的软管实现新鲜空气的通风。

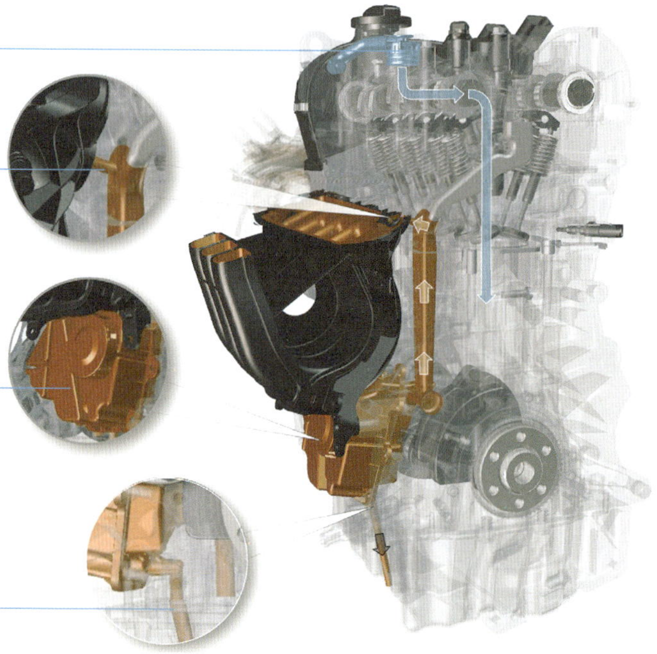

图10-10 曲轴箱通风装置

曲轴箱排气装置(图10-11)在发动机内部运行，被机油清洗过的气体通过气缸体中的通道流向进气歧管，并在那里均匀地分配给各个气缸。

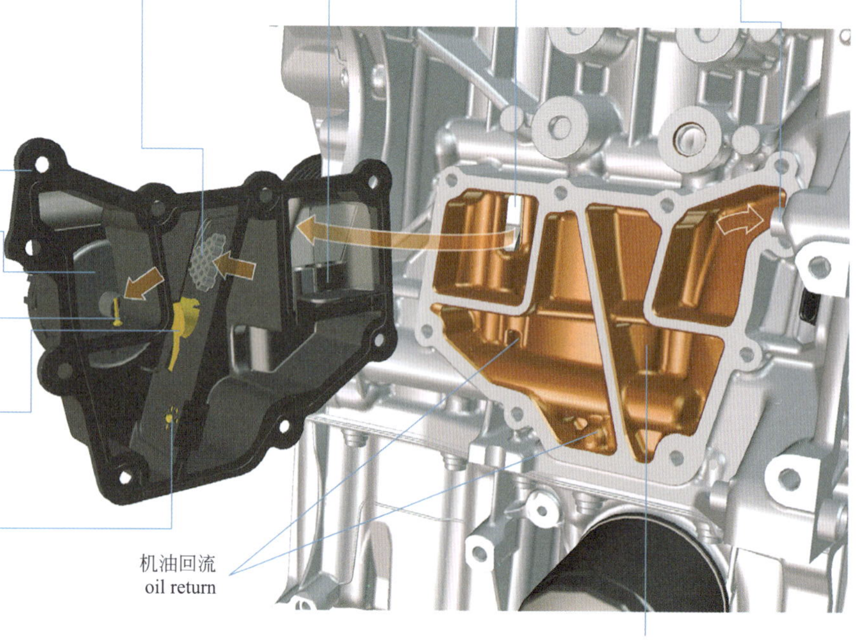

图10-11 曲轴箱排气装置

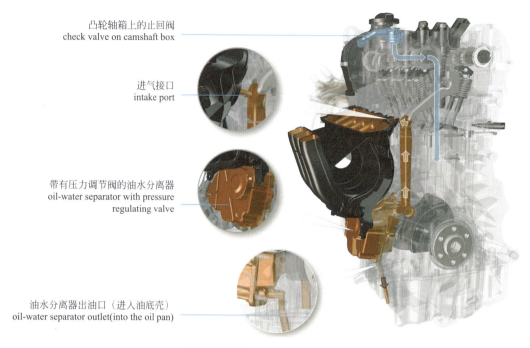

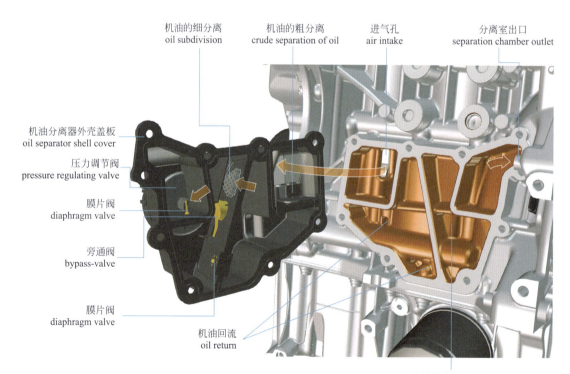

第11章 点火与启动系统

11.1 点火系统

11.1.1 概述

汽油发动机气缸内的可燃混合气在压缩冲程终了时，利用电火花点燃，燃烧后产生强大能量，推动活塞运动，使发动机完成做功冲程。能适时在燃烧室内产生电火花的装置称为点火系统（图11-1）。

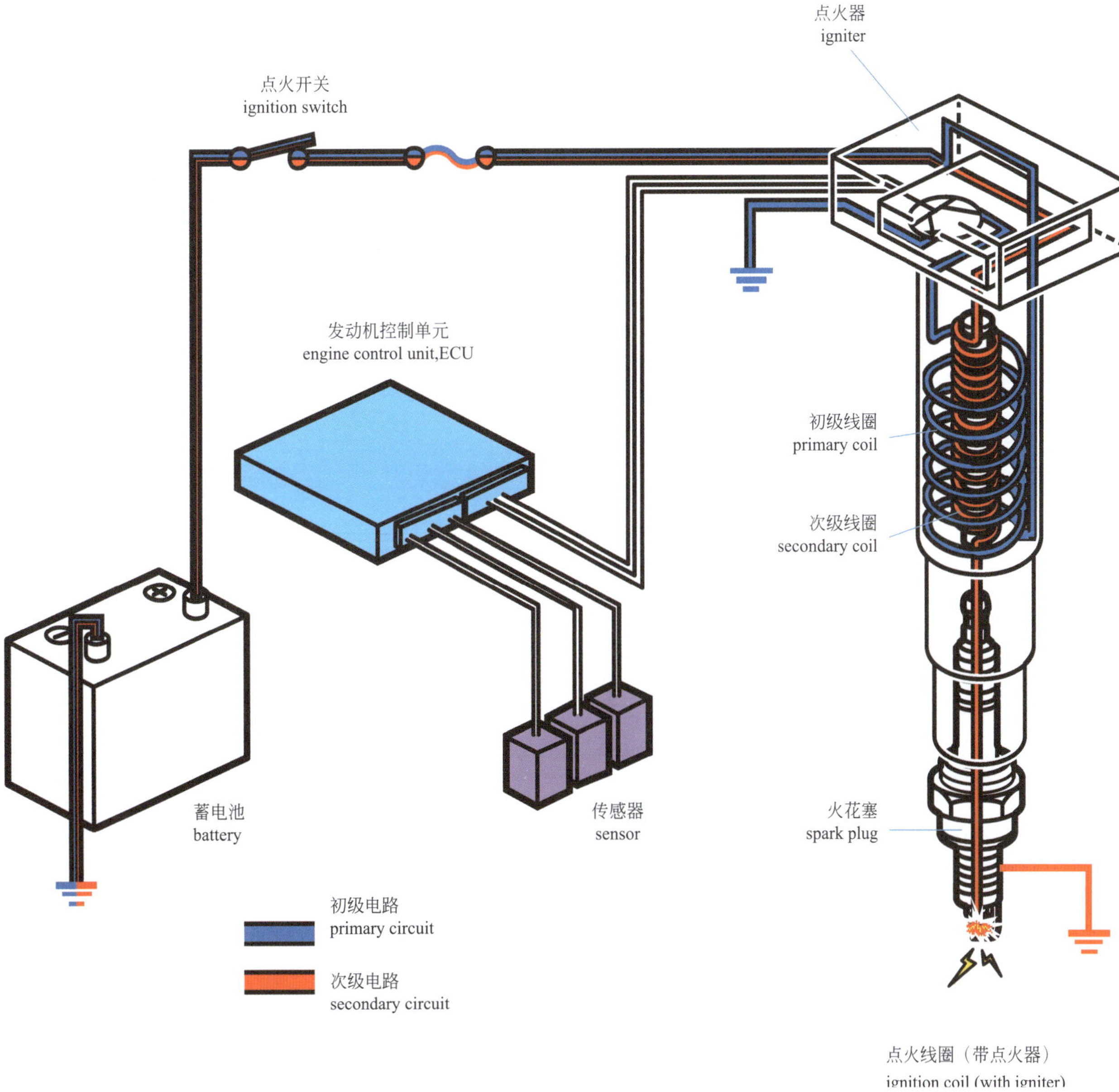

图11-1 点火系统

11.1.2 传统机械式点火系统

传统机械式点火系统结构与原理如图11-2所示。由蓄电池或发电机供给的12V低压电，经点火线圈和断电气转变为高压电，再经配电气分送到各缸火花塞，使其电极间产生电火花。

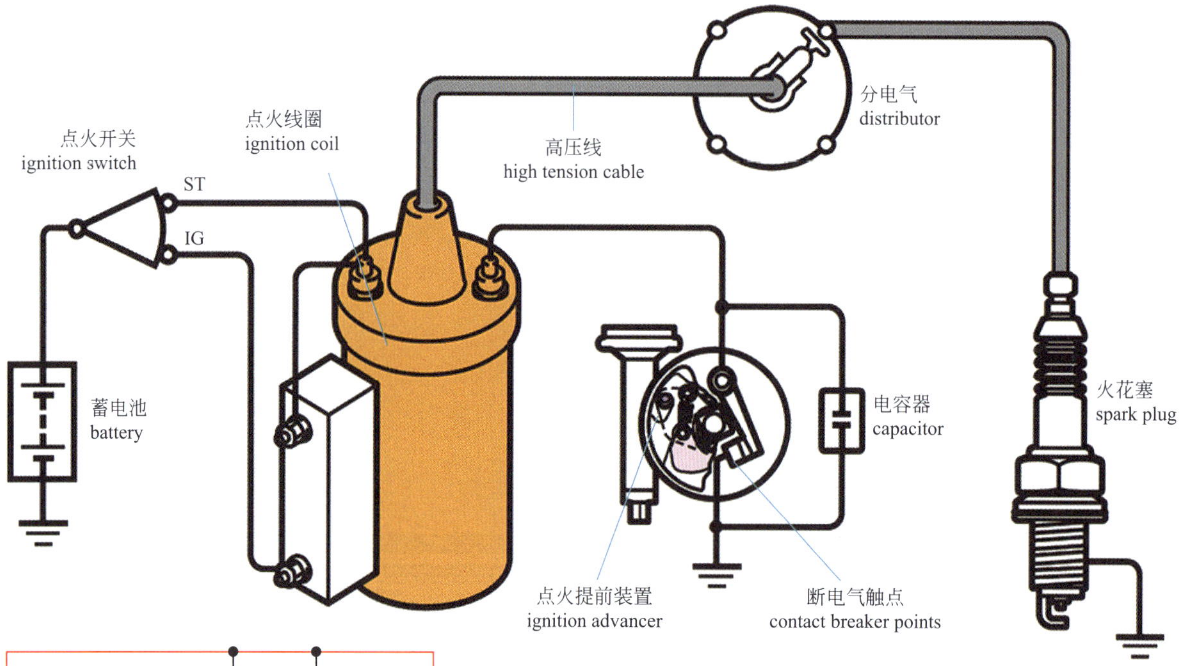

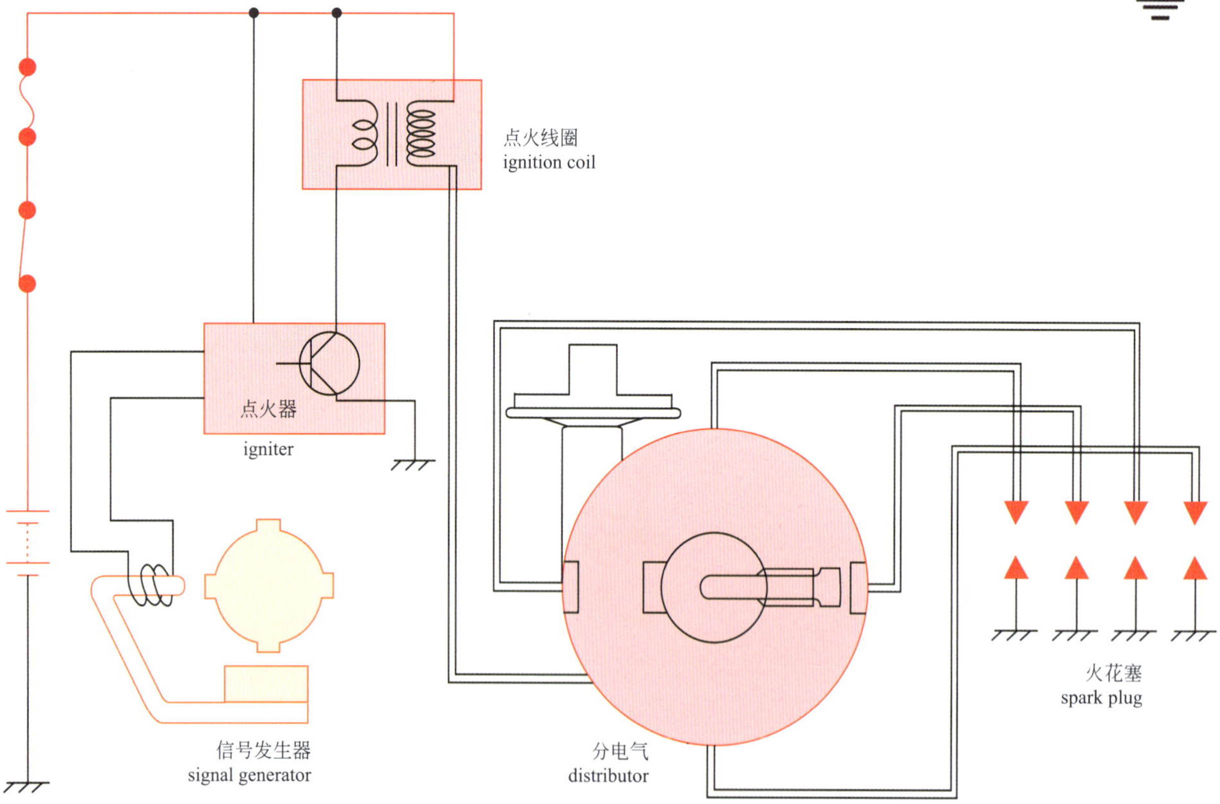

信号发生器产生点火信号
点火器接收点火信号，并使初级线圈的初级电流间断地流动
流往点火线圈的初级电流被突然切断时，由次级线圈产生高电压电流
分电器向火花塞分配由次级线圈所产生的高电压电流
火花塞接收高电压电流，并引燃可燃混合气

图11-2 传统机械式点火系统结构与原理

11.1.3 微机控制直接点火系统

微机控制直接点火系统（图11-3）由发动机控制单元根据各传感器提供的信号，确定点火时刻，并发出点火控制信号，点火器根据发动机控制单元指令，控制点火线圈初级回路的导通和截止。

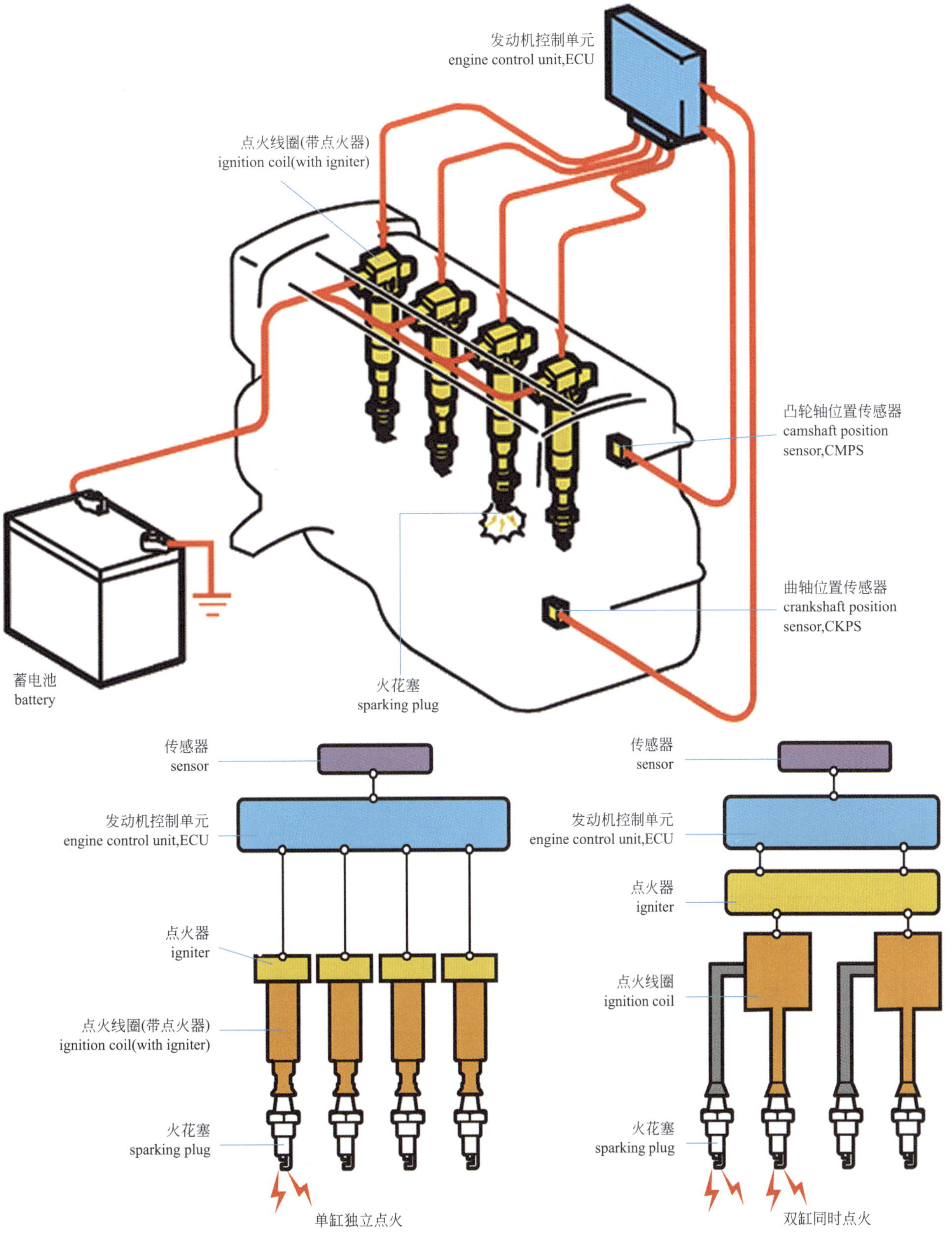

图11-3 微机控制直接点火系统

11.1.4 点火线圈与火花塞

（1）点火线圈

点火线圈在点火器的控制下，通过自感和互感产生高压电，使火花塞产生火花。点火线圈基本结构如图11-4（a）所示，目前发动机常用的带点火器的点火线圈结构如图11-4（b）所示，点火线圈基本原理如图11-4（c）所示。

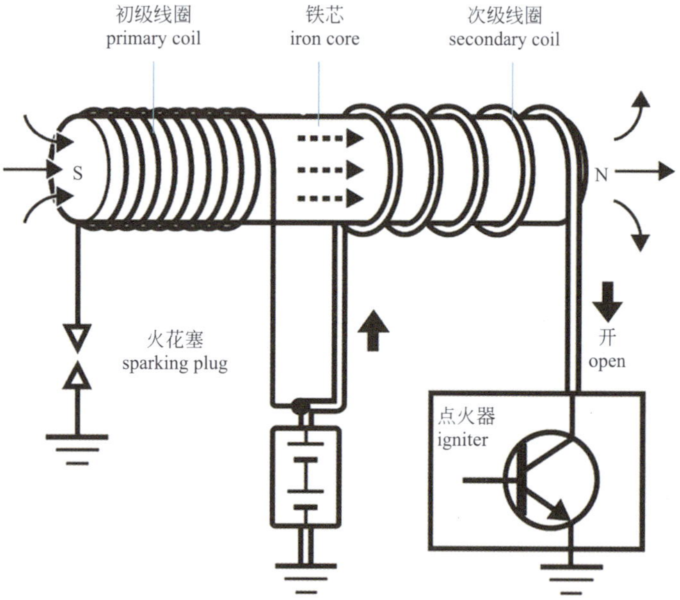

(a) 点火线圈基本结构

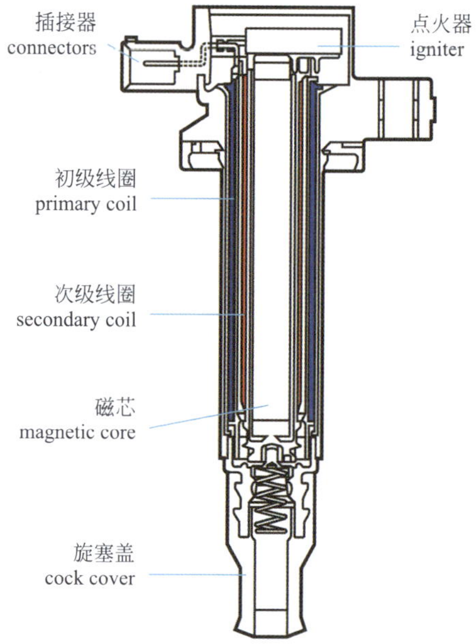

(b) 带点火器的点火线圈结构

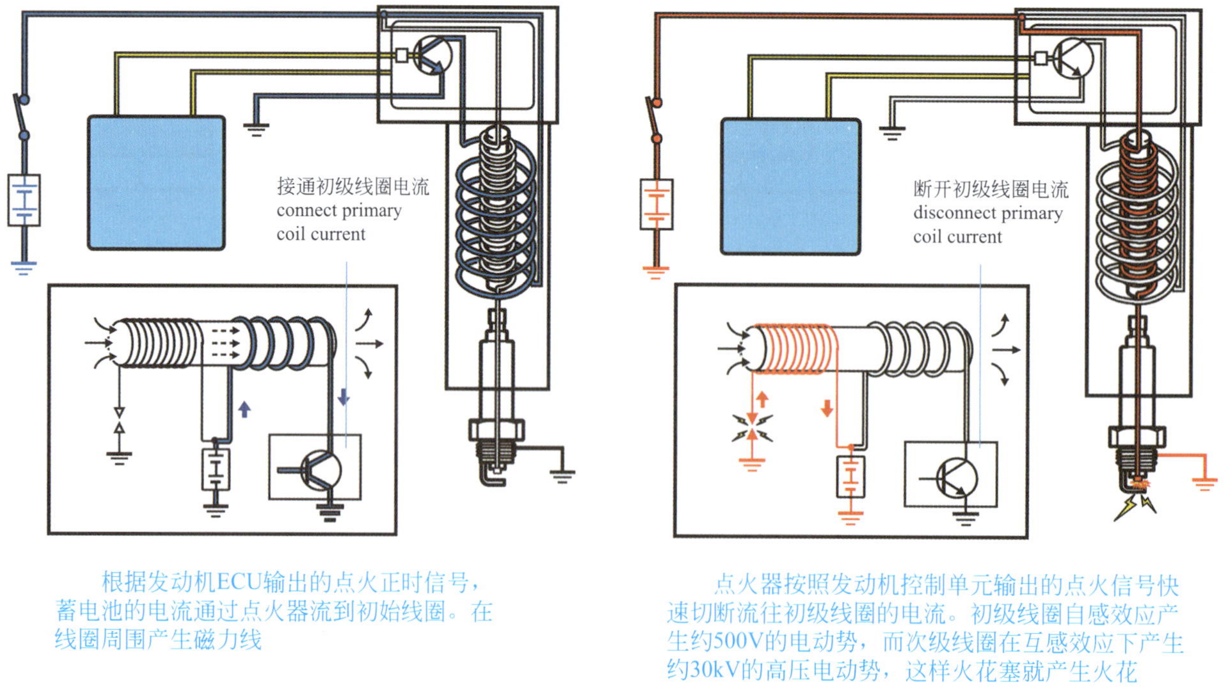

(c) 点火线圈基本原理

图11-4 点火线圈结构与原理

（2）火花塞

火花塞结构如图11-5所示，其作用是将点火线圈产生的高压电引入燃烧室，并在两极之间产生电火花以点燃可燃混合气。

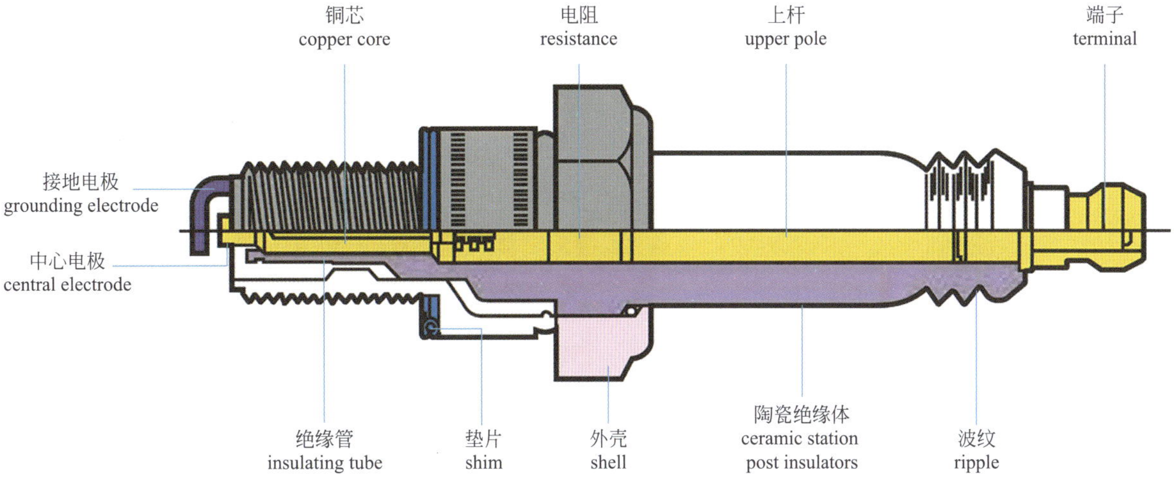

图11-5 火花塞结构

火花塞点火原理如图11-6所示。火花穿过可燃混合气后从中心电极到接地电极，可燃混合气沿着火花的路径被触发，形成火焰中心。火焰中心触发周围的可燃混合气。火焰中心的热量向外扩展（称为火焰传播）点燃可燃混合气。

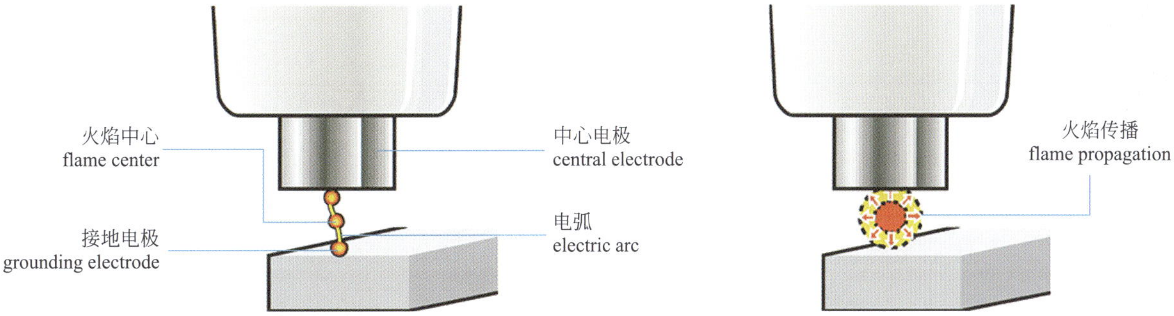

图11-6 火花塞点火原理

圆形电极放电困难，方形或尖形电极放电较容易。火花塞经过长时间的使用，电极成了圆形造成放电困难，因此火花塞应定期更换。火花塞放电性能如图11-7所示。

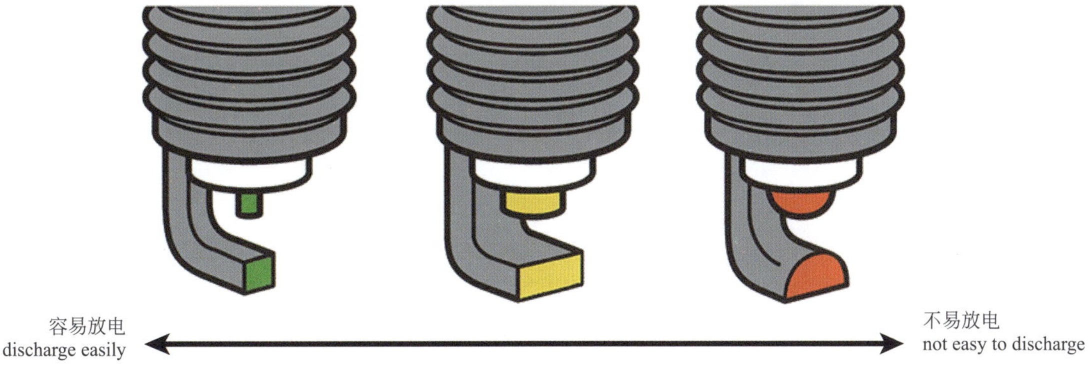

图11-7 火花塞放电性能

11.2 启动系统

11.2.1 概述

启动系统由直流起动机、传动机构、控制机构等组成（图11-8）。启动系统的功用是通过起动机将蓄电池的电能转变为机械能，启动发动机运转。

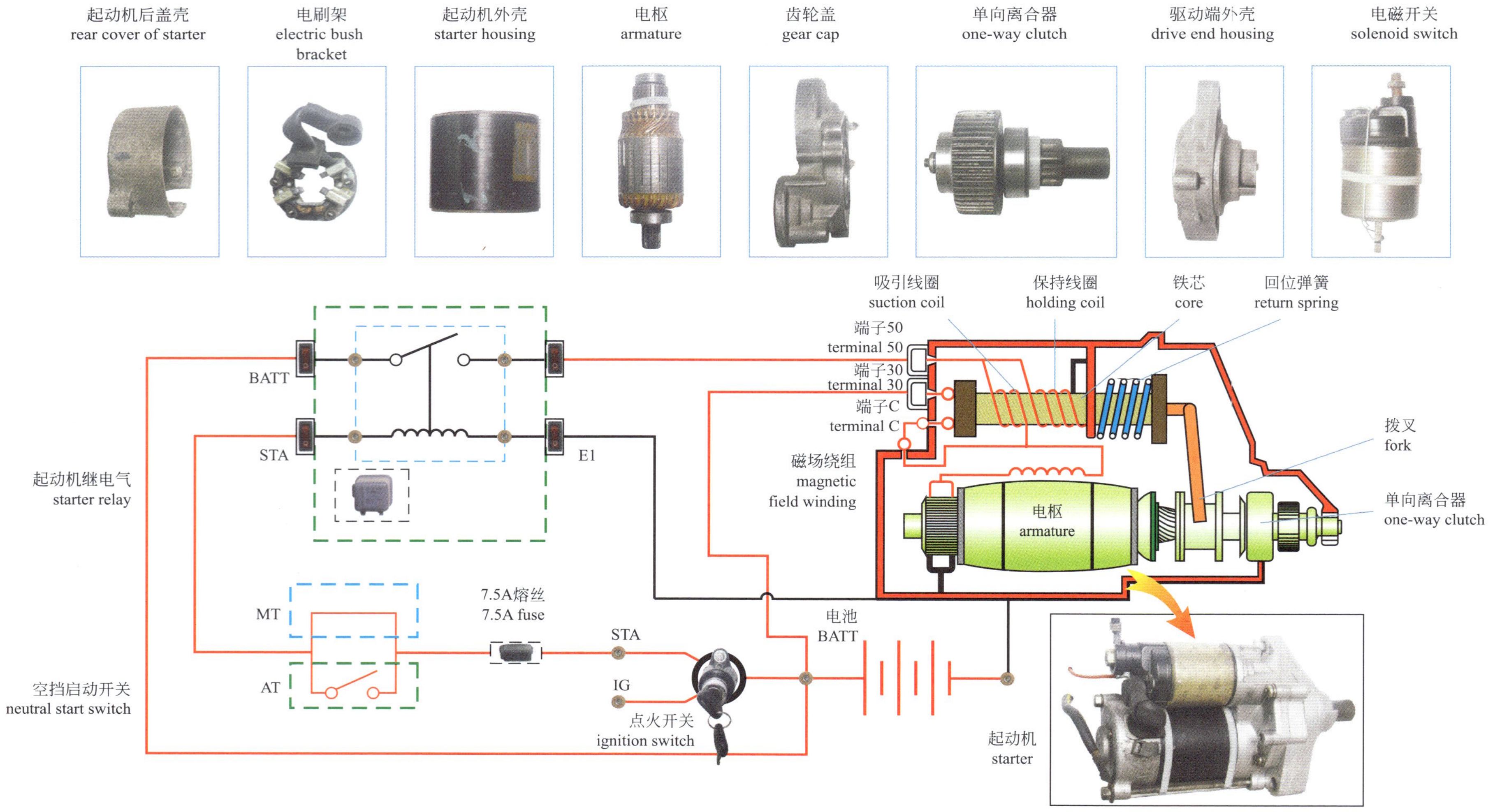

图11-8 启动系统组成

11.2.2 启动系统工作原理

直流电动机在直流电压的作用下产生的旋转力矩称为电磁力矩或电磁转矩。启动发动机时，它通过驱动齿轮、飞轮齿圈驱动发动机曲轴旋转，使发动机启动。起动机电路的通断由电磁开关来控制。起动机组成如图11-9所示，起动机原理如图11-10所示。

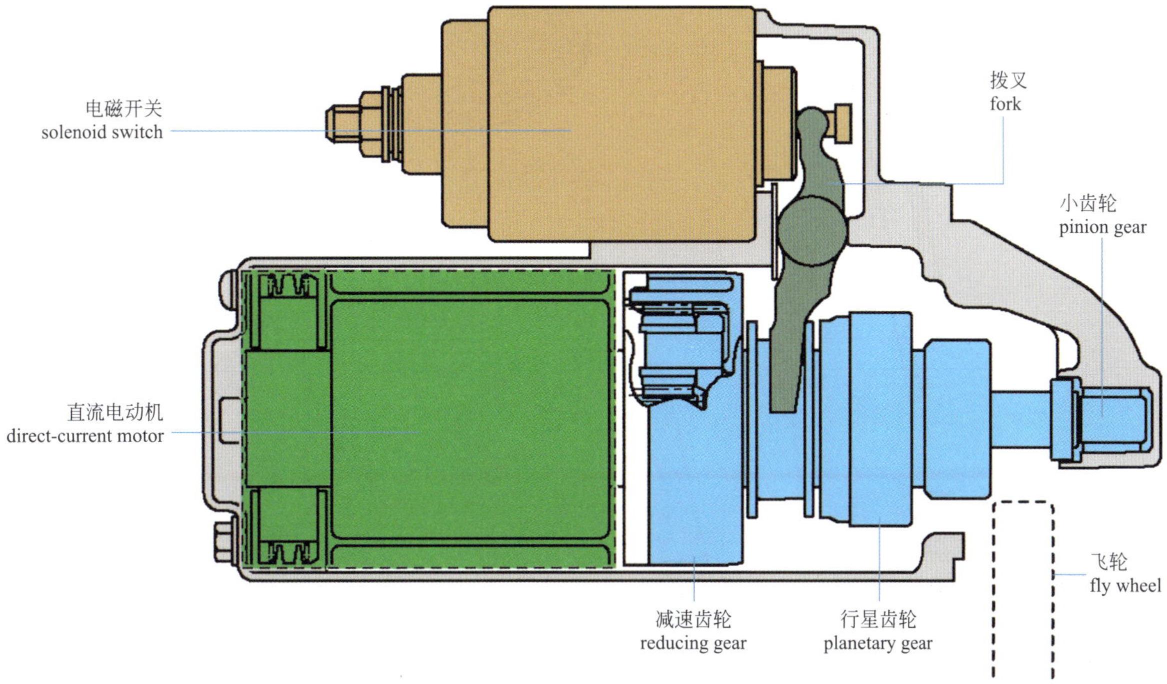

图11-9 起动机组成

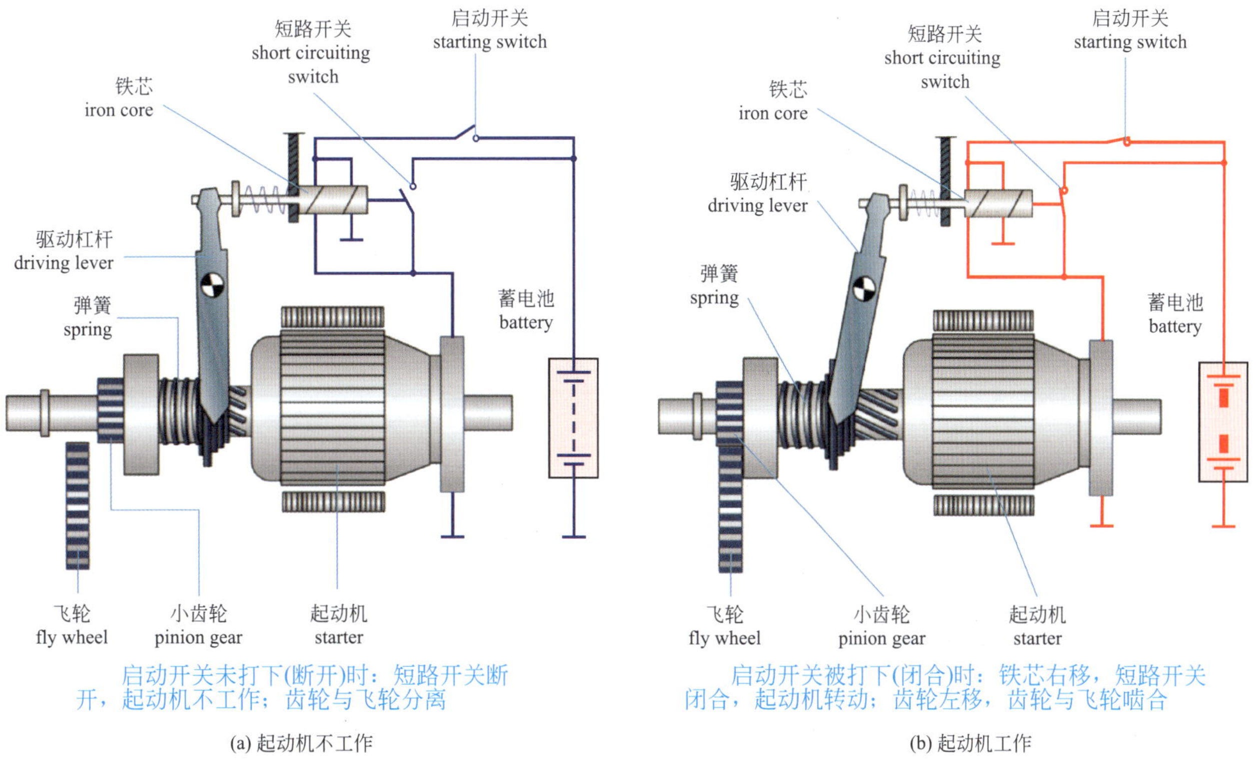

图11-10 起动机原理

起动机分解图如图11-11所示。

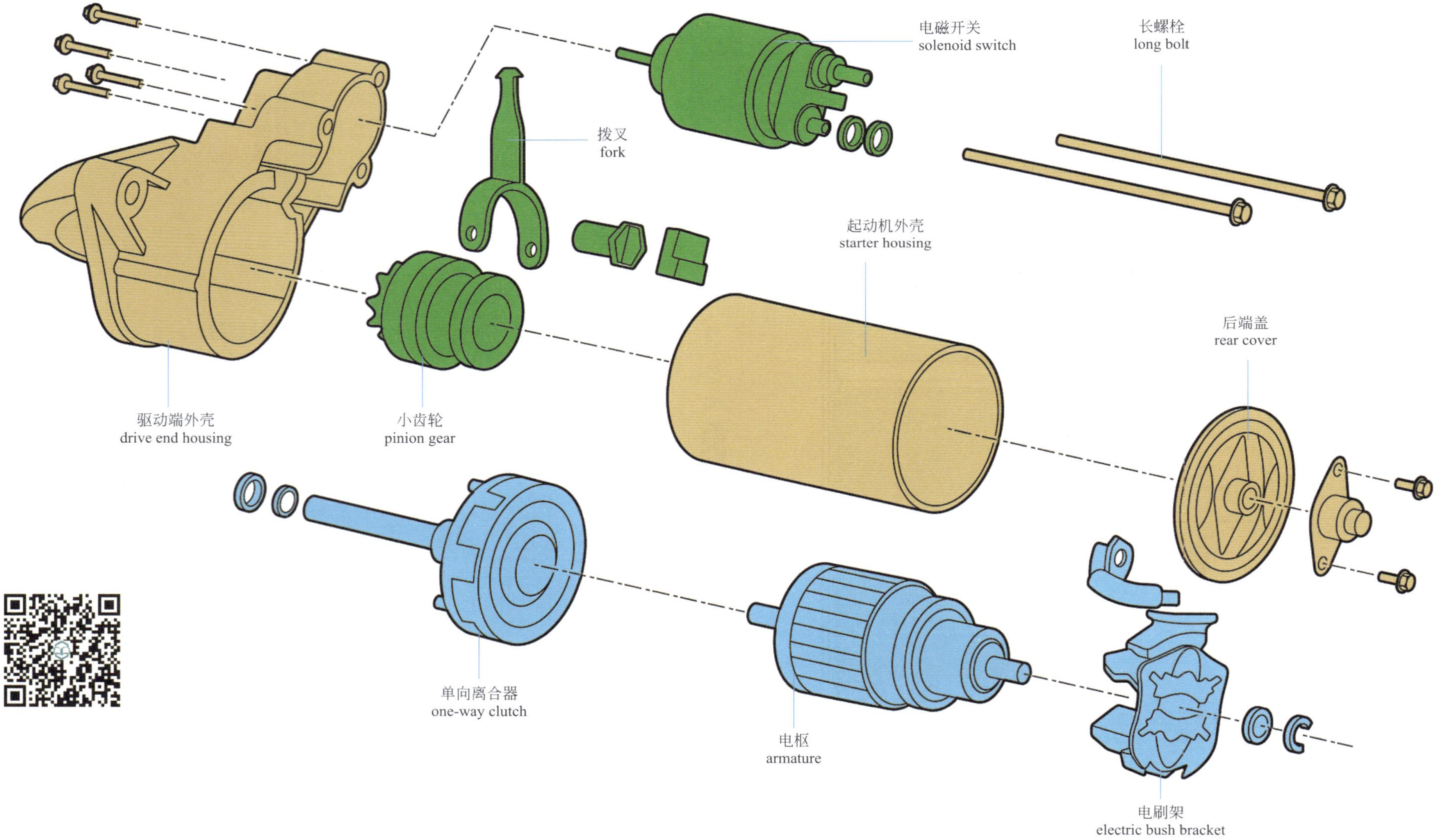

图11-11 起动机分解图

第3部分 汽车底盘

第12章 汽车底盘概述
第13章 汽车传动系统和离合器
第14章 手动变速器
第15章 自动变速器
第16章 双离合变速器
第17章 无级变速器
第18章 传动轴与万向节
第19章 车身、车桥与车轮
第20章 悬架
第21章 转向系统
第22章 制动系统

PART3

第12章 汽车底盘概述

汽车底盘（图12-1）接收发动机动力，使汽车按照驾驶员操纵正常行驶。汽车底盘主要由传动系统、行驶系统、转向系统和制动系统组成。

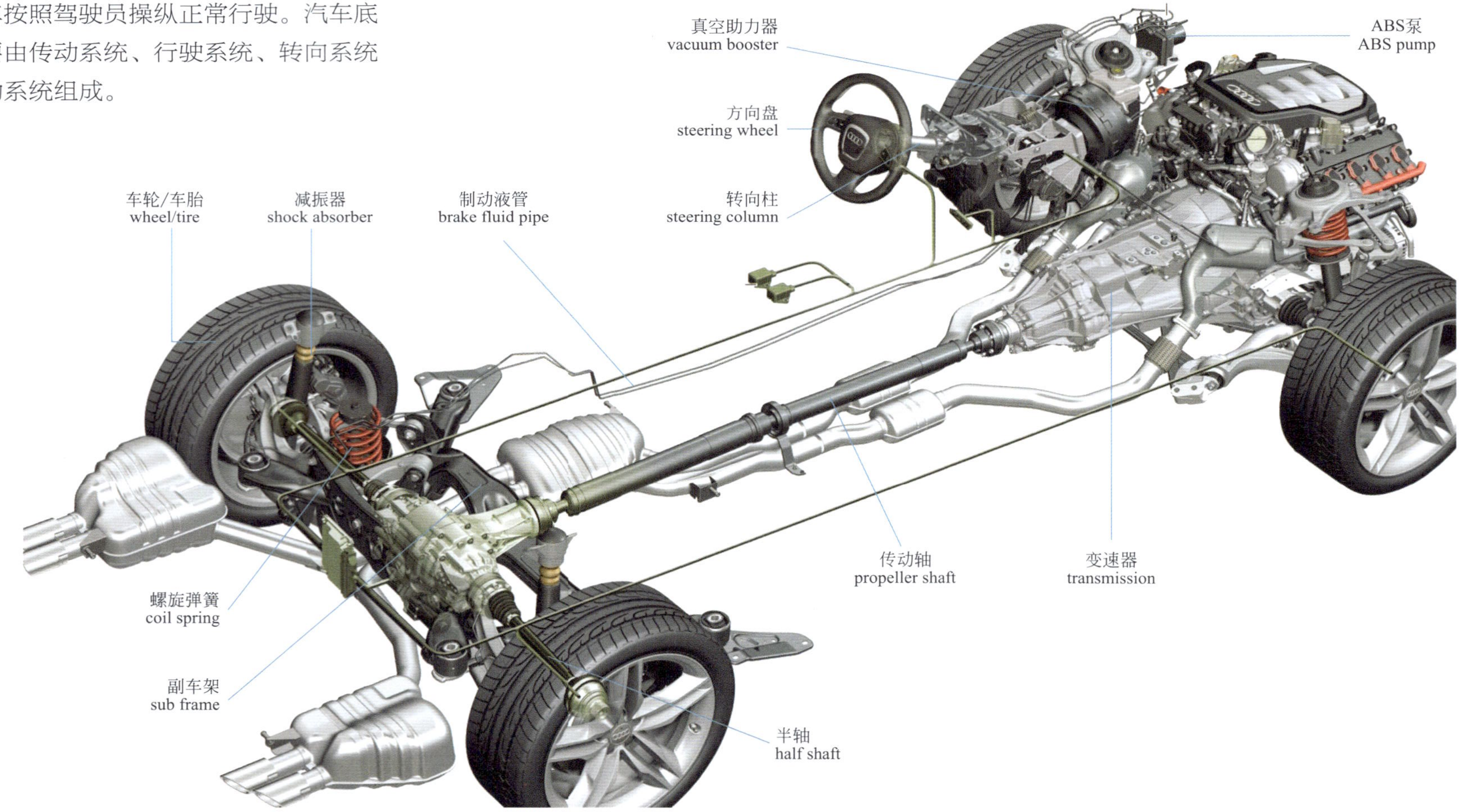

图12-1 典型的汽车底盘（四轮驱动）

典型的客车底盘如图12-2所示。

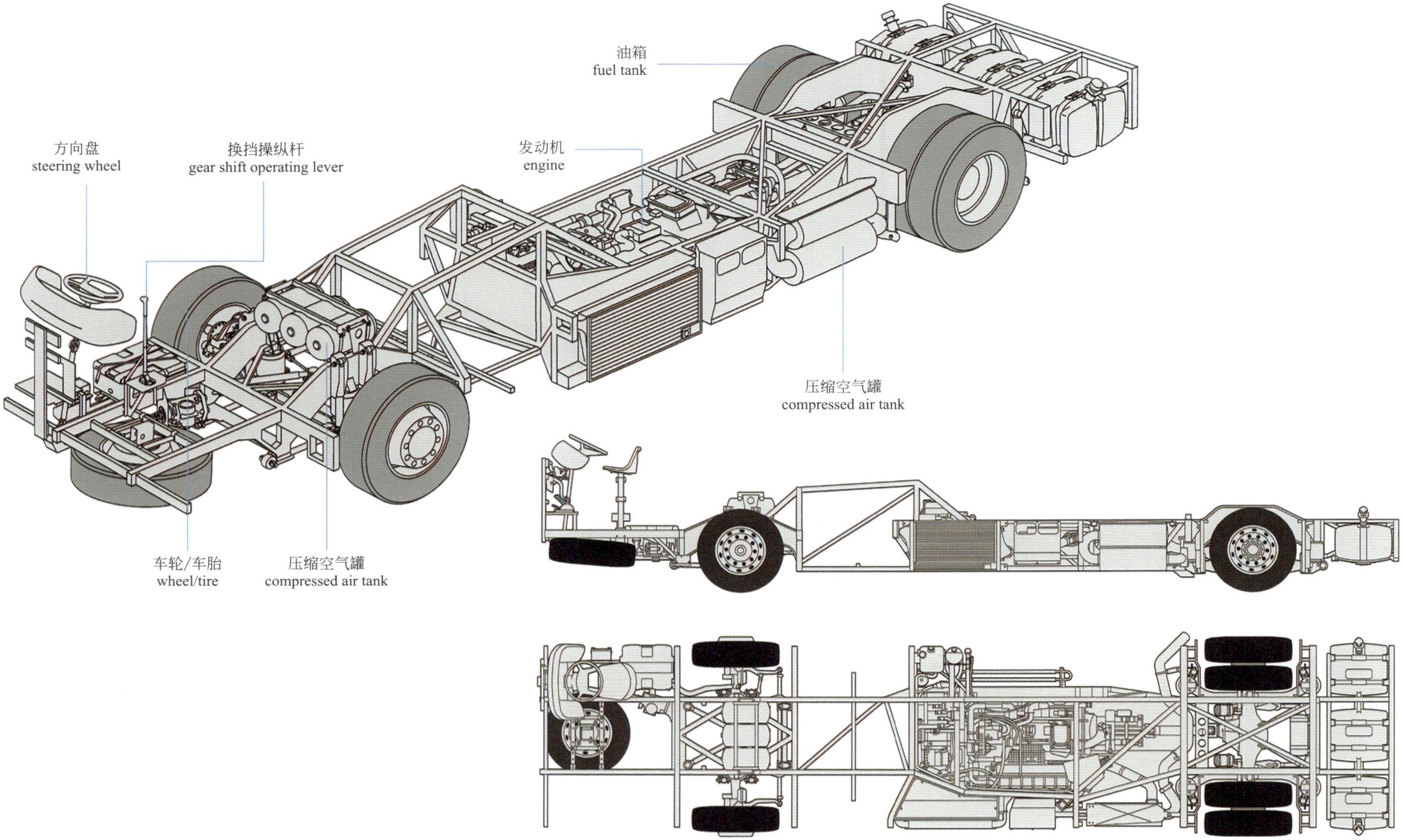

图12-2 典型的客车底盘

12.1 传动系统

汽车传动系统（图12-3）是指从发动机到驱动车轮之间所有动力传递装置的总称。传动系统的功用是将发动机发出的动力按需要传递给车轮，使汽车在各种不同的工况下均能正常行驶。

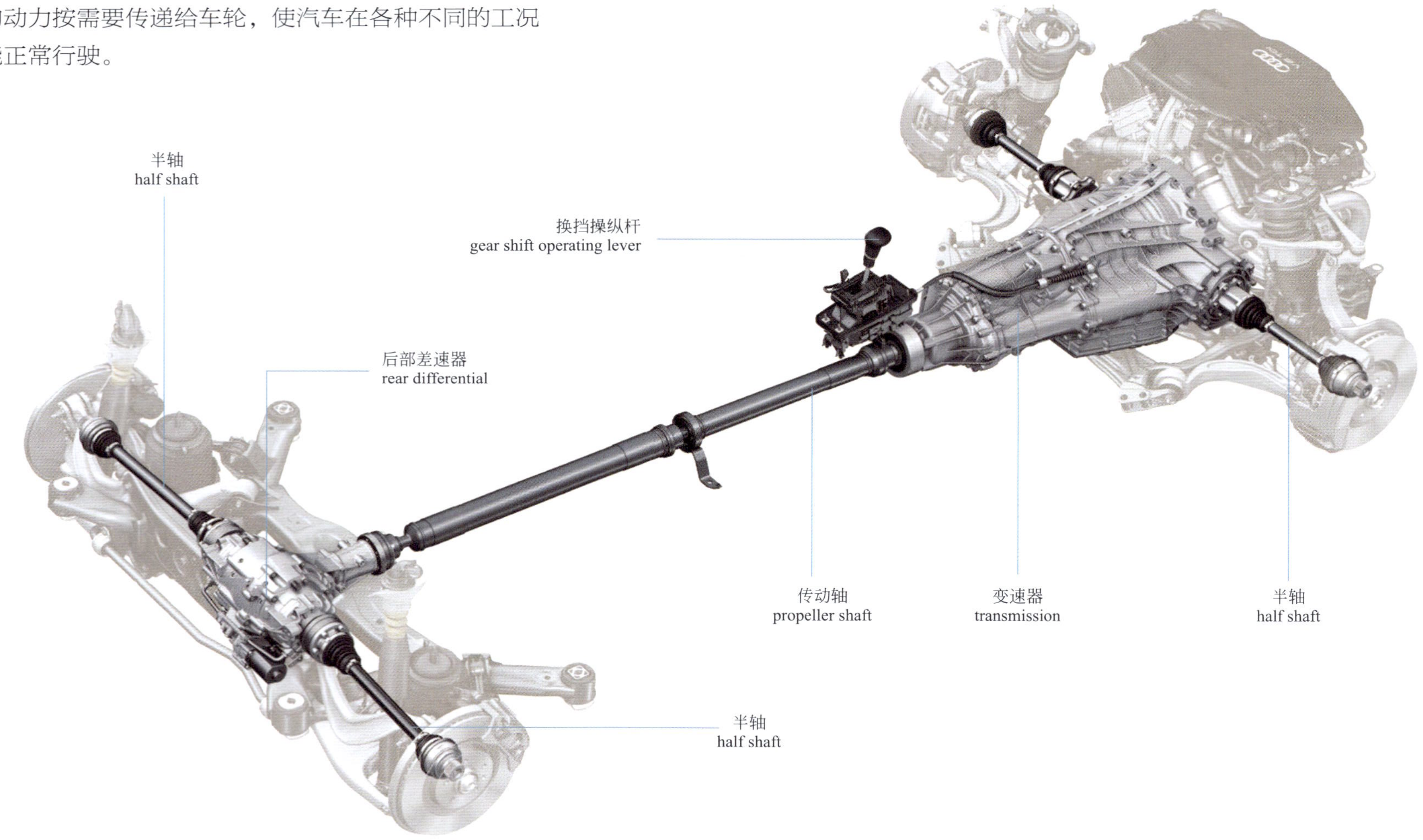

图12-3 汽车传动系统

12.2 转向系统

汽车转向系统（图12-4）的功用是保证车辆按照驾驶员的需要改变方向，而且还要克服路面侧向干扰力使车轮自行产生转向，恢复汽车原来的行驶方向。

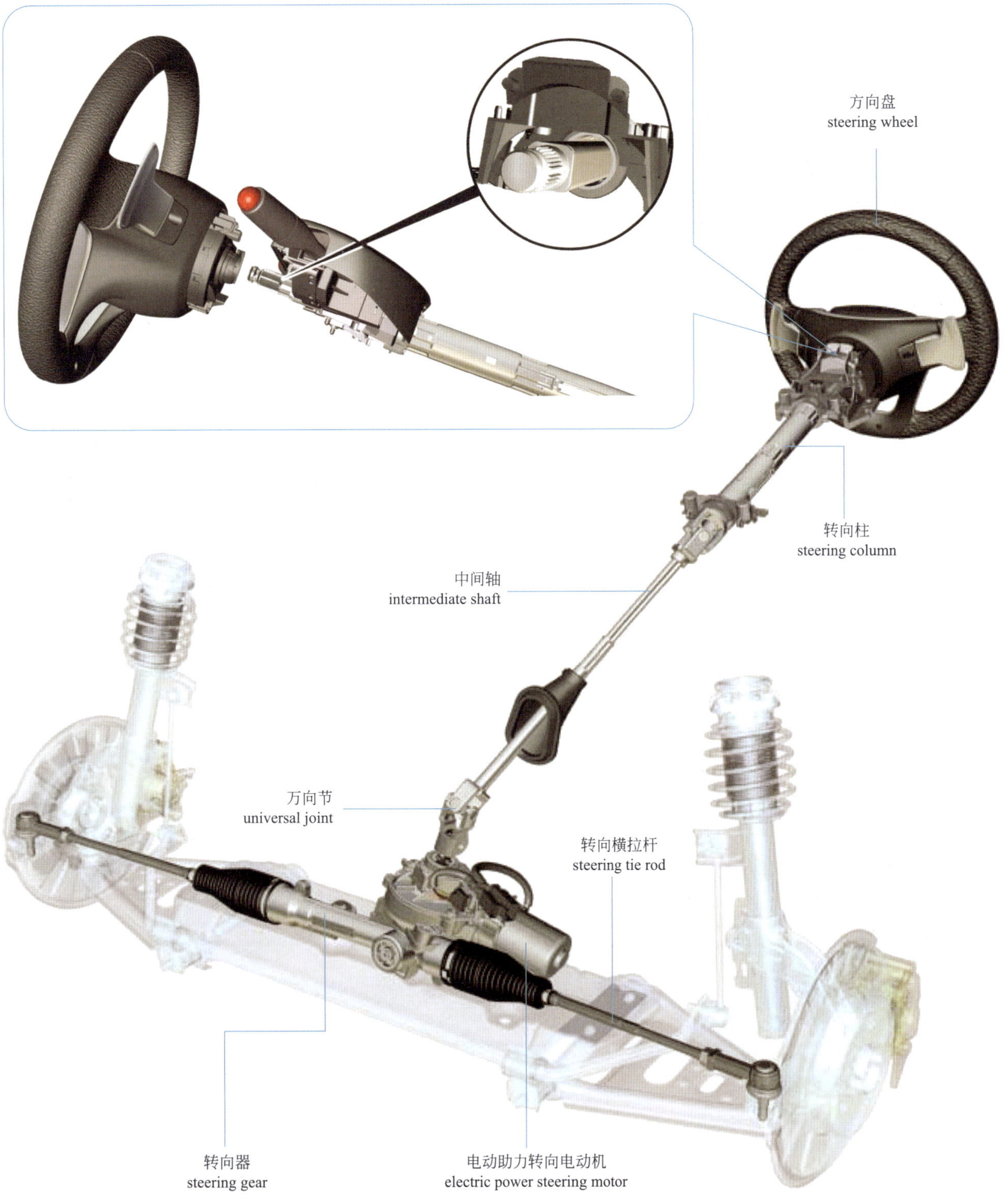

图12-4 汽车转向系统

12.3 行驶系统

汽车行驶系统（图12-5）的功用是接收发动机转矩，并通过驱动轮与地面的附着作用产生驱动力；承受汽车总质量；传递并承受路面作用于车轮上各方向的反作用力及其力矩；减少不平路面对车身的冲击和振动，保证汽车平顺行驶。

图12-5 汽车行驶系统

12.4 制动系统

汽车制动系统（图12-6）的功用是根据需要使行驶中的汽车减速或在最短的距离内停车；使下坡行驶的汽车速度保持稳定；使已停驶的汽车保持不动。制动系统可分为行车制动系统和驻车制动系统。

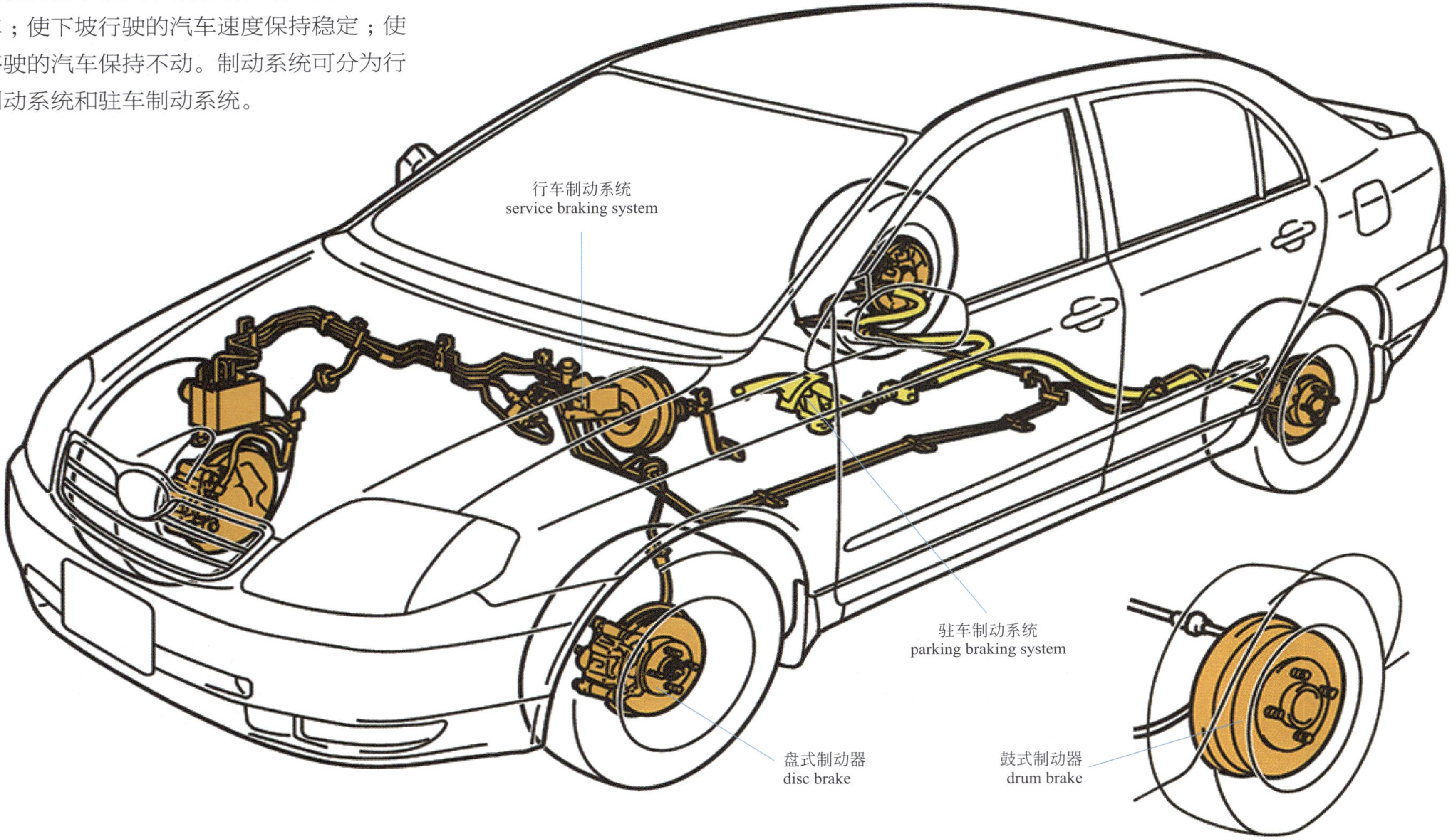

图12-6 汽车制动系统

第13章 汽车传动系统和离合器

13.1 汽车传动系统

13.1.1 概述

发动机发出的动力经离合器（手动变速器）/ 液力变矩器（自动变速器）、变速器、万向传动装置传到驱动桥，动力又经过主减速差速器和半轴等传递到车轮，如图 13-1 所示。

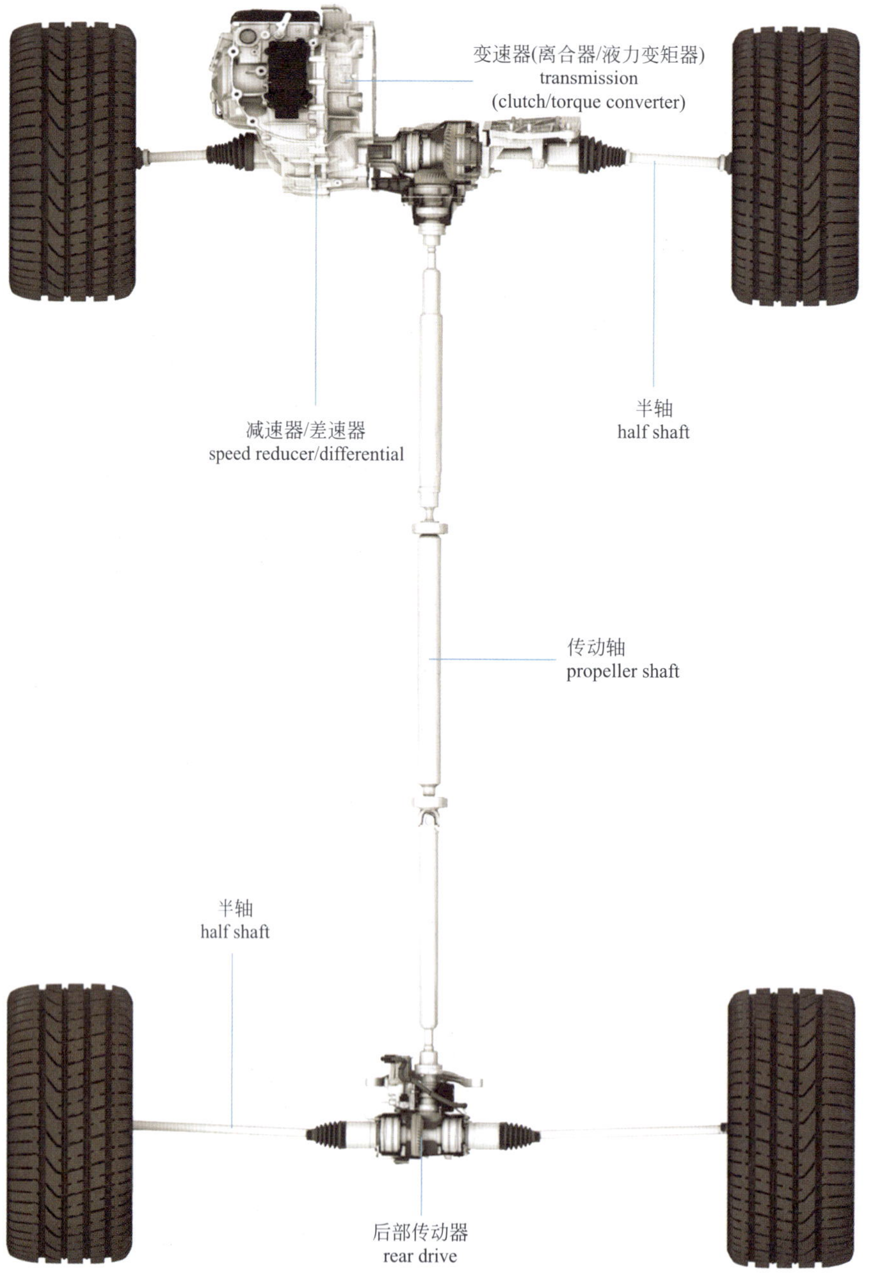

图13-1 传动系统

13.1.2 离合器

离合器（图13-2）安装在发动机与变速器之间，负责切断和结合发动机与变速器之间的动力传递，可使发动机与传动系统逐渐结合，便于换挡，并保证汽车平稳起步，同时还起到防止传动系统过载的作用。

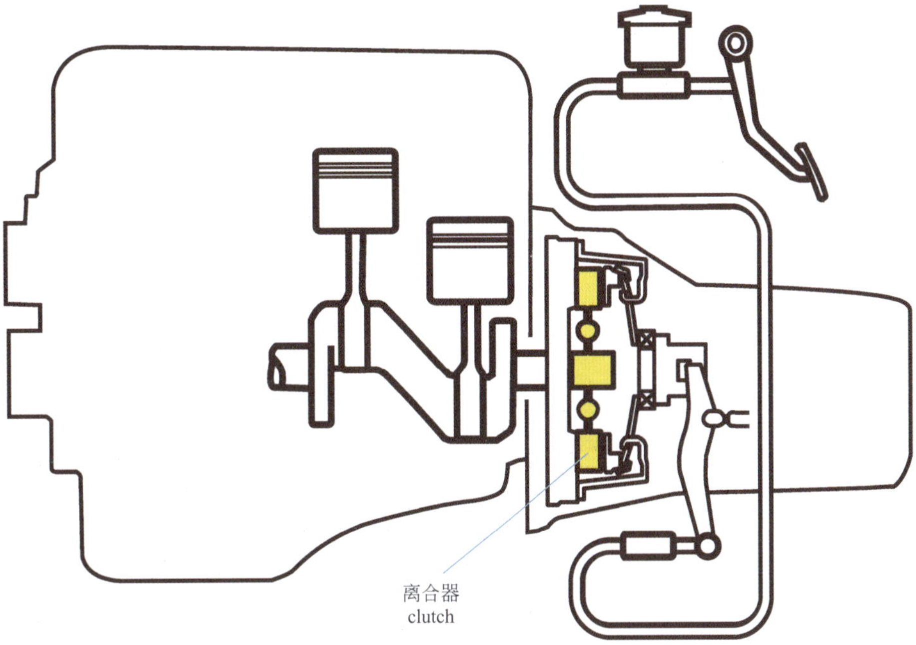

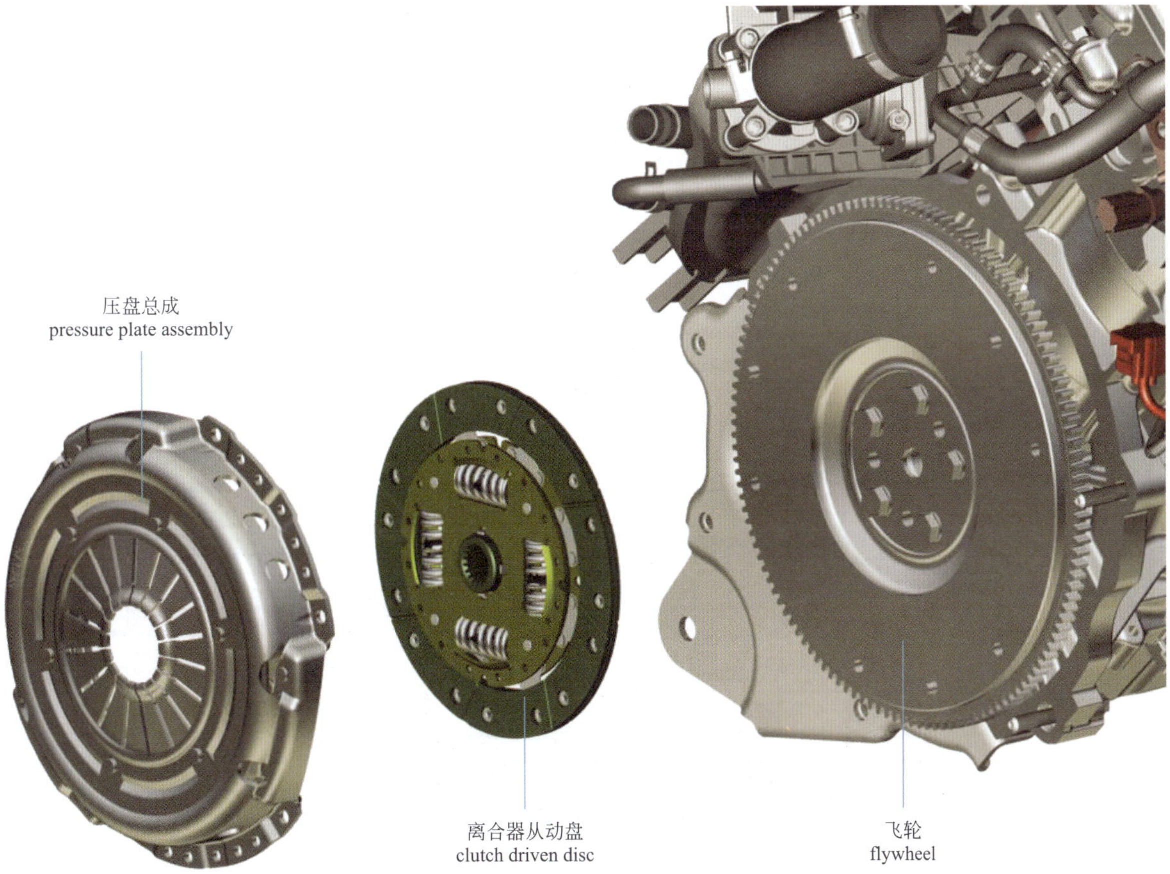

图13-2 离合器

13.1.3 手动变速器

手动变速器（图13-3）由驾驶员直接操纵变速杆换挡。

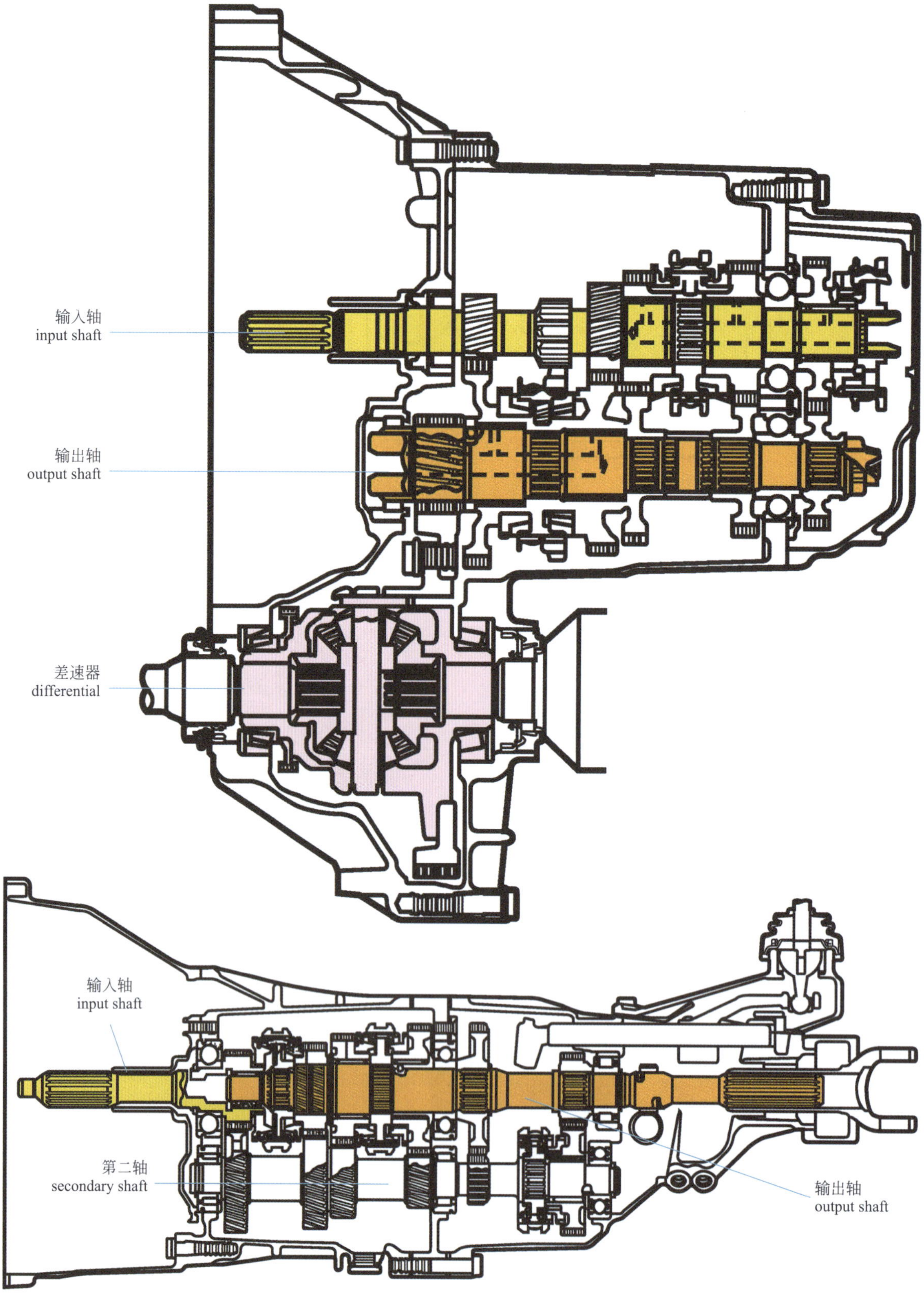

图13-3 手动变速器

13.1.4 自动变速器

自动变速器（图13-4）可根据发动机负荷、车速等工况的变化自动变换挡位，一般情况下不需要人工干预。

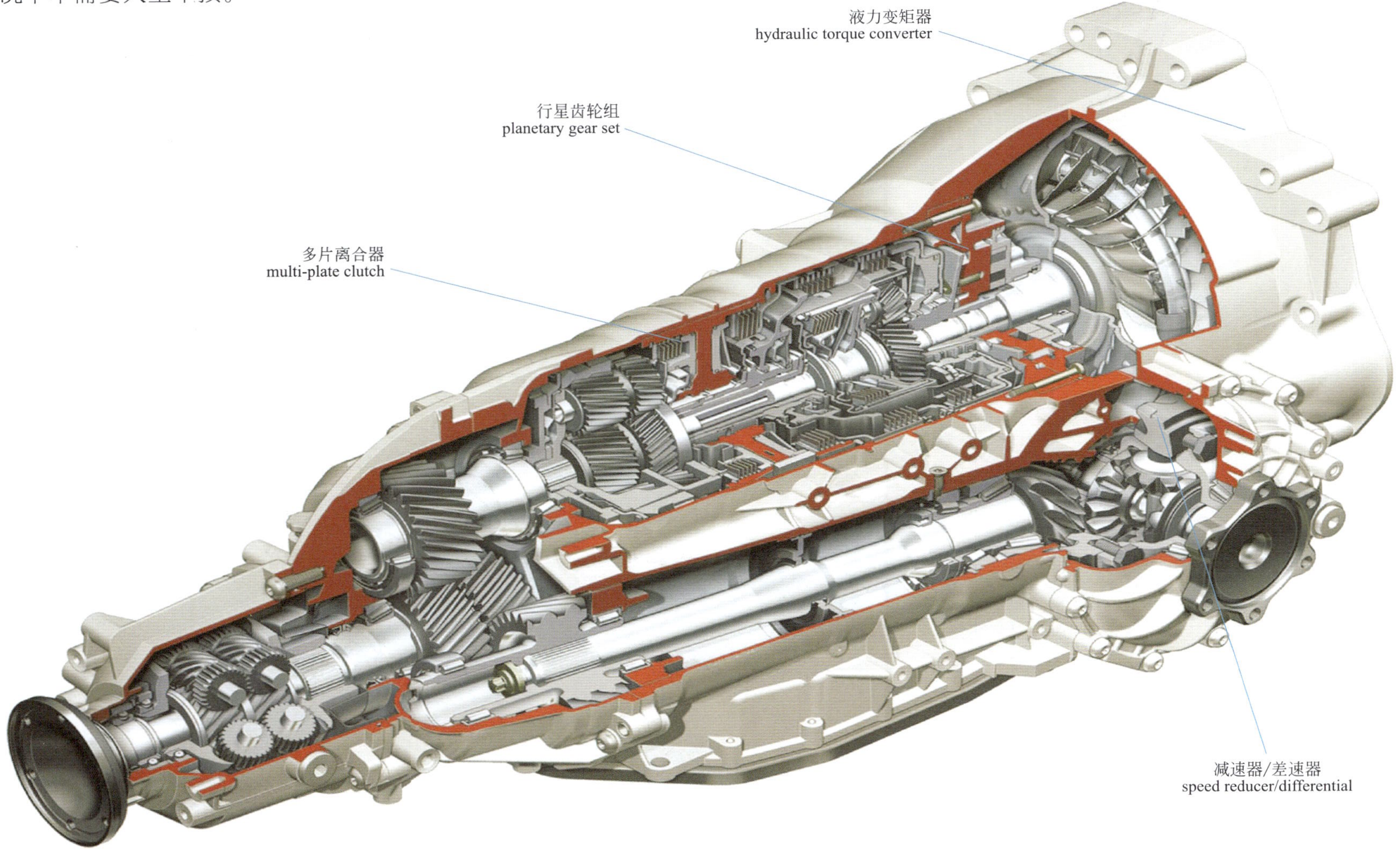

图13-4 自动变速器

13.1.5 传动轴与万向节

传动轴用来连接变速器（或分动器）和驱动桥。万向节保证驱动轴与驱动桥连接夹角的变化，保证两轴的等速传动。传动轴与万向节如图13-5所示。

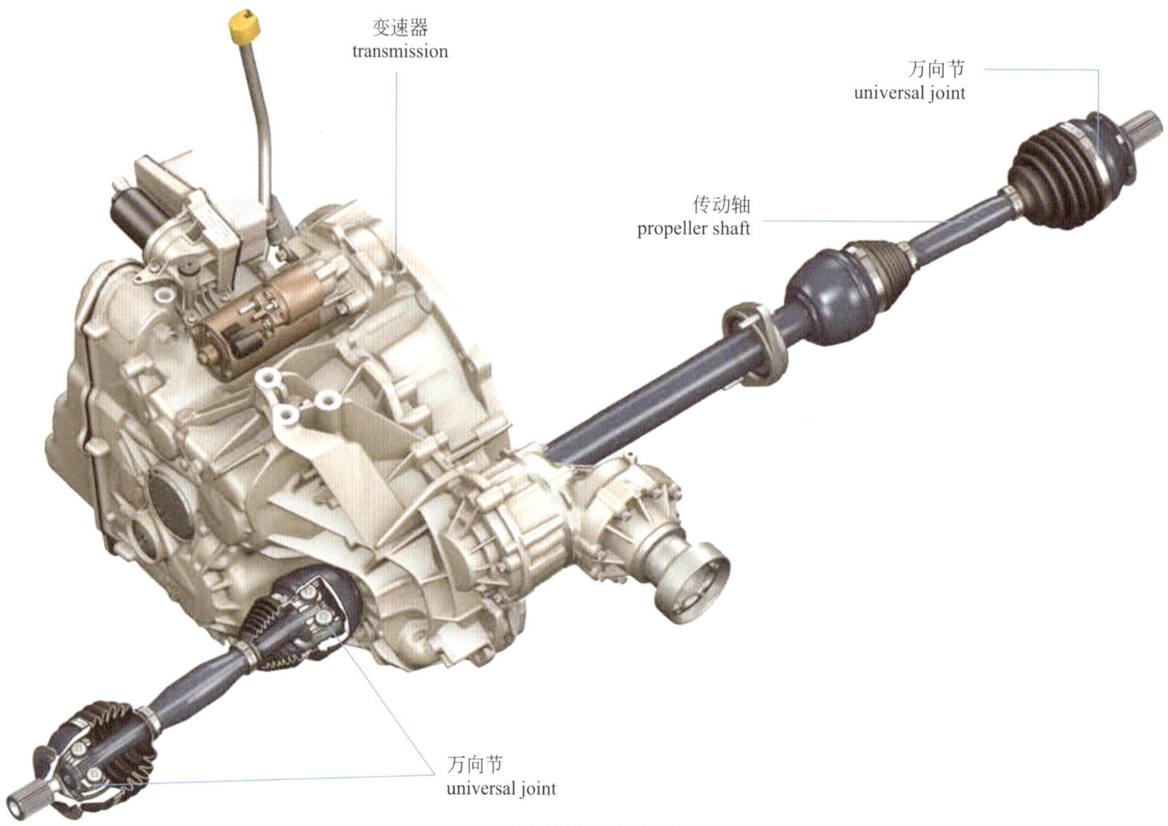

(a) 转动轴与万向节安装

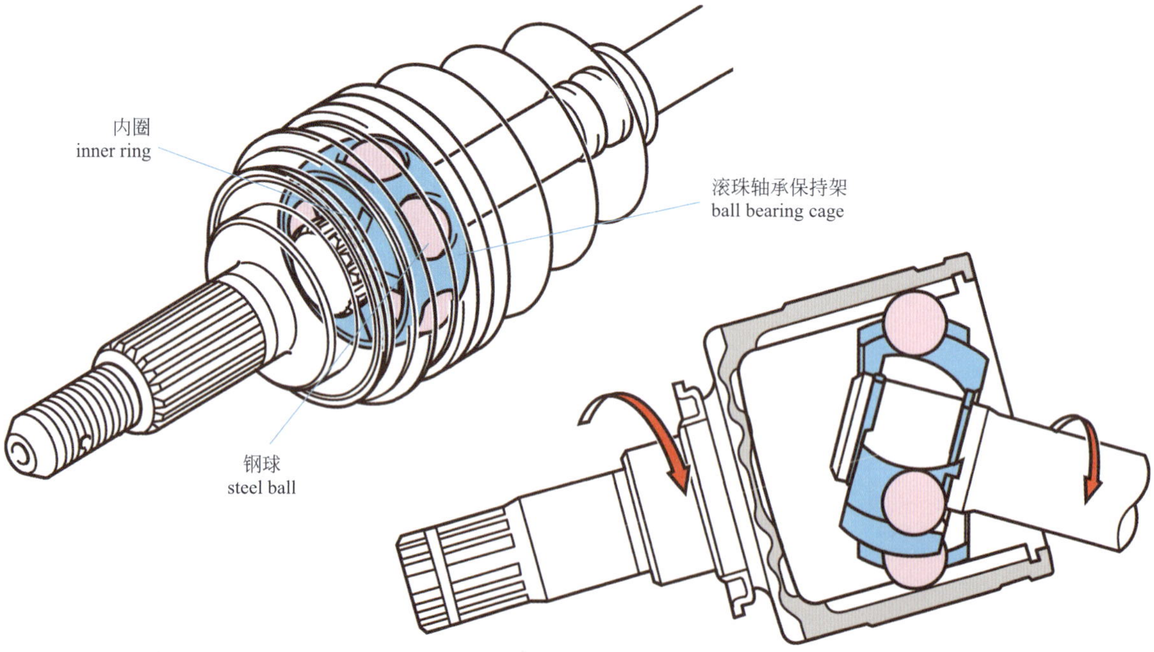

(b) 万向节传动原理

图13-5 传动轴与万向节

13.1.6 主减速器和差速器

主减速器的功用是将输入的转矩增大并相应降低转速，且可根据需要改变转矩的方向。差速器的功用是将主减速器传来的动力分给左右半轴，并在必要时允许左右半轴以不同的转速旋转，使左右车轮相对地面纯滚动而不是滑动。主减速器和差速器如图 13-6 所示。

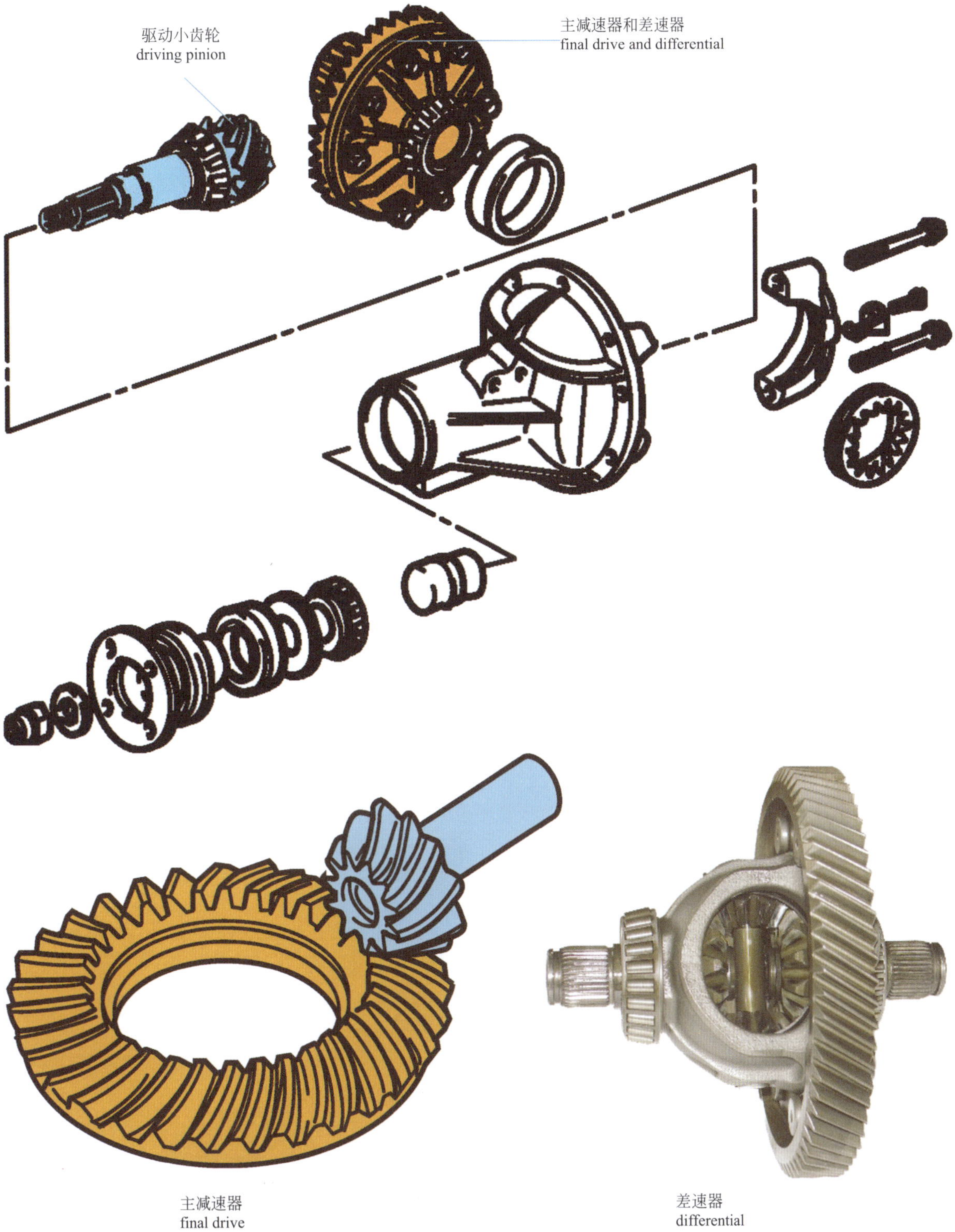

图13-6 主减速器和差速器

13.2 离合器

13.2.1 概述

离合器是汽车传动系统的重要组成部分，其组成如图13-7所示。离合器具有保证汽车平稳起步、保证变速器换挡平顺以及防止系统过载等功能。在汽车行驶过程中，驾驶员可根据需要踩下或松开离合器踏板，使发动机与变速器暂时分离或逐渐结合，以切断或传递发动机向变速器输入的动力。

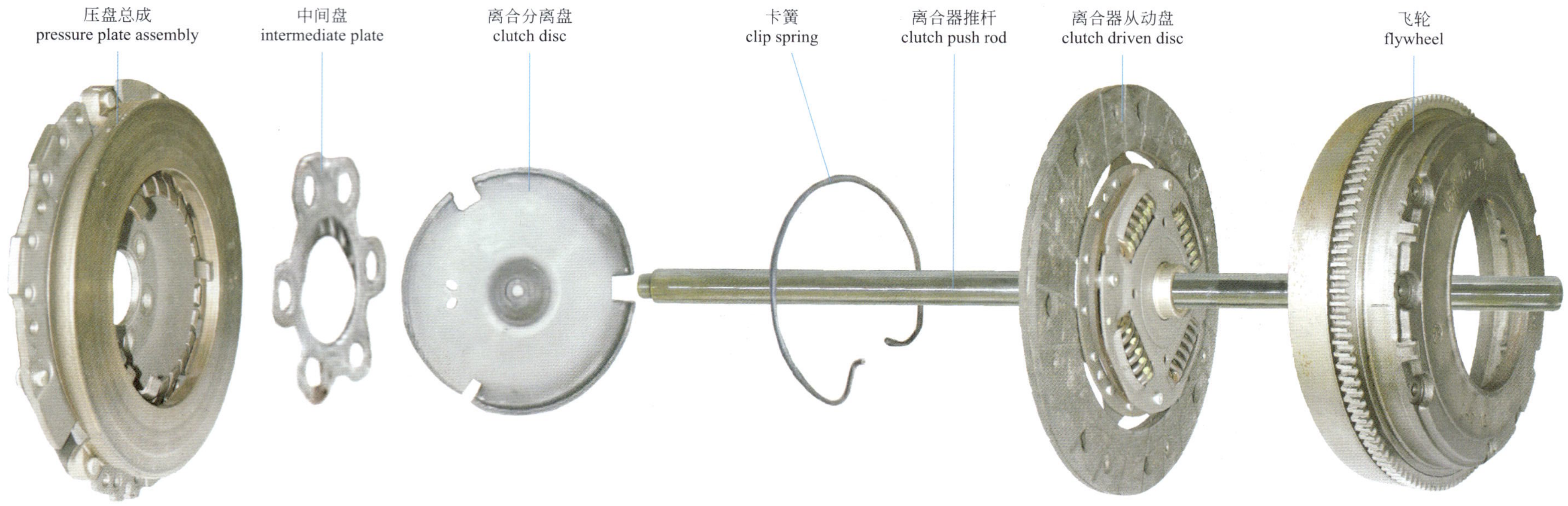

图13-7 离合器组成

13.2.2 离合器结构

离合器主要由主动部分（飞轮、离合器盖和压盘）、从动部分（离合器从动盘即离合器片）、压紧机构（膜片弹簧或螺旋弹簧）和操纵机构（离合器踏板、分离轴承、分离杠杆、分离叉等）四部分组成，离合器结构如图13-8（a）所示，离合器压盘如图13-8（b）所示，离合器从动盘如图13-8（c）所示。

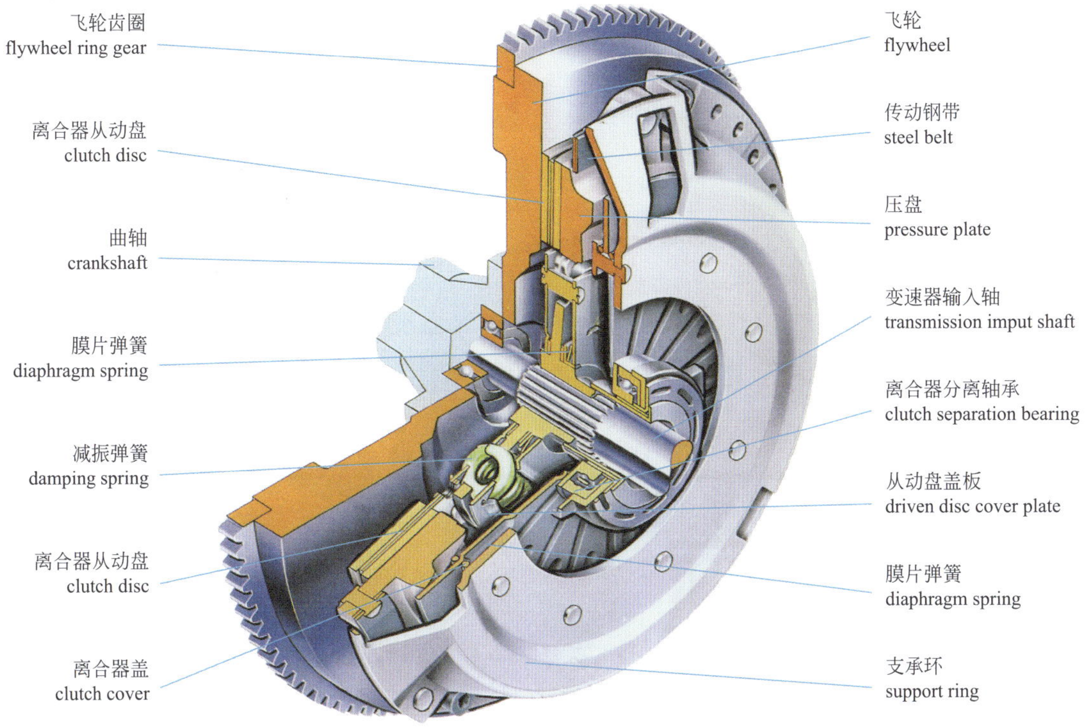

(a) 离合器结构

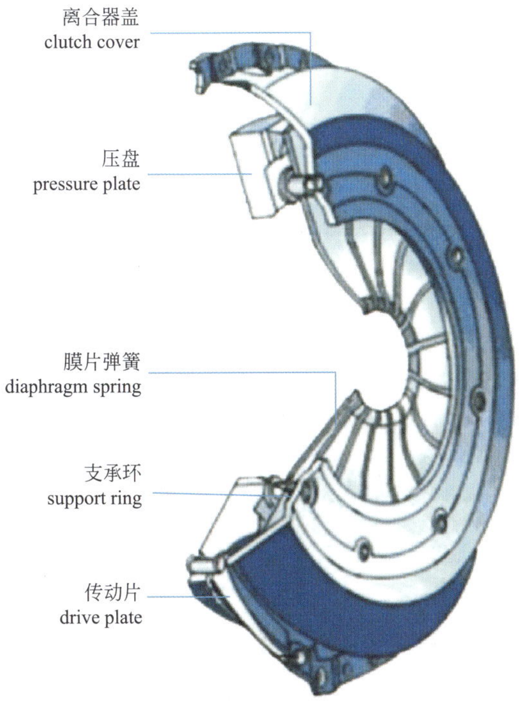

(b) 离合器压盘(主动部分)

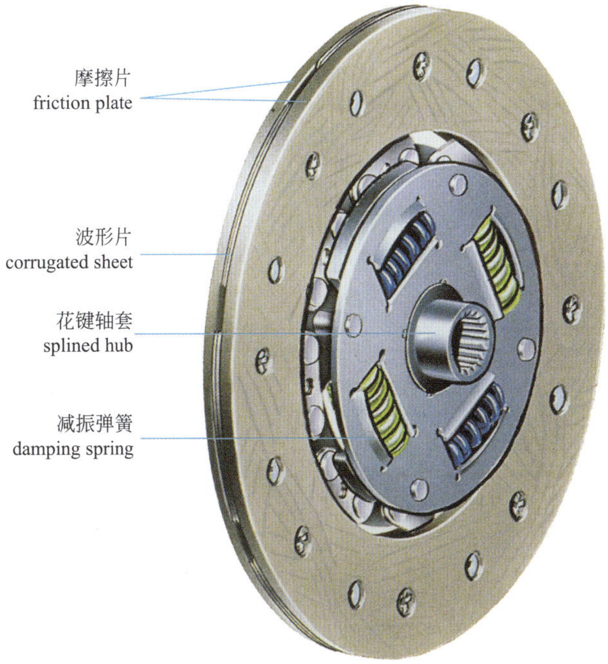

(c) 离合器从动盘

图13-8 离合器结构、离合器压盘和离合器从动盘

13.2.3 离合器原理

如图 13-9 所示，未踩下离合器踏板时，膜片弹簧的外圆周对压盘产生压紧力使离合器处于结合状态。踩下离合器踏板时，分离轴承推动膜片弹簧，使膜片弹簧外圆周向后翘起，压盘离开飞轮表面，使离合器分离。离合器结合、分离、半联动工作原理如图 13-10 所示。

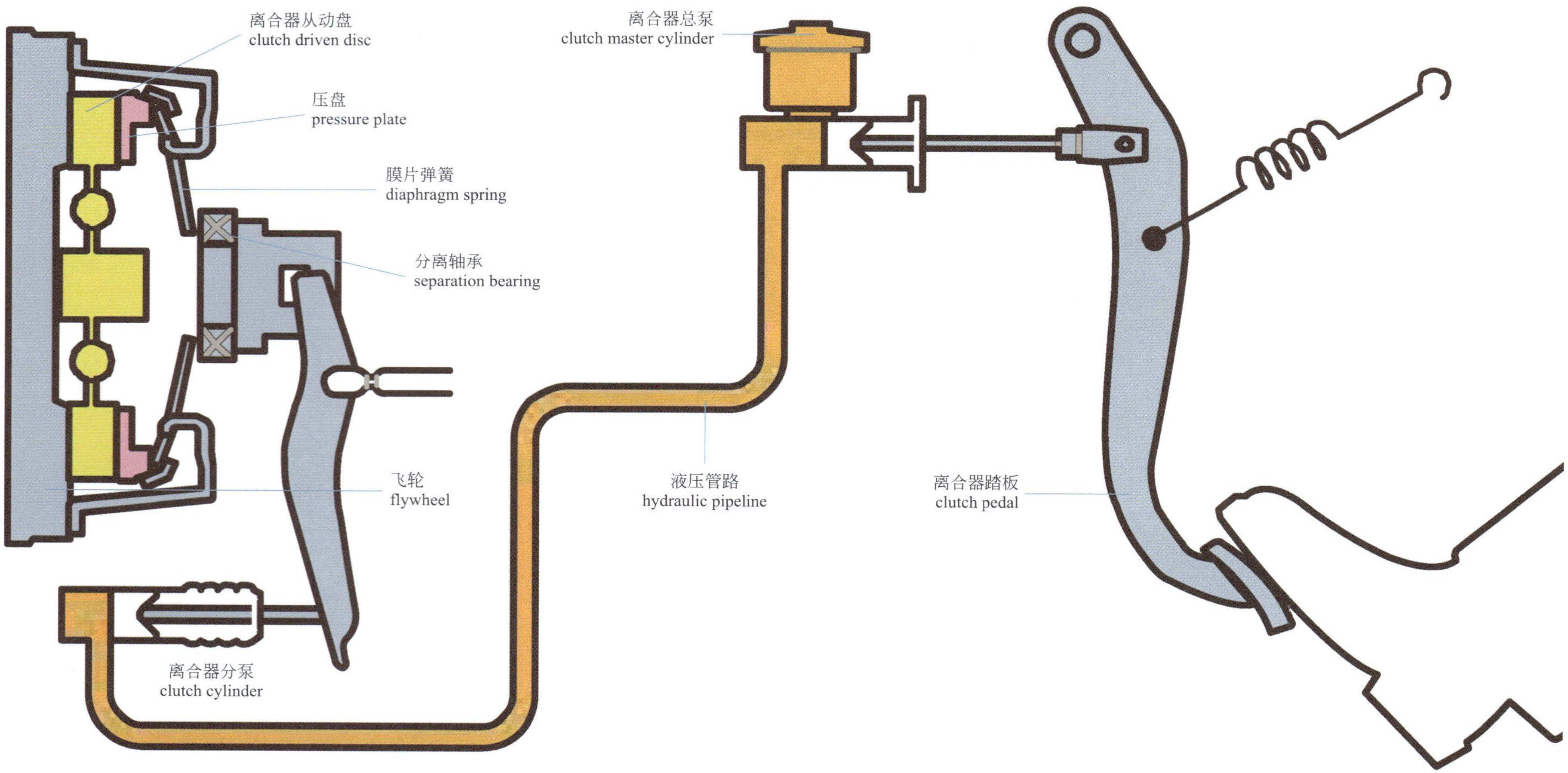

图13-9 离合器工作原理

离合器处于接合状态时，膜片弹簧将压盘（红色）、离合器从动盘（黄色）、飞轮互相压紧，发动机扭矩经飞轮及压盘以摩擦力矩的形式传递到离合器片，进而传递给变速器输入轴，再经变速器输入轴向传动系统输出

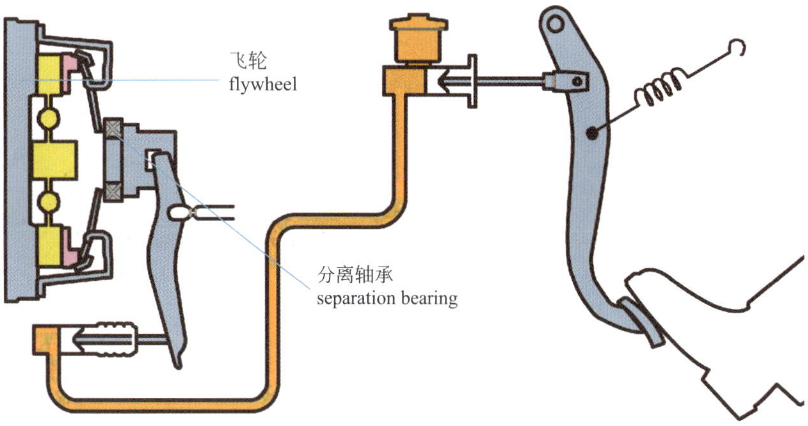

(a) 结合状态

踩下离合器踏板时，通过操纵机构带动分离拨叉移动，推动分离轴承，使膜片弹簧内端向左移动，膜片弹簧外端绕着离合器盖上的支承装置拉动压盘向右移动，解除压盘对离合器从动盘的压力，离合器的主、从动部件处于分离状态，动力传递中断

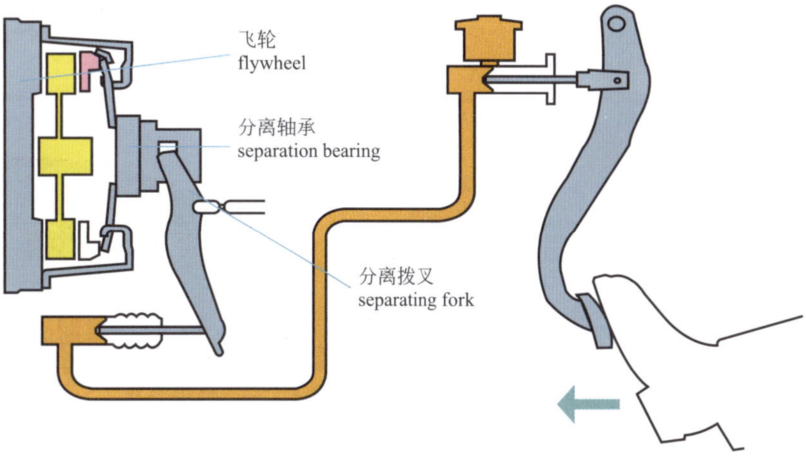

(b) 分离状态

当车辆需要恢复动力的传递时，驾驶员缓慢地抬起离合器踏板，离合器分离轴承对膜片弹簧内端的压力减小，压盘便在膜片弹簧弹力作用下逐渐压紧离合器从动盘，所传递的扭矩逐渐增大。当所传递的扭矩小于汽车起步阻力时，汽车不动，离合器从动盘不转动，主、从动部件的摩擦面间完全打滑；随着压盘压力和车速的不断增大，主、从动部件摩擦面的转速差将逐渐减小，直到转速相等，滑动摩擦现象消失，离合器完全接合

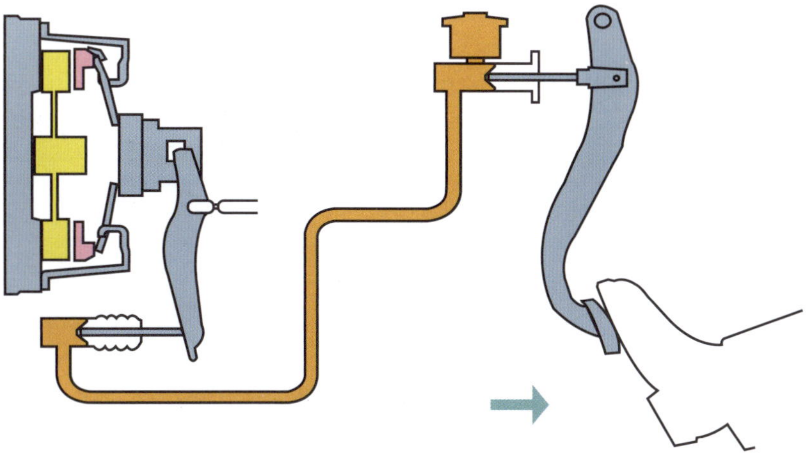

(c) 半联动状态

图13-10 离合器结合、分离、半联动工作原理

13.2.4 SAC 自调离合器

传统离合器随着从动盘的磨损，膜片弹簧的位置会发生变化，从而造成离合器结合点和分离点变化。SAC 自调离合器（图 13-11）的膜片弹簧支座是非固定的，通过传感器膜片弹簧对主膜片弹簧进行支撑，从而消除从动盘磨损带来的位置变化。

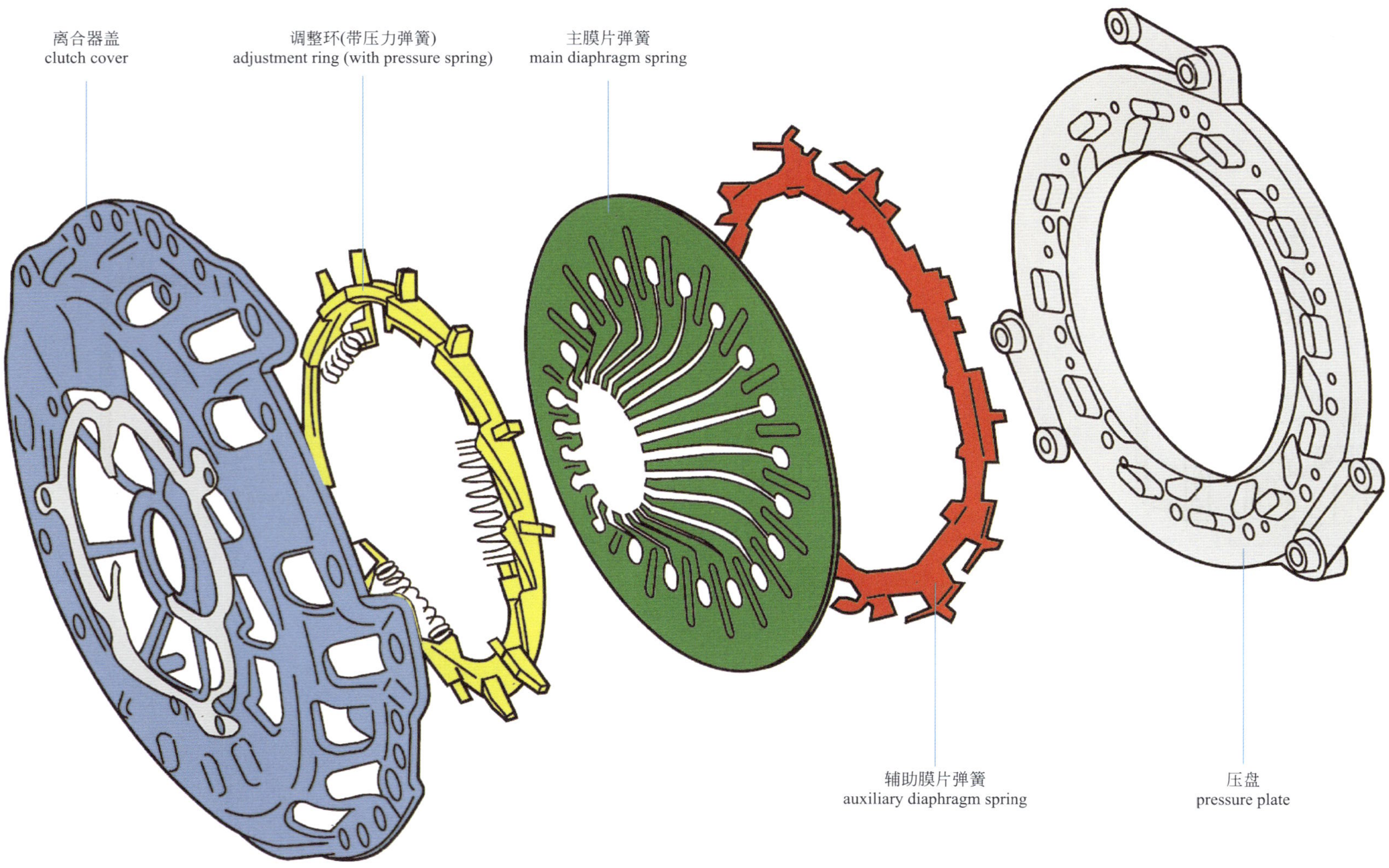

图13-11 SAC 自调离合器结构

传统离合器与 SAC 自调离合器对比如图 13-12（a）所示。SAC 自调离合器分离过程如图 13-12（b）所示。

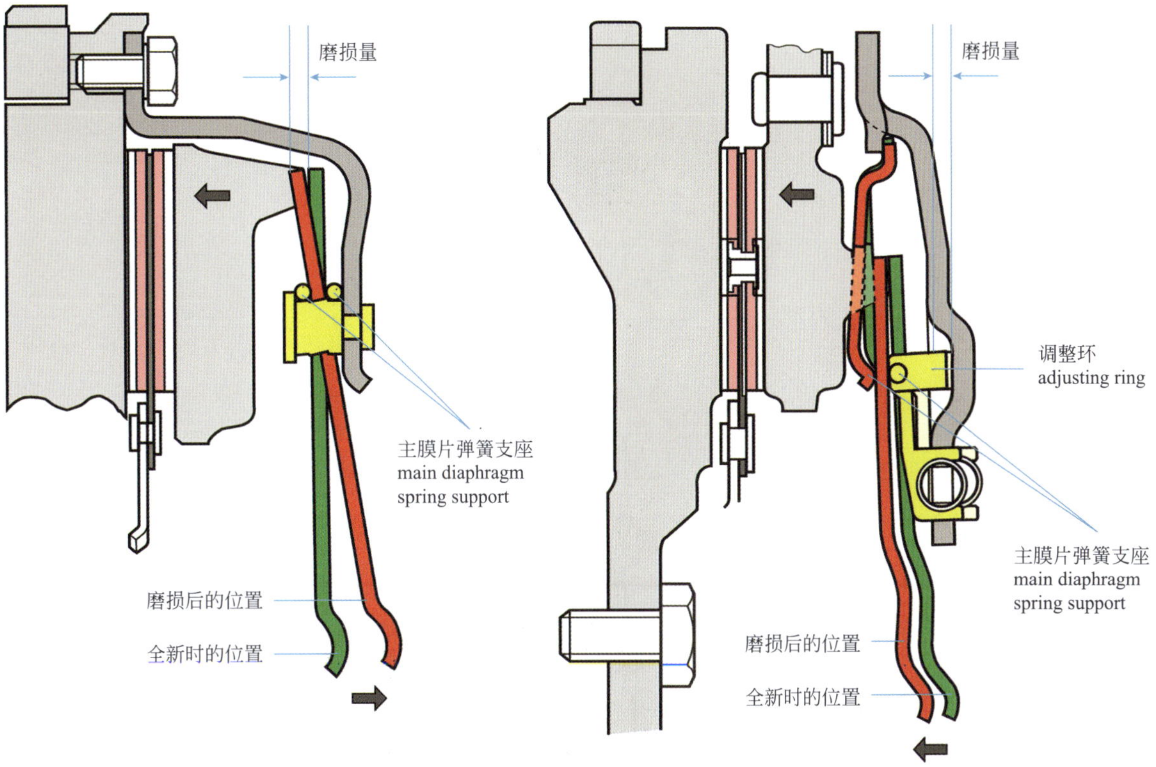

(a) 传统离合器与SAC自调离合器对比

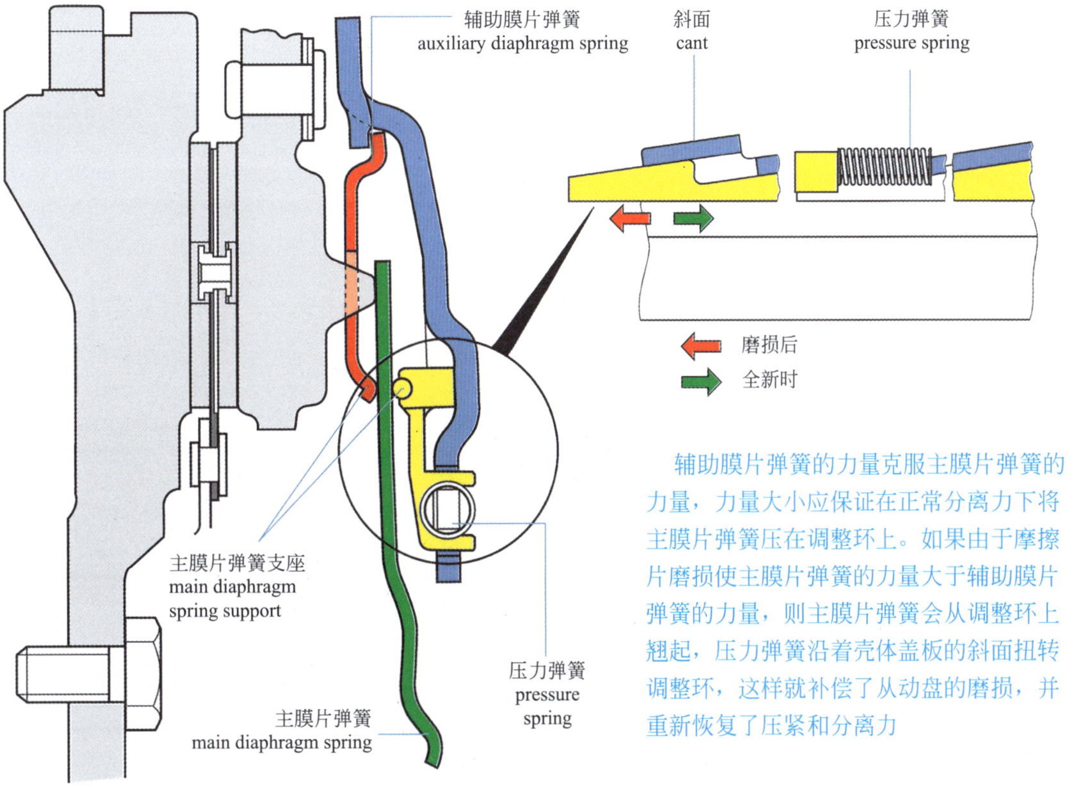

(b) SAC自调离合器分离过程

图13-12 SAC 自调离合器工作原理

13.2.5 离合器操纵结构

目前汽车上主要使用液压式离合器操纵机构（图13-13）。液压系统由主缸和工作缸组成。踏下离合器踏板，在主缸中建立油压，压力通过液压管路送到工作缸。工作缸动作用以推动分离叉来实现离合器的操纵。

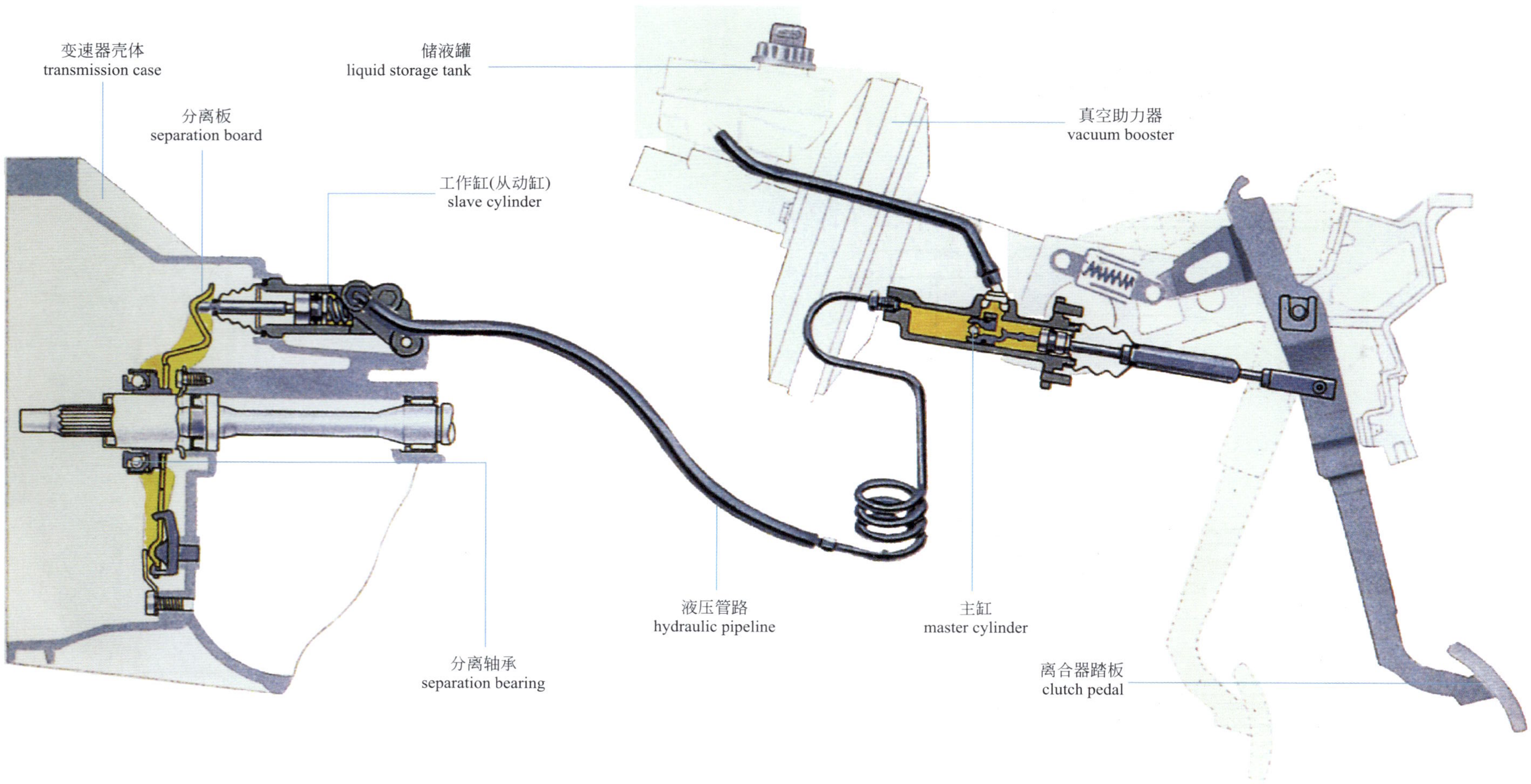

图13-13 液压式离合器操纵机构

第14章 手动变速器

14.1 概述

手动变速器主要由变速传动机构和操纵机构组成（图14-1）。变速传动机构主要由变速器轴、变速齿轮、同步器等组成。依靠不同挡位的齿轮啮合，提供不同的传动比以改变齿轮旋转方向。

变速器操纵机构主要由变速器操纵杆、拨叉、拨叉轴等组成。根据汽车行驶条件的需要，驾驶员通过变速器操纵机构控制变速器的挡位。

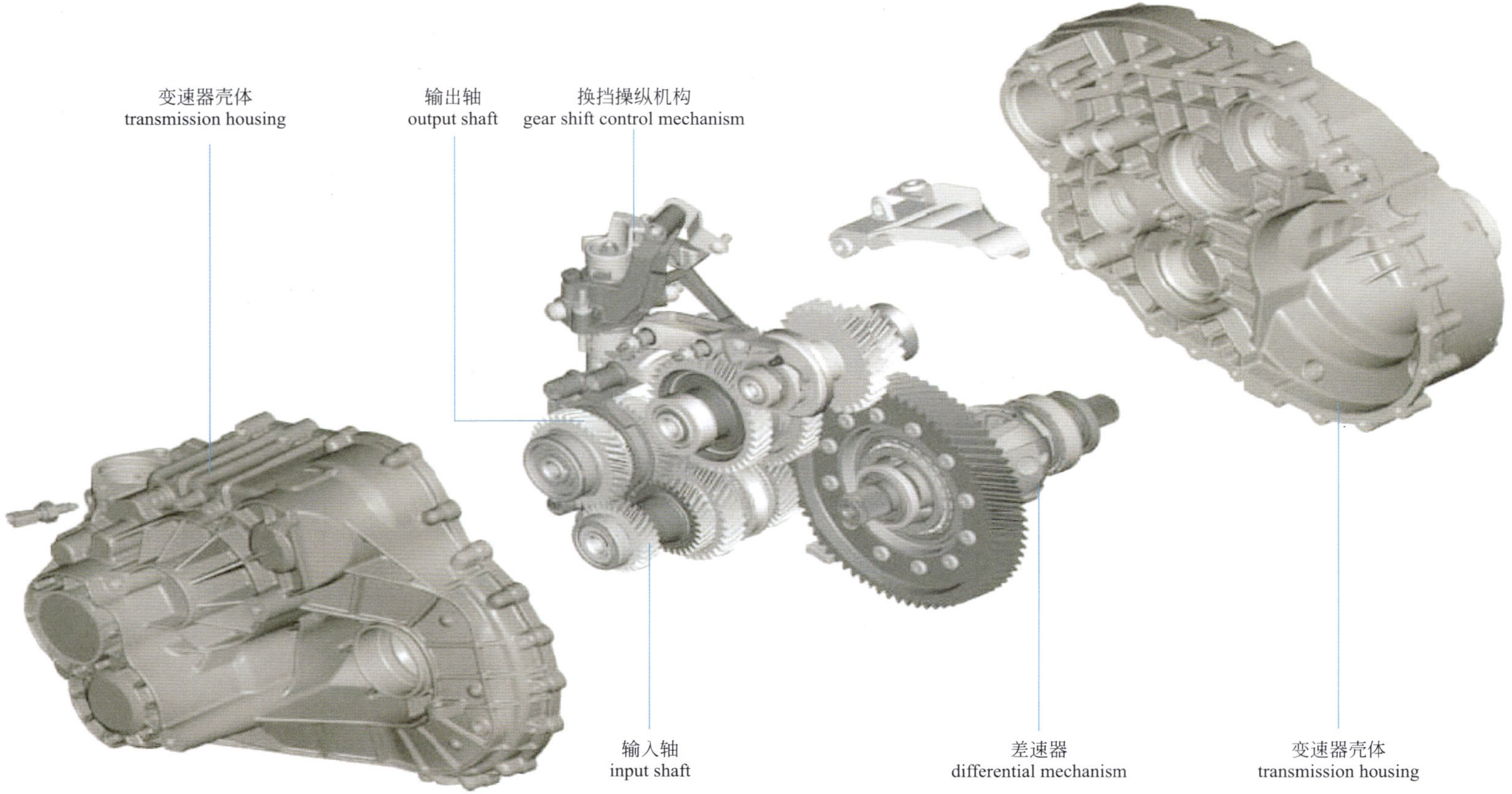

图14-1 手动变速器组成

14.2 变速器齿轮传动原理

一对齿数不同的齿轮啮合传动时可实现变速，而且齿轮的转速比与其齿数相反。当小齿轮为主动齿轮，带动大齿轮转动时，输出转速降低，此时为减速传动；当大齿轮驱动小齿轮时，输出转速升高，此时为增速传动，如图 14-2 所示。变速器就是根据这一原理利用若干大小不同的齿轮传动而实现变速的。

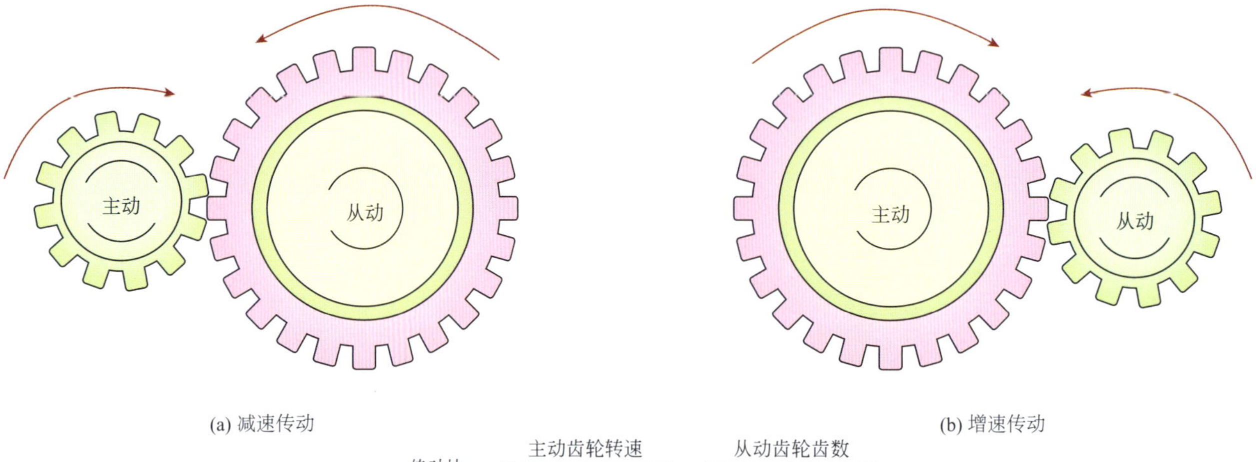

$$传动比 = \frac{主动齿轮转速}{从动齿轮转速} = \frac{从动齿轮齿数}{主动齿轮齿数}$$

图14-2 齿轮传动原理

以 1 挡为例介绍手动变速器换挡原理。1 挡主动齿轮安装在输入轴上，随输入轴一起转动，1 挡被动齿轮通过滚针轴承安装在输出轴上，可在输出轴上空转。1/2 挡同步器安装在输出轴上。换挡拨叉将 1/2 挡同步器套向左移动，1 挡从动齿轮便与输出轴锁为一体，以相同的转速转动，变速器便挂入 1 挡。动力依次经过输入轴、1 挡主动齿轮、1 挡被动齿轮、1/2 挡同步器，最后传给输出轴以及主减速差速器，如图 14-3 所示。

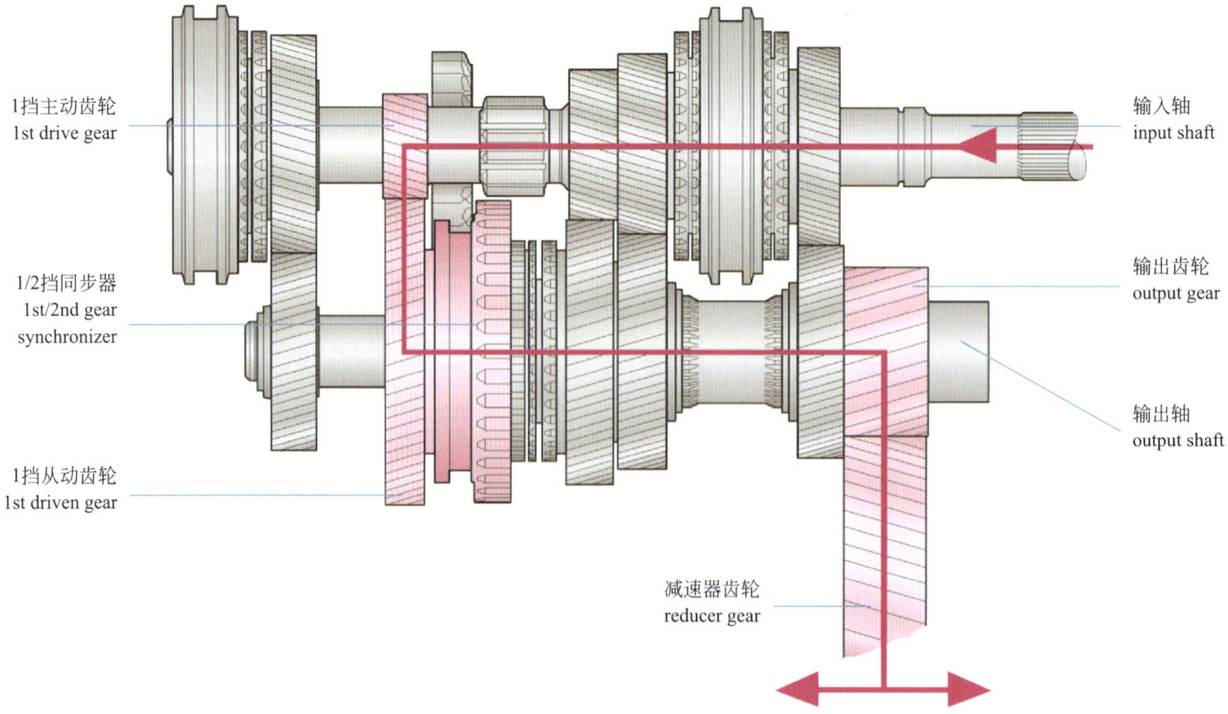

图14-3 手动变速器变速原理

14.3 手动变速器变速传动机构

变速传动机构主要由输入轴、输出轴、倒挡轴以及轴上安装的各挡位换挡齿轮组成，如图14-4所示。

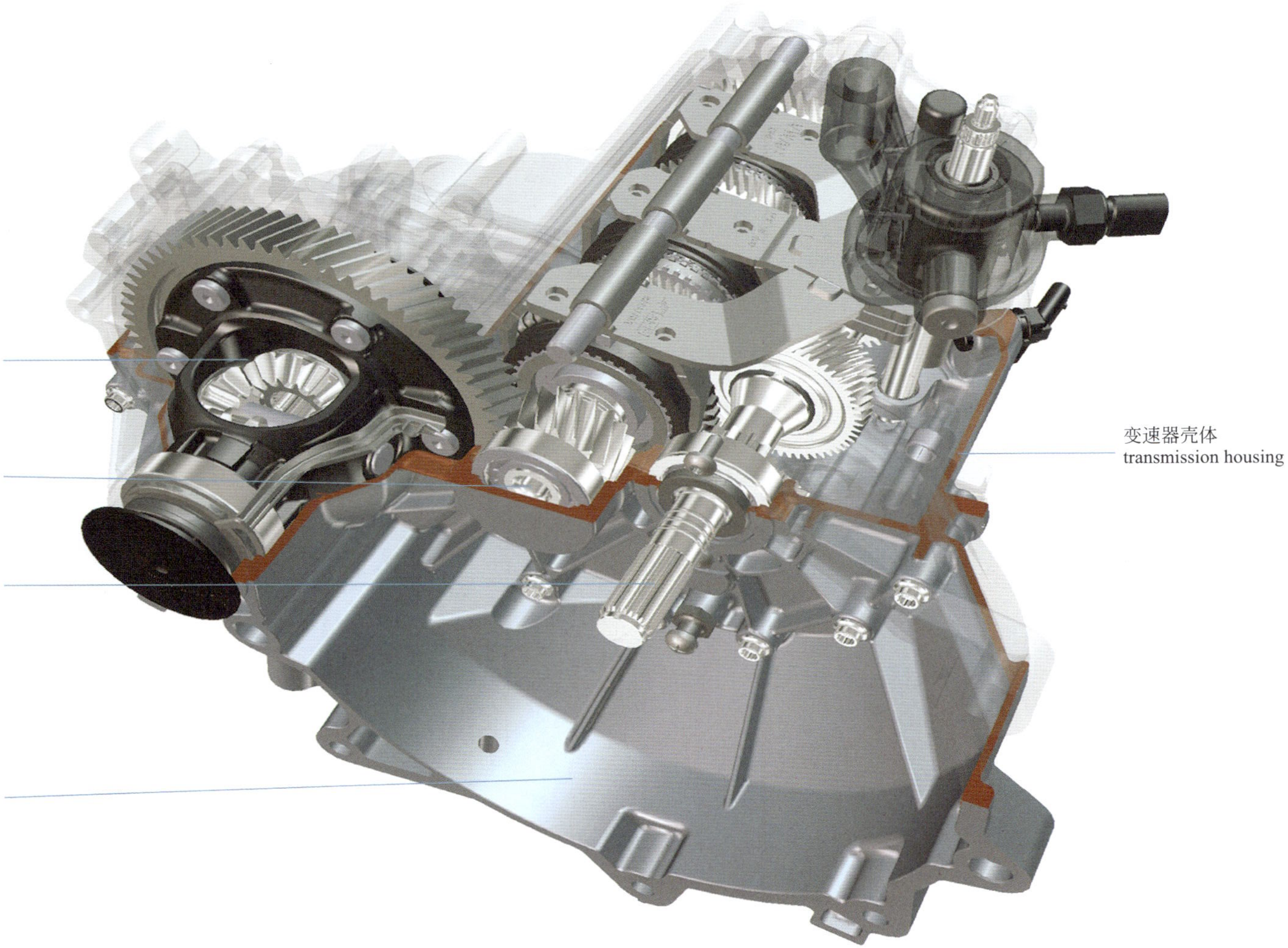

图14-4 手动变速器变速传动机构

14.3.1 输入轴

如图14-5所示，输入轴中有两个圆锥滚针轴承支撑在变速器壳体内。输入轴与1挡、2挡、倒挡主动齿轮制成一体，3挡、4挡、5挡主动齿轮采用花键配合方式安装在输入轴上。

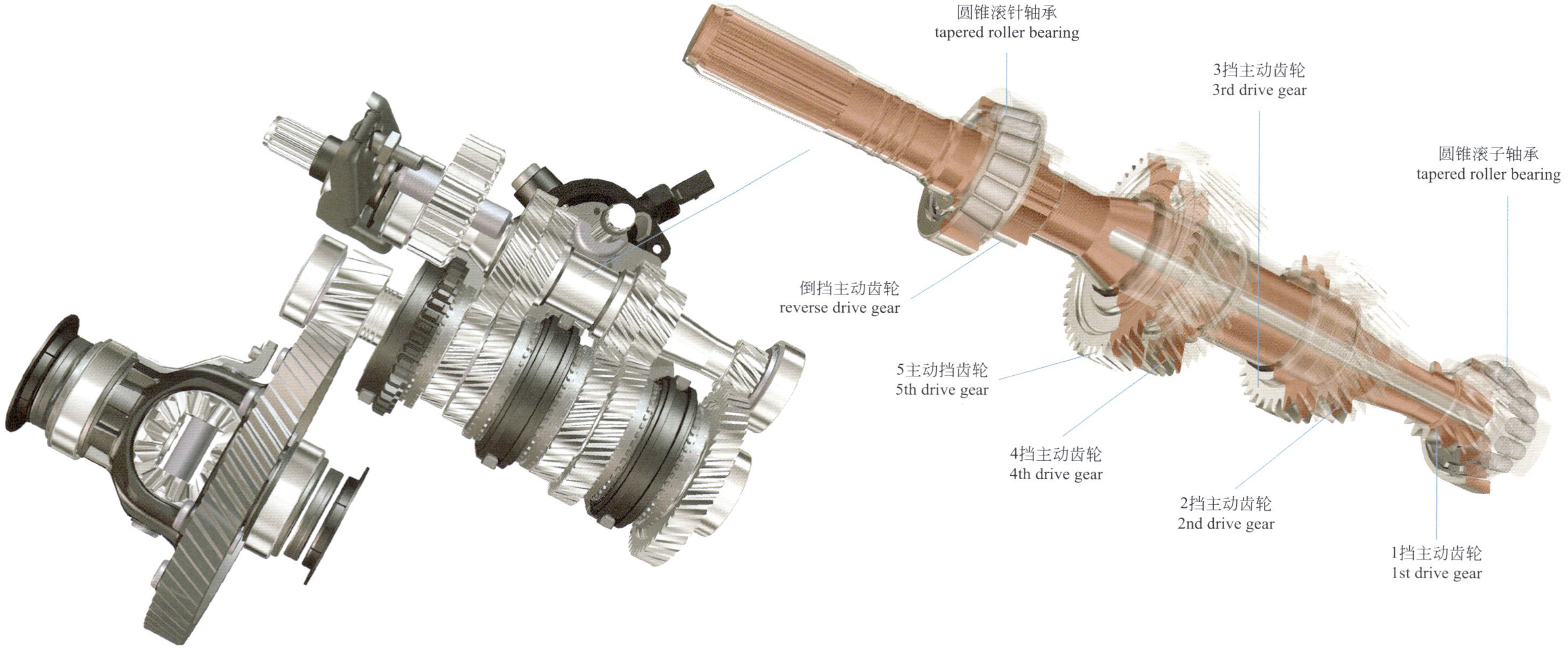

图14-5 输入轴结构

14.3.2 输出轴

如图14-6 所示，输出轴上安装有各挡位的从动齿轮、同步器以及差速器传动装置。其中1挡、3挡、4挡、5 挡采用单锥面同步器，2挡采用双锥面同步器。

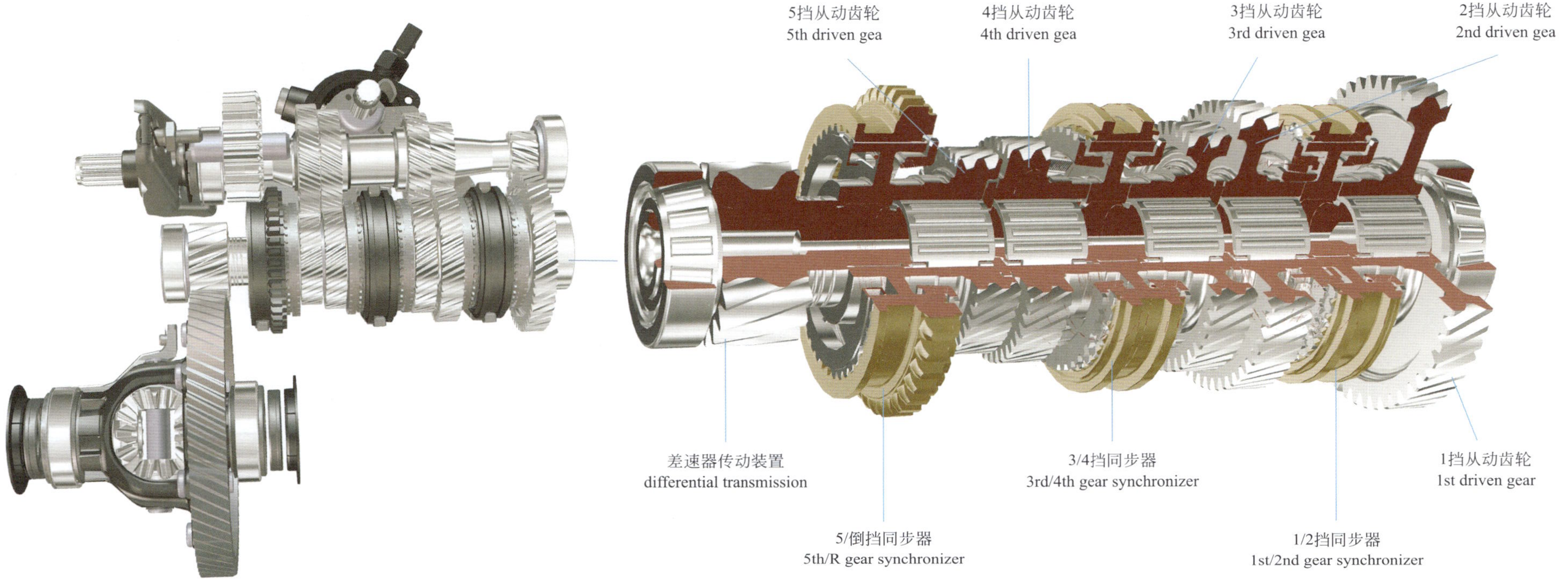

图14-6 输出轴结构

14.3.3 倒挡原理

如图 14-7 所示，倒挡主动齿轮是输入轴的一部分。倒挡主动齿轮与一个惰轮啮合，倒挡与 5 挡共用一个同步器。

倒挡主动齿轮和倒挡惰轮始终啮合在一起。只有当同步器接合套的外花键沿中间齿轮方向移动到输出轴上并卡入中间齿轮时，才算挂入倒挡。

图14-7 倒挡原理

14.4 手动变速器换挡操纵机构

手动变速器换挡操纵机构由选挡杆、换挡拉索、选挡拉索、换向杆、换挡杆等组成，如图14-8所示。

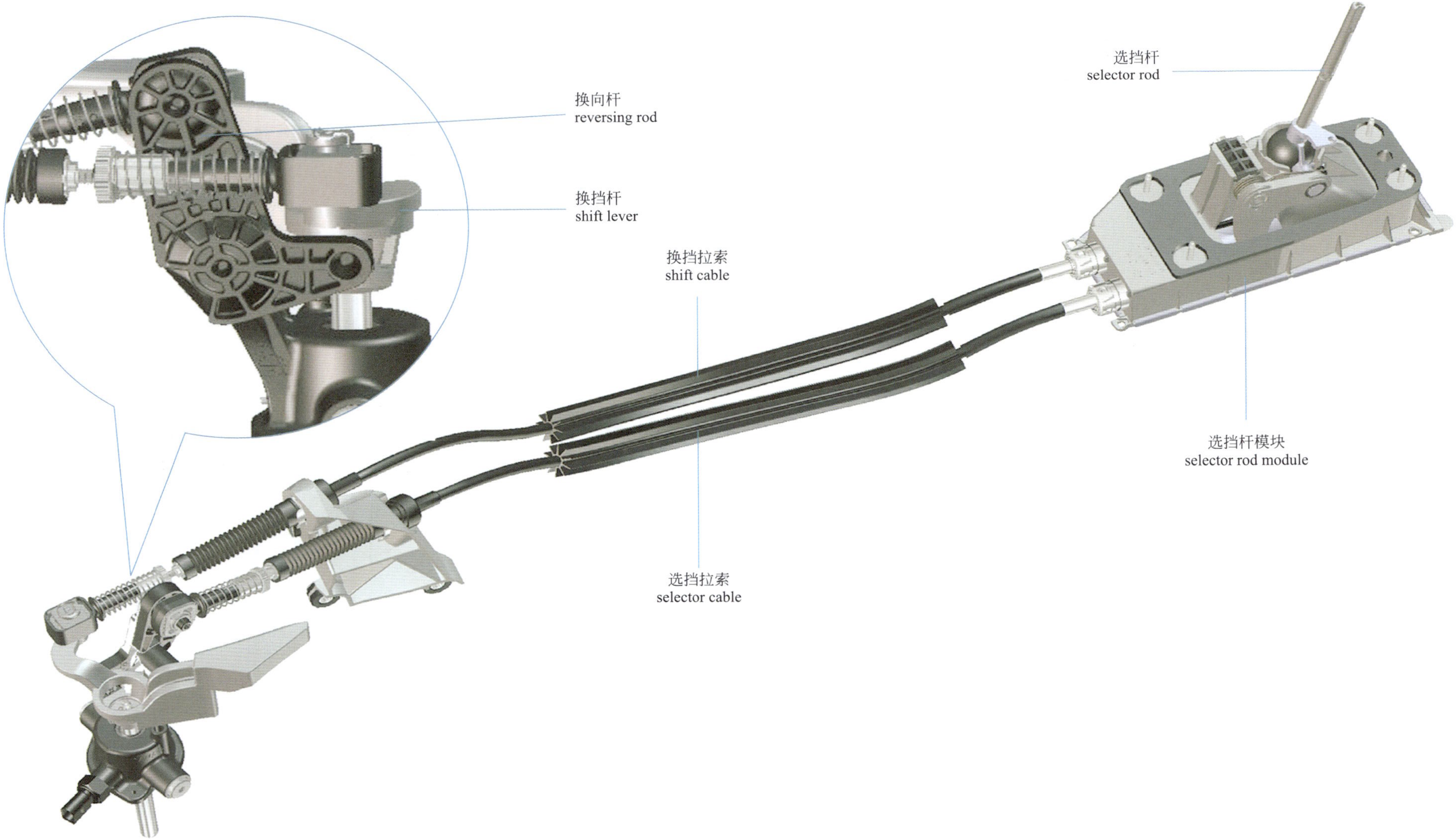

图14-8 手动变速器换挡操纵机构

14.4.1 换挡座和换挡轴

换挡座（图 14-9）将换挡拉索和选挡拉索的移动传输给换挡拨叉轴。换挡轴上的换挡片卡入换挡拨叉轴内，用于操作换挡拨叉。

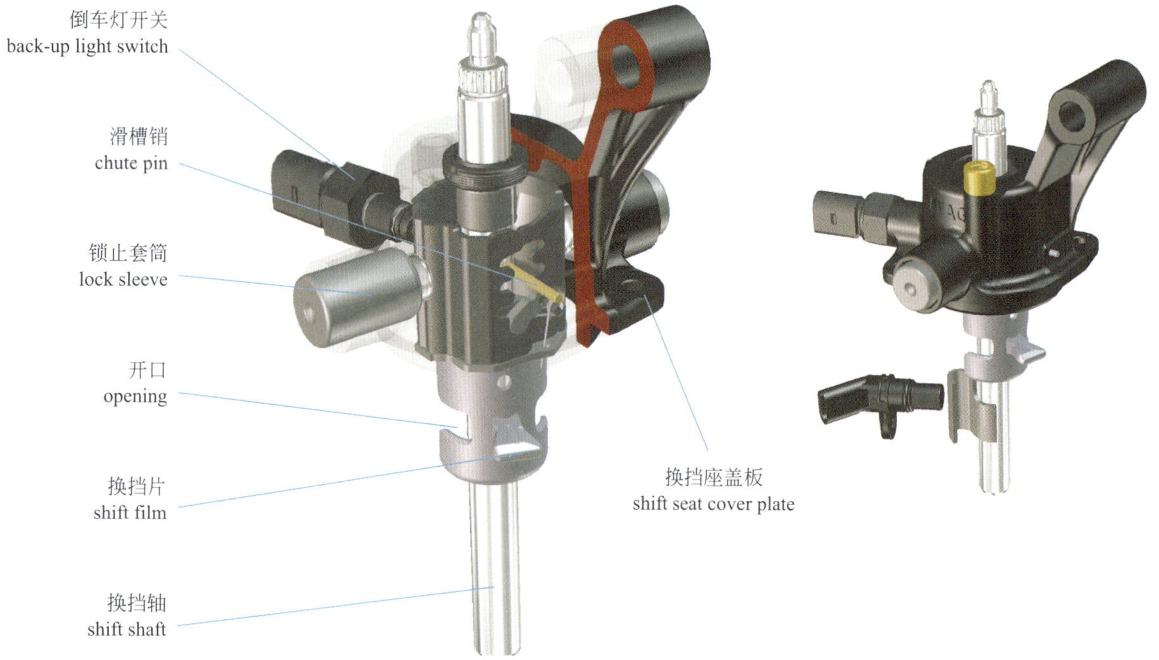

图14-9 换挡座

14.4.2 换挡拨叉轴

换挡拨叉轴（图 14-10）包括三个换挡拨叉以及从动件、位于内侧的轴套和一根换挡轴。

换挡轴上安装有沿轴向来回运动的换挡拨叉。换挡拨叉与从动件为固定连接，选中同步器接合套并推动其移动。换挡拨叉轴将换挡轴的换挡运动传输到输出轴的同步器接合套上。同步器接合套卡入相应的换挡齿轮，进而完成挡位切换操作。

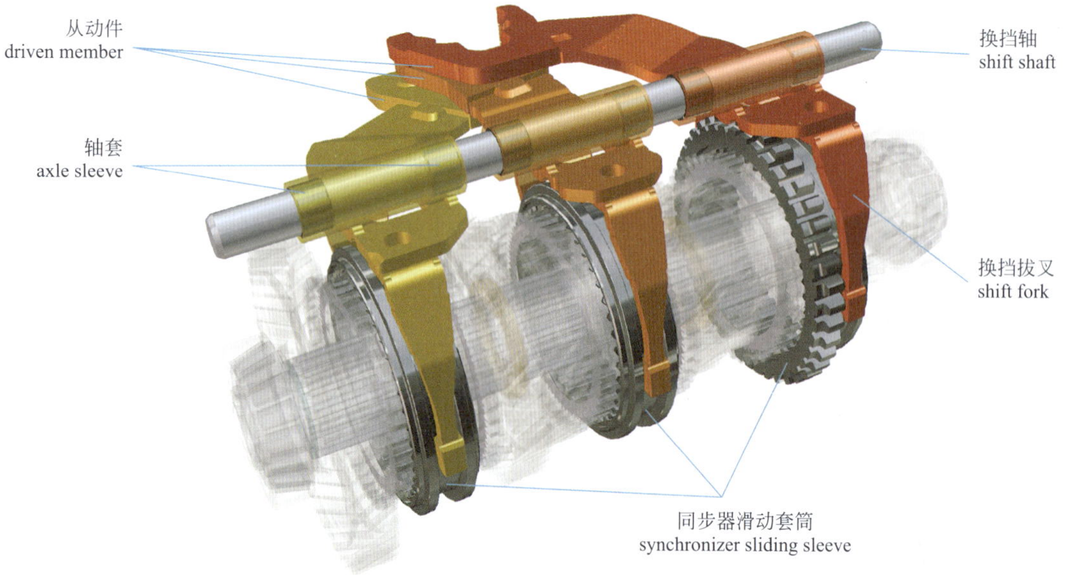

图14-10 换挡拨叉轴

14.4.3 同步器

变速器在换挡时，由于主、从动齿轮转速不同，直接啮合会造成打齿、换挡冲击等现象。为了避免齿轮间的冲击，在换挡装置中安装有同步器（图14-11）。同步器的功用是使待换挡的齿轮转速同步，目前常采用摩擦式同步器。

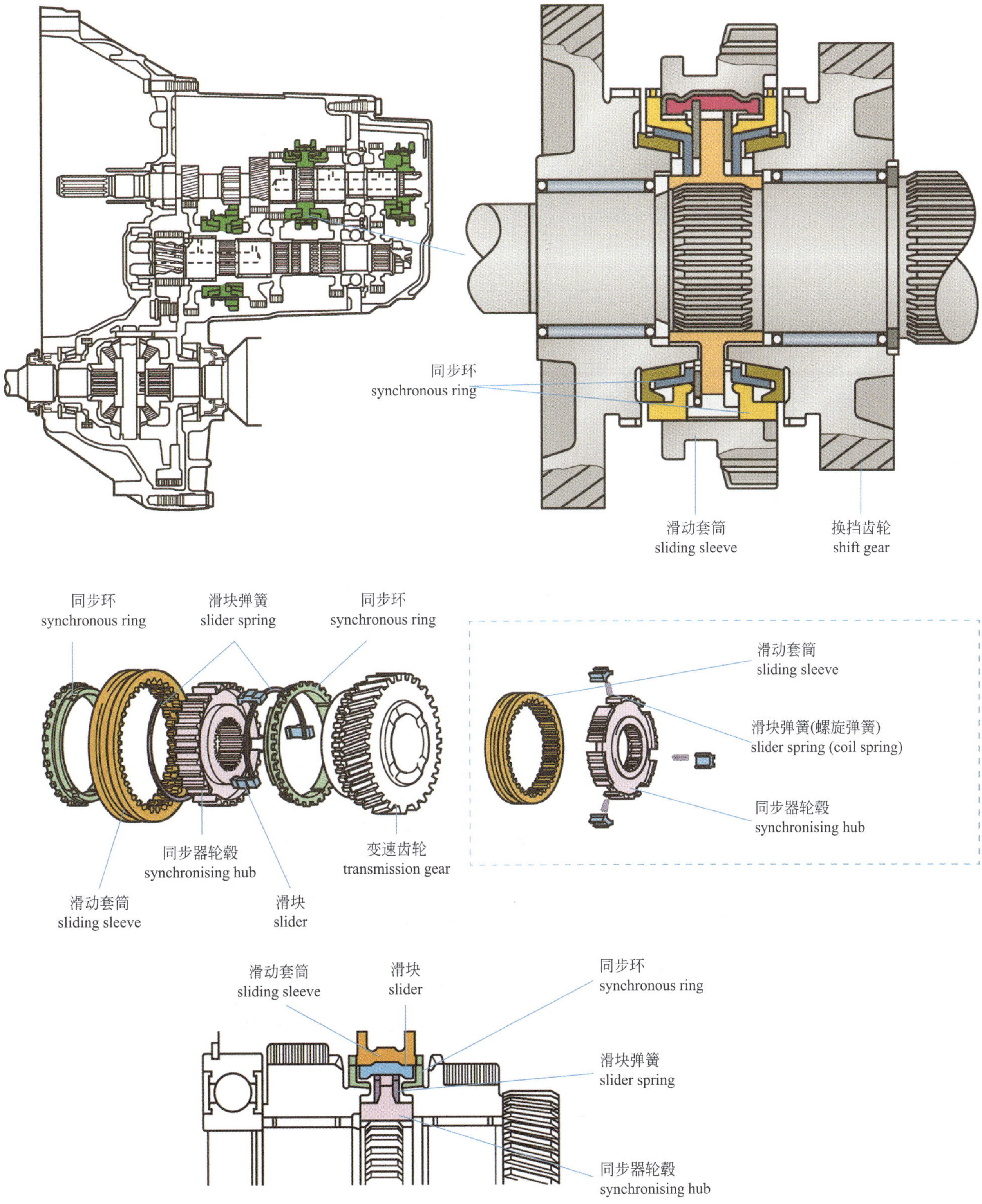

图14-11 同步器结构

14.5 手动变速器动力传递

手动变速器动力传递如图 14-12 所示。

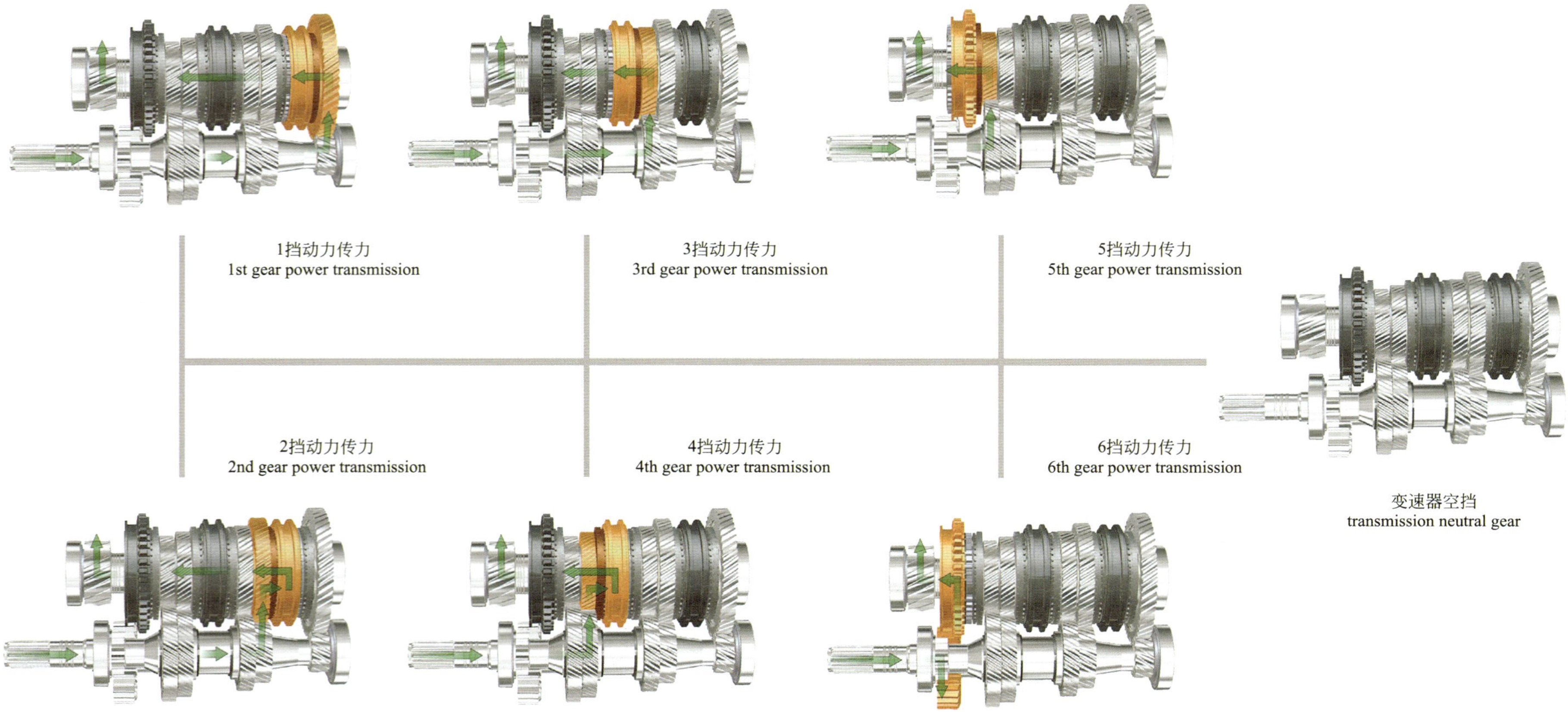

图14-12 手动变速器动力传递

第15章 自动变速器

15.1 概述

汽车自动变速器即自动操纵式变速器。它可根据发动机负荷、车速等工况的变化自动变换传动系统的传动比。自动变速器可分为液力自动变速器、电控液力自动变速器、电控机械变速器、无级变速器和双离合变速器。目前汽车主要采用电控液力自动变速器、无级变速器和双离合变速器。本章主要介绍电控液力自动变速器，其组成如图 15-1 所示。

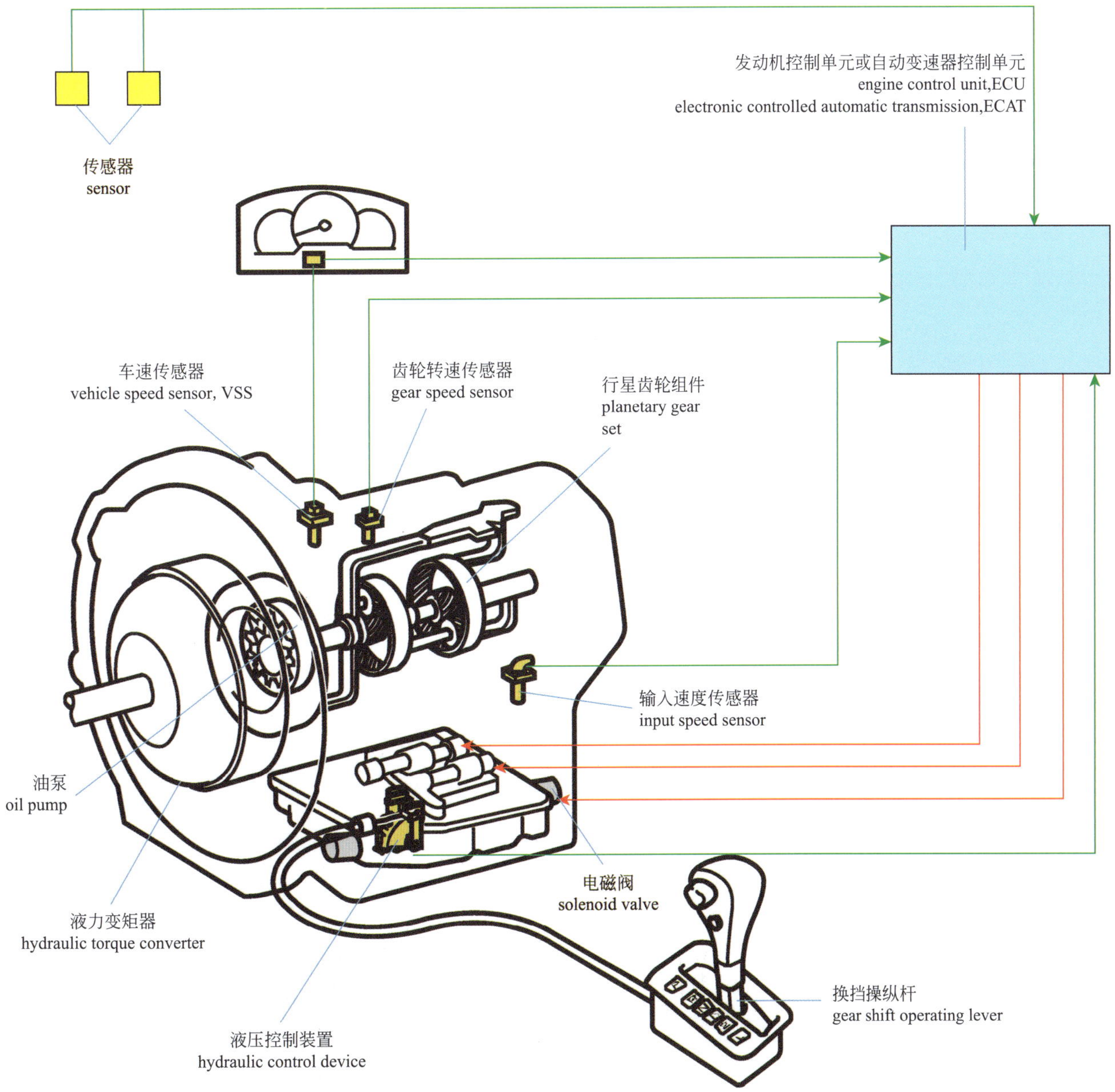

图15-1 电控液力自动变速器组成

15.2 液力变矩器

15.2.1 概述

液力变矩器（图15-2）位于发动机和自动变速器之间，以自动变速器油（ATF）为工作介质，起传递转矩、变矩、变速及离合的作用。

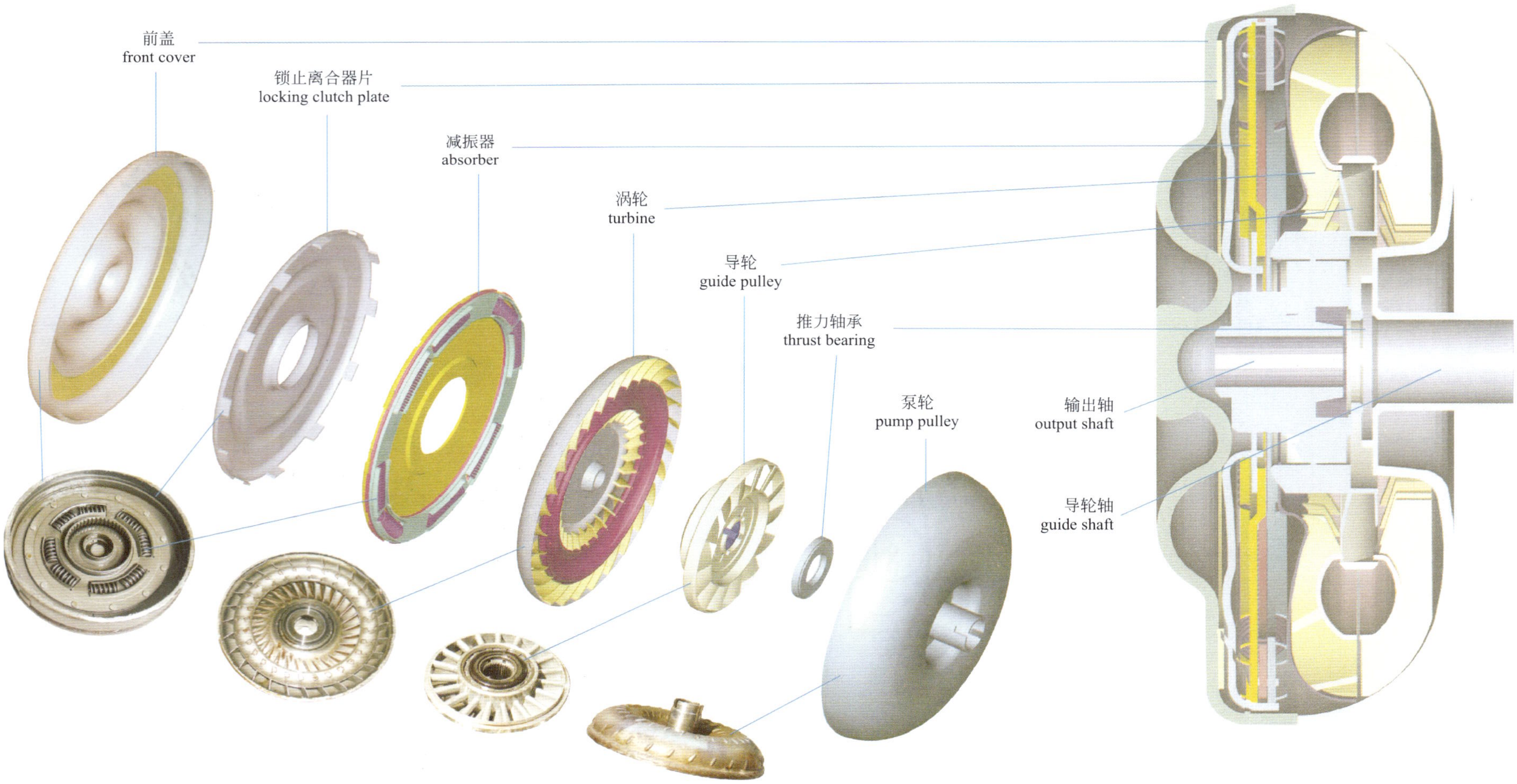

图15-2 液力变矩器结构

15.2.2 液力变矩器原理

泵轮和涡轮将发动机连接至变速器。泵轮向涡轮提供充分的变速器油液环流。油液环流会重新导入定子的方向，然后从定子流回泵轮。变矩器工作时，发动机带动泵轮转动，泵轮叶片带动液流冲向涡轮，从而驱动涡轮转动，如图 15-3 所示。

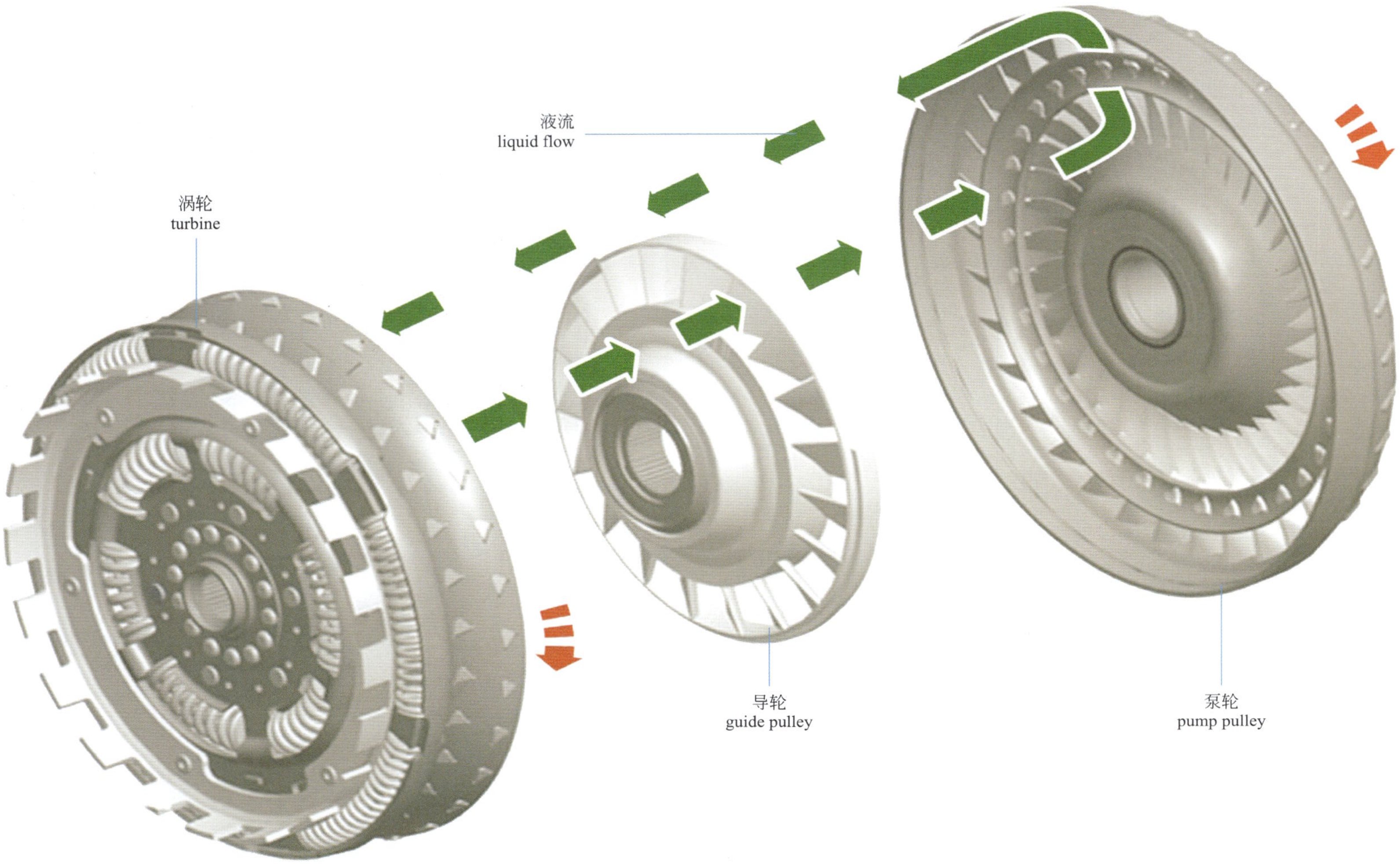

图15-3 液力变矩器原理

15.2.3 结构组成

变矩器的基本设计是通过泵轮和涡轮之间的油液流连接发动机与变速器。但是，这会产生涡轮打滑滞后。泵轮和涡轮之间的转速差越大，则效率损失越大。为了避免该效率损失，通过锁止离合器机制将泵轮和涡轮连接在一起，如图15-4所示。

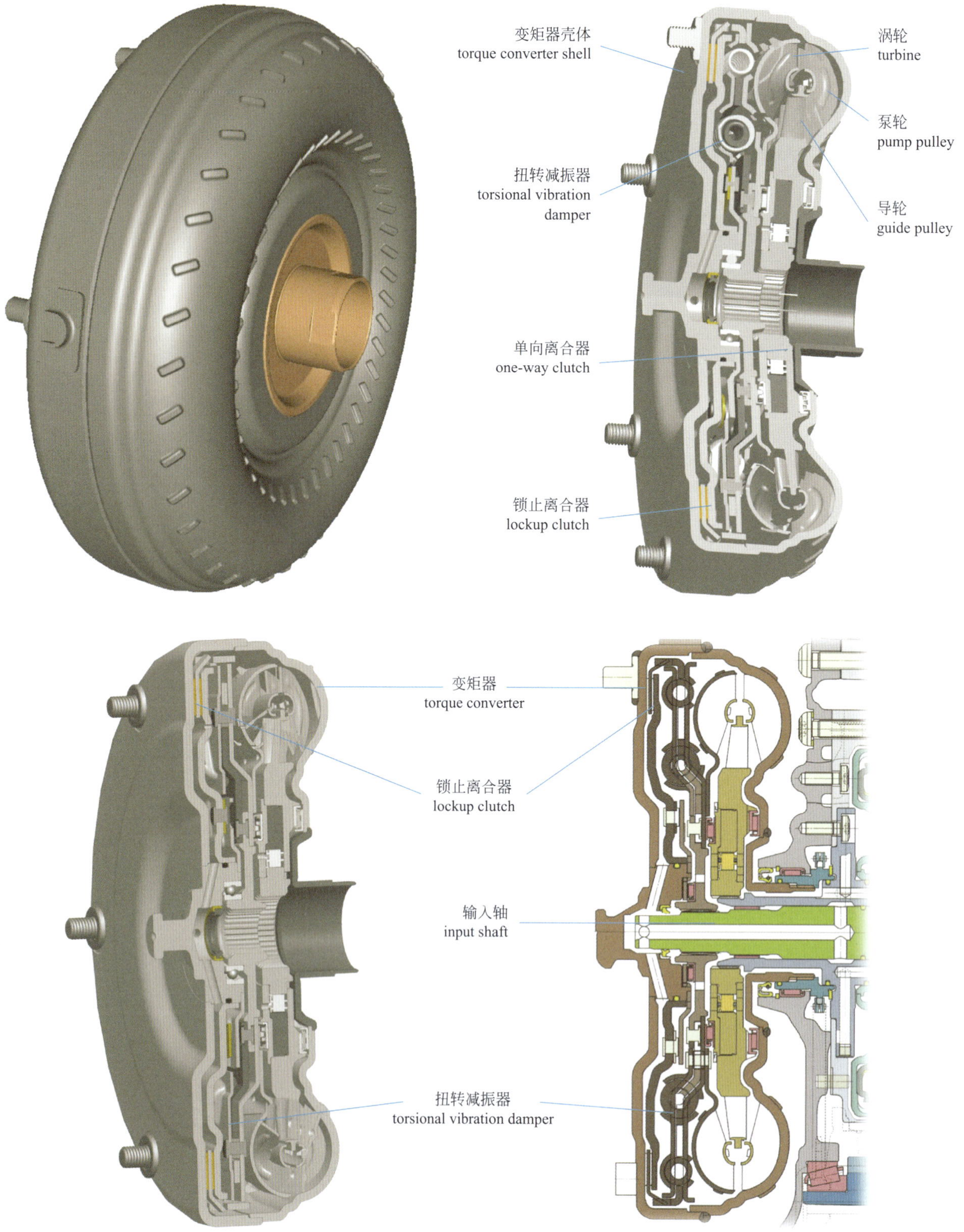

图15-4 液力变矩器结构组成

15.3 行星齿轮传动原理

15.3.1 概述

单排行星齿轮机构［图15-5（a）］主要由太阳轮、行星架、齿圈和行星轮组成。通常行星轮有 3~6 个，通过滚针轴承安装在行星齿轮轴上，行星齿轮轴均匀地安装在行星架上。行星齿轮机构工作时，行星齿轮除了绕自身轴线自转外，同时还绕着太阳轮公转。复合行星齿轮如图15-5(b)所示。

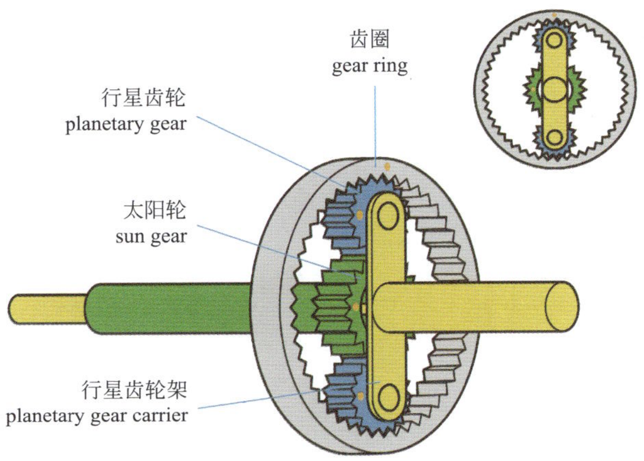

(a) 单排行星齿轮

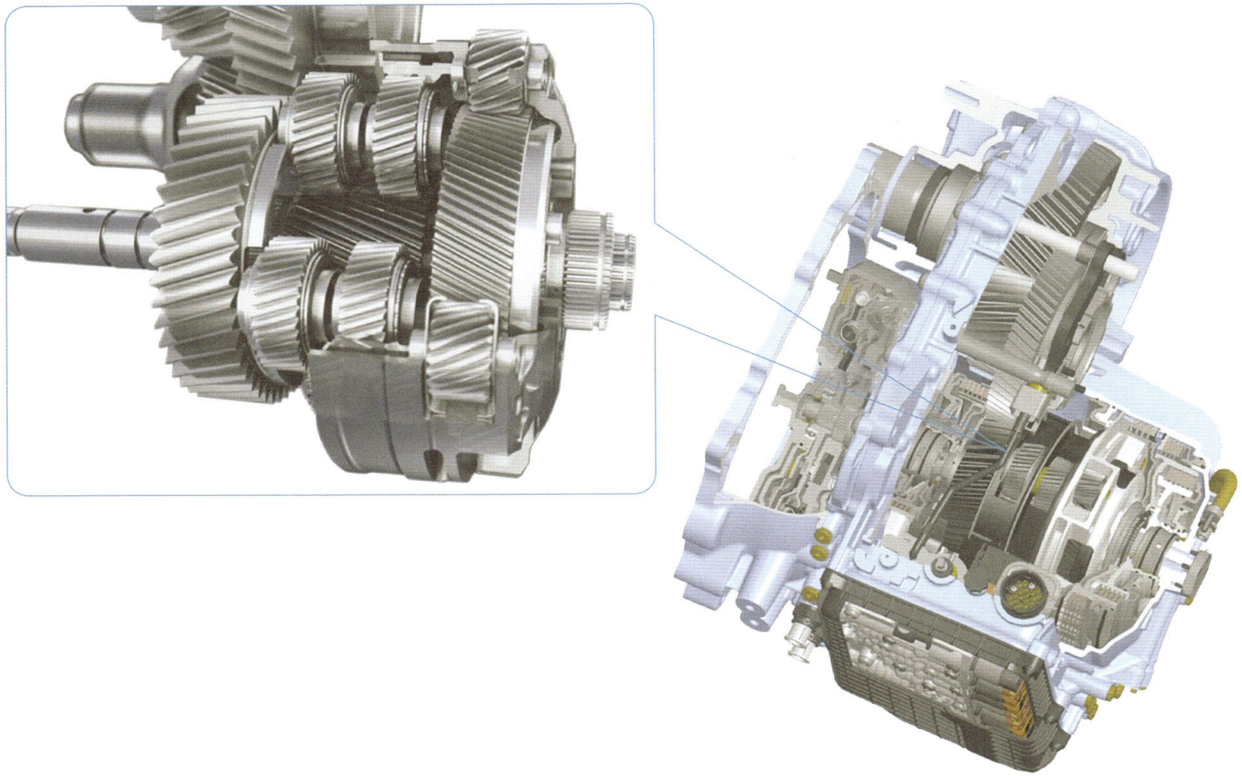

(b) 复合行星齿轮

图15-5 行星齿轮组

15.3.2 传动原理

单排行星齿轮机构传动规律归纳如下。

只要行星架输入，无论哪个固定，均为同向、增速传动［图15-6（a）］；只要行星架输出，无论哪个固定，均为同向、减速传动［图15-6（b）］；只要行星架固定，无论哪个输入，均为反向传动，可实现倒挡［图15-6（c）］；任意两元件连为一体，可实现同向等速传动，传动比为1，为直接挡［图15-6（d）］；无固定和连接元件，为空挡。

当行星齿轮架顺时针转动时，行星齿轮绕太阳齿轮旋转，同时顺时针转动。因此，齿圈根据齿圈和太阳齿轮的齿数进行增速运动

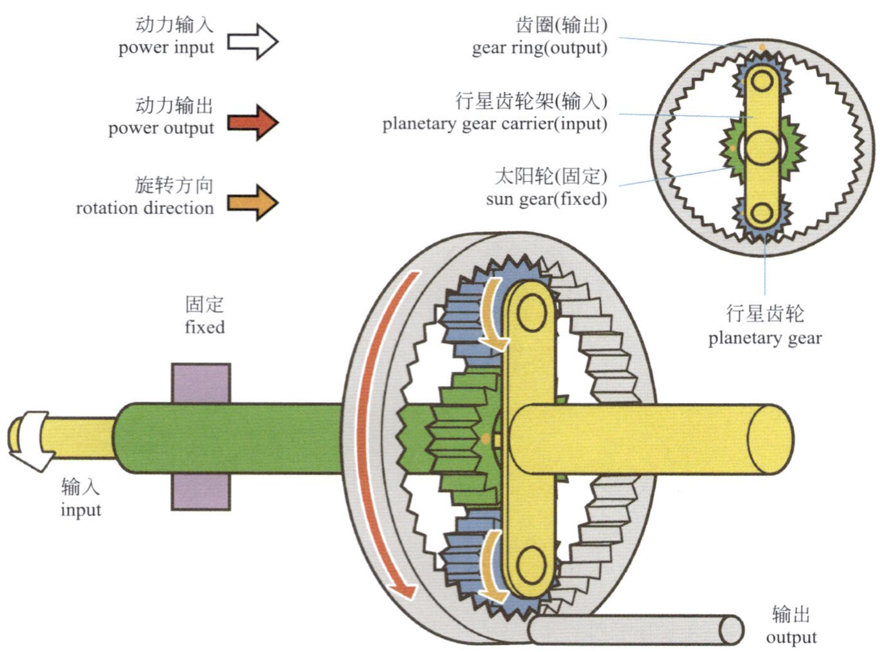

(a) 增速传动

当太阳齿轮固定时，仅行星齿轮转动和回转。因此，输出轴只通过行星齿轮的转动与输入轴成比例地进行减速运动

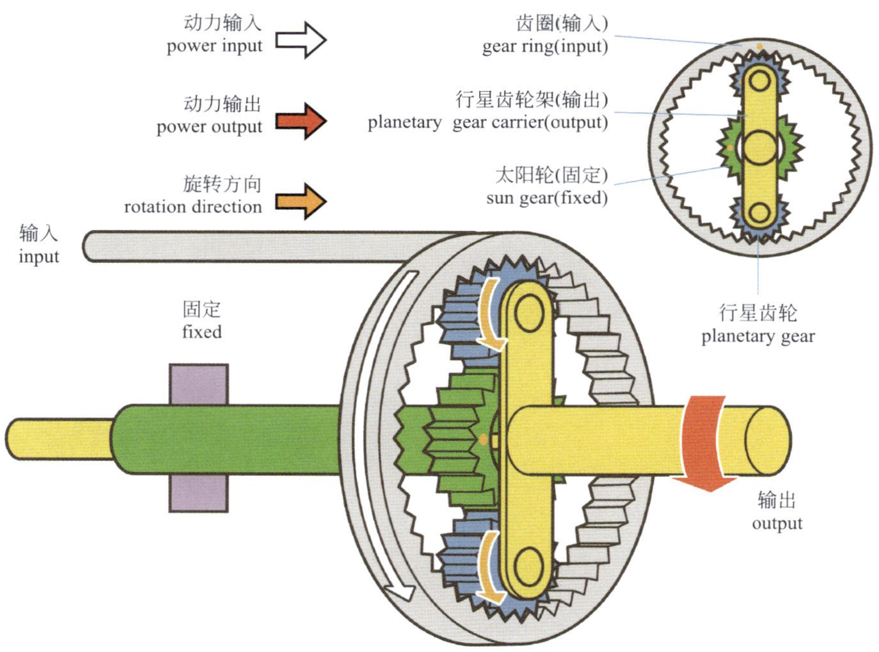

注意：箭头长度表示转速，其宽度表示扭矩。箭头越长转速越快，箭头越宽扭矩越大

(b) 减速传动

当行星齿轮架固定，太阳齿轮转动时，齿圈在其轴上转动并且转动方向相反，实现倒挡

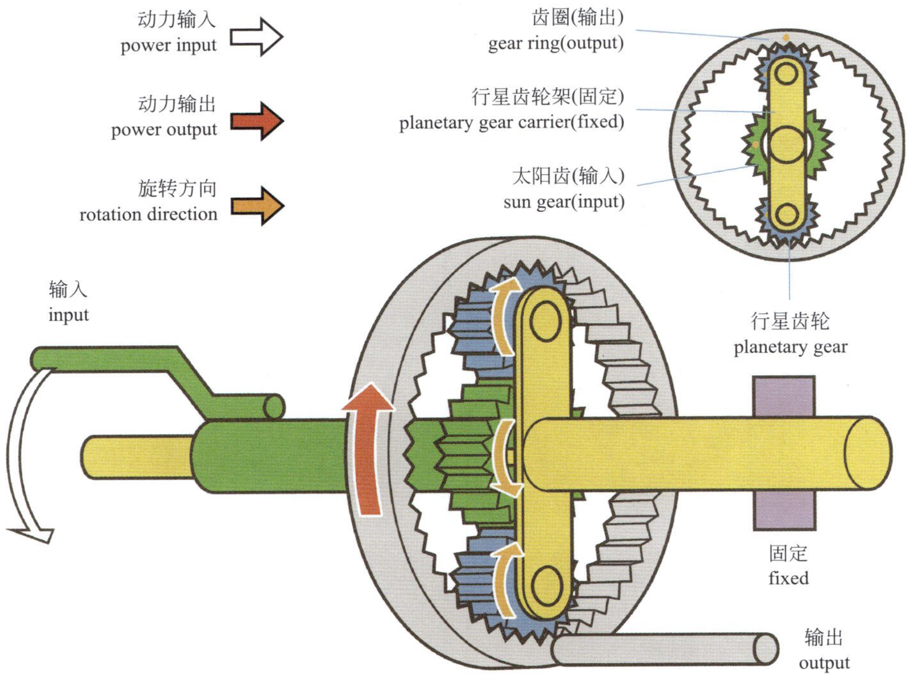

(c) 倒挡传动

齿圈和太阳齿轮一起以同一速度转动，行星齿轮架也以相同的速度旋转，实现直接动力传递

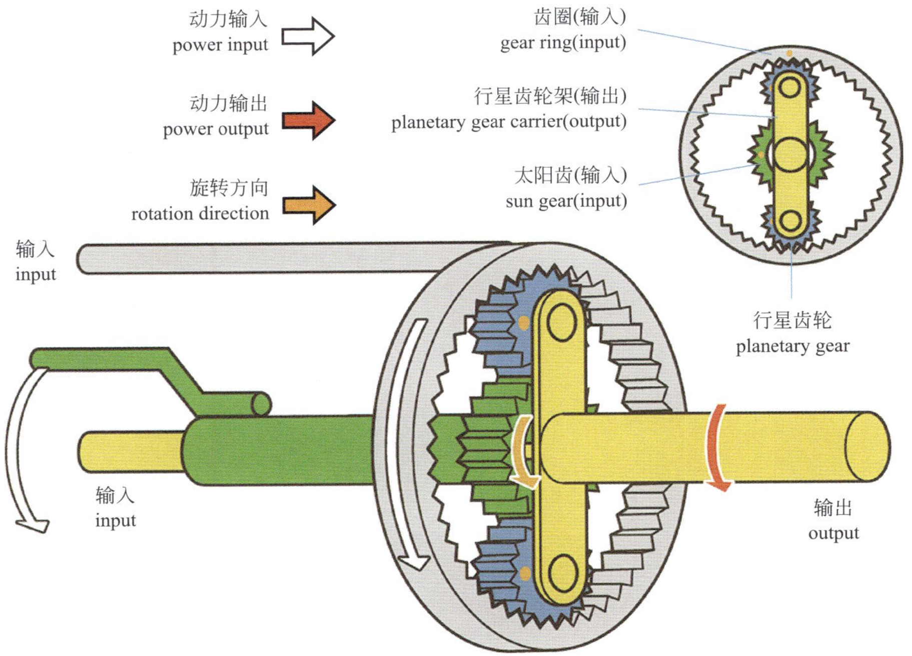

(d) 直接传动

注意：箭头长度表示转速，其宽度表示扭矩。箭头越长转速越快，箭头越宽扭矩越大

图15-6 行星齿轮动力传递原理

15.4 行星齿轮自动变速器分类

单排行星齿轮机构所提供的挡位有限，为了获取较多的挡数，可采用两排或多排行星齿轮机构。目前广泛采用两种类型的复合式行星齿轮机构：辛普森式和拉维娜式。辛普森式行星齿轮机构是由两个单排行星齿轮机构共用一个太阳轮组成的复合式行星齿轮机构，如图 15-7 所示。

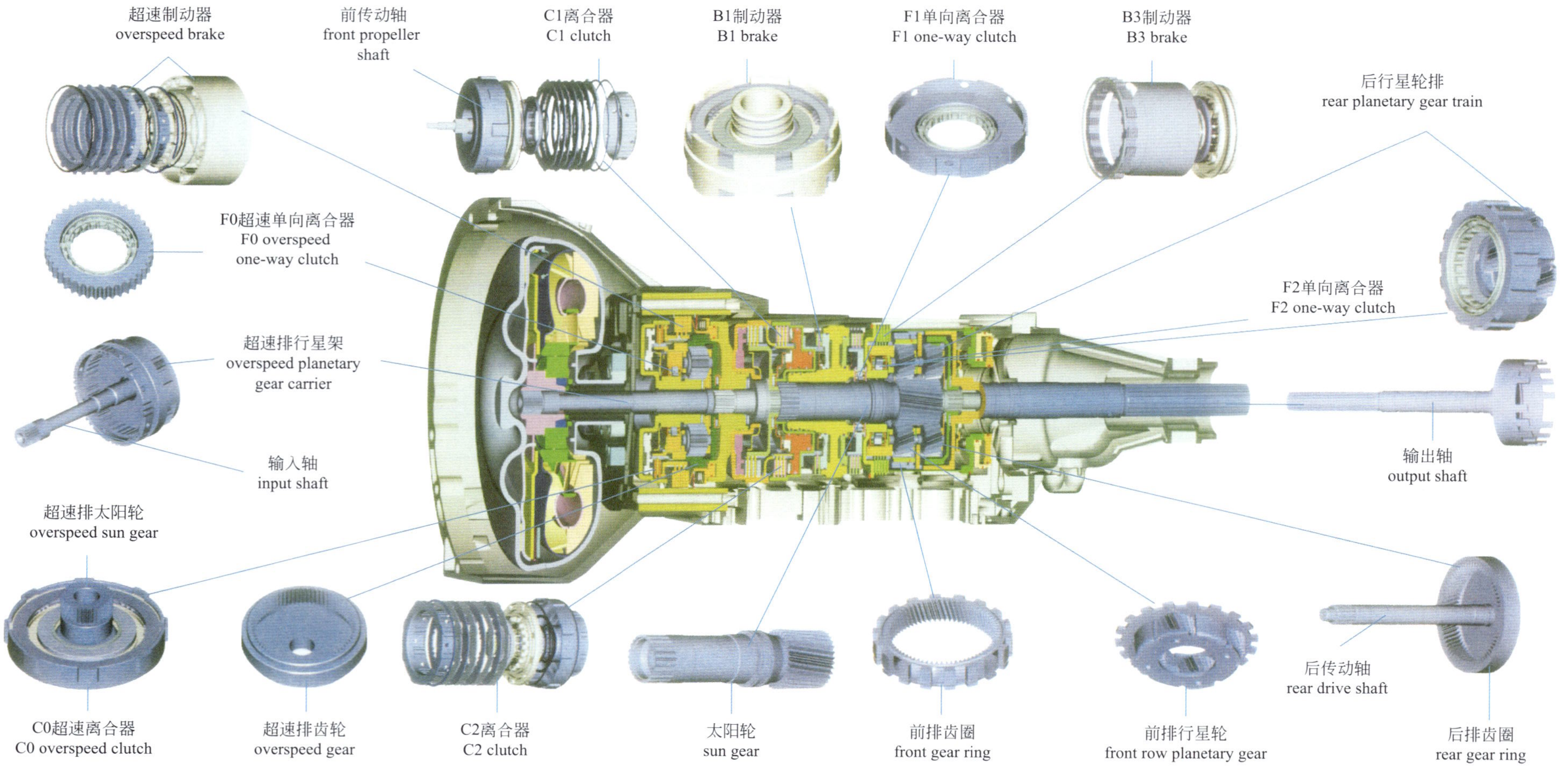

图15-7 辛普森式行星齿轮自动变速器

拉维娜式行星齿轮机构如图15-8所示，它由一个单行星轮式行星排和一个双行星轮式行星排组合而成。大太阳轮、长行星轮、行星架和齿圈共同组成一个单行星轮式行星排；小太阳轮、短行星轮、长行星轮、行星架和齿圈共同组成一个双行星轮式行星排。

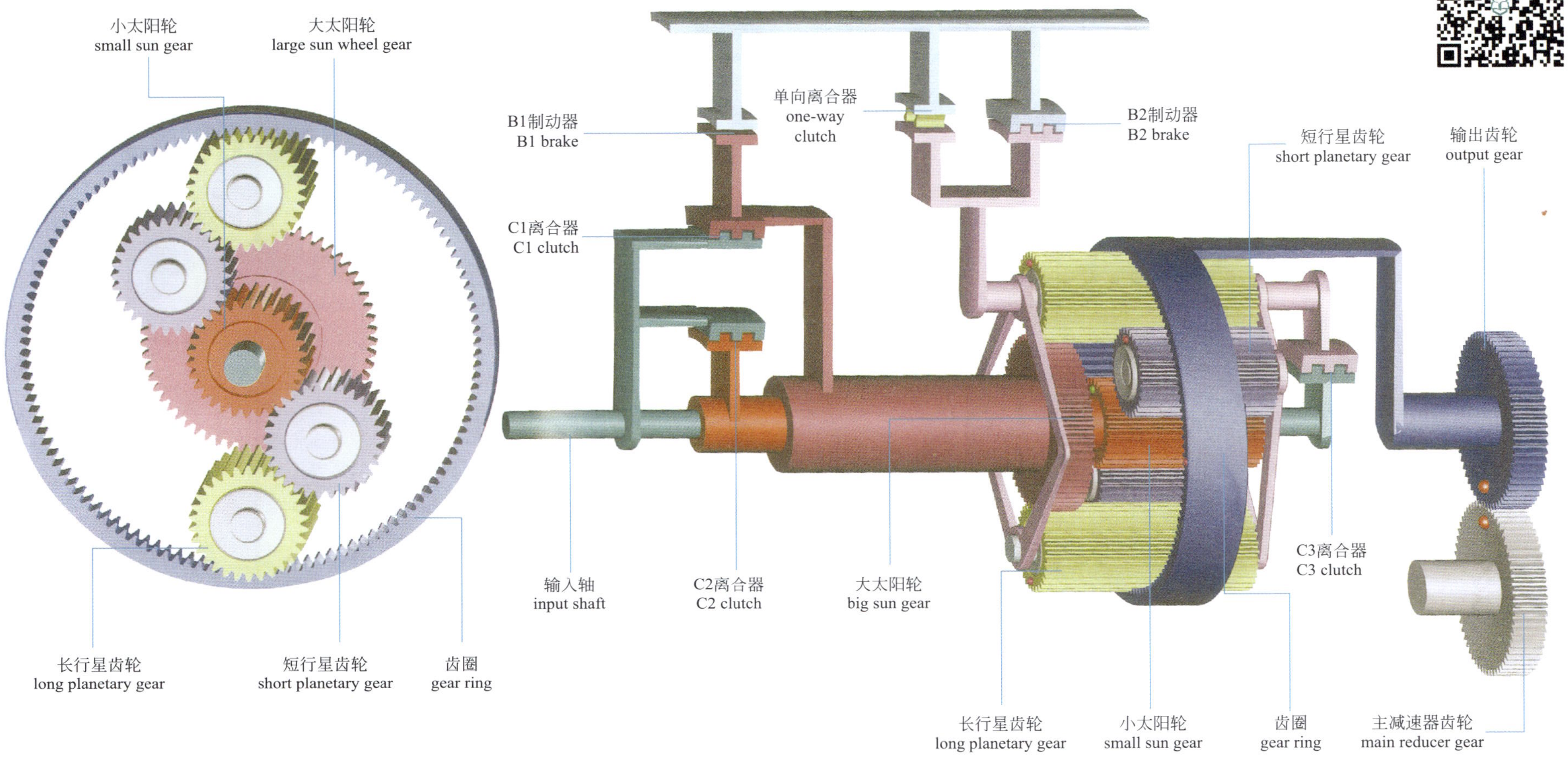

图15-8 拉维娜式行星齿轮机构

15.5 换挡执行机构

换挡执行机构主要由离合器、制动器和单向离合器三种执行元件组成。离合器和制动器以液压方式控制行星齿轮机构元件的旋转，而单向离合器则以机械方式对行星齿轮机构的元件进行锁止。多片离合器和多片制动器结构基本相同，如图15-9所示。

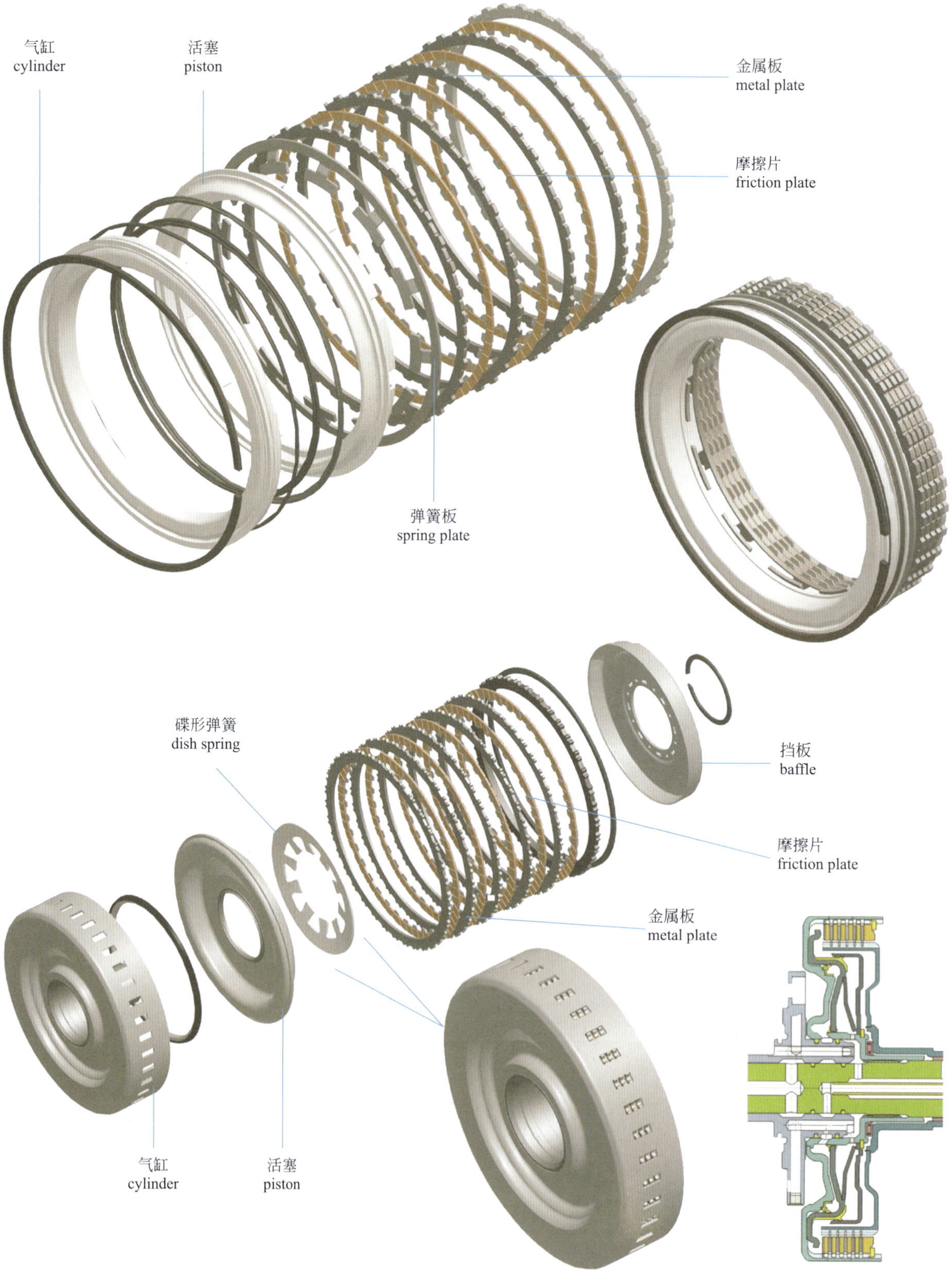

图15-9 多片离合器和多片制动器

15.6 液压控制装置

自动变速器的自动控制是依靠液压控制系统来完成的。液压控制系统由动力源（液压油泵）和控制机构（电磁阀）组成。

15.6.1 液压油泵

液压油泵除了向控制机构、执行机构供给压力油以实现换挡外，还给液力变矩器提供冷却补偿油，向行星齿轮变速器供应润滑油。液压油泵一般位于液力变矩器和行星齿轮系统之间，其主要类型有转子泵（图15-10）和叶片泵（图15-11）。

图15-10 转子泵

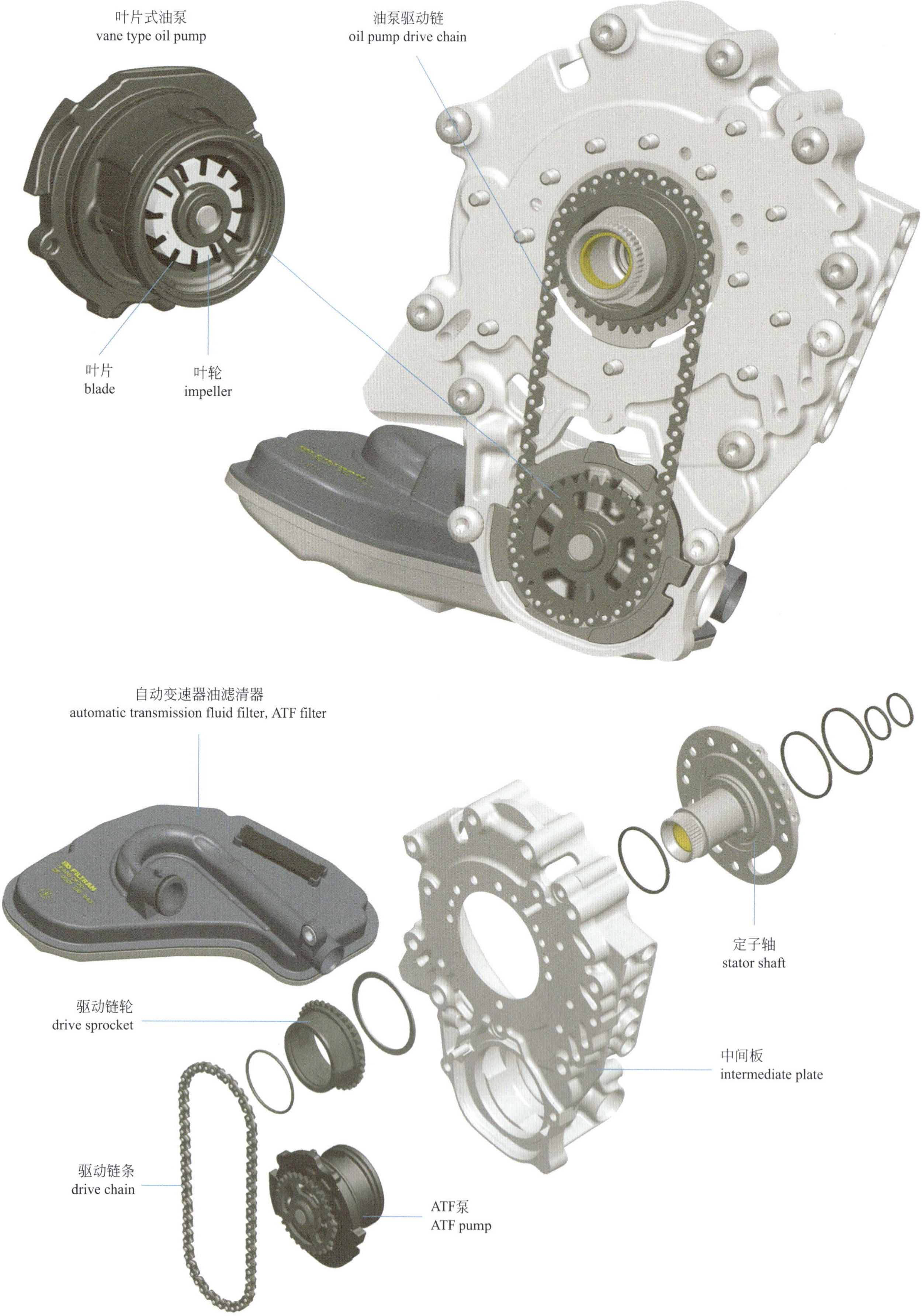
叶片式油泵
vane type oil pump
油泵驱动链
oil pump drive chain
叶片
blade
叶轮
impeller
自动变速器油滤清器
automatic transmission fluid filter, ATF filter
定子轴
stator shaft
驱动链轮
drive sprocket
中间板
intermediate plate
驱动链条
drive chain
ATF泵
ATF pump

图15-11 叶片泵

15.6.2 液压控制机构

液压控制机构包括主油路调压阀、手动阀、换挡阀及锁止离合器控制阀等，集中安装在自动变速器的阀体总成［图15-12（a）］上，阀体总成上还集成有各种传感器，如图15-12（b）所示。

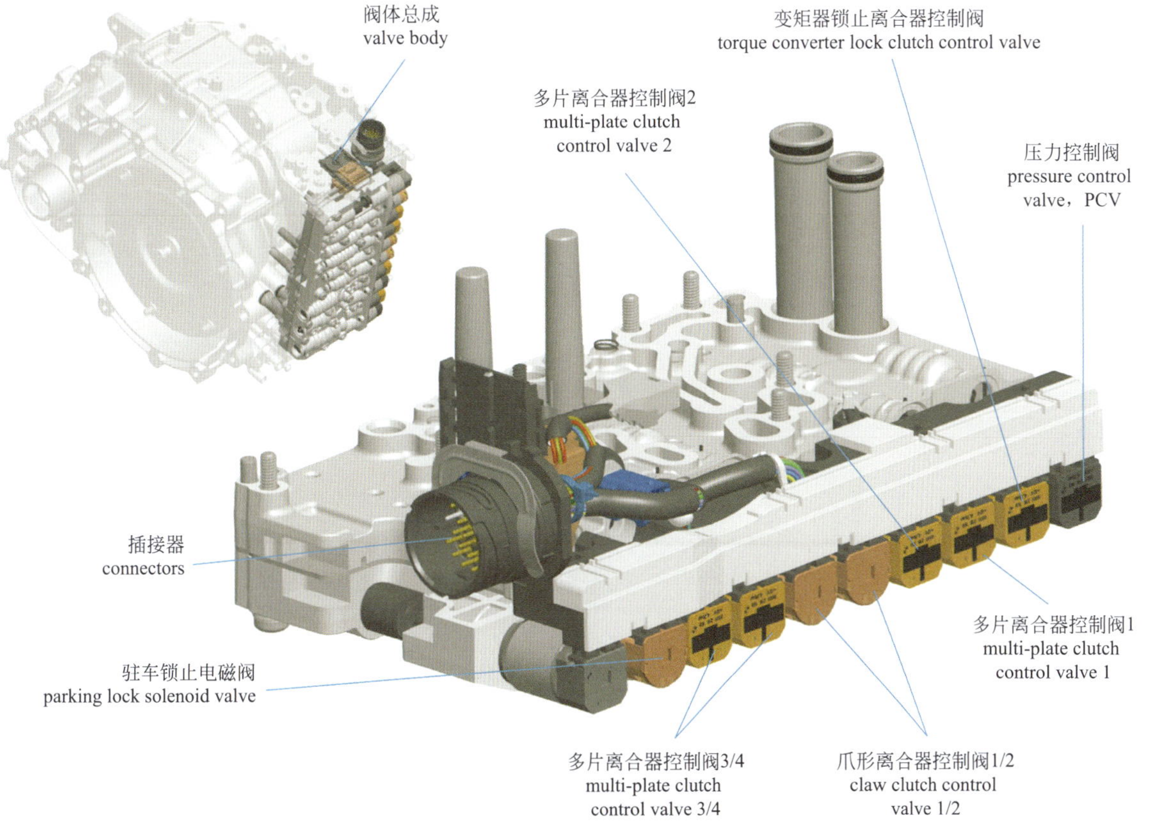

(a) 阀体总成

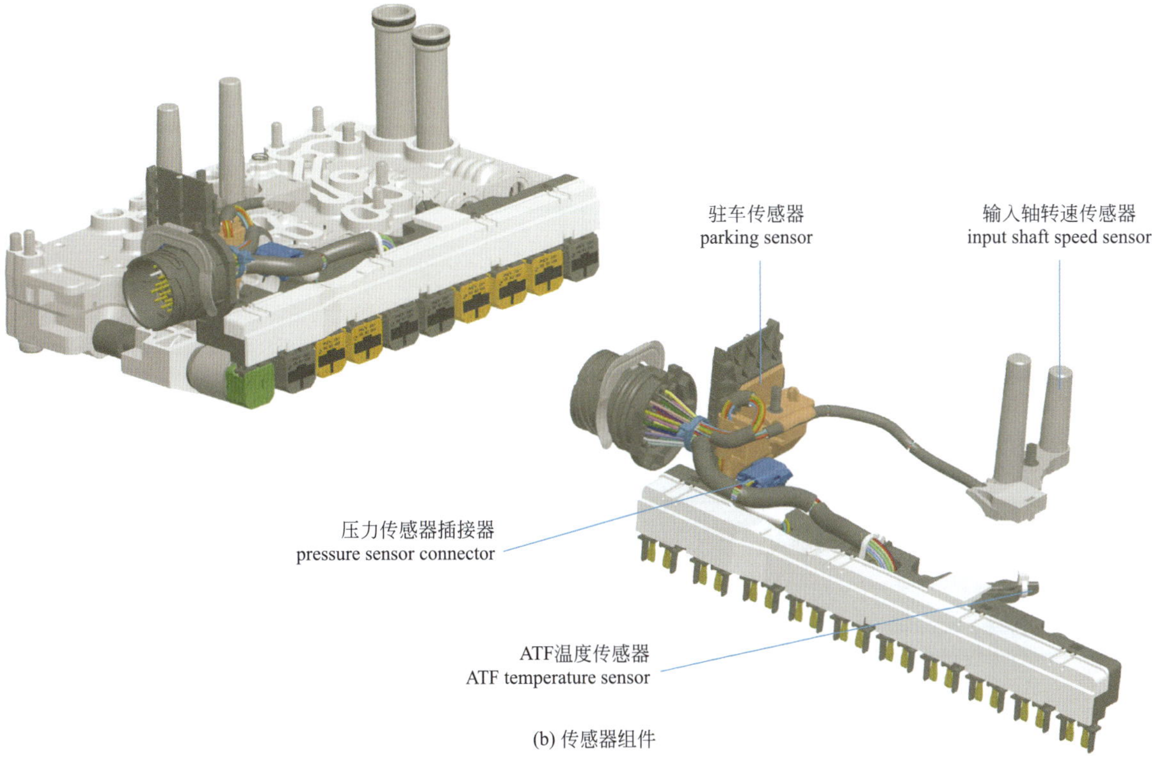

(b) 传感器组件

图15-12 阀体总成和传感器组件

15.7 电子控制系统

电子控制系统（图15-13）由信号输入装置（传感器和信号开关装置）、执行器（各类型电磁阀）和电子控制单元（ECU）组成。

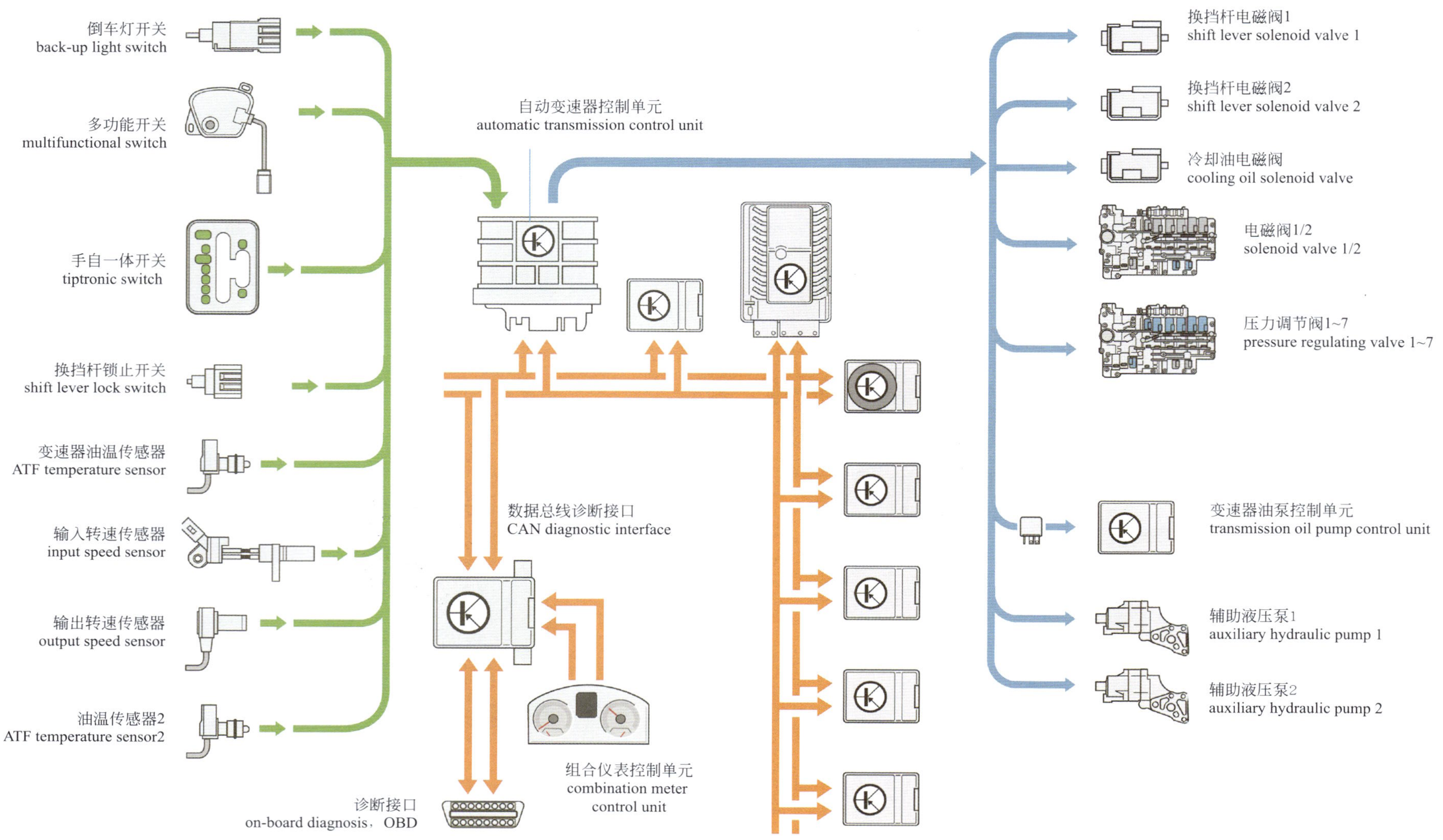

图15-13 电子控制系统

第16章 双离合变速器

16.1 概述

双离合器变速器可以形象地设想为将两台变速器的功能合二为一，并建立在单一的系统内。变速器内含两组自动控制的离合器，由电子控制及液压推动，能同时控制两组离合器的运作，如图16-1所示。

当变速器运作时，一组齿轮啮合，而接近换挡之时，下一组挡位的齿轮已被预选，但离合器仍处于分离状态；换挡时一组离合器将使用中的齿轮分离，同时另一组离合器啮合已被预选的齿轮，在整个换挡期间能确保最少有一组齿轮在输出动力，使动力不出现间断的状况。

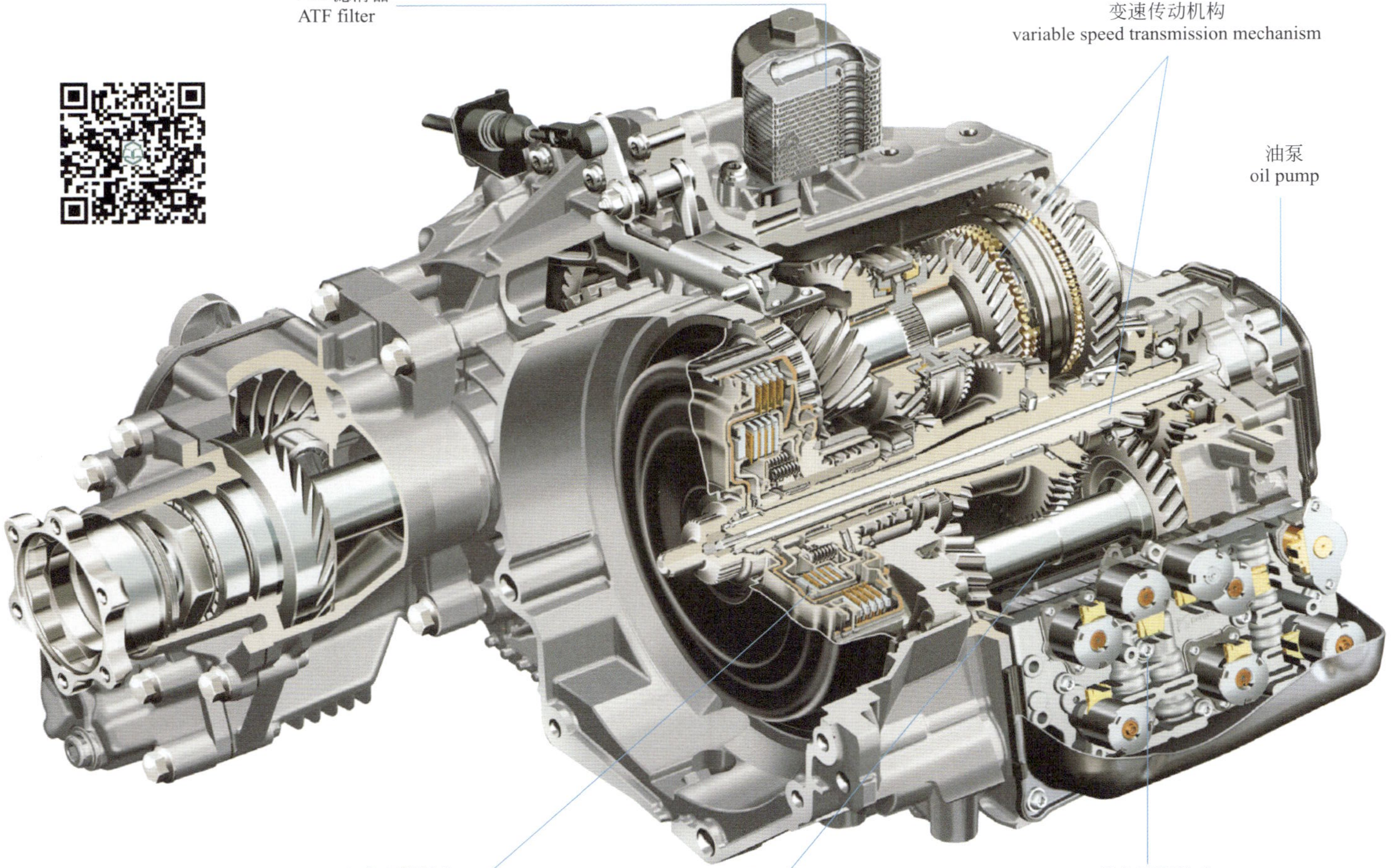

图16-1 双离合器自动变速器

16.2 结构原理

16.2.1 基本结构

离合器 K1 与输入轴 1 相连，控制着1挡、3挡、5挡、7挡的动力传递（分变速器 1）。离合器 K2 与输入轴 2 连接，控制着2挡、4挡、6挡、R 挡的动力传递（分变速器 2）。输入轴被设计成中空形式，输入轴1 穿过输入轴2 运转。7速双离合器变速器结构示意如图16-2（a）所示，6速双离合器变速器剖视如图16-2（b）所示。

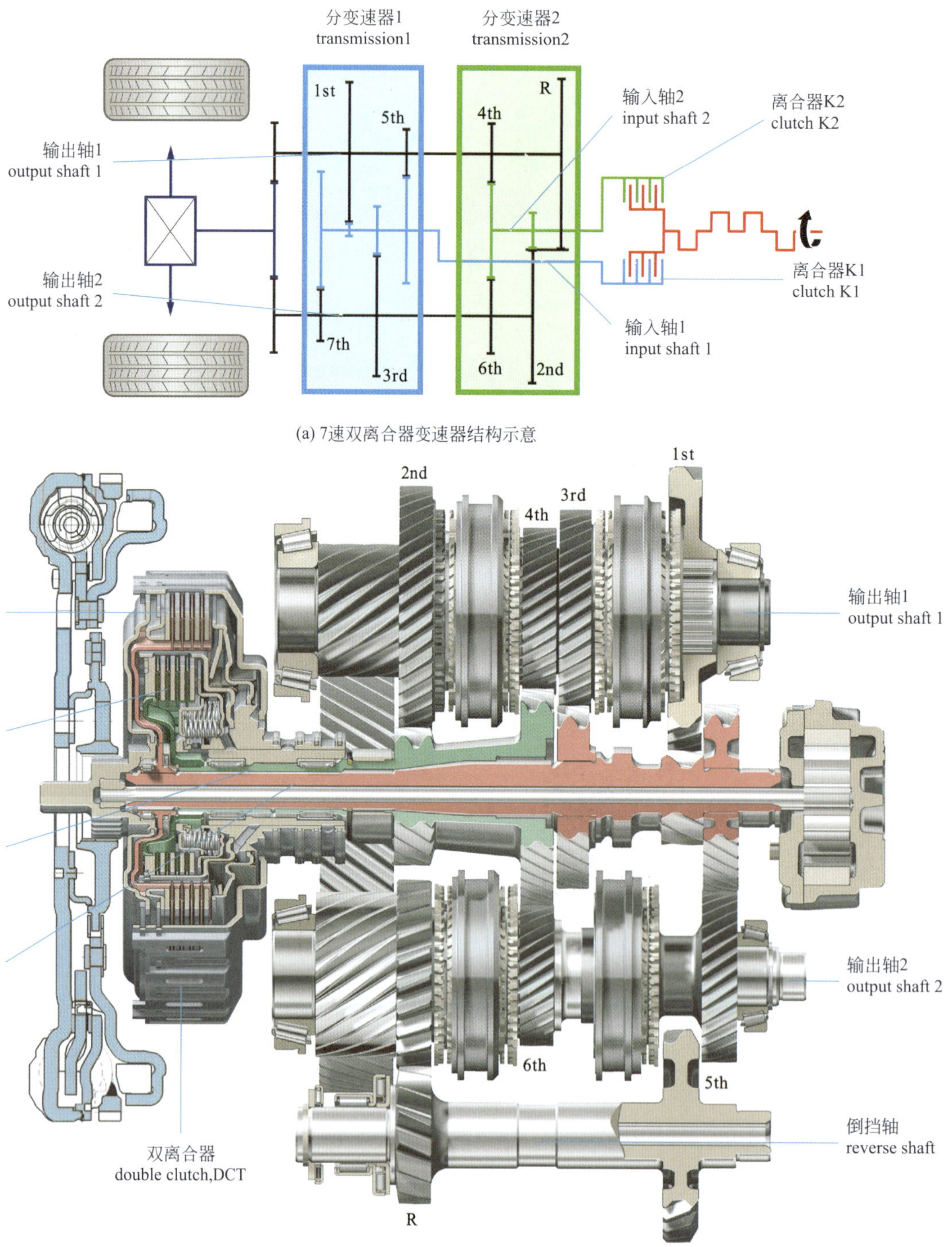

(a) 7速双离合器变速器结构示意

(b) 6速双离合器变速器剖视

图16-2 双离合器变速器结构

16.2.2 双离合器组件

目前常用的双离合器有干式和湿式两种。干式双离合结构相对简单，但长时间工作会造成过热而降低运行的可靠性。湿式双离合器的离合器片浸在变速器油液中，可更好地散热，工作可靠性高，但结构相对复杂。

（1）干式双离合器

对于干式双离合器，有两套类似于手动变速器的离合器装置组装在一起，两个离合器摩擦片，两套离合器分离装置。干式双离合器的结构如图16-3所示。

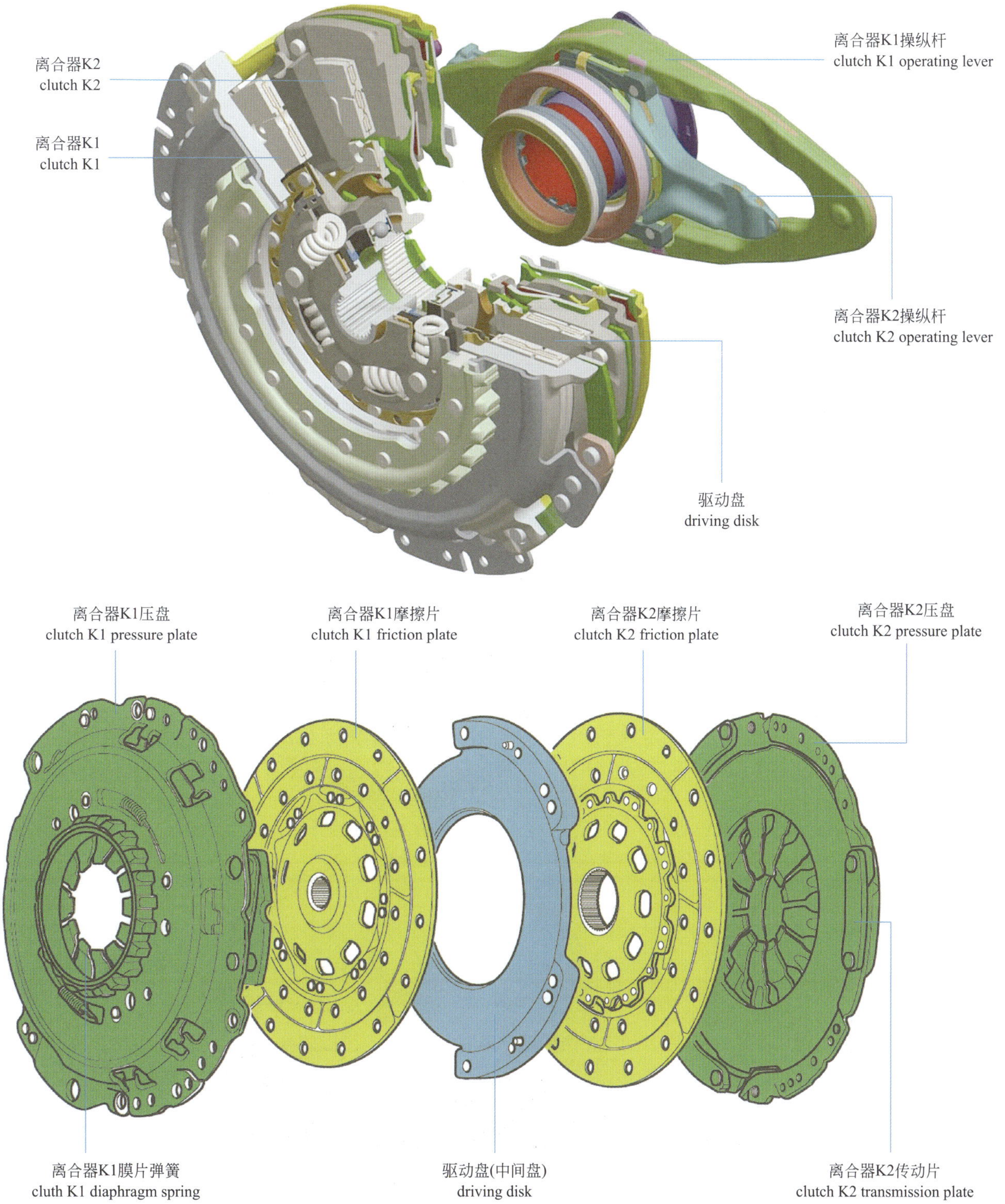

图16-3 干式双离合器的结构

（2）湿式双离合器

湿式双离合器的结构与行星齿轮式自动变速器多片离合器相同，都由钢片和摩擦片组成（图16-4）。湿式双离合器的钢片与摩擦片一直在变速器油中运转，由变速器油冷却。

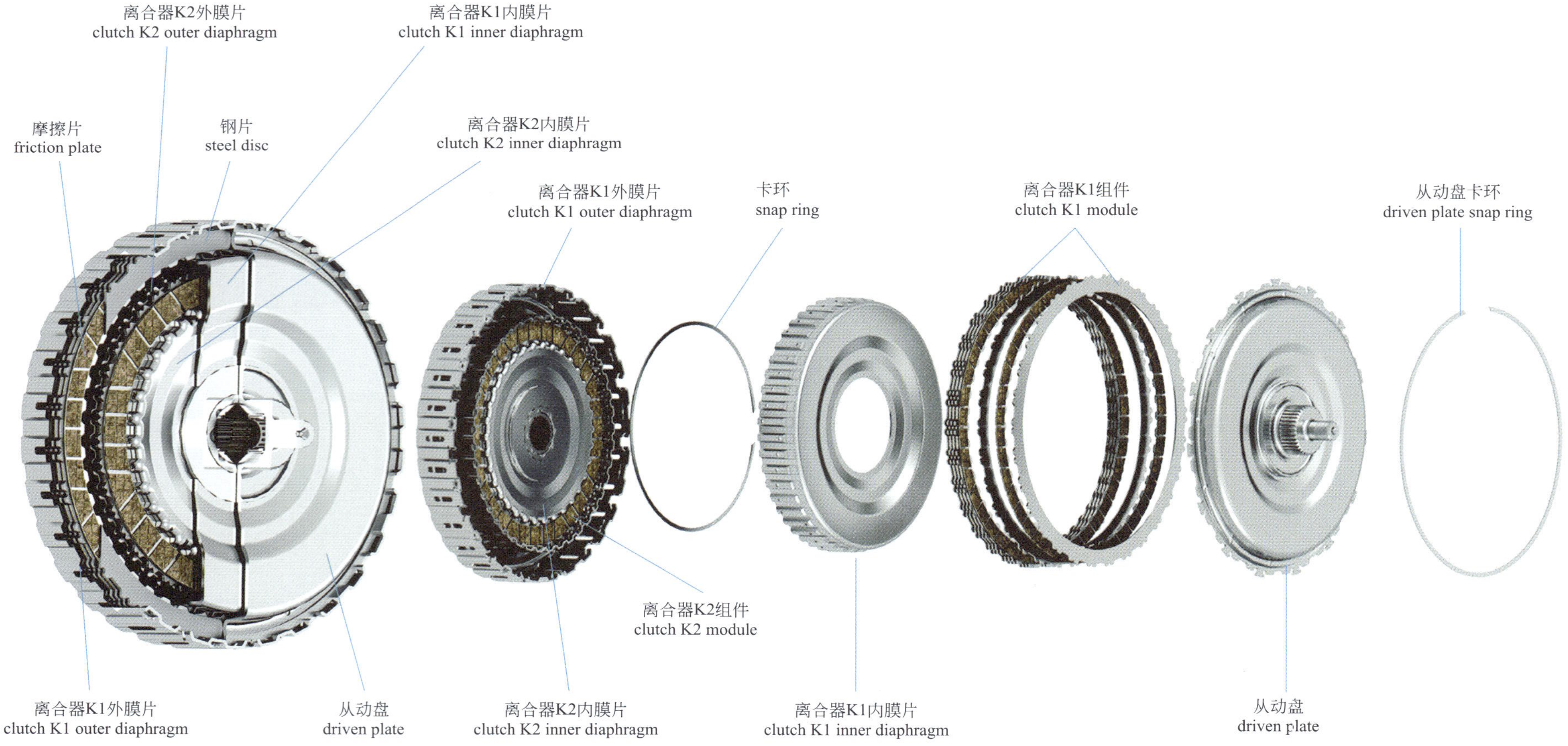

图16-4 湿式双离合器的结构

对于湿式双离合器，由油泵通过两个进油槽为离合器 K1 和 K2 供应液压油。油压供应如图 16-5（a）所示，离合器K1 和K2 油压供应分别如图 16-5（b）和图 16-5（c）所示。

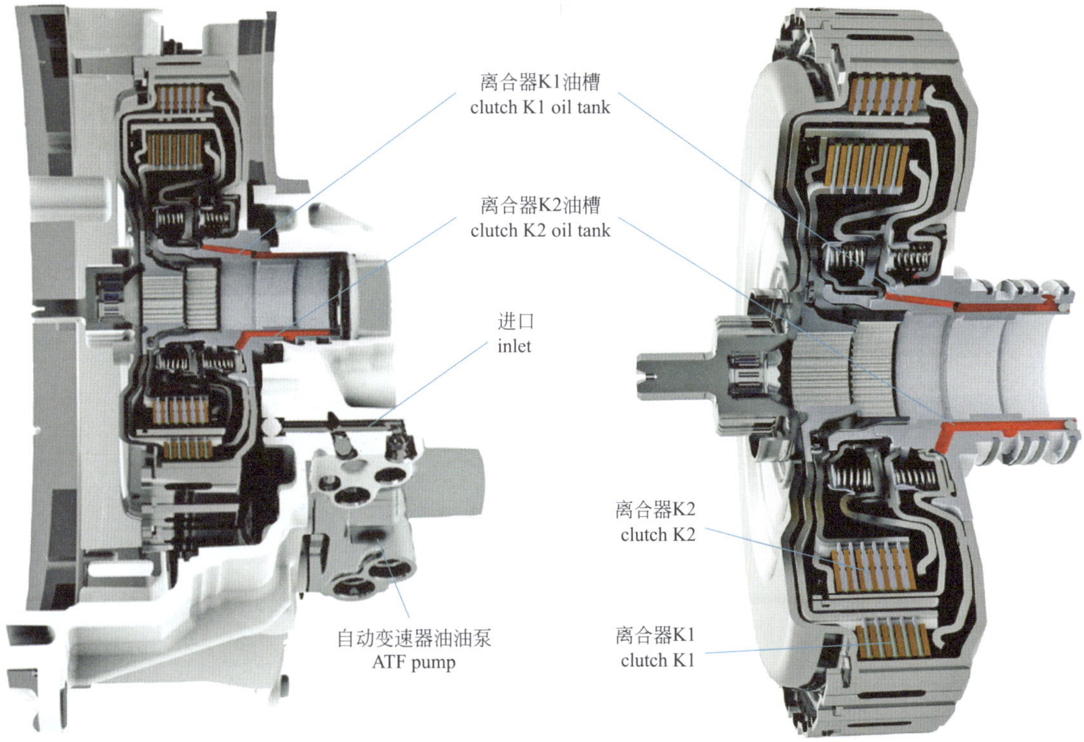

(a) 油压供应

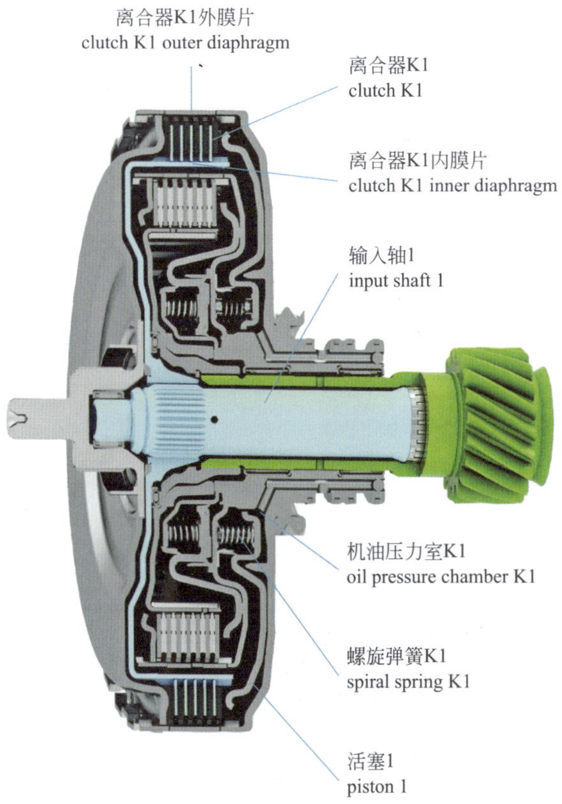

(b) 离合器K1油压供应

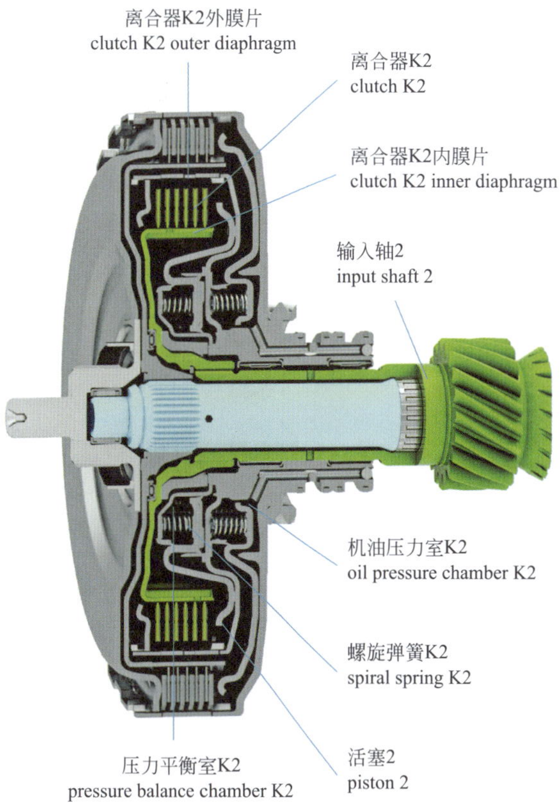

(c) 离合器K2油压供应

图16-5 湿式双离合器油压供应

16.2.3 变速传动机构

（1）输入轴

输入轴 2 是中空的，输入轴 1 穿过中空的输入轴 2 运转，如图 16-6(a) 所示。输入轴 1[图 16-6(b)] 与离合器 K1 连接，通过离合器可完成 1 挡、3 挡、5 挡、7 挡的挡位变换。输入轴 2 [图 16-6（c）] 与离合器 K2 连接，可完成 2 挡、4 挡、6 挡、R 挡的挡位变换。

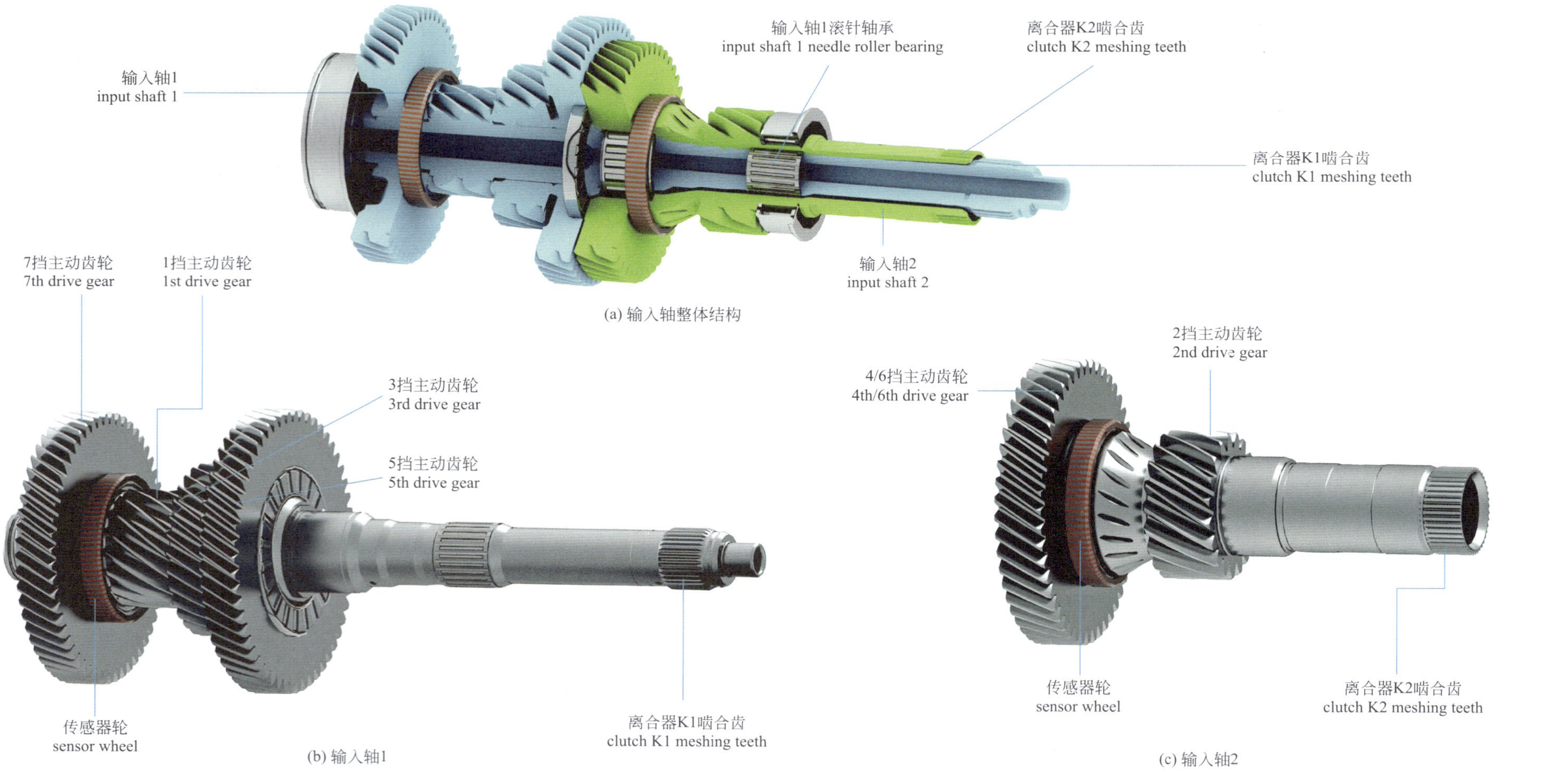

图16-6 输入轴结构

（2）输出轴

双离合器变速器有两根输出轴，输出轴1［图16-7（a）］上安装有1挡、4挡、5挡和倒挡的从动齿轮，同时安装有1/5挡和4/R挡同步器。输出轴2［图16-7（b）］上安装有2挡、3挡、6挡、7挡从动齿轮，同时安装有3/7挡和2/6挡同步器。

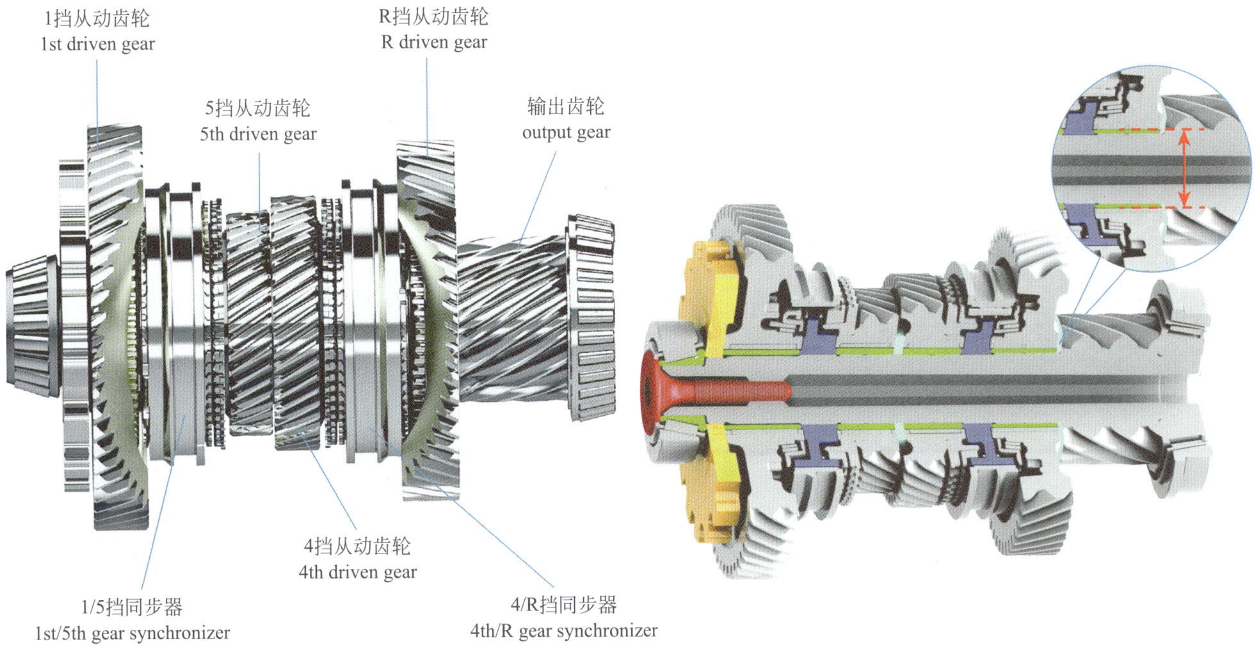

(a) 输出轴1

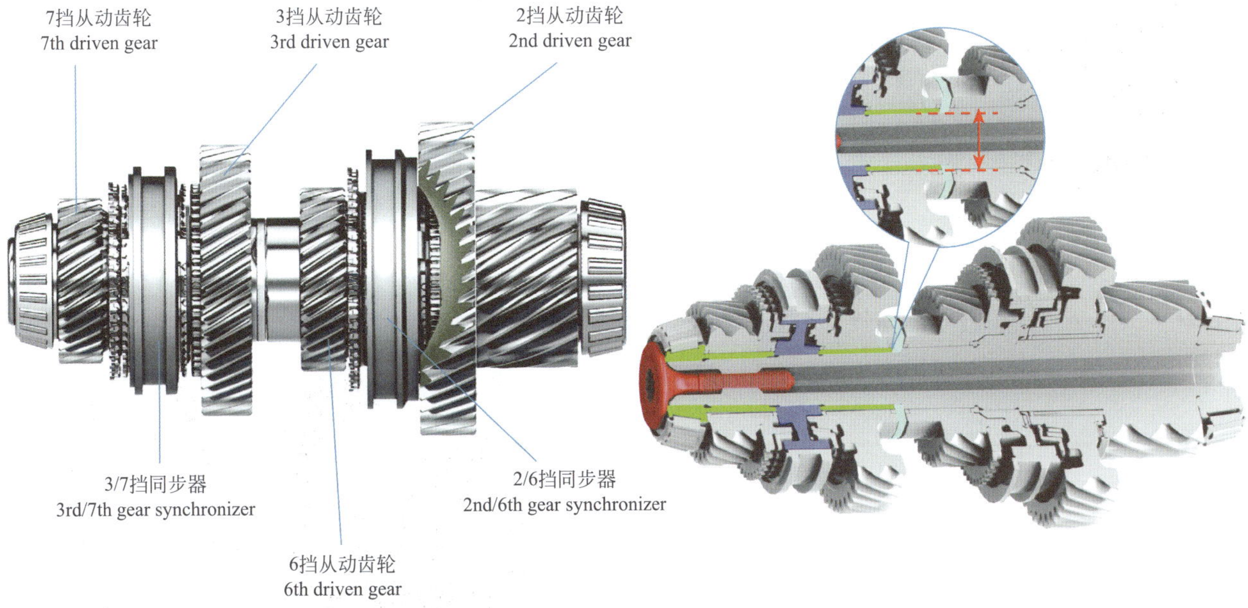

(b) 输出轴2

图16-7 输出轴

16.2.4 双离合器变速器同步器

双离合器变速器采用的同步器结构及原理与手动变速器同步器相同，如图16-8（a）所示。一般需要同步的滑动齿轮之间转速差是低挡位大于高挡位，所以在低挡位（1 ~ 3挡、R 挡）采用三倍同步器[图16-8（b）]，而在高挡位（4 ~ 7 挡）采用单倍锥体同步器 [图16-8（c）]。

图16-8 双离合器变速器同步器结构及原理

16.3 机电控制装置

16.3.1 概述

机电控制装置是双离合器自动变速器的中央控制单元，安装在变速箱壳体上，由供油管提供液压油，外部还安装有带密封件的护罩，如图16-9所示。机电控制装置内部包含电动液压控制单元和自动变速器控制单元。

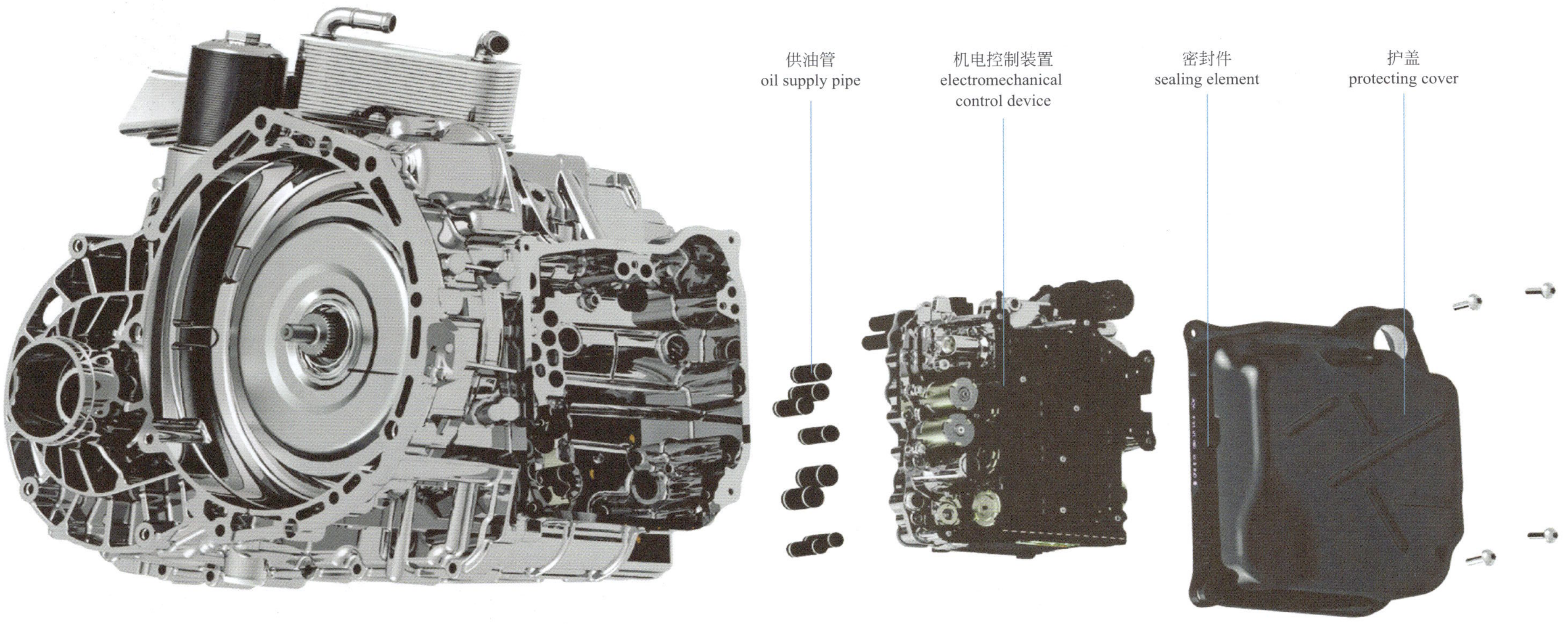

图16-9 机电控制装置

16.3.2 机电控制装置组成及作用

机电控制装置以液压方式控制主压力、两个分变速器内的压力、经压力调节阀流往各挡位调节器的液压油。变速器控制单元将所有的传感器信号汇总，变速器内所有的操作都由它来指导和监控。机电控制装置组成如图 16-10 所示。

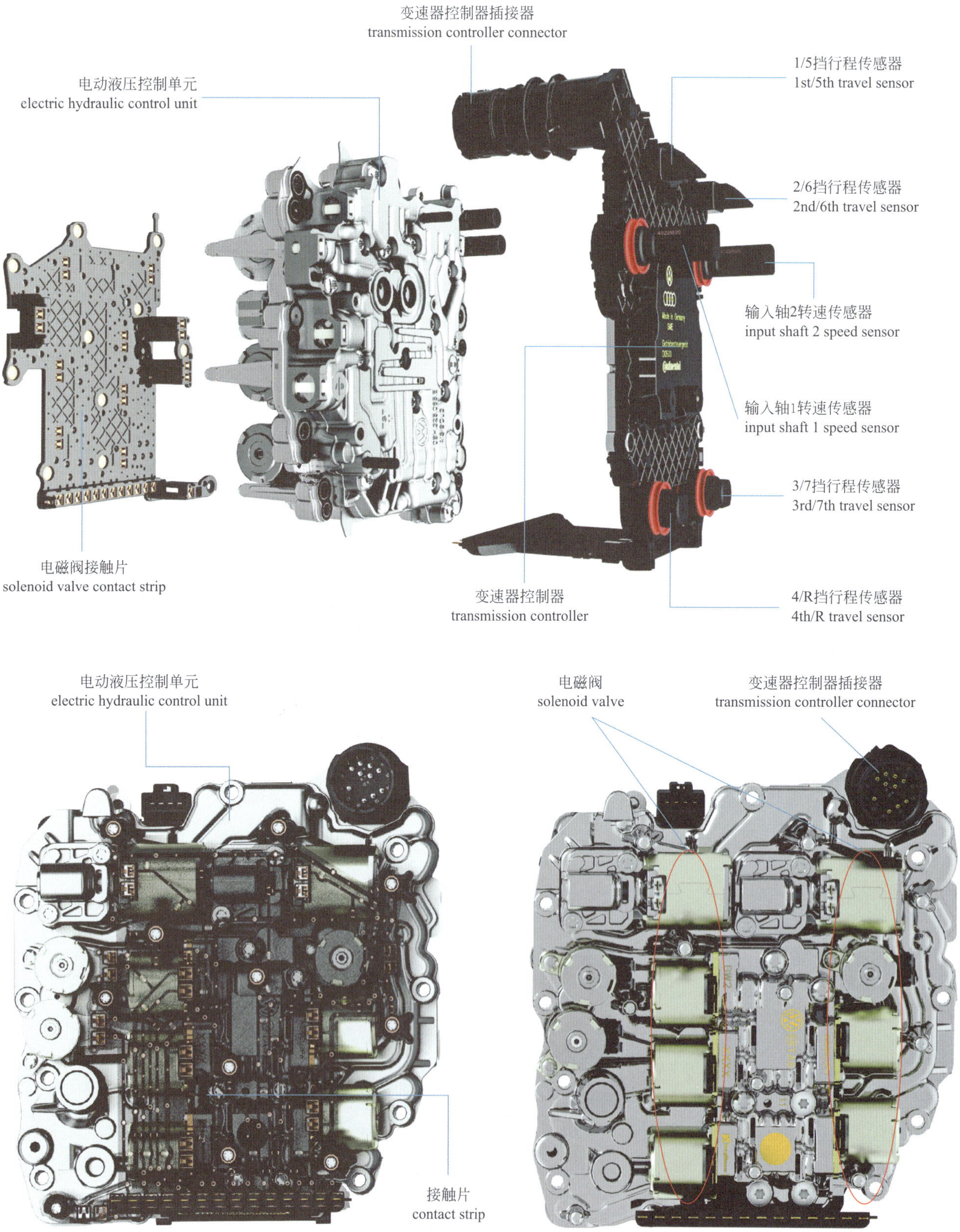

图16-10 机电控制装置组成

16.3.3 变速器油循环系统

变速器油循环系统由油泵、滤清器以及相关管路组成，如图16-11（a）所示。变速器油起到润滑、冷却以及操纵双离合器和挡位调节器活塞的作用。变速器油液压泵结构如图16-11（b）所示。

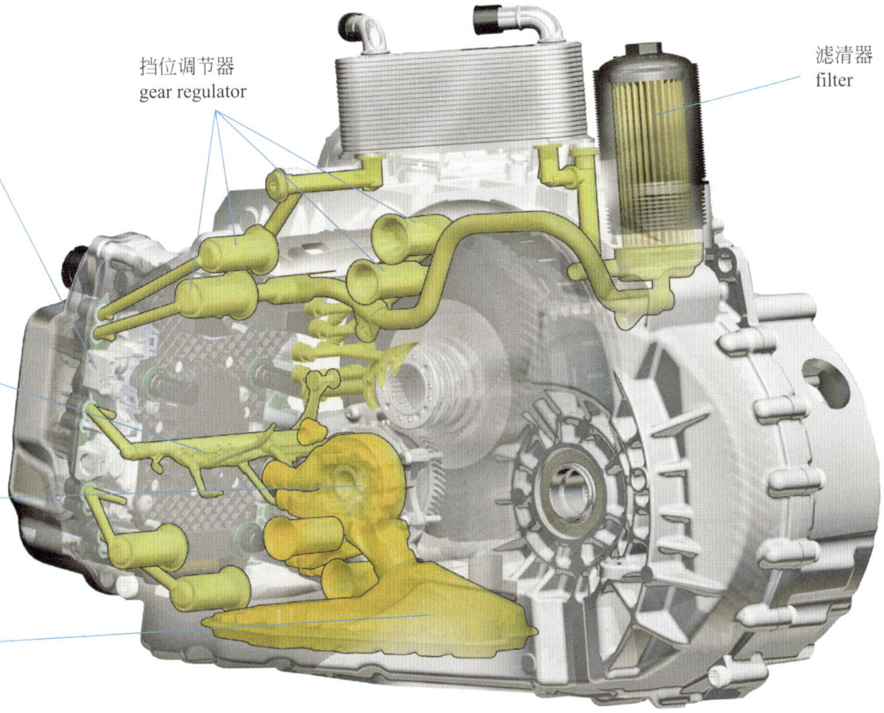

(a) 变速器油循环系统组成

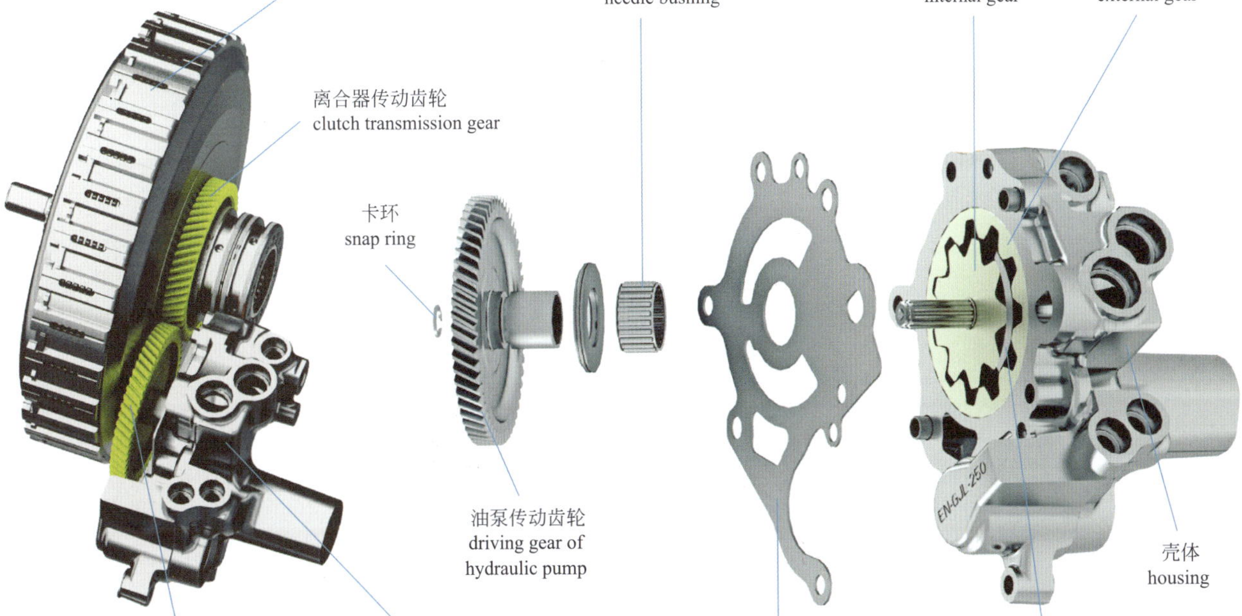

(b) 变速器油液压泵结构

图16-11 变速器液压油循环系统

16.3.4 液压换挡组件

液压换挡组件由换挡拨叉、液压缸、永久磁铁等组成，如图16-12（a）所示。换挡执行装置剖视如图16-12（b）所示。

换挡压力油通过变速器内的油孔进入液压缸内。换挡时根据需要将液压油导入待换挡位拨叉的液压缸，由于另一侧的液压缸没有压力，换挡拨叉被推向无压力一侧，带动同步器滑动套筒完成换挡。

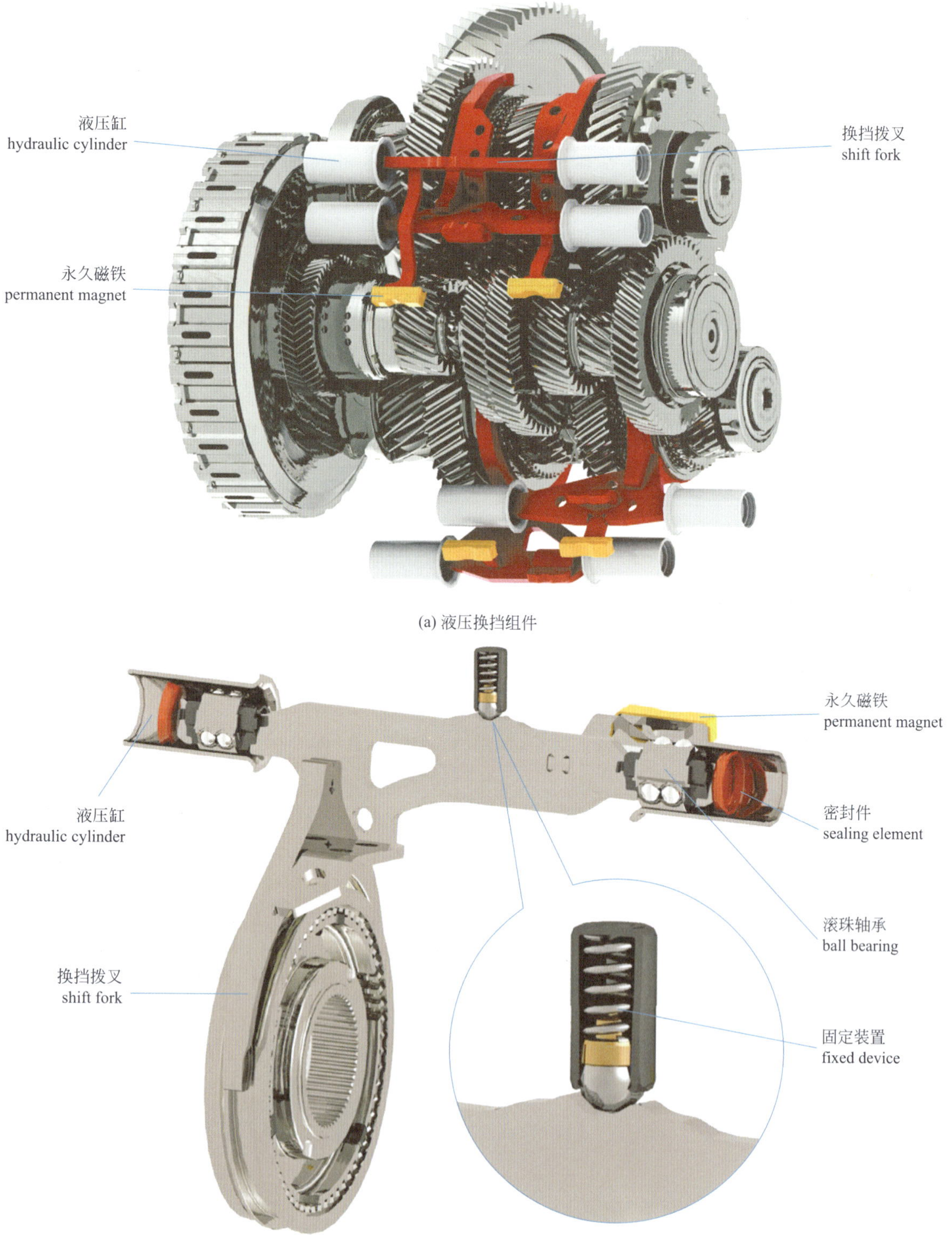

(a) 液压换挡组件

(b) 换挡执行装置剖视

图16-12 液压换挡组件

16.4 变速器管理系统

变速器管理系统由各传感器、电子控制单元及执行器组成，如图16-13所示。传感器负责收集变速器各项状态数据，反馈给电子控制单元，电子控制单元根据传感器数据判断状态，操纵执行器完成相应动作。输入轴转速传感器如图16-14所示，挡位行程传感器如图16-15所示。

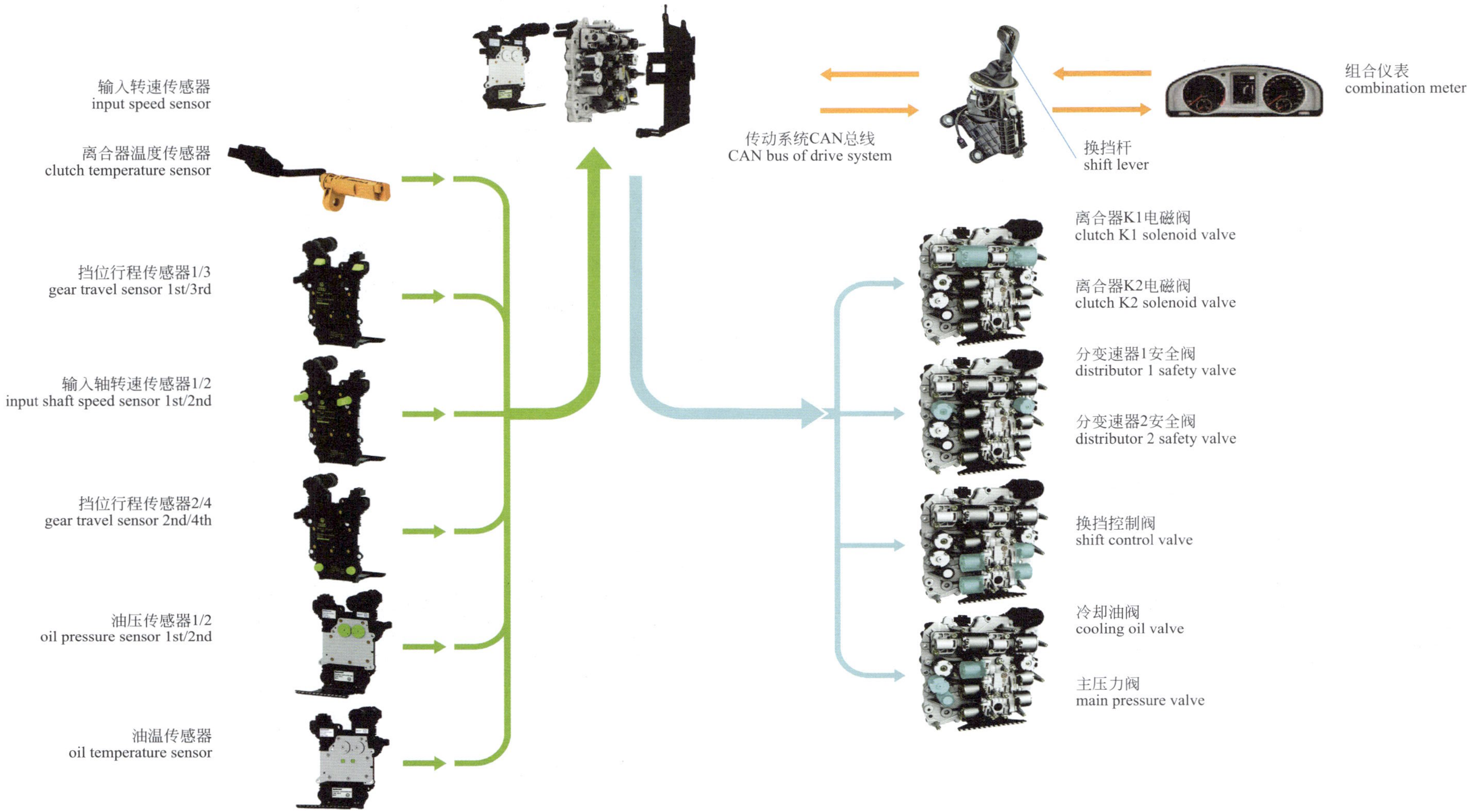

图16-13 变速器管理系统

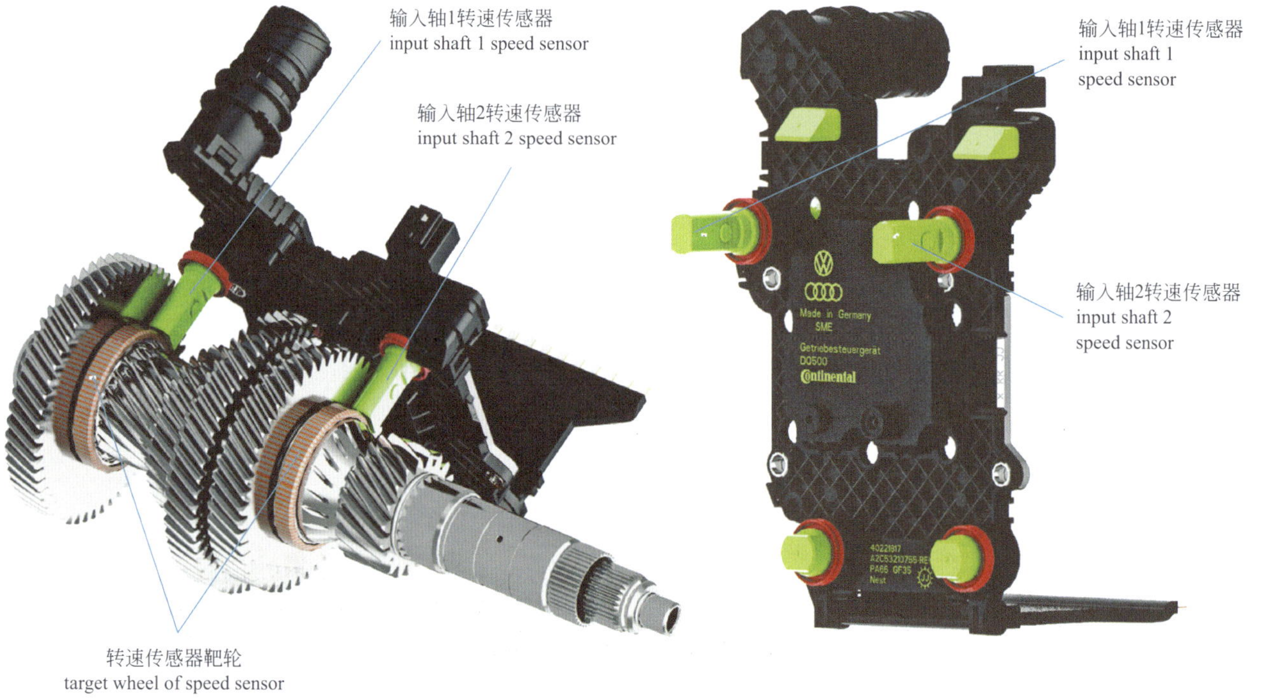

图16-14 输入轴转速传感器

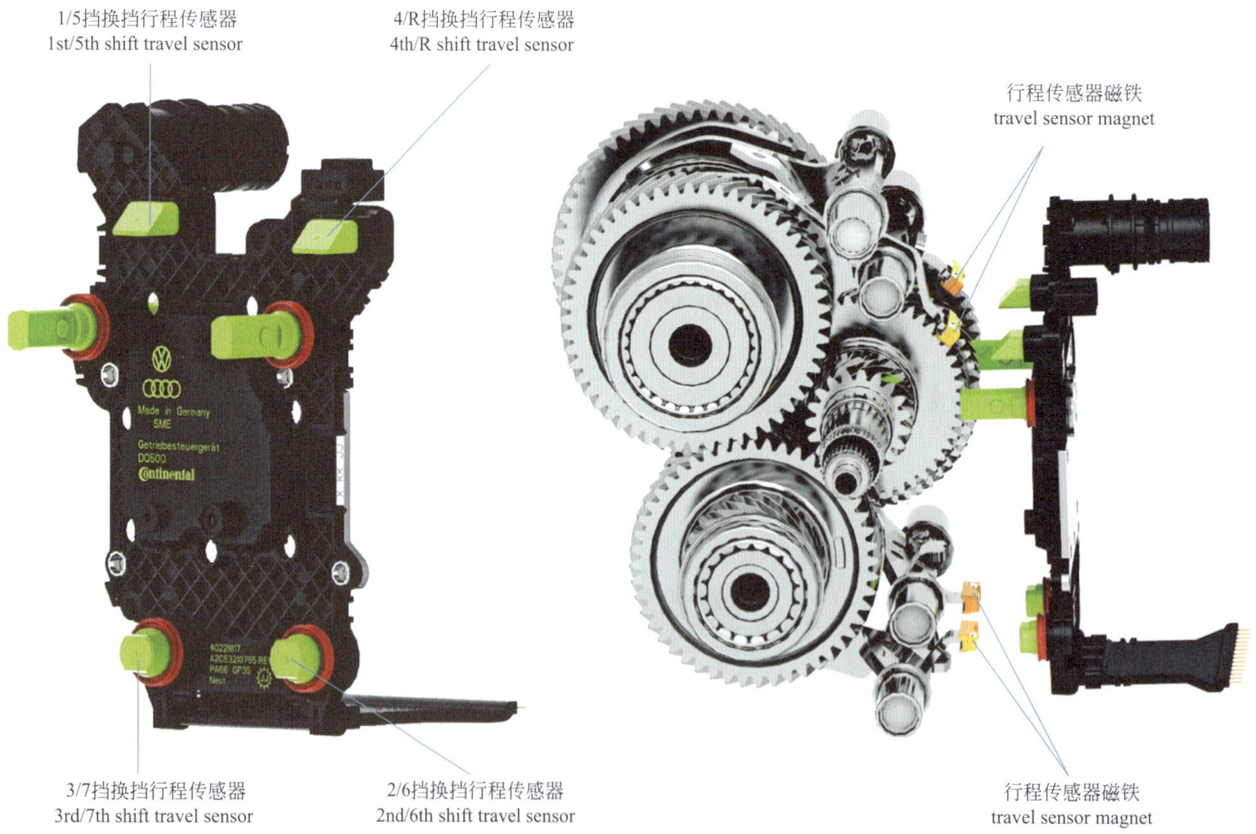

图16-15 挡位行程传感器

换挡行程传感器是霍尔传感器，它们与位于换挡拨叉上的磁铁共同作用产生信号，电子控制单元根据这个信号识别出挡位调节器/换挡拨叉的位置。

16.5 动力传递

7 速双离合器变速器动力传递如图16-16 所示。

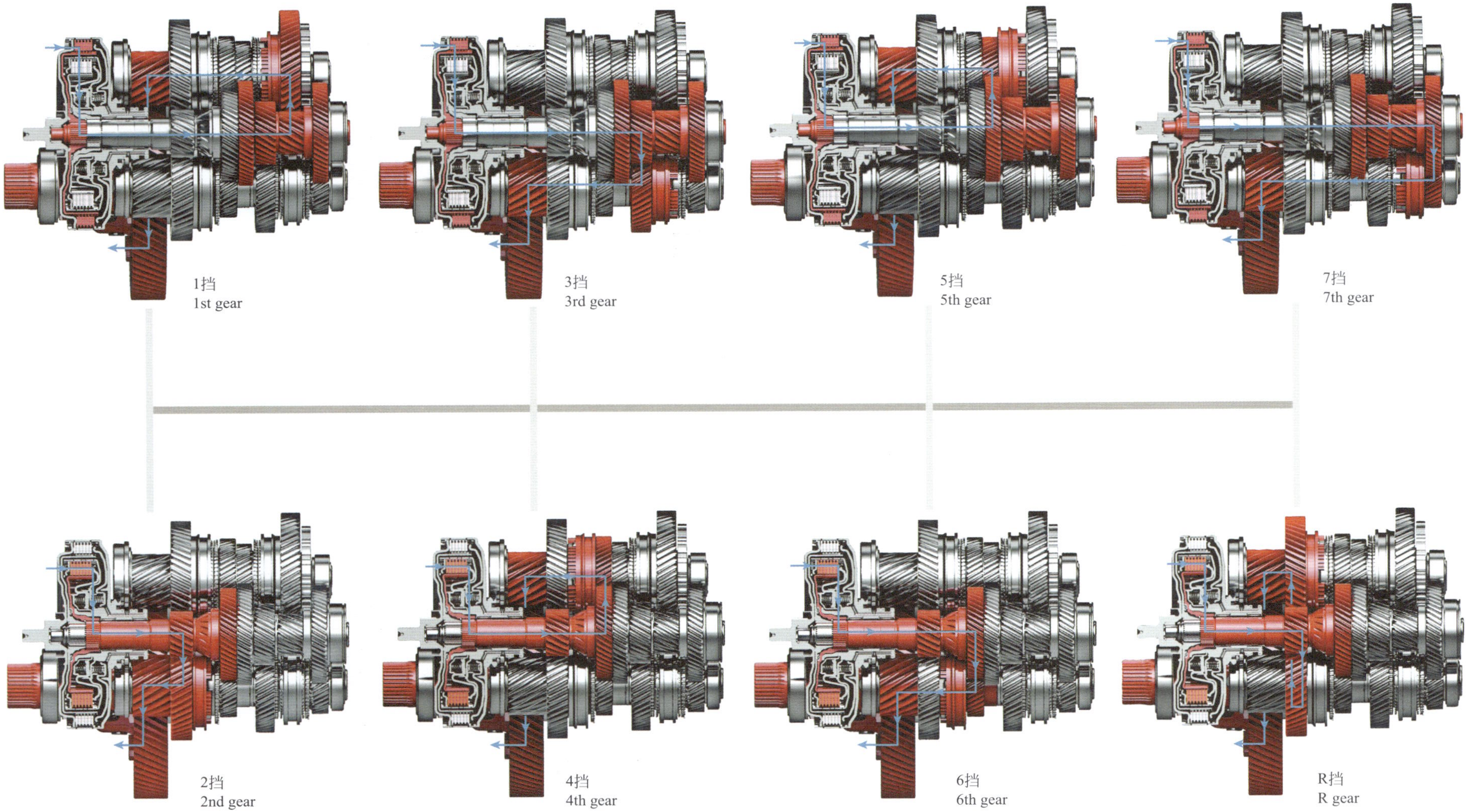

图16-16 7速双离合器变速器动力传递

第17章 无级变速器

17.1 概述

无级变速器（CVT）是能使传动比在一定范围内连续变化的变速器。没有具体的挡位概念。传动比是连续的，不会产生跳跃换挡的现象，因此动力传输连续顺畅，但动力传递能力有限，目前只能应用在中、小功率的车辆上。无级变速器如图17-1所示。

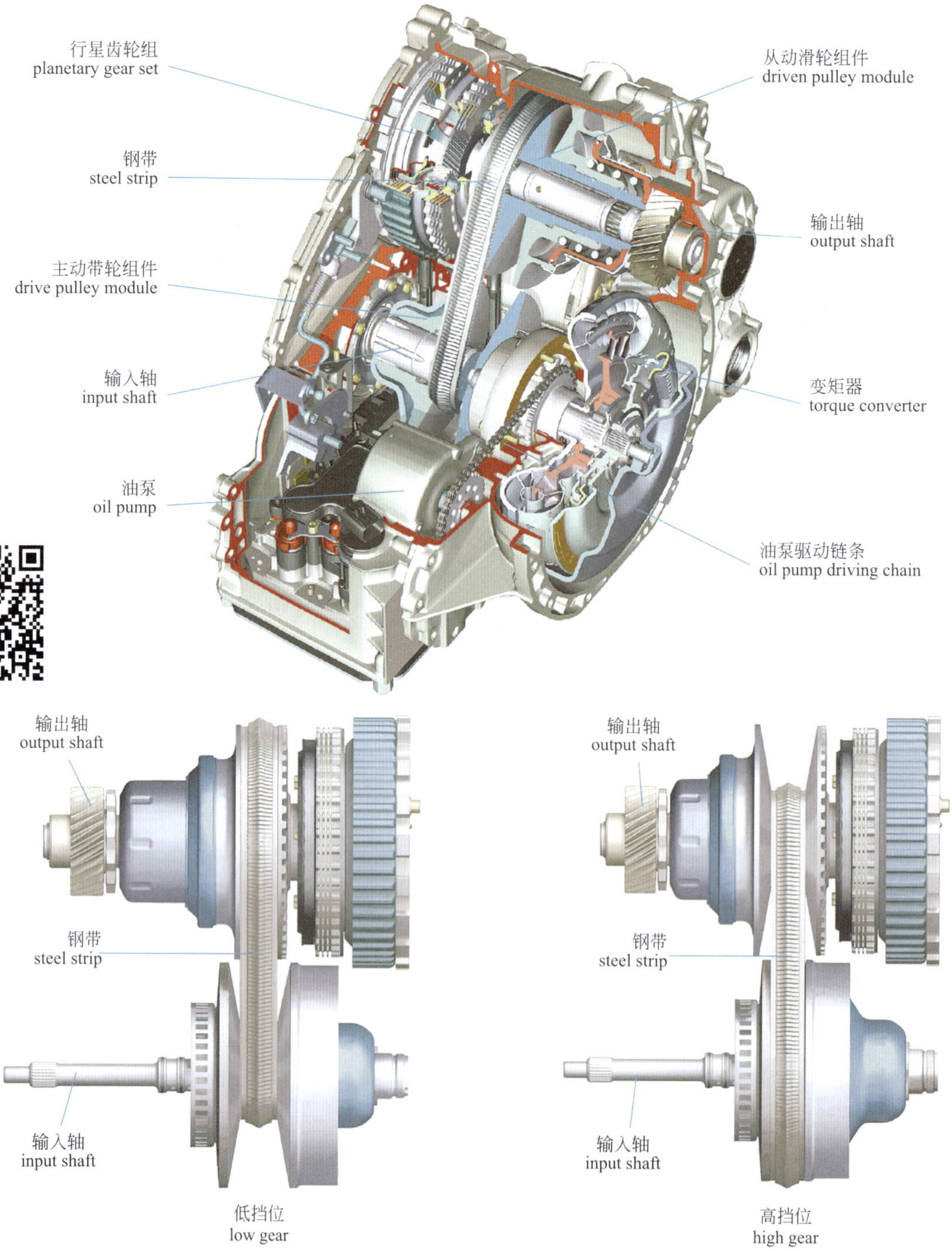

图17-1 无级变速器

17.2 无级变速器原理

发动机扭矩从变矩器传送到变速器。钢带将来自主动滑轮组件的力传送到从动滑轮组件。然后，扭矩通过带多片离合器的单行星齿轮系统被传送到内部轴。最后，通过齿轮中间轴，扭矩被传送到差速器。差速器将驱动力均匀地分配给车轴。

无级变速器动力传递如图 17-2 所示。

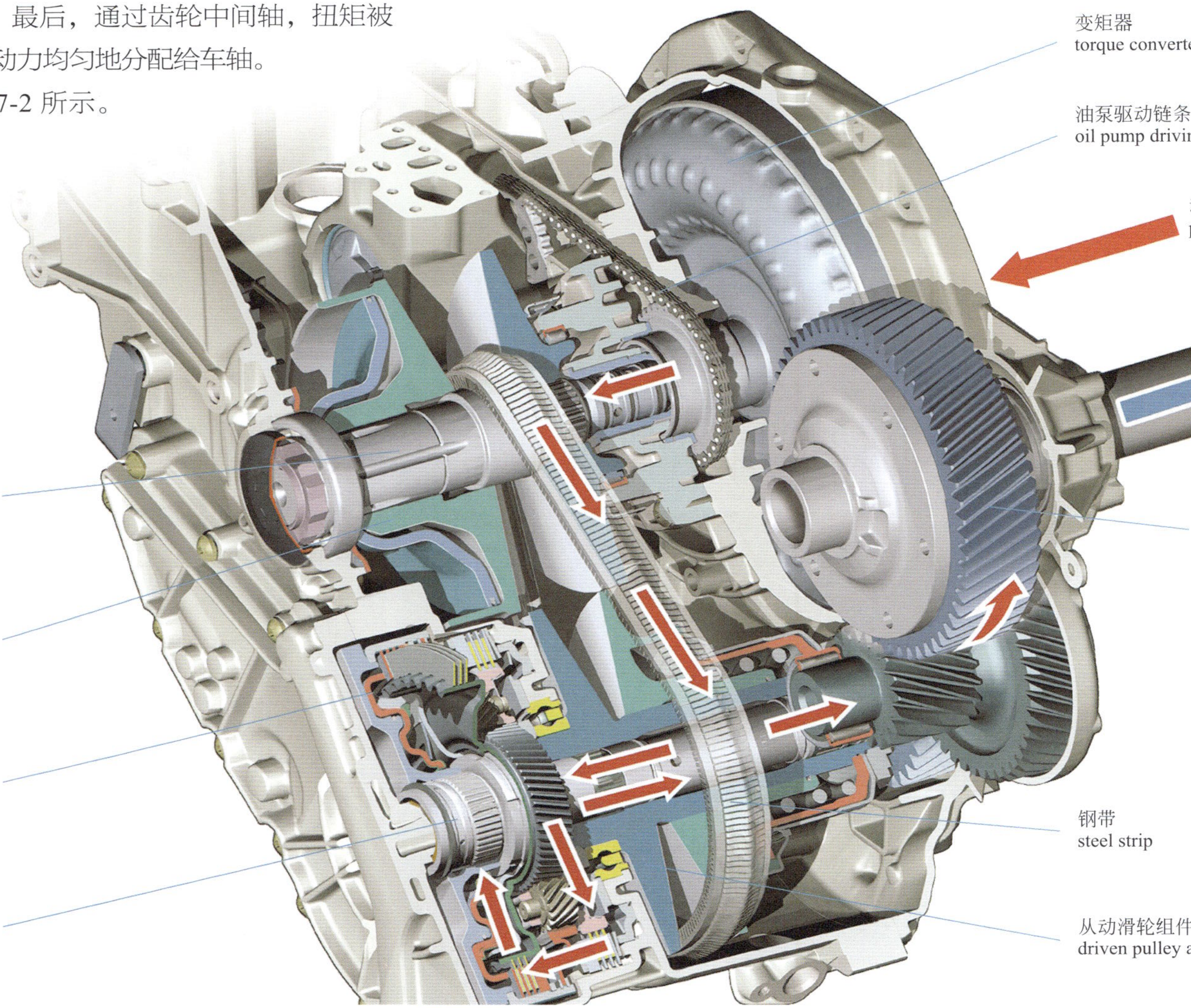

图17-2 无级变速器动力传递

17.3 无级变速器主要组件

（1）滑轮组件

滑轮组件都由固定滑轮和移动滑轮组成，如图17-3 所示。当一个滑轮组件的移动滑轮向固定滑轮靠拢时，另一个滑轮组件的移动滑轮与固定滑轮分开。既改变了速度，又实现了动力的不间断传递。

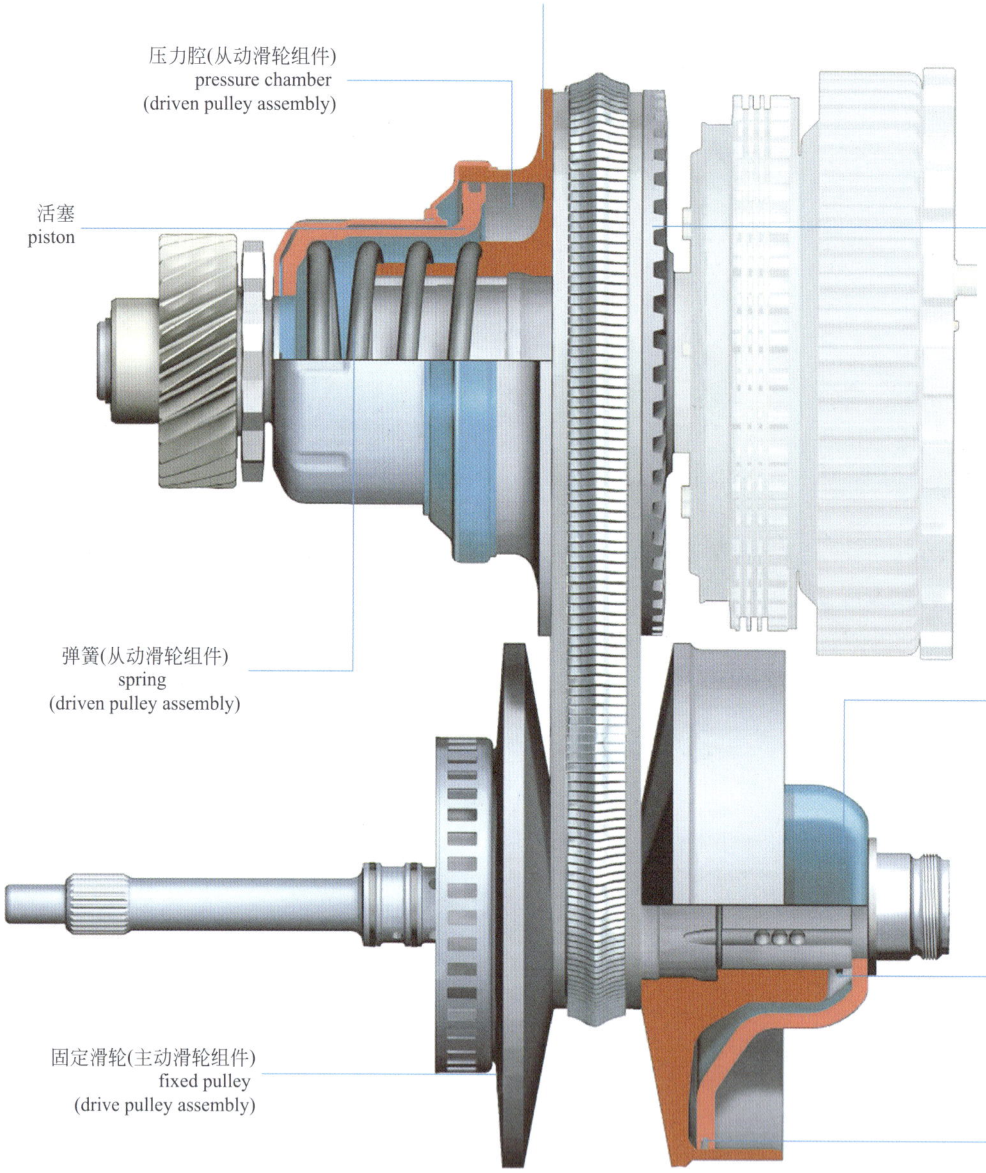

图17-3 滑轮组件

当压力作用在主动滑轮组件的移动滑轮上时，移动滑轮向固定滑轮靠拢，这使主滑轮上的钢带运转半径增大，变速器处于高速状态。

当压力作用在从动滑轮组件上时，使移动滑轮远离固定滑轮，从而使钢带的运转半径缩小，变速器处于低速状态。

（2）钢带

钢带位于变速器两个滑轮之间，将发动机动力从主动滑轮组传递到从动滑轮组上，如图17-4 所示。

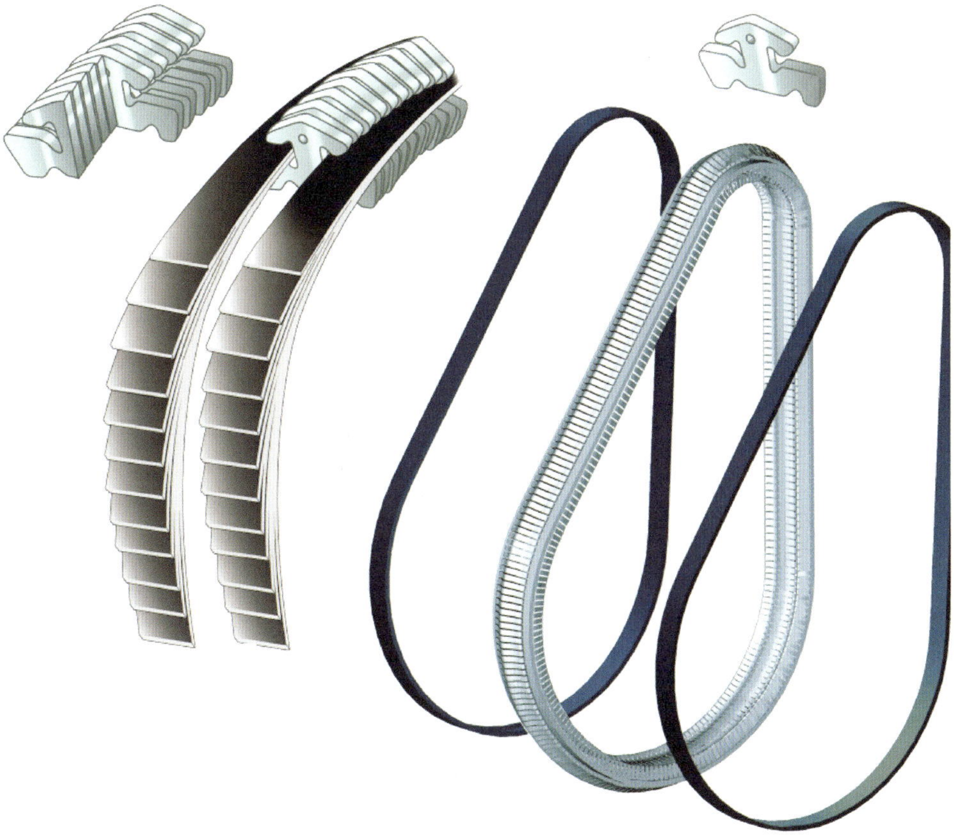

图17-4 钢带

（3）行星齿轮组件

行星齿轮组件（图17-5）将变速器动力传递给输出轴，同时通过前进挡多片离合器和倒挡多片离合器的切换实现前进挡和倒挡的变换。

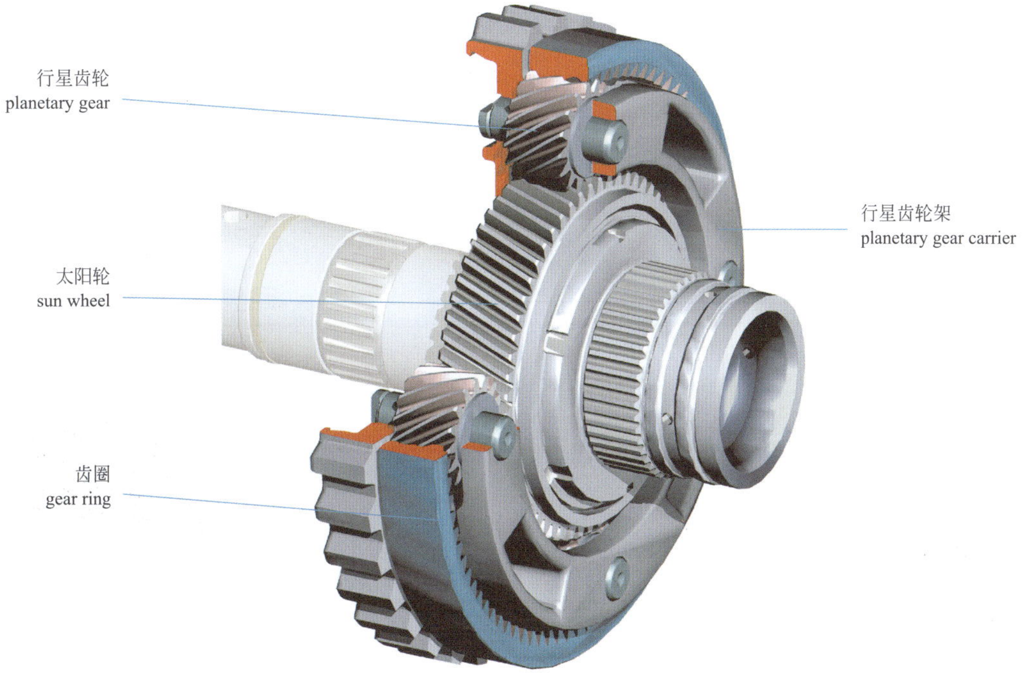

图17-5 行星齿轮组件

（4）多片离合器

倒挡多片离合器、前进挡多片离合器与行星齿轮式变速器多片离合器结构相同，安装位置如图17-6（a）所示，结构如图17-6（b）所示。

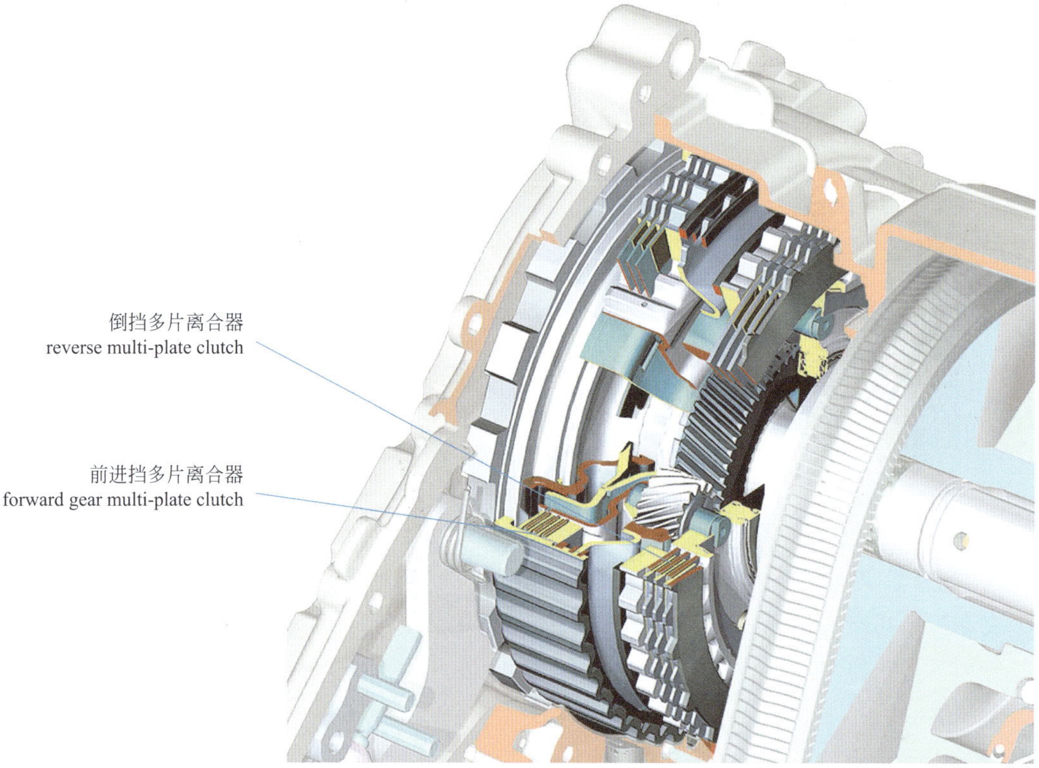

(a) 多片离合器安装位置

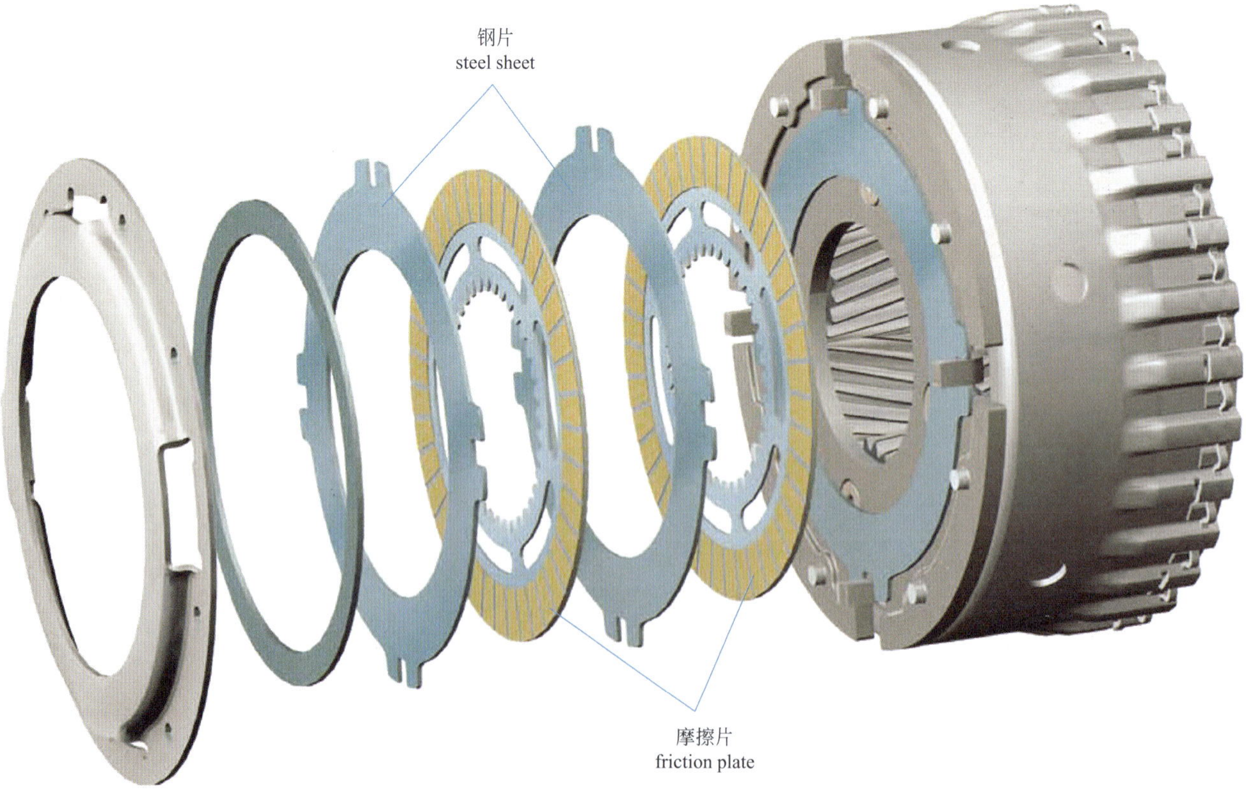

(b) 多片离合器结构

图17-6 多片离合器

（5）电子液压控制单元与电子控制单元

电子液压控制单元［图17-7（a）］通过控制各电磁阀或调节阀切换内部液压油的流向，从而完成变速器的换挡。

电子控制单元［图17-7（b）］是变速器的控制核心，安装在电子液压控制单元上，负责收集各传感器信号，判断变速器工作状态，并向各电磁阀或调节阀输出控制信号，指令其打开或关闭。

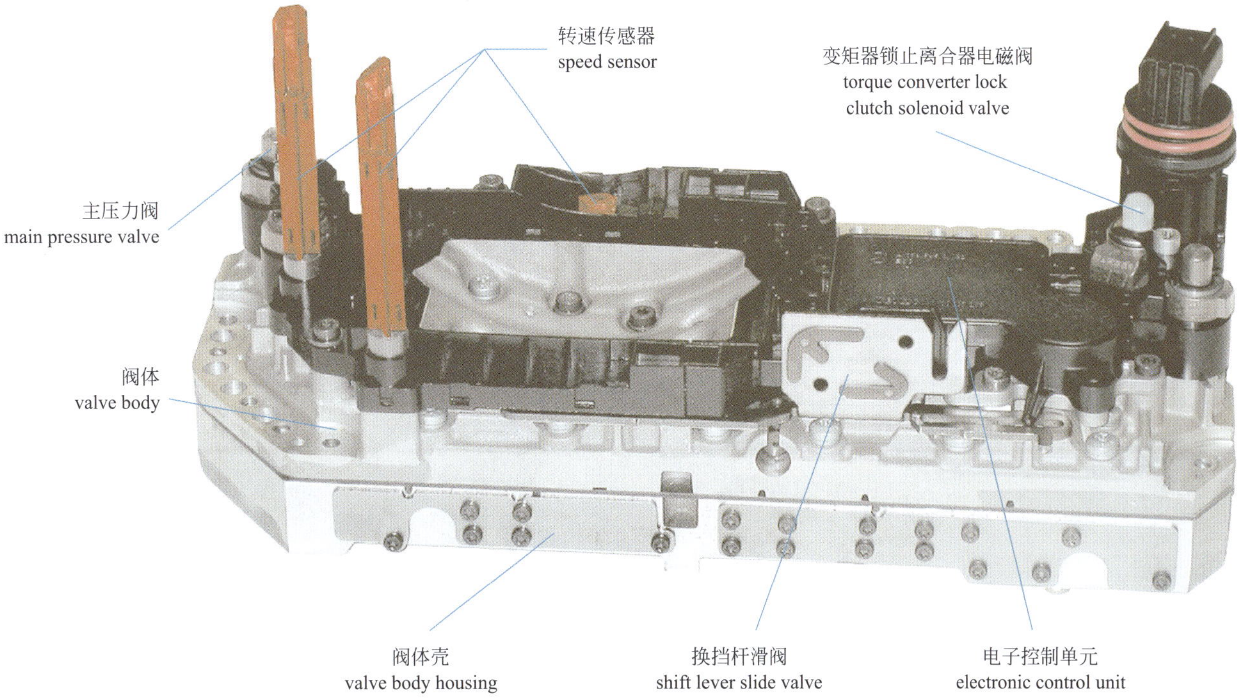

(a) 电子液压控制单元

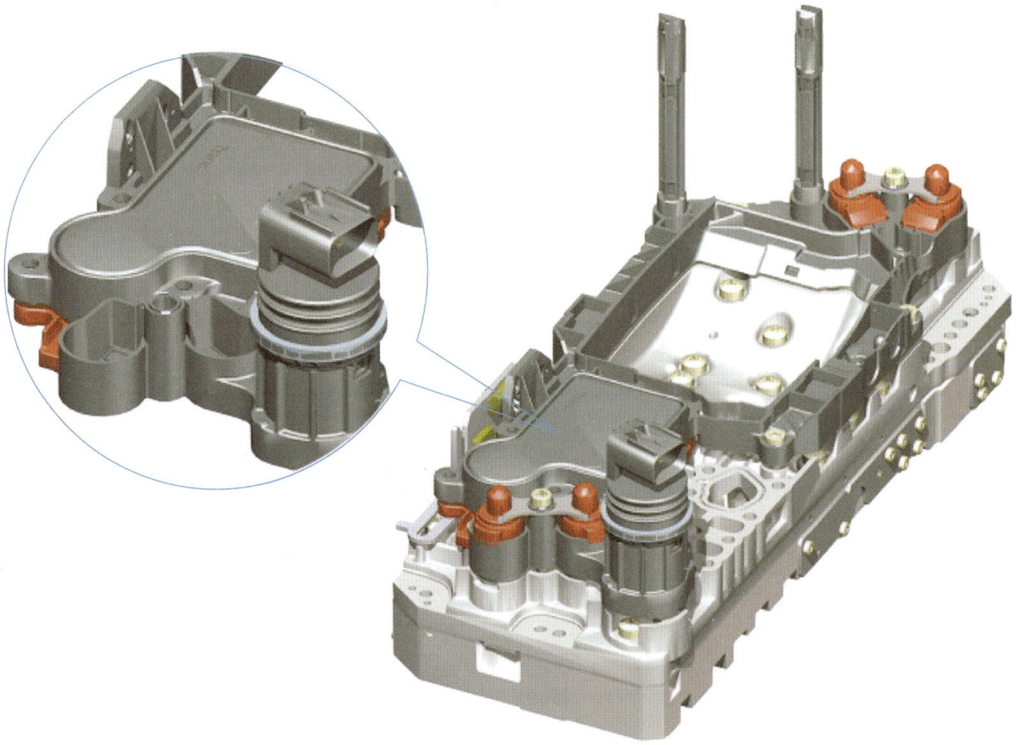

(b) 电子控制单元

图17-7 电子液压控制单元与电子控制单元

第18章 传动轴与万向节

18.1 概述

传动轴通常用来连接变速器（分动器）和驱动桥，在转向驱动桥和断开式驱动桥中，也称为半轴，用来连接差速器和车轮。万向节是实现传动轴或半轴变角度传动的主要部件，如图18-1所示。

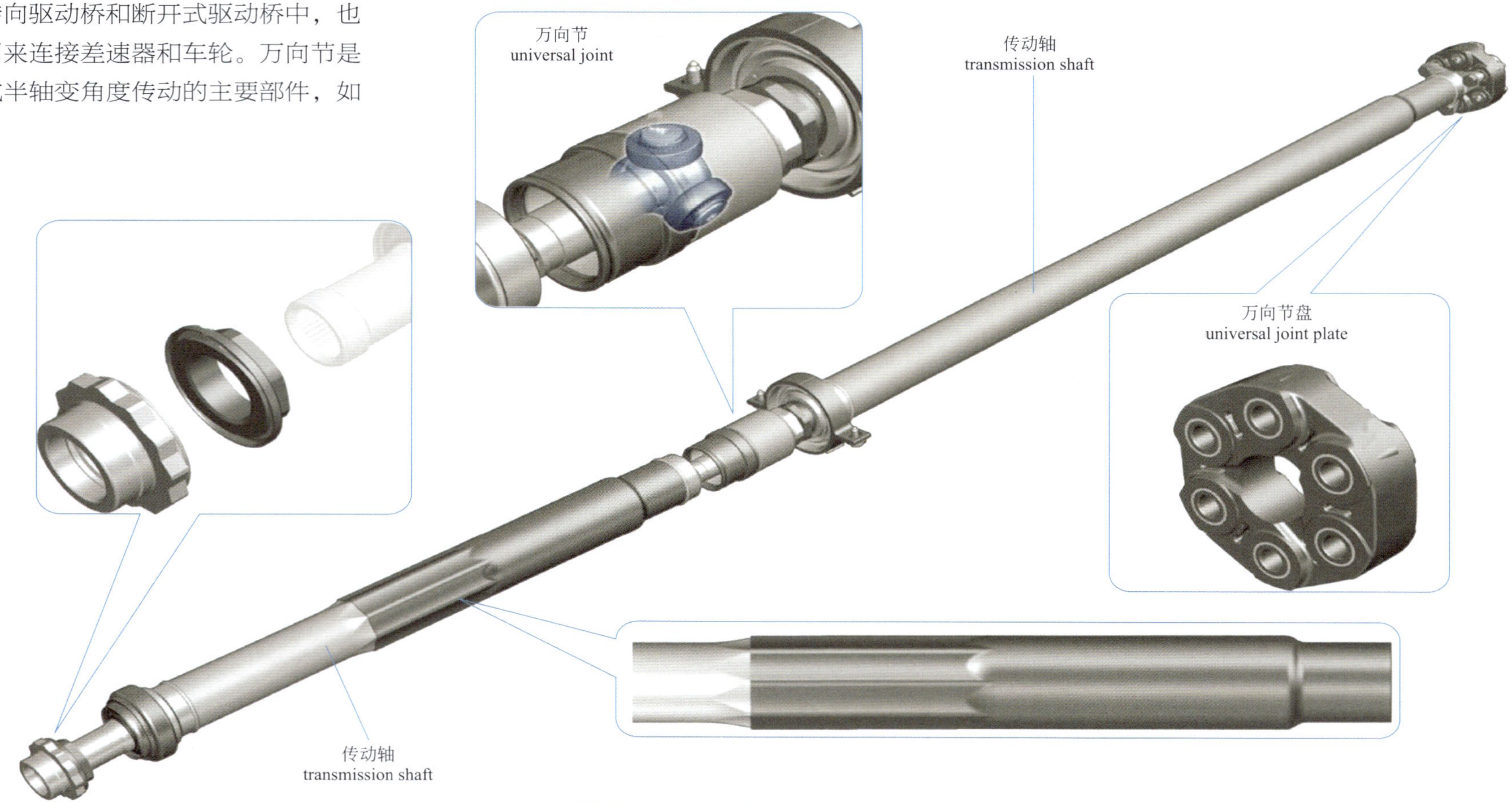

图18-1 传动轴与万向节

18.2 传动轴

传动轴（图18-2）通常是一根壁厚均匀的管轴。传动轴有空心和实心之分。为了减轻重量，提高轴的强度、刚度及临界转速，传动轴多为空心轴。若连接两个部件之间距离较长，就需要将传动轴做成两段，并使用中间支撑。

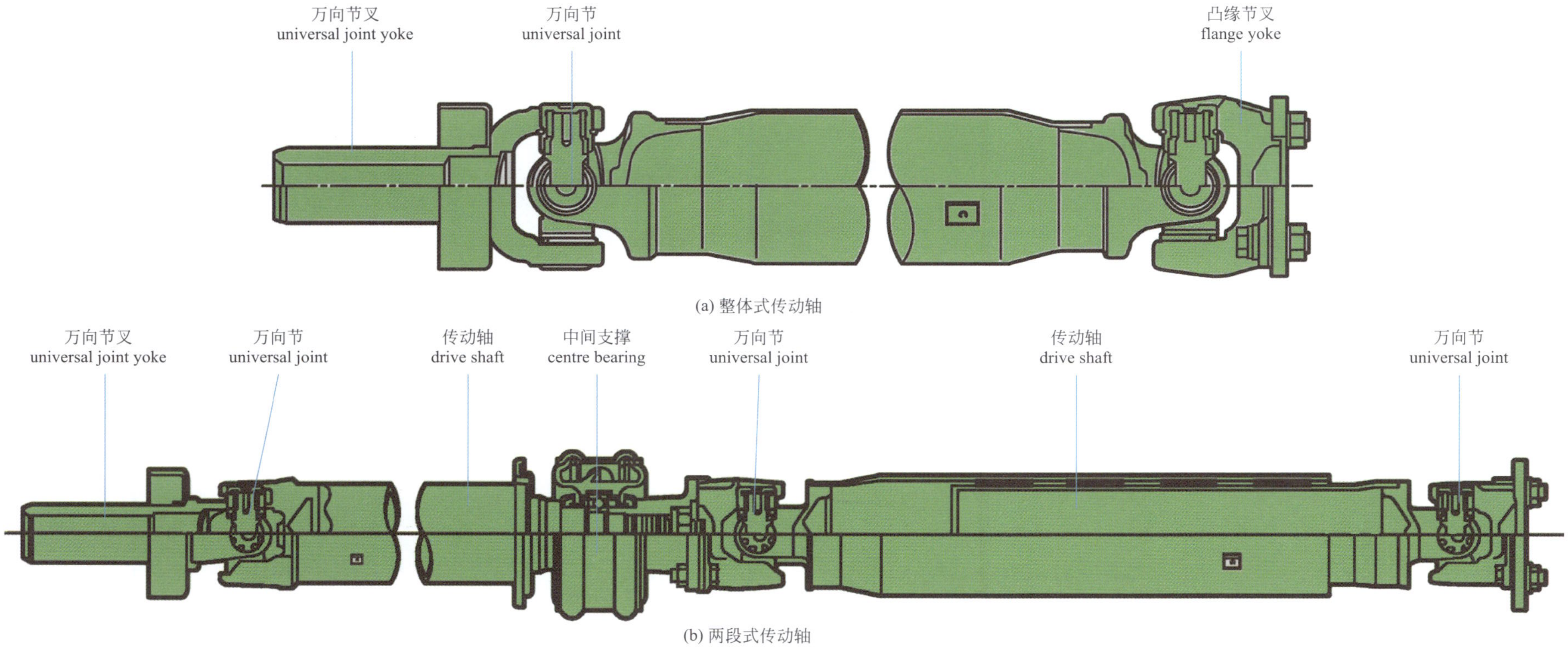

图18-2 传动轴结构

18.3 万向节

（1）十字轴万向节

十字轴万向节（图18-3）在发动机前置后轮驱动的汽车传动系统中应用最为广泛。它由一个十字轴、两个万向节叉和四个滚针轴承等组成。当主动轴旋转时，从动轴既可以随之转动，也可以绕十字轴中心向任意角度摆动。

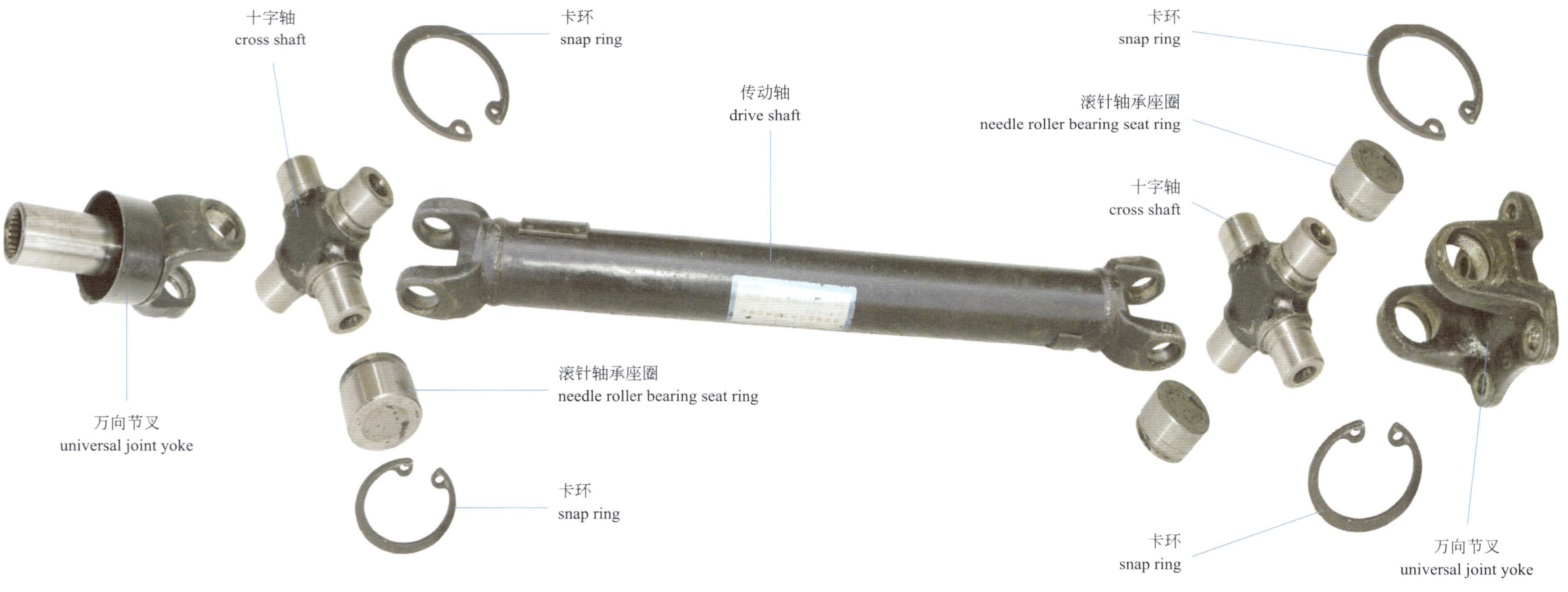

图18-3 十字轴万向节

（2）球笼式等速万向节

如图18-4 所示，六个钢球通过保持架安装在内环上，再一起装入带有球形套的外环中。球笼式等速万向节可以在两轴最大夹角为42° 下传递转矩，在工作时无论传动方向如何，六个钢球全部传力，承载能力强，广泛应用在前置前驱汽车传动系统中。

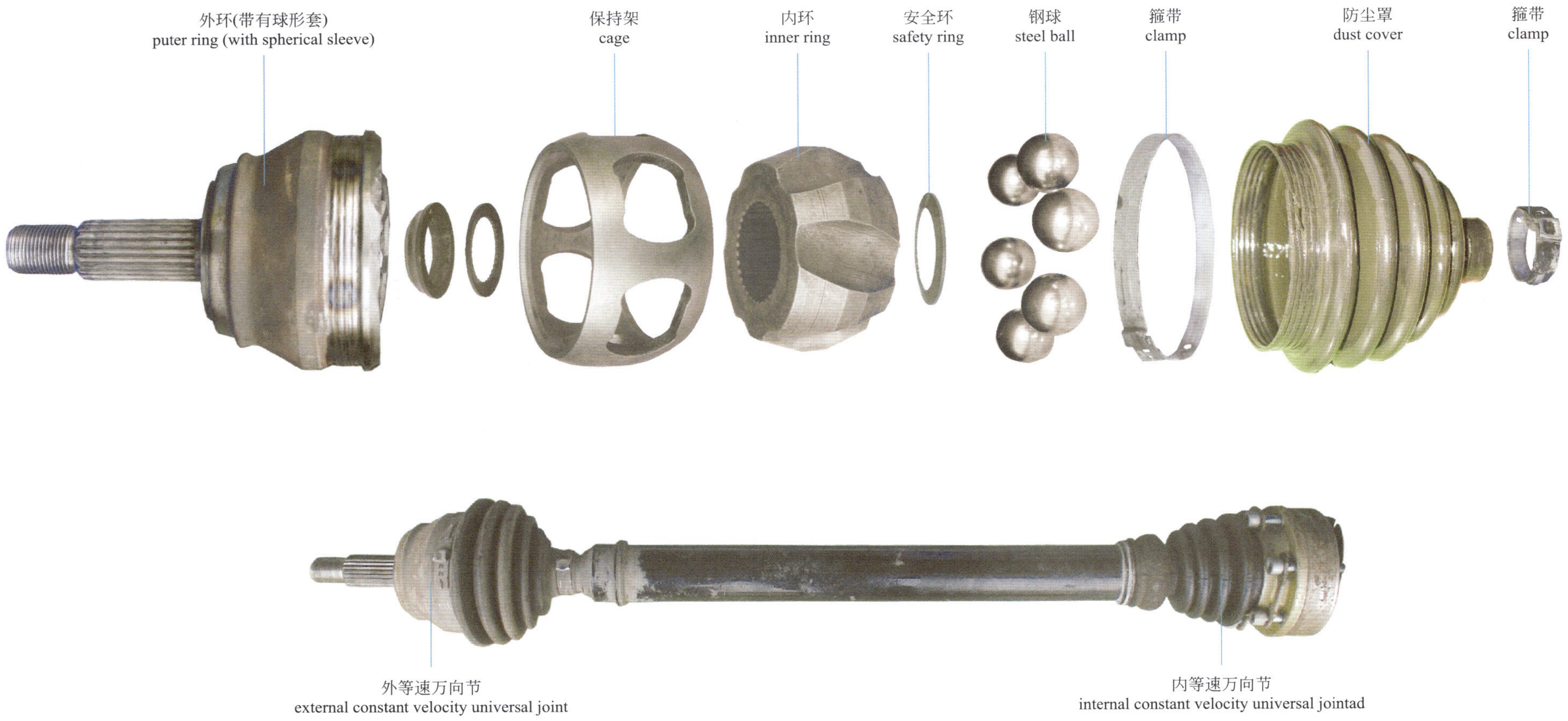

图18-4 球笼式等速万向节

18.4 差速器的作用及原理

差速器的作用是将变速器传递的扭矩传给左、右车轮，并在必要时允许左、右两个车轮以不同的转速旋转，使左、右车轮相对地面纯滚动而不是滑动。发动机前置前轮驱动差速器结构如图18-5所示，发动机前置后轮驱动差速器结构如图18-6所示。

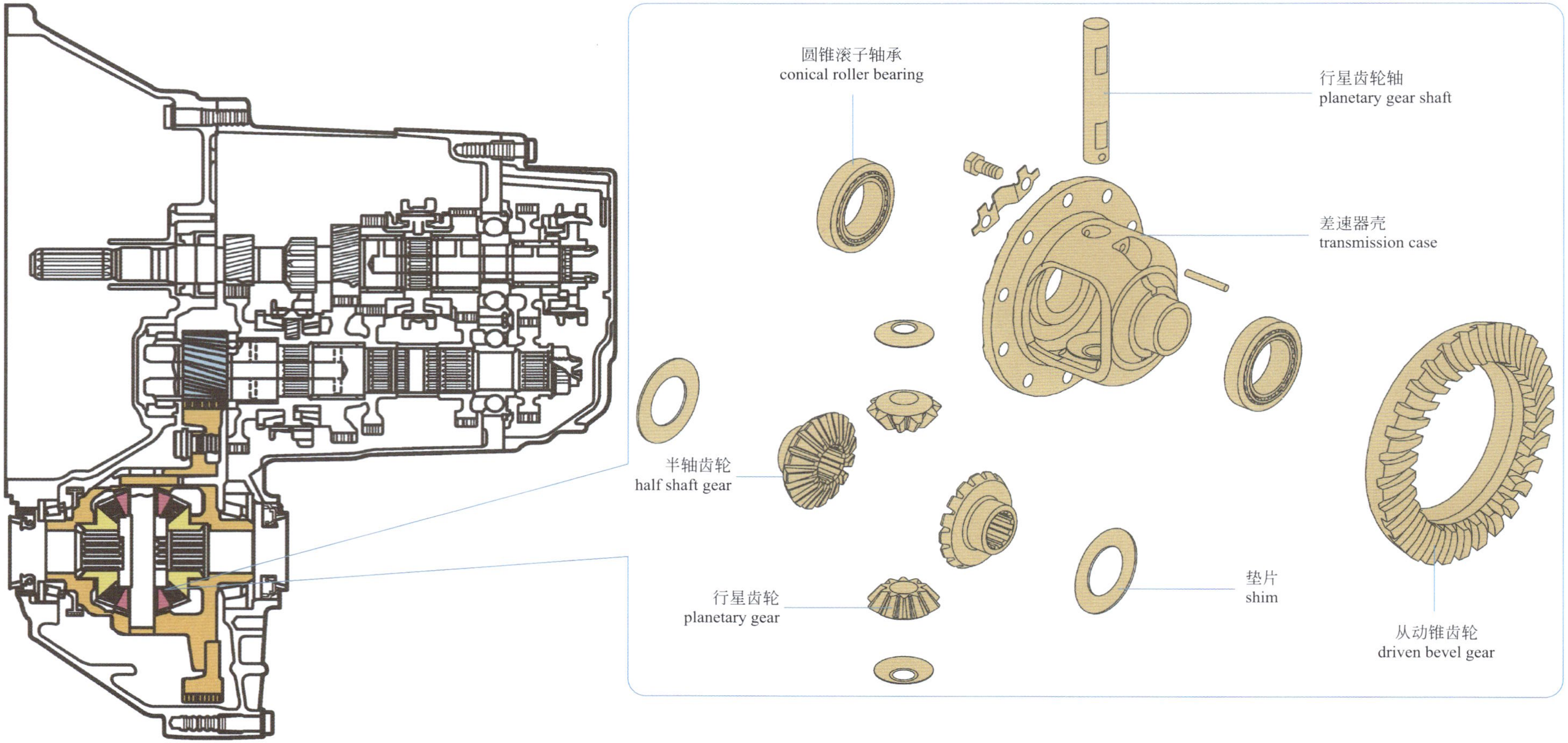

图18-5 发动机前置前轮驱动差速器结构

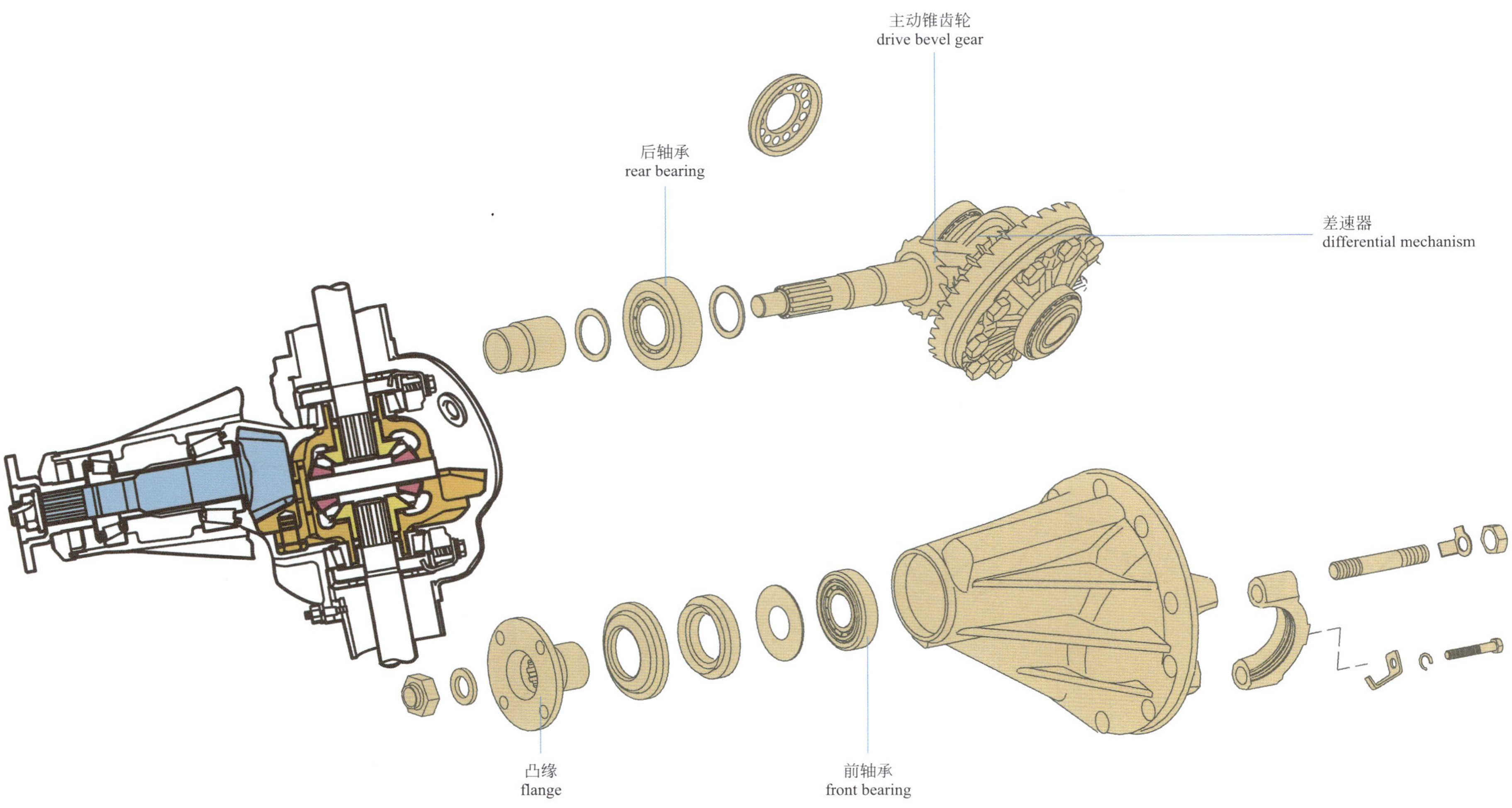

图18-6 发动机前置后轮驱动差速器结构

直线行驶时［图18-7（a）］，匀称的阻力施加到右侧和左侧车轮，因而从动锥齿轮、行星齿轮和半轴齿轮作为一个整体旋转，使得驱动力被均匀地传送到两车轮。

曲线行驶时［图18-7（b）］，外轮胎和内轮胎之间的旋转速度是不同的。换而言之，在差速器内，B 侧半轴齿轮慢速转动以及行星齿轮旋转使得 A 侧半轴齿轮旋转较快。

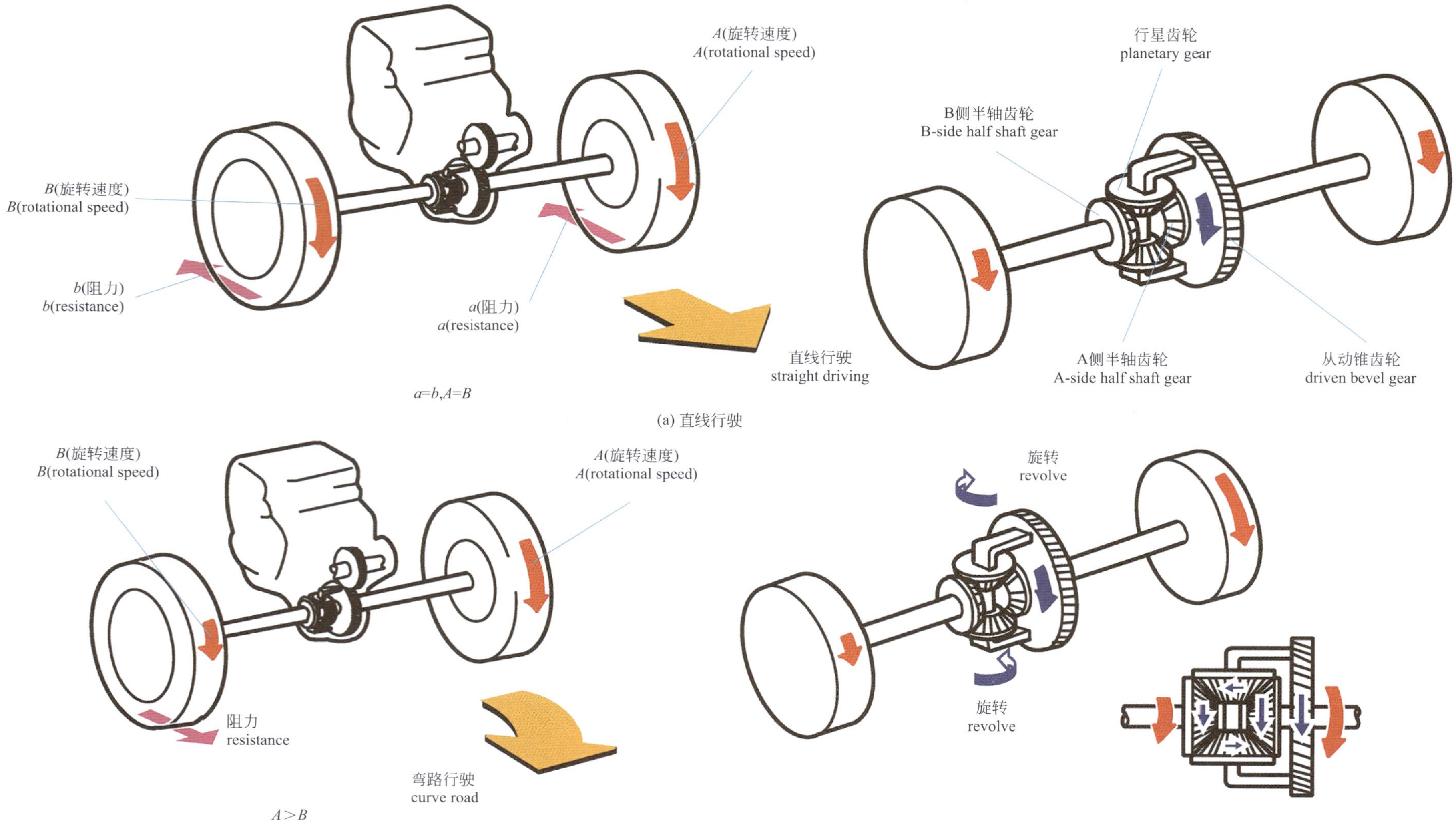

(a) 直线行驶

(b) 曲线行驶

图18-7 差速器原理

第19章 车身、车桥与车轮

19.1 车身（车架）

车身（车架）是全车装配与支撑的基础。它将汽车的各部件连接成一个整体，并支撑整车的质量。车身（车架）一般需要具有足够强度和合适的刚度。典型的汽车车身如图19-1所示。

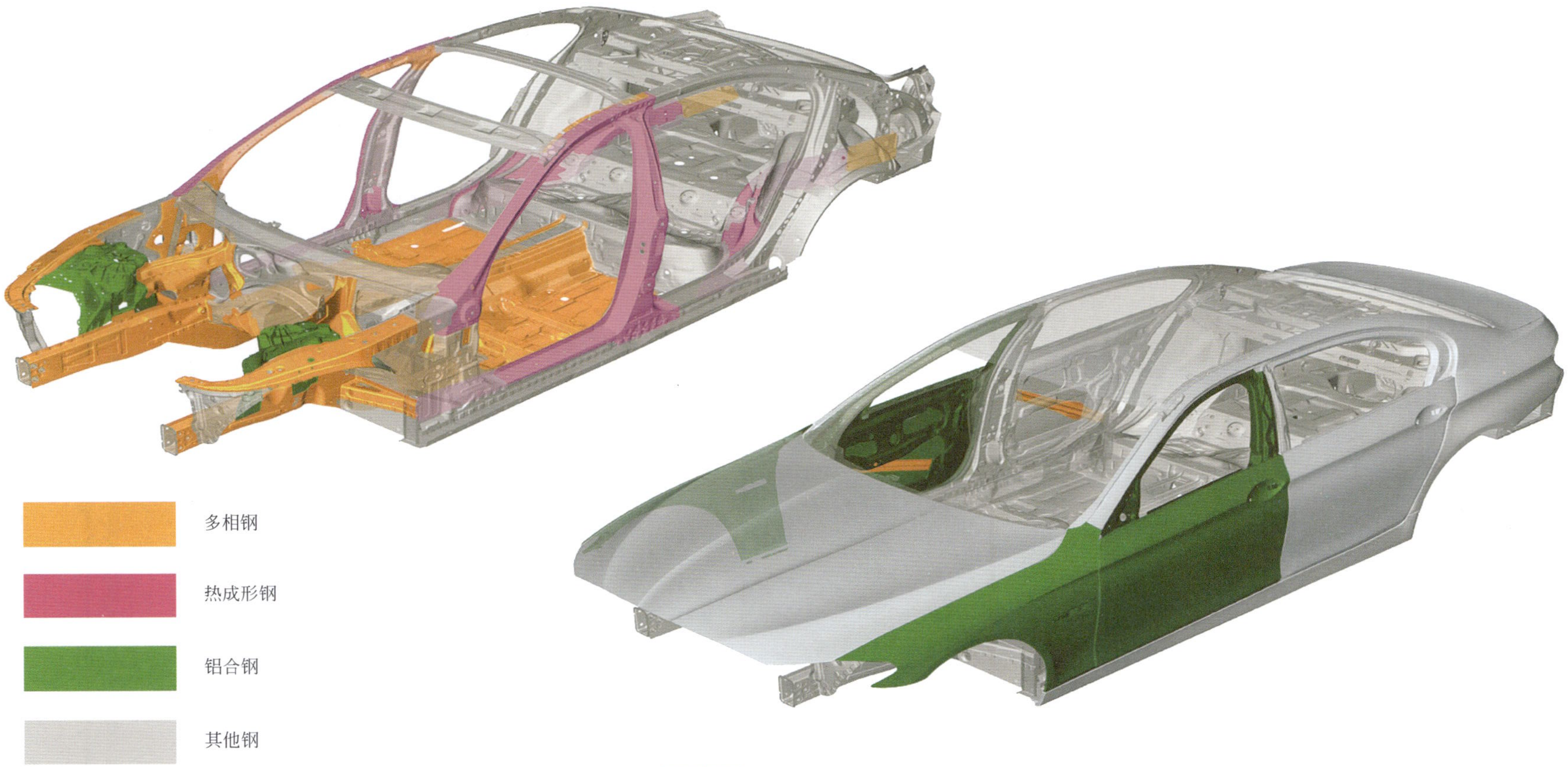

图19-1 典型的汽车车身

车身一般分为承载式和非承载式。承载式车身取消车架，以车身代替车架，所有零件固定在车身上，所有作用力由车身承受。承载式车身结构如图19-2所示，承载式车身在发生碰撞时的受力如图19-3所示。

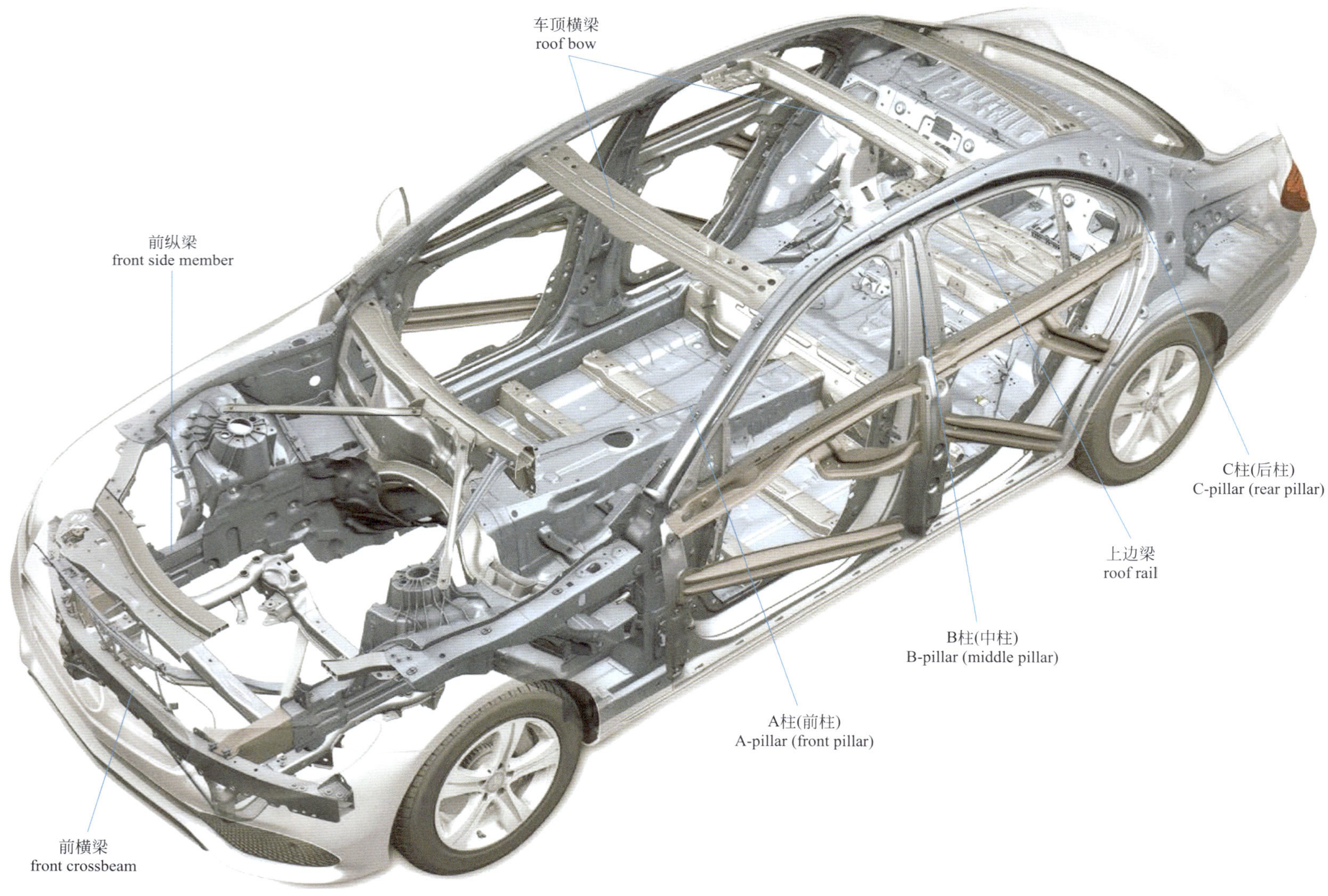

图19-2 承载式车身结构

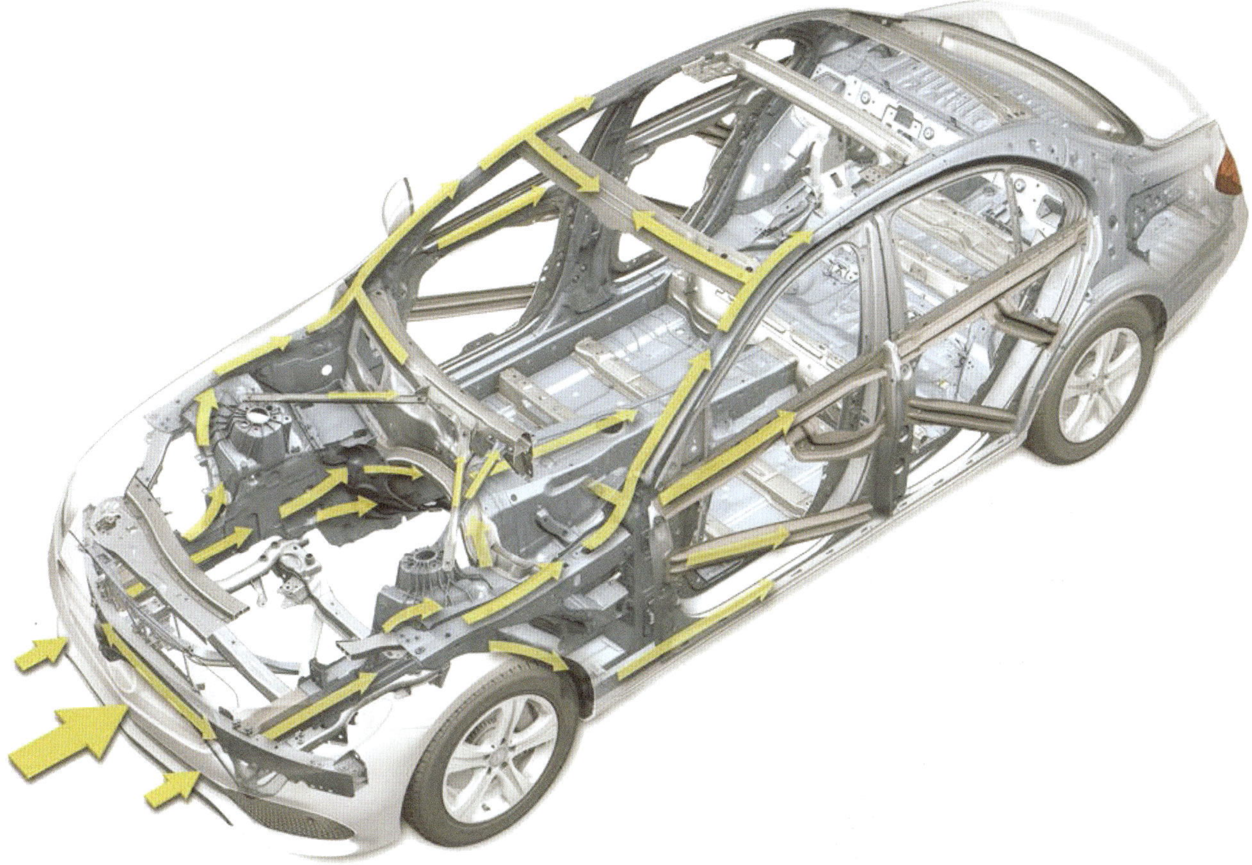

(a) 承载式车身正面碰撞时受力

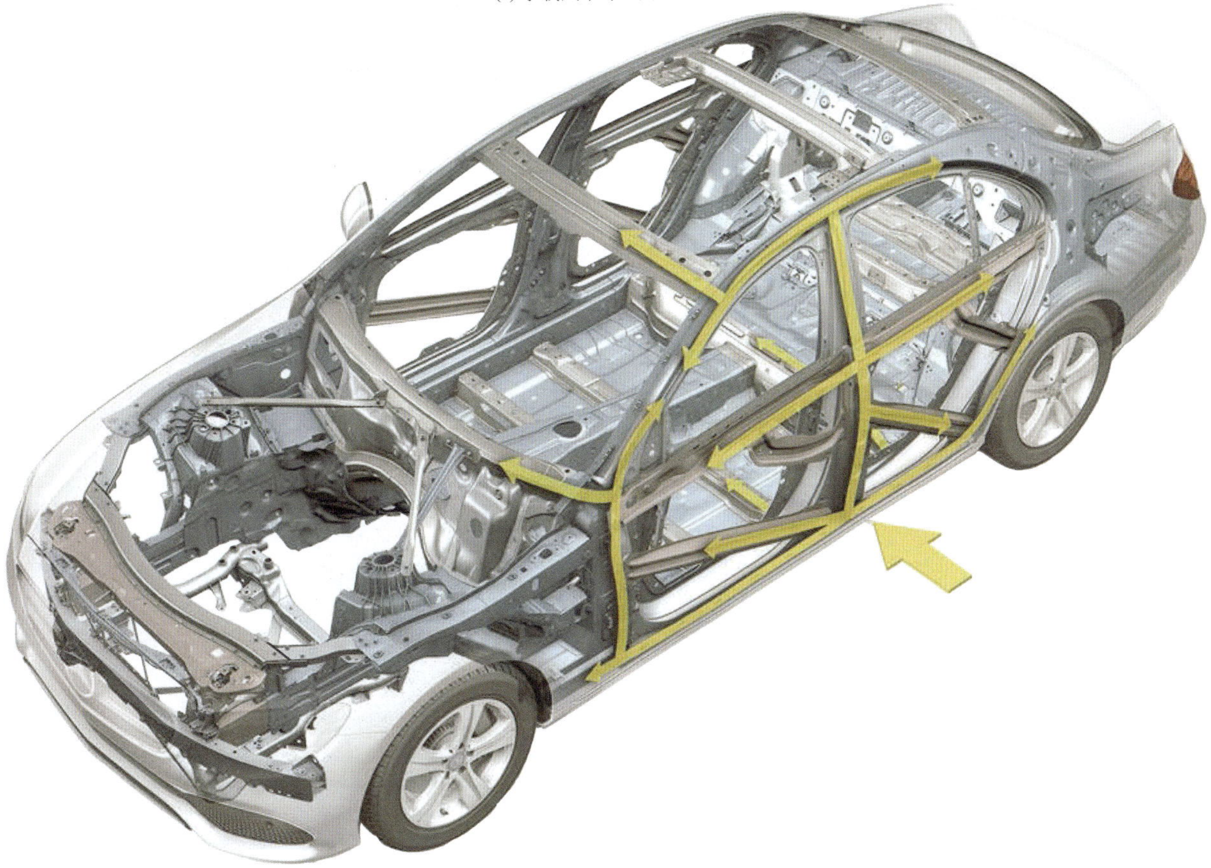

(b) 承载式车身侧面碰撞时受力

图19-3 承载式车身在发生碰撞时的受力

非承载式车身（图19-4）通过橡胶软垫或弹簧与车架作柔性连接。车架是支撑全车的基础，与车辆总长相同，相对车身是独立的，起着骨架作用，由厚钢板焊制而成。底盘组件（变速器、悬架等）安装在车架上。借助橡胶块将由薄板制成的车身安装在车架上。

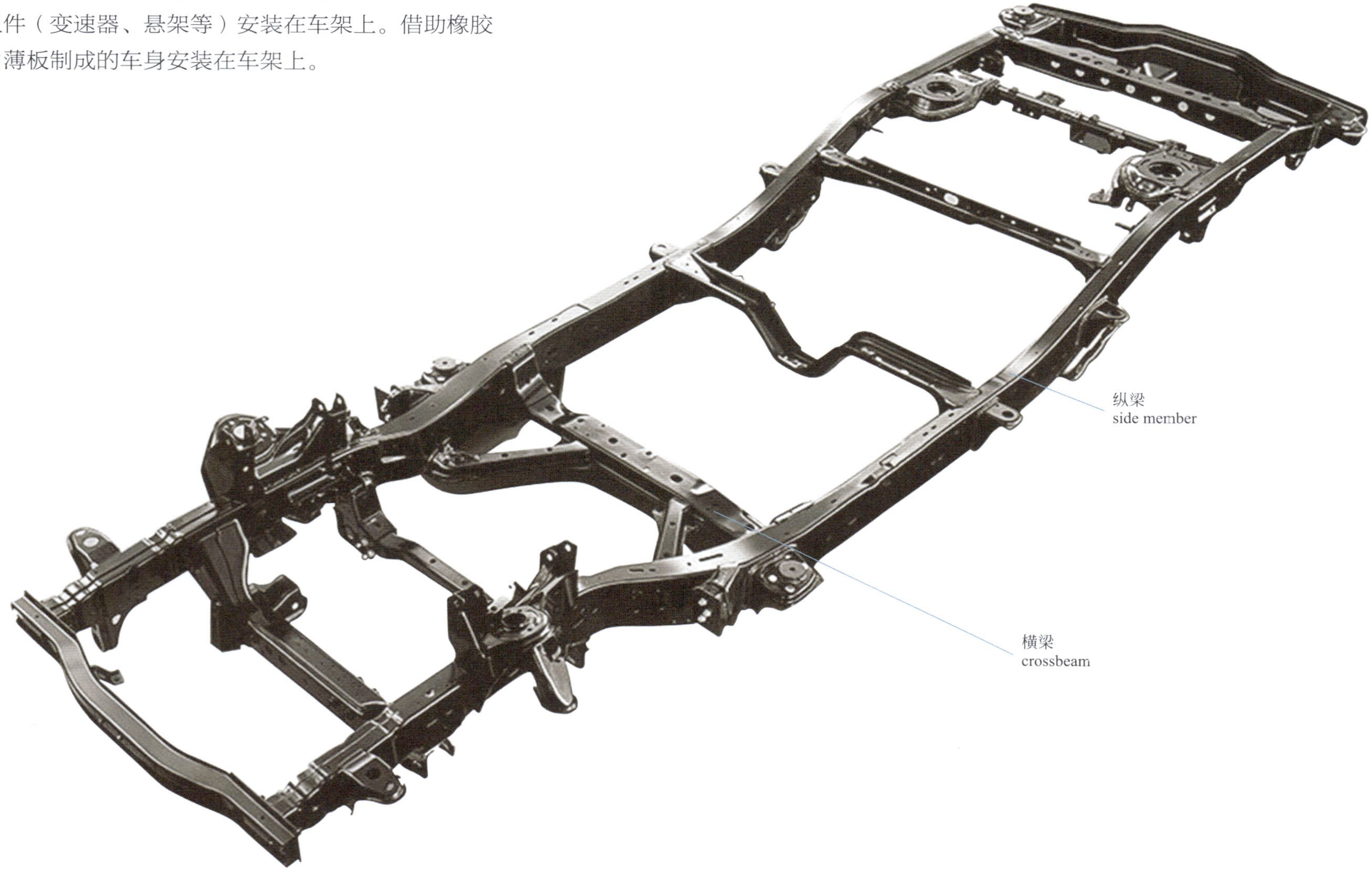

图19-4 非承载式车身结构

19.2 车桥

车桥通过悬架与车架（或承载式车身）相连，两端安装车轮。车桥的功用是传递车架（或承载式车身）与车轮之间各方向的作用力及其产生的力矩。车桥的分类如下。

（1）整体式车桥

整体式车桥（图19-5）的中部是刚性实心梁或空心梁，多配用非独立悬架。

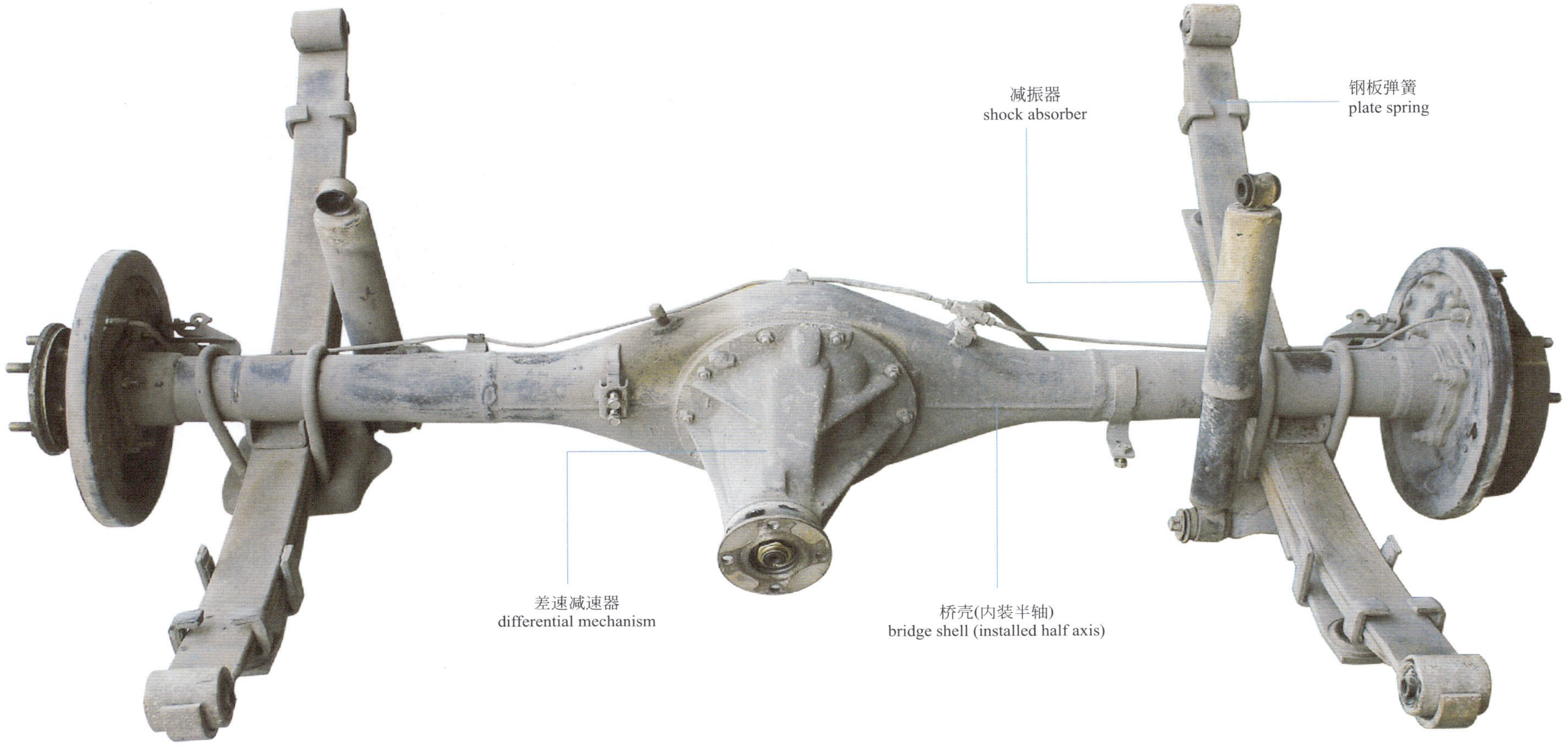

图19-5 整体式车桥

(2)断开式车桥

断开式车桥(图19-6)为活动关节式结构，与独立悬架配合使用。

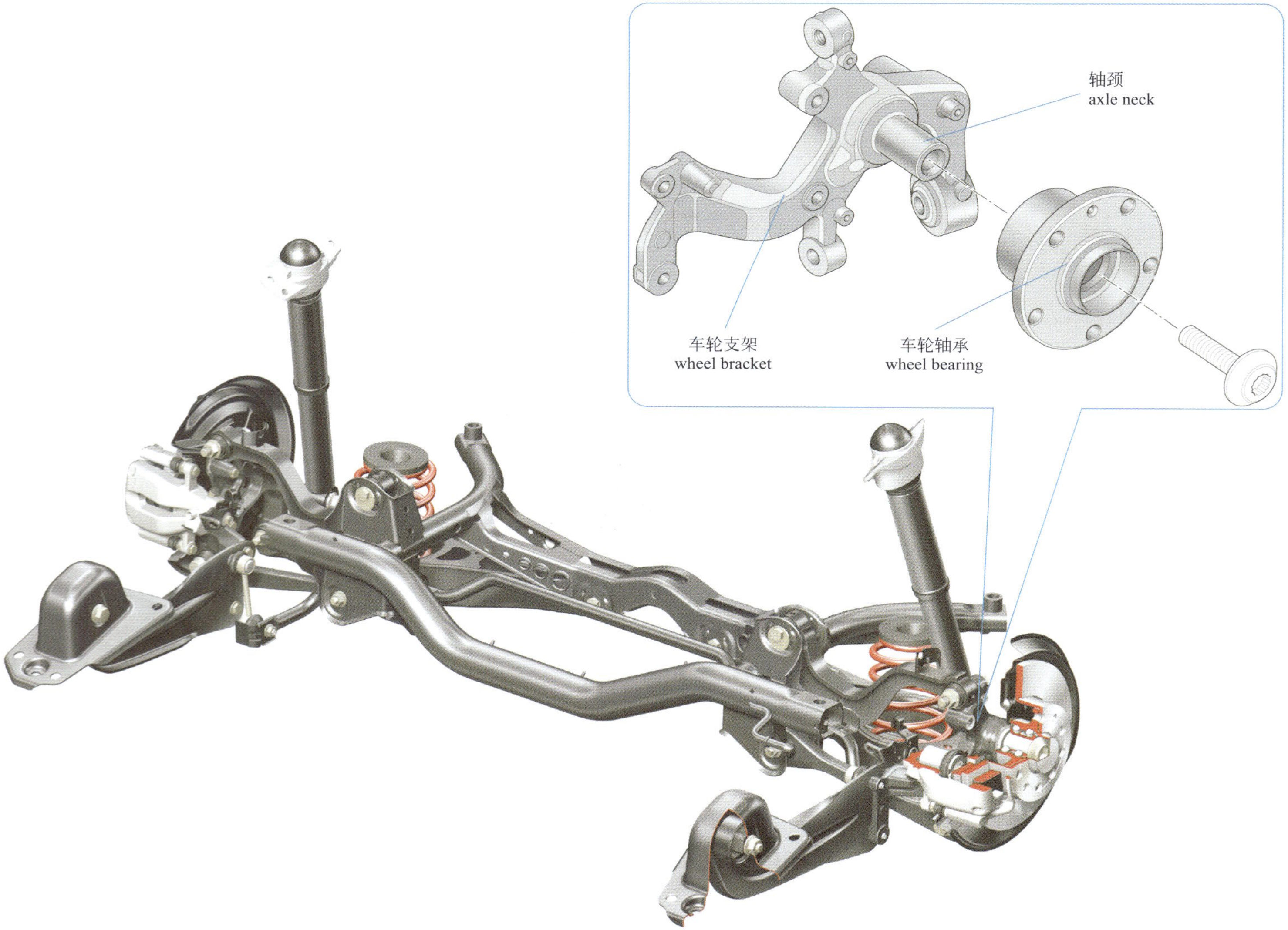

图19-6 断开式车桥

（3）转向桥

转向桥（图19-7）通过转向节的摆动带动车轮偏转一定的角度以实现汽车转向，它承受车轮与车架之间的垂直载荷，纵向的道路阻力、制动力和侧向力，以及由这些力所形成的力矩。汽车转向桥的结构大致相同，主要由前轴、转向节和主销等部分组成。

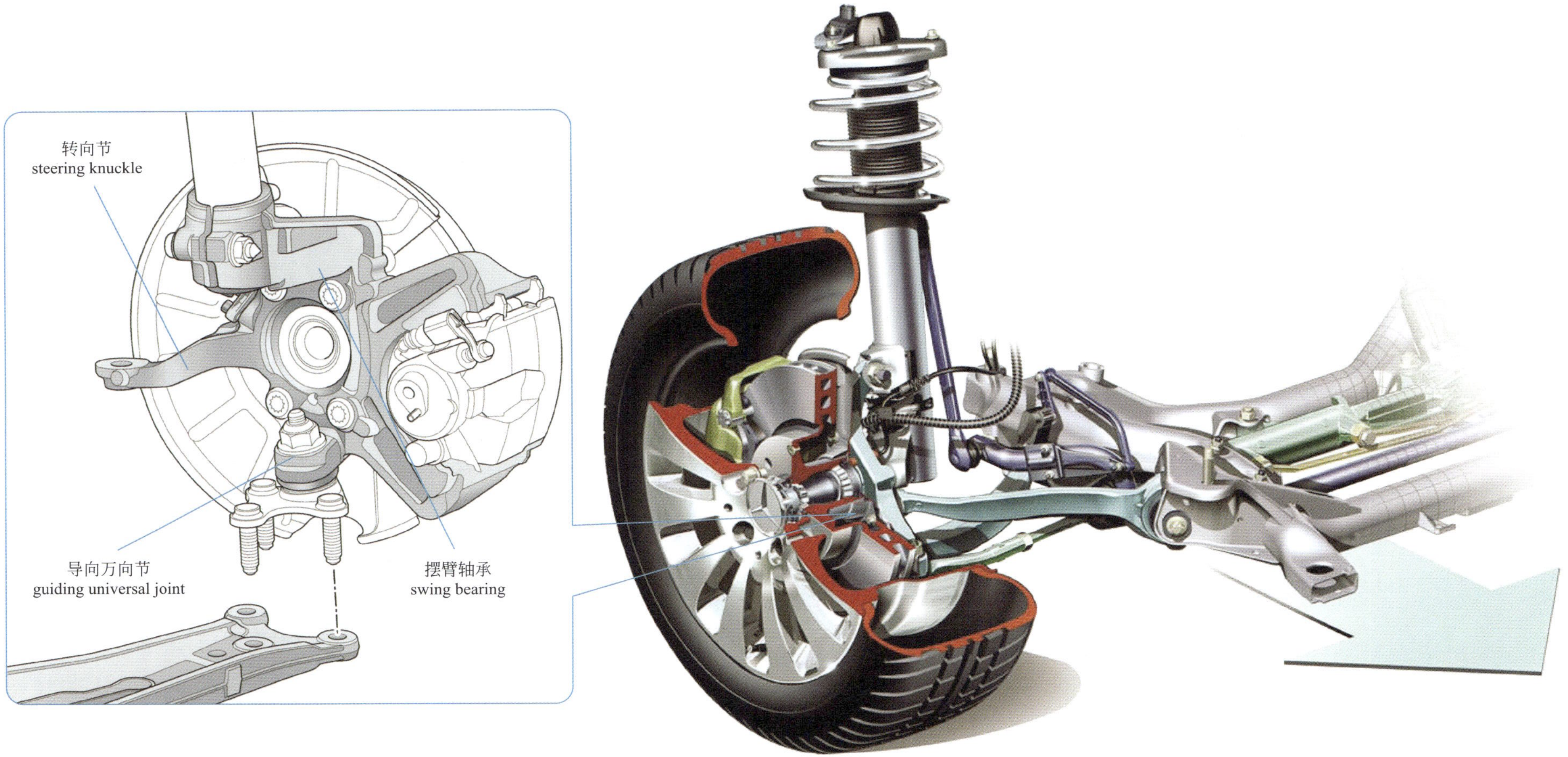

图19-7 转向桥

（4）驱动桥

驱动桥的基本功能是增大由传动轴或变速器传来的转矩，并将动力合理地分配给左、右驱动轮，另外还承受作用于路面和车架或车身之间的垂直力、纵向力和横向力。驱动桥一般由主减速器、差速器、车轮传动装置和驱动桥壳等组成。

（5）转向驱动桥

转向驱动桥（图19-8）具有转向和驱动两种功能。它既包括一般驱动桥具有的主减速器、差速器及半轴等部件，也包括一般转向桥所具有的转向节壳体、主销和轮毂等部件。

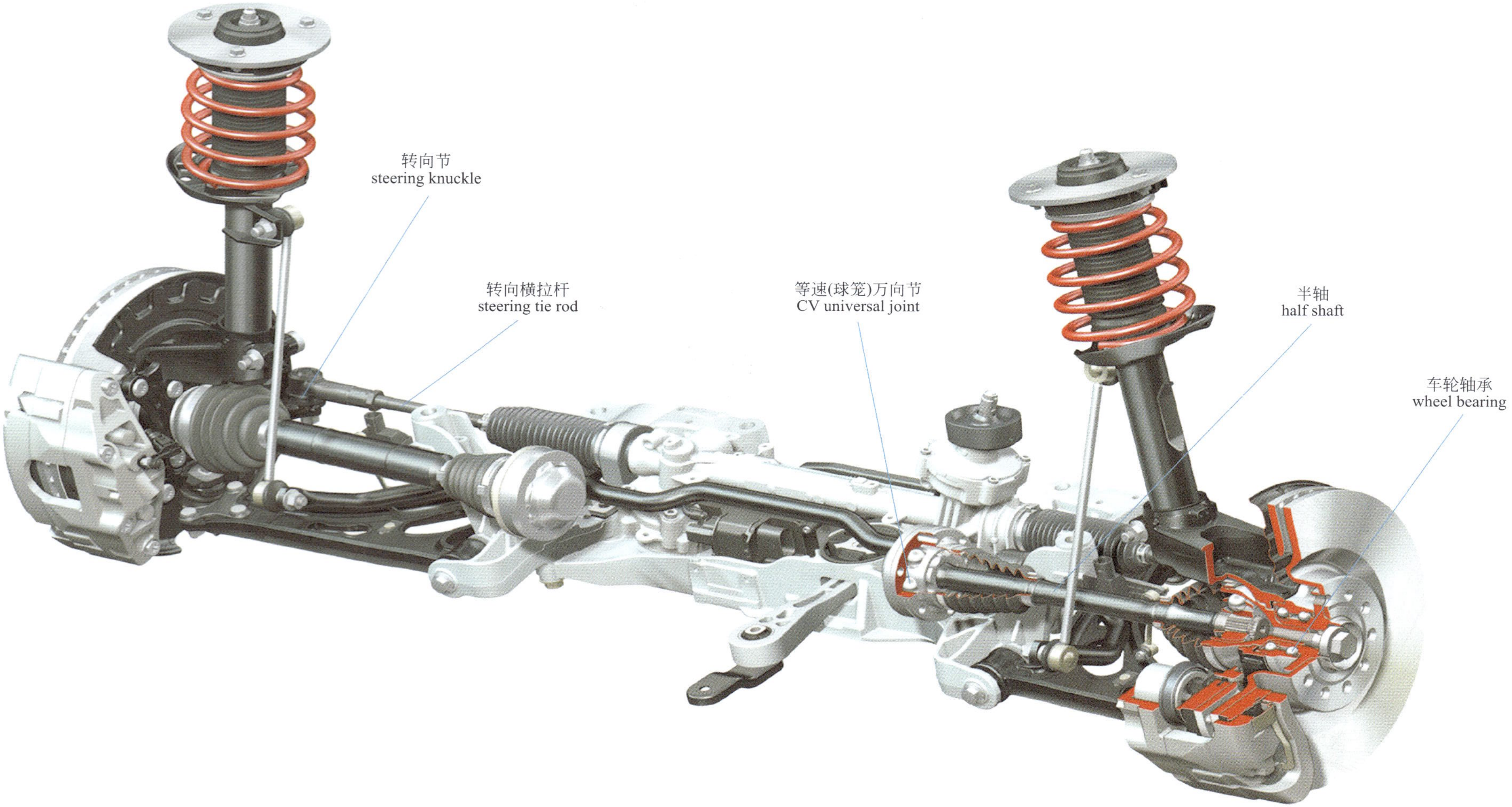

图19-8 转向驱动桥

19.3 车轮与轮胎

车轮与轮胎（图19-9）又称车轮总成，位于车身（车架）与路面之间，是汽车行驶系统中的重要组成部分。

车轮与轮胎的功用如下：支承汽车及其装载质量；缓冲车轮受路面不平引起的冲击振动，提高汽车通过性；传递汽车与路面之间的各种力和力矩；抵抗侧滑并能产生回正力矩，保证汽车正常的转向及行驶。

轮胎与地面之间的摩擦力决定了汽车的操纵性。轮胎的组成、结构和使用条件是影响汽车转向、悬架、车轮定位和制动系统的最重要因素。

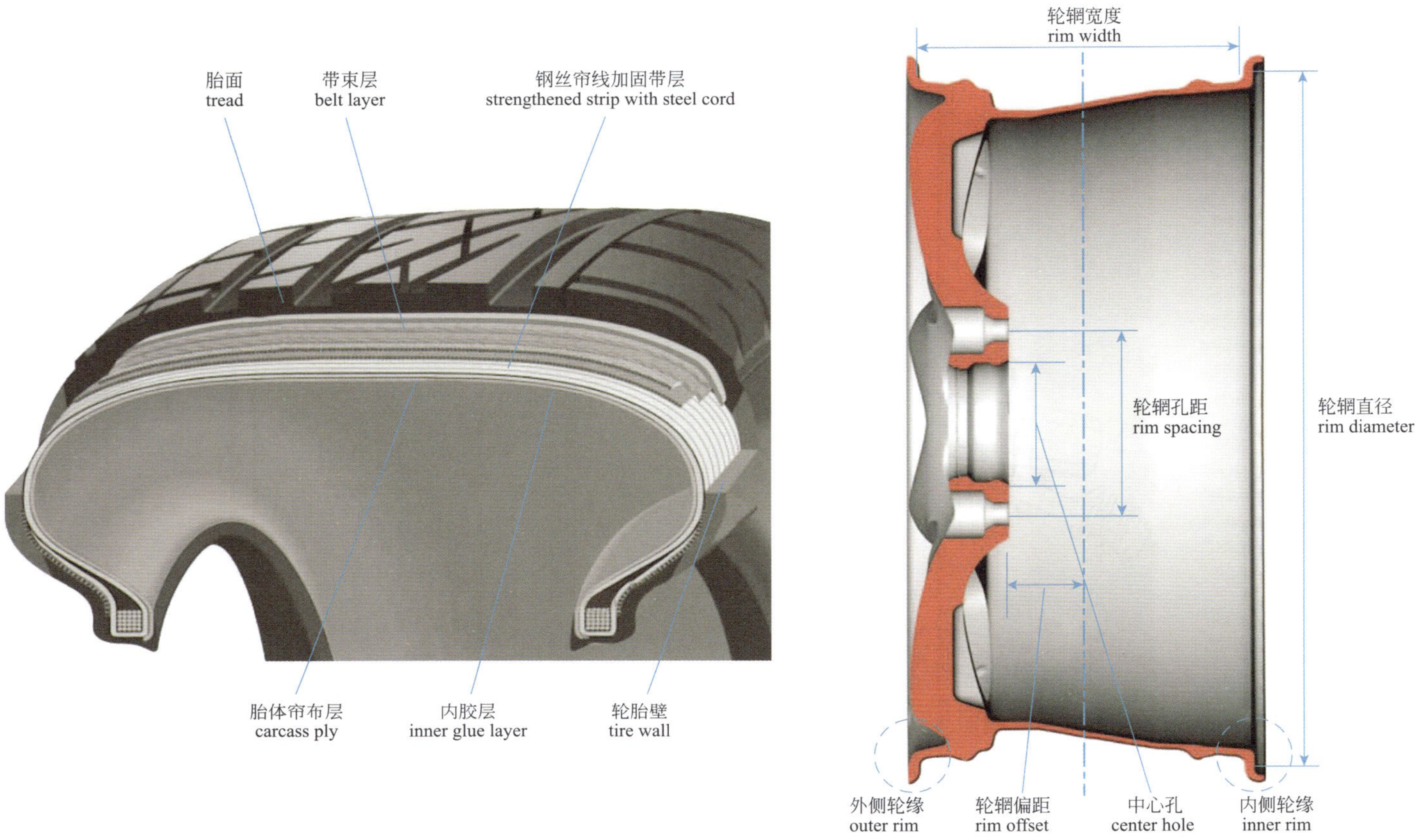

图19-9 车轮与轮胎

19.4 车轮定位

19.4.1 概述

车轮定位（图19-10）是指转向车轮、转向节、前轴三者与车架的安装应保持一定的相对位置关系。转向车轮定位可保证汽车直线行驶的稳定性和操纵的轻便性，并减少轮胎和其他部件的磨损。

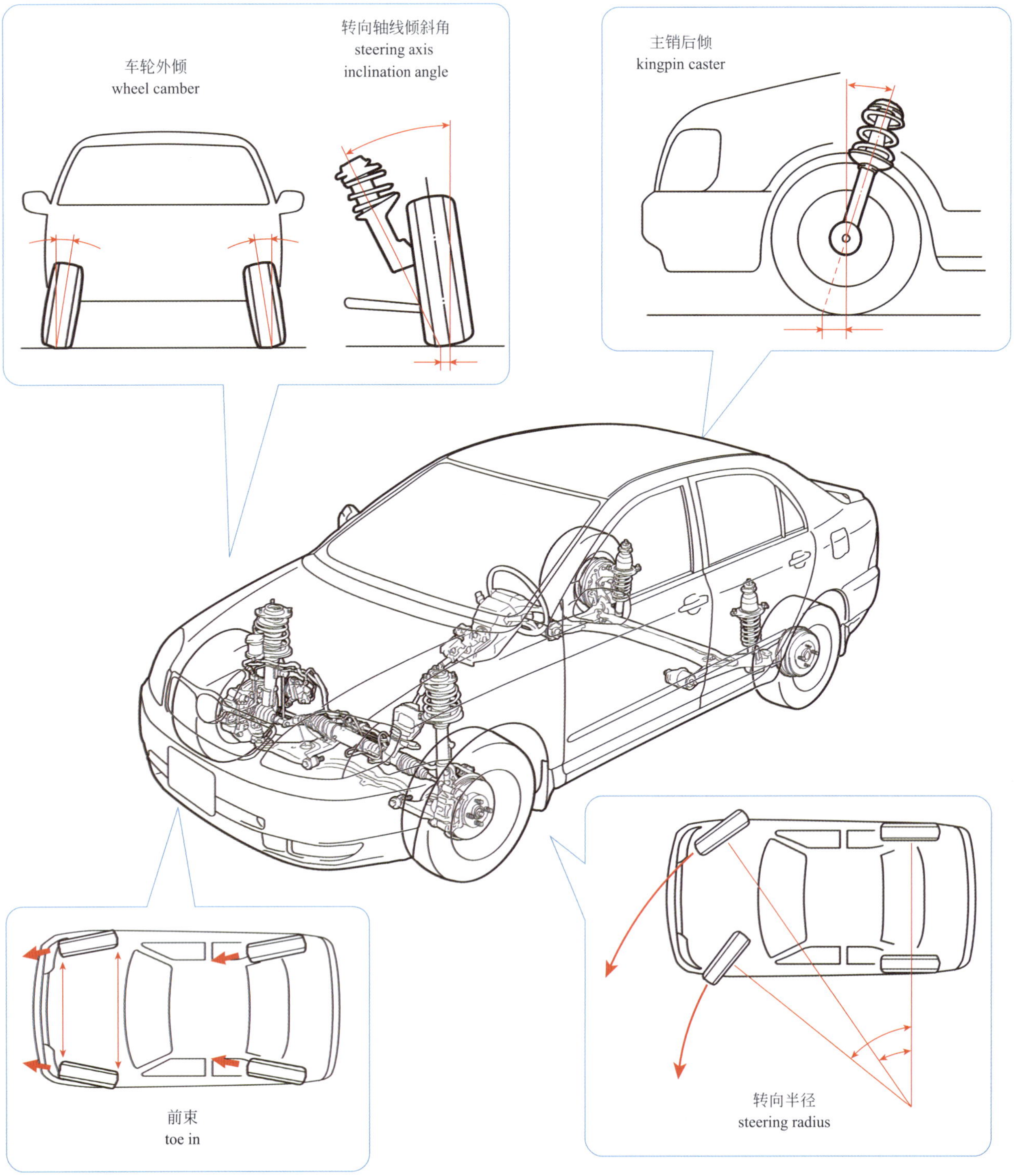

图19-10 车轮定位

19.4.2 车轮外倾

车轮外倾（图19-11）是指车轮安装后，其旋转平面的顶端略向外倾斜，它的旋转平面与纵向垂直平面间形成一个夹角，称为车轮外倾角。为了使轮胎磨损均匀和减轻轮毂外轴承的负荷，安装车轮时应预先使车轮有一定的外倾角，以防止车轮内倾。同时，车轮有了外倾角也可以与拱形路面相适应。但是，外倾角也不宜过大，否则也会使轮胎不均匀磨损。

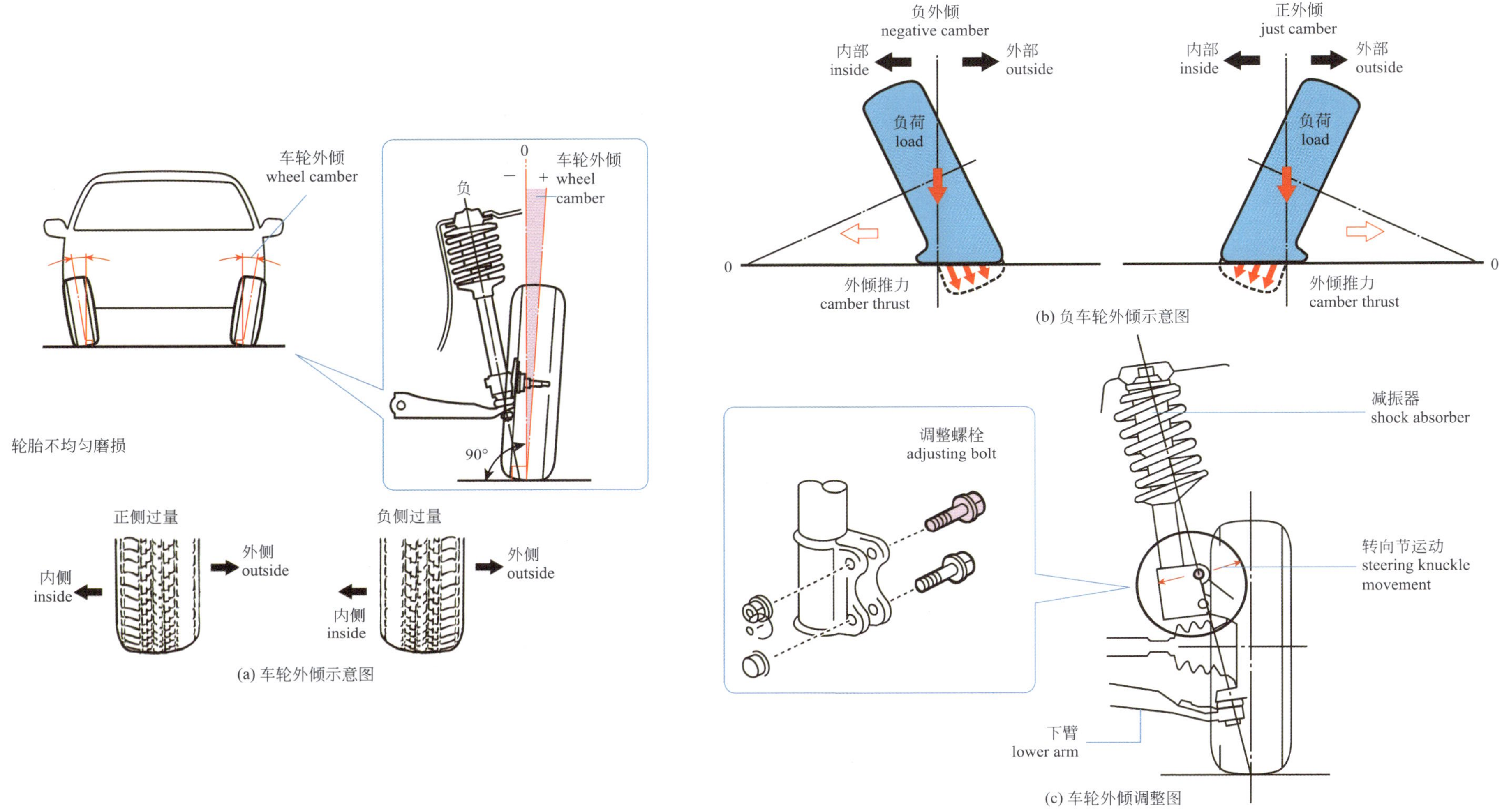

图19-11 车轮外倾

19.4.3 主销后倾角

主销后倾角在汽车的纵向垂直平面内，主销轴线与垂直线之间的夹角称为主销后倾角（图19-12）。主销后倾角的作用是保证汽车直线行驶的稳定性，当汽车转向后能使转向轮自动回正，能形成回正的稳定力矩。

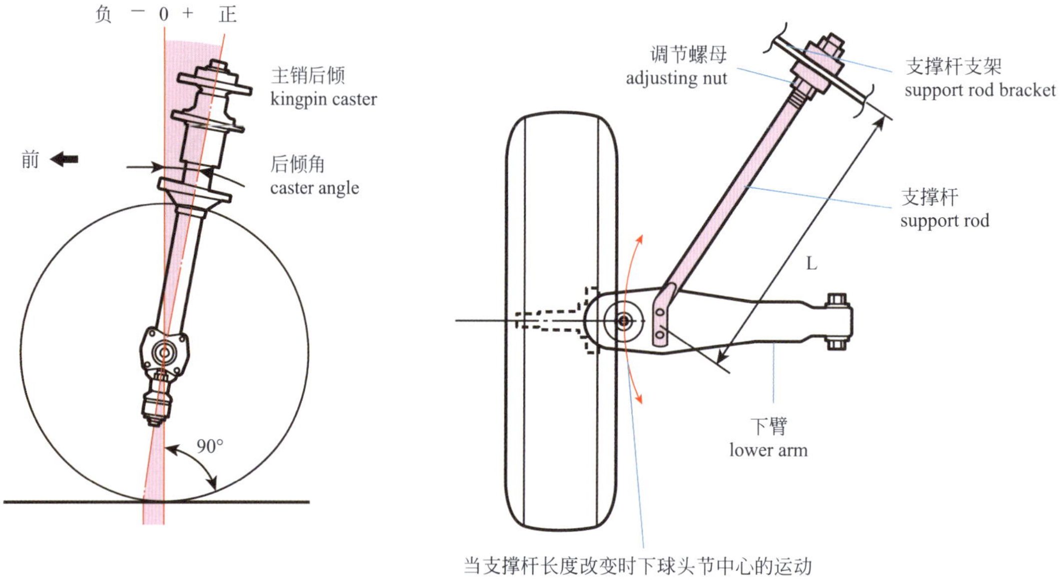

图19-12 主销后倾角

19.4.4 主销内倾角

主销装在前轴上后，上部还略向内倾斜一个角（即主销轴线和地面垂直线在汽车横向断面内的夹角），称为主销内倾角（图19-13）。主销内倾角的作用也是保证汽车直线行驶的稳定性，并使转向轻便，使车轮自动回正。

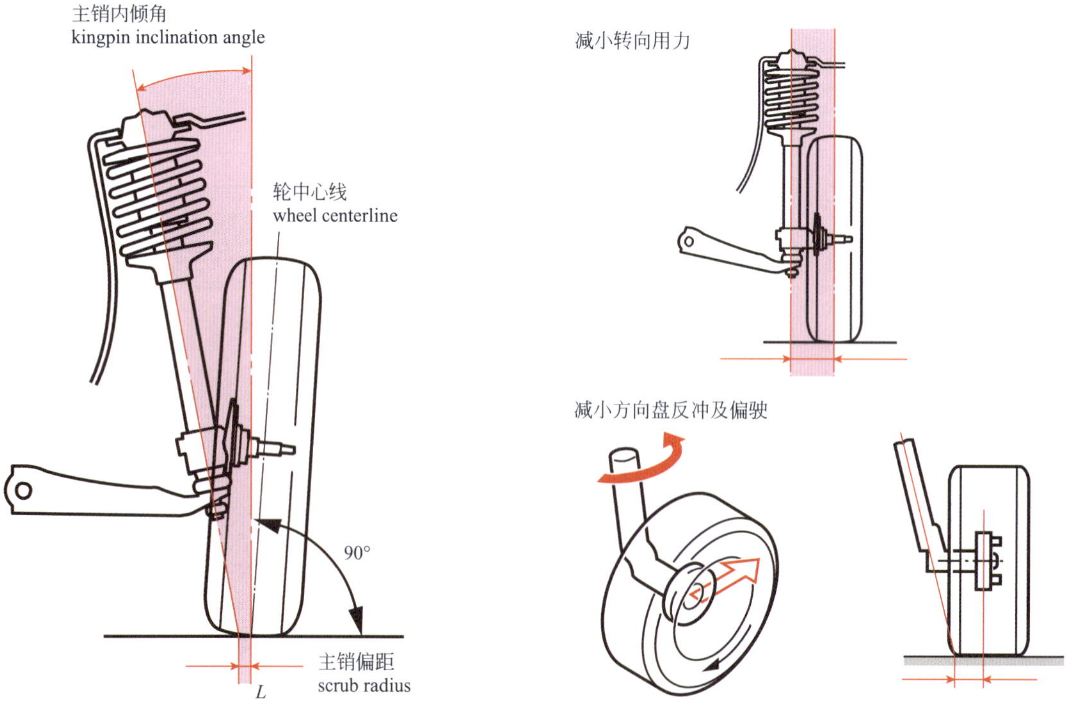

图19-13 主销内倾角

19.4.5　前轮前束

汽车在直行位置时，两个前轮后端距离*B*与前端距离*A*的差值称为前轮前束［图19-14（a）］。当车辆行驶在倾斜的路面上时，车身就会倾向一侧，车辆将有向车身倾斜方向转向的趋势。如果各轮的前端都转向内侧（前束）时，车辆试图按与车身倾斜的相反方向前行，结果是保持了直线的稳定性［图19-14（b）］。前束可通过转向拉杆调整［图19-14（c）］。

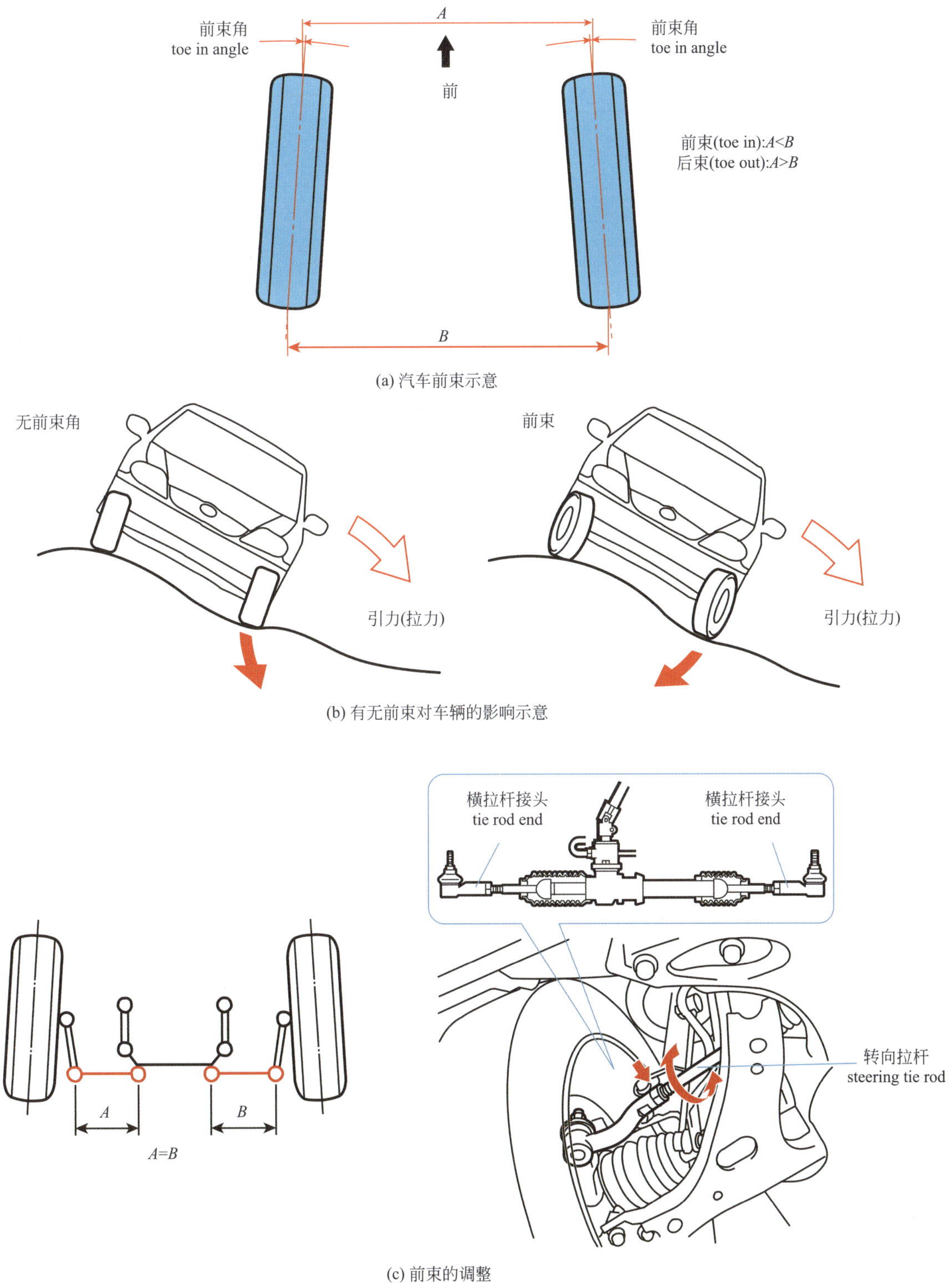

图19-14　前轮前束

19.4.6 转弯半径

转弯半径（图19-15）是指汽车行驶过程中，由转向中心，到前外转向轮与地面接触点的距离。给左、右车轮不同的转向角，使四个车轮的轴线都通过汽车回转中心，可提高汽车转弯时的行驶稳定性。

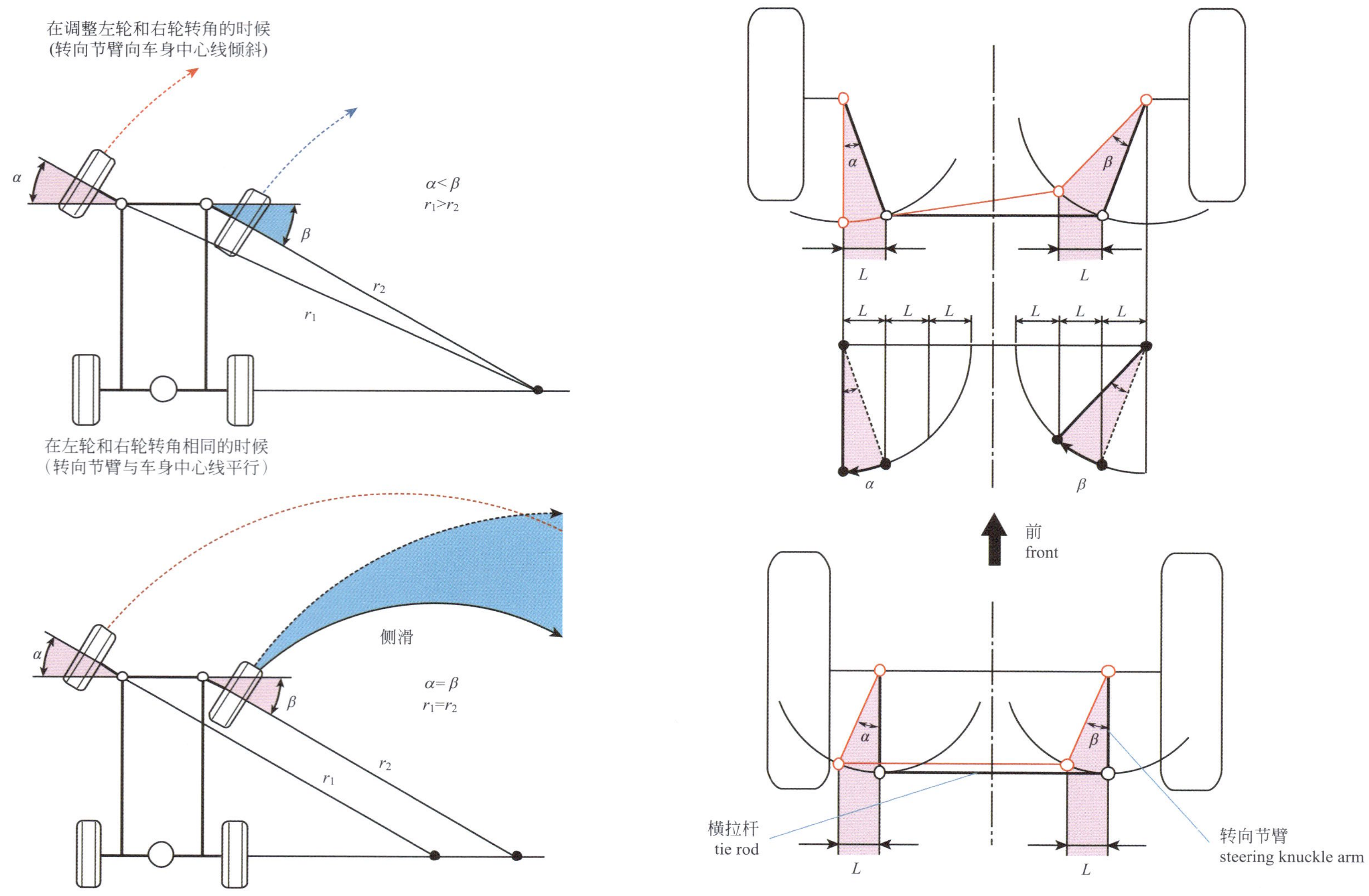

图19-15 转弯半径

19.4.7 后轮定位

后桥独立悬架的汽车的后轮定位（图19-16）是通过调节车轮外倾和前束角来完成的。调节车轮外倾和前束角的方法是不同的，这要视悬架的类型而定。某些车型没有供调节车轮外倾的机械构件。

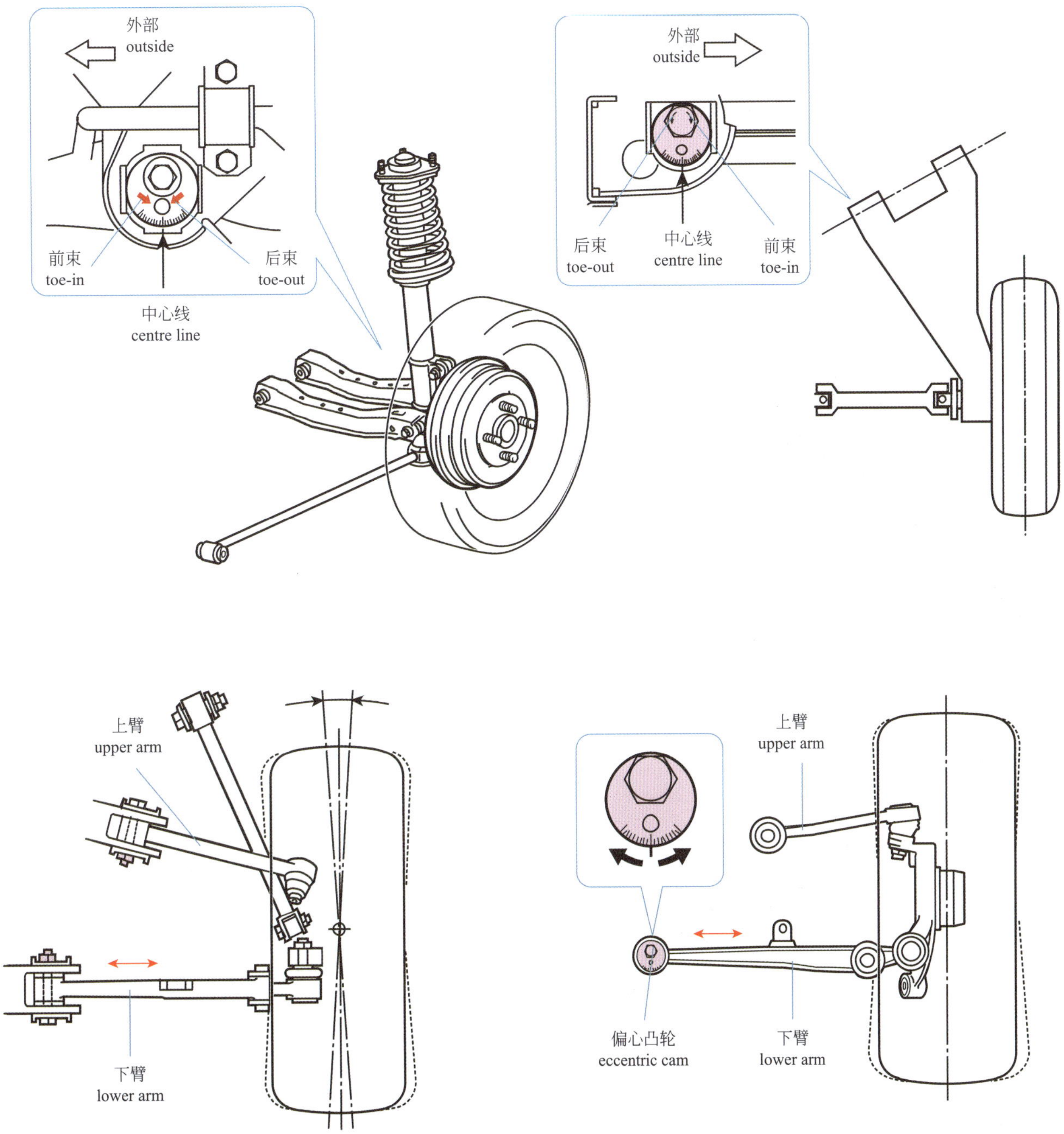

图19-16 后轮定位

第20章 悬架

20.1 概述

悬架是车架（或承载式车身）与车桥（或车轮）之间所有传力连接装置的总称。

悬架把路面与车轮之间的摩擦所产生的驱动力和制动力传递给车架，保证车辆正常行驶；同时利用弹性元件和减振器吸收各种摆动和振动，保障乘客安全。

悬架一般由弹性元件、减振器和稳定杆等组成（图20-1）。

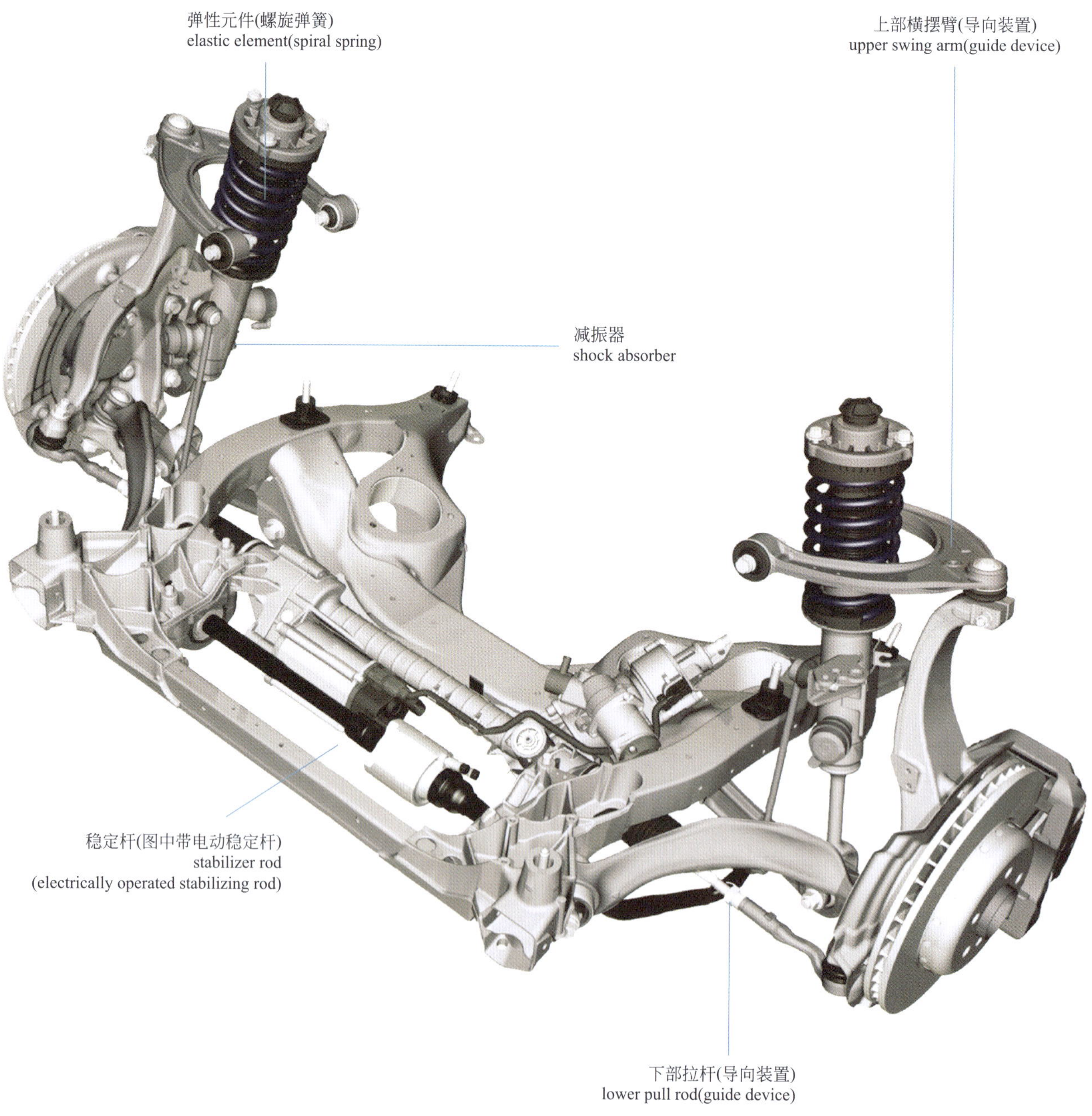

图20-1 悬架的组成

20.2 悬架分类

按照系统结构的不同，悬架可分为非独立悬架和独立悬架两类。

20.2.1 非独立悬架

非独立悬架（图20-2）的结构特点是两侧车轮安装在同一整体式车桥上，车轮与车桥一起通过弹性元件挂在车架或车身上。两侧车轮不是相互独立的，而是通过刚性轴连接在一起的。

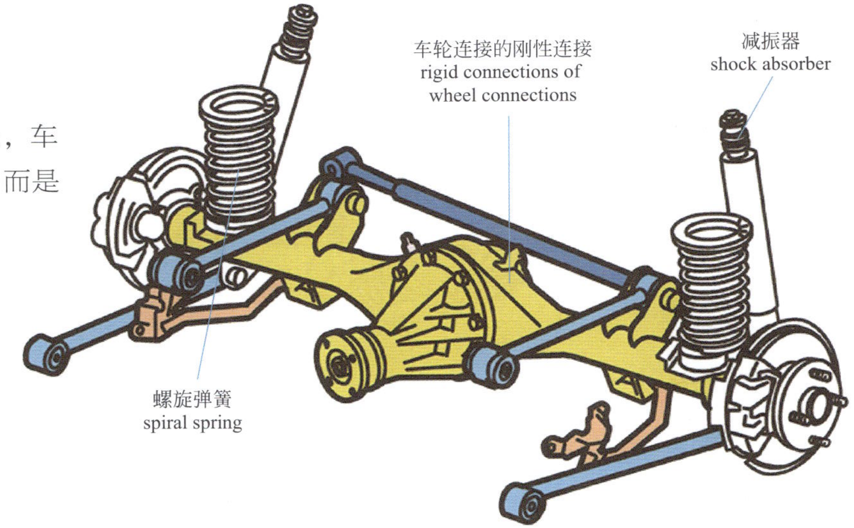

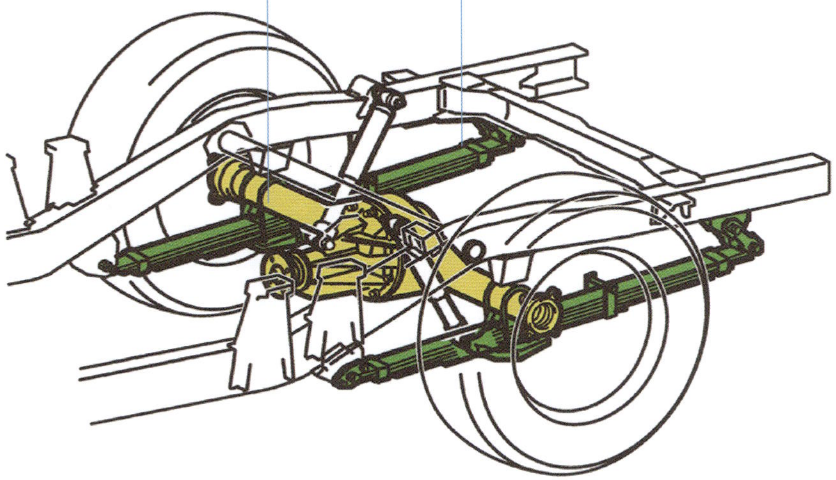

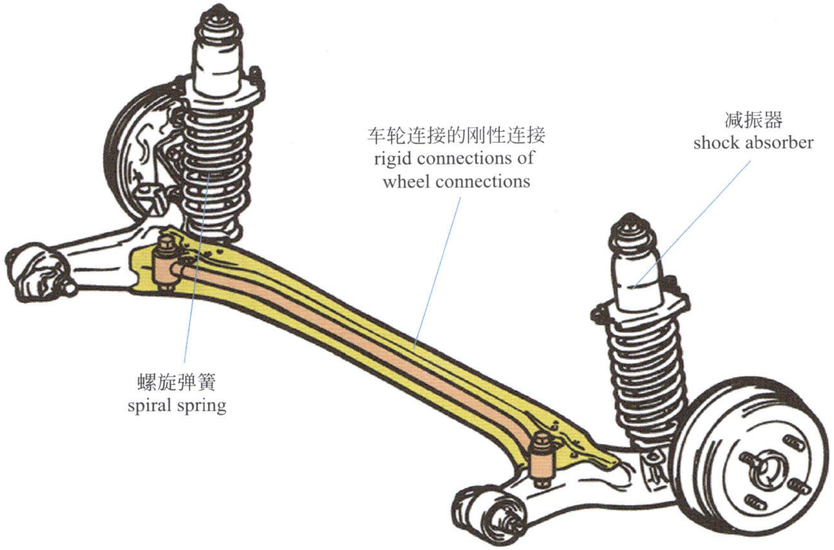

图20-2 非独立悬架

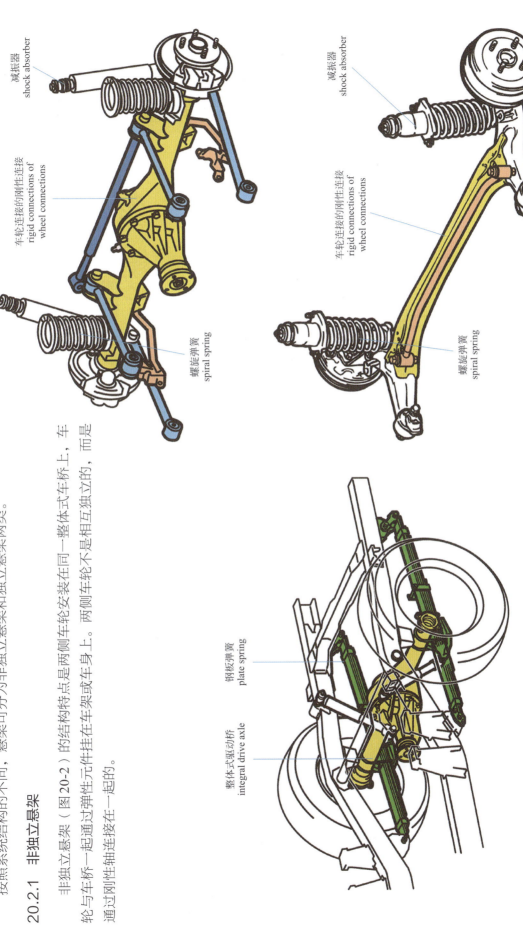

20.2.2 独立悬架

独立悬架（图20-3）的结构特点是两侧车轮分别独立地与车架或车身弹性连接。当一侧车轮受到冲击时，其运动不会影响另一侧车轮。独立悬架又可分为麦弗逊式、横臂式、纵臂式、多连杆式等。

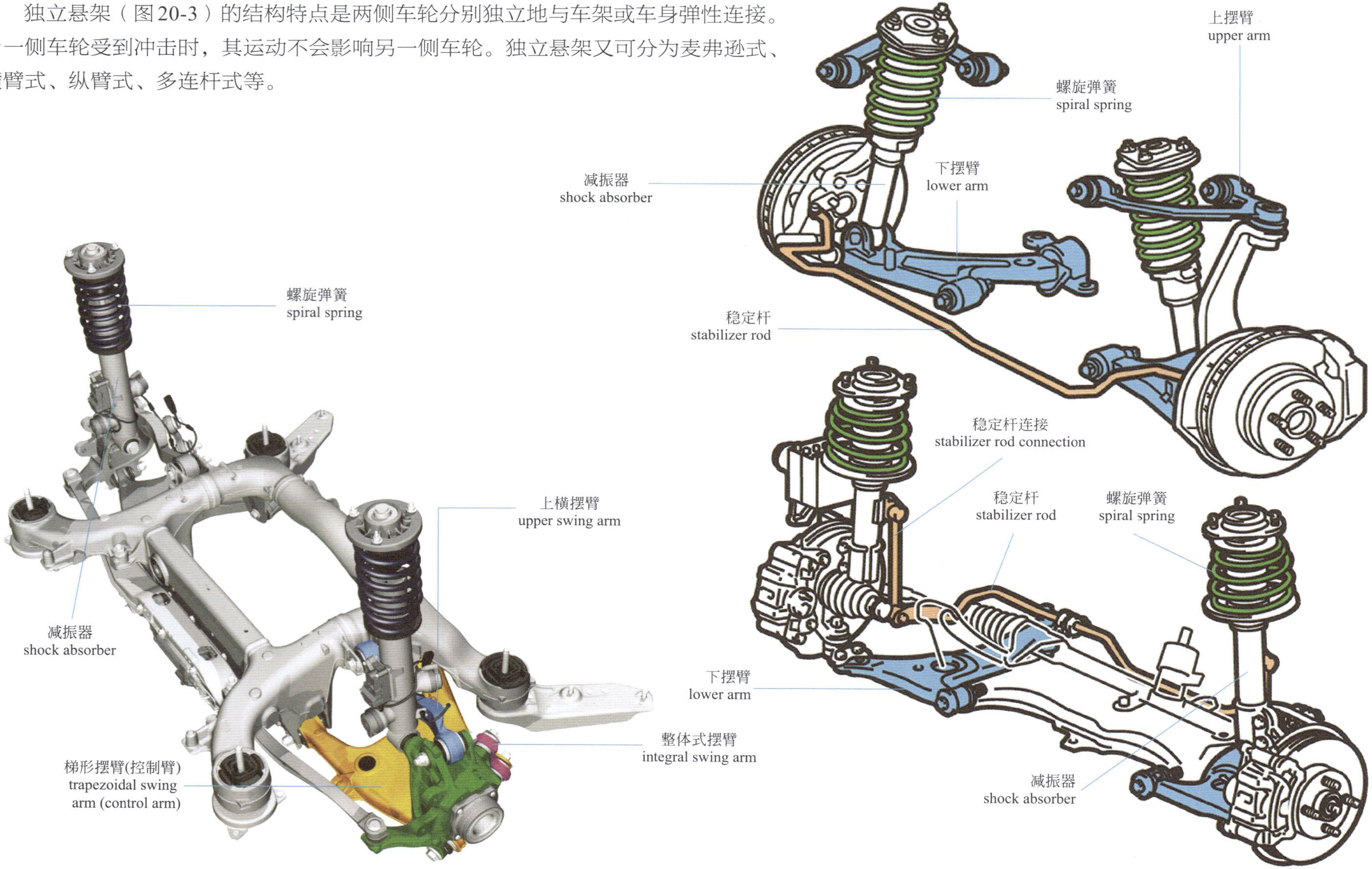

图20-3 独立悬架

20.3 悬架主要零部件

（1）弹性元件

汽车上常见的弹性元件包括螺旋弹簧、钢板弹簧、扭杆弹簧、空气弹簧等，如图20-4所示。

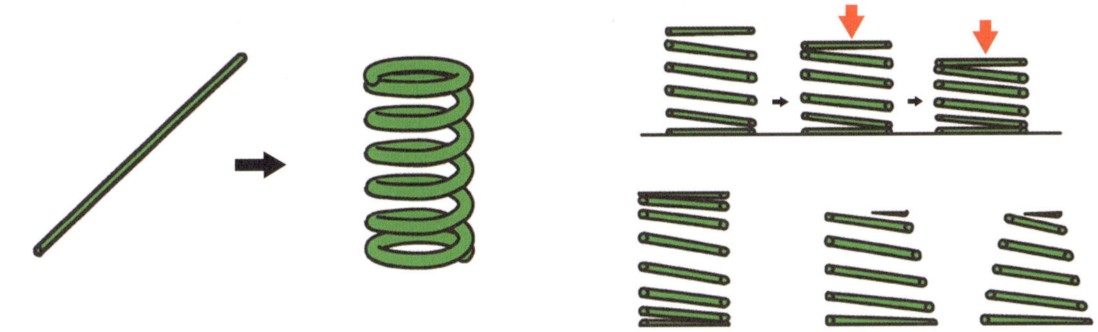

(a) 螺旋弹簧

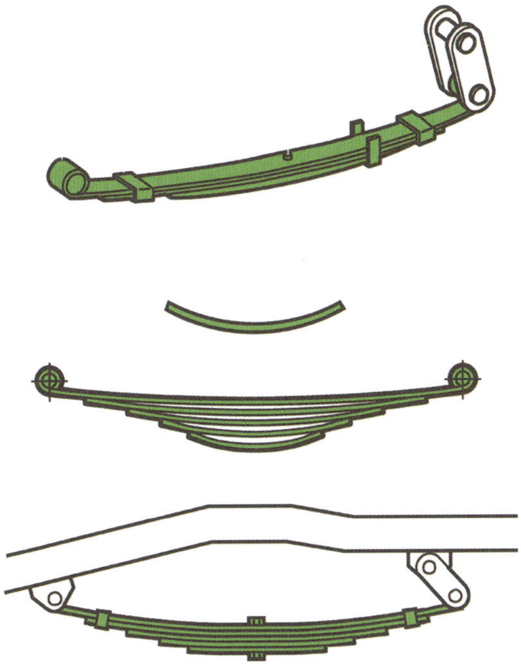

(b) 钢板弹簧

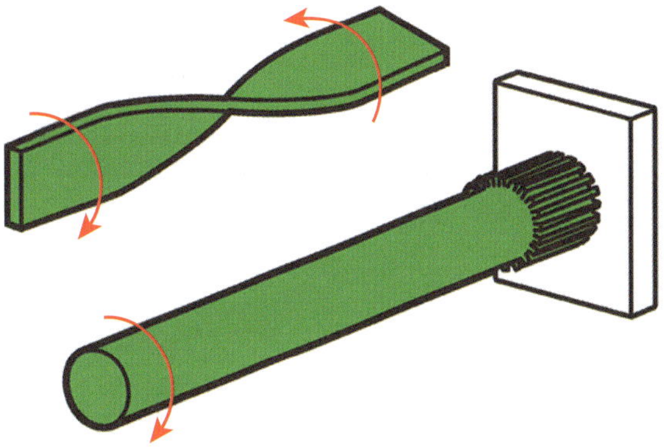

(c) 扭杆弹簧

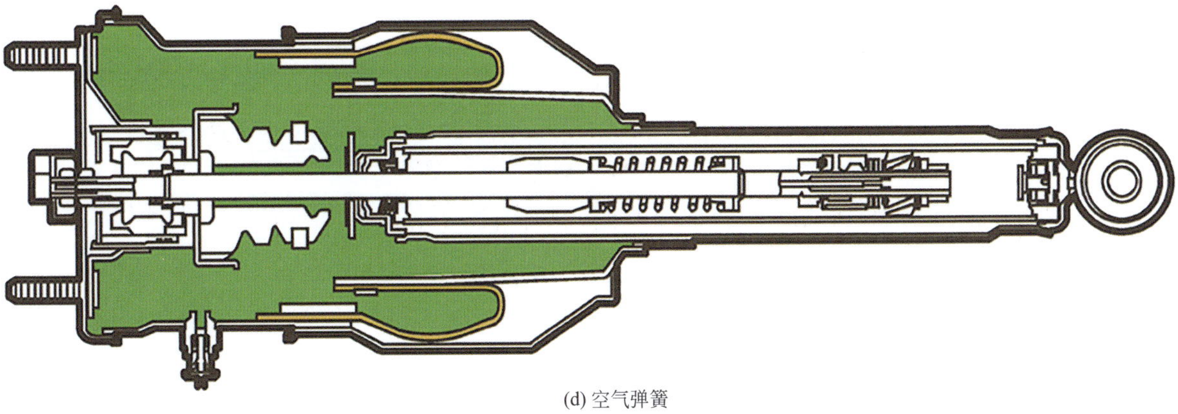

(d) 空气弹簧

图20-4 弹性元件

（2）减振器

减振器与弹性元件并联安装在车桥和车架（或车身）之间，以衰减振动。目前汽车中广泛采用液力减振器，利用迫使不可压缩的液体流过一些小孔产生阻力来消耗振动的能量。单筒式减振器结构如图20-5（a）所示，双筒式减振器如图20-5（b）所示，减振器剖面如图20-5（c）所示。

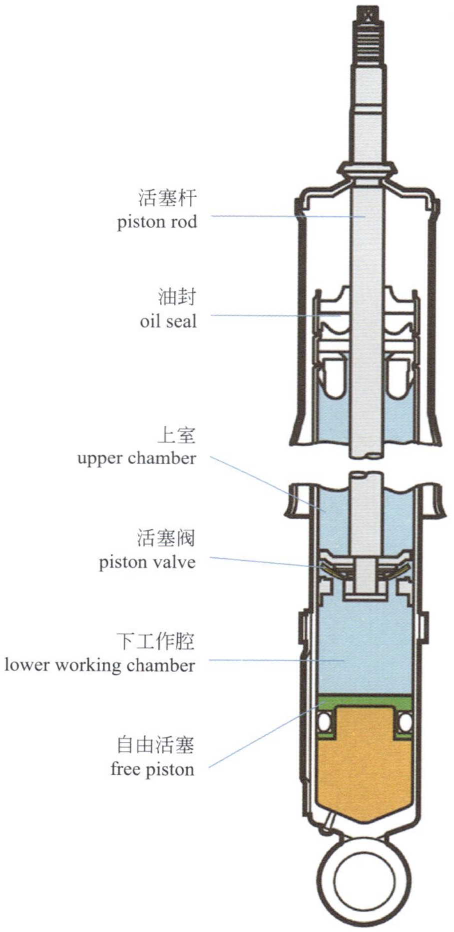

(a) 单筒式减振器

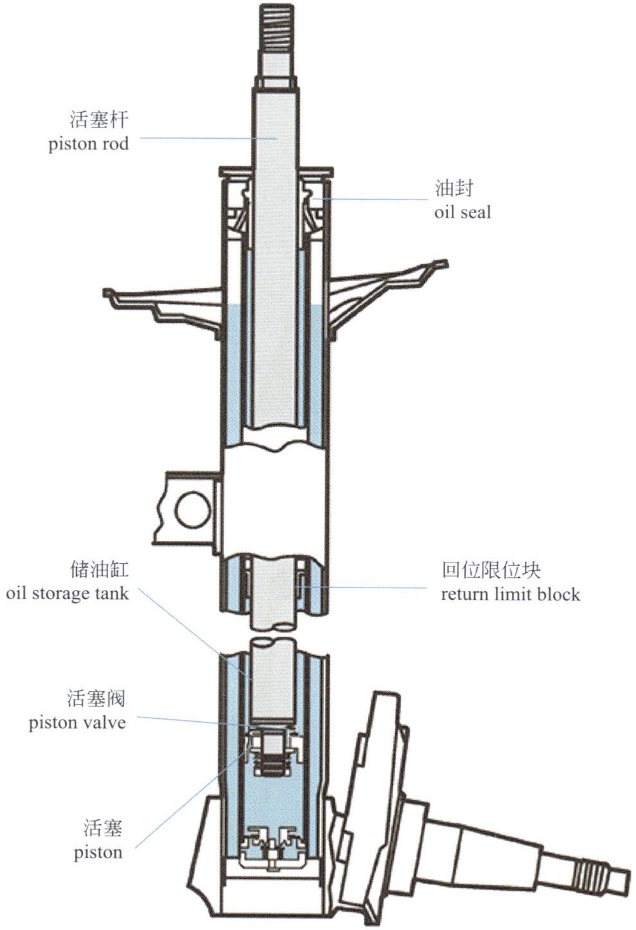

(b) 双筒式减振器

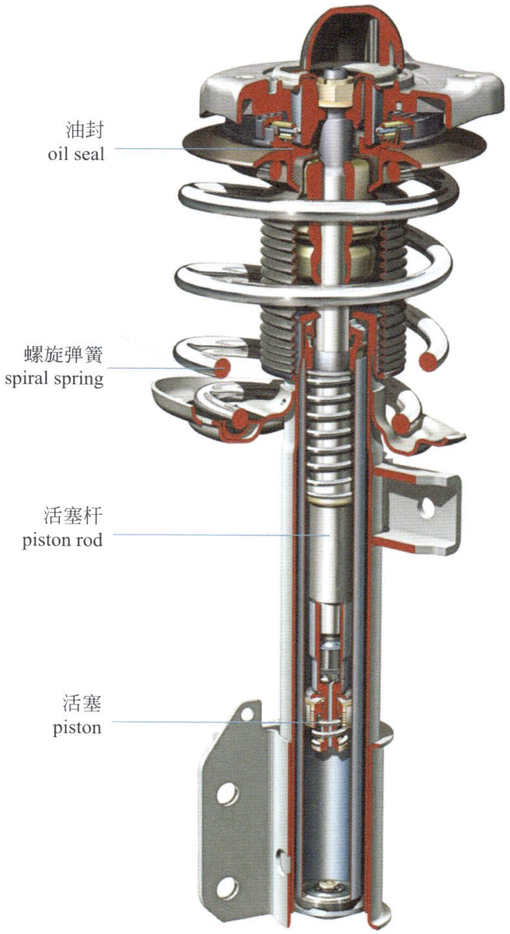

(c) 减振器剖面

图20-5 减振器

目前双向作用式减振器得到了广泛应用，其工作原理如图20-6所示。

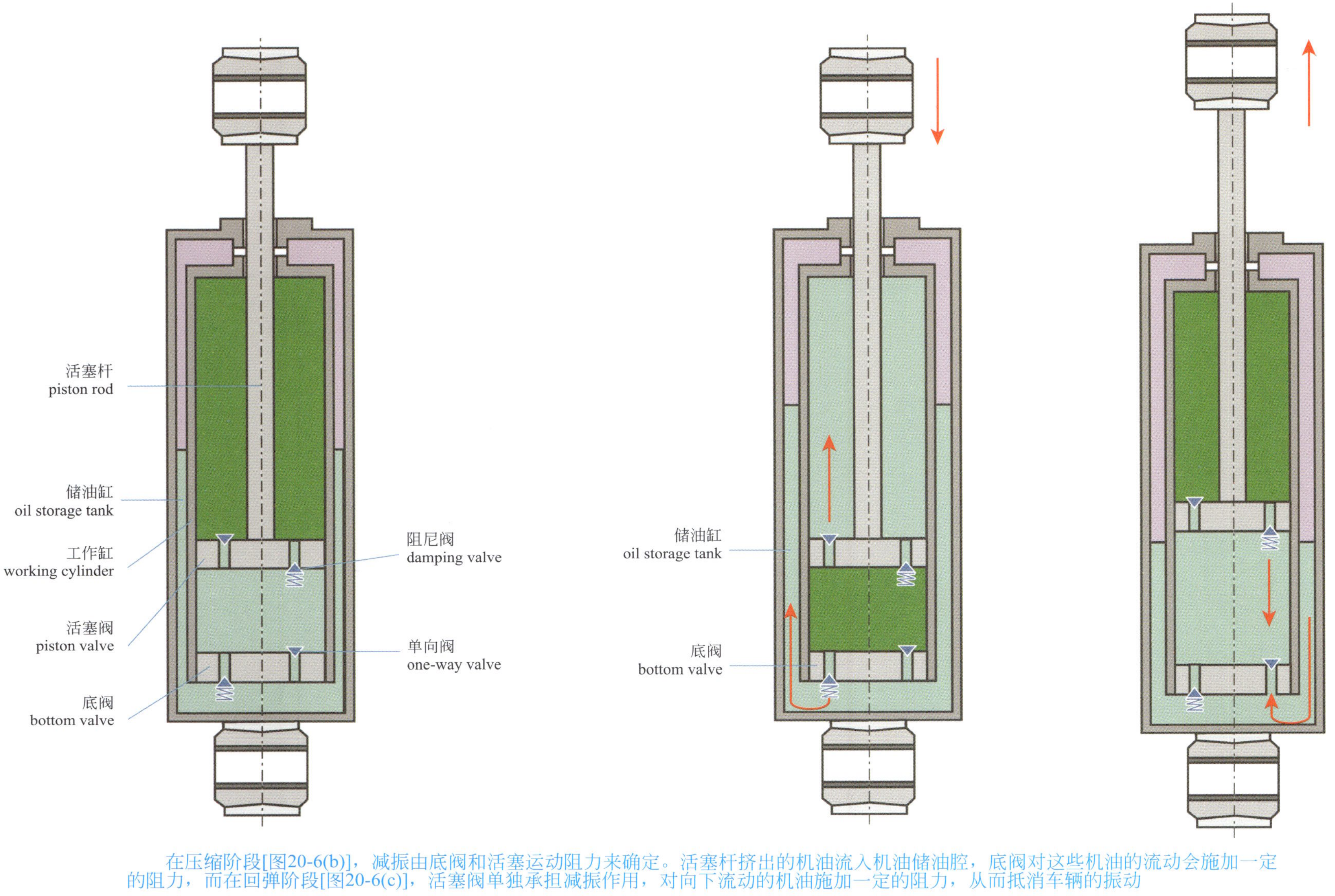

在压缩阶段[图20-6(b)]，减振由底阀和活塞运动阻力来确定。活塞杆挤出的机油流入机油储油腔，底阀对这些机油的流动会施加一定的阻力，而在回弹阶段[图20-6(c)]，活塞阀单独承担减振作用，对向下流动的机油施加一定的阻力，从而抵消车辆的振动

(a) 结构组成　(b) 压缩阶段　(c) 回弹阶段

图20-6 双向作用式减振器工作原理

20.4 常见悬架结构

20.4.1 扭转梁式非独立悬架

扭转梁式非独立悬架（图20-7）一般用于中低级轿车的后悬架。两个车轮没有刚性连接，而是通过一根扭转梁连接，扭转梁可以在一定范围内扭转。但当一个车轮遇到颠簸路段时，仍然会对另一侧车轮产生一定程度的干扰。扭转梁式非独立悬架也称为半独立悬架。

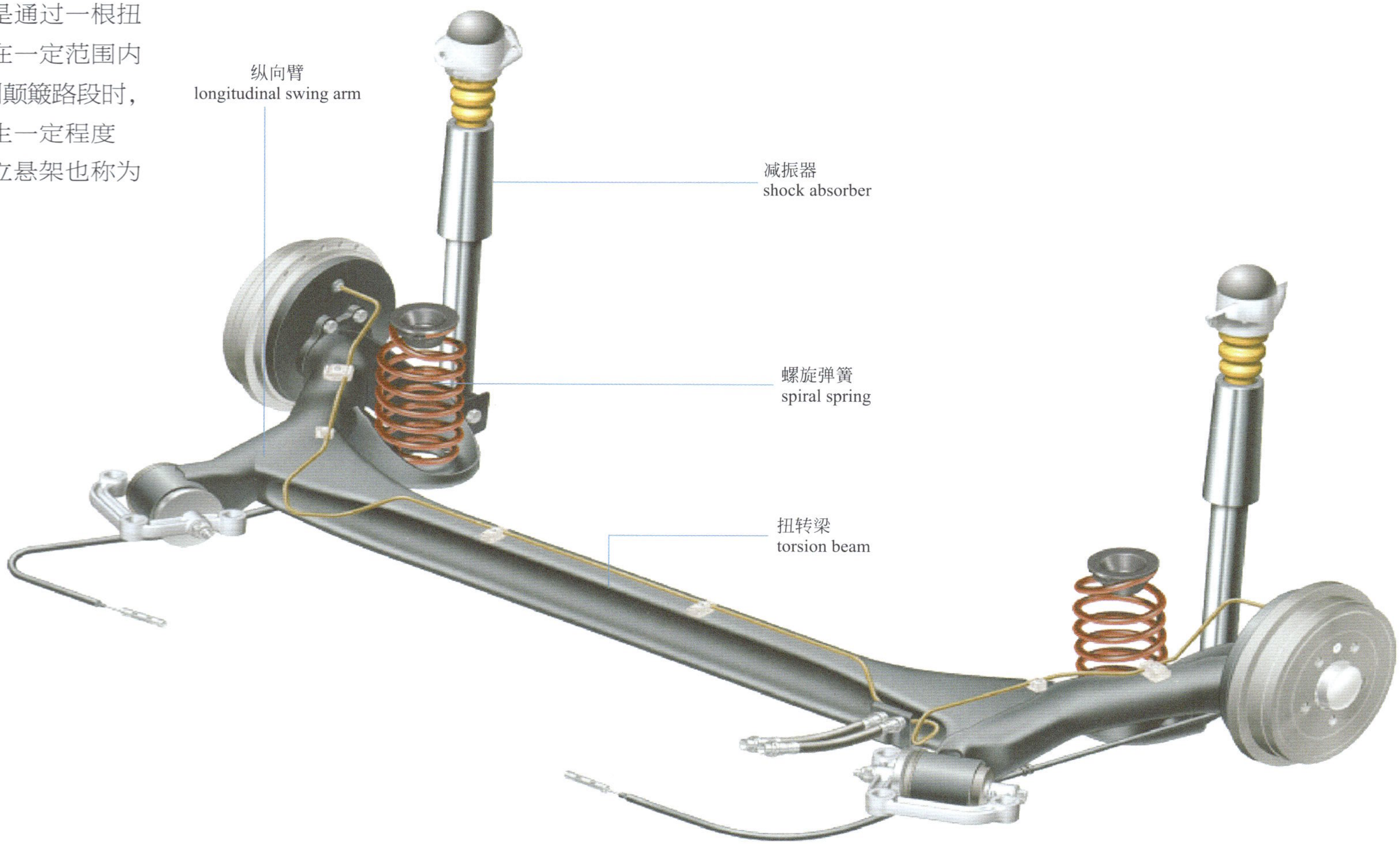

图20-7 扭转梁式非独立悬架

20.4.2　麦弗逊式独立悬架

麦弗逊式独立悬架（图20-8）的突出特点是以筒式减振器为滑动立柱，减振器的上端通过带轴承的隔振块总成与车身相连，下端与转向节相连。下摆臂外侧与转向节铰接，内侧与车架铰接。车轮所受的侧向力通过转向节大部分由下摆臂承受，其余部分由减振器活塞和活塞杆承受。

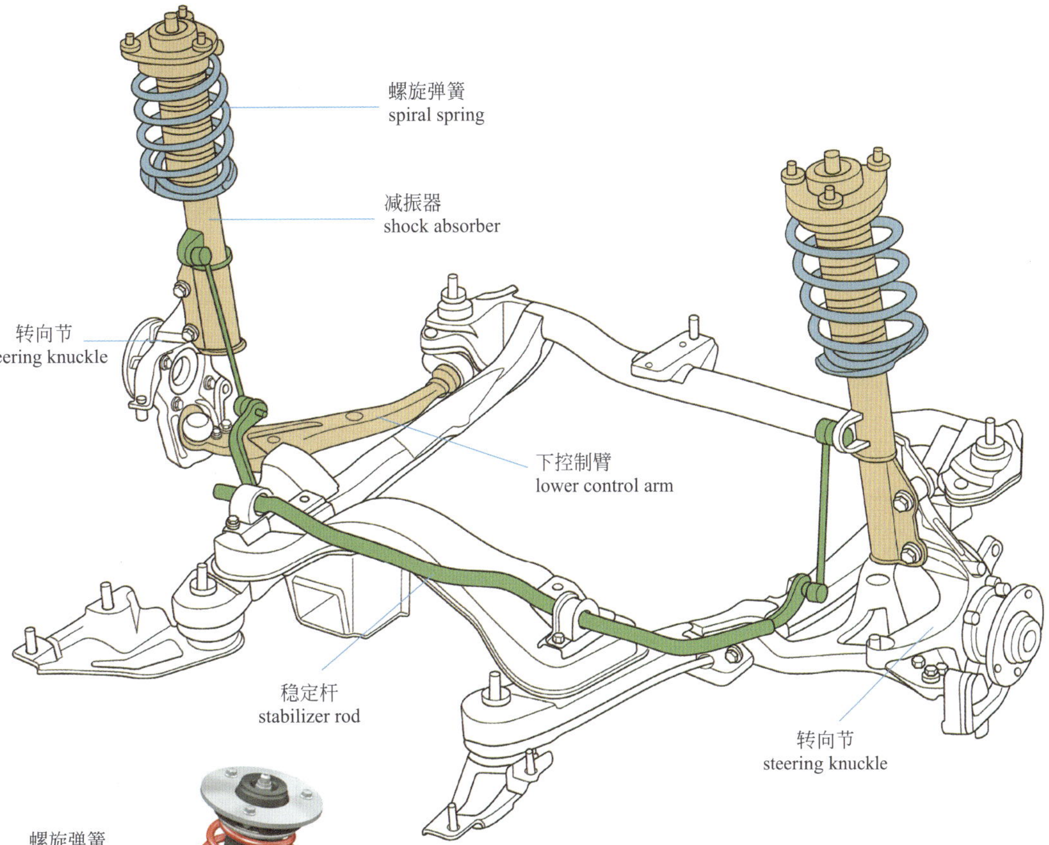

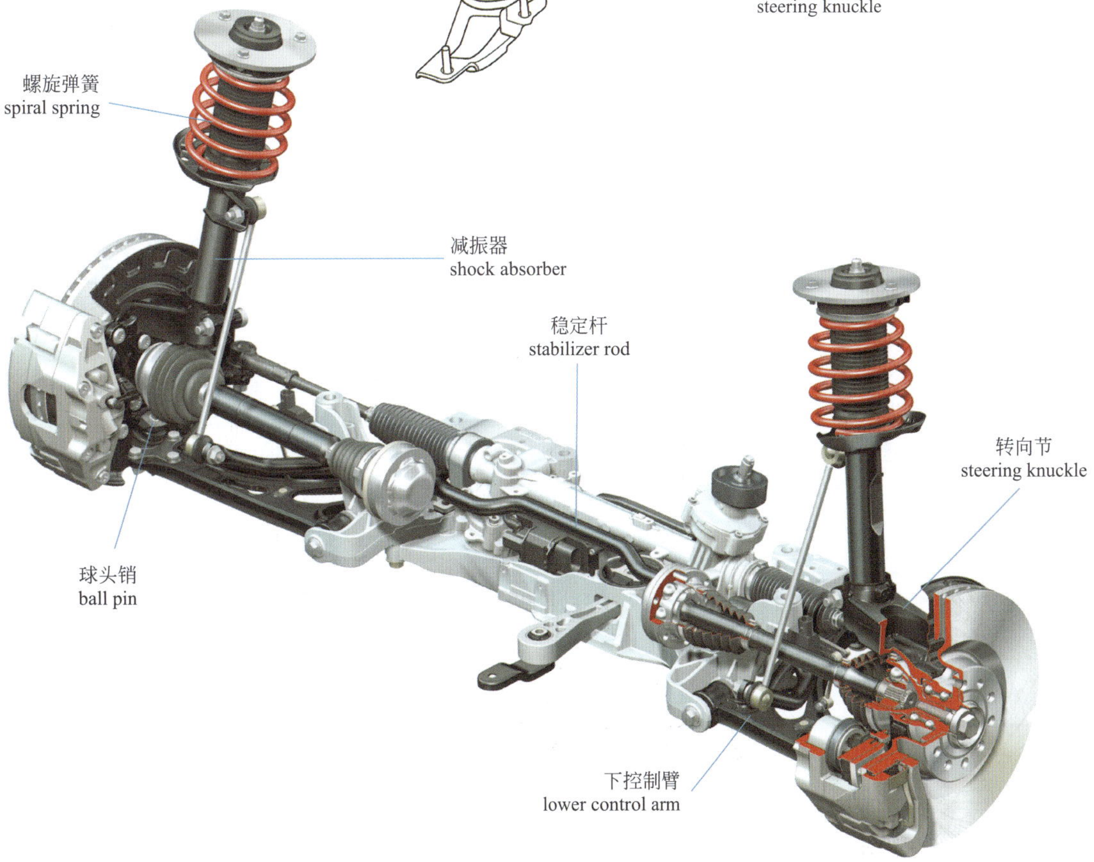

图20-8　麦弗逊式独立悬架

20.4.3 多连杆式独立悬架

多连杆式独立悬架系统是由3 ~ 5 根杆件组合起来控制车轮的位置变化的悬架系统，五连杆式独立悬架如图20-9 所示。

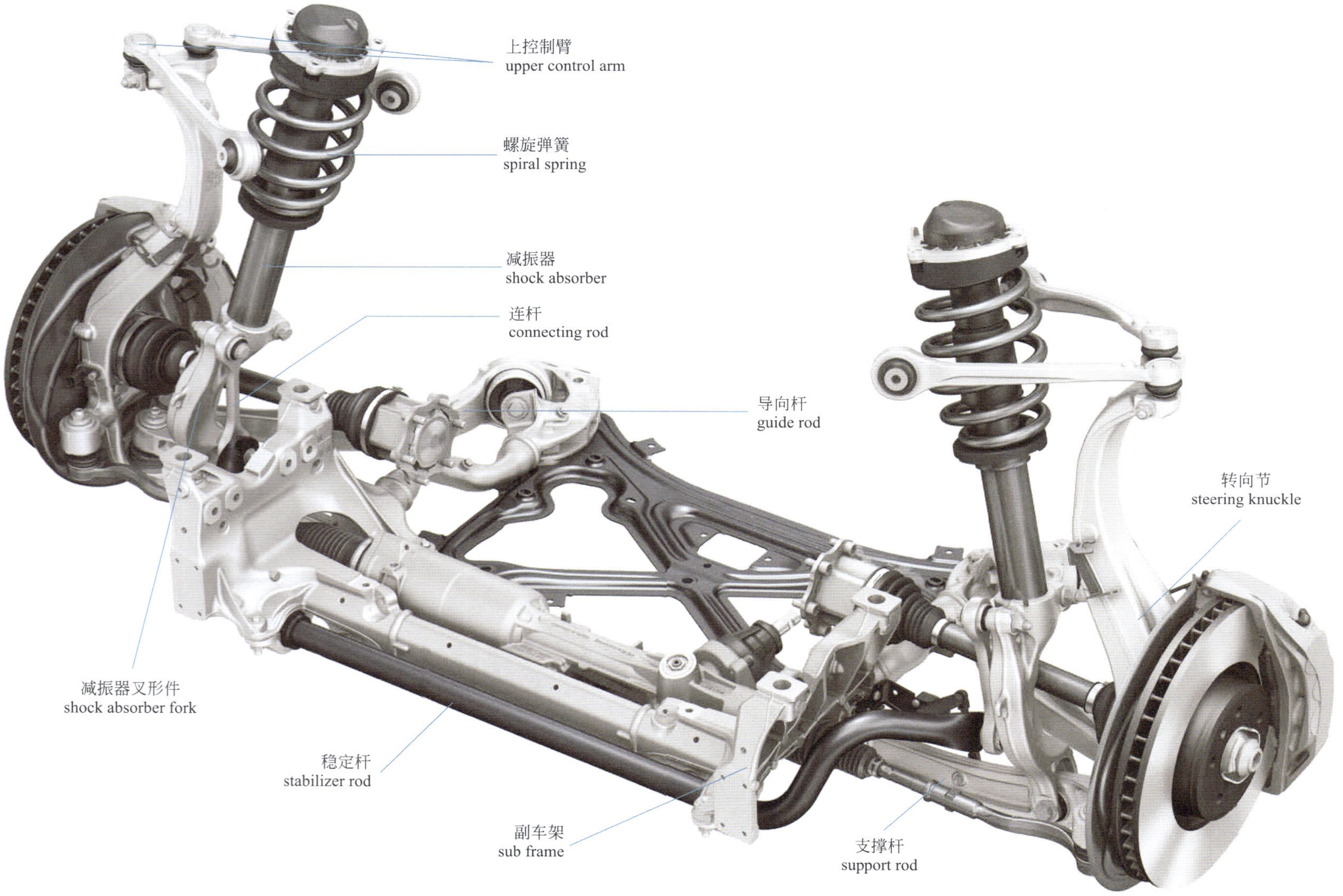

图20-9 五连杆式独立悬架

20.4.4 双叉臂式独立悬架

双叉臂式独立悬架又称双 A 臂式独立悬架（图20-10），由上下两根不等长“V”形或“A”形控制臂以及支柱式液压减振器构成，通常上控制臂短于下控制臂。上控制臂的一端连接着支柱减振器，另一端连接着车身；下控制臂的一端连接着车轮，而另一端则连接着车身。上下控制臂还由一根连接杆相连，这根连接杆同时还与车轮相连接。

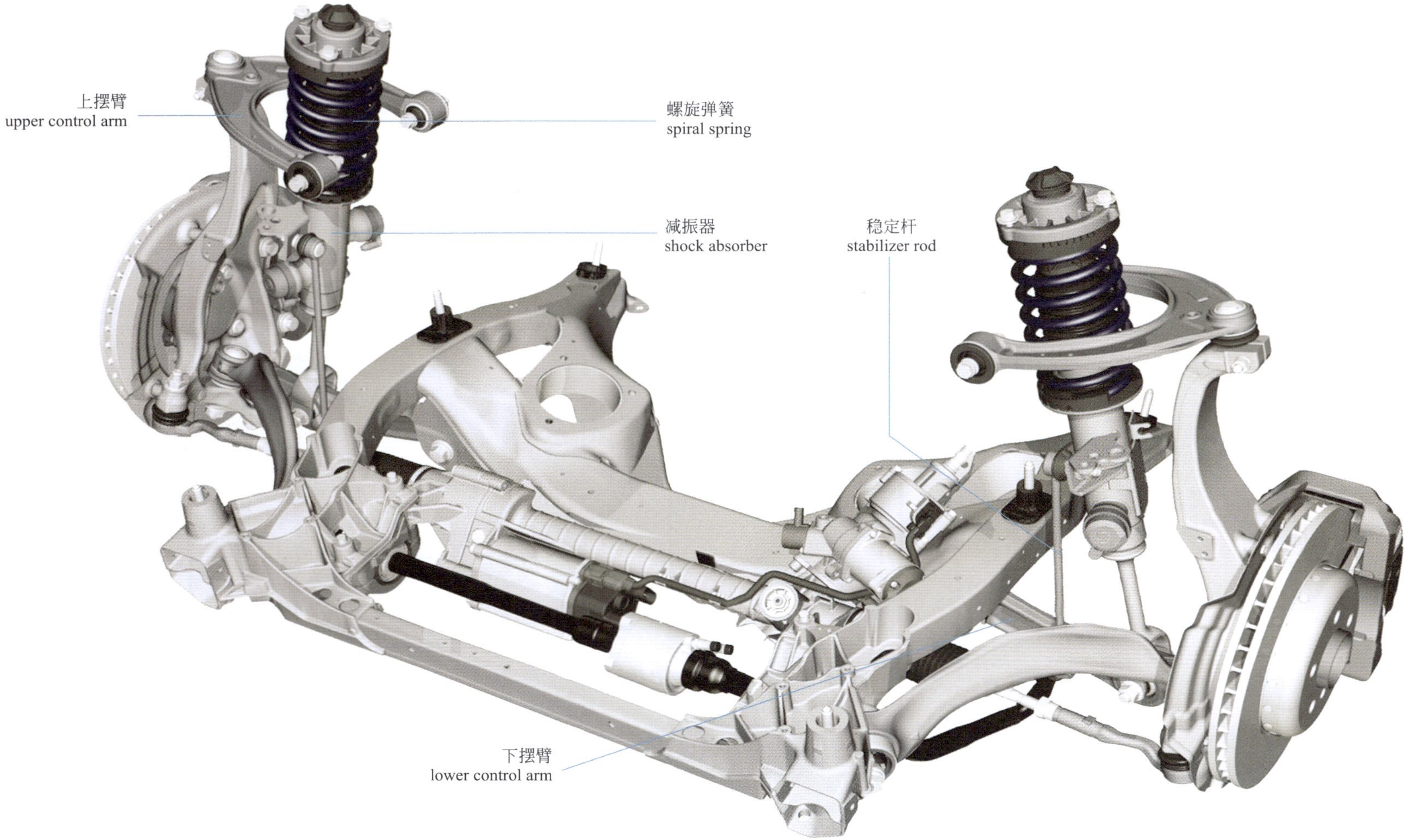

图20-10 双叉臂式独立悬架

奥迪公司通过对双叉臂式悬架进行技术改良，研发了梯形连杆悬架，如图20-11所示。

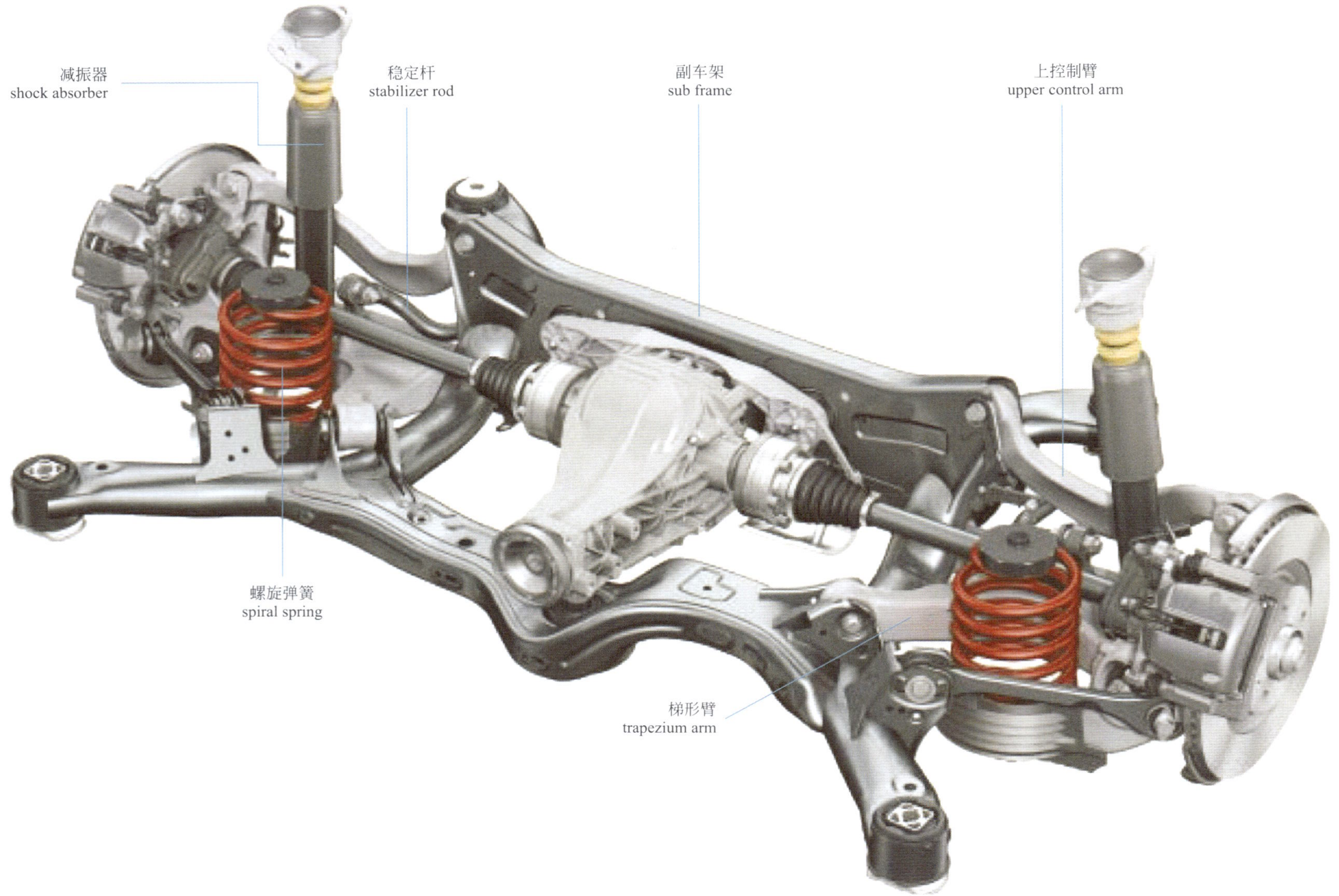

图20-11 梯形连杆悬架

20.5 电子控制悬架

20.5.1 概述

电子控制悬架通过电子控制单元（ECU）来控制相应的执行元件，改变悬架特性，以适应各种复杂的行驶工况对悬架系统的不同要求，从而使舒适性、平顺性和操纵稳定性同时得到改善。电子控制悬架组成如图20-12所示。

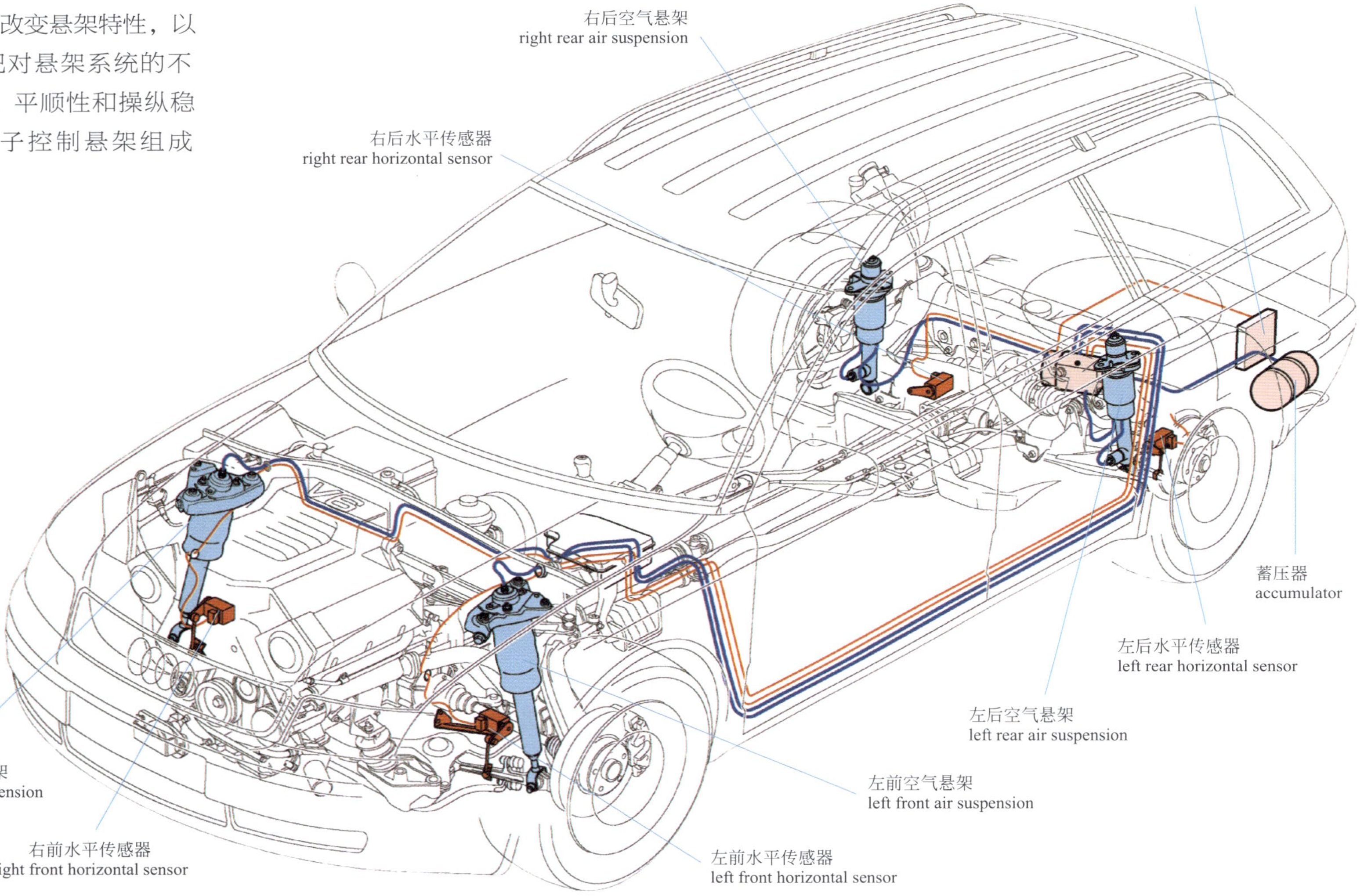

图20-12 电子控制悬架组成

20.5.2 电子控制悬架组成部件

（1）空气弹簧

电子控制悬架系统中使用空气弹簧代替螺旋弹簧。空气弹簧悬架结构组成如图20-13所示。

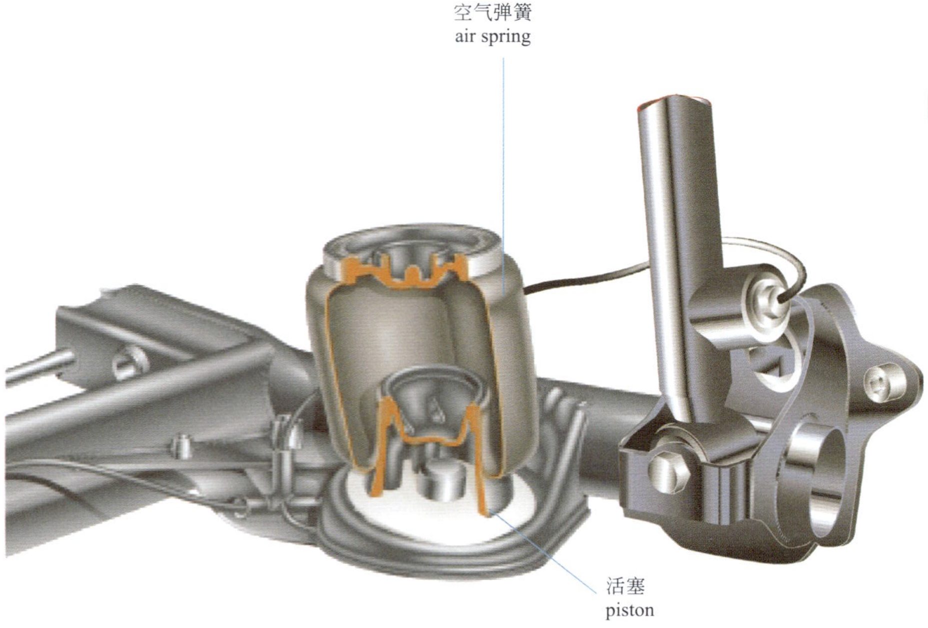

(a) 单独布置的空气弹簧

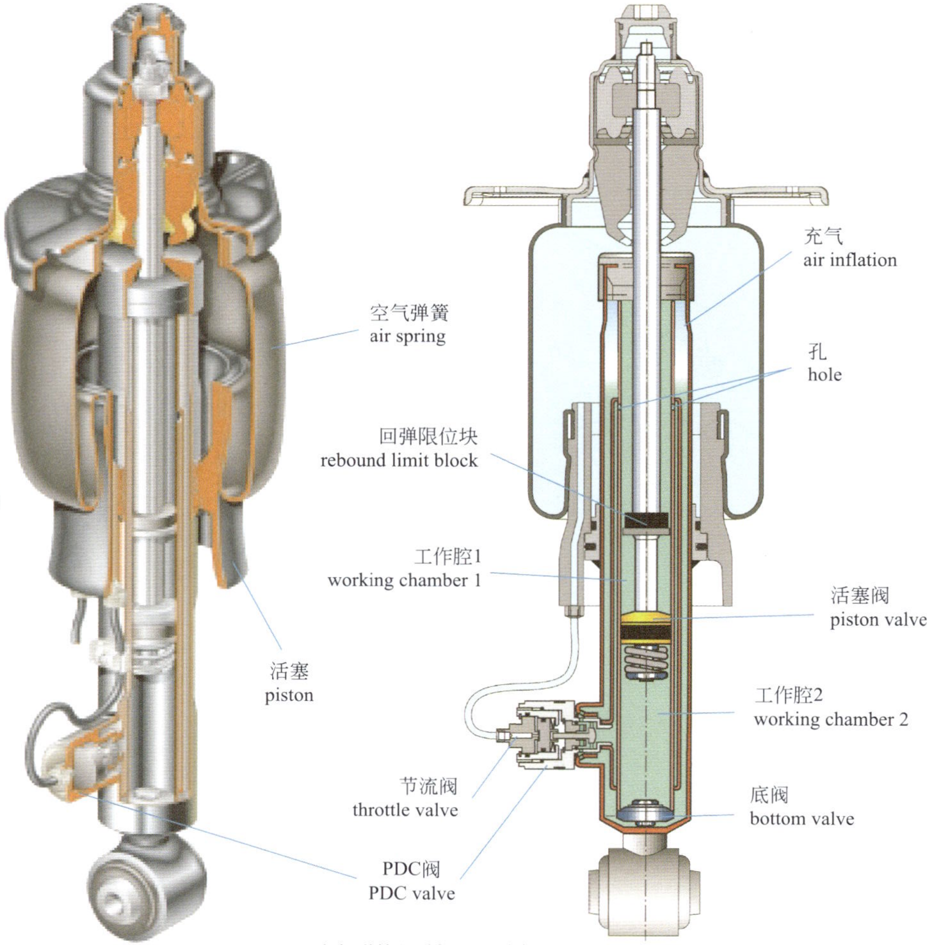

(b) 空气弹簧与减振器同轴布置

图20-13 空气弹簧悬架结构组成

（2）空气供给装置

空气供给装置（图20-14）包含电动压缩机、电磁阀体、蓄压器等。空气供给装置用于产生所需压缩空气并根据要求对电动压缩机、压缩空气室以及四个空气减振器支柱间的空气流进行协调。

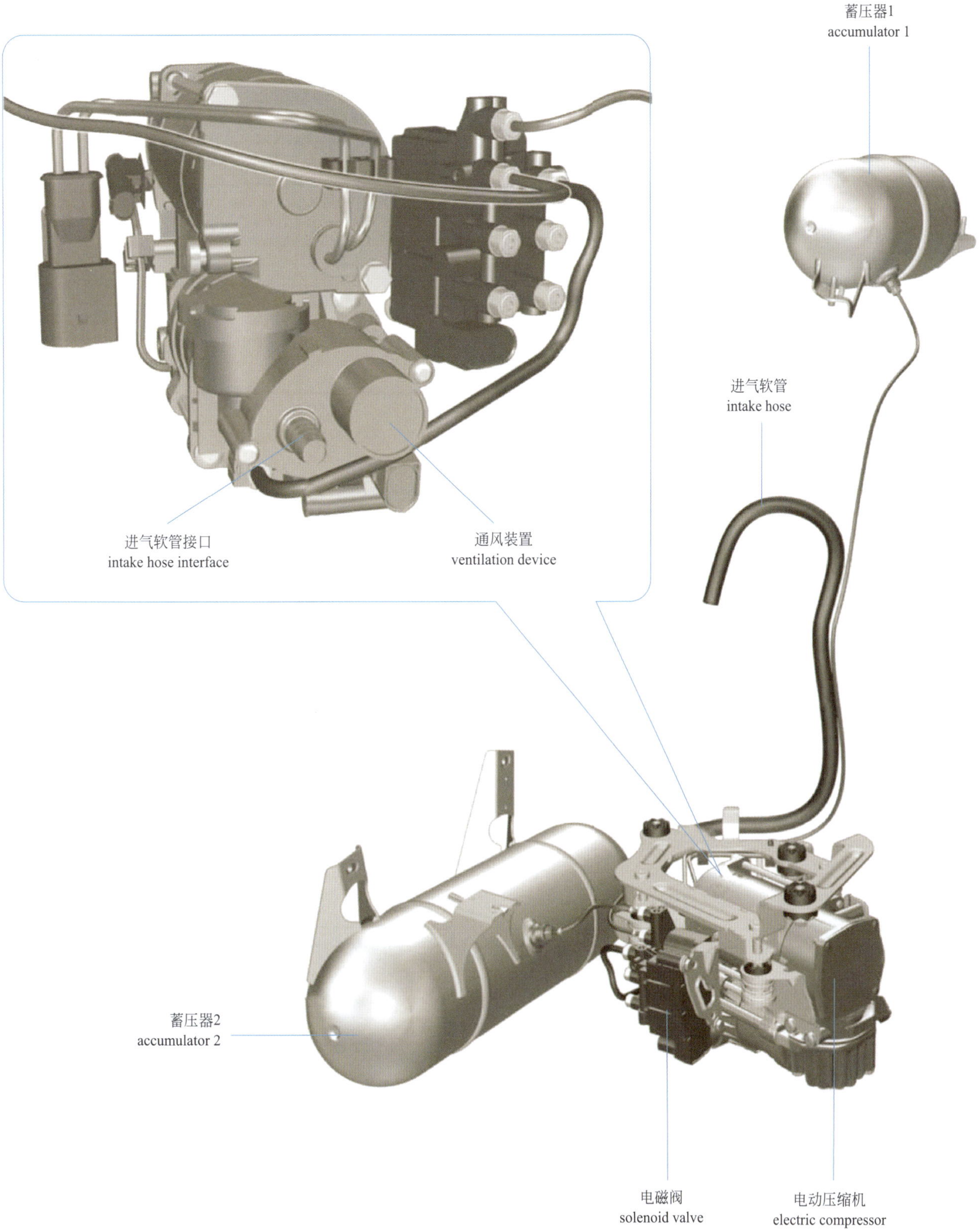

图20-14 空气供给装置

（3）车身高度传感器（水平传感器）

在每个悬架上都装有一个车身高度传感器（图20-15），通过它监测车身与悬架下臂之间的距离变化，从而检测出汽车高度和因道路不平而引起的悬架位移量。

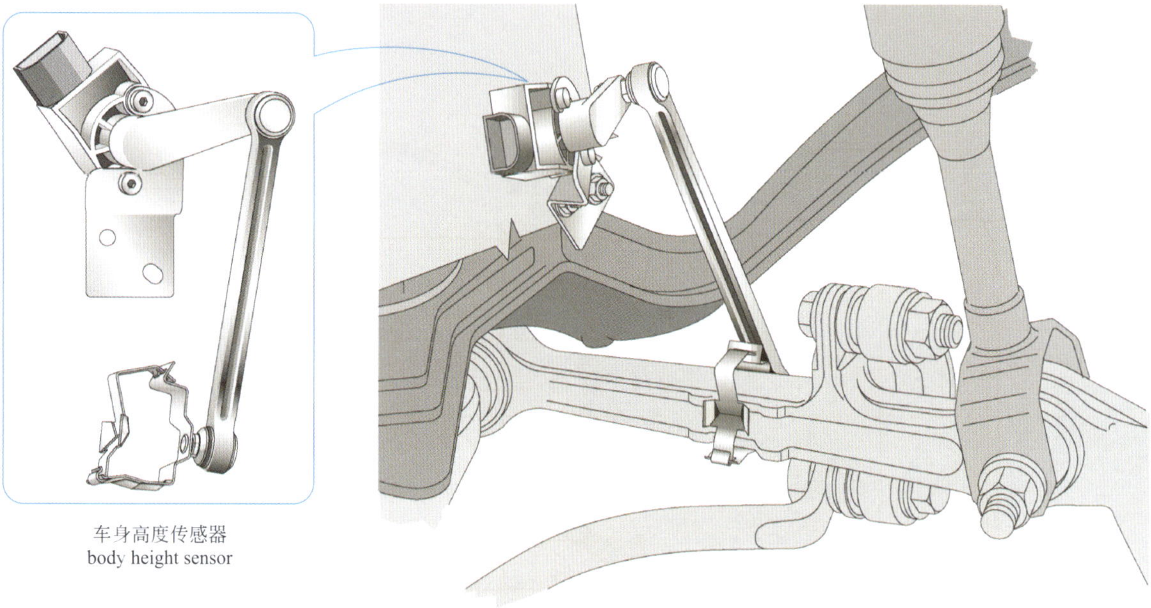

当车载人数增加时，车身高度会下降，车身高度传感器将这个信号传送给ECU，ECU控制空气压缩机向空气弹簧主气室充气，直至车身高度达到规定值；当车载人数减少时，车身高度上升，此时ECU根据车身高度传感器传来的信号发出控制信号，打开悬架控制电磁阀，使空气弹簧主气室的空气通过控制电磁阀、空气管路从排气阀排出，从而使车身下降

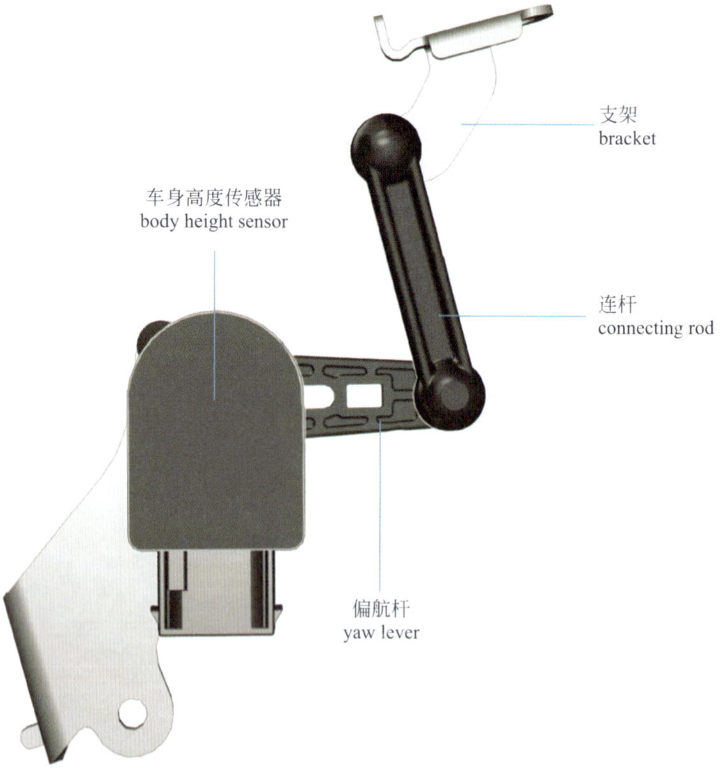

图20-15 车身高度传感器

第21章 转向系统

21.1 概述

汽车在行驶中，经常需要改变行驶方向，并且当汽车直线行驶时，往往转向轮也会受到路面侧向干扰力的作用，自动偏转而改变行驶方向，此时，驾驶员需利用一套机构使转向轮向相反方向偏转，从而使汽车恢复原来的行驶方向，这一套用来改变或恢复汽车行驶方向的专设机构即称为转向系统（图21-1）。

转向系统的功用是保证汽车按照驾驶员的需要改变行驶方向，而且还可以克服路面侧向干扰力使车轮自行产生转向，恢复汽车原来的行驶方向。

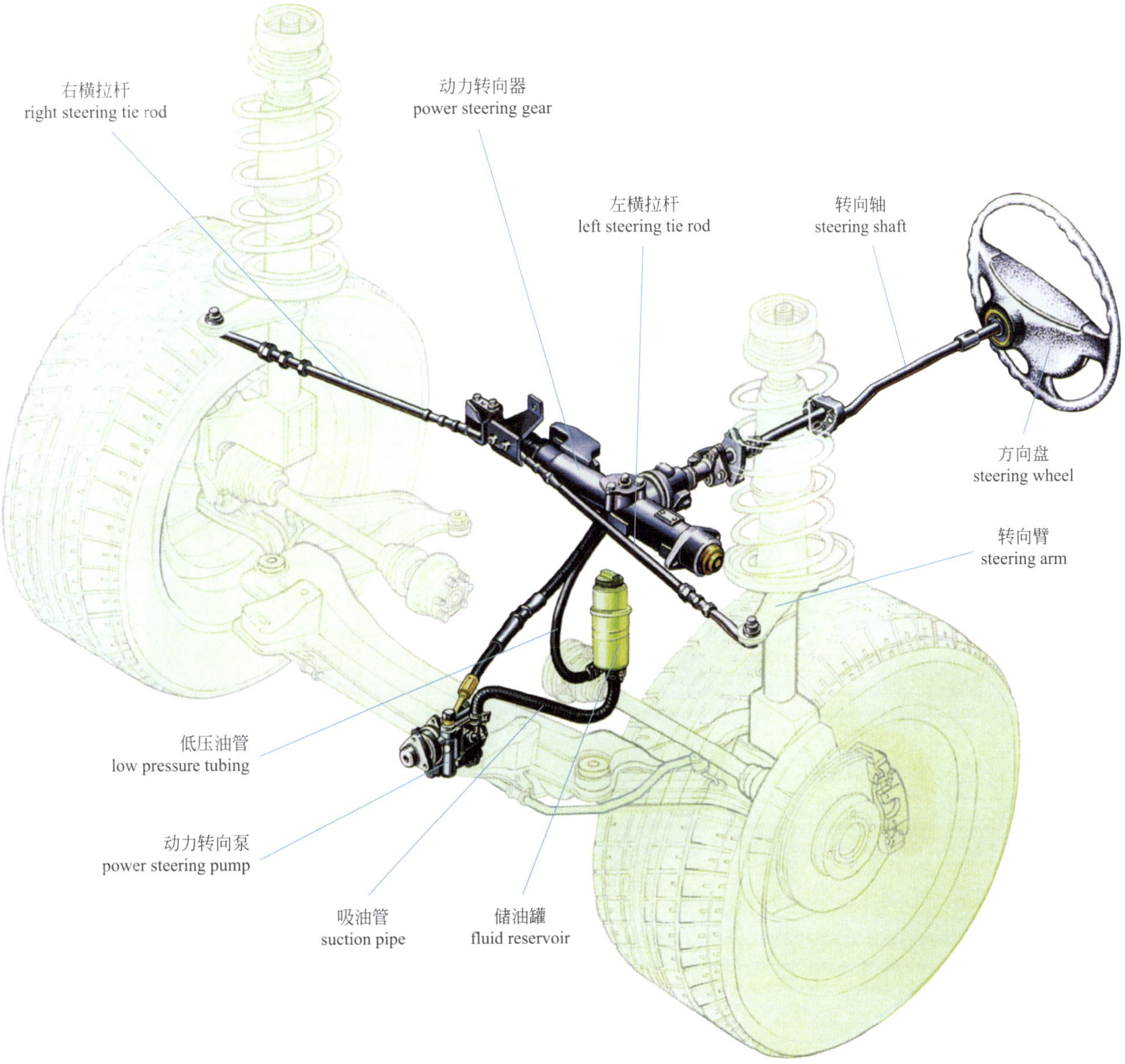

图21-1 转向系统

21.2 转向器

转向器是转向系统中减速及增力传动装置，其功用是增大方向盘传到转向节的力并改变力的传递方向。目前应用广泛的有齿轮齿条式转向器和循环球式转向器。

21.2.1 齿轮齿条式转向器

齿轮齿条式转向器（图21-2）由小齿轮、转向齿条、转向横拉杆等组成。小齿轮安装在壳体上，并与壳体内部水平安装的转向齿条啮合。转向齿条两端安装有转向横拉杆。当方向盘转动时，小齿轮转动并带动与之啮合的转向齿条沿轴线移动，从而使左右转向横拉杆带动转向节左右转动，使转向车轮偏转，实现汽车转向。

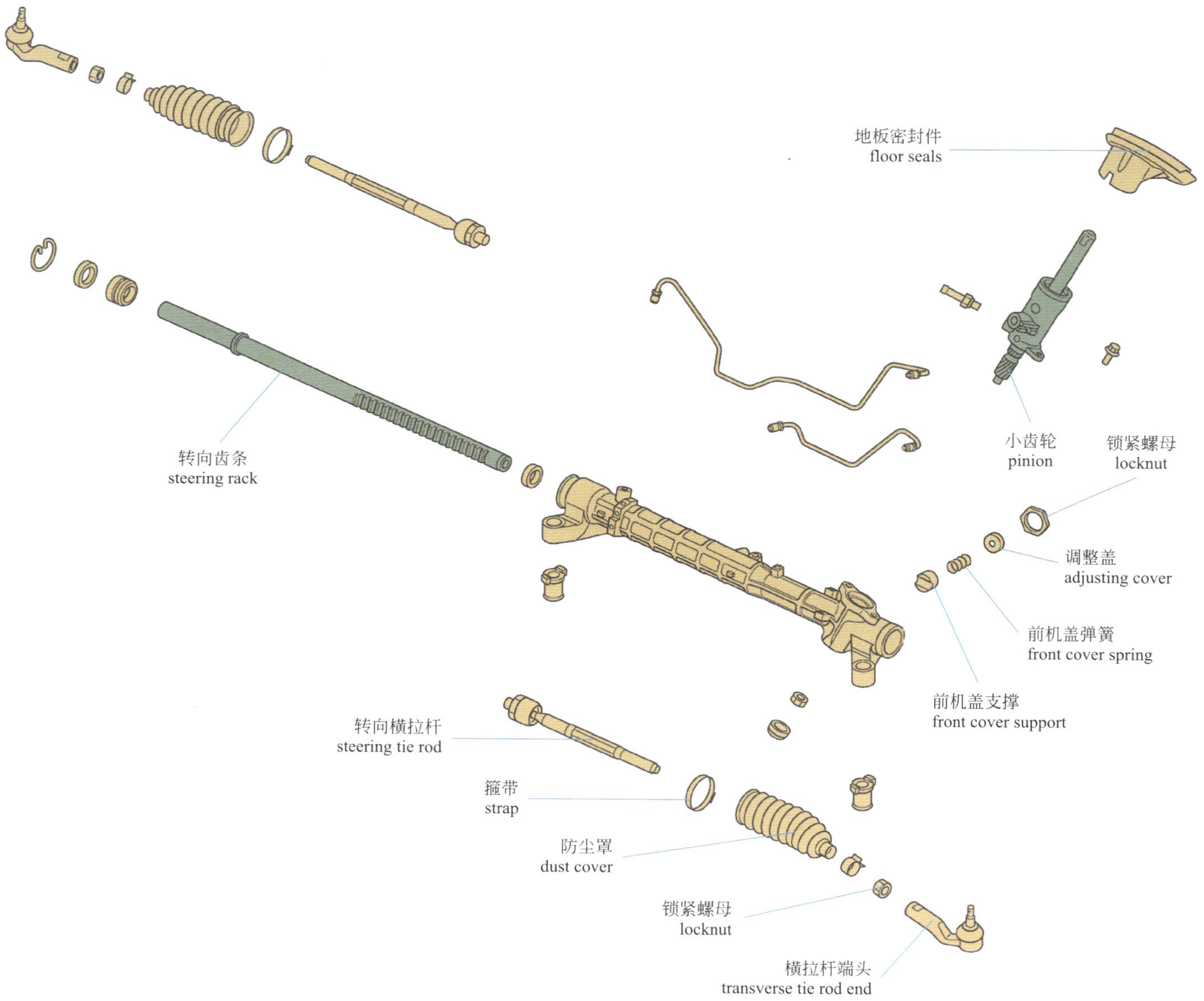

图21-2 齿轮齿条转向器

21.2.2 循环球式转向器

循环球式转向器（图21-3）由带有蜗杆的转向轴、钢球、导轨、球螺母、齿扇轴等组成。当带有蜗杆的转向轴在方向盘和转向柱的带动下转动时，钢球将力传递给球螺母，球螺母即沿轴向移动。同时在蜗杆与球螺母两者和钢球的摩擦力作用下，所有钢球在螺纹状管道中滚动，形成球流。转向螺母带动齿扇轴运动，齿扇轴再带动转向拉杆实现车轮转向。

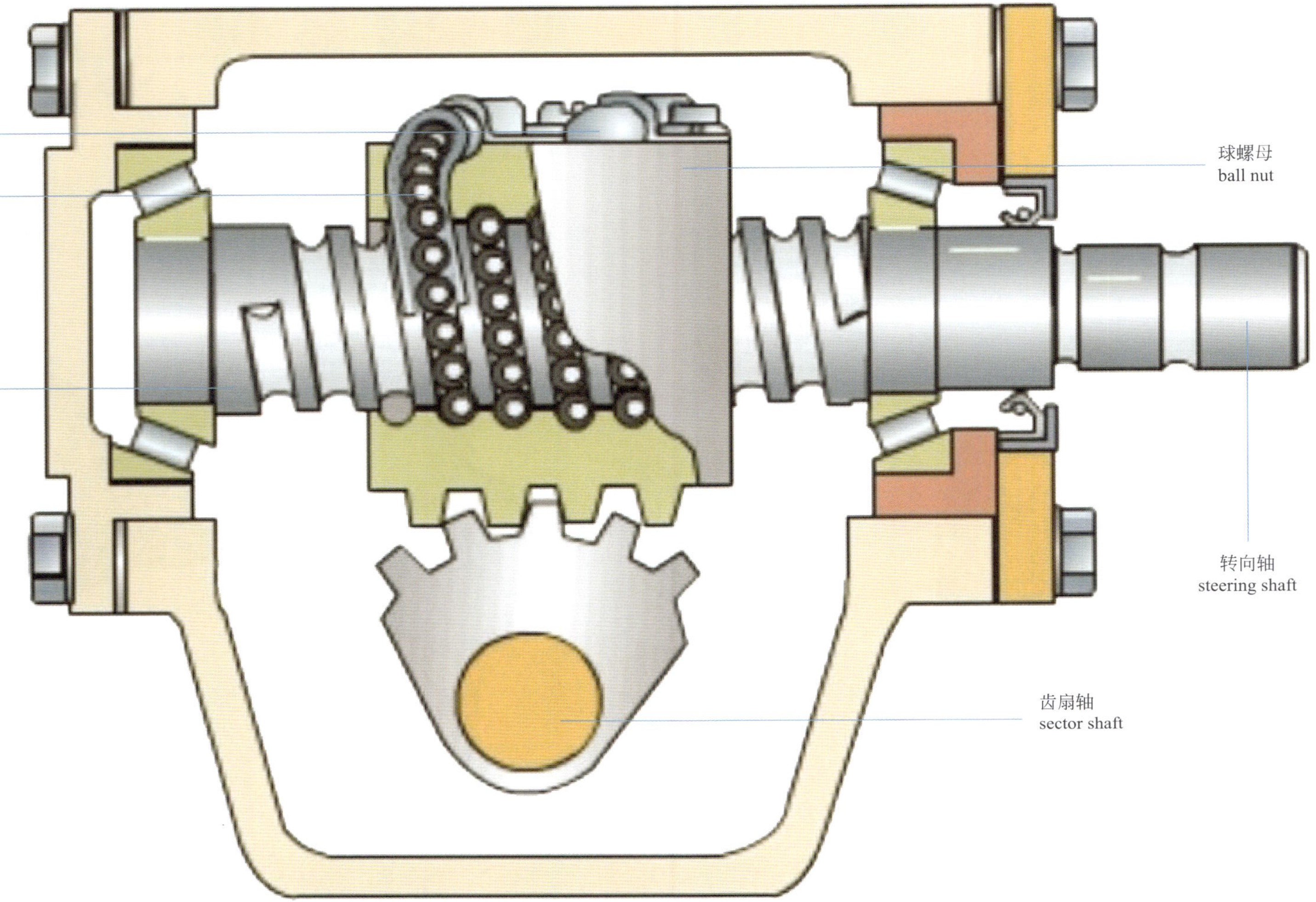

图21-3 循环球式转向器

21.3 转向操纵机构

转向操纵机构由方向盘和转向柱等组成（图21-4），它的作用是将驾驶员转动方向盘的操纵力传给转向器。

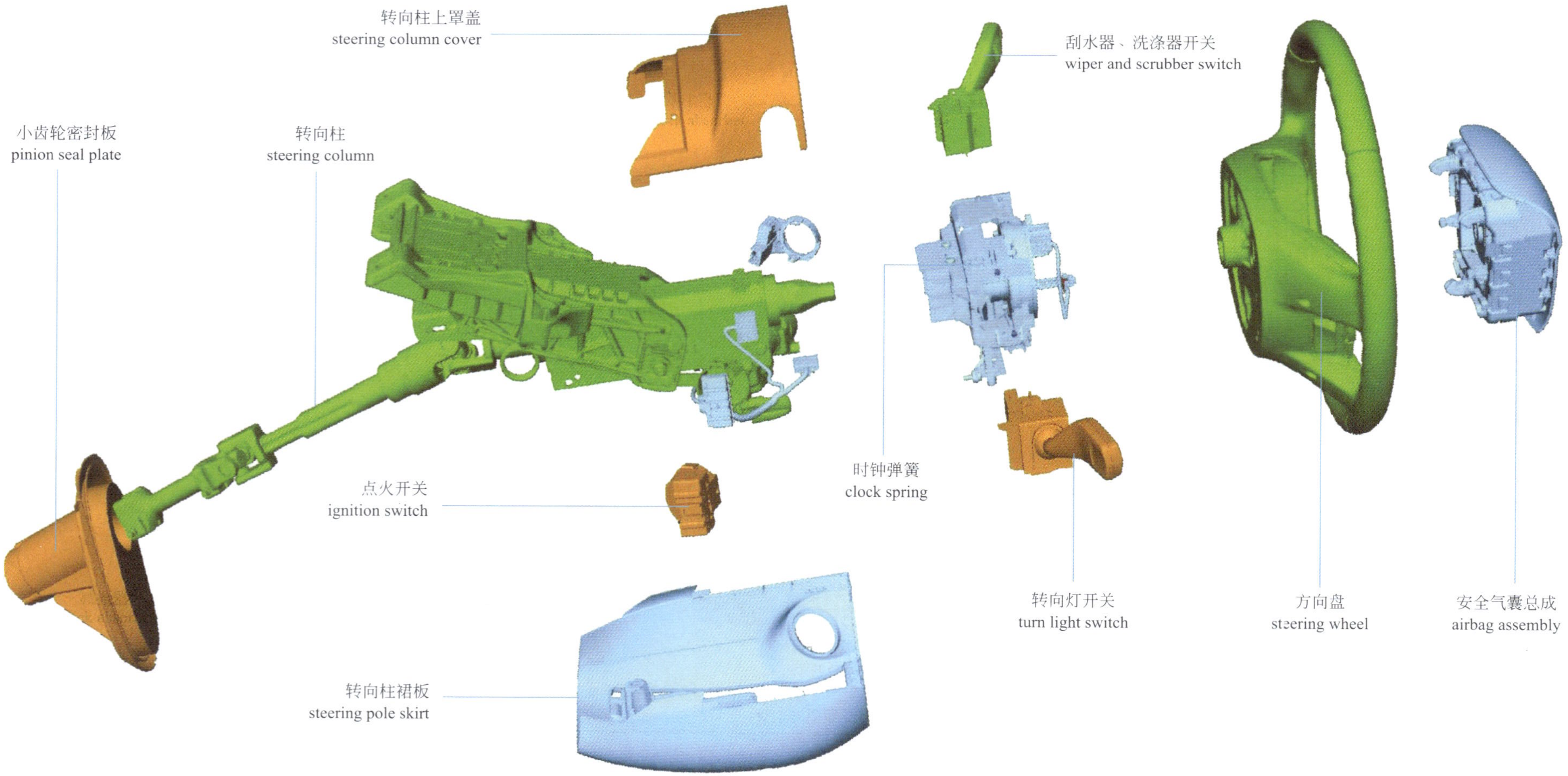

图21-4 转向操纵机构组成

21.4 转向传动机构

转向传动机构的组成和布置因转向器位置及转向桥悬架类型不同而异。与非独立悬架配用的转向传动机构如图21-5所示，与独立悬架配用的转向传动机构如图21-6所示。

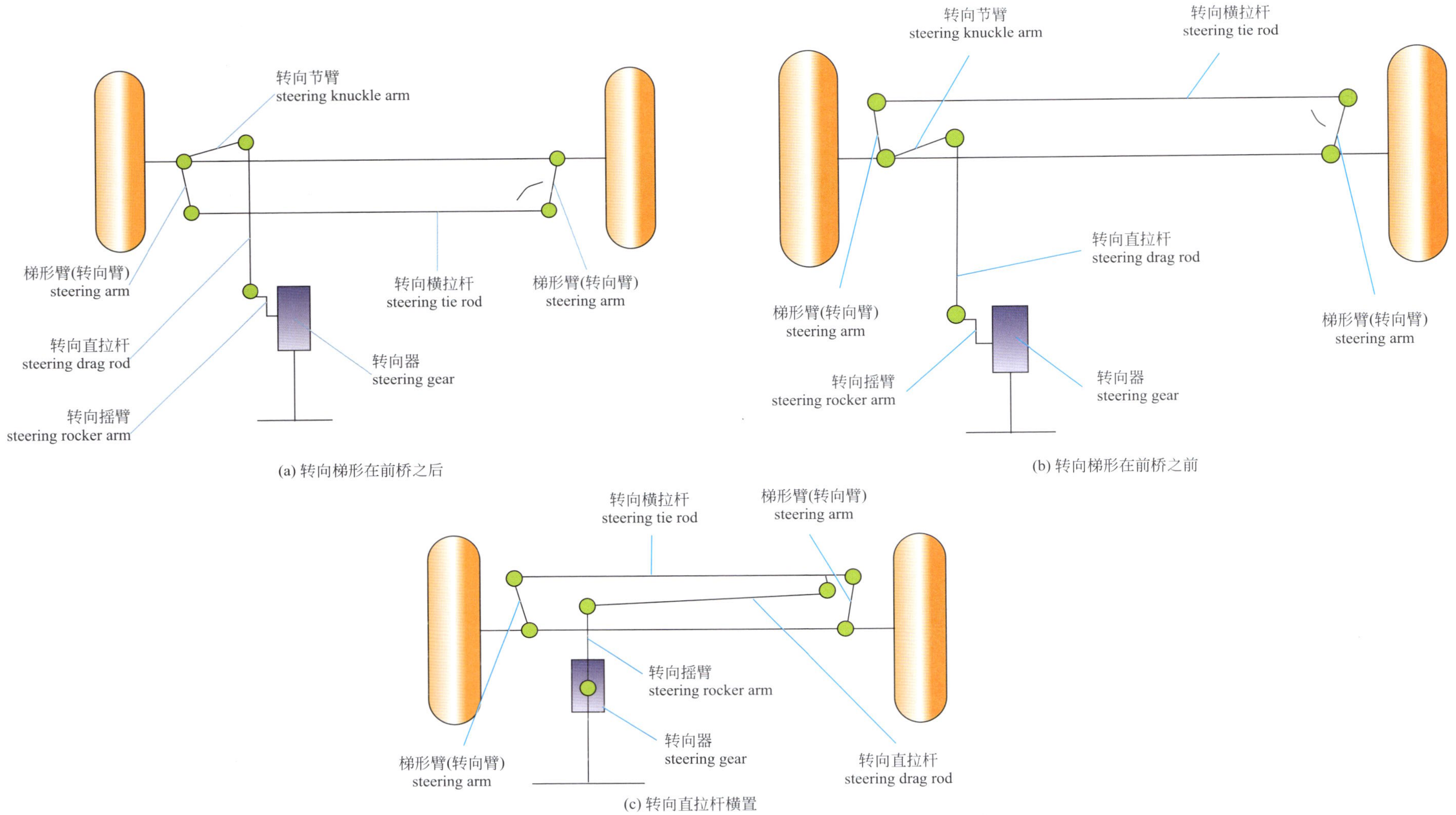

(a) 转向梯形在前桥之后

(b) 转向梯形在前桥之前

(c) 转向直拉杆横置

图21-5 与非独立悬架配用的转向传动机构

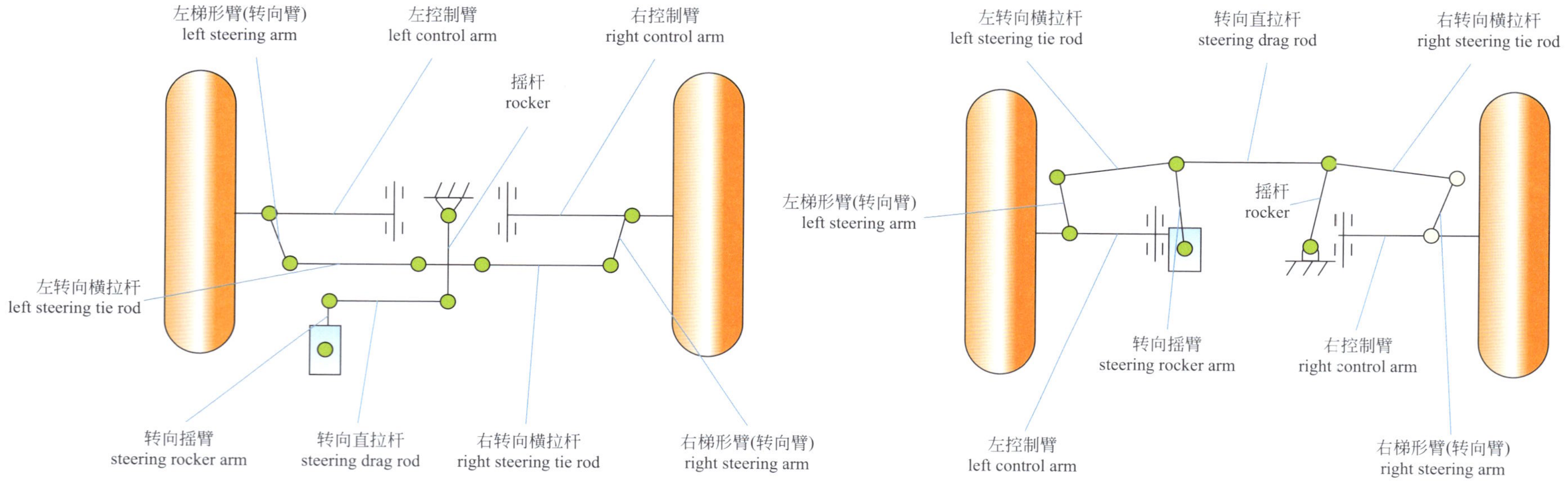

(a) 与循环球式转向器配用的转向机构布置

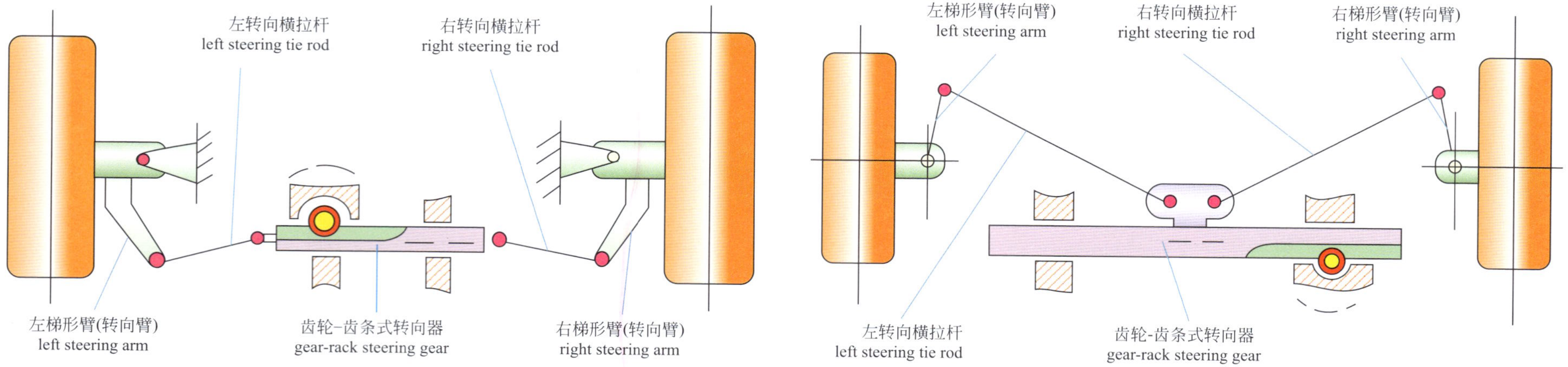

(b) 与齿轮齿条式转向器配用的转向机构布置

图21-6 与独立悬架配用的转向传动机构

21.5 液压动力转向

21.5.1 概述

动力转向是指在转向时，动力来源只有一小部分来自驾驶员，其余大部分由液压系统或电动机提供。液压式齿轮齿条动力转向系统由动力转向泵、储液罐、液压管路、齿轮-齿条式转向器等组成，如图21-7所示。

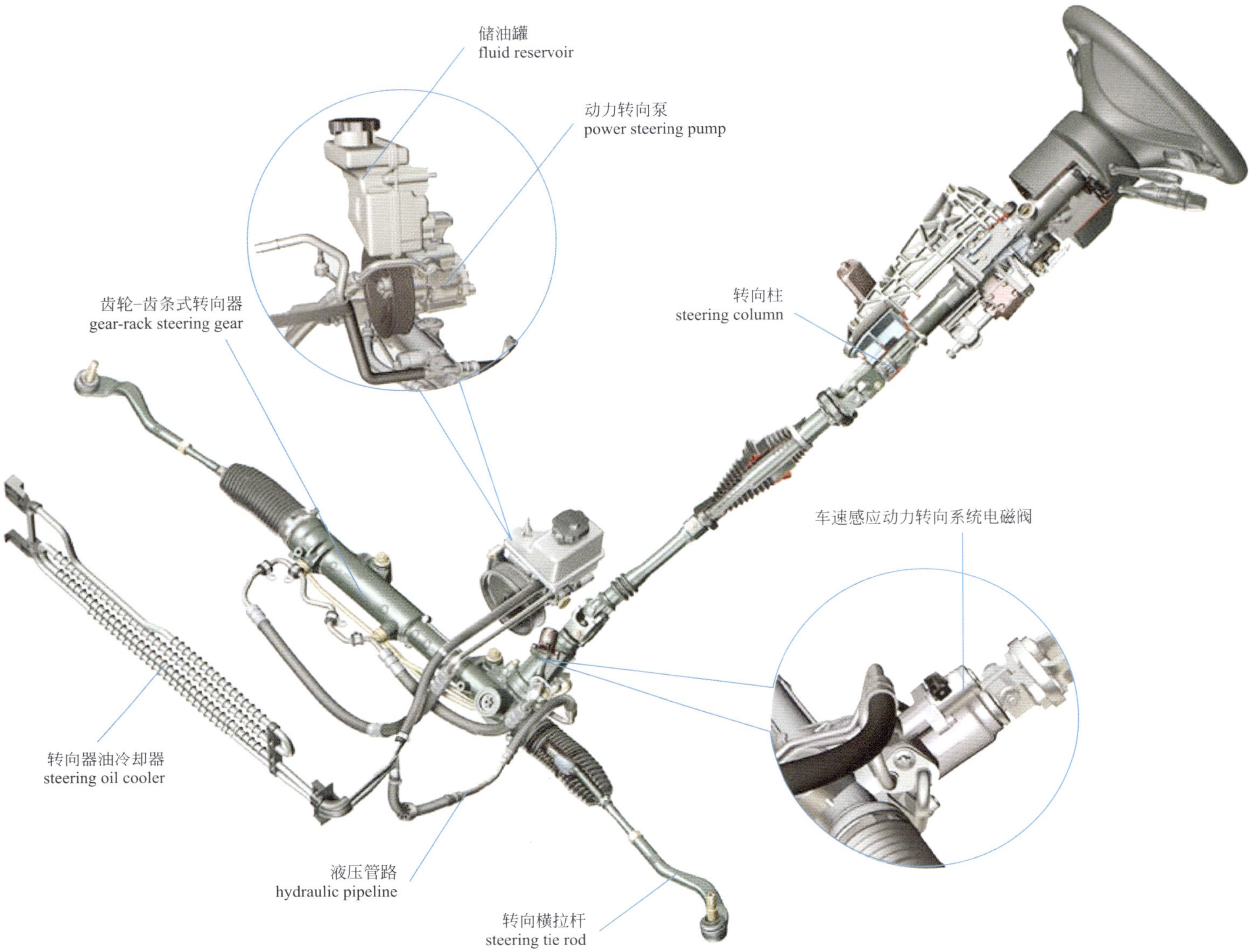

图21-7 液压式齿轮齿条动力转向系统

21.5.2 液压动力转向工作原理

动力转向系统使用发动机的动力来驱动产生液压力的叶轮泵。当方向盘转动时，在控制阀上转换油路。当把油压力施加到动力油缸里的动力活塞上时，需要操纵方向盘的动力就减小了，如图21-8所示。

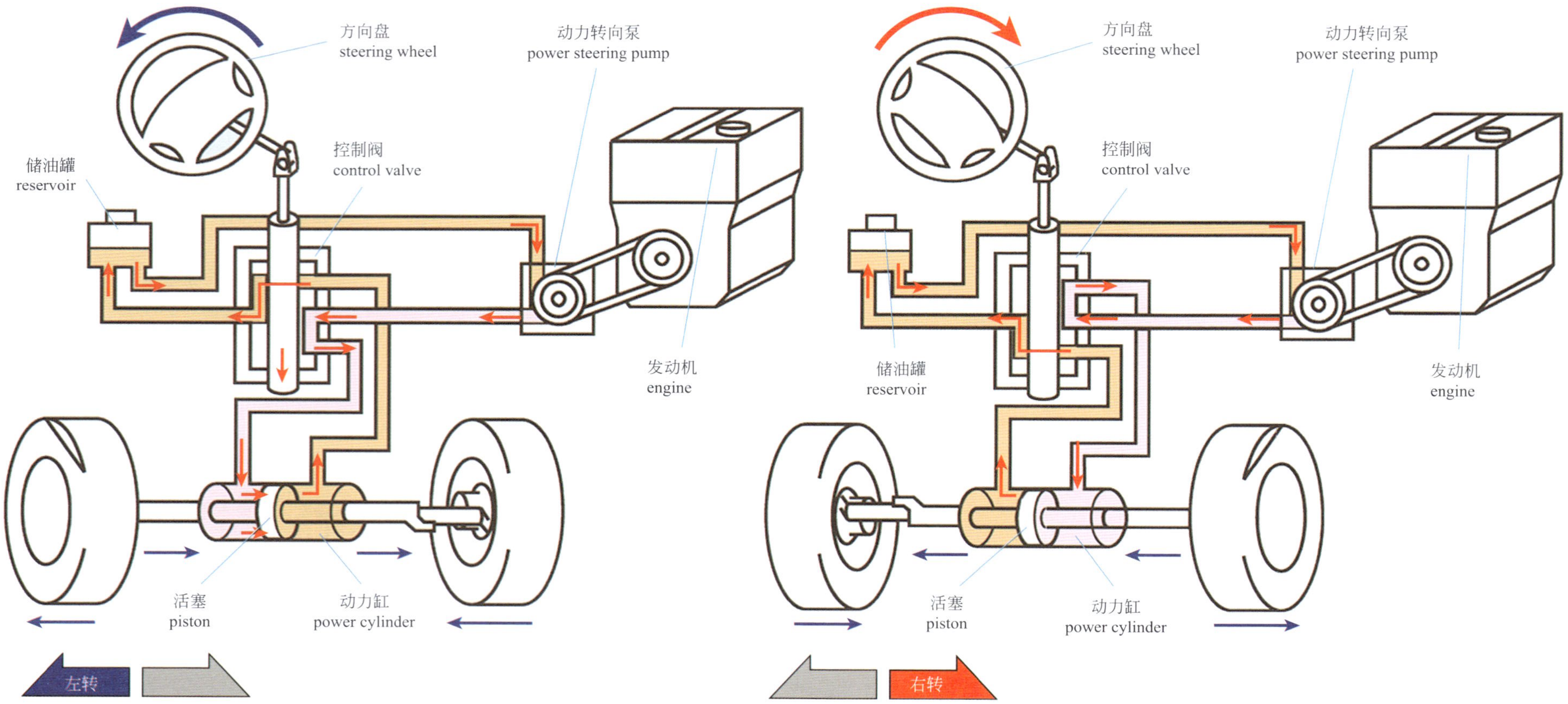

图21-8 液压动力转向工作原理

21.5.3 液压动力转向泵

动力转向泵是液压动力转向系统的动力源，其功用是将发动机的机械能转变为驱动转向动力缸工作的液压能并传给转向动力缸。液压动力转向泵通常安装在发动机的前端。液压动力转向泵形式有滚柱式、叶片式、转子式和齿轮式 4 种。叶片式液压动力转向泵结构简单、工作可靠，得到了广泛应用，如图21-9所示。

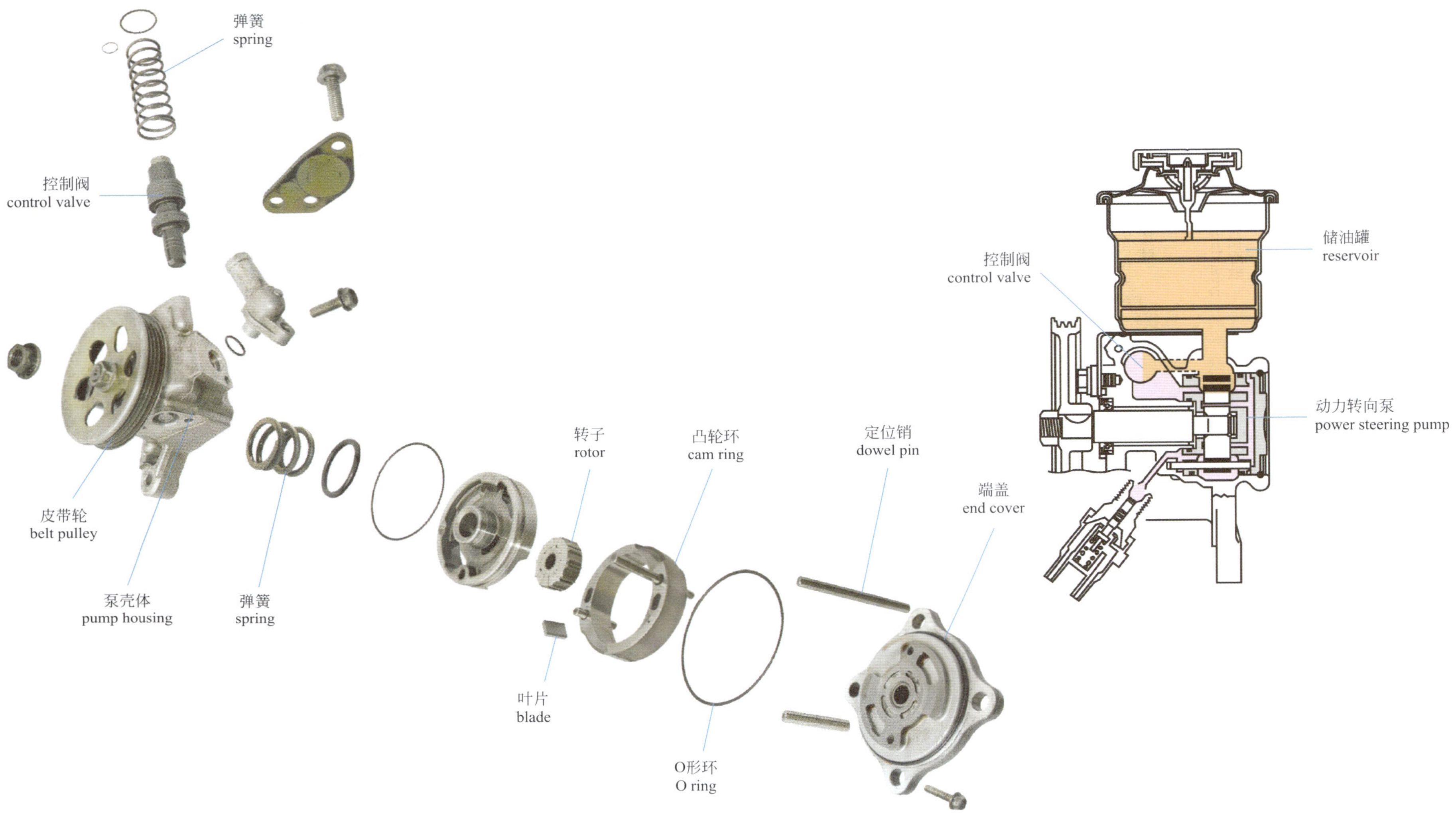

图21-9 叶片式液压动力转向泵

21.6 电子助力转向系统

21.6.1 概述

电子助力转向系统（electronic power steering system，EPS）（图21-10）是一种直接依靠电动机提供辅助转矩的电动助力转向系统。此系统利用微机控制电动机电流的方向和幅值，不需要复杂的控制机构，电动机、减速机构、转向柱和转向齿轮可以制成一个整体。

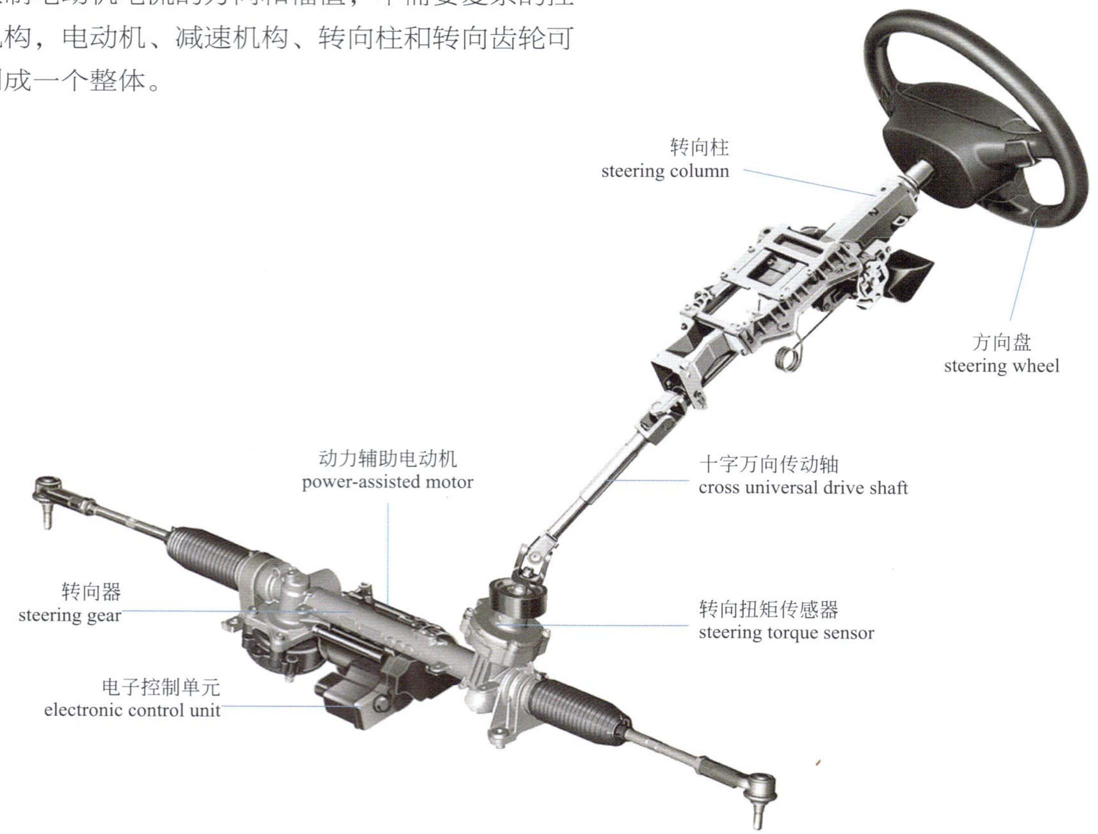

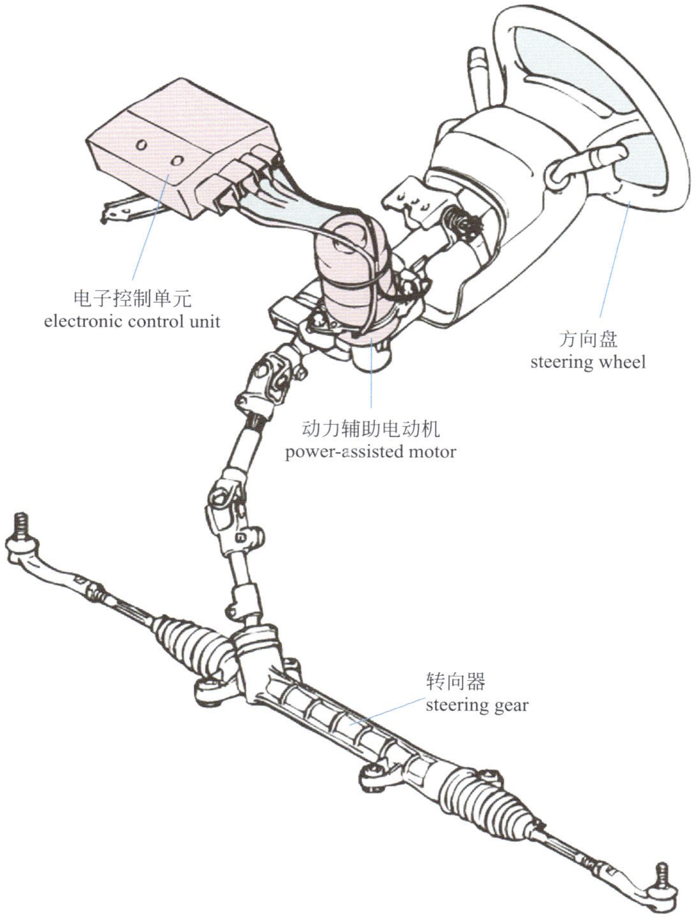

图21-10 电子控制助力转向系统

21.6.2 转向器结构

带有双小齿轮的电子控制助力转向系统转向器结构如图21-11所示。两个小齿轮平行排列，分别与齿条啮合。第一小齿轮由方向盘通过转向柱及传动装置驱动。由助力转向电动机通过传动机构带动第二小齿轮为转向系统助力。

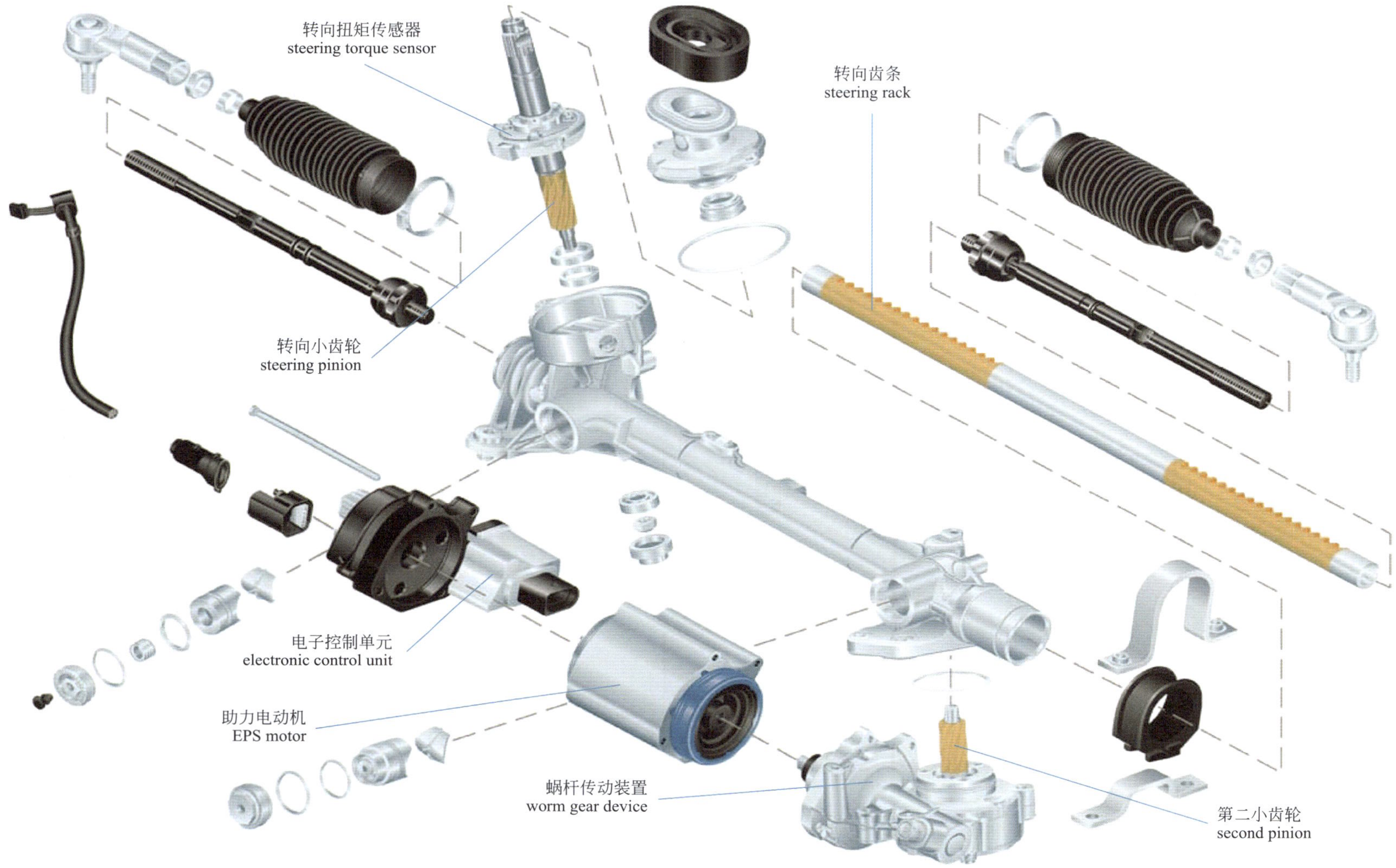

图21-11 带有双小齿轮的电子控制助力转向系统转向器结构

21.6.3 电子控制转向系统原理

电子控制转向系统原理如图21-12 ~图21-15所示。

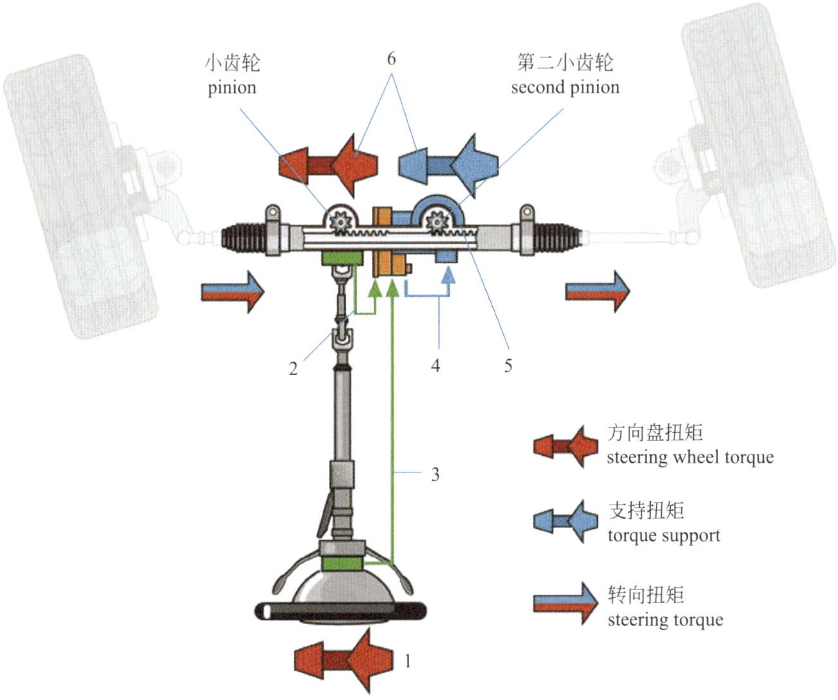

图21-12 转向过程的作用

1—转动方向盘，转向助力开始；2—扭矩传感器探测扭杆的转动，并将检测的扭矩传递给电子控制单元；3—转向角度传感器将当前转向角度和速度传递给电子控制单元；4—电子控制单元根据转向扭矩、车速、发动机转速、转向角度、转向速度传感器信号，计算支持扭矩，启动助力电动机；5—助力电动机通过涡轮传动装置和第二小齿轮将支持力传递到转向器的齿条上；6—方向盘扭矩和助力电动机的支持扭矩综合就是转向器上的有效扭矩，由该扭矩来传动齿条

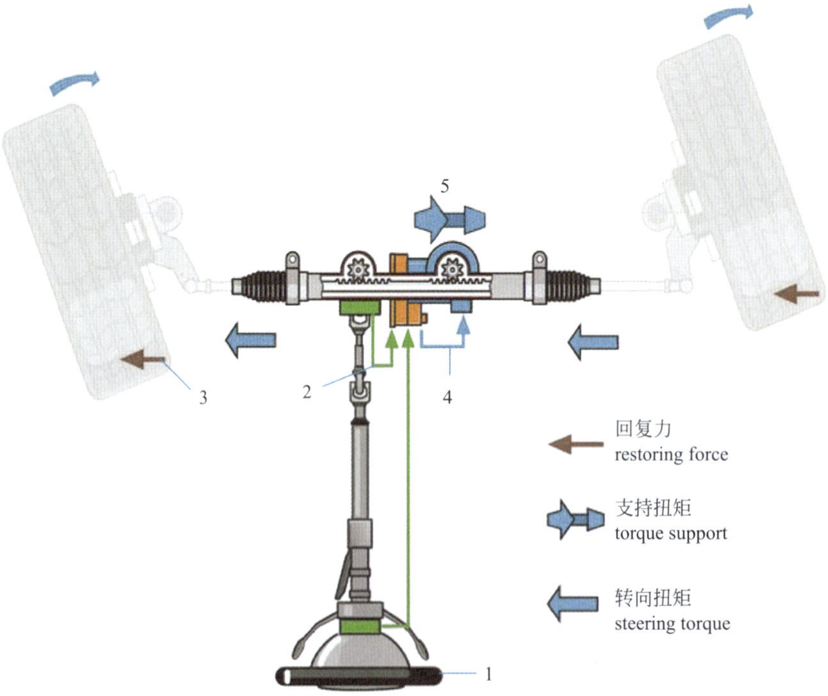

图21-13 车轮主动回位作用

1—弯道行驶时，驾驶员降低了转向扭矩，扭矩传感器通知电子控制单元；2—电子控制单元根据转向扭矩、转向角度和速度计算出复位扭矩；3—转向车轮上产生的复位力不足以使车轮回正；4—电子控制单元根据转向扭矩、车速、发动机转速、转向角度、转向速度传感器信号，计算支持扭矩，启动助力电动机；5—控制单元启动助力电动机，使车轮回正

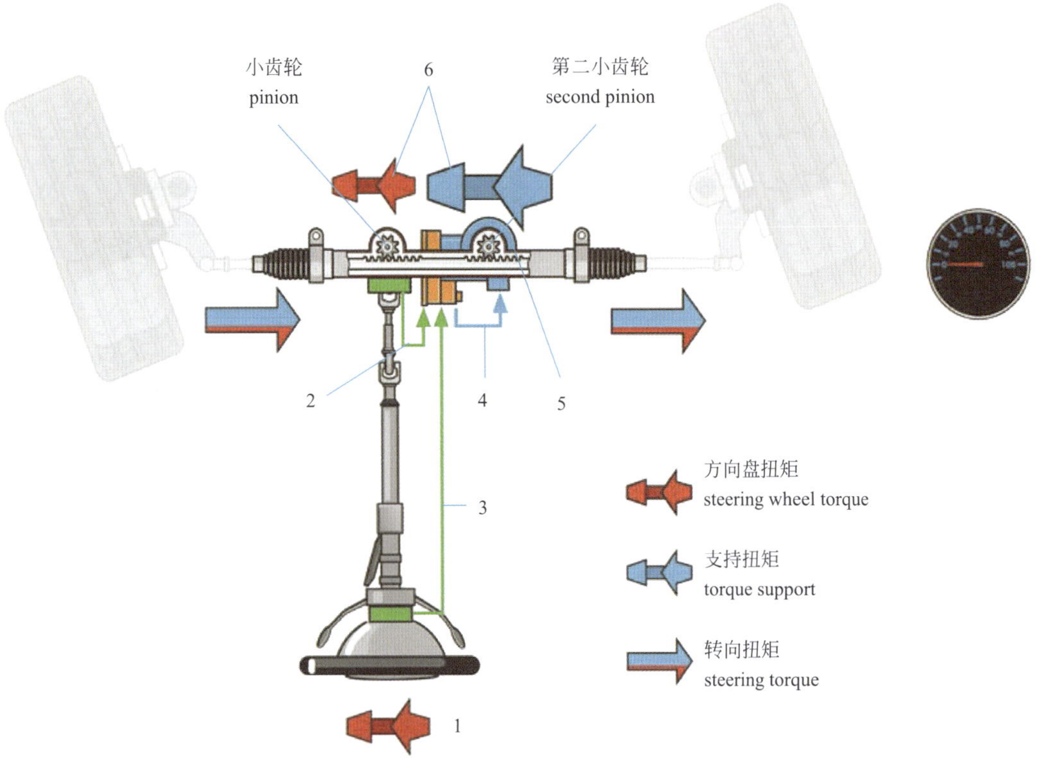

图21-14 市区低速行驶时的助力过程

1—市区低速行驶时转动方向盘，转向助力开始；2—扭矩传感器探测扭杆的转动，告知电子控制单元方向盘上有一个中等的转向扭矩；3—转向角度传感器将当前转向角度和速度传递给电子控制单元；4—电子控制单元根据中等的转向扭矩、车速、发动机转速、中等的转向角度、转向速度传感器信号，计算中等的支持扭矩，启动助力电动机；5—由第二小齿轮将支持力传递到转向器的齿条上；6—方向盘扭矩和中等支持扭矩总和就是转向器上的有效扭矩，由该扭矩来传动齿条

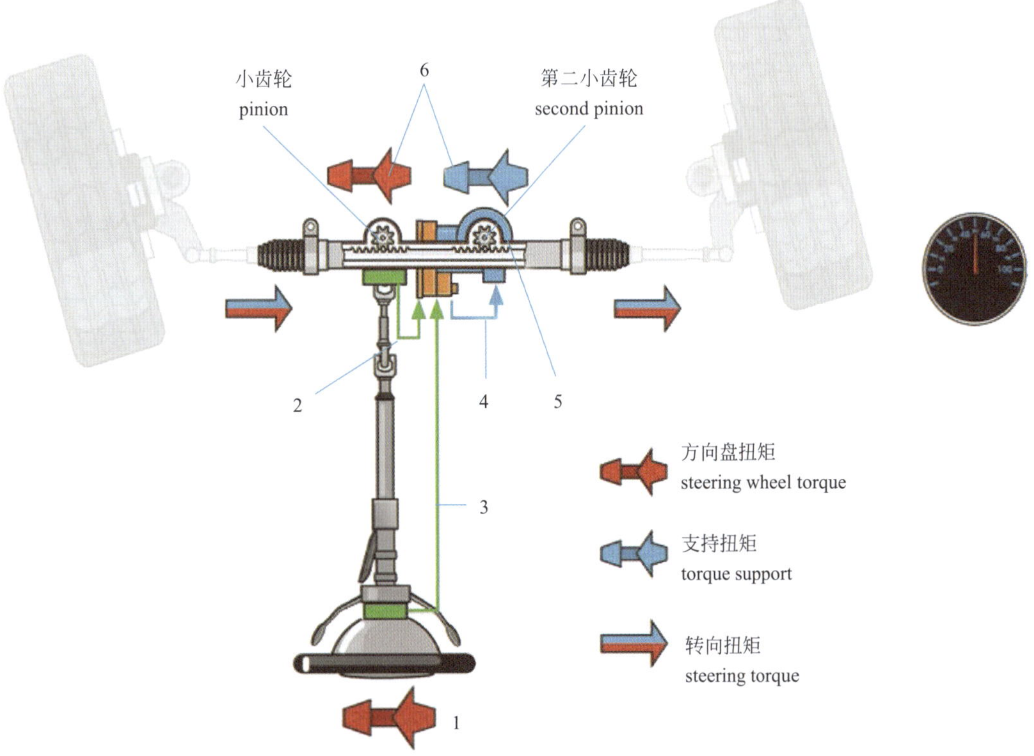

图21-15 高速公路高速行驶时的助力过程

1—在高速公路上变换车道，驾驶员轻微转动方向盘；2—扭矩传感器探测扭杆的转动，告知电子控制单元方向盘上有一个小的扭矩；3—转向角度传感器将小的转向角度和速度传递给电子控制单元；4—电子控制单元根据中等的转向扭矩、车速、发动机转速、小的转向角度、转向速度传感器信号，计算一个小的支持扭矩或无需支持扭矩，启动助力电动机；5—由第二小齿轮将支持力传递到转向器的齿条上；6—方向盘扭矩加上最小支持扭矩就是有效扭矩，该扭矩传动齿条

21.7 四轮转向系统

21.7.1 概述

四轮转向系统是指除了前轮转向机构外，还在后桥上安装了一套转向系统。它能够使驾驶员在操纵方向盘时转动汽车前后四个车轮，不仅提高了高速时的稳定性和可控制，而且提高了低速时的机动性。在高速行驶时，使后轮与前轮同相位转向，以减小车辆转向时的旋转运动，改善高速行驶的稳定性；而在低速行驶时，使后轮与前轮逆相位转向，以改善车辆中低速行驶的操纵性，提高快速转向性。四轮转向系统组成如图21-16所示。

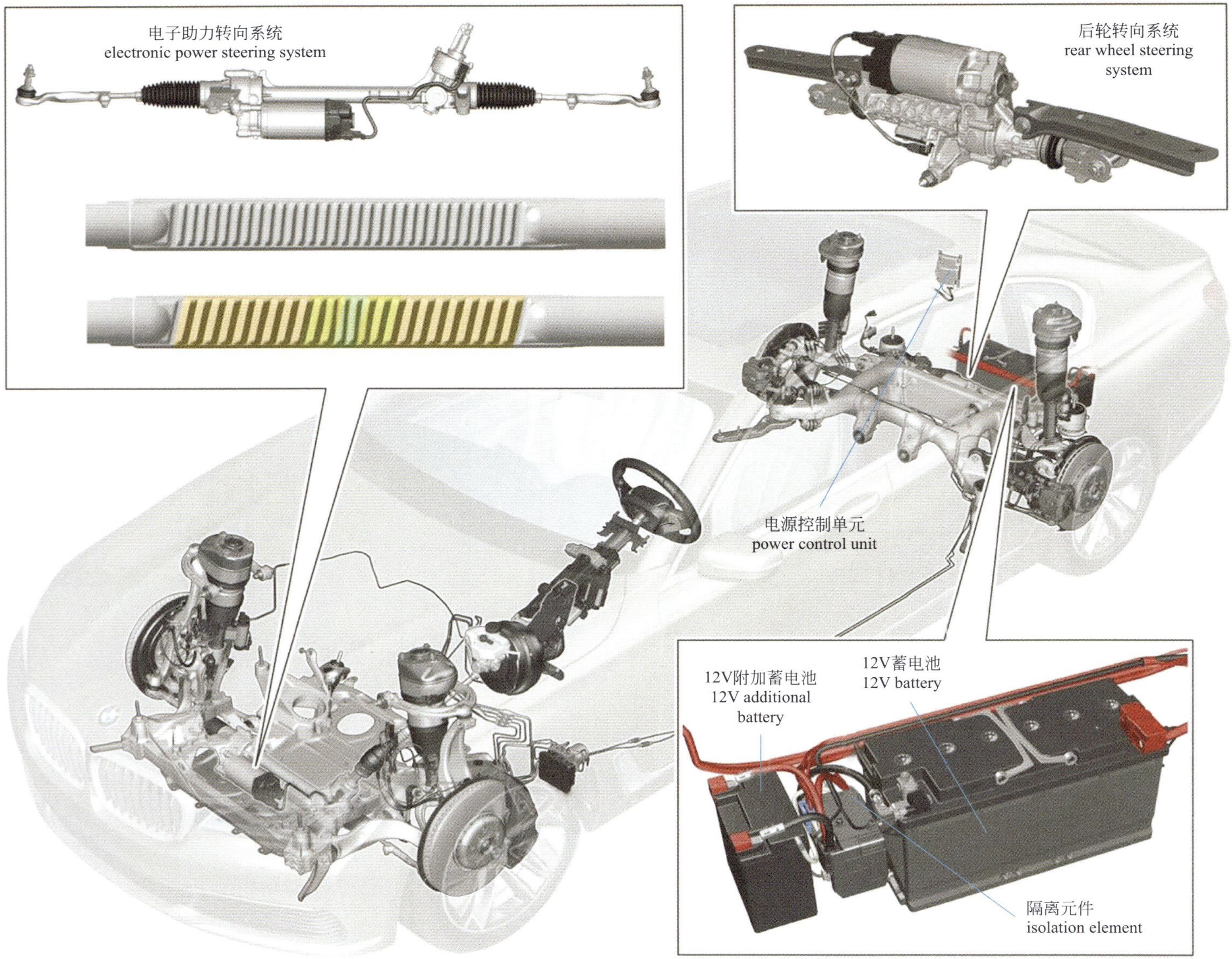

图21-16 四轮转向系统组成

21.7.2 后轮转向机构

后轮转向机构一般可实现最大 ±3° 的后轮转向角，因此与不带后轮转向机构的车辆相比可使转弯直径减小约1m。一般后轮转向系统可在约5km/h 至最高车速范围内执行功能。如图21-17所示，后轮转向机构由电动机、电子控制单元以及前束控制臂固定架等组成。

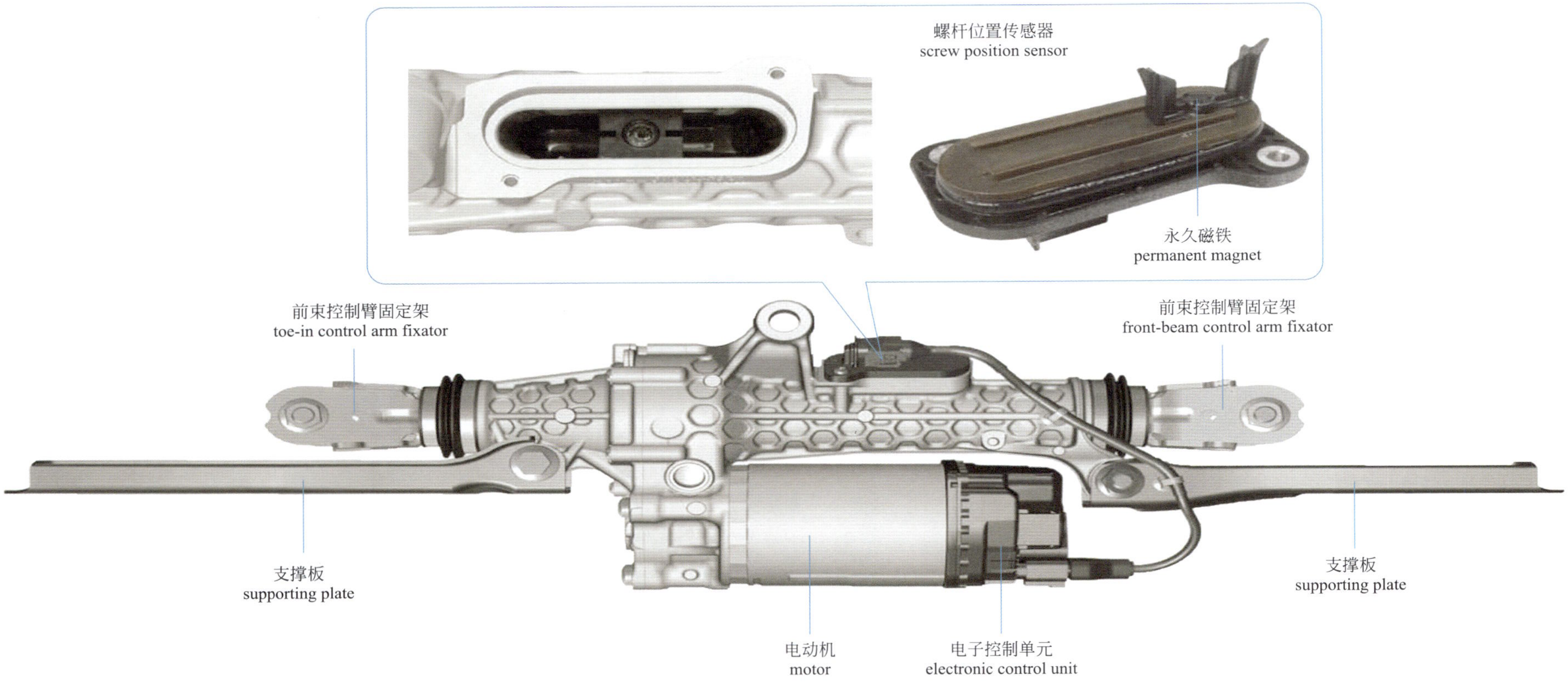

图21-17 后轮转向机构组成

21.7.3 四轮转向系统运行策略

车速＜60km/h时，后轮转向角度与前轮转向角度相反。这样可提高车辆的转弯性能，如图21-18（a）所示。

车速≥60km/h时，后轮转向角度与前轮转向角度相同。这样可使车辆保持直线行驶，如图21-18（b）所示。

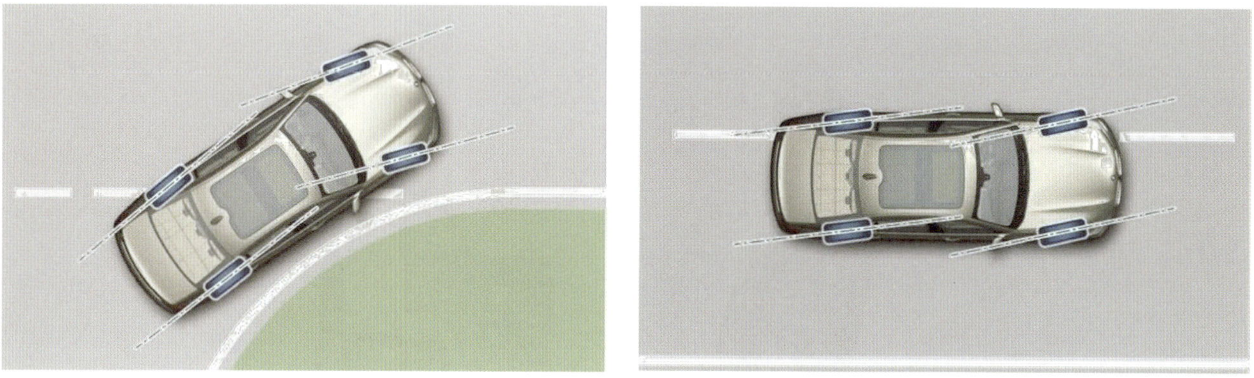

(a) 转向角度相反　　(b) 转向角度相同

图21-18 前后轮转向角度

快速更换车道或转弯时，所有车辆都有明显的横摆趋势且可能导致过度转向。动态稳定控制系统（DSC）识别出驾驶员指令与车辆响应间存在偏差时，就会进行后轮转向干预并稳定车辆，如图21-19所示。

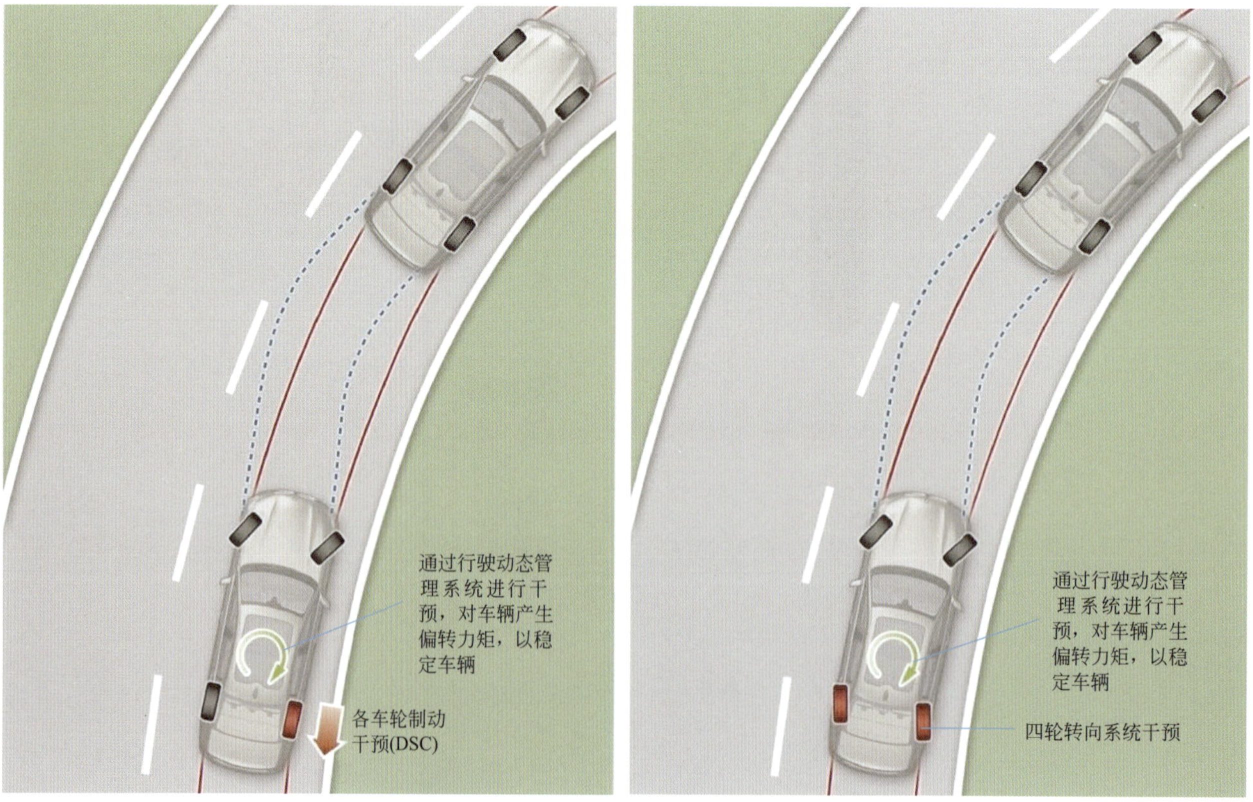
通过行驶动态管理系统进行干预，对车辆产生偏转力矩，以稳定车辆
各车轮制动干预(DSC)
通过行驶动态管理系统进行干预，对车辆产生偏转力矩，以稳定车辆
四轮转向系统干预

图21-19 快速转弯时四轮转向系统工作示意图

第22章 制动系统

22.1 概述

制动系统的主要作用是使汽车在行驶过程中按照驾驶者的意愿减速或停车，在下坡过程中保持一个速度稳定行驶，使停驶的汽车在各种路况下稳定驻车。汽车一般使用摩擦制动器。

制动系统可分为行车制动系统和驻车制动系统。制动器分为鼓式制动器和盘式制动器。

汽车制动系统组成如图22-1所示，行车制动器组成如图22-2所示，驻车制动系统组成如图22-3所示。

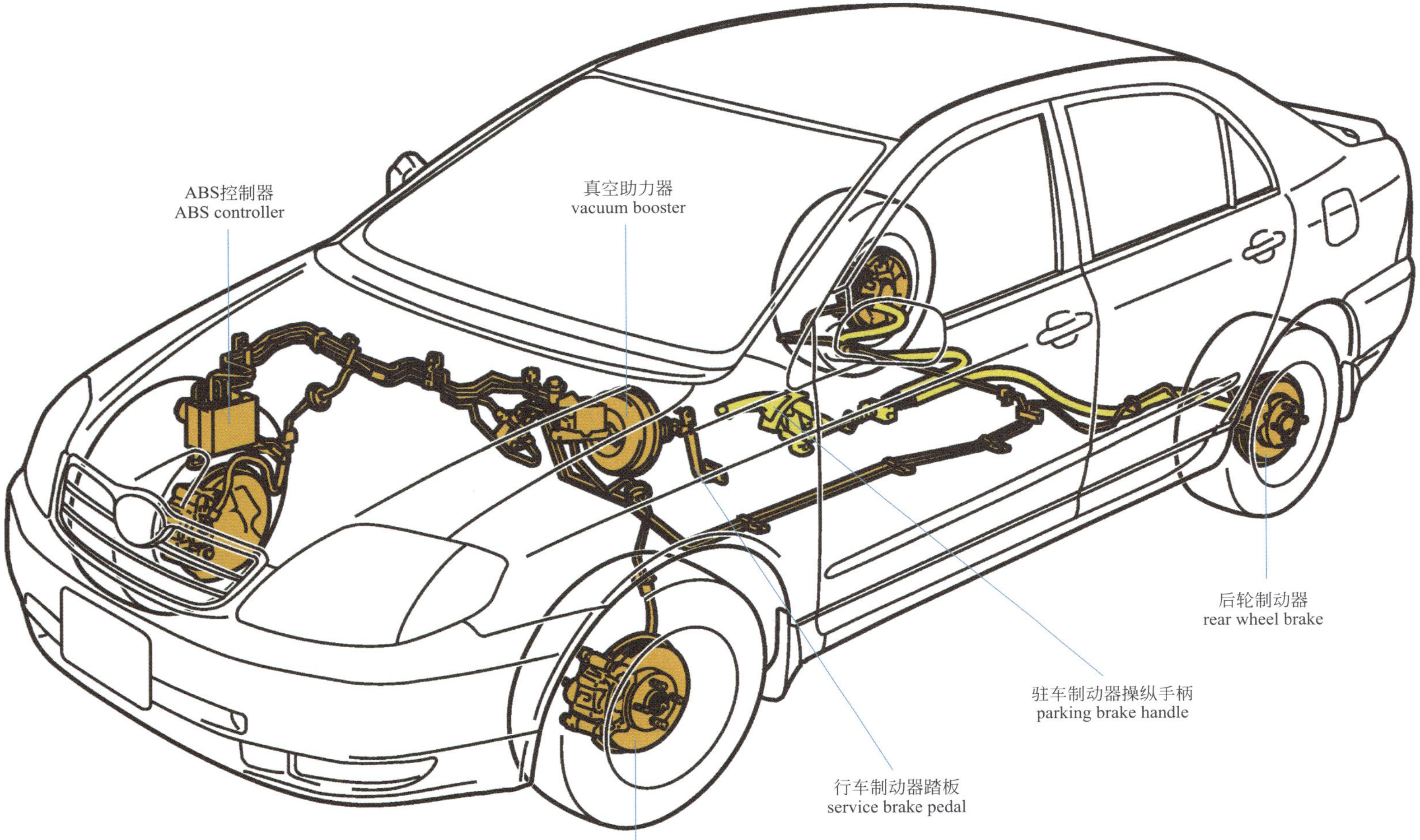

图22-1 汽车制动系统组成

行车制动器是由驾驶员用脚来控制的，它的功用是使正在行驶的汽车减速或在最短的距离内停车。

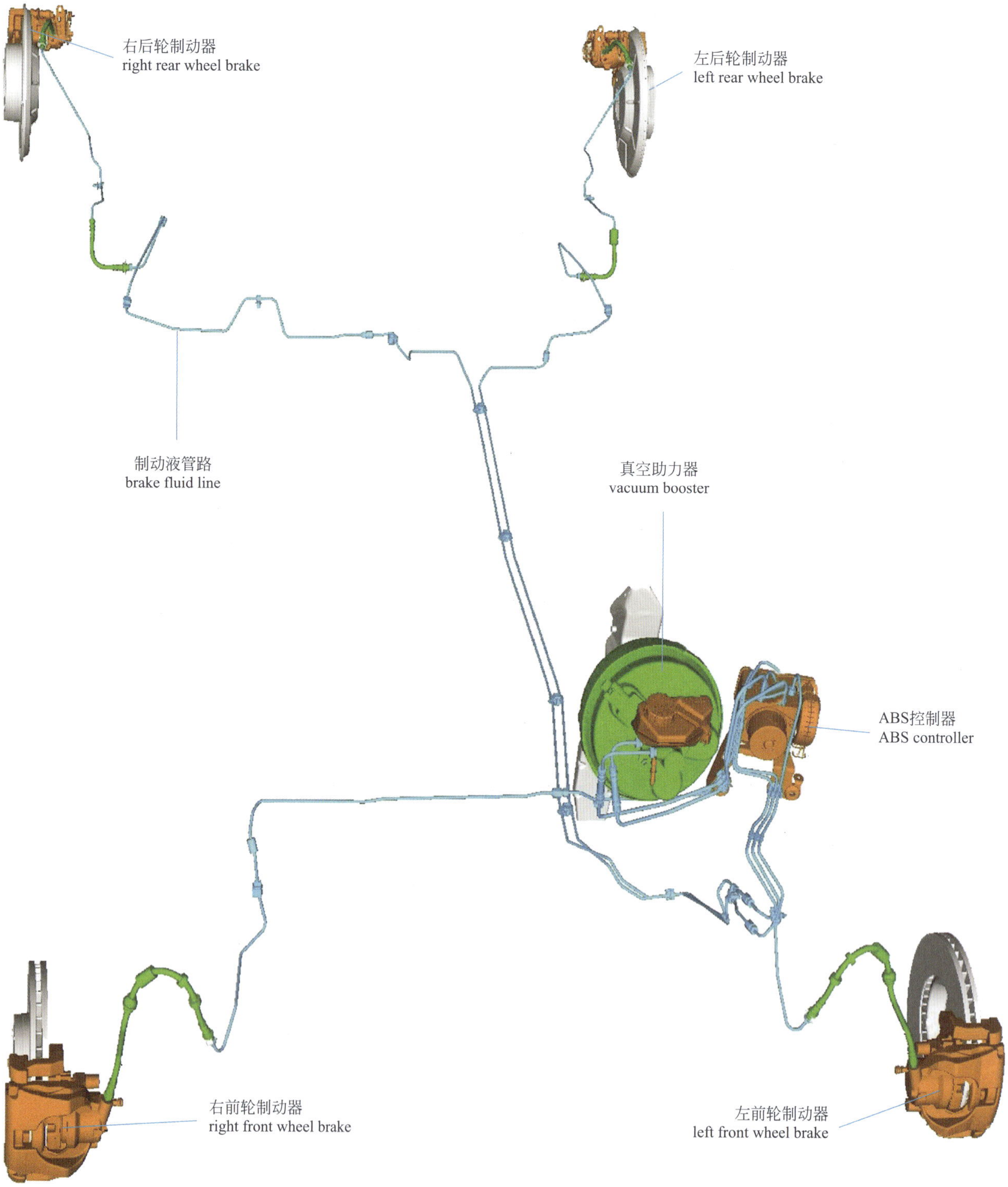

图22-2 行车制动器组成

驻车制动系统是由驾驶员手动操纵的，它的功用是使已经停在各种路面上的汽车驻留原地不动。对于驻车制动系统，一般在后轮制动器中加装必要的执行机构，使后轮制动器兼做驻车制动器。

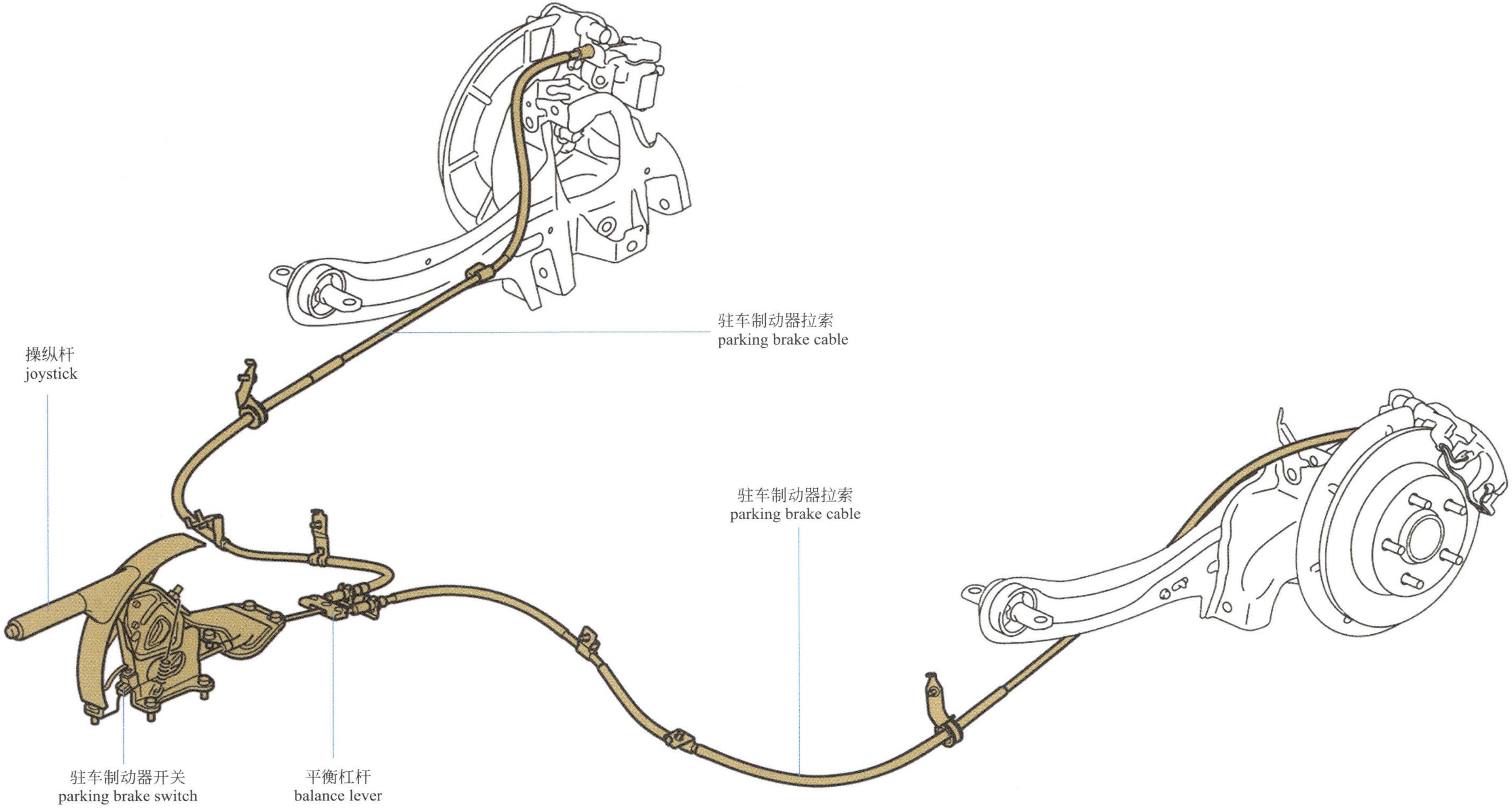

图22-3 驻车制动系统组成

22.2 鼓式制动器

鼓式制动器由制动鼓、制动蹄、制动轮缸、回位弹簧等组成（图22-4）。旋转元件是制动鼓，其与车轮连接；固定元件是制动蹄。制动蹄在促动装置制动轮缸的作用下向外翻转，外表面的摩擦片压靠到制动鼓的内表面上，对制动鼓产生制动摩擦力，促使车轮减速。

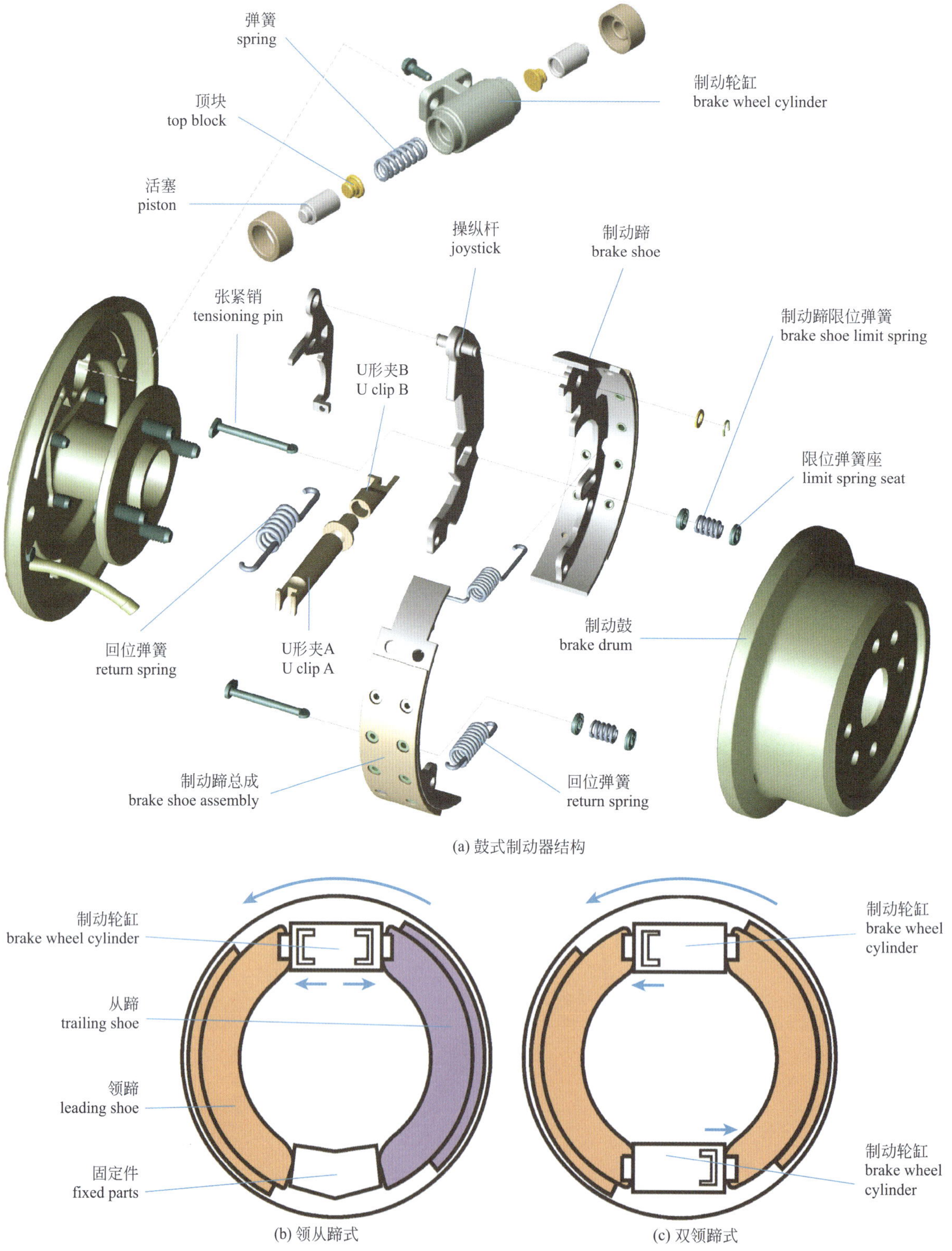

图22-4 鼓式制动器组成

22.3 盘式制动器

盘式制动器由制动钳、制动片、活塞等组成（图22-5）。盘式制动器的旋转元件为制动盘，制动盘与车轮连接。摩擦元件为制动片，每个盘式制动器有两个制动片，制动片安装在横跨制动盘两侧的制动钳上。在制动盘的内侧设置油缸，以驱动外侧的制动片，制动片附在制动钳体上，制动时随着制动钳做轴向运动。

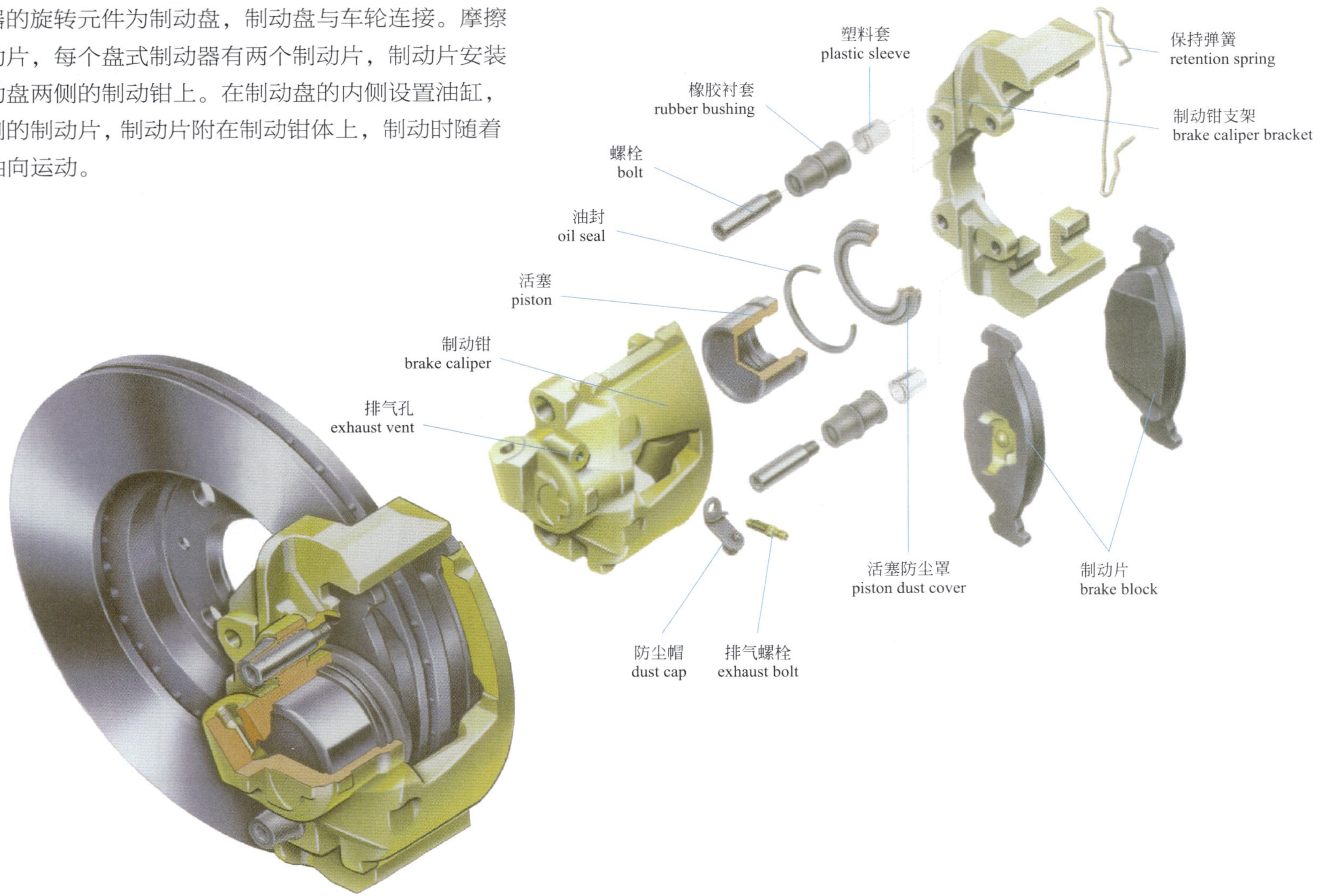

图22-5 盘式制动器构造

22.4 液压制动传动装置

22.4.1 液压制动回路

行车制动系统采用双回路制动装置，利用彼此独立的双腔制动主缸，通过两套独立的液压管路分别控制两个车轮的制动器。若一套管路失效，另一套管路仍能继续起制动作用。

发动机前置后轮驱动的车辆多采用前、后轮独立式液压制动回路［图22-6（a）］。发动机前置前轮驱动的车辆多采用对角线式液压制动回路［图22-6（b）］。

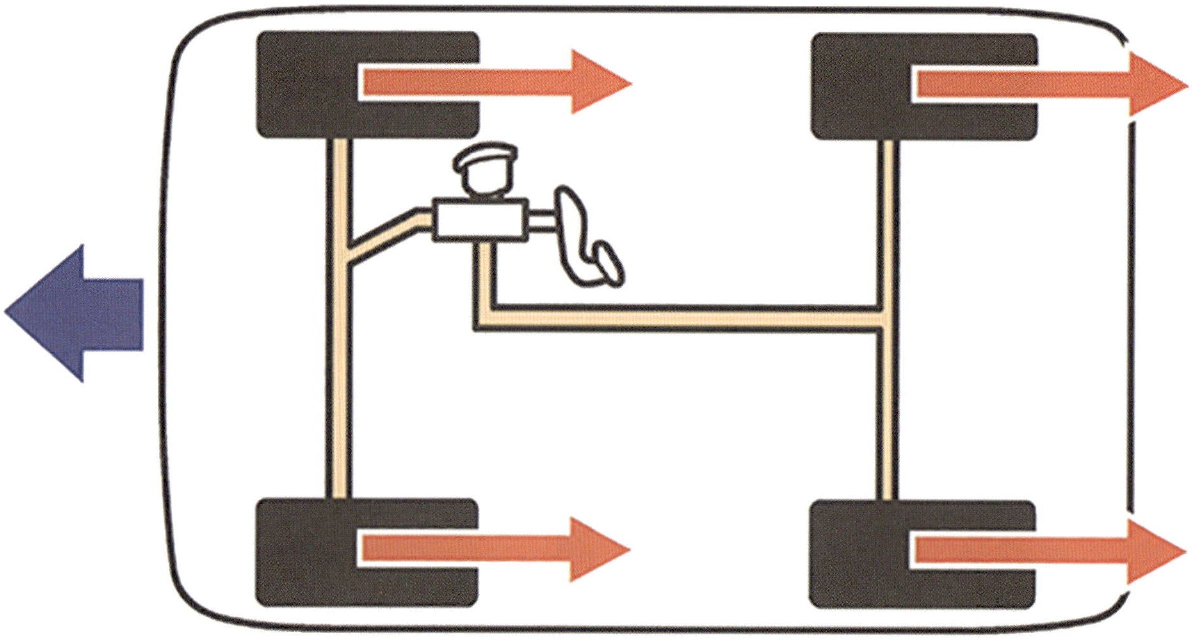

(a) 前、后轮独立式液压制动回路

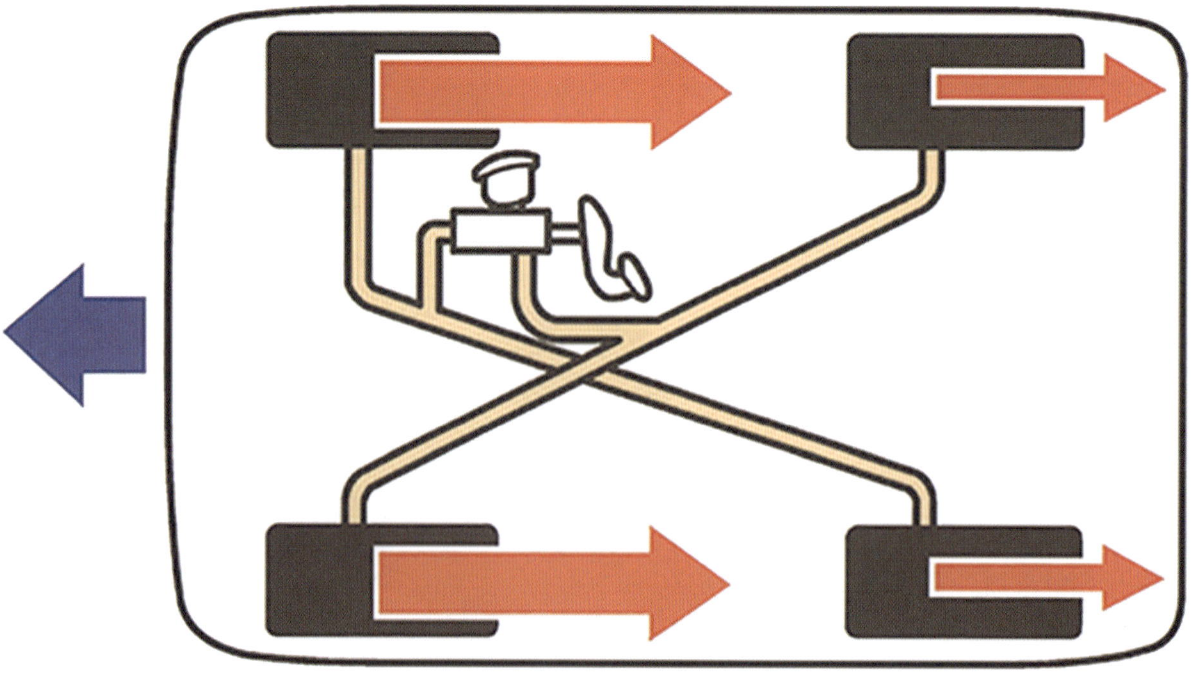

(b) 对角线式液压制动回路

图22-6 液压制动回路布置

22.4.2　制动主缸

制动主缸又称为制动总泵，作用是将制动踏板的机械能转变为液压能，液压能通过管路传输给制动分泵。现代汽车一般采用串联双腔式制动主缸。制动主缸结构如图22-7所示，制动主缸工作原理如图22-8所示。

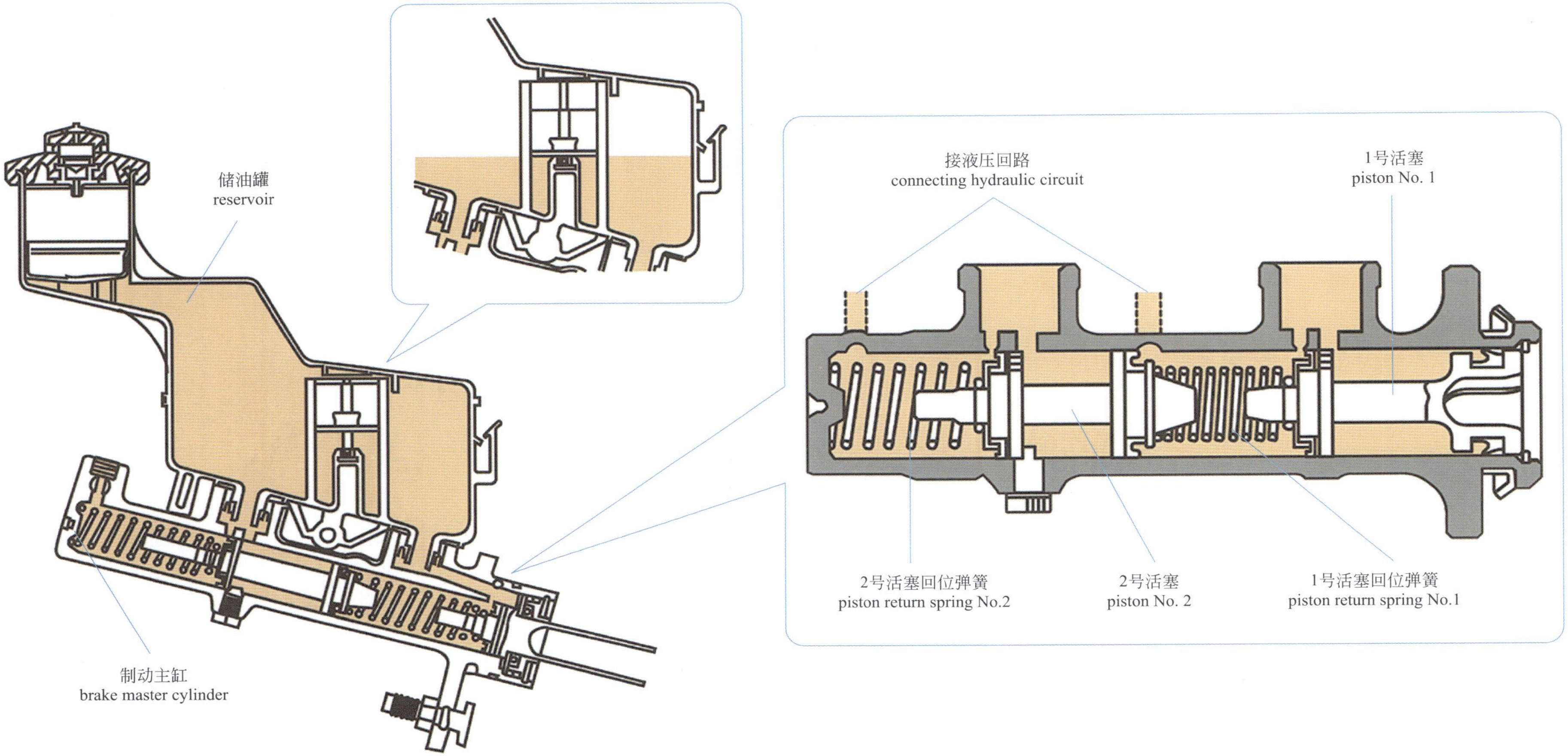

图22-7　制动主缸结构

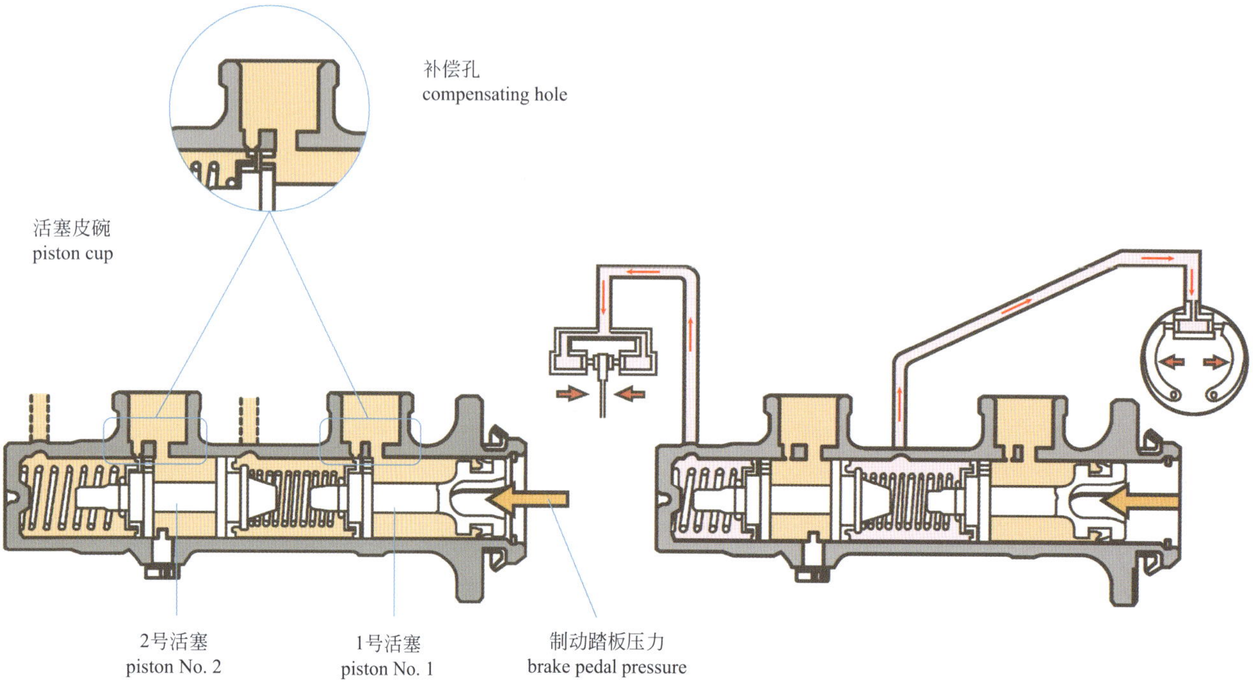

踩下制动踏板时，1号活塞移动到左边，活塞皮碗封闭补偿孔，阻塞主缸与储油罐之间的通道。当活塞推得更远时，增加了总泵内的液压力，该压力作用在后轮缸上。由于总泵内的液压力推动2号活塞，2号活塞与1号活塞以相同的方法工作，作用在前轮缸上

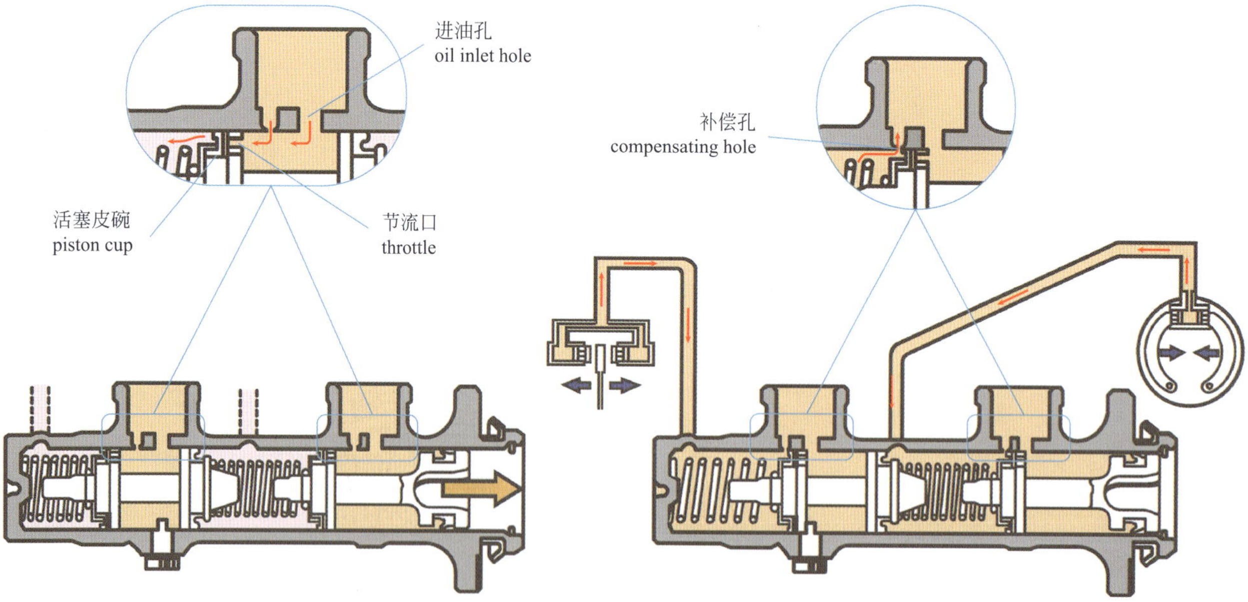

松开制动踏板时，油液压力和回位弹簧的力使活塞返回到原位上。但是，因为制动油液不会马上从轮缸中返回，主缸内部的液压力会暂时向下降(形成真空)。结果是储油罐里的制动油液通过进油口从活塞顶部上的许多小孔流入总泵和活塞皮碗四周。活塞返回到其原位后，从轮缸渐渐返回到总泵的制动油液通过补偿孔流入储油罐

图22-8 制动主缸工作原理

22.4.3 真空助力器

制动助力装置能提高汽车的制动效能，减轻驾驶员的劳动强度。目前大部分轿车采用真空助力器。真空助力器是利用真空负压对制动踏板进行助力的装置。真空助力器结构如图22-9（a）所示，真空助力器工作原理如图22-9（b）所示。

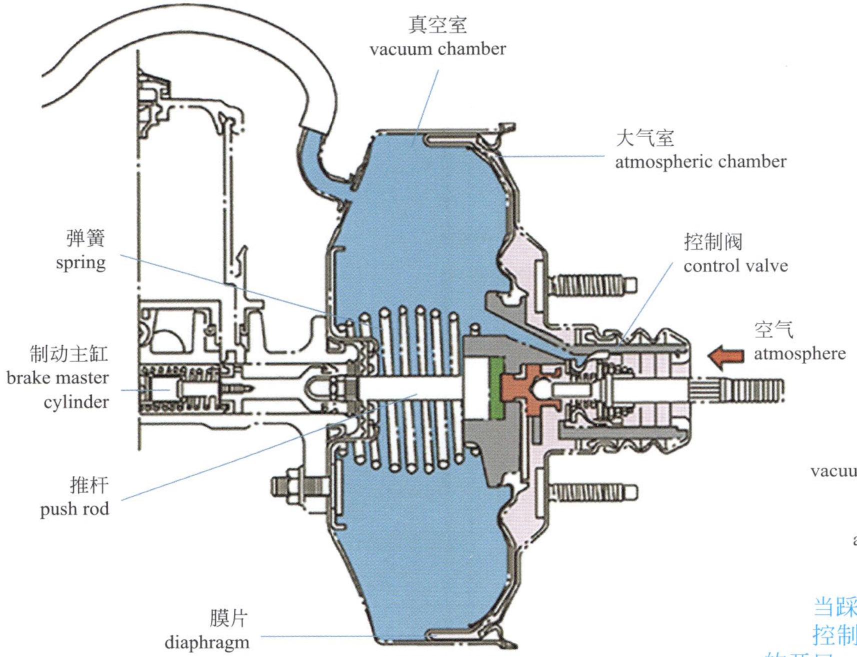

(a) 真空助力器结构

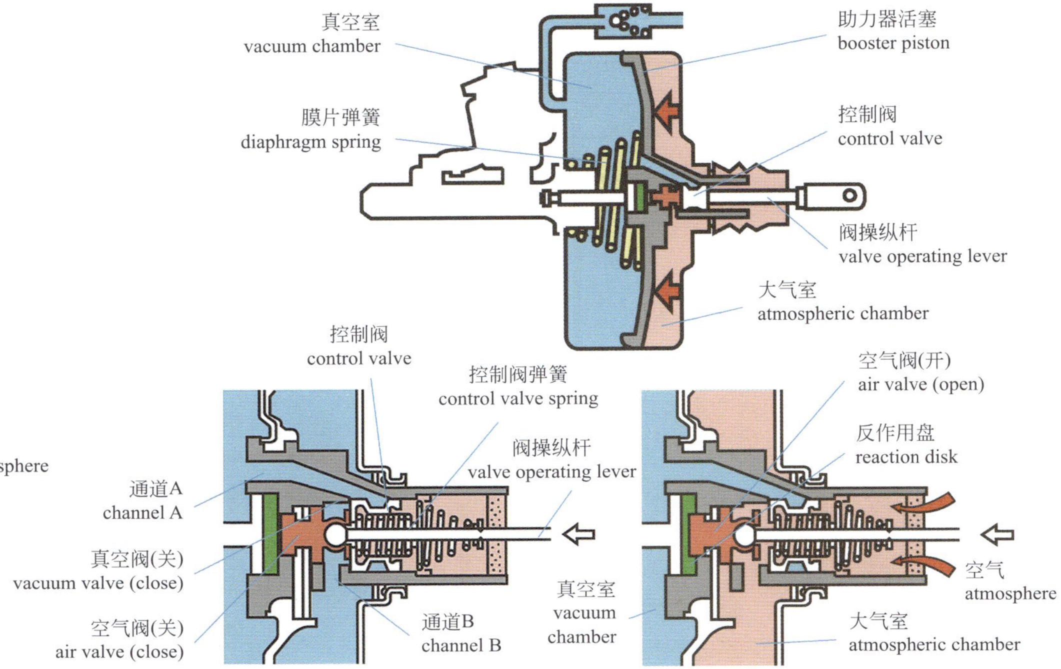

当踩下制动踏板时，阀操纵杆推动空气阀向左移动

控制阀弹簧推动控制阀向左移动，直到其接触到真空阀为止，这样阻塞通道A与通道B之间的开口

当空气阀向左更远移动时，将离开控制阀，这样让大气通过通道B进入大气室。真空室与大气室之间的压力差使得活塞向左移动，这样又依次使反作用盘向左移动助力器推杆并增加制动力

(b) 真空助力器工作原理

图22-9 真空助力器

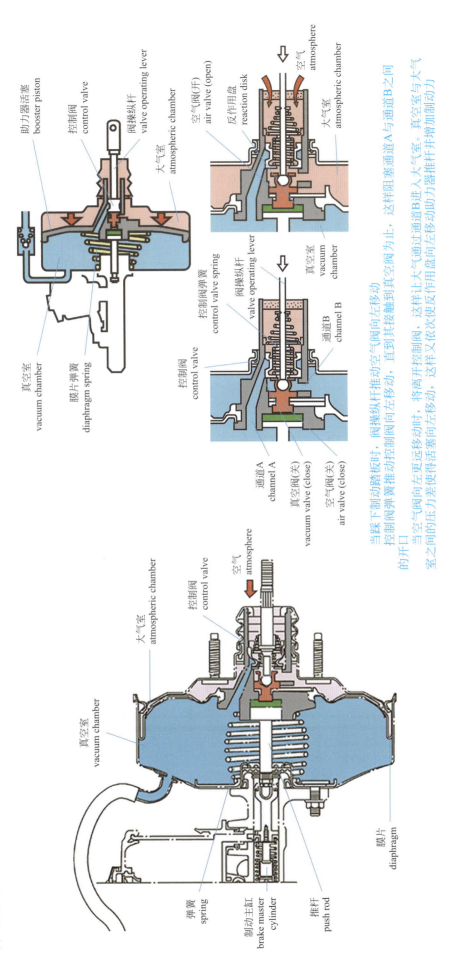

22.5 防抱死制动系统（ABS）

22.5.1 概述

防抱死制动系统（anti-lock braking system，ABS）是汽车上的一种制动安全系统，其作用是在汽车制动时防止车轮抱死，以提高汽车在制动过程中的方向稳定性、转向控制能力，缩短制动距离。防抱死制动系统由传感器、电子控制单元（与ABS液压执行器集成在一起）和执行器三部分组成，如图22-10所示。

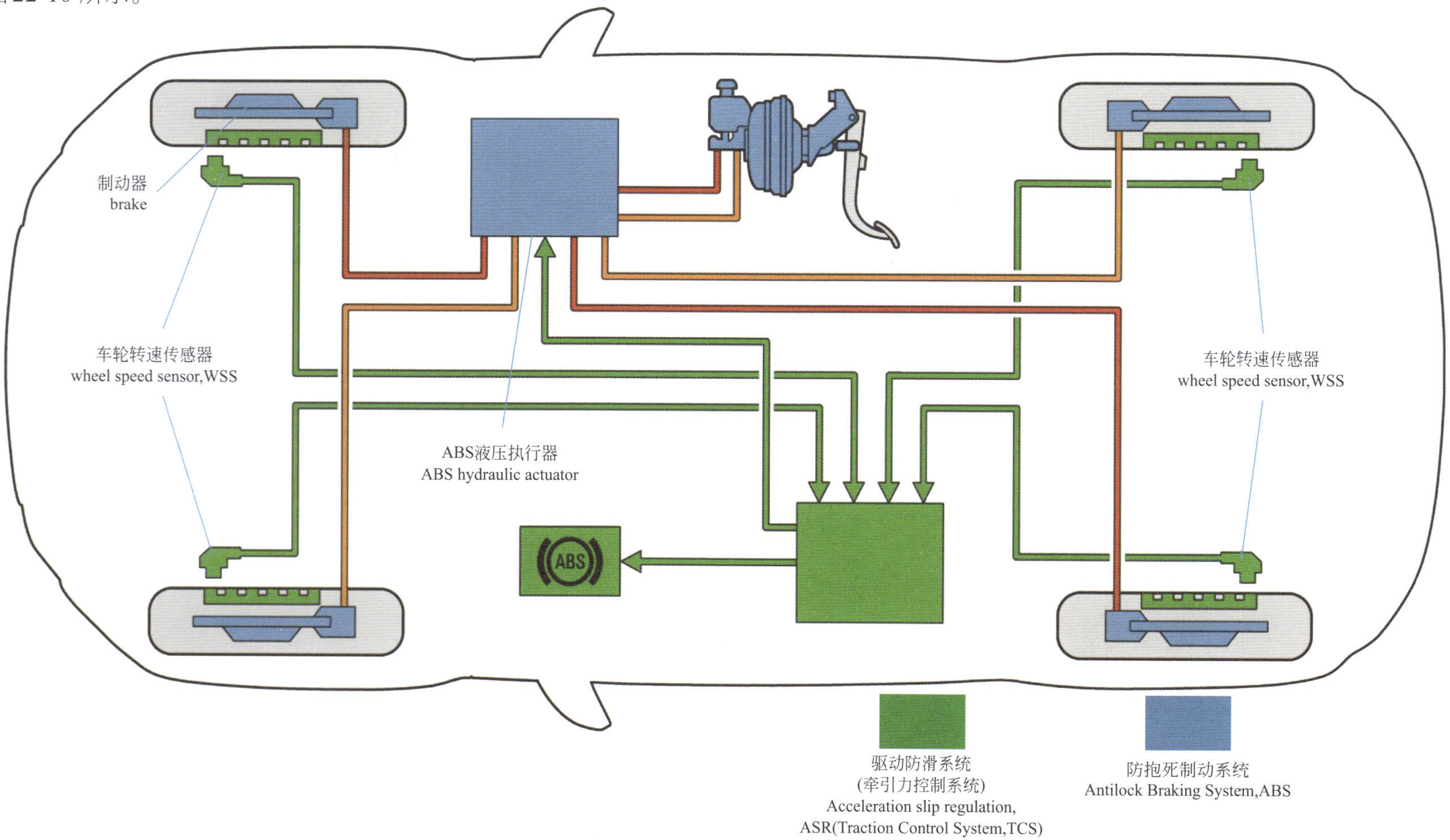

图22-10 防抱死制动系统组成

22.5.2 工作原理

防抱死制动系统工作过程可分为常规制动［图22-11（a）］、制动压力保持［图22-11（b）］、制动压力下降［图22-11（c）］、制动压力增加［图22-11（d）］四个阶段。

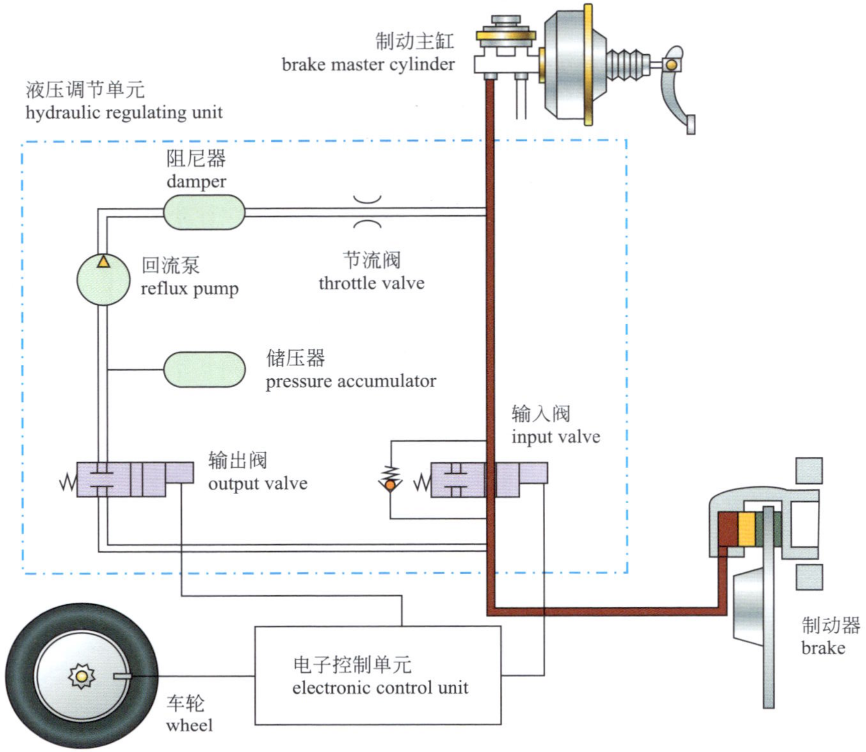

在正常状态下，当制动踏板被踩下时，制动液压力从制动主缸被传递到调节器总成。在调节器总成内部，有两个车轮制动钳的调节阀(电磁阀)，一个是输入调节阀，另一个是输出调节阀。压力从制动主缸出来，然后通过正常打开的输入调节阀进入每个制动器。在制动器回油路上的输出调节阀被关闭，因此没有制动液返回制动主缸

(a) 常规制动

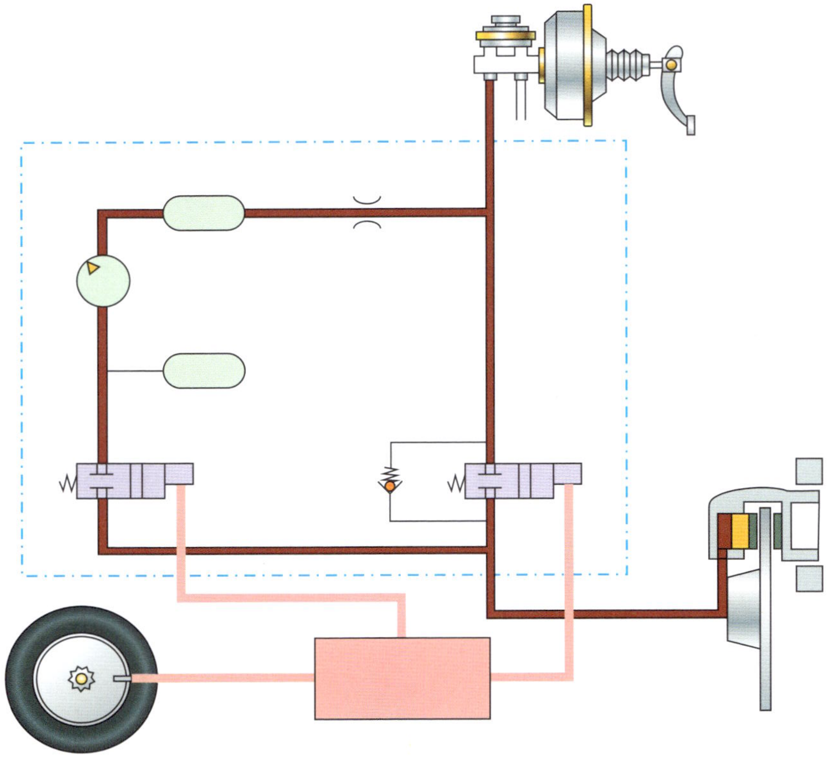

当电子制动控制模块通过车轮传感器信号感知一个车轮临近抱死时，循环的第一个阶段是压力保持，这意味着，在进一步施加制动时，没有来自制动主缸的额外压力施加到该车轮，计算机简单地关闭了到该车轮的油压通路。为了切断来自驾驶员的更多压力，电子制动控制模块激发输入调节阀关闭，输出调节阀仍然关闭，因此制动器中将保持恒定的压力

(b) 制动压力保持

图22-11

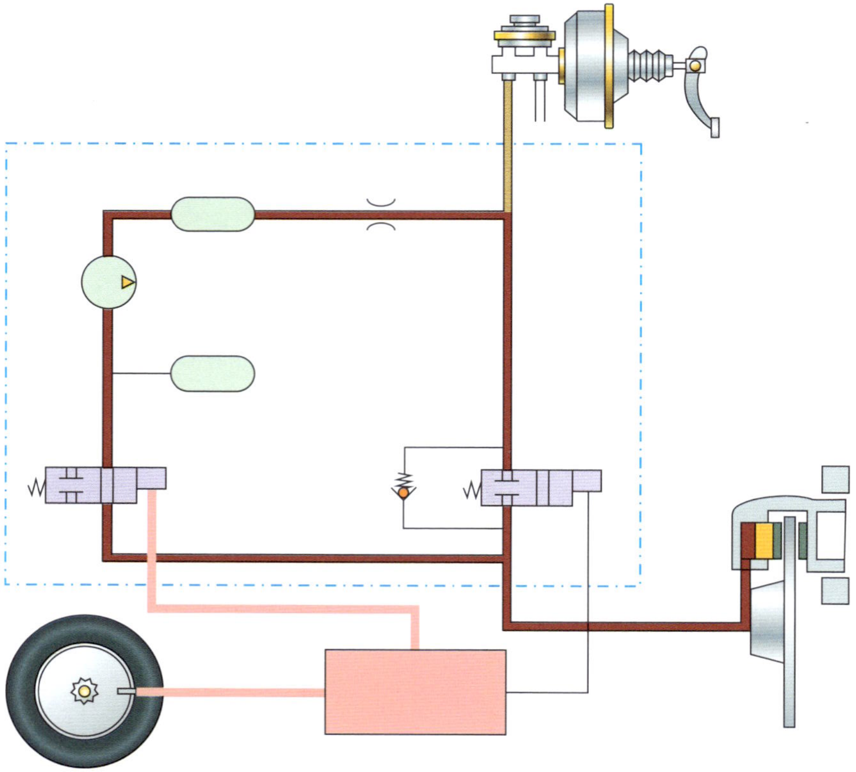

如果电子制动控制模块仍然检测到右前轮将要抱死，它将激发输出调节阀，使输出调节阀从关闭状态变为打开状态。结果，制动钳中的压力开始被解除，液压制动液被送回制动主缸

(c) 制动压力下降

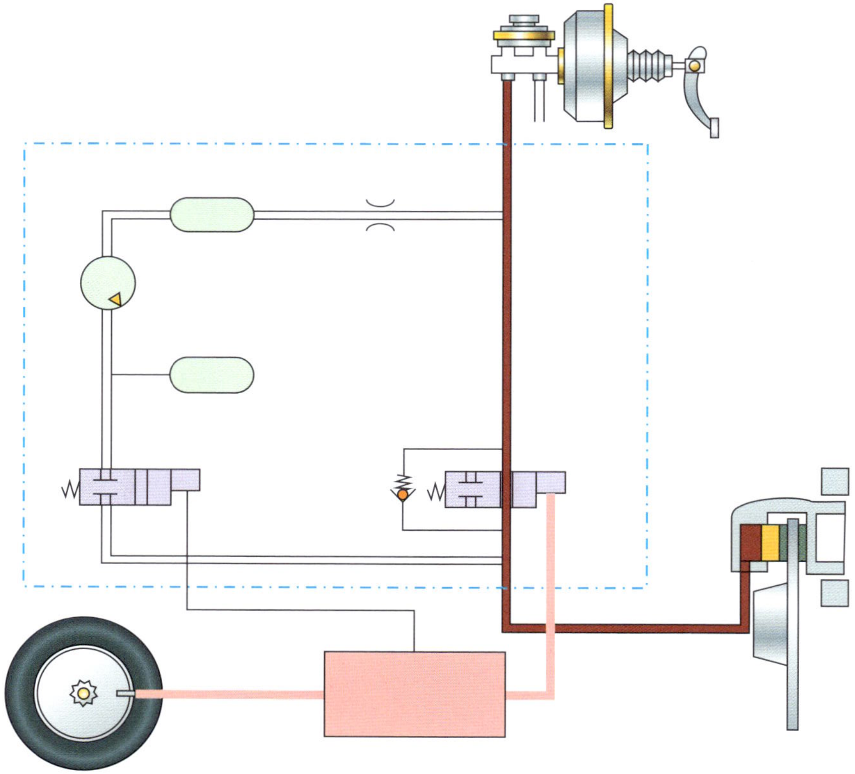

如果电子制动控制模块检测到抱死状态已被解除，则压力将需要再次增加，那么输出调节阀被解除激发而关闭，进口阀被激发而打开，此时调节阀模式和正常状态的模式相同

(d) 制动压力增加

图22-11 防抱死制动系统工作过程

22.5.3　车轮转速传感器

车轮转速传感器的功用是检测车轮的旋转运动，ABS 电子控制单元根据此信号检测车轮是否抱死。车轮转速传感器分为被动式［图 22-12（a）］和主动式［图 22-12（b）］两种。被动式车轮转速传感器工作时不需要外界提供电源，一般为电磁式。主动式车轮转速传感器工作时需要电子控制单元提供工作电源，一般为霍尔元件式。

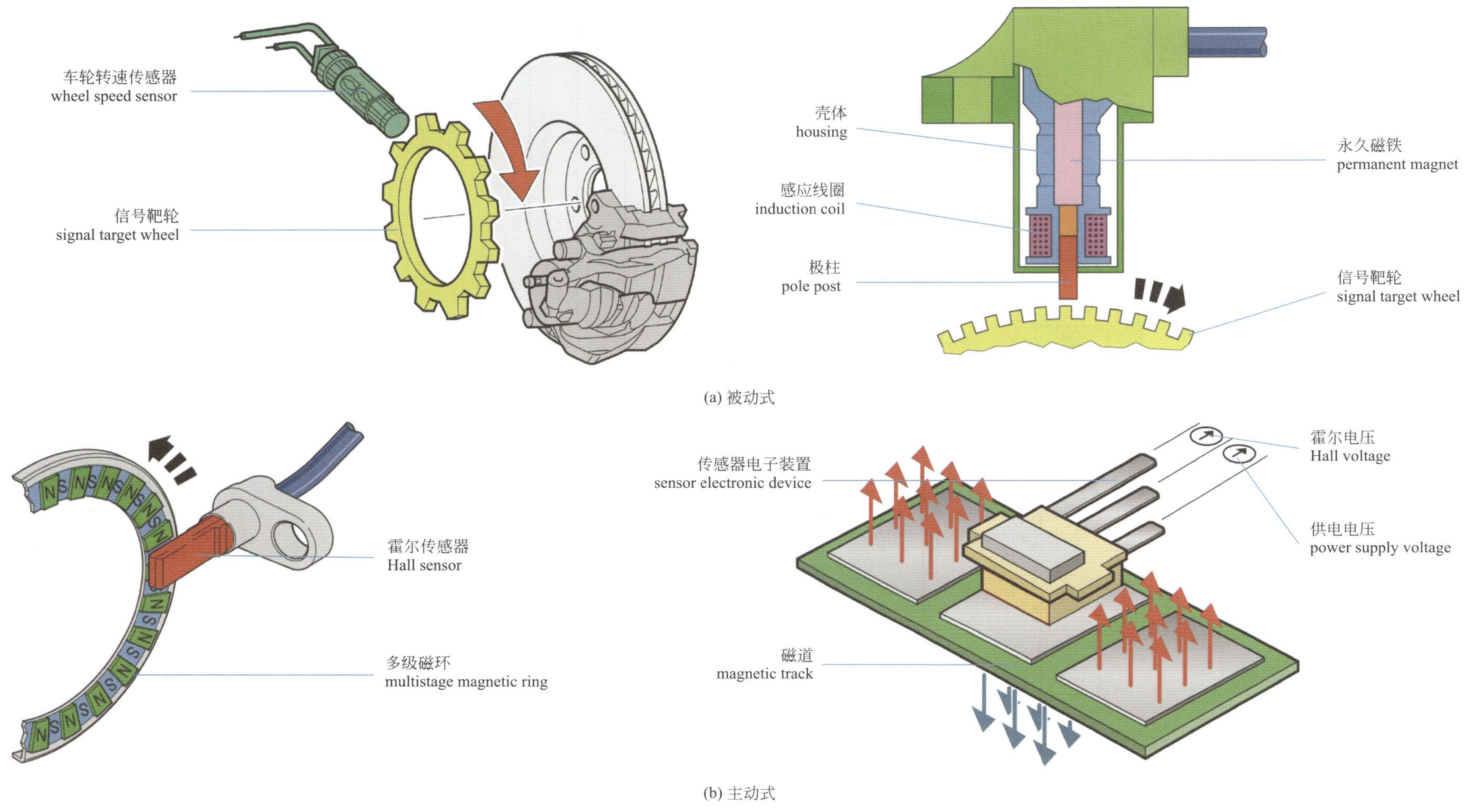

图22-12　车轮转速传感器

22.5.4 ABS 控制模块

ABS 控制模块最初是一个独立部件，通常位于车辆内部。 如今，控制模块和液压调节器设计为一个完整的集成模块。ABS 控制模块内部组成如图22-13所示。

控制模块接收、过滤并放大车轮转速传感器信号，以此决定作为计算参考速度、制动器打滑和车辆线速度增加或减少等情况的基础信号。

控制模块是极其紧凑的组件，它由两个数字微处理器装置组成。 这些装置有过滤、调节信号强度、产生参考脉冲和抑制干扰等功能，另外还包括功率晶体管以用于控制电磁阀。

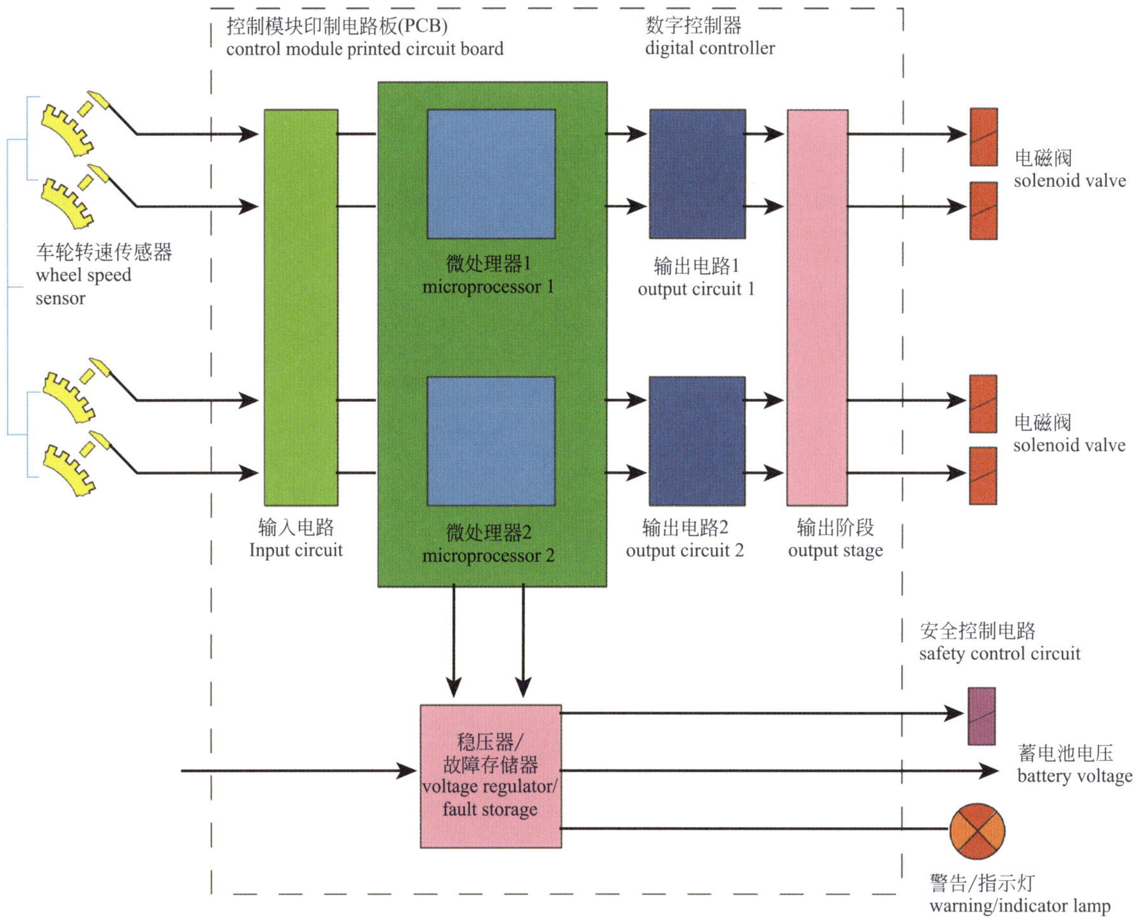

图22-13 ABS 控制模块内部组成

22.6 电子牵引力控制系统（ETC/TCS/ASR/TRC）

牵引力控制系统（traction control system，TCS，也称为ASR或TRC）在车辆起步、加速或溜滑路面行驶时起作用，通过控制发动机的输出功率和/或对滑转驱动轮施以制动力等措施，防止车轮滑转（图22-14）。

ABS 与 ASR 的区别如下。

① ABS 控制车轮的拖滑，以提高制动性能；而 ASR 控制车轮的滑转，提高起步、加速及溜滑路面行驶的牵引力，确保行驶稳定性。

② ABS 控制四个车轮，而ASR 只控制驱动轮。

③ ABS 在车轮抱死时起作用，ASR 在行驶过程中一直工作，驱动轮出现滑转时起作用，但车速高于 60km/h 时不起作用。

④ ABS 只控制车轮，ASR 可控制发动机功率输出。

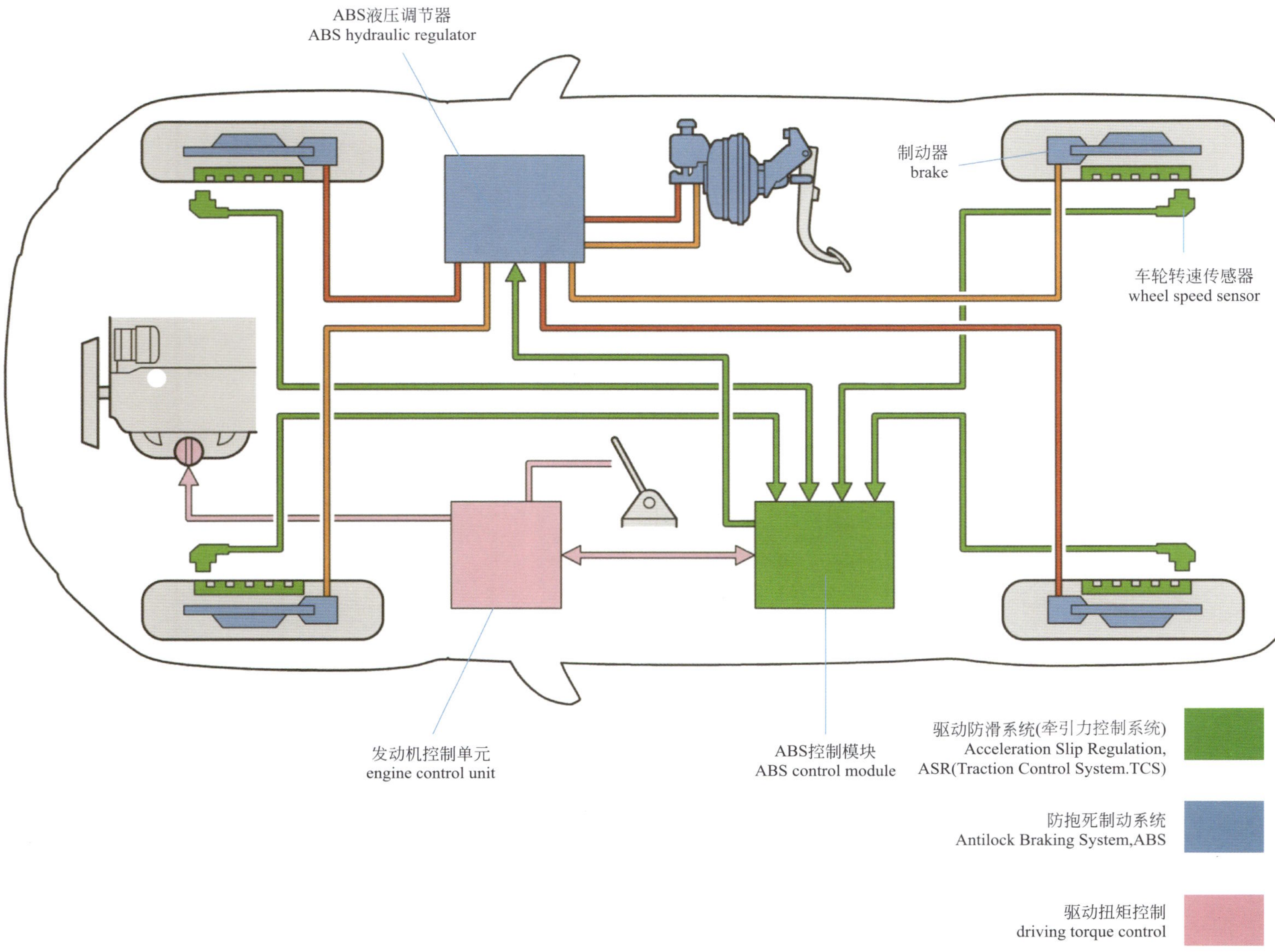

图22-14 电子牵引力控制系统组成

22.7 车身电子稳定系统（ESP）

电子稳定系统（electronic stability program，ESP，见图22-15）组合了防抱死制动系统、电子牵引力控制系统、驱动防滑控制系统的基本功能，是一种主动安全系统。

汽车在行驶过程中出现侧滑、甩尾，或出现明显的转向不足、转向过度引起车辆侧翻倾向时，系统指令 ABS 和 ASR 对发动机输出功率进行控制，并对相关车轮施加制动，及时纠正车辆行驶不稳定的趋势，保证正常的行驶轨迹，避免车辆失控。

电子稳定型程序的命名有所不同，ESP 是博世公司的专利。其他汽车公司也开发出了类似的系统，如丰田的车辆稳定控制系统（VSC），日产的车辆行驶动力调整系统（VDC），宝马的动态稳定控制系统（DSC）等。

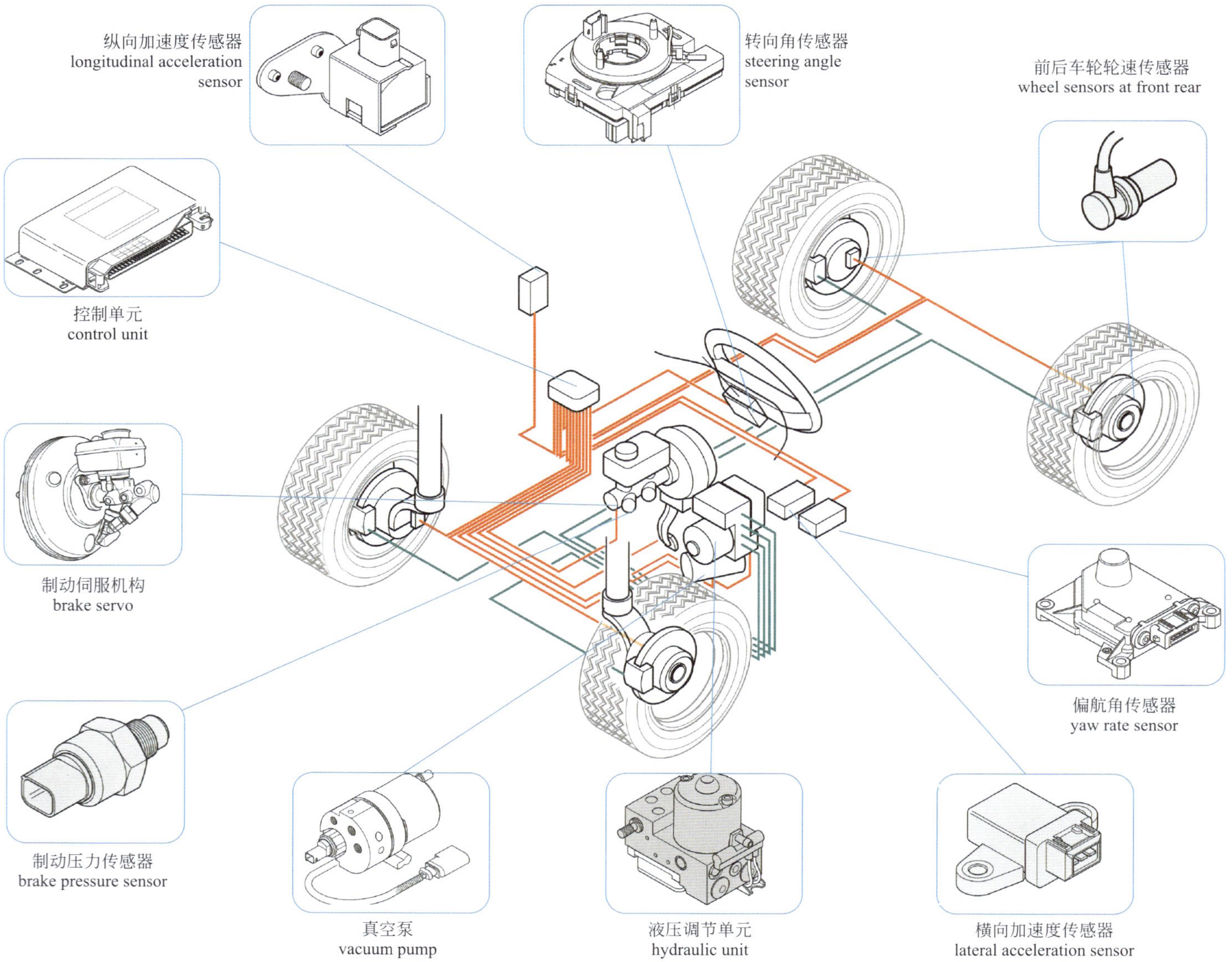

图22-15 车身电子稳定系统组成

22.8 电子驻车制动系统（EPB）

22.8.1 概述

电子驻车制动系统（electronic park brake，EPB），将机械式驻车制动系统的制动拉杆变成了电子按钮，制动盘和制动片的压紧力不是来自驾驶人的作用力，而是来自电动机转动产生的电磁转矩，并通过机械传动机构使制动盘与制动片压紧。电子驻车制动系统由电子控制器根据相关传感器和开关信号来判断是否需要驻车制动，或解除驻车制动。

电子驻车制动系统一般都附带自动驻车、坡道辅助等功能，其组成如图22-16 所示。

图22-16 电子驻车制动系统

电子驻车制动系统主要由离合器位置传感器、驻车制动按钮、自动保持开关、电子控制单元、ABS控制单元/压力调节器、左/右制动电动机、指示灯（电子驻车制动器指示灯、制动装置指示灯、故障指示灯、AUTO HOLD指示灯）等组成，如图22-17所示。

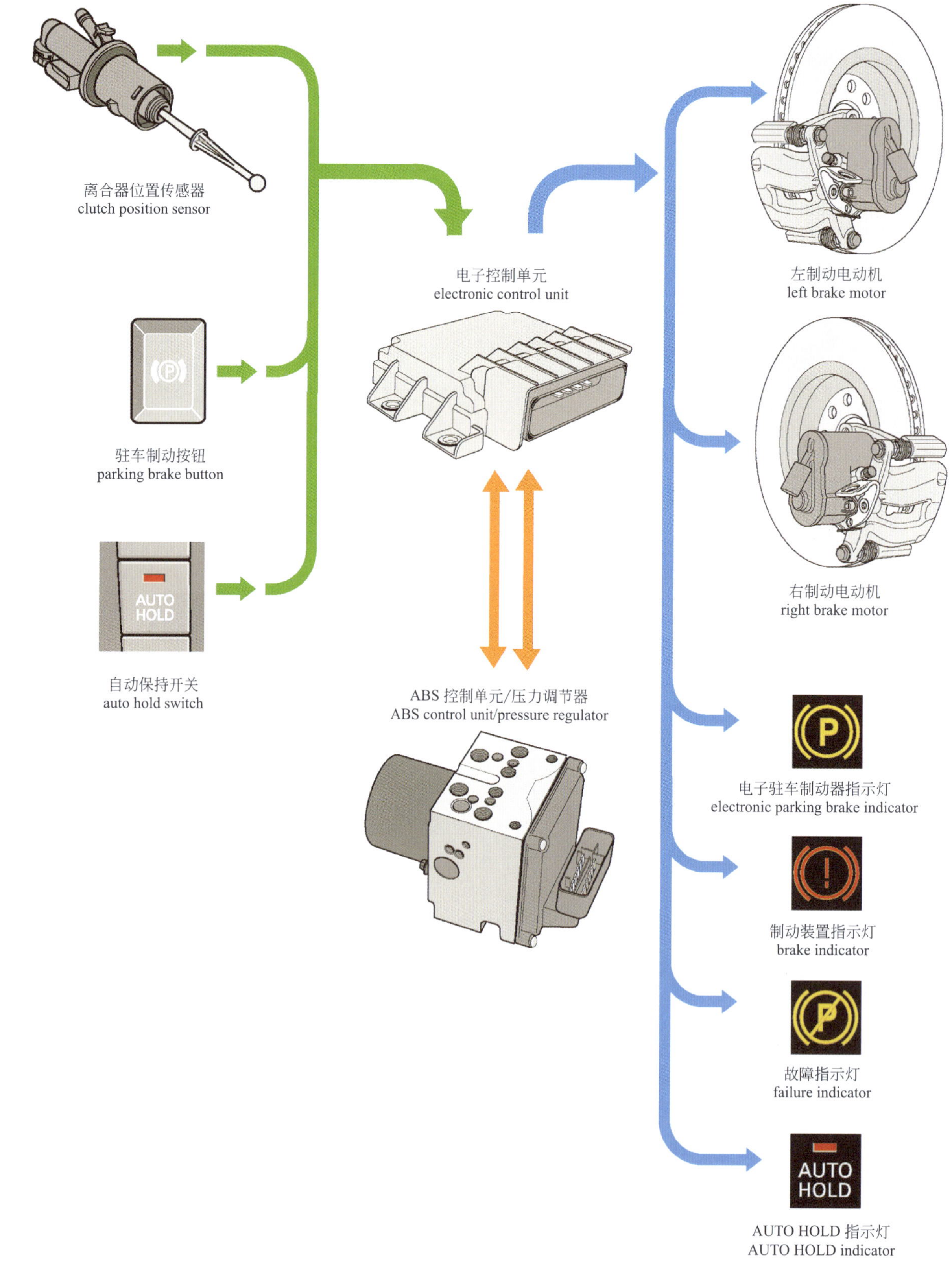

图22-17 电子驻车制动系统组成

22.8.2 后轮制动执行器

后轮制动执行器由制动电动机、多级变速器、制动活塞、旋转斜盘式齿轮等组成，并集成在制动钳中。拉起驻车制动器操纵按钮时，通过制动电动机、多级变速器及螺杆传动，推动制动活塞将制动片压靠在制动盘上，如图22-18所示。

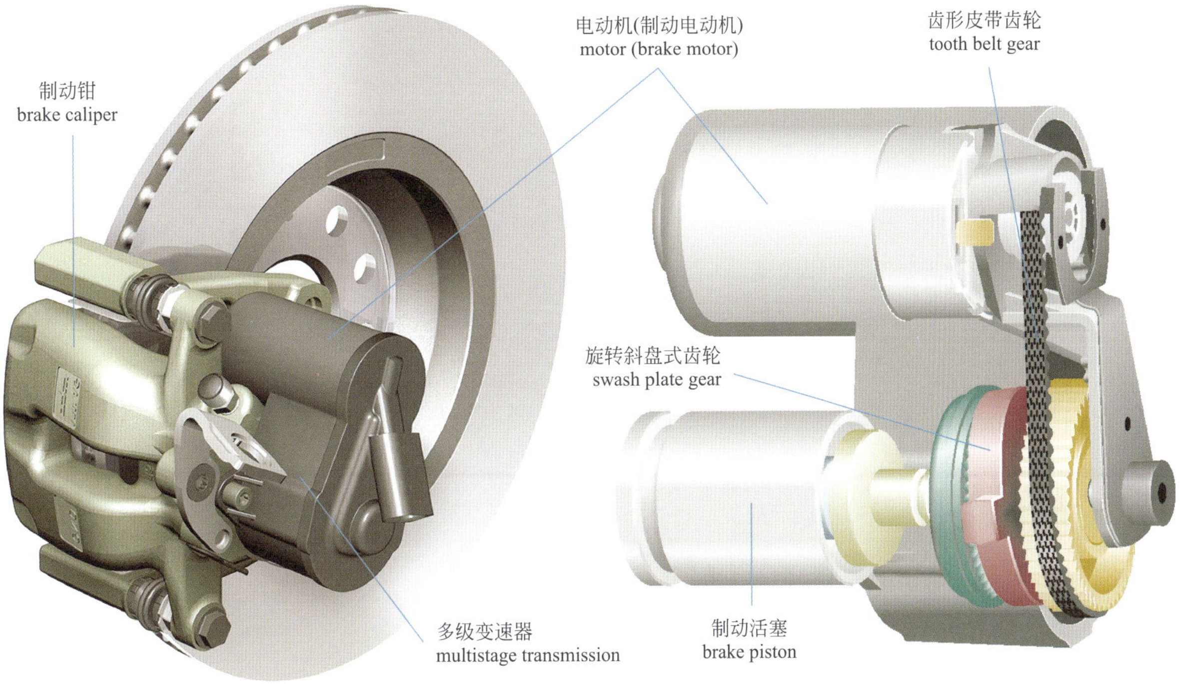

图22-18 后轮制动执行器结构

旋转斜盘式齿轮直接传动螺杆，将电动机的旋转运动转换为冲程运动。螺杆的传动方向决定压力螺母向前或向后移动，如图22-19所示。

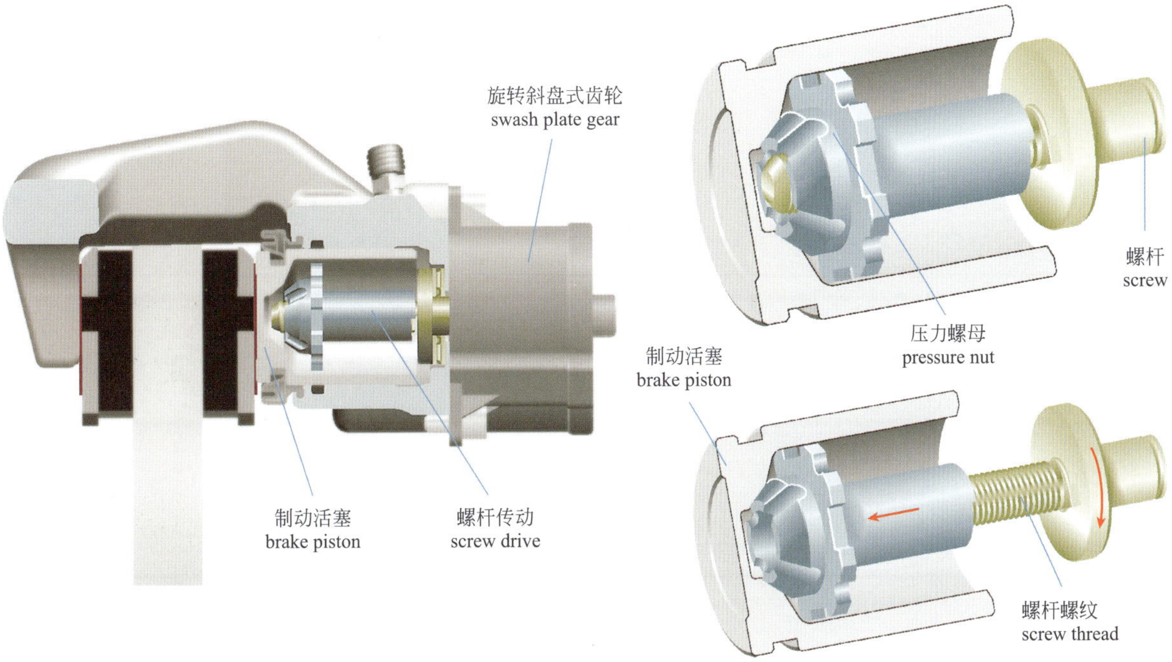

图22-19 斜盘螺杆传动基本原理

22.8.3 工作原理

拉起驻车制动器按钮，电子驻车制动器控制单元会启动电动机。电动机通过皮带盘和斜盘式齿轮转动螺杆。螺杆转动，使得螺纹上的压力螺母向前移动。压力螺母移动到制动活塞上，并将其压向制动片（图22-20）。制动片从另一侧压制动盘，此时电动机的耗电量升高，电子驻车制动器控制单元全程测量电动机的耗电量，当耗电量超过一定值时，控制单元关闭对电动机的供电。

释放驻车制动器按钮时，螺杆上的压力螺母向后移动。制动活塞被松开并缩回，制动片离开制动盘。

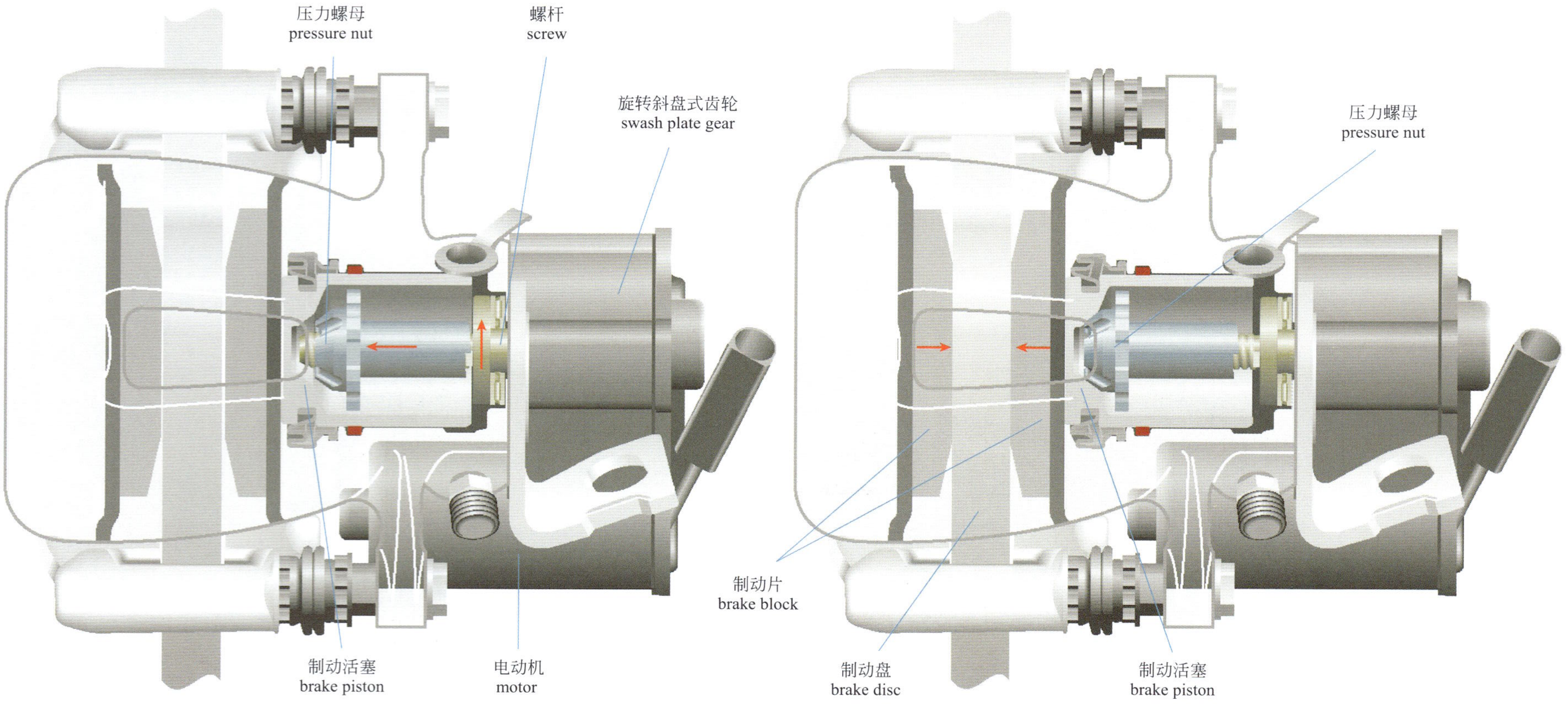

图22-20 电子控制驻车制动器工作原理

第4部分 新能源汽车

PART 4

第23章 新能源汽车概述
第24章 纯电动汽车
第25章 插电式混合动力汽车
第26章 燃料电池电动汽车

第23章 新能源汽车概述

23.1 新能源汽车定义

新能源汽车是指采用新型动力系统，完全或主要依靠新型能源驱动的汽车。本书介绍的新能源汽车是指采用电力为动力源的汽车。

23.2 新能源汽车的分类与基本组成

根据2012年发布的《节能与新能源汽车产业发展规划（2012～2020年）》主要政策，新能源汽车包含纯电动汽车、插电式混合动力汽车和燃料电池汽车。根据我国相关法规，常规混合动力汽车被划分为节能汽车范畴。常规混合动力汽车是最早进入大众视野的车型。该类车型不需要外接充电，只需要提供燃油。常规混合动力车相当于一辆油耗量极低的燃油车，不改变用户的使用体验。本书不再详细介绍常规混合动力汽车的结构与原理。

（1）纯电动汽车（图23-1）

纯电动汽车是指以车载电源为动力，用电机驱动车辆行驶，符合道路交通、安全法规各项要求的车辆。纯电动汽车驱动系统主要由动力电池、驱动电机、驱动电机控制器等组成。

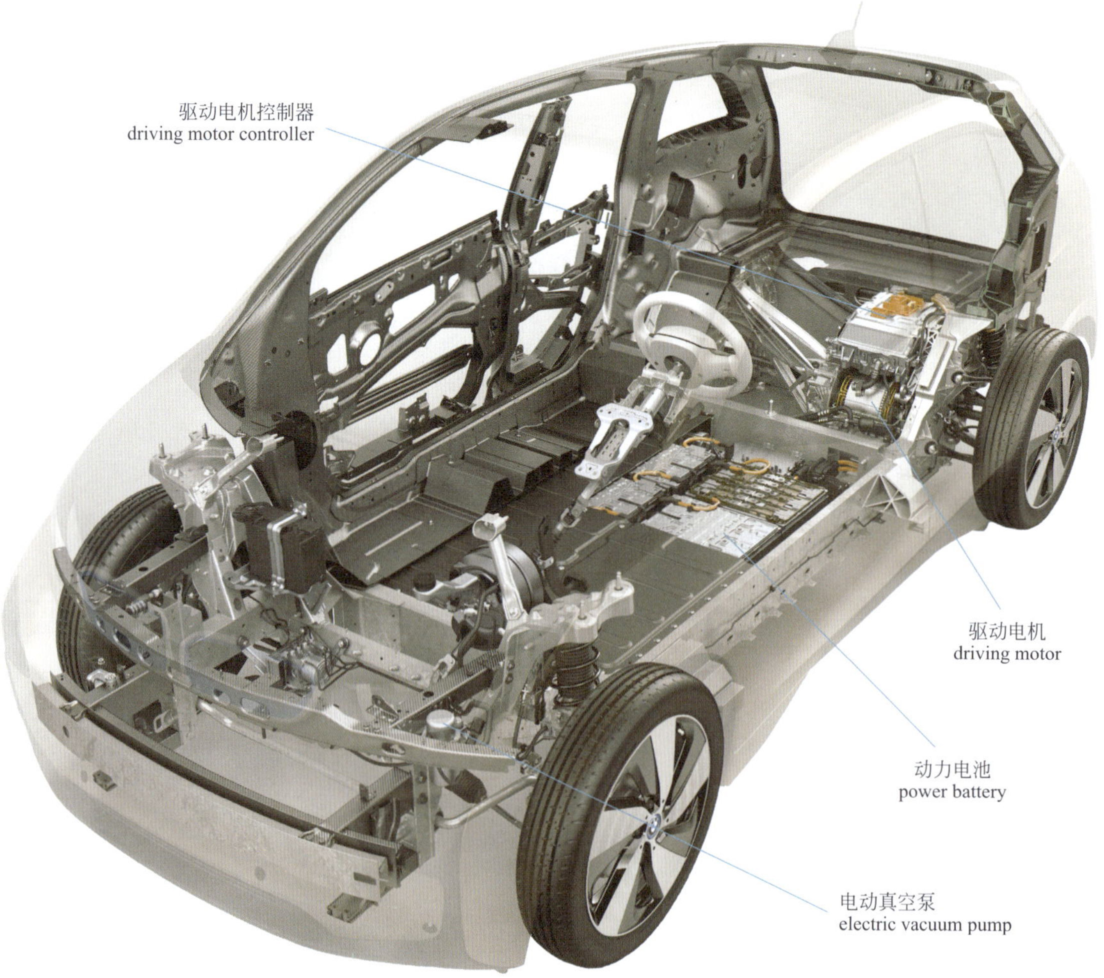

图23-1 纯电动汽车

（2）插电式混合动力汽车

插电式混合动力汽车属于混合动力汽车的一种类型。插电式混合动力汽车可以利用外接电网对动力电池进行充电，可以使用纯电模式驱动车辆行驶；电力不足时，可以用重度混合模式驱动或仅依靠发动机动力行驶。插电式混合动力汽车组成如图23-2 所示，整车结构如图23-3和图23-4所示。

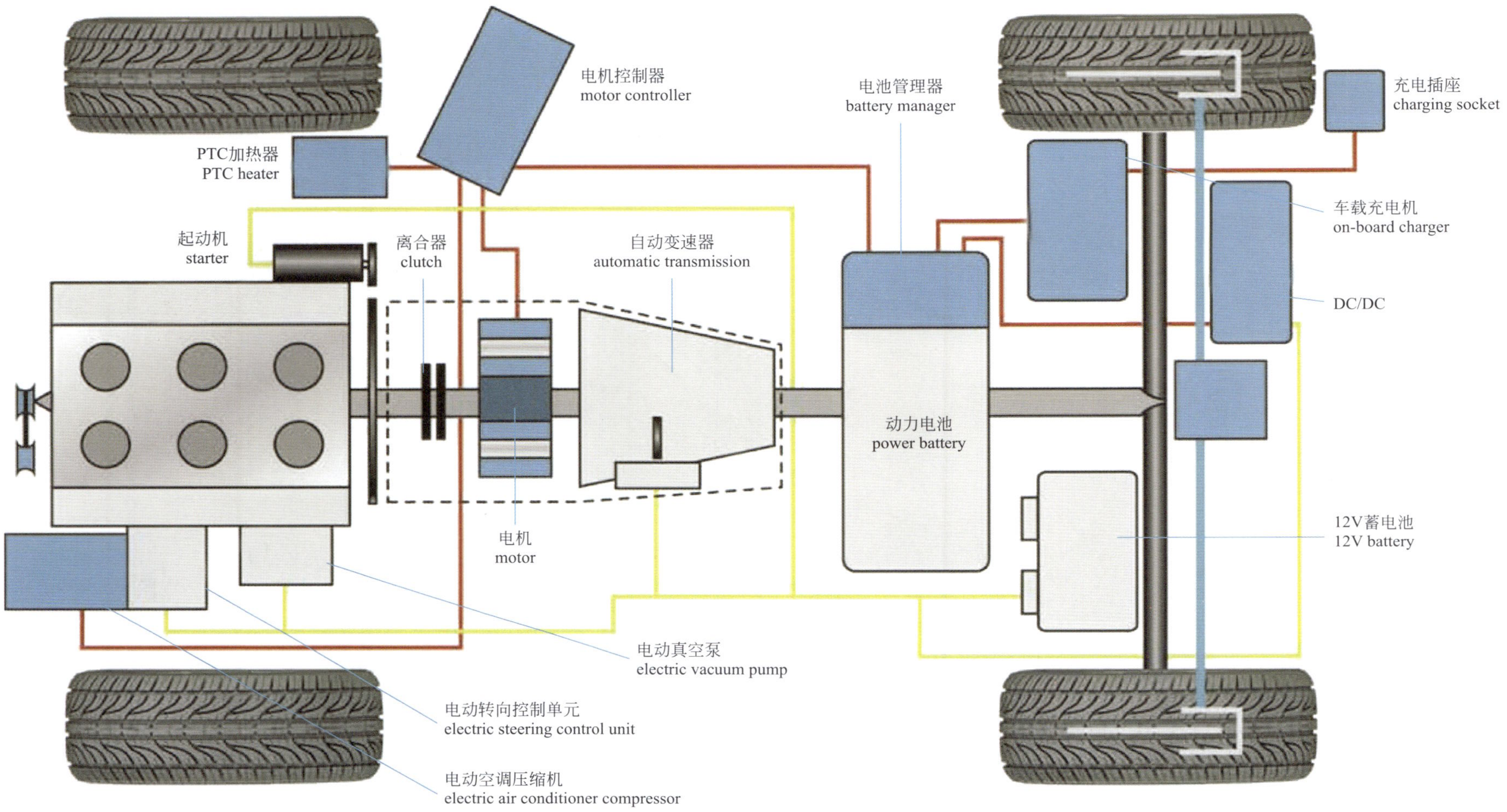

图23-2 插电式混合动力汽车组成

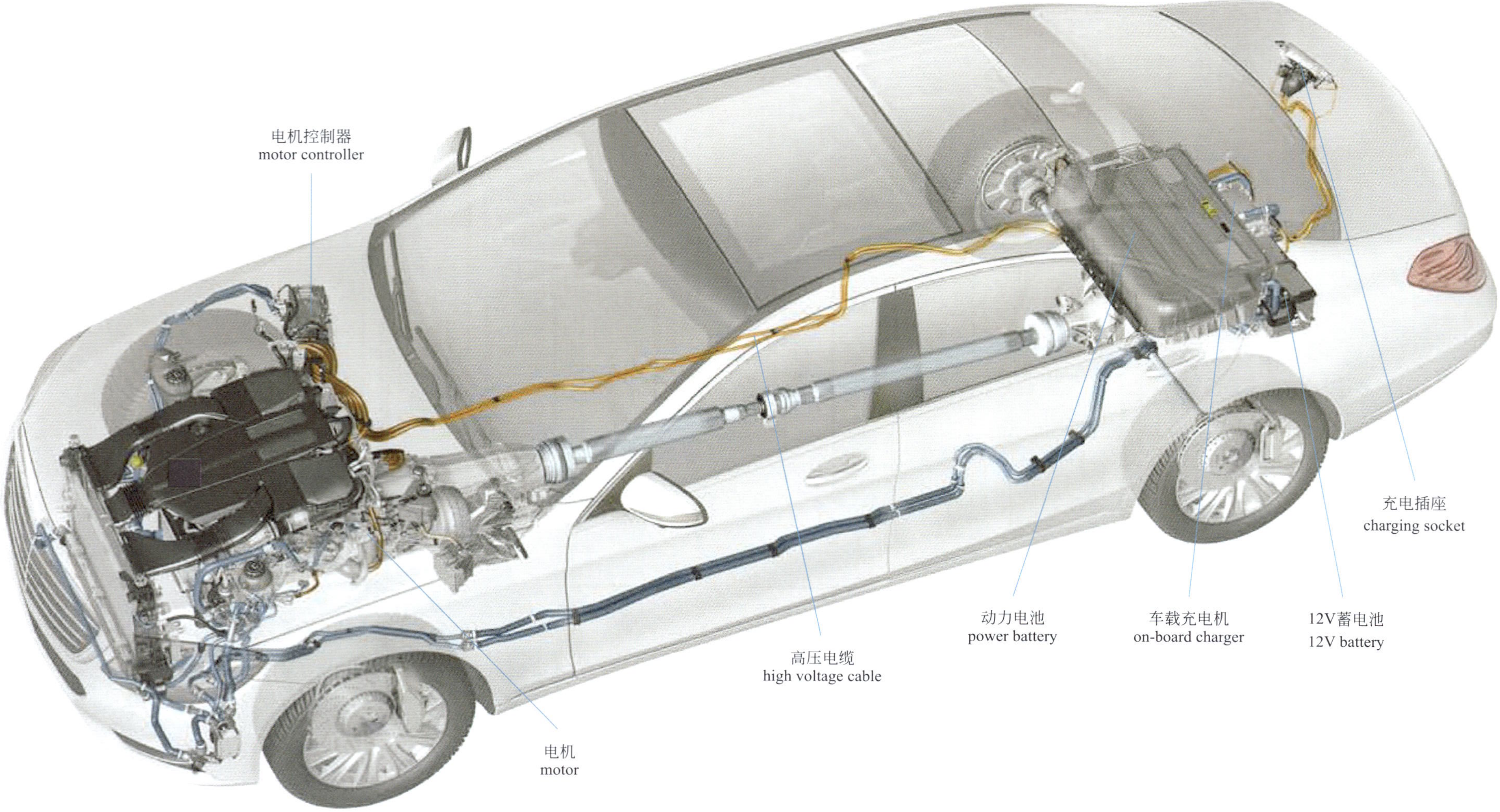

图23-3 插电式混合动力汽车结构（一）

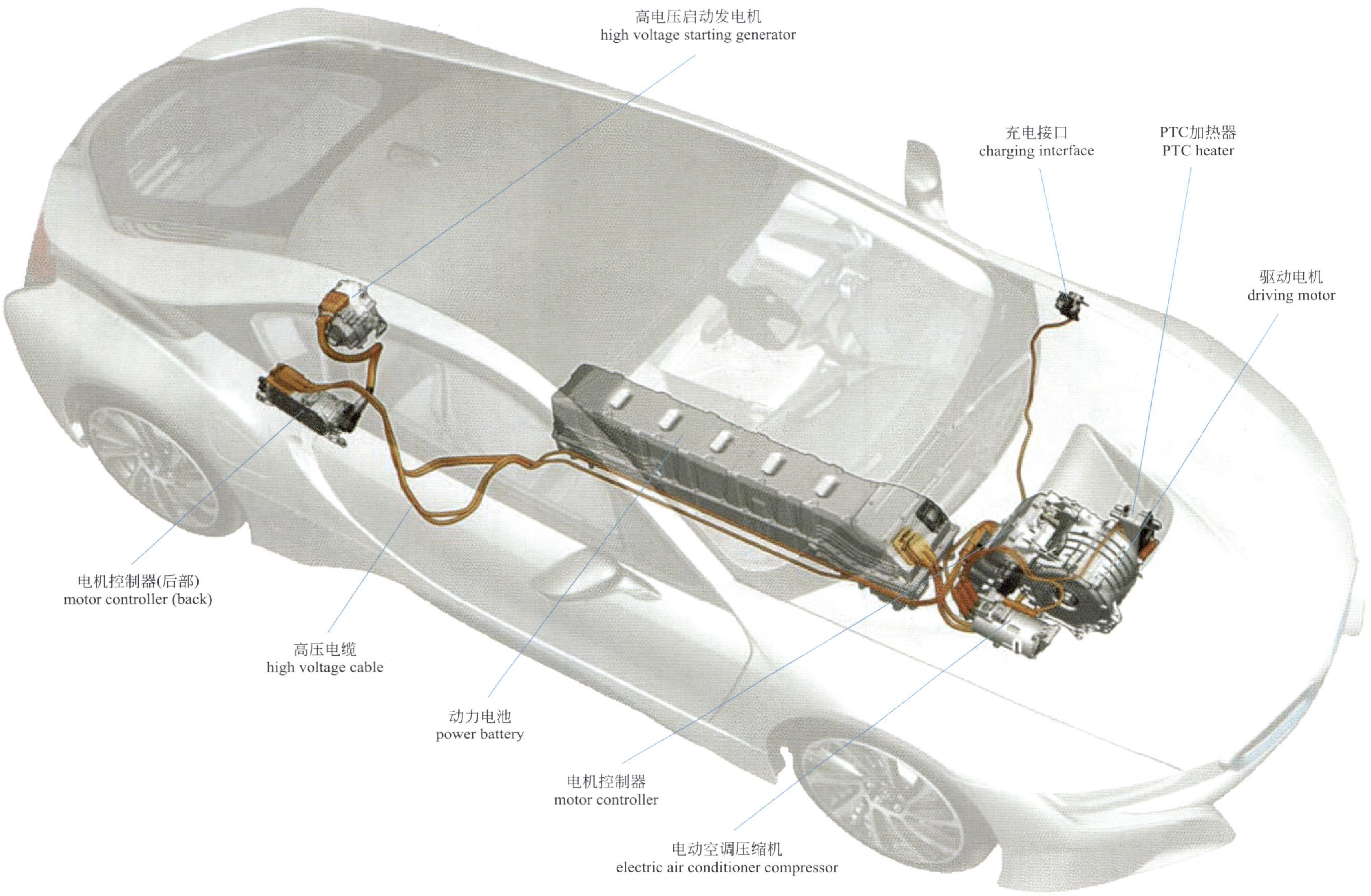
高电压启动发电机
high voltage starting generator
充电接口
charging interface
PTC加热器
PTC heater
驱动电机
driving motor
电机控制器(后部)
motor controller (back)
高压电缆
high voltage cable
动力电池
power battery
电机控制器
motor controller
电动空调压缩机
electric air conditioner compressor

图23-4 插电式混合动力汽车结构（二）

（3）燃料电池电动汽车（图23-5）

燃料电池电动汽车是指以氢气为燃料，通过与氧气在燃料电池中反应产生电力来驱动的电动汽车。燃料电池系统以燃料电池为核心，主要由燃料供给与循环系统、氧化剂供给系统、水/热管理系统、控制系统等组成。除燃料电池系统外的其他部分与电动汽车相同。

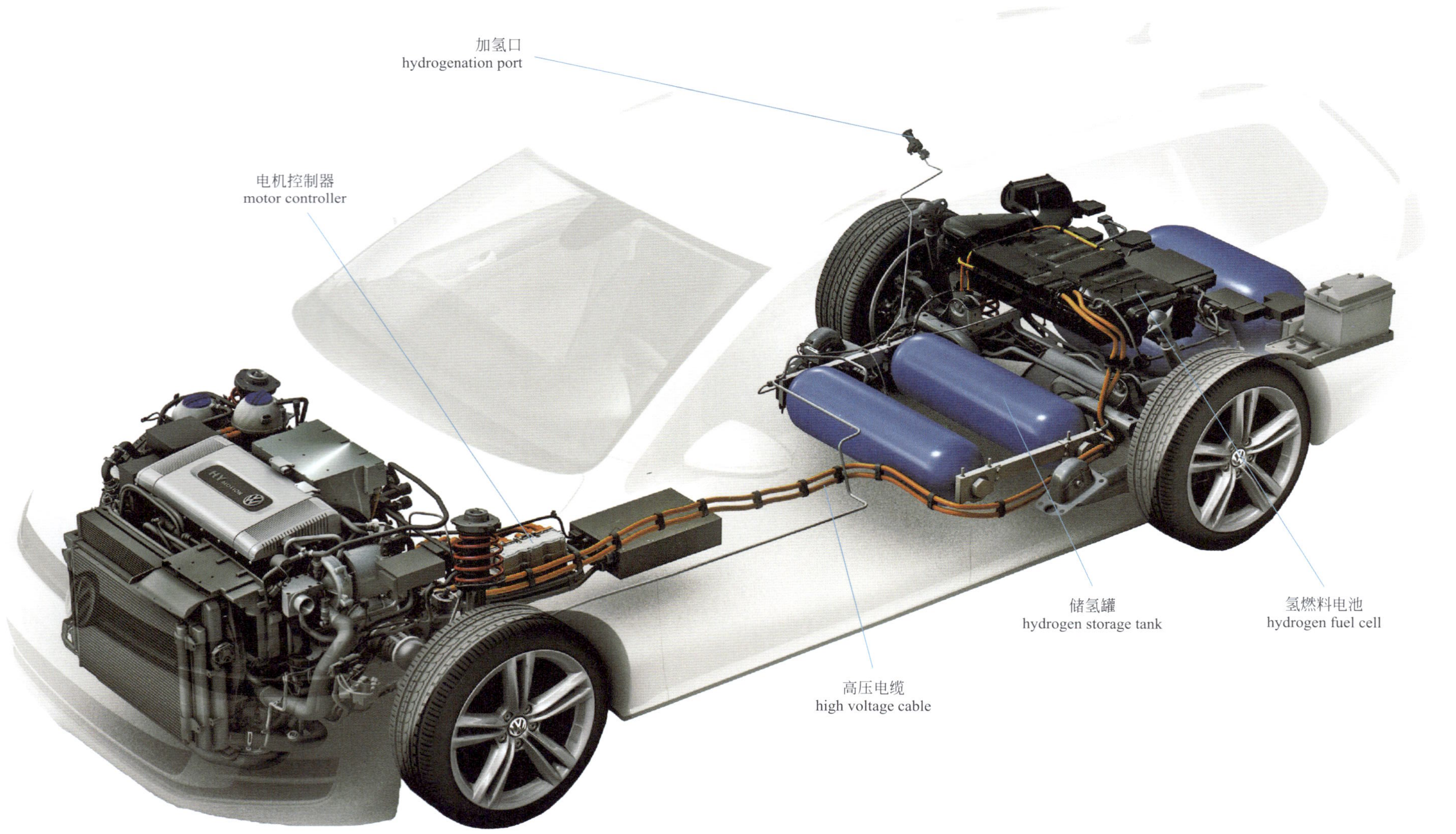

图23-5 燃料电池电动汽车

第24章 纯电动汽车

24.1 概述

纯电动汽车（图24-1）是指驱动能量完全由电能提供的、由电机驱动的汽车，其动力系统主要由动力电池、驱动电机组成。纯电动汽车的特点是结构相对简单，生产工艺相对成熟；缺点是充电速度慢，续航里程短。如图24-2 所示为增程式纯电动汽车动力传递图，增程式纯电动汽车的增程器（发动机和发电机）只为车辆提供电能补给，不直接参与动力传递，与驱动系统没有机械连接。

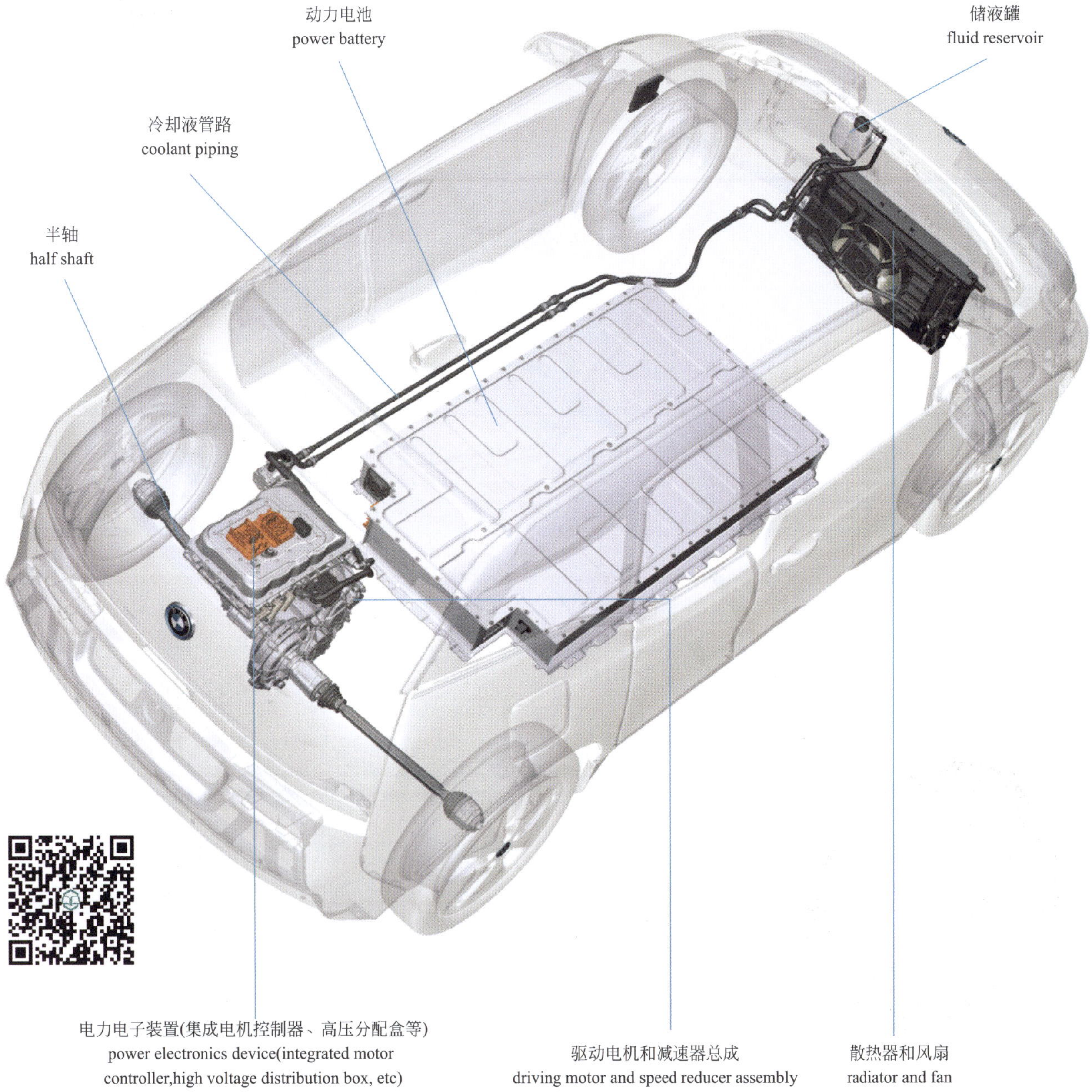

图24-1 纯电动汽车组成

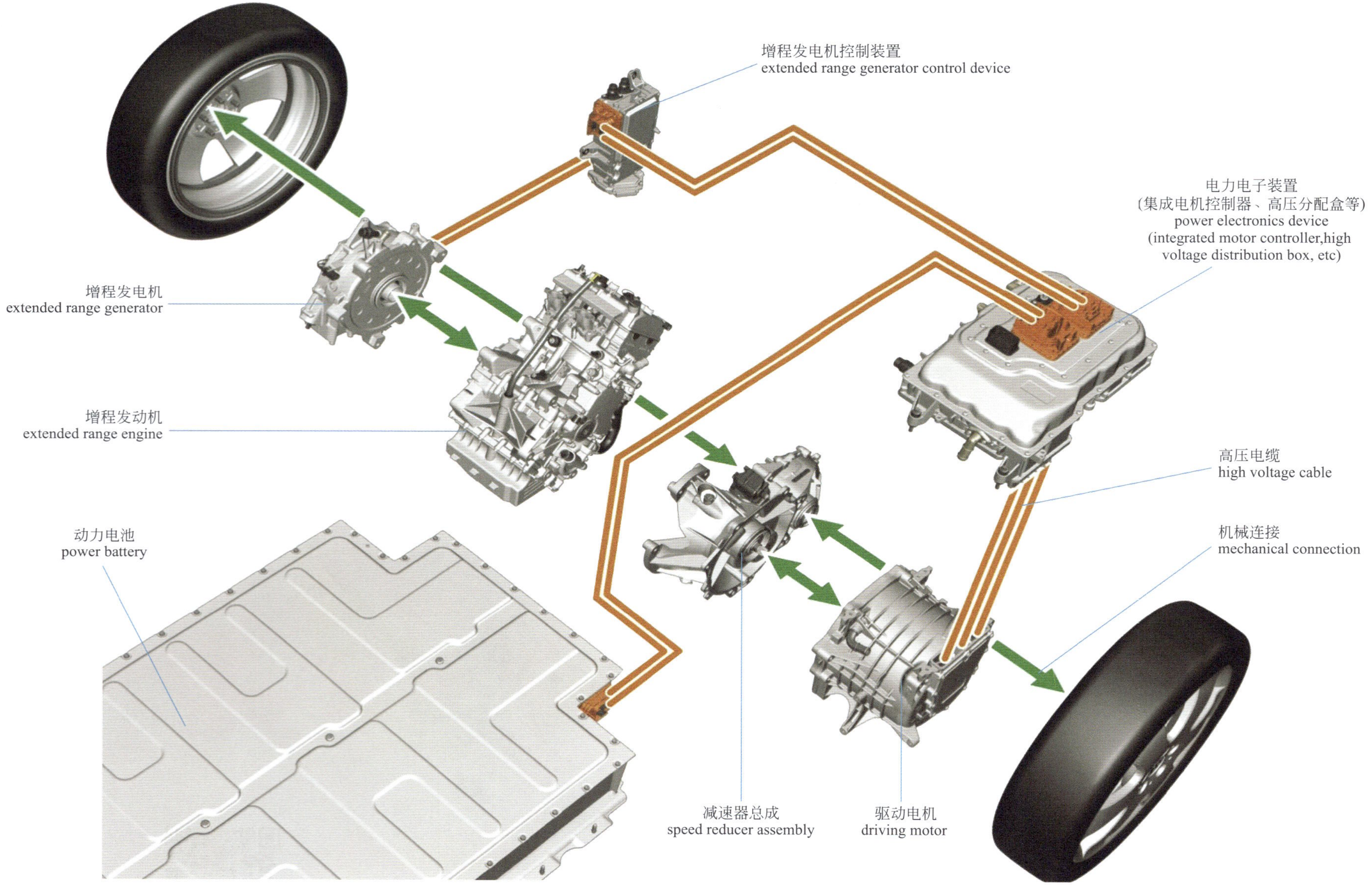
增程发电机控制装置
extended range generator control device
电力电子装置
（集成电机控制器、高压分配盒等）
power electronics device
(integrated motor controller,high voltage distribution box, etc)
增程发电机
extended range generator
增程发动机
extended range engine
高压电缆
high voltage cable
机械连接
mechanical connection
动力电池
power battery
减速器总成
speed reducer assembly
驱动电机
driving motor

图24-2 增程式纯电动动力传递图

24.2 动力电池

24.2.1 电池基础

一般将未组装的电池称作电芯，而把连接上印制电路板、有充放电控制等功能的成品称作电池。电芯有圆柱形和方形两种结构。

根据IEC 61960—2017《含碱性或其他非酸性电解液的二次电池单体和电池：便携式锂二次电池单体或电池》规定，单体电池命名规则如图24-3所示。

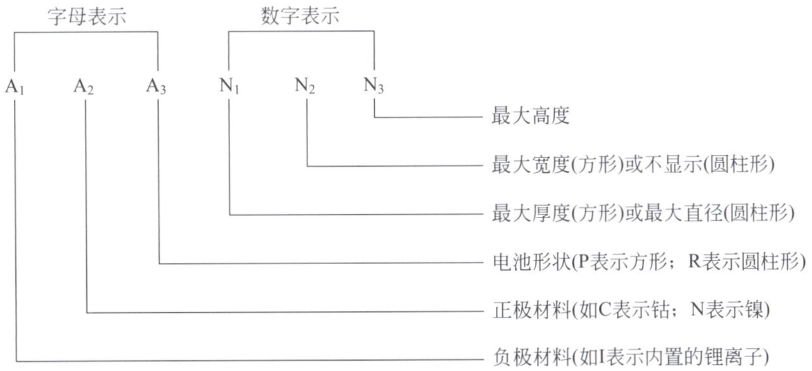

图24-3 单体电池命名规则

命名为ICR 18650的电池，是指直径18mm、高度65mm的圆柱形锂离子电池，也称作18650电池，如图24-4（a）所示。

命名为ICP 503450的电池，是指厚度5mm、宽度34mm、高度（长度）50mm的方形电池，如图24-4（b）所示。

(a) ICR 18650电池外观尺寸　(b) ICP 503450方形电池外观尺寸

图24-4 电池外观尺寸

24.2.2 动力电池组成

一般将单体电池通过串联或并联构成一个电池模块，再将若干个电池模块通过并联或串联组成动力电池使用，以满足电动汽车对电压和电流的需求，如图24-5所示。

动力电池经常采用串联和并联相结合的方式，电芯并联可提高容量，串联可提高电压。串并结合形式能够满足动力电池既能提供高电压又能提供高电流的工作条件。选择“先串后并”还是“先并后串”取决于动力电池的实际需求，通常情况下电池并联工作的可靠性高于串联。

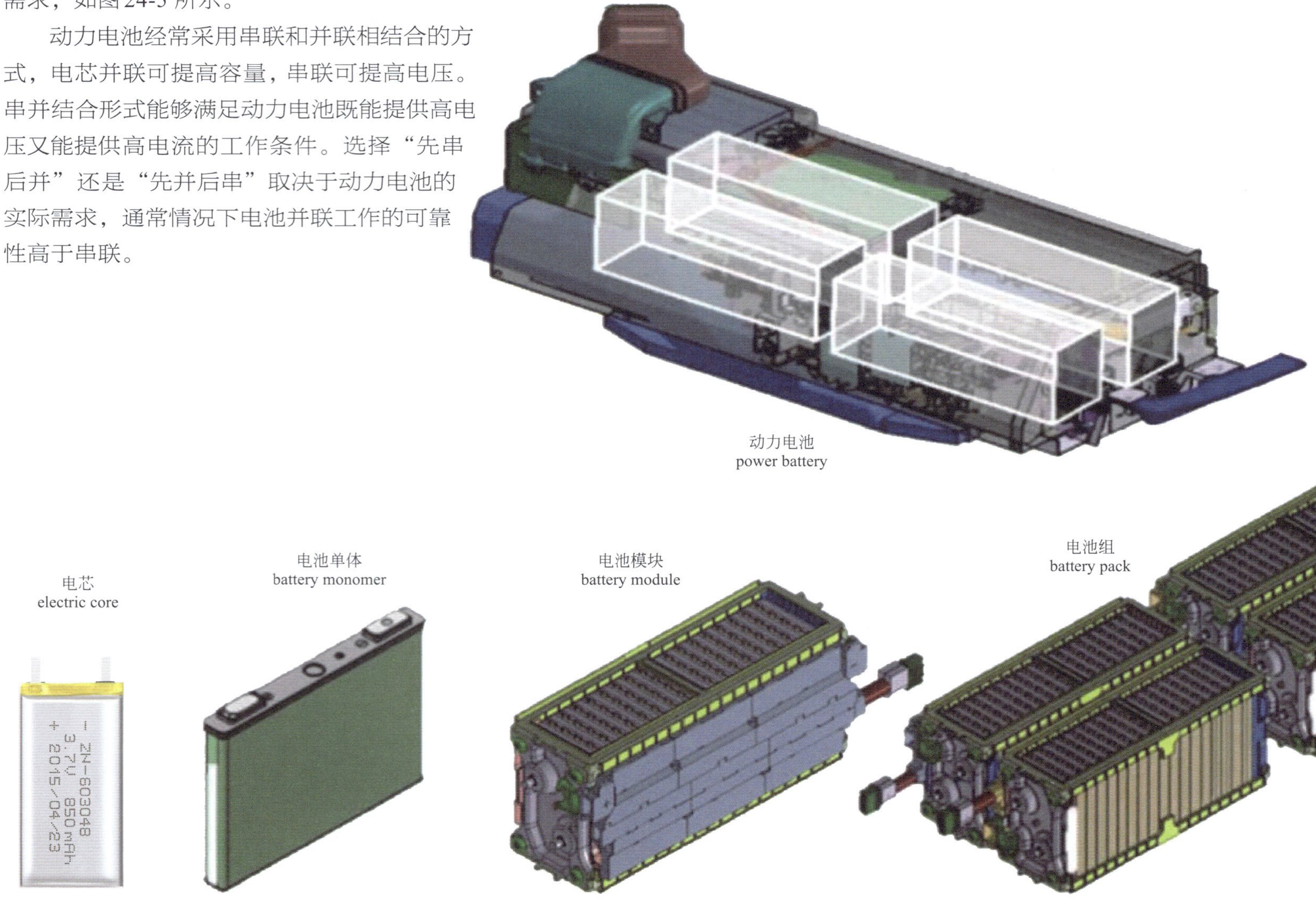

图24-5 动力电池组成

24.2.3 动力电池成组结构

动力电池成组是指将各单体电池进行串并联且与保护控制板、充放电端口及外壳等组装在一起，如图24-6所示。动力电池成组时需考虑电池的安全性、密封性、散热性和抗震性等方面的因素。

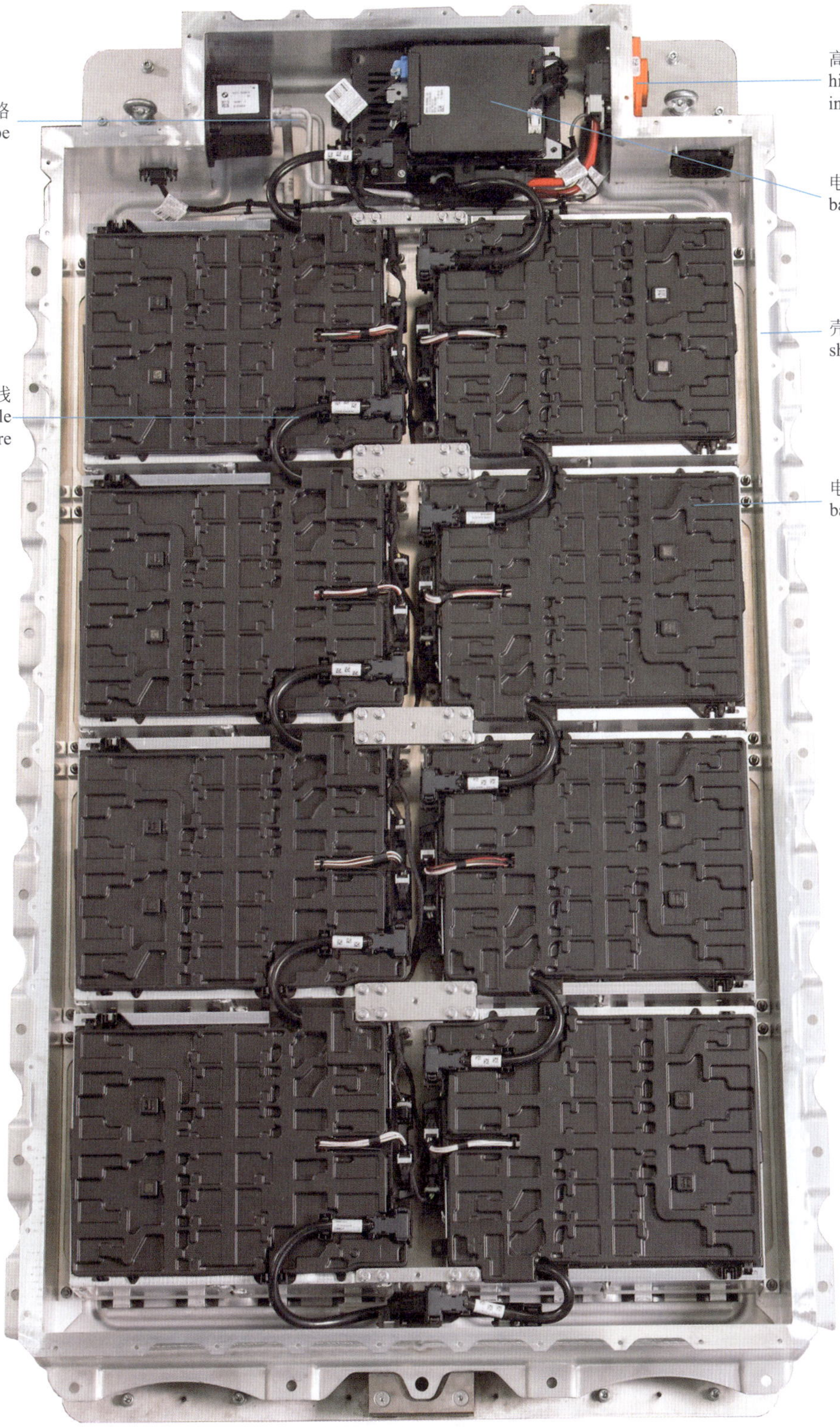

图24-6 动力电池成组

动力电池组装时首先要做的是模块化处理，电池模块由多个电芯组成一个逻辑单元，每个模块都包含电芯、内部导线、连接片、连接导线传感器和热能管理系统。每个模块的最大电压不宜超过 60V（如果是锂离子电芯进行串联，不应超过 16 个）。电池监控电路需实时监控模块中每个电芯的电压、温度甚至模块内的压力，模块还需要设置隔热和机械保护装置。电池模块如图 24-7 所示。

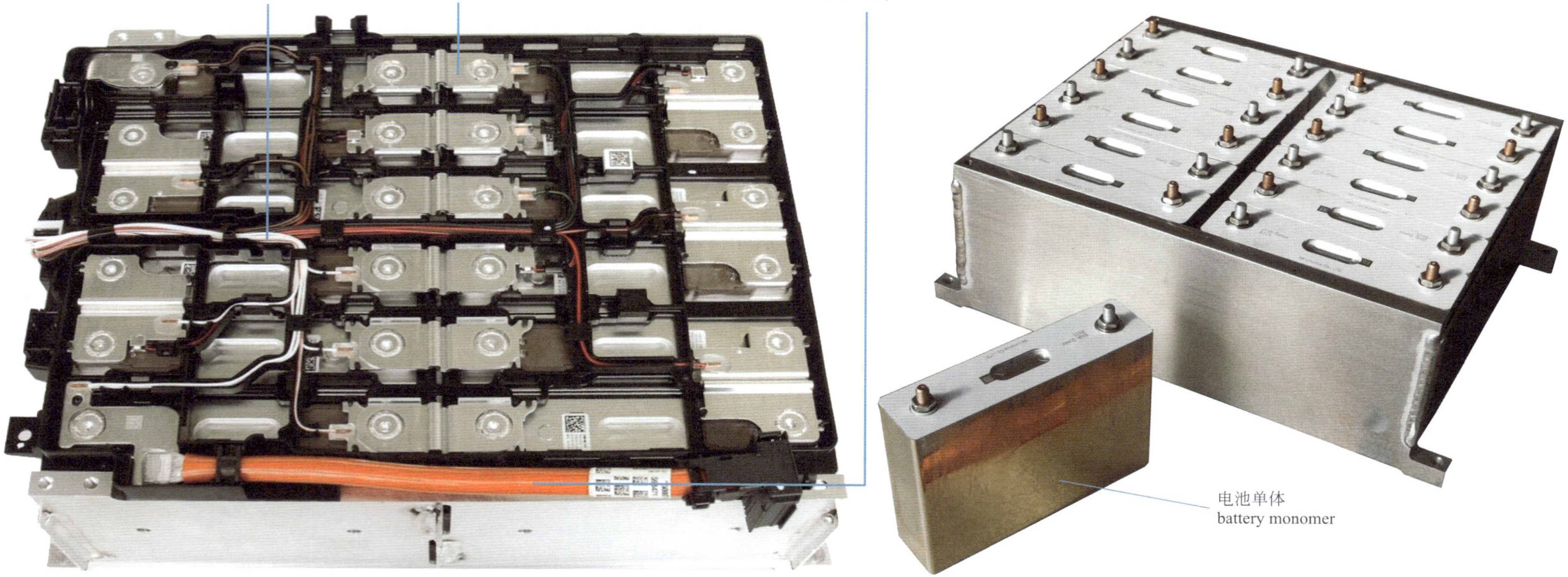

图示为宝马i3动力电池模块。该车型动力电池共有8个电池模块，每个电池模块由12个电压为3.75V的单体电池串联连接，每个电池模块电压为45V，动力电池额定电压为360V，电压范围为259～396V

图24-7 电池模块

24.3 驱动系统

24.3.1 概述

纯电动汽车驱动系统主要由大功率驱动电机和用于将电机进行减速的减速装置组成。纯电动汽车多采用固定速比的减速装置，省去了变速器、离合器等部件，与传统汽车驱动系统一样集成差速器。纯电动汽车的驱动系统基本结构如图24-8所示。

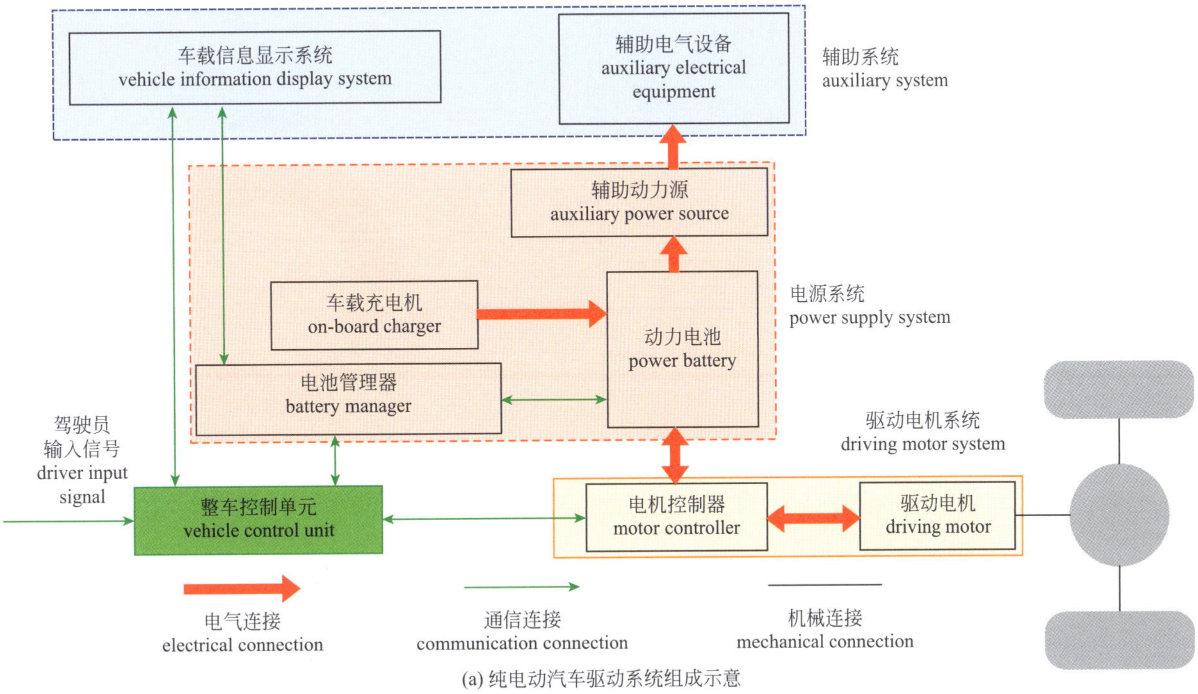

(a) 纯电动汽车驱动系统组成示意

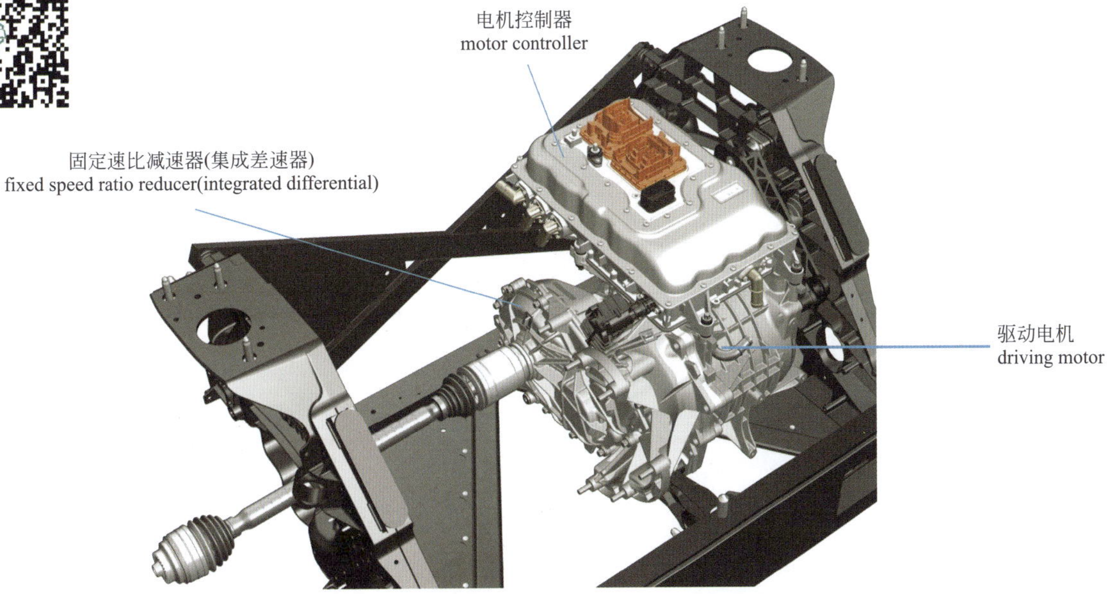

(b) 纯电动汽车驱动系统

图24-8 纯电动汽车的驱动系统基本结构

24.3.2 电机

纯电动汽车中常用的驱动电机为永磁同步电机。当三相交流电被接入定子线圈中，即产生旋转的磁场，这个旋转的磁场牵引转子内部的永磁体，产生和旋转磁场同步的旋转扭矩（图24-9）。永磁同步电机使用旋转变压器检测转子的位置，用电流传感器检测线圈的电流，从而控制驱动电机的扭矩输出（图24-10）。

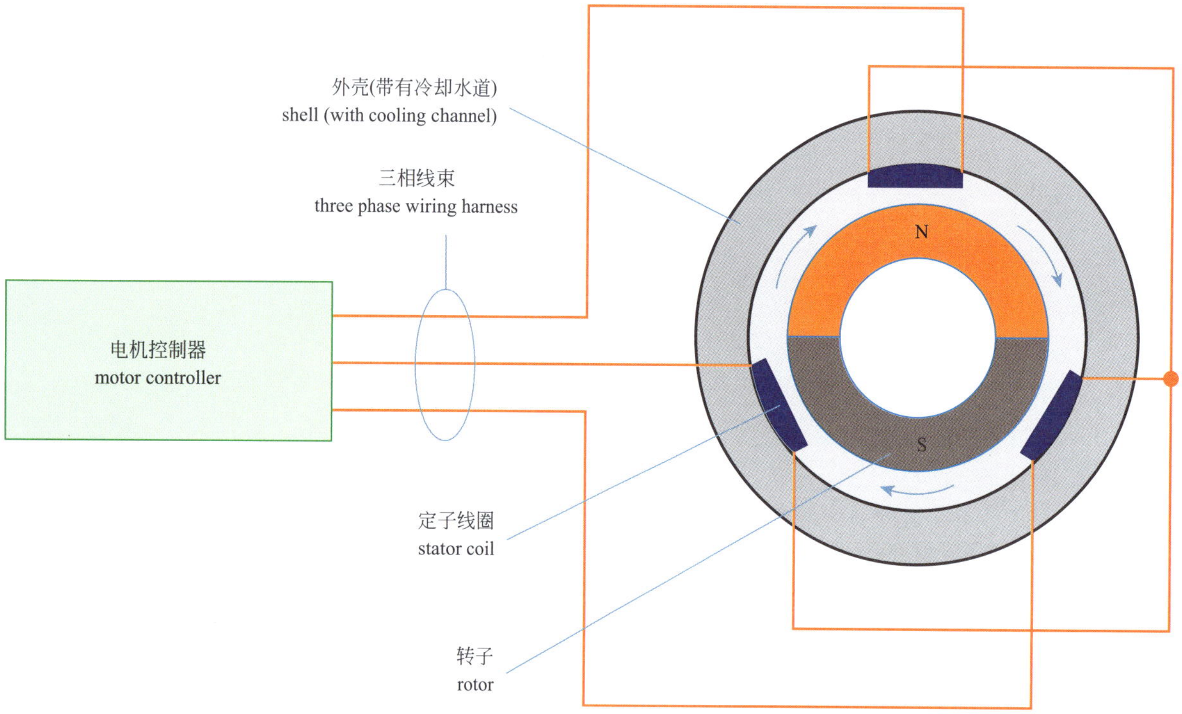

图24-9 永磁同步电机原理

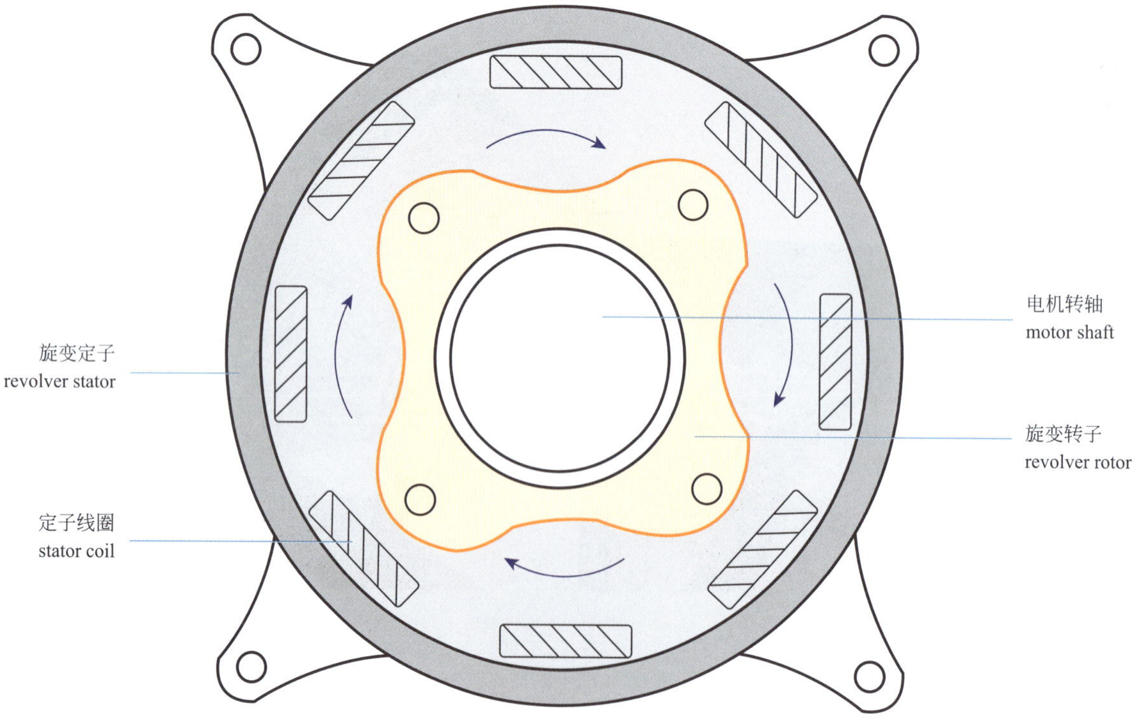

图24-10 旋转变压器原理

永磁同步电机主要由转子、定子线圈、外壳（带冷却水道）、旋转变压器等组成。由于电机工作时会产生大量的热量，因此必须对电机进行冷却。比亚迪 e5 纯电动汽车驱动电机组成如图 24-11 所示。

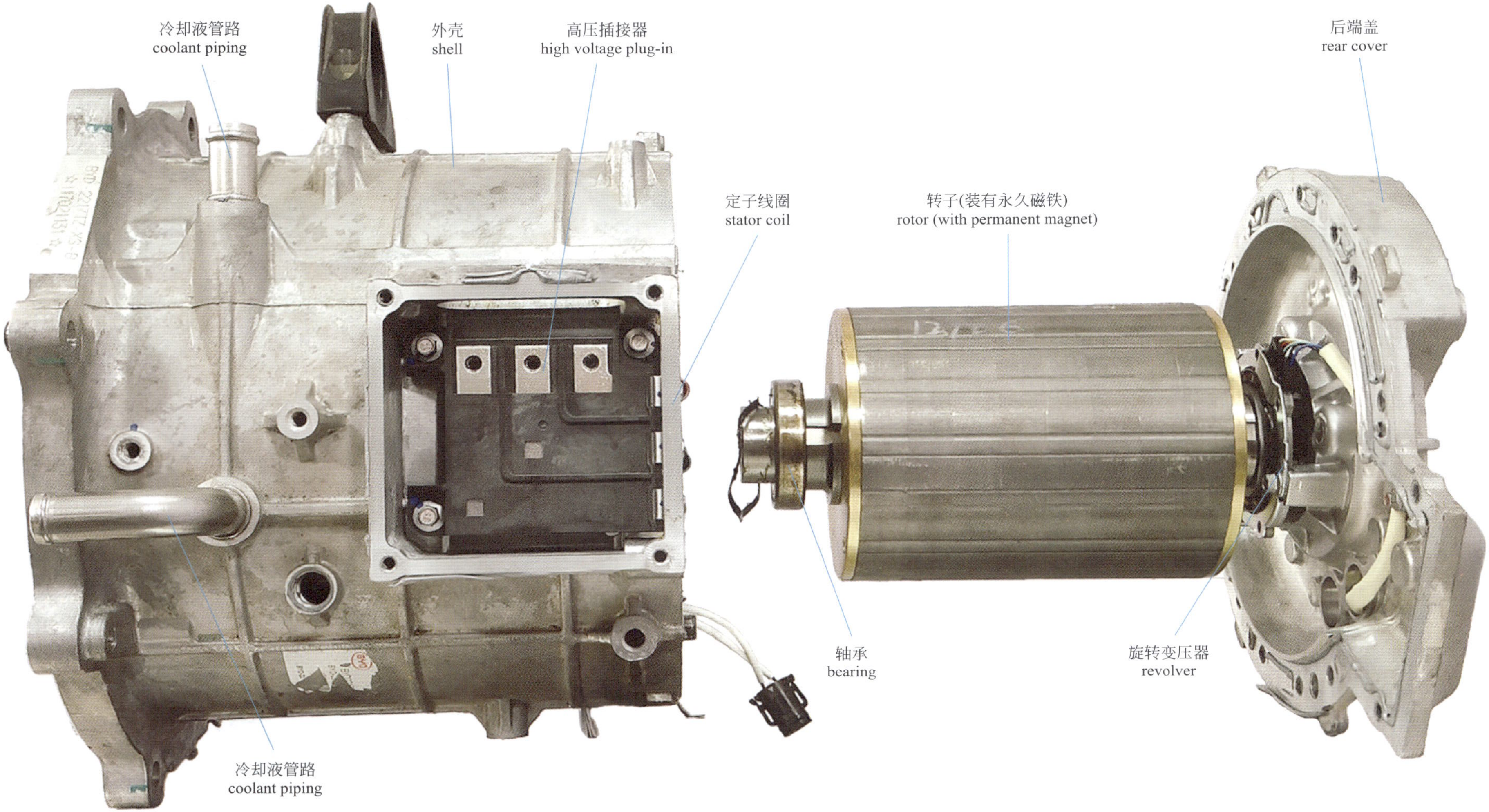

图24-11 比亚迪e5纯电动汽车驱动电机组成

永磁同步电机转子由转子内的永久磁铁、转轴、定子等组成［图24-12（a）］。转轴是电机的输出部分，与驱动系统减速器连接。永久磁铁与定子线圈产生的磁场呼应，产生旋转扭矩［图24-12（b）］。

定子由线圈绕组、铁芯等组成［图24-12(c)］。线圈由带有绝缘层的铜线按照规定的匝数绕制而成。绕组是指若干个线圈按一定的规律放在铁芯槽中。纯电动汽车电机一般采用三相电驱动，电机的绕组为三相定子绕组，三相定子绕组之间互成120°角，形成最为简单稳定的旋转力矩结构。

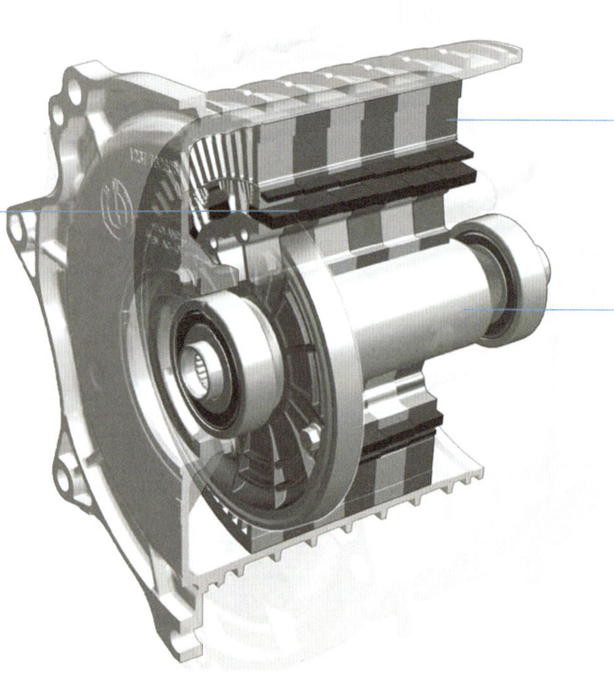

(a) 永磁同步电机剖视图

(b) 转子(带永久磁铁)
rotor(with permanent magnet)

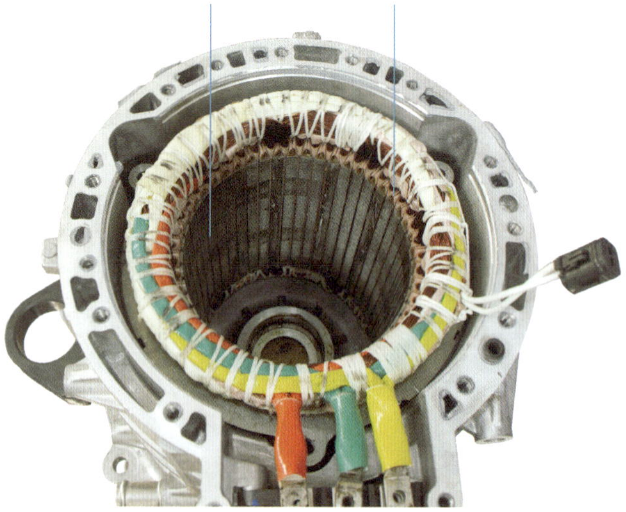

(c) 定子线圈与绕组

图24-12 驱动电机剖视与转子（带永久磁铁）、定子结构

24.3.3 减速器

电机的速度 - 转矩特性非常适合汽车驱动的需求，纯电动模式下，汽车的驱动系统不再需要多挡位的变速器，驱动系统结构得以大幅简化。由于汽车需要增大电机转矩，所以需要设置一个减速增扭装置，将电机的转速进行一定的降速并增大转矩，以适应汽车多种工况。电动汽车单速变速器是采用固定传动比将电机转速降低并增大转矩的装置，不同车型其传动比不同。电动汽车单速变速器结构如图 24-13 ～图 24-15 所示。

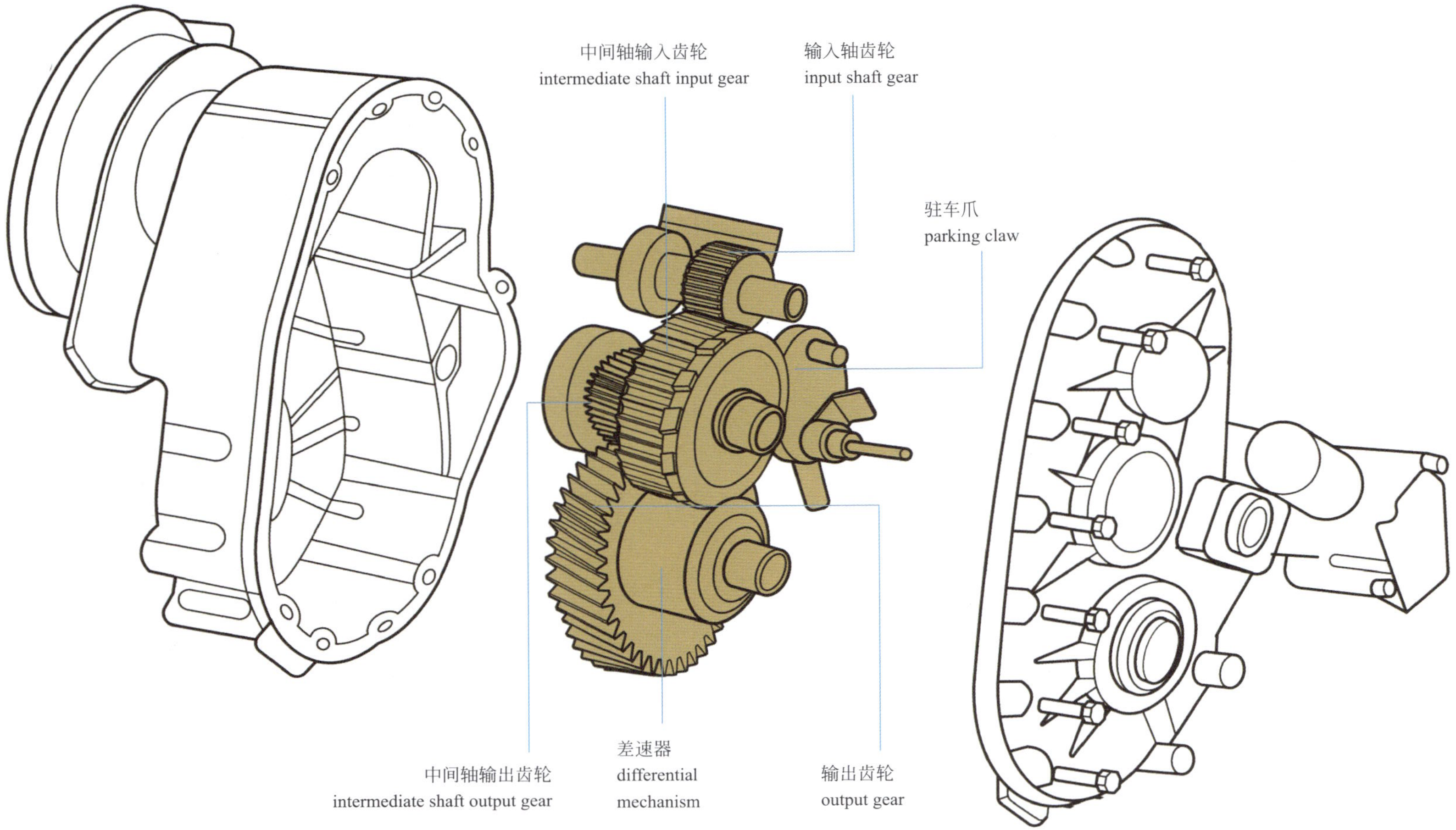

图示为吉利帝豪EV 450/EV 300单速变速器，减速比为8.28：1，扭矩为300N・m，转速范围≤14000r/min

图24-13 电动汽车单速变速器结构（吉利车系）

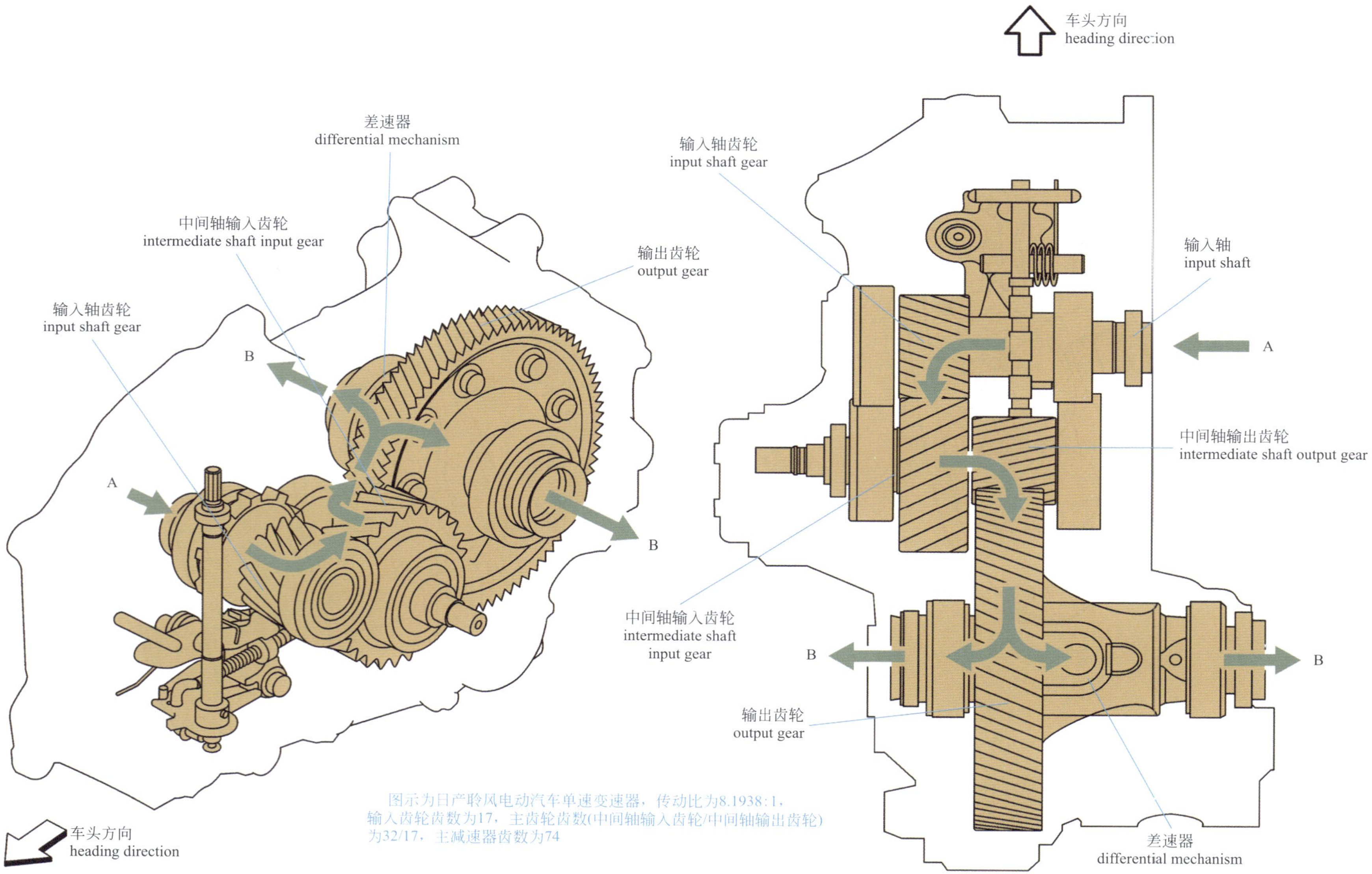

图示为日产聆风电动汽车单速变速器，传动比为8.1938:1，输入齿轮齿数为17，主齿轮齿数(中间轴输入齿轮/中间轴输出齿轮)为32/17，主减速器齿数为74

图24-14 电动汽车单速变速器结构（日产聆风）

A—来自驱动电机；B—至驱动轴

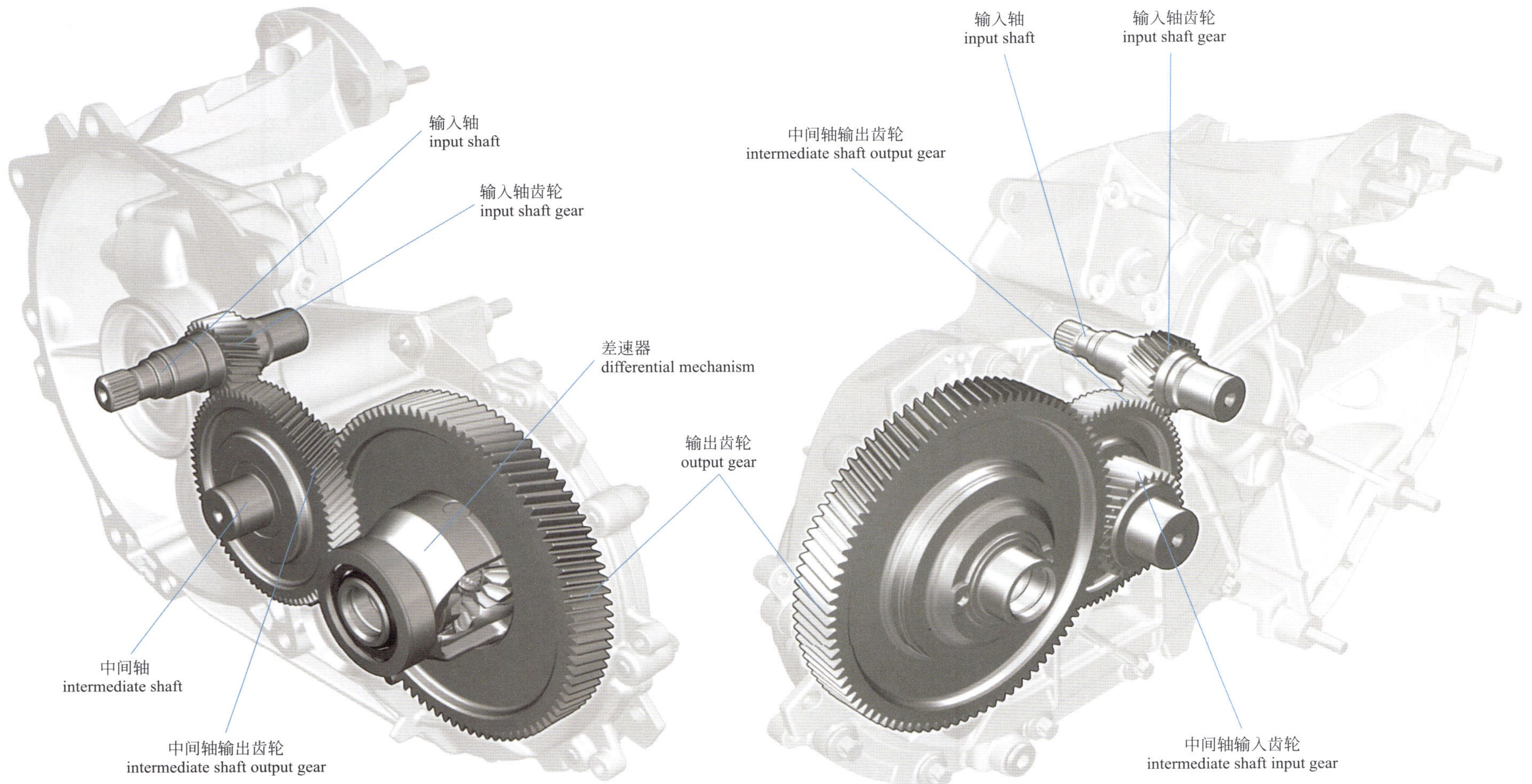

图24-15 电动汽车单速变速器结构（宝马 i3）

24.4 高压配电系统

电动汽车上有一套高压配电系统（图24-16）。高压配电系统将动力电池的高压电分配给电机控制器、驱动电机、电动空调压缩机、PTC 加热器、DC/DC 等高压用电设备，同时将交流、直流充电接口高压充电电流分配给动力电池，以便为动力电池充电。

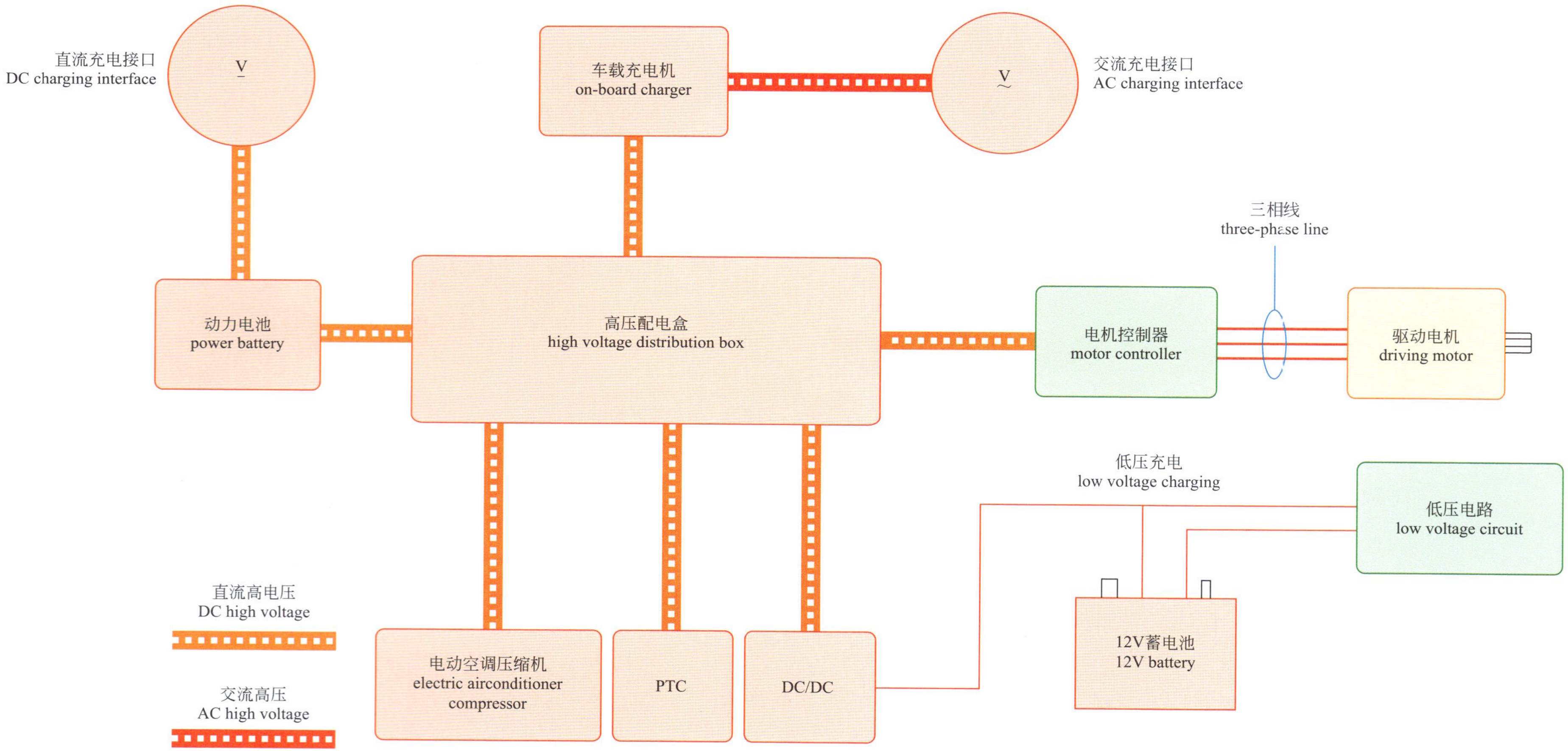

部分电动汽车会将高压用电设备进行集成，如比亚迪车系将电机控制器、车载充电机、DC/DC、高压配电盒集成在一起，称为四合一电控箱。吉利EV450车型将高压配电盒集成在车载充电机内。北汽EU260车型将电机控制器、车载充电机、DC/DC、高压配电盒集成在一起，称为PEU，无论是集成还是分散布置，其功能原理是一致的

图24-16 高压分配系统组成原理示意图

24.4.1 高压配电盒

高压配电盒（图24-17）的作用类似于低压供电系统中的熔丝盒，主要功能包括高压电能的分配、高压回路的过载及短路保护。高压配电盒将动力电池总成输送的电能分配给电机控制器、空调压缩机和 PTC 加热器。此外，交流慢充时，充电电流也会经过分线盒流入动力电池为其充电。

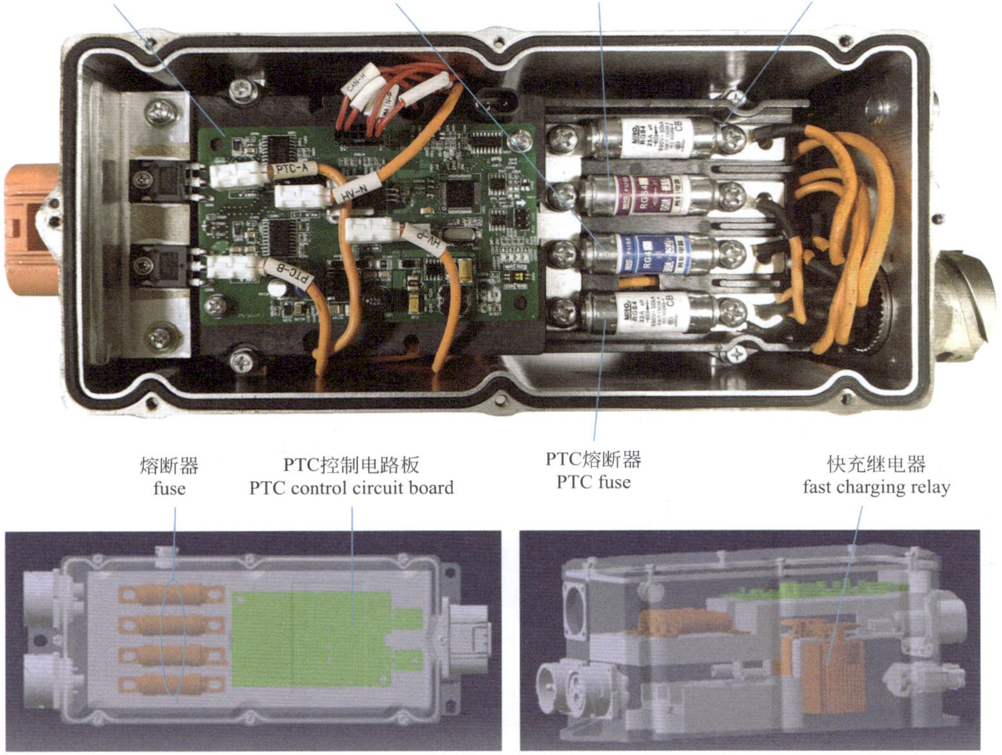

(a) 分散式高压配电盒

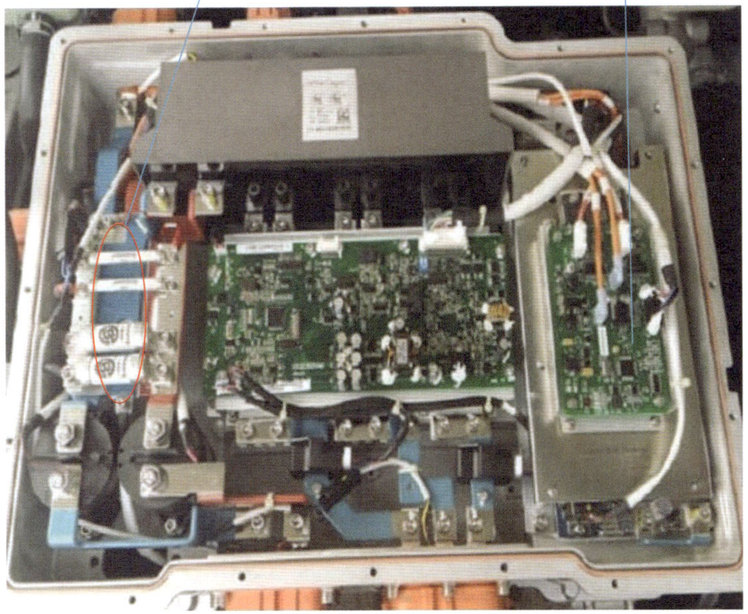

(b) 集成式高压配电功能

图24-17 高压配电盒（北汽新能源）

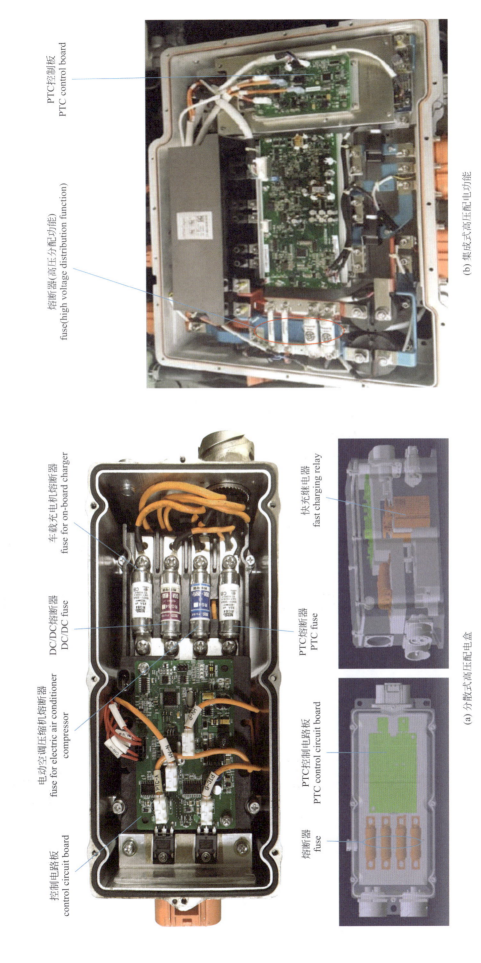

24.4.2 电机控制器

电机控制器（图24-18）将输入的直流高压电逆变成频率可调的三相交流电，供给配套的驱动电机使用。电机控制器主要由接口电路、控制主板、IGBT 模块、壳体、冷却水道等组成。

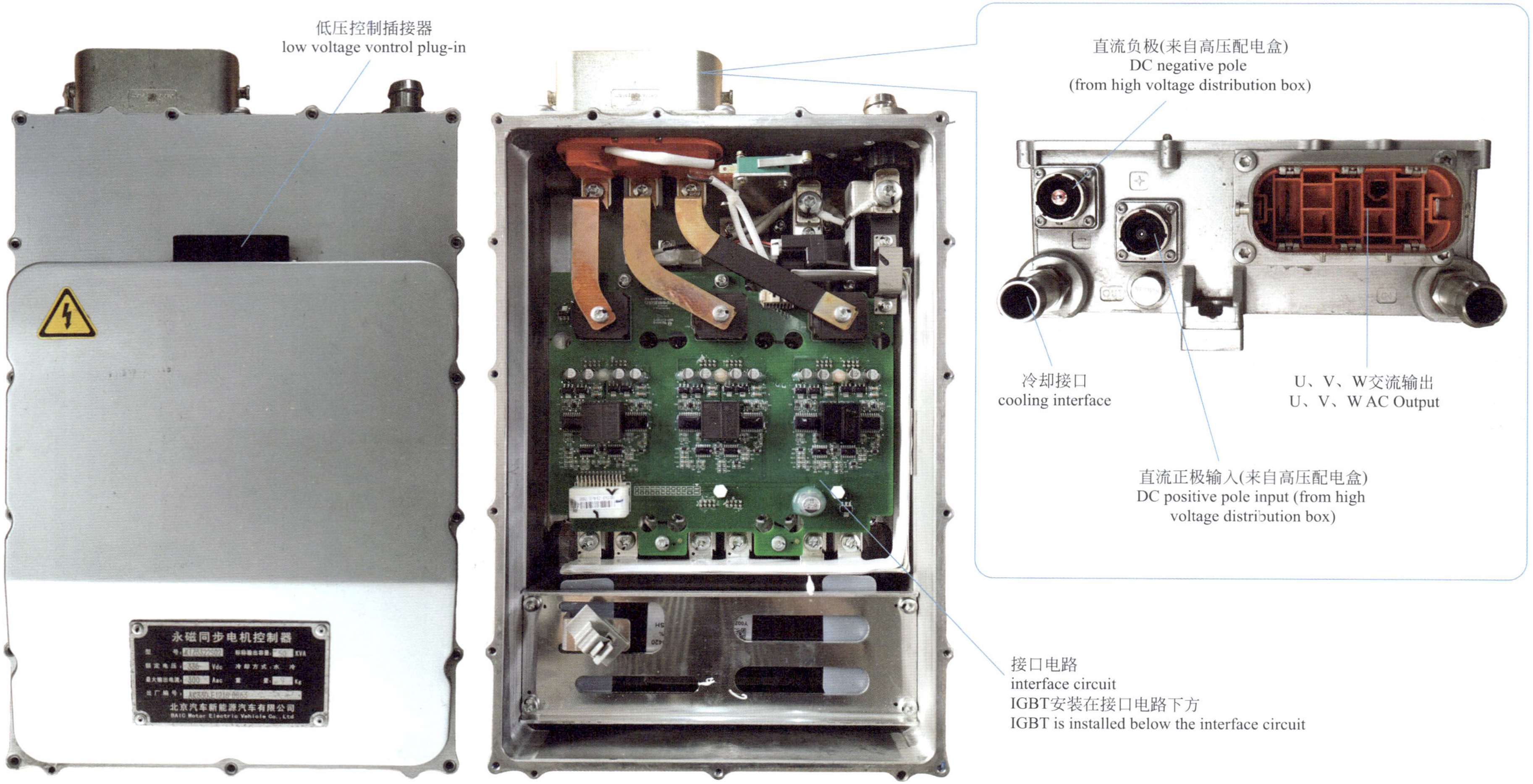

图24-18 电机控制器

24.4.3 DC/DC

DC/DC（图24-19）将动力电池的高压直流电转换为整车低压直流电（12V），给整车低压用电系统供电，并在 12V 低压蓄电池电量不足时，为其充电。DC/DC 内部结构主要分为高压输入部分、印制电路板、变压器、低压整流输出部分等。高压部分将从高压配电盒送来的高压直流电引入 DC/DC 内部。印制电路板上安装 DC/DC 各种元器件；变压器将高压电转变为低压电；低压整流输出电路将转变后的低压电进行整流并输出。

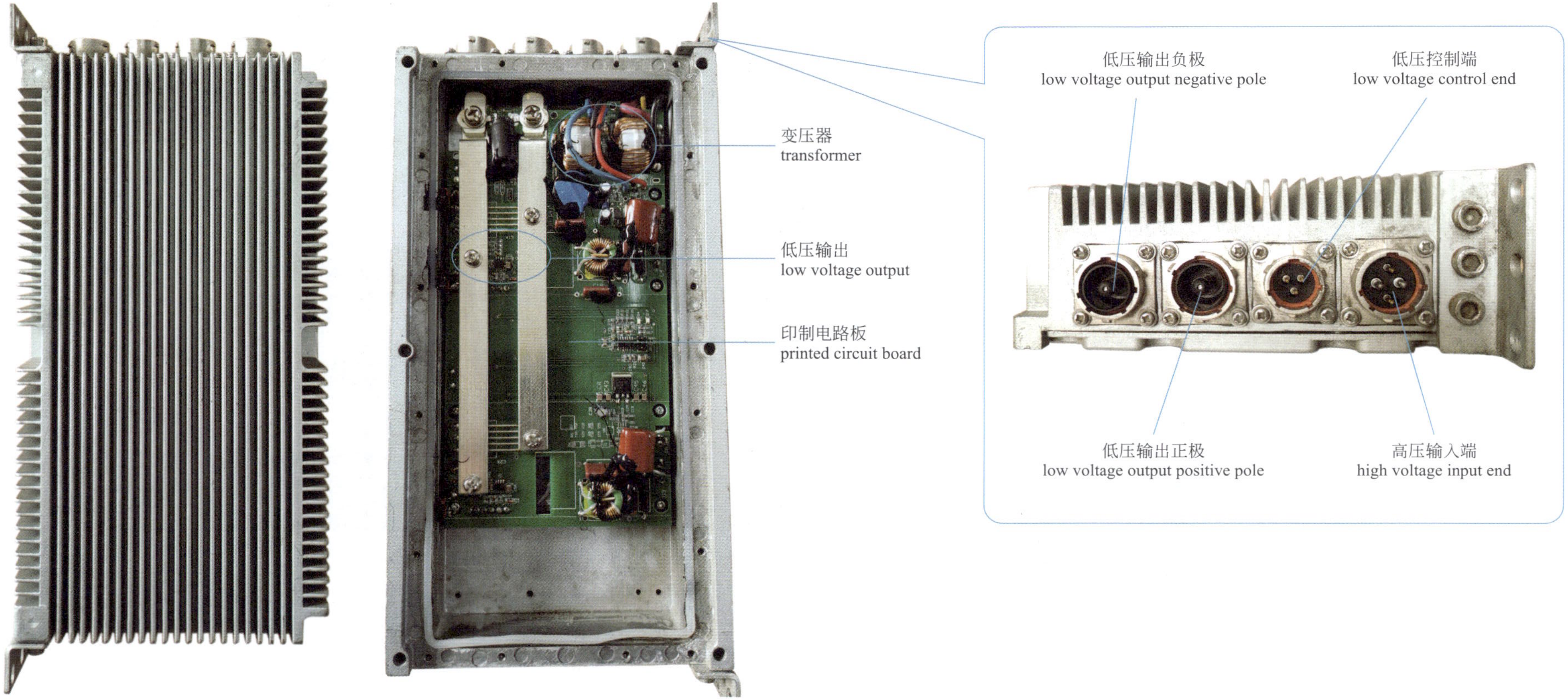

图24-19 DC/DC 外观、内部结构及端子图

24.4.4 车载充电机

车载充电机（图24-20）也称为交流充电机，固定安装在车上。车载充电机依据整车控制器（VCU）和电池管理器（BMS）提供的数据，自动调节充电电流或电压参数，从而满足动力电池的充电需求，以完成充电任务。车载充电机带有散热片和散热风扇，外部有电线连接接口、交流输入端、直流输出端和低压通信控制接口等。

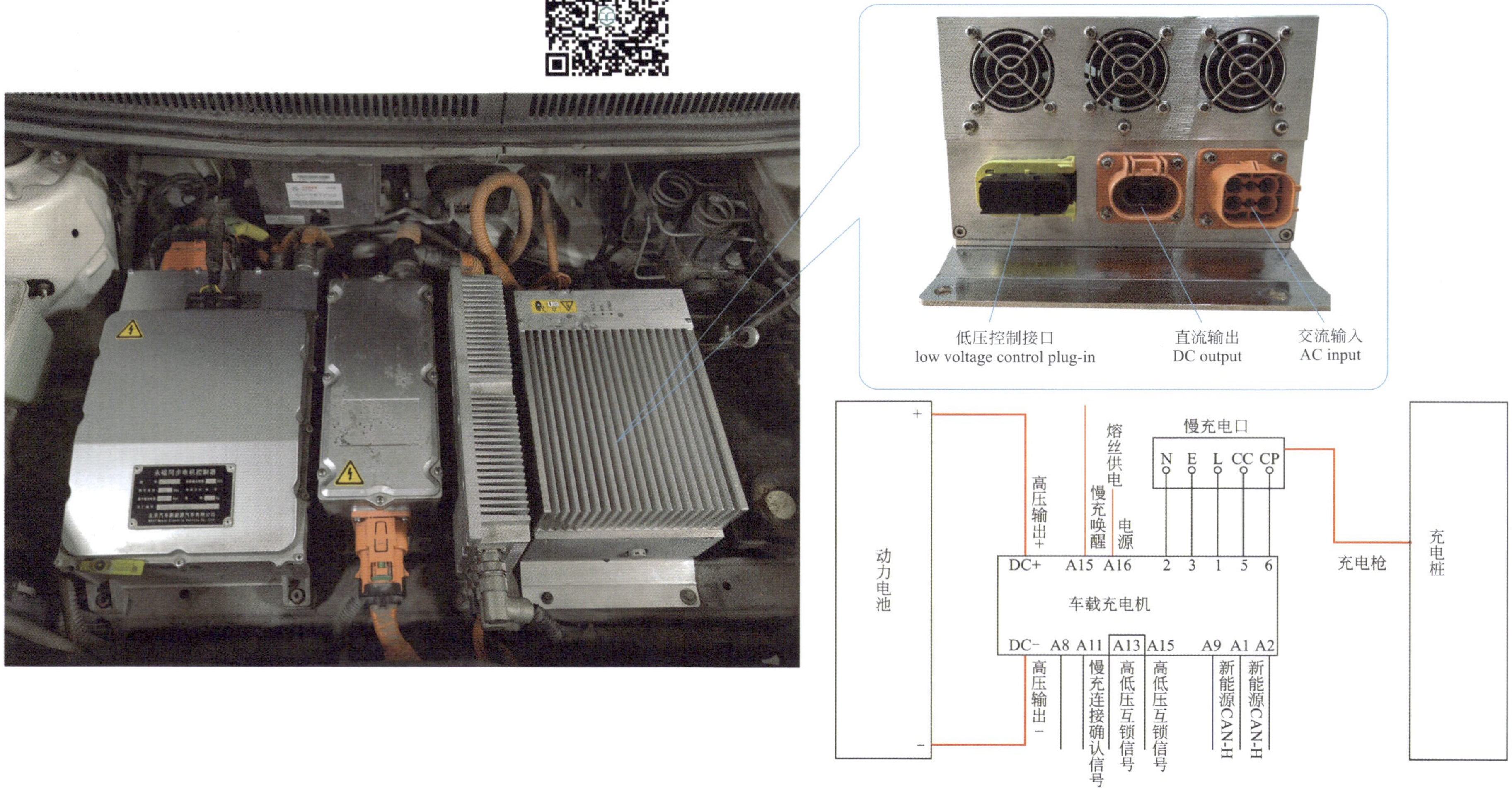

图24-20 车载充电机安装位置、端子及电路原理图

24.4.5 高压线束

电动汽车动力电池与高压配电盒之间、高压配电盒与电机控制器之间、高压配电盒与空调压缩机和 PTC 加热器之间、直流充电接口与高压配电盒之间、交流充电接口与车载充电机之间采用高压线束连接。这些高压线束均为黄色，并带有端子锁止及高压互锁功能，见图24-21 ~ 图24-24。

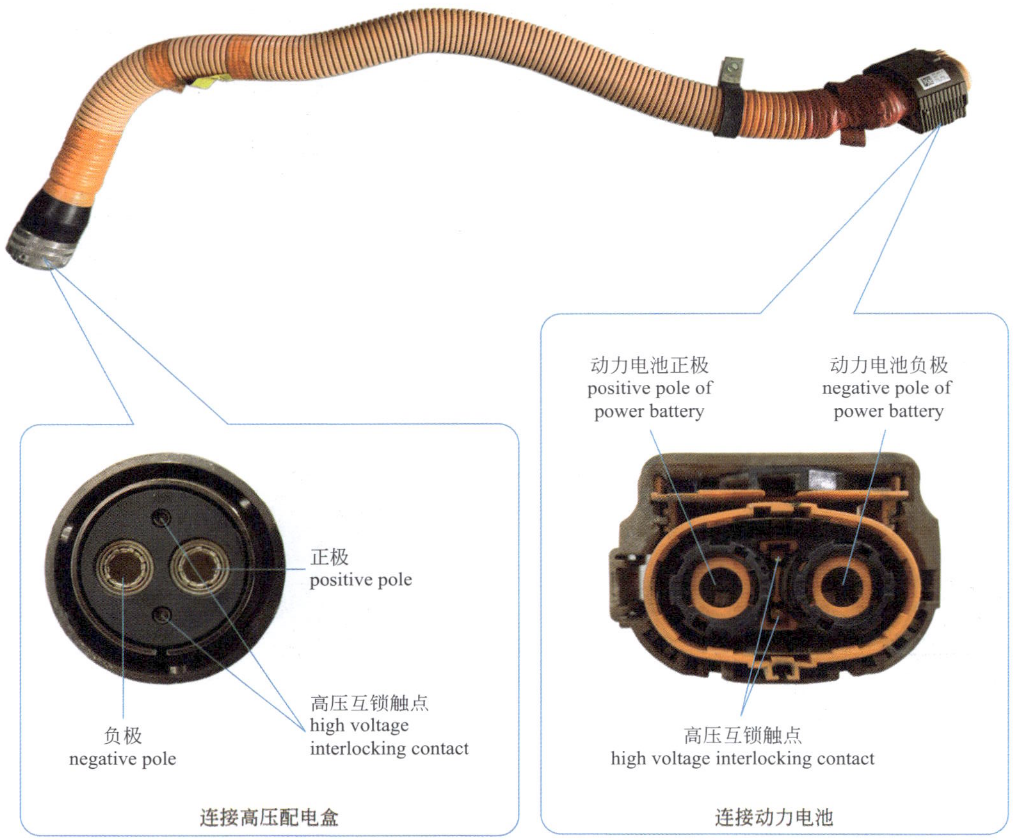

图24-21 直流母线及端子图

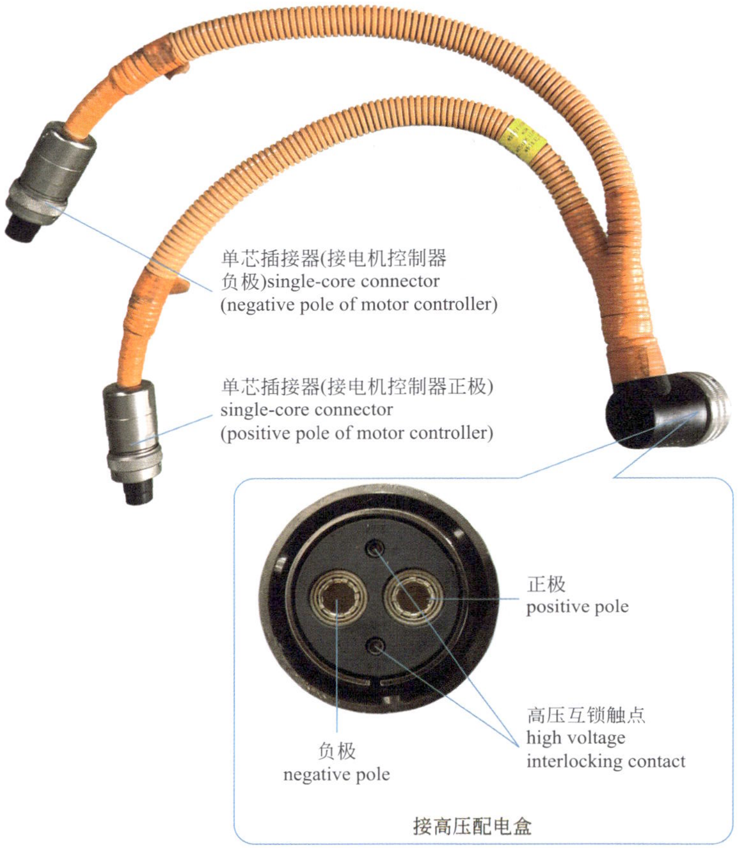

图24-22 电机控制器与高压配电盒连接高压线

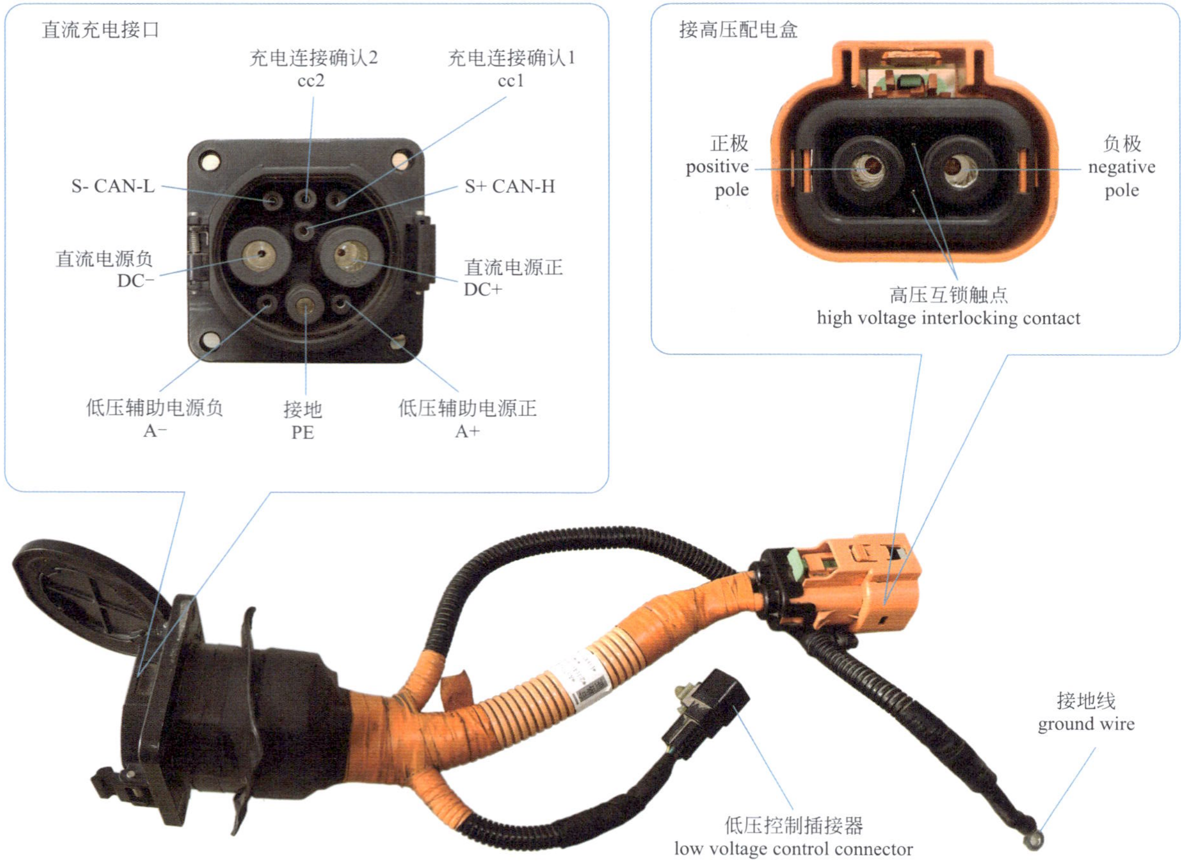

图24-23 直流快充线束

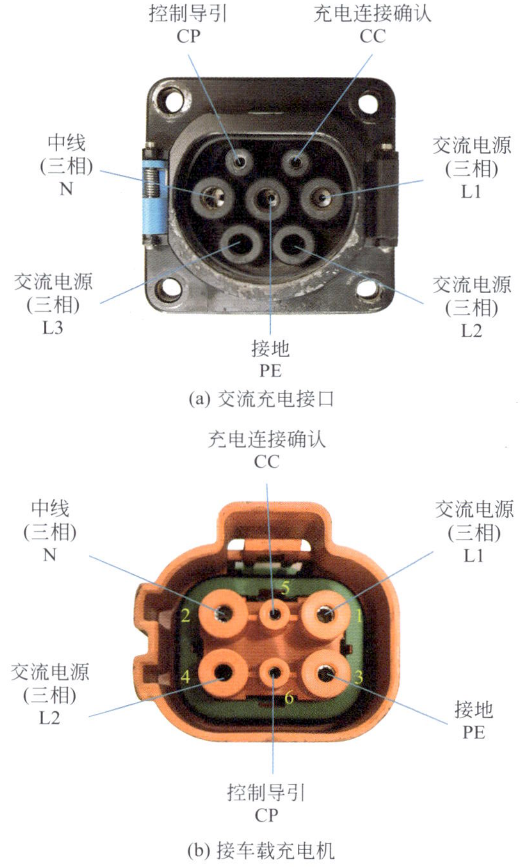

图24-24 交流充电接口及车载充电机线束插接器

高压附件线束（图24-25）是指连接高压配电盒至DC/DC、车载充电机、空调压缩机、PTC加热器的高压线束，为这些附件提供高压电。

A	DC/DC电源正极	G	DC/DC电源负极
B	PTCC电源正极	H	压缩机电源负极
C	压缩机电源正极	J	PTC-B组负极
D	PTC-A组负极	K	空脚位
E	充电机电源正极	L	互锁信号线
F	充电机电源负极		

图24-25 高压附件线束

24.4.6 电动空调系统

纯电动汽车空调系统（图24-26）与传统汽车空调系统的区别主要在于制冷系统采用电动压缩机，暖风系统采用 PTC 或电加热器，电动空调压缩机采用高压电机驱动空调压缩机，为制冷系统提供制冷剂循环，电动空调压缩机、PTC 或电加热器均由高压配电盒提供高压电。

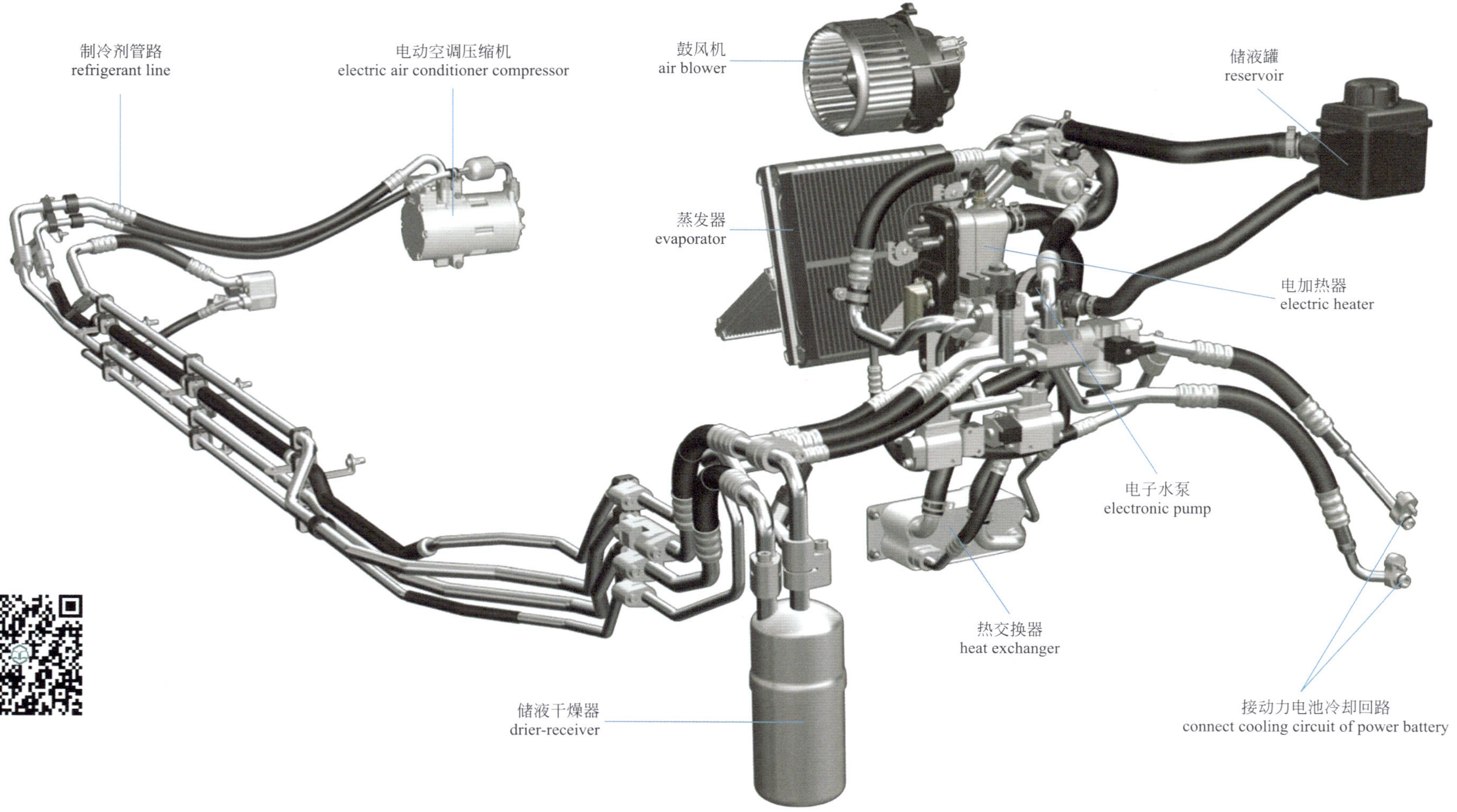

图24-26 纯电动汽车空调系统

电动空调压缩机使用小型直流高压电机驱动压缩机。压缩机类型一般为涡旋式，压缩机与控制器集成一体，通过电机自身的旋转带动涡旋盘压缩，完成制冷剂的吸入和排出，为制冷循环提供动力。电动空调压缩机管路连接如图24-27（a）所示，工作原理如图24-27（b）所示。

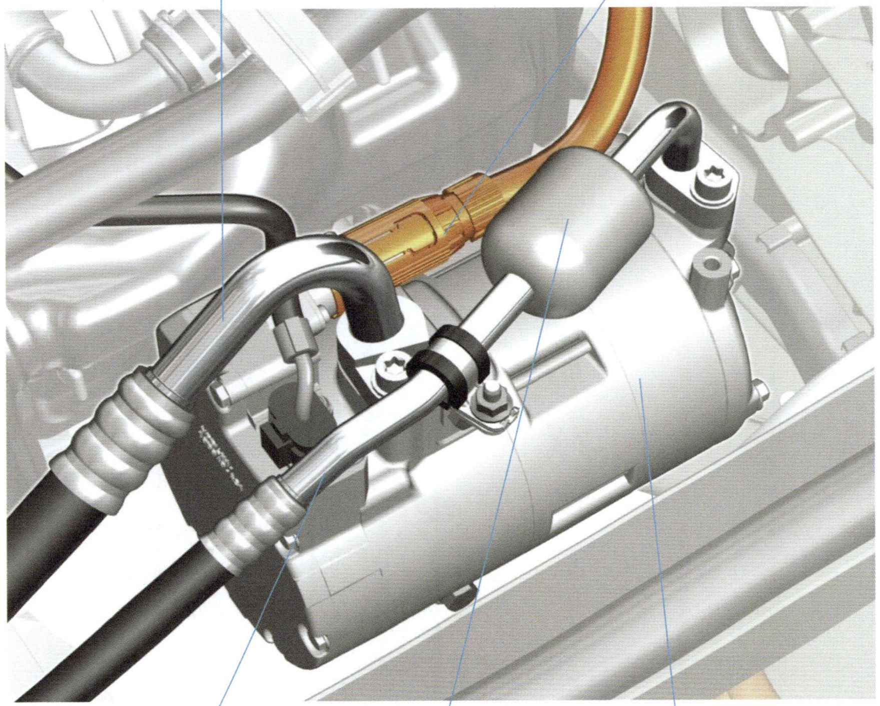

(a) 电动空调压缩机管路连接

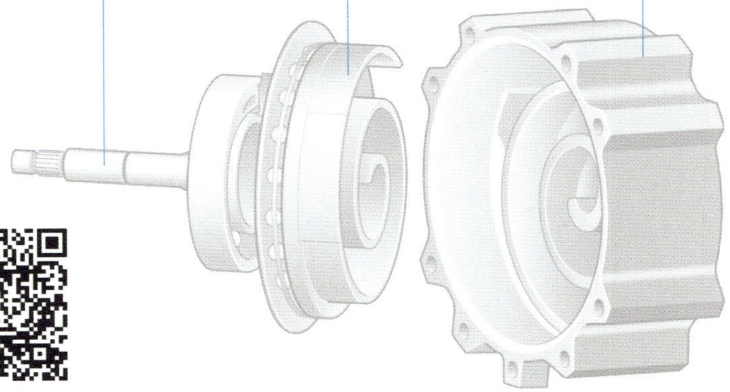

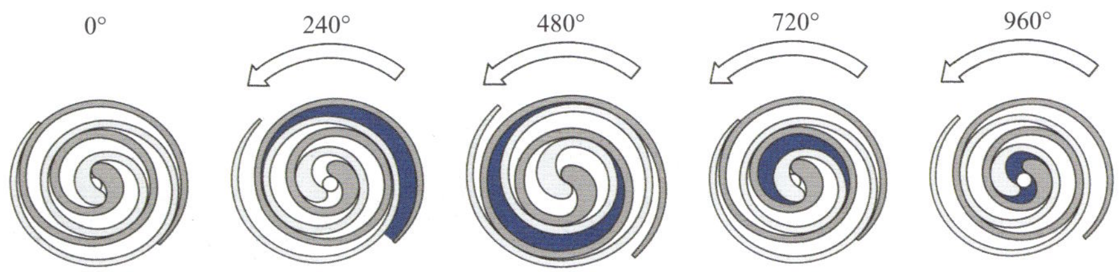

螺旋型内盘由电机驱动并进行偏心旋转。通过固定式螺旋形外盘上的两个开口吸入低温低压气态制冷剂，然后通过两个螺旋形盘的相对移动使制冷剂压缩、变热。转动三圈后，吸入的制冷剂压缩、变热，可通过外盘中部的开口以气态形式释放。高温高压气态制冷剂从此处经油气分离器向冷凝器方向流至空调压缩机接口

(b) 电动空调压缩机工作原理

图24-27 电动空调压缩机

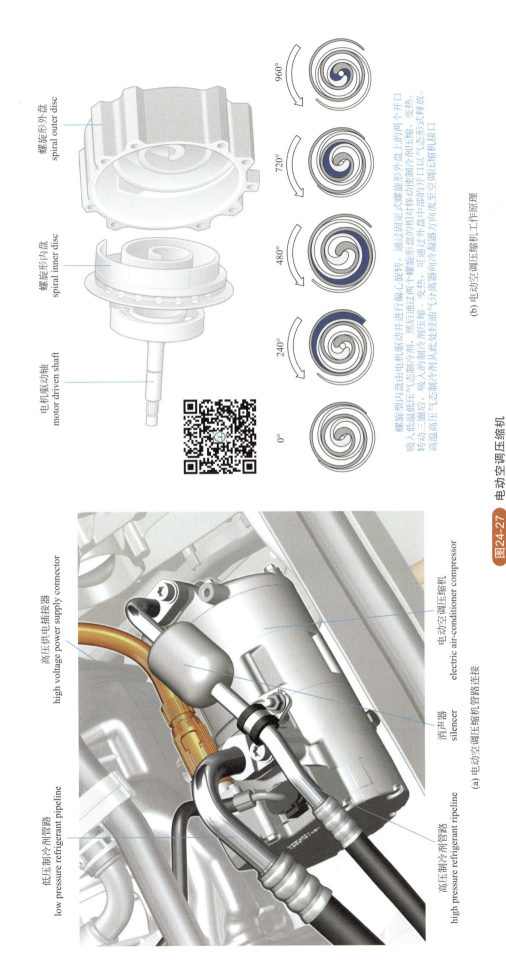

暖风系统电加热器结构如图24-28 所示。电加热器最大功率为5.5kW，通过三个加热器线圈实现电加热，三个线圈的功率约为 0.75kW、1.5kW、2.75kW。加热器线圈（单个或多个）的开关通过电子开关在电加热器内部进行控制操作（以上数据针对宝马纯电动、插电混动车型）。

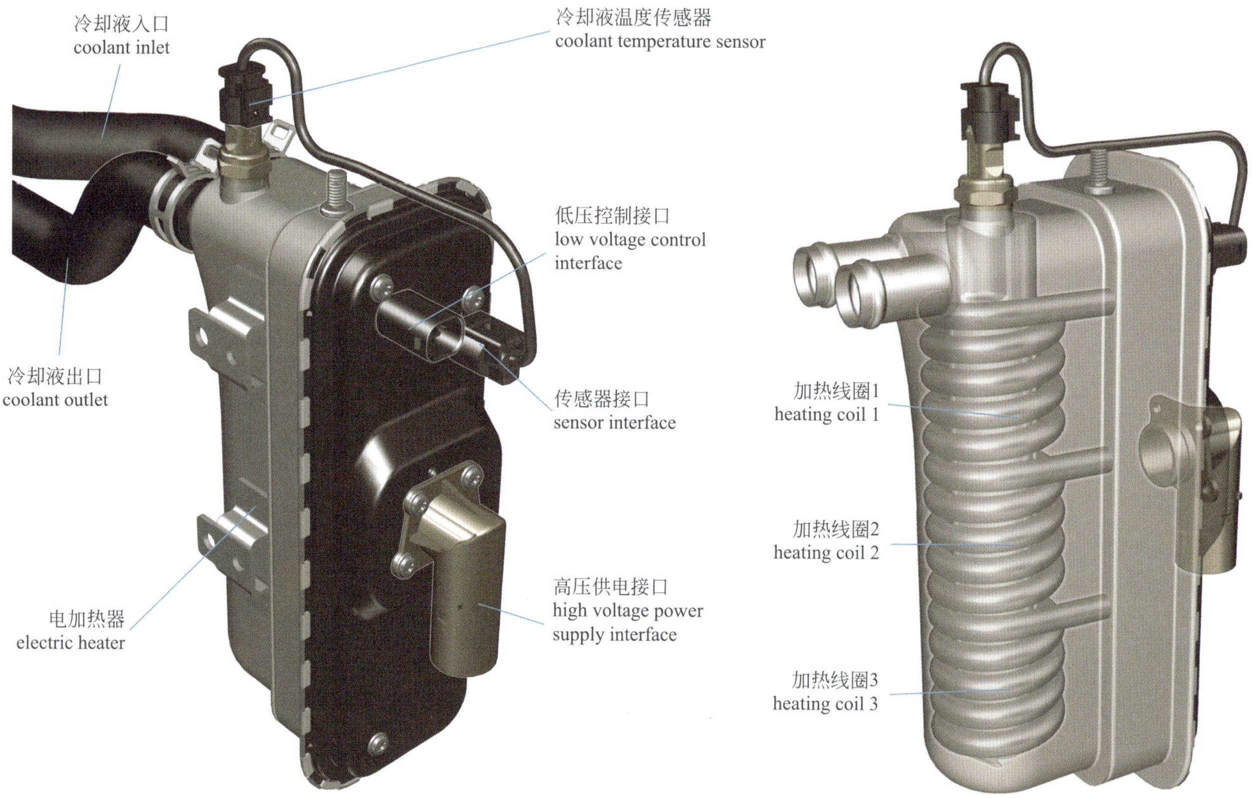

图24-28 暖风系统电加热器结构

如图24-29 所示，电子水泵将冷却液从储液罐中抽出，流过电加热器内的冷却液管路，电加热器将冷却液加热，再从冷却液出口排出，流向热交换器，热交换器产生的热量被鼓风机吹到车内。

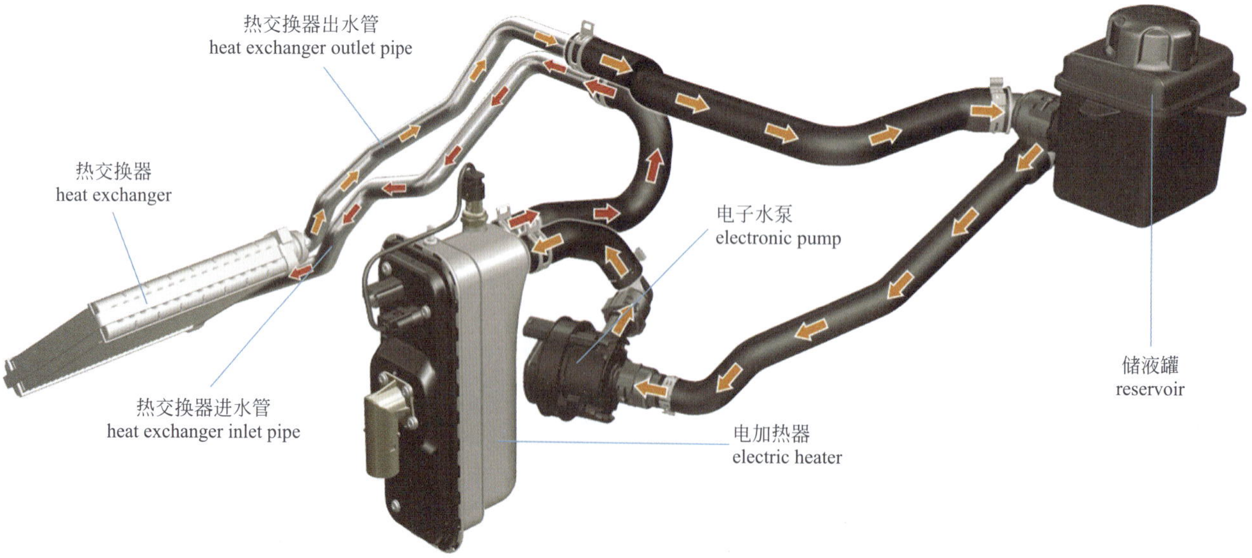

图24-29 暖风系统工作过程

24.5 纯电动汽车高压系统安全设计

24.5.1 等电位连接

纯电动汽车的等电位连接可以采用将电气设备的外露导电部件直接或通过保护导体与车辆底盘相连接的方法进行。

等电位连接示意图如图24-30 所示，该方法是将高压电气设备外壳与车辆底盘直接连接。采用等电位连接后，高压用电设备外壳和车身（地）为相同电位，当高压用电设备正极发生对外壳漏电故障时，即使检修人员接触漏电设备外壳，由于人体被等电位连接线短路，也不会有危险的电流流过，从而避免人员被电击。

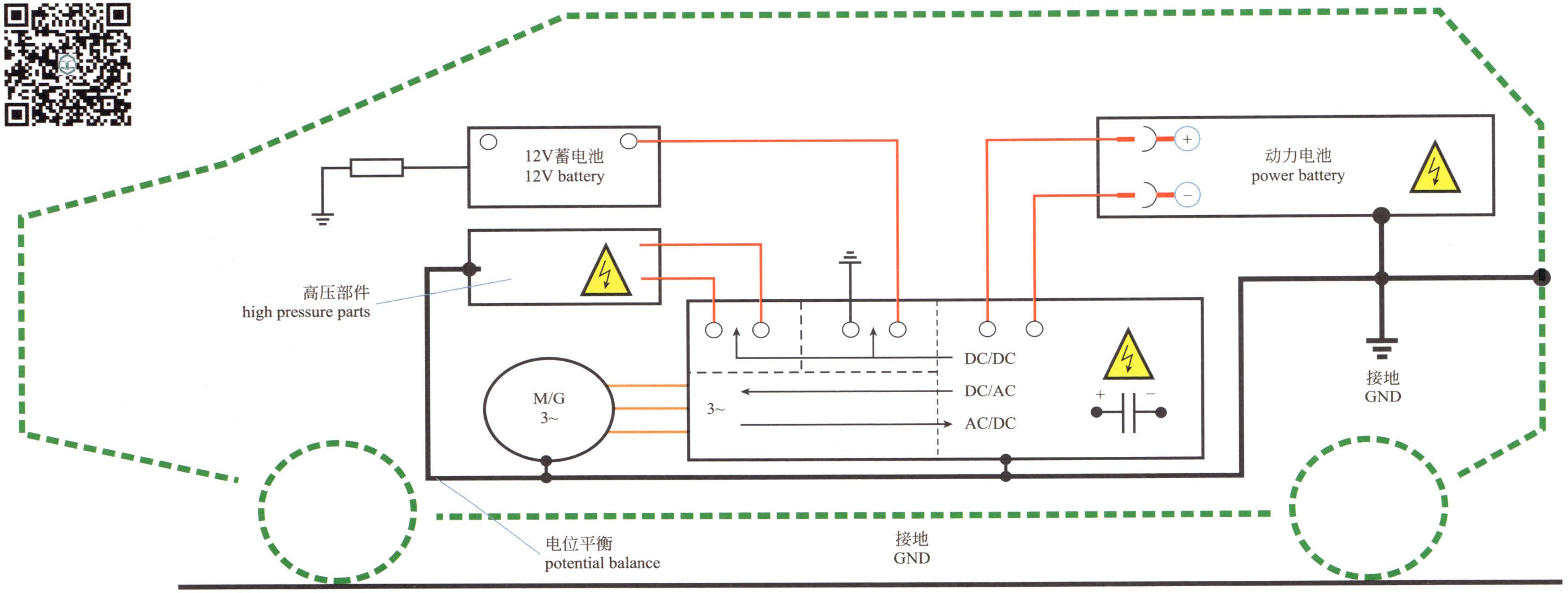

图24-30 等电位连接示意图

24.5.2 高压互锁（先导电路）

纯电动汽车的高压系统设计了高压互锁（也称为低压先导线路）功能，只有先导线路导通，高压才能接通。在车辆发生碰撞、断开高压插接器等情况下，先导线路会断开，高压系统也随之断电。

高压互锁回路即先导电路，通过使用电气小信号来检查整个高压系统导线、插接器及高压用电设备外壳（保护盖）是否正确连接或被打开。当识别到高压系统某个插接器断开或用电设备外壳被打开时及时切断高压电。高压互锁原理如图24-31(a)所示，比亚迪e5高压互锁原理如图24-31(b)所示。

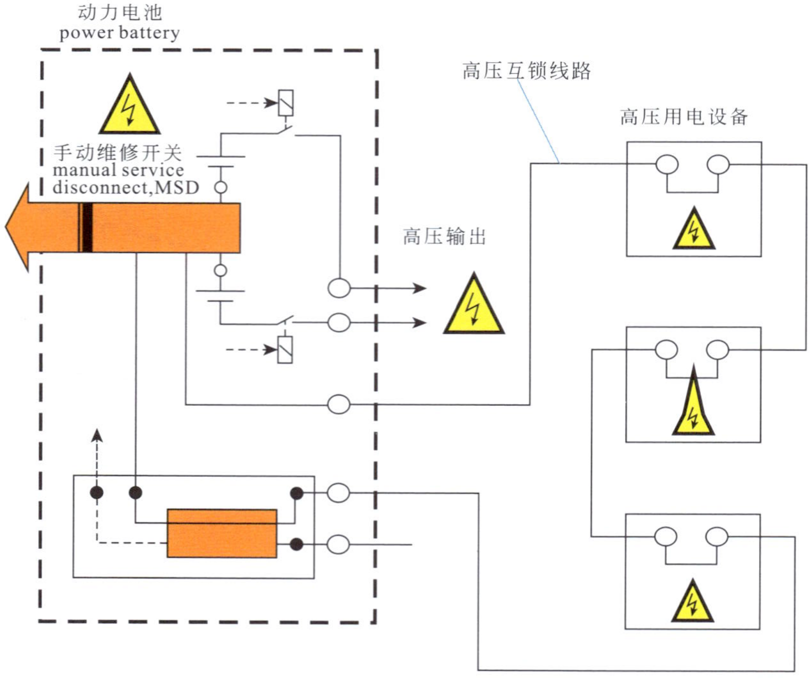

(a) 高压互锁原理

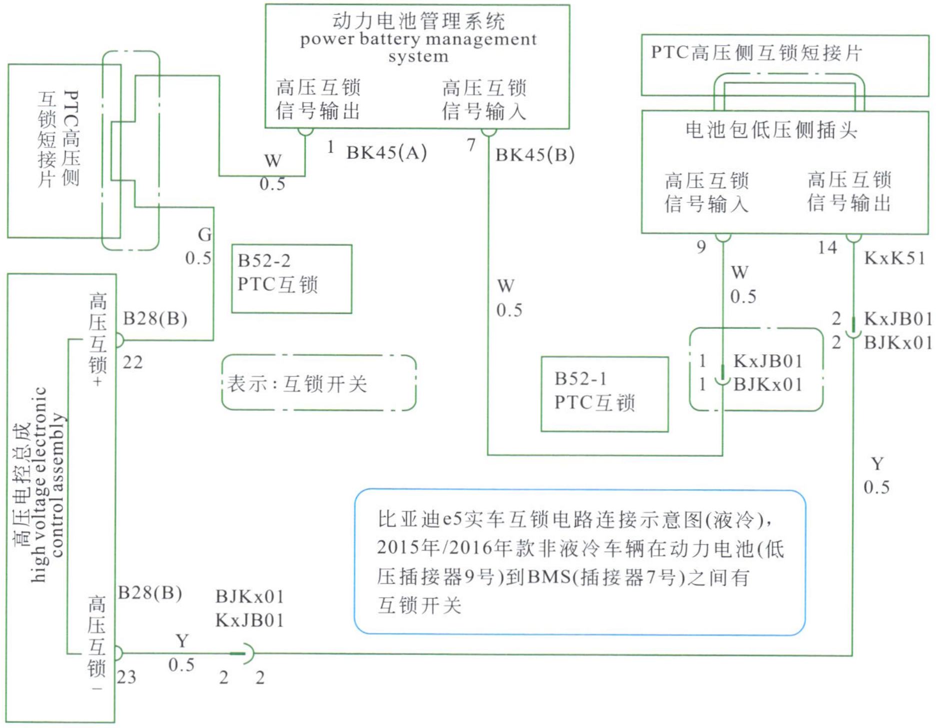

(b) 比亚迪e5高压互锁原理

图24-31 高压互锁

24.6 纯电动汽车辅助系统

24.6.1 纯电动汽车制动系统

纯电动汽车制动系统采用电子真空泵为真空助力器提供真空。制动系统其他部分与传统汽车相同。纯电动汽车制动系统及电子真空泵结构如图24-32所示。

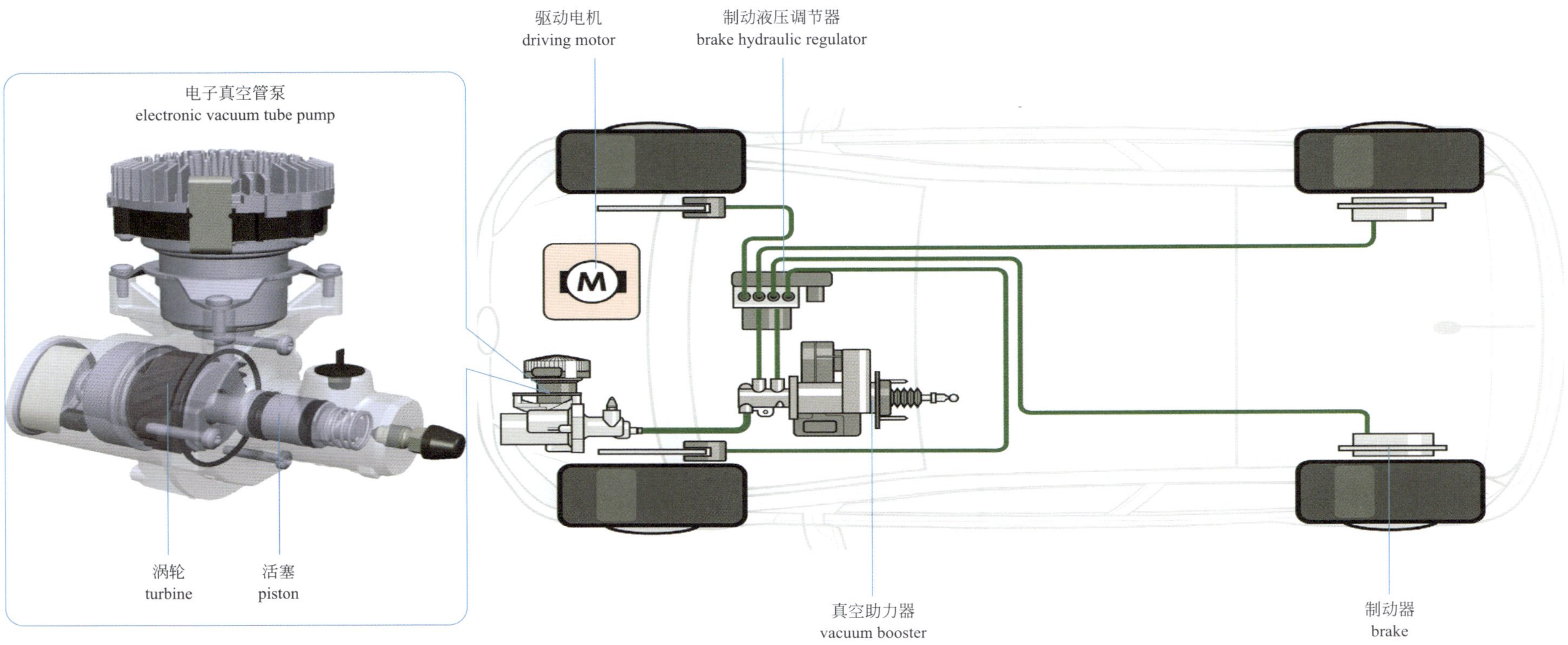

图24-32 纯电动汽车制动系统及电子真空泵结构

24.6.2 纯电动汽车转向系统

纯电动汽车普遍采用电控助力转向系统。与传统燃油汽车中采用的电控助力转向系统工作原理相同，如图24-33所示。

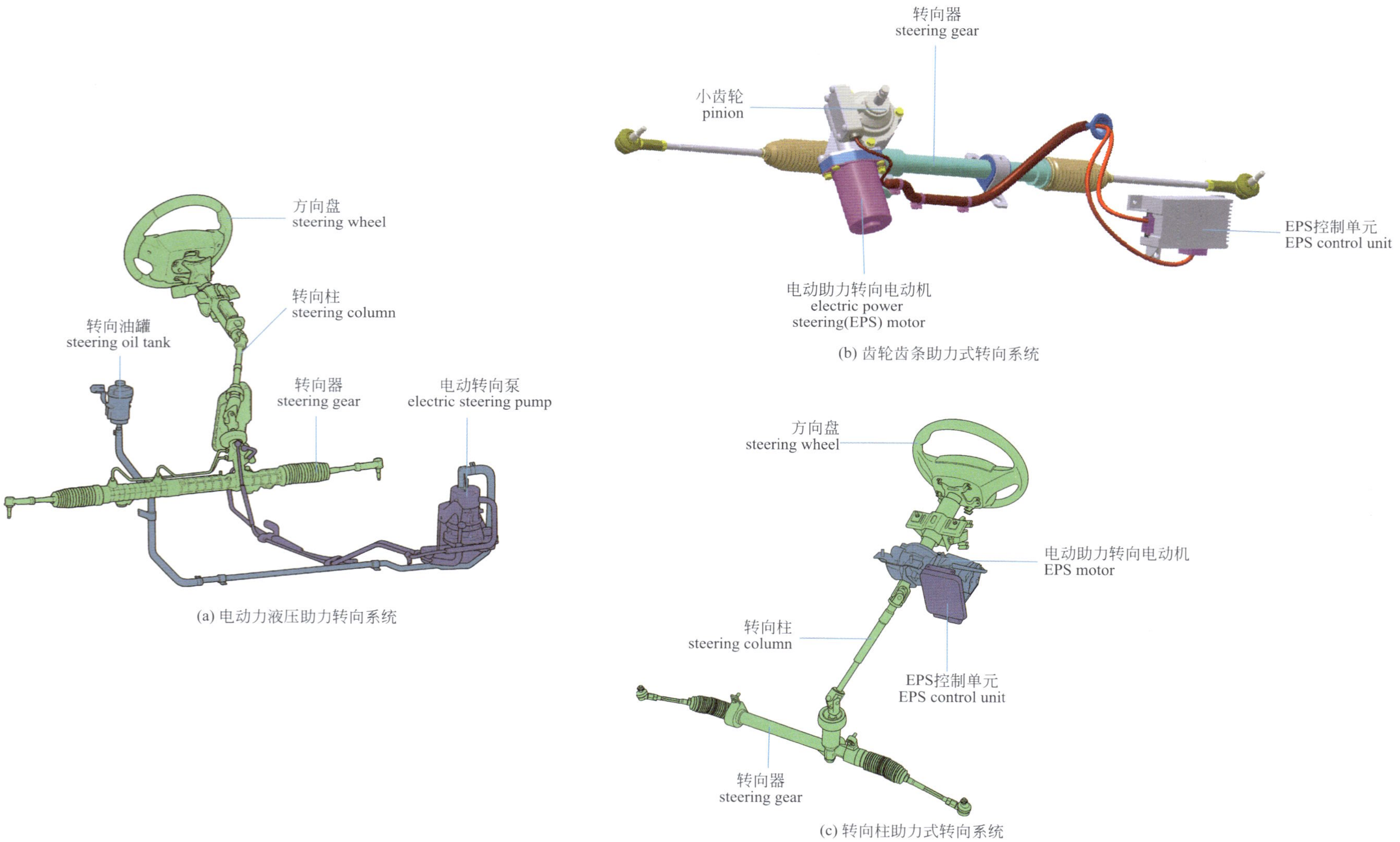

图24-33 纯电动汽车转向系统

第25章 插电式混合动力汽车

25.1 概述

插电式混合动力汽车（plug-in hybrid electric vehicle，PHEV）的动力电池无论是在容量还是体积方面都小于纯电动汽车，在纯电动模式下续航里程仅为 60 ~ 100km，可通过外接电源进行充电。

插电式混合动力汽车安装有发动机、驱动电机、动力耦合装置等。部分车型安装有双电机，一台电机用于驱动车辆，另一台电机用于发电，以补充动力电池能量。插电式混合动力汽车动力驱动系统相对复杂，如大众高尔夫 GTE、途观 L PHEV 车型采用驱动电机加七速双离合器变速器的驱动形式；吉利帝豪 PHEV 采用双电机加行星齿轮组动力耦合形式等。插电式混合动力汽车结构组成如图 25-1 ~ 图 25-3 所示。

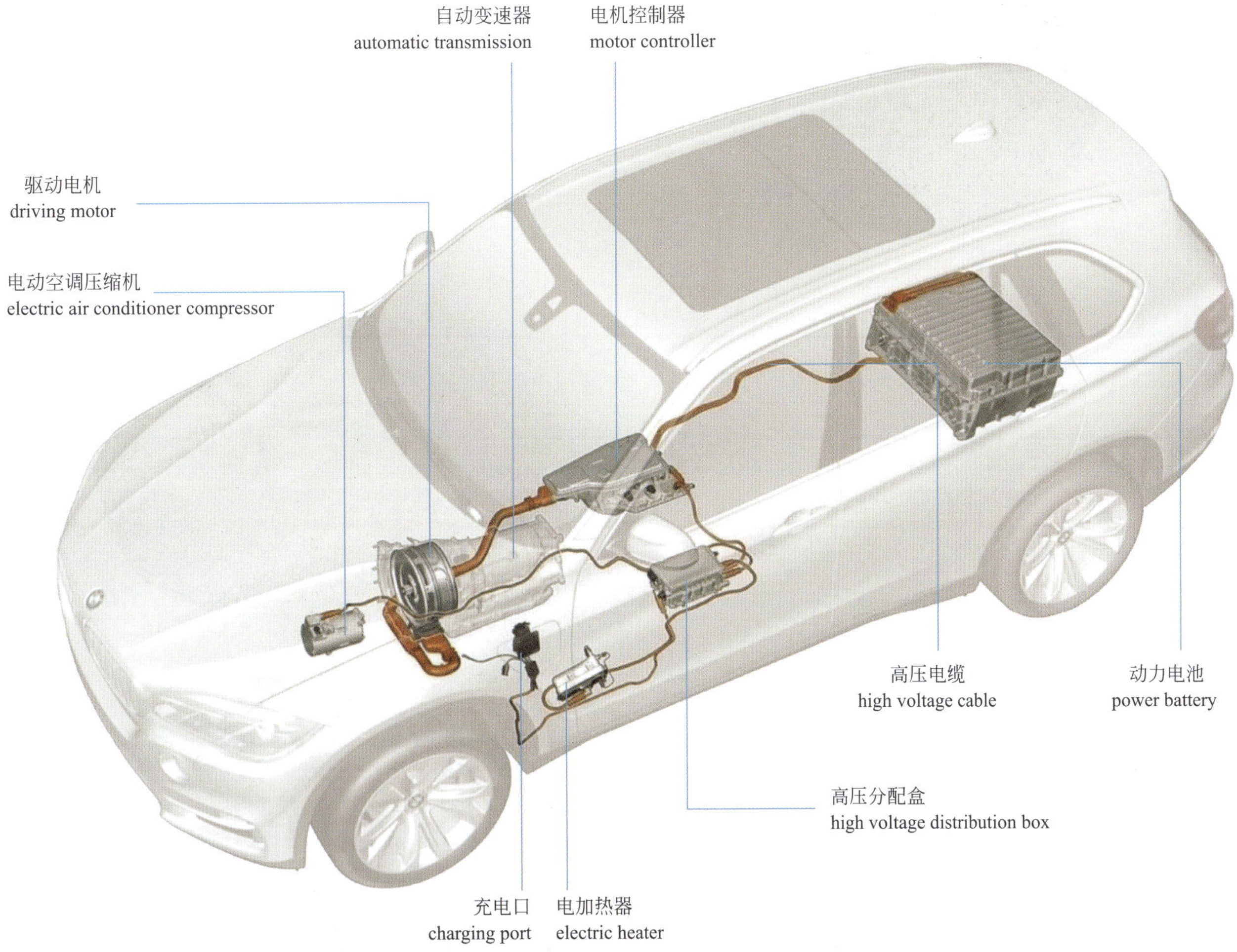

	项目	参数
电机	最大功率	83kW
	最大扭矩	250N·m
	最大转速	7200r/min
	质量	26kg

	项目	参数
动力电池	材料	三元锂离子
	电芯个数	96个
	能量	9.2kW·h
	额定电压	355V

图25-1 宝马 F15 PHEV组成图

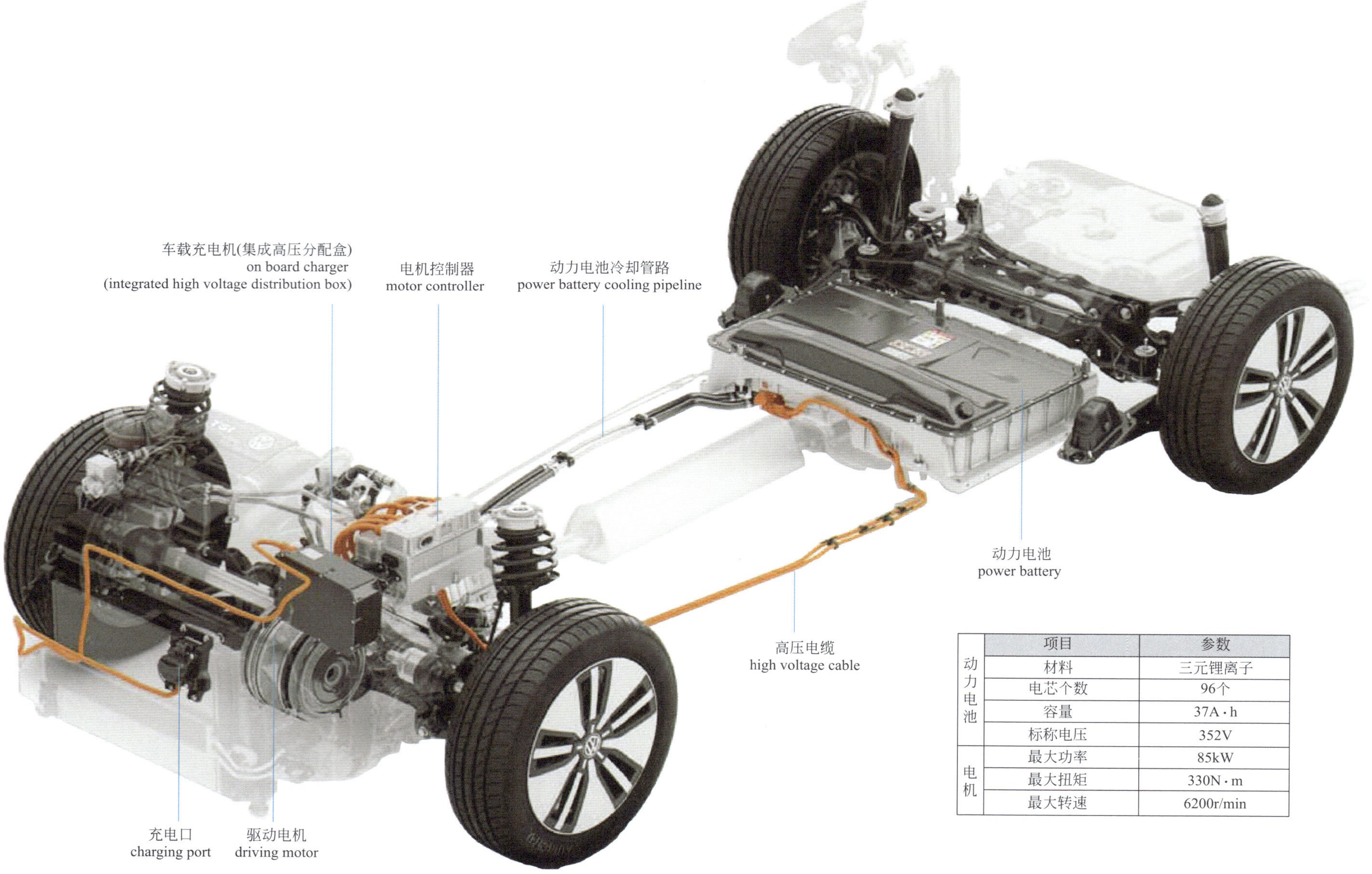

	项目	参数
动力电池	材料	三元锂离子
	电芯个数	96个
	容量	37A·h
	标称电压	352V
电机	最大功率	85kW
	最大扭矩	330N·m
	最大转速	6200r/min

图25-2 大众途观 L PHEV 结构图

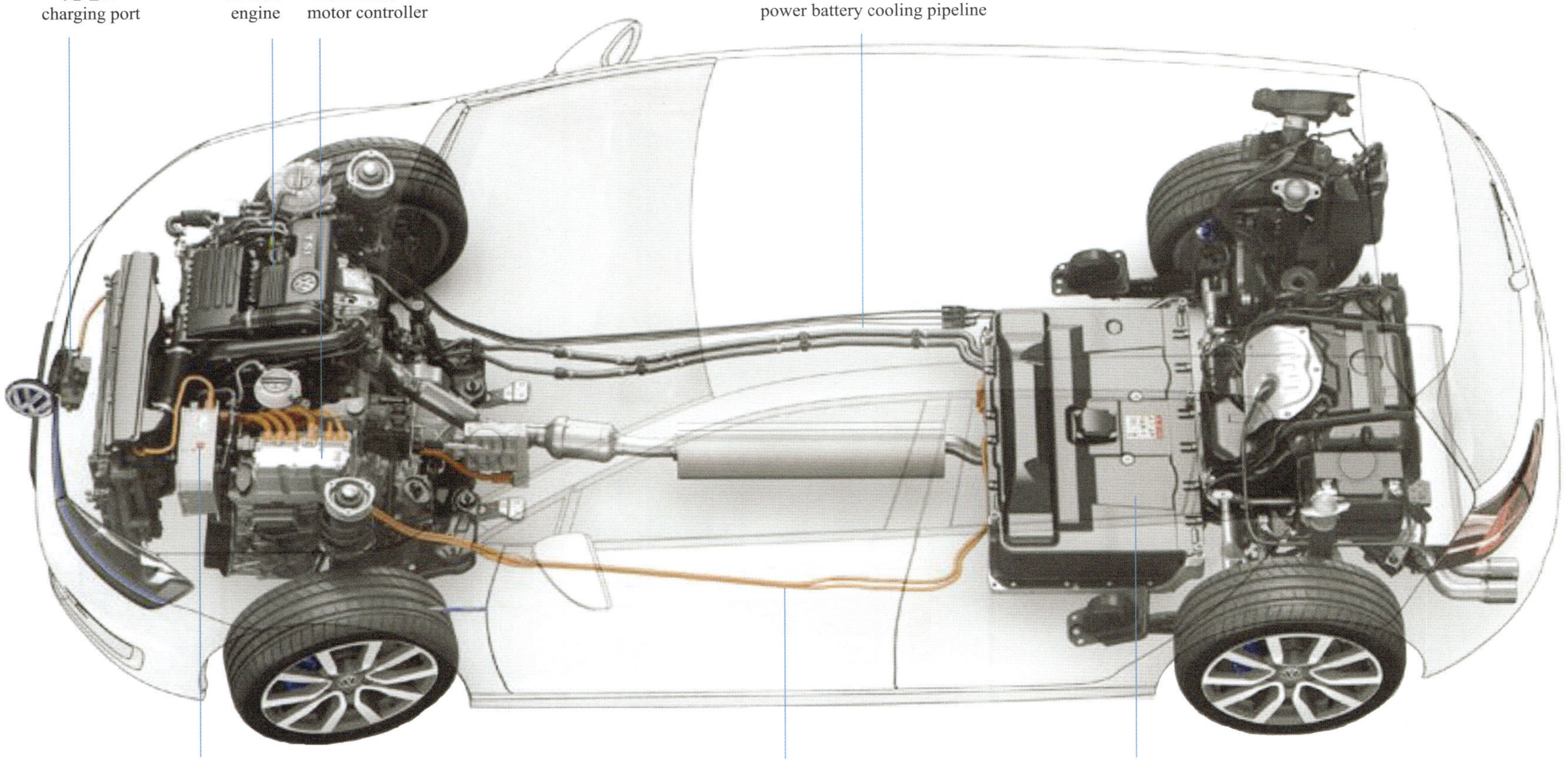

	项目	参数
动力电池	材料	三元锂离子
	电芯个数	96个
	容量	25A • h
	能量	8.7kW • h
	标称电压	345V

	项目	参数
电机	最大功率	75kW
	最大扭矩	330N • m
	最大转速	7000r/min
	质量	34kg

图25-3 大众全新高尔夫 GTE 插电式混合动力车型结构图

25.2 混合动力系统驱动模式

混合动力系统可分为串联式混合 (series hybrid) 动力系统、并联式混合 (parallel hybrid) 动力系统和混联式混合(series-parallel hybrid) 动力系统，如图25-4所示。

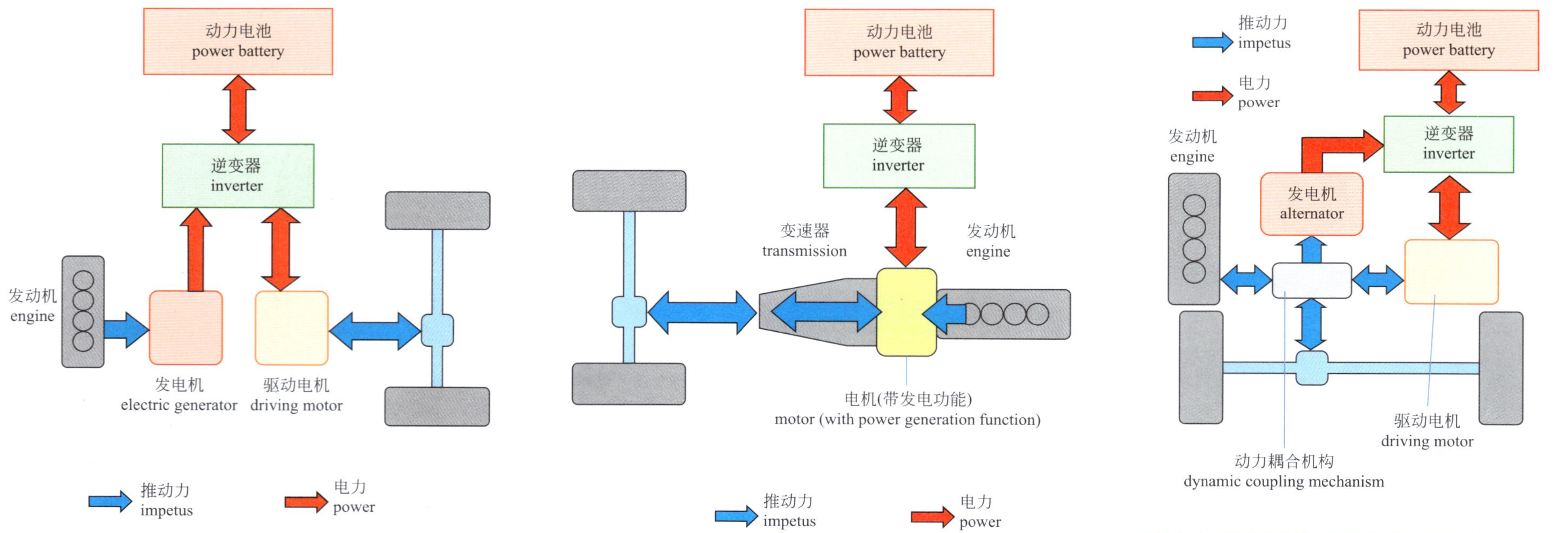

发动机仅驱动发电机给动力电池充电，动力电池带动电机来驱动车轮，驱动车轮只靠电机完成，此模式也称为增程式电动模式

(a) 串联式混合动力系统

有两个动力源用来驱动车轮，发动机为主，电机辅助。发动机可以驱动车轮，也可以驱动动力电机给电池充电。发动机驱动车轮的同时，动力电池也可以带动电机驱动车轮

(b) 并联式混合动力系统

有两个动力源驱动车轮，电机为主，发动机辅助。起步低速运行时，动力电池带动电机驱动车轮。发动机可以驱动发电机给动力电池充电，动力电池带动电机来驱动车轮。发动机也可以直接驱动车轮，同时动力电池带动电机也驱动车轮。混联式混合动力系统可看作是串联和并联的组合

(c) 混联式混合动力系统

图25-4 混合动力系统驱动模式

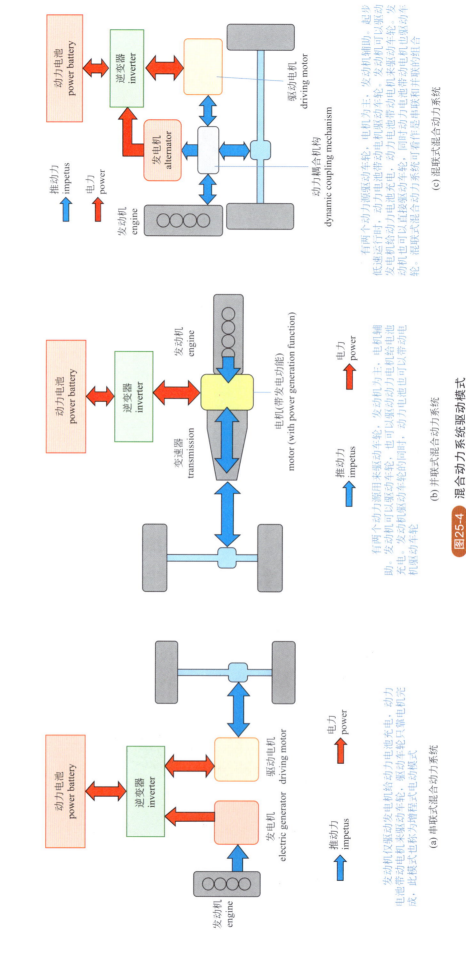

25.3 插电式混合动力系统高压组件

25.3.1 动力电池

插电式混合动力车型动力电池体积相对较小，便于布置，一般安装在后排座椅下方、后备厢内或中央扶手箱下部，如图25-5所示。

(a) 安装在后排座椅下方

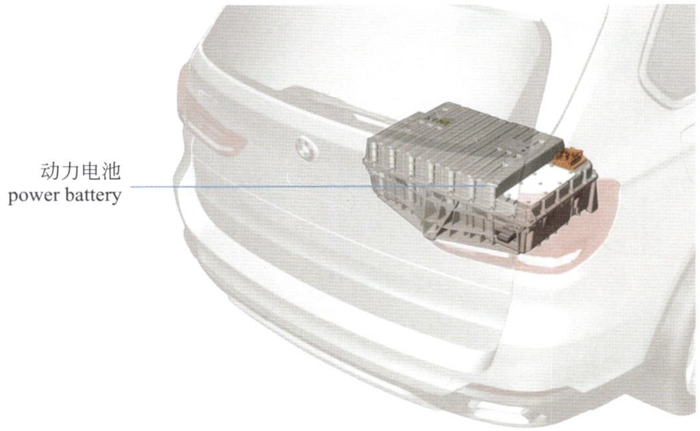

(b) 安装在后备厢内

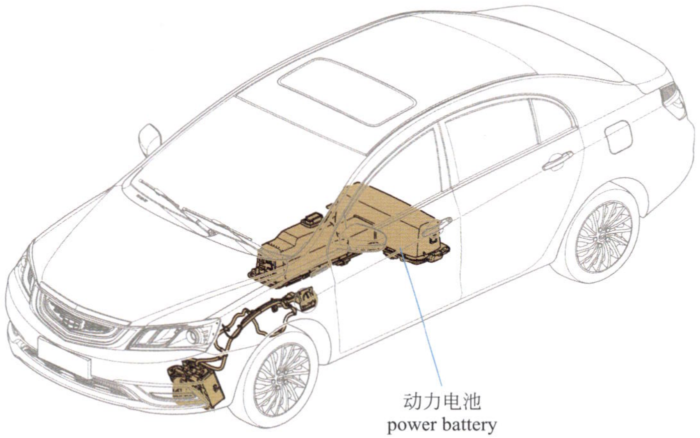

(c) 安装在中央扶手箱下部

图25-5 动力电池安装位置

插电式混合动力车型动力电池结构组成与纯电动汽车动力电池相同，由单体电池经过串联或并联组成电池模块，电池模块再经过串联并安装电池管理器、电池冷却管路及电池壳体等部件组成动力电池总成，如图25-6和图25-7所示。

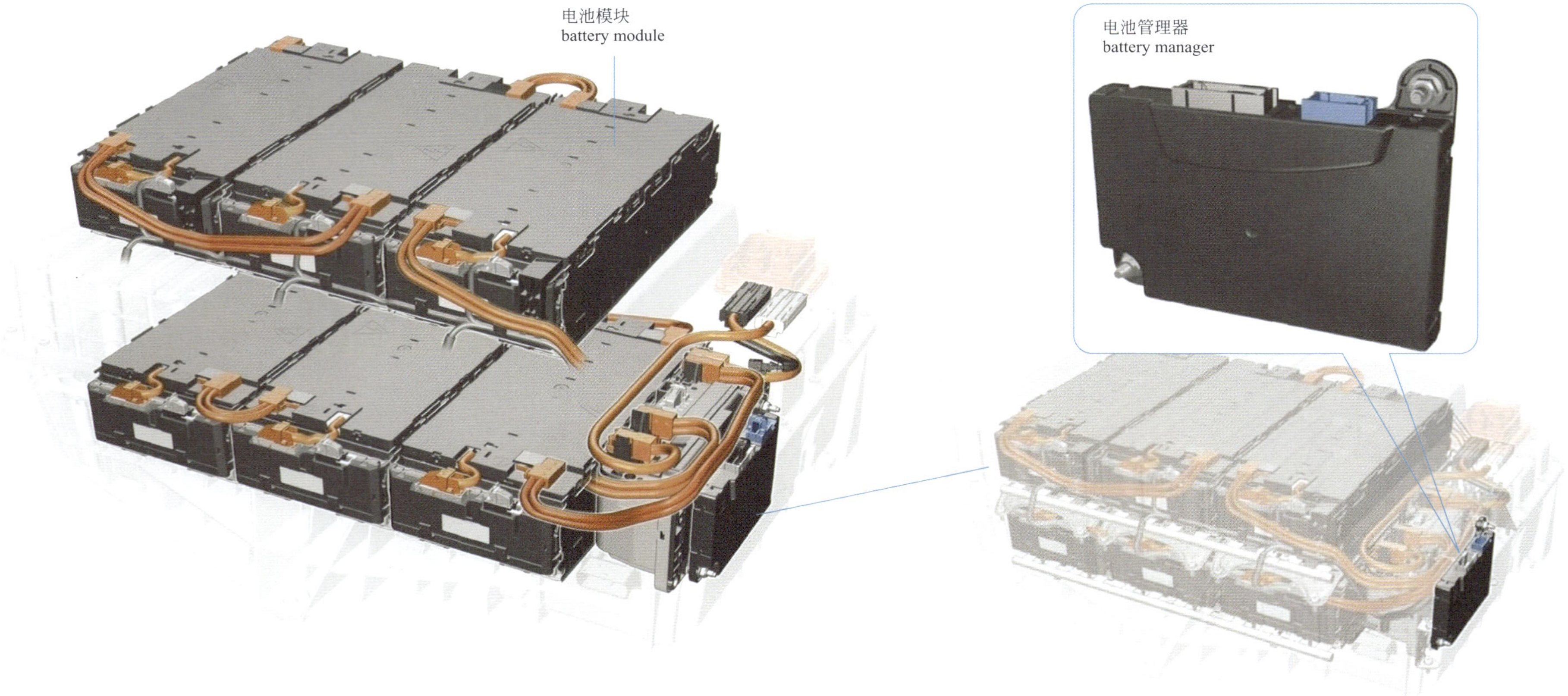

宝马F15 PHEV锂离子动力电池，额定电压355V，最大可用能量6.8kW·h，由96个电压为3.7V的单体电池串联而成

图25-6 宝马F15 PHEV车型动力电池组成

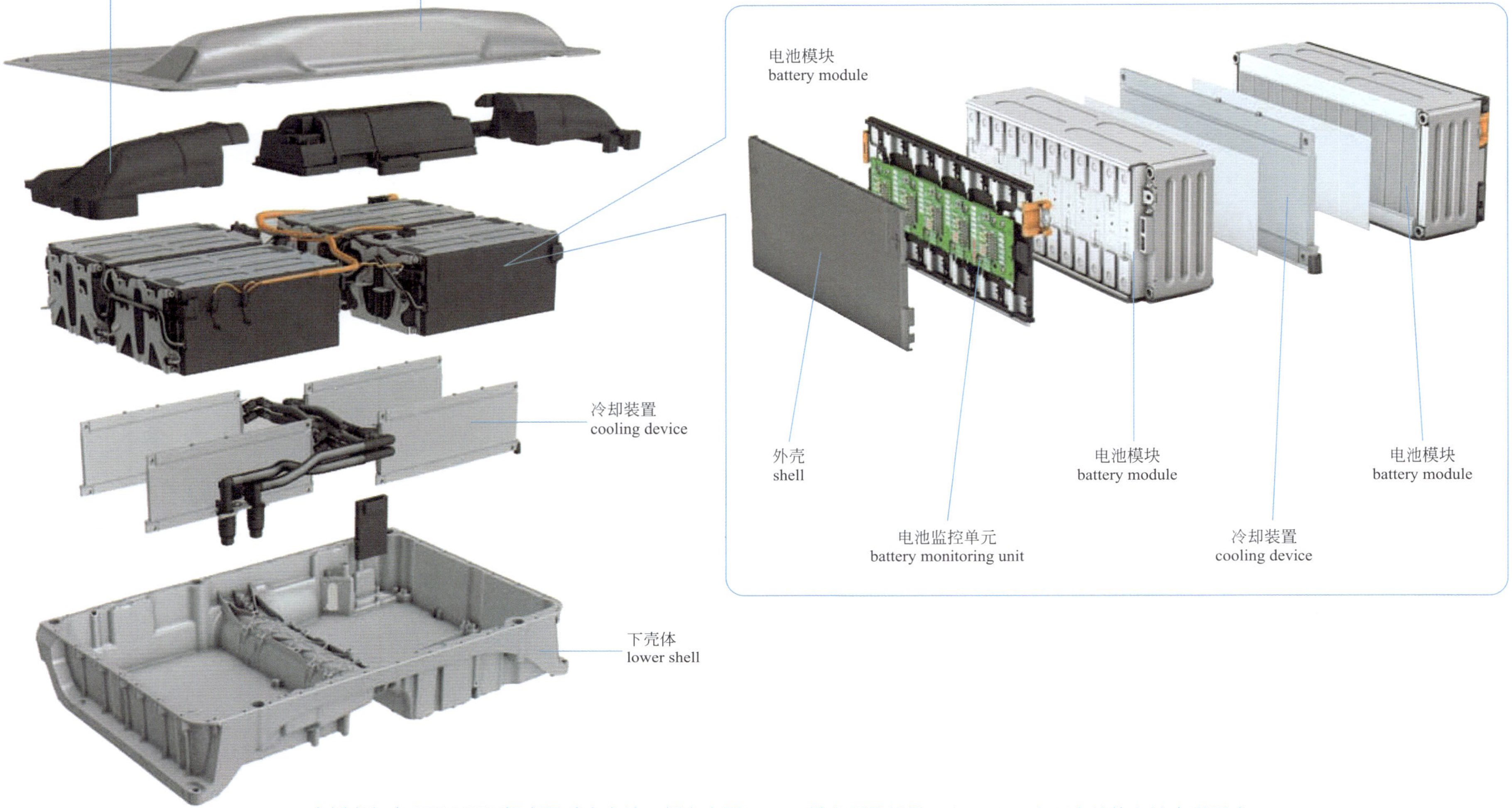

全新高尔夫GTE PHEV锂离子动力电池，额定电压345V，最大可用能量8.7kW·h，由96个单体电池串联而成

图25-7 全新高尔夫 GTE PHEV 车型动力电池组成

动力电池在对外放电或充电时会产生大量的热量，导致自身温度过高，如不及时冷却会造成安全隐患，另外锂离子动力电池长期处于高温模式下会对锂离子活性造成影响，影响动力电池的充放电性能。因此必须设置安全可靠的电池冷却系统，目前多采用液冷式冷却系统。如图25-8所示为宝马 F18 PHEV 动力电池冷却系统结构及原理。

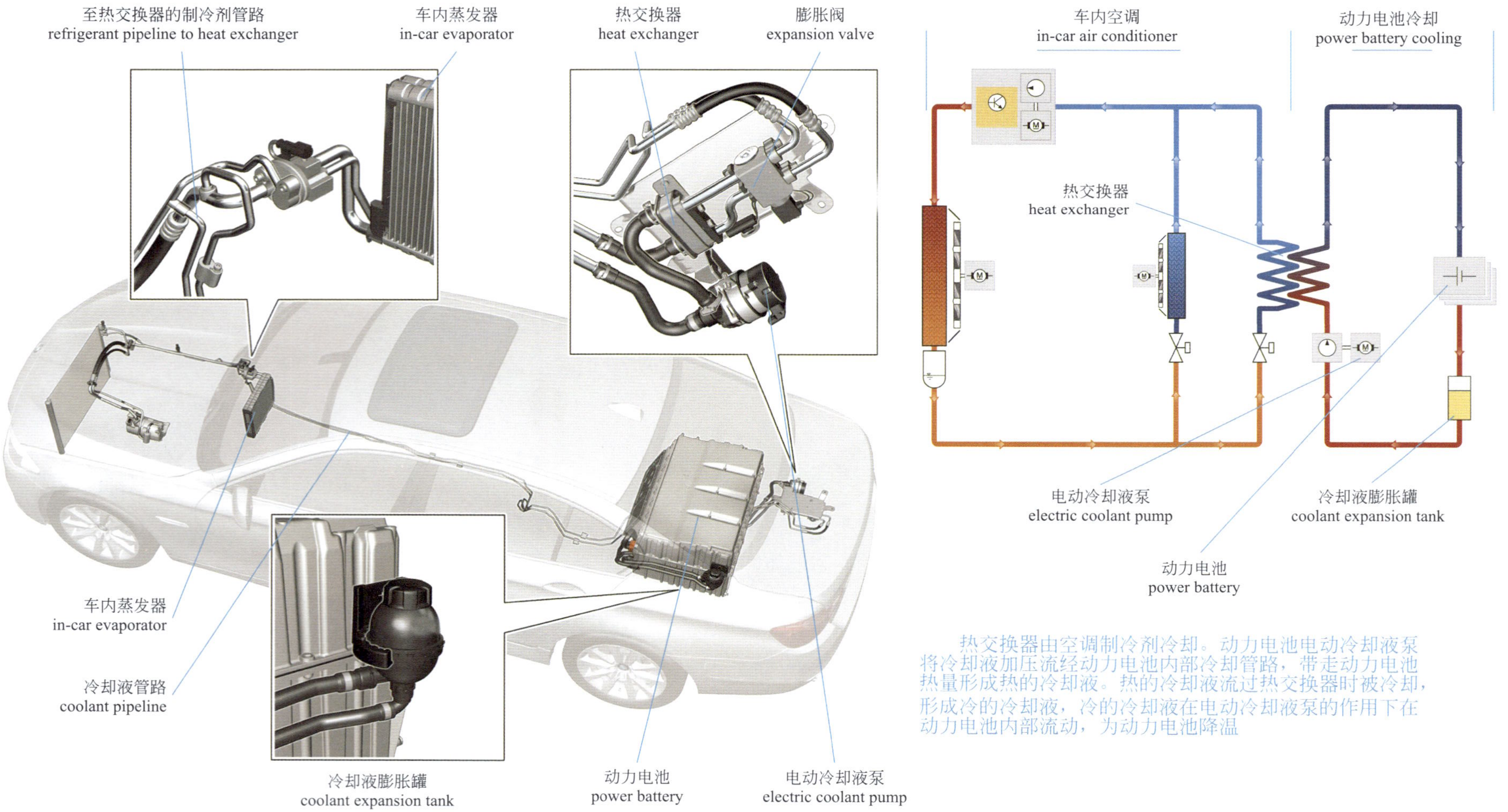

图25-8 宝马F18 PHEV动力电池冷却系统结构及原理

25.3.2 驱动电机及动力耦合系统

采用并联式混合动力系统的车型，驱动电机一般与自动变速器安装在一起。装配行星齿轮式自动变速器的插电混合动力车型，驱动电机取代了液力变矩器，安装在自动变速器壳体内，通过一个分离离合器使发动机、电机和传动系统组件分离，只要分离离合器结合，电机、变速器输入轴和发动机就会以相同的转速转动，如图25-9和图25-10所示。

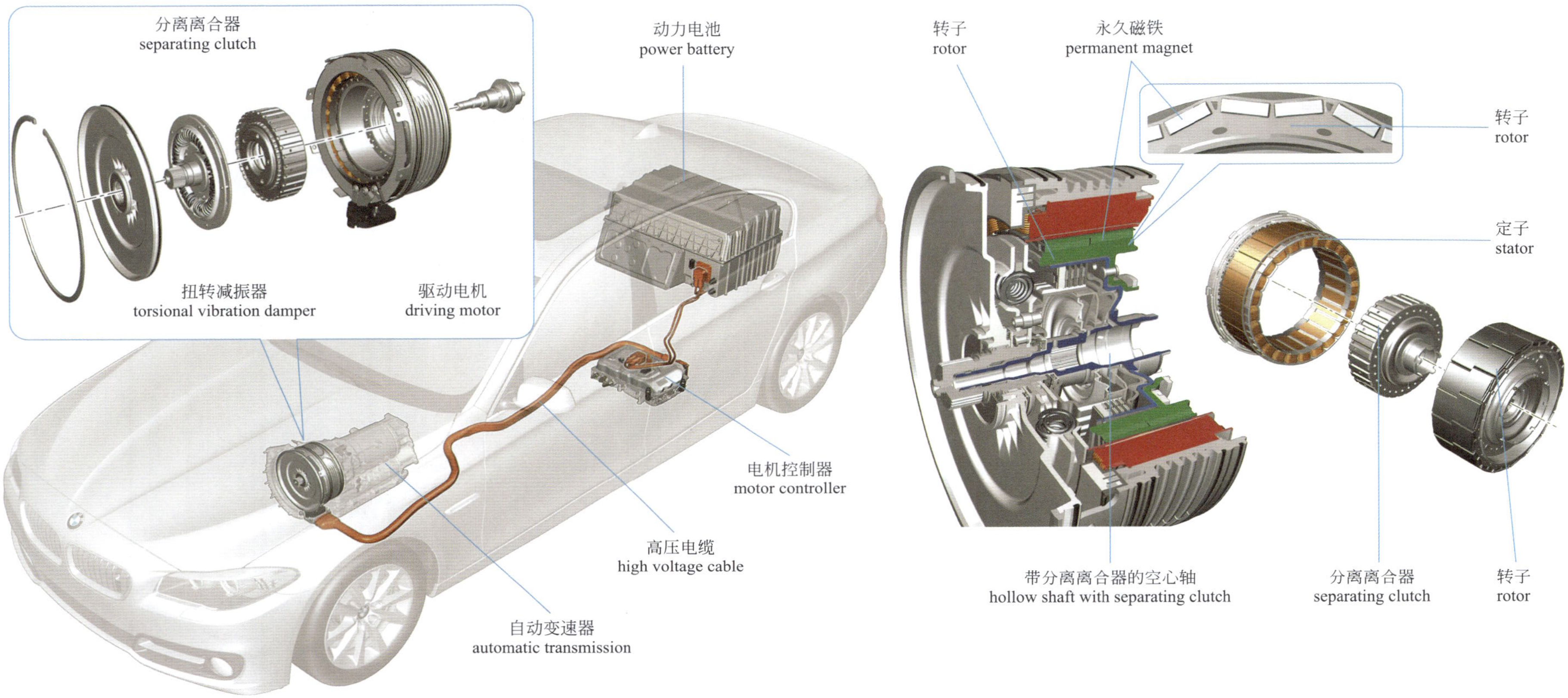

图25-9 宝马插电式混合动力车型驱动系统布置图

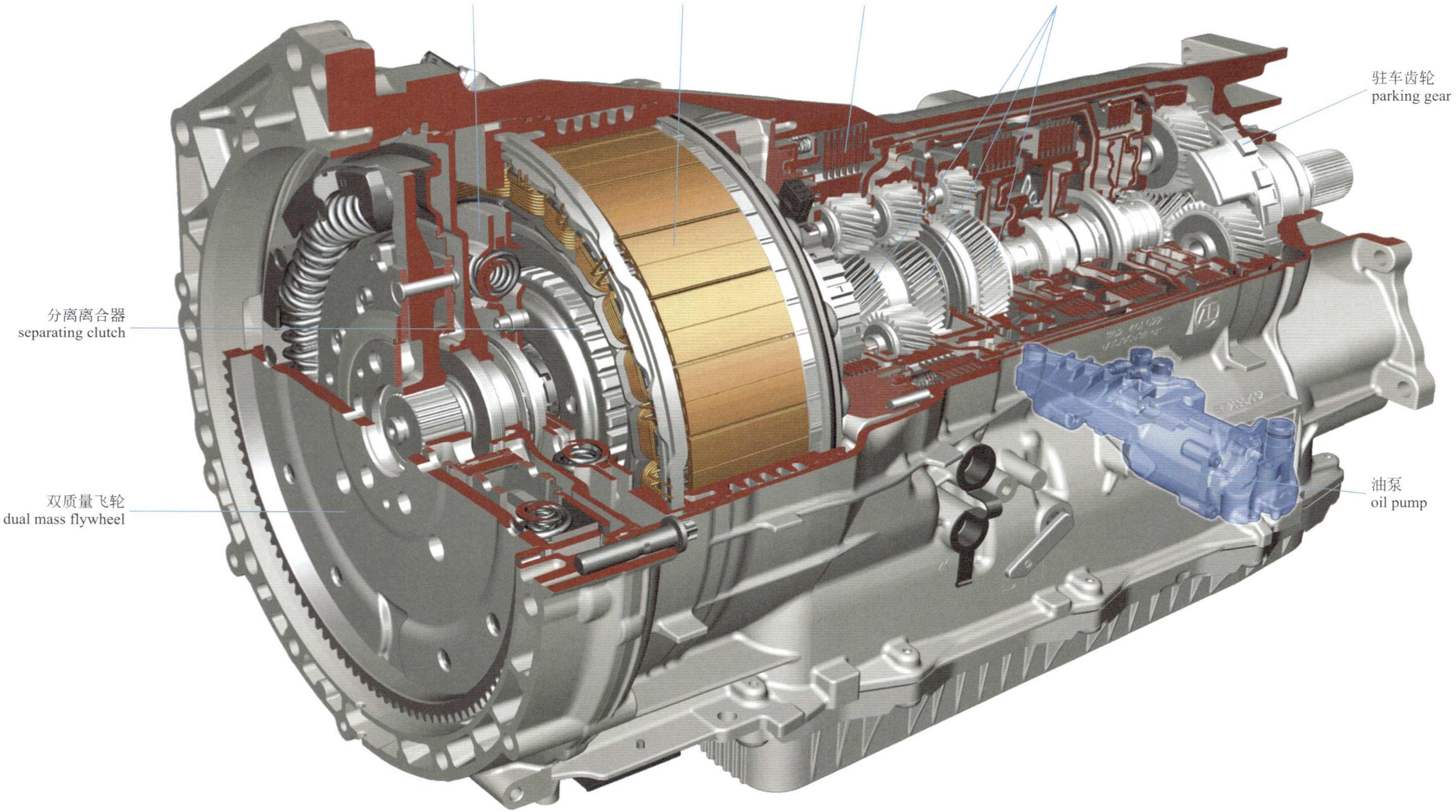

图25-10 电机与自动变速器剖视

大众插电混合动力车型（高尔夫 GTE、途观 L PHEV、帕萨特 GTE）动力驱动系统采用电机加六速双离合器自动变速器的组合方式［图25-11（a）］。电机安装在双离合器总成的前部。整个驱动系统共有三个膜片离合器，两个行驶离合器 K1 和 K2，以及一个分离离合器 K0。

如图25-11（b）所示，两个行驶离合器 K1 和 K2 将电机与两个分变速箱连接在一起。分离离合器 K0 控制电机与发动机连接。

当分离离合器 K0 结合时，可以通过发动机或电机驱动车辆，在此情况下也可以通过电机来启动发动机。

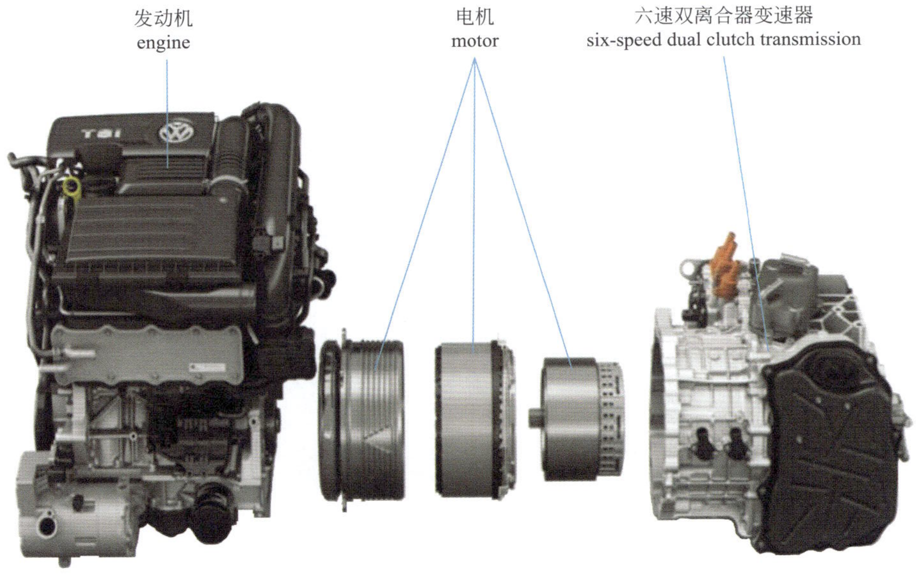

(a) 驱动电机安装位置

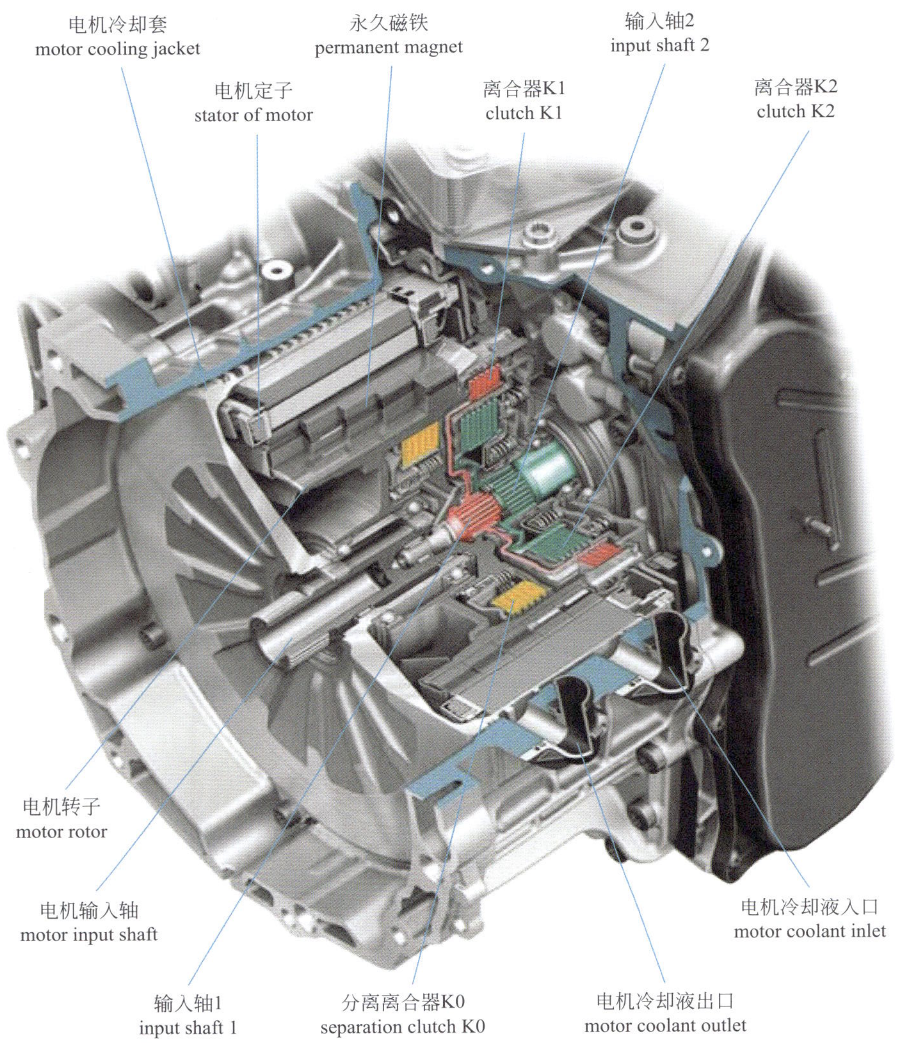

(b) 电机驱动系统结构

图25-11 大众插电式混合动力车型驱动系统

双电机式动力耦合系统的两个电机，一个用于发电，另一个用于驱动。通过行星齿轮或分离离合器将发动机动力与电机动力进行耦合后共同驱动车轮。典型的有丰田混合动力系统的 e-CVT ，采用了单排行星齿轮组进行动力分配。本田 i-MMD 系统的e-CVT 采用离合器进行动力分配。

如图25-12 所示为吉利帝豪 PHEV 车型双电机动力耦合箱，该动力耦合箱采用了双排行星齿轮组（拉维纳式行星齿轮机构），将发动机和电机的动力进行有机配合，以达到高效率输出的目的，同时在需要时将发动机动力分配给发电机。

吉利帝豪 PHEV 动力耦合箱的双电机均可用于驱动和发电。两个电机布置在动力耦合箱的同一侧，均为永磁同步交流电机，驱动电机 E1 与小太阳轮同轴连接，驱动电机 E2 与大太阳轮同轴连接。

车辆在纯电动模式下行驶时，通过制动器锁止行星齿轮机构的行星架，或在车辆高速行驶时，通过制动器锁止行星齿轮机构的小太阳轮，达到减小动力耦合箱能量损失的目的。

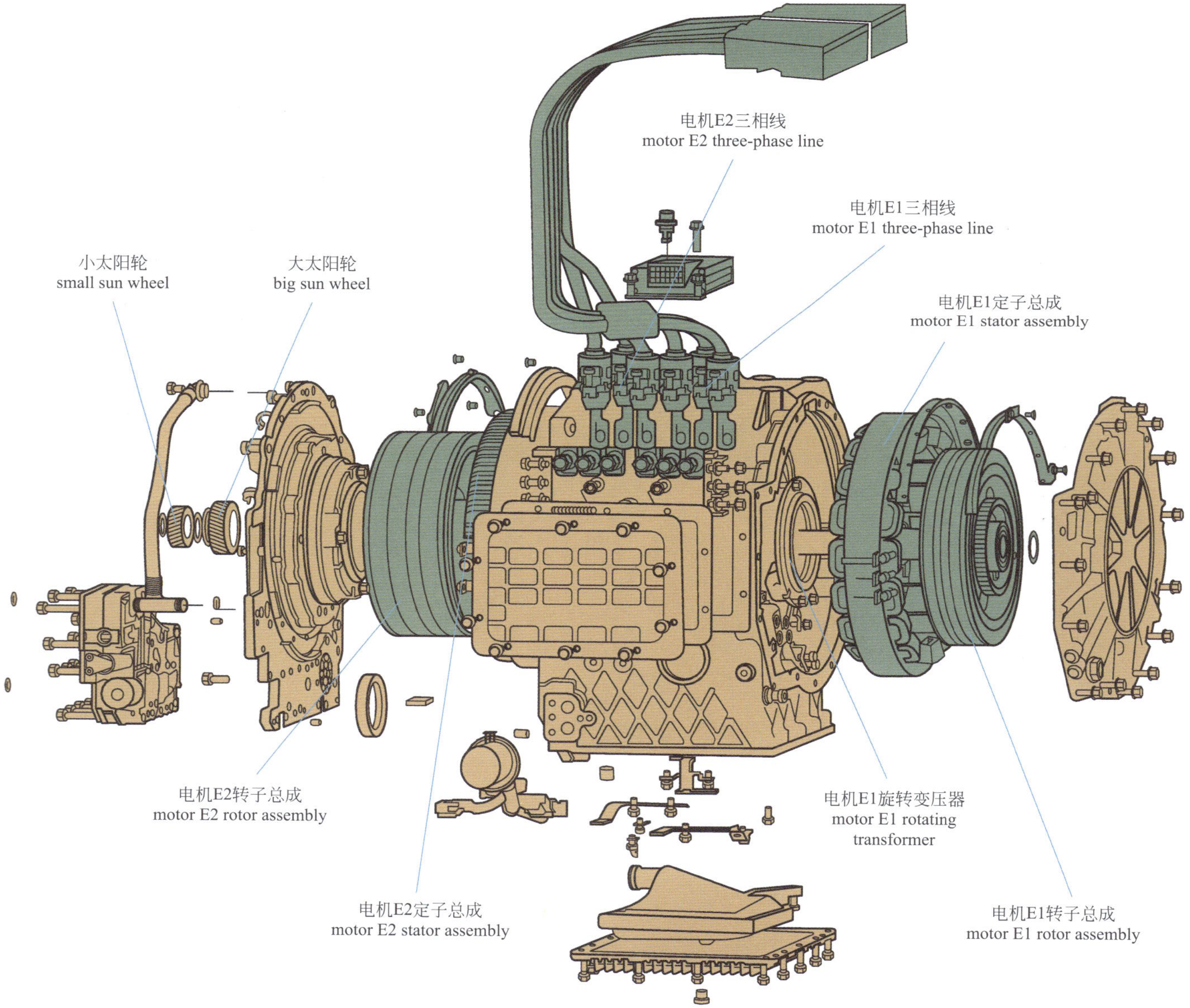

图25-12 吉利帝豪 PHEV车型双电机动力耦合箱

广汽传祺PHEV车型机电耦合系统（G-MC）将发电机、驱动电机、离合器、传动齿轮及差速器集成一体。发动机与发电机同轴布置，发电机与驱动电机并排布置，采用单速传动齿轮，通过离合器的控制实现纯电动、增程电动、混动驱动模式（图25-13）。

纯电动模式下离合器分离，发动机和发电机不工作，驱动电机驱动车辆；增程模式时离合器分离，发动机启动，驱动发电机发电，驱动电机驱动车辆行驶；混动模式时离合器结合，发动机输出的动力一部分驱动发电机发电，另一部分输出与驱动电机进行动力耦合，共同驱动车辆。

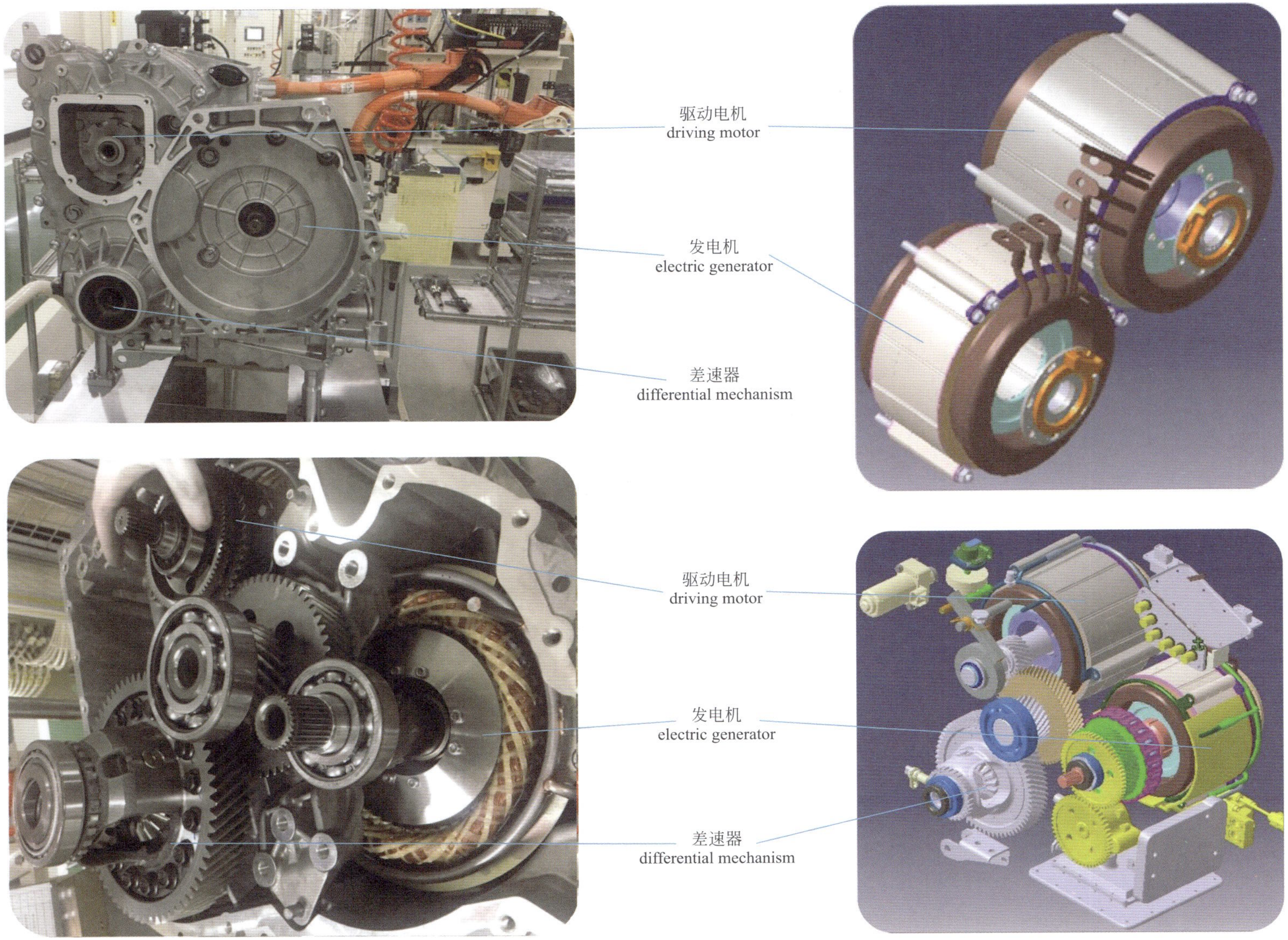

图25-13 广汽传祺 PHEV 车型机电耦合系统

上汽荣威PHEV 车型动力耦合器主要由驱动电机、集成启动发电机（ISG）、两个离合器C1 和C2 等部件组成（图25-14）。ISG可发电，也可驱动。离合器C1为常开离合器，连接 ISG 和发动机，离合器C2为常闭离合器，连接驱动电机。驱动电机与 ISG 结构如图25-15所示。

纯电动模式（图25-16）下，发动机与ISG 停止工作，离合器C1分离，离合器C2结合，驱动电机驱动车辆；增程模式（图25-17）下，发动机带动 ISG 发电，离合器C1分离，离合器C2结合，驱动电机驱动车辆；常规混合动力模式（图25-18）下，发动运行 ISG 不工作，离合器C1 和 C2均结合，发动机与驱动电机共同驱动车辆；混合动力模式全加速状态（图25-19）下，发动机运行，离合器C1 和 C2均结合，发动机、ISG 和驱动电机三者共同驱动车辆行驶；行车充电模式（图25-20）下，发动机工作，离合器C1结合，离合器C2分离，发动机动力一部分带动 ISG 发电，一部分驱动车辆行驶。

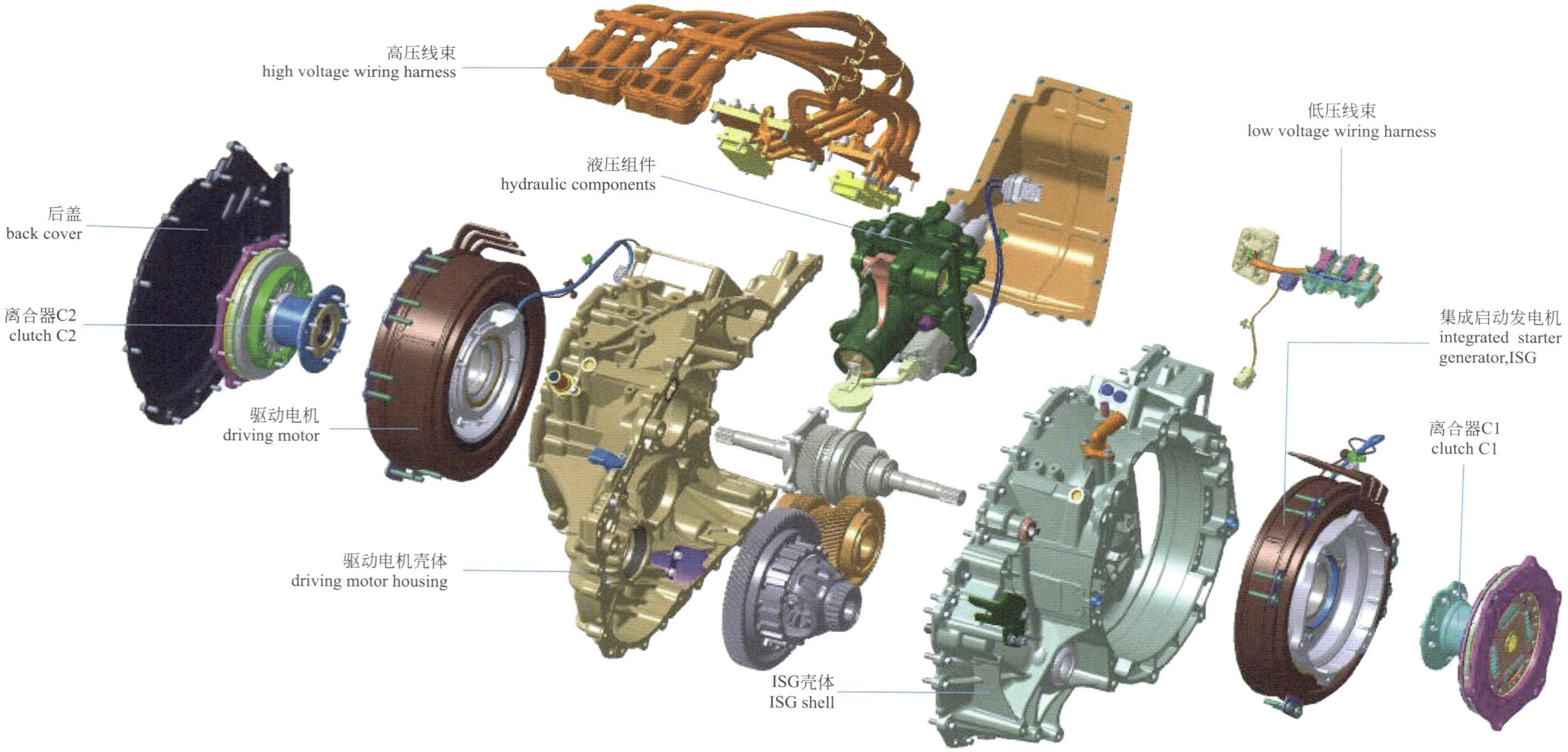

图25-14 上汽荣威PHEV 车型动力耦合器结构

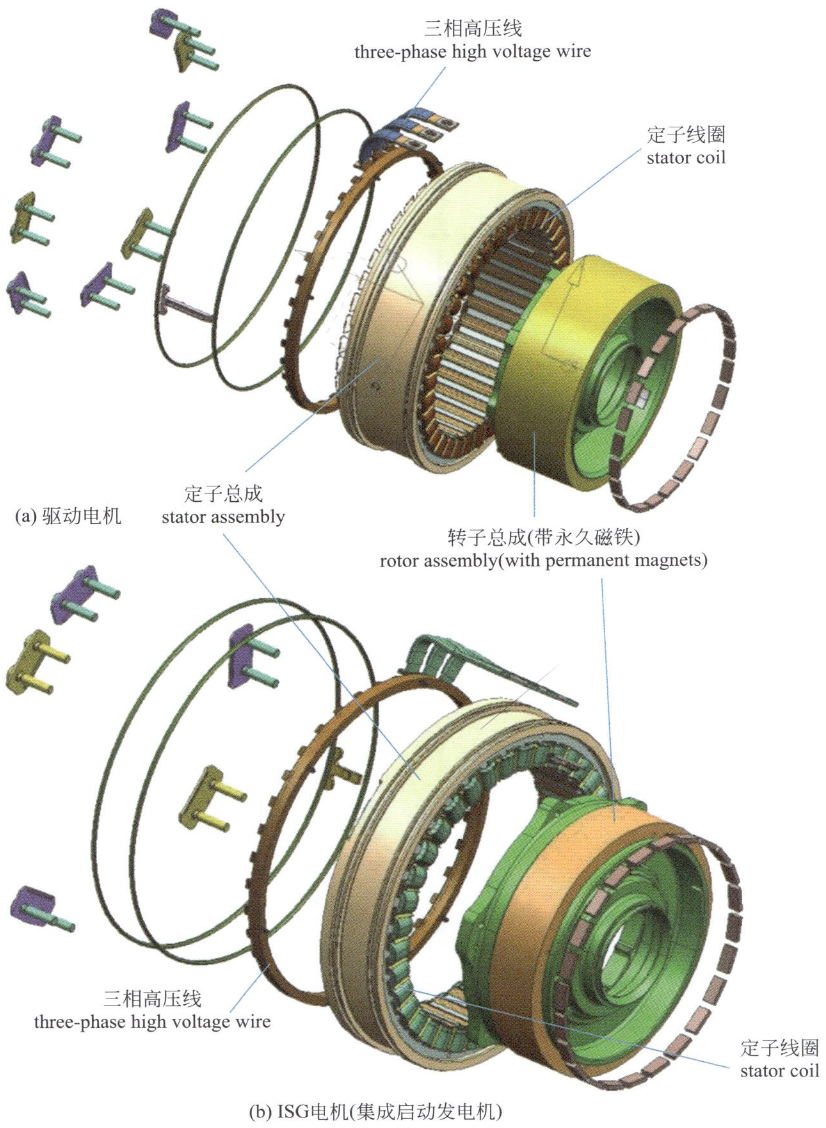

图25-15 驱动电机与 ISG 电机结构

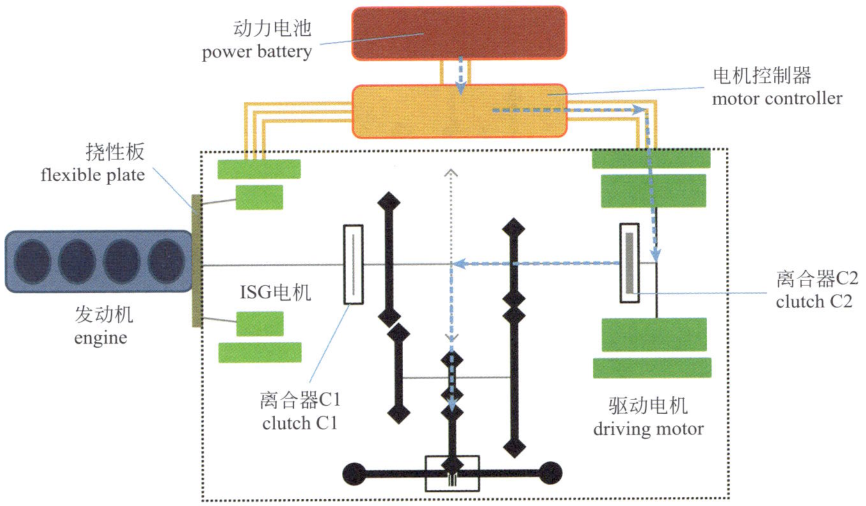

图25-16 纯电动模式

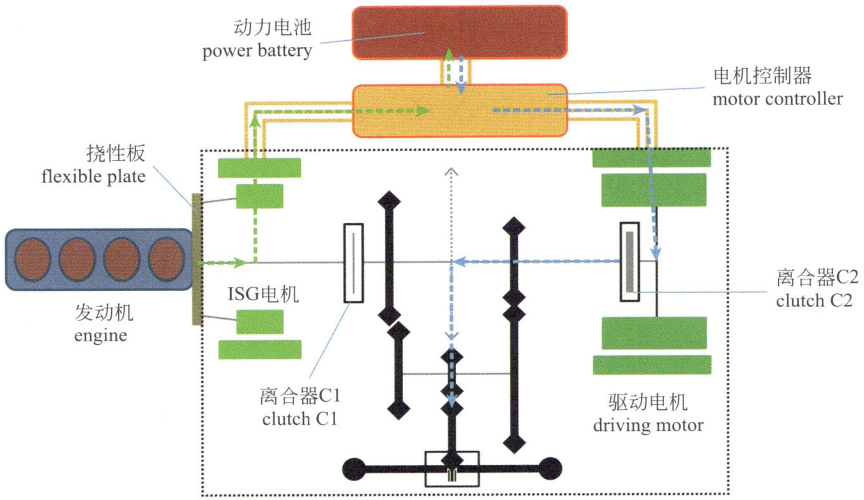

图25-17 增程模式

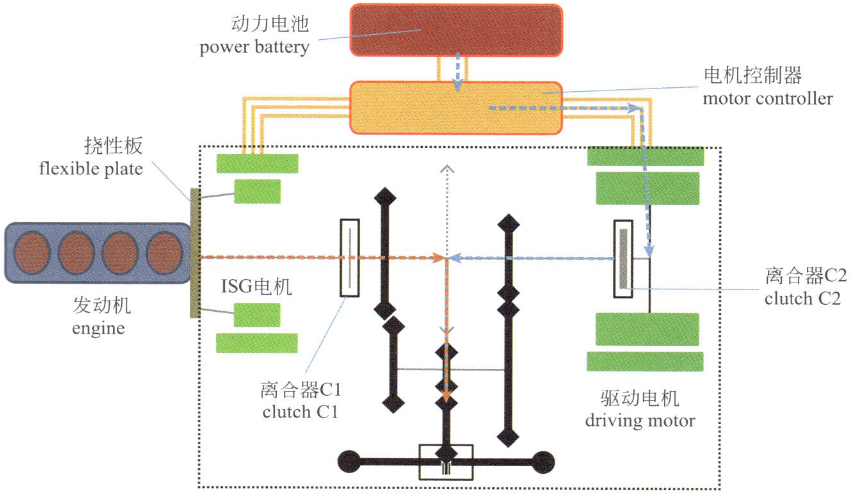

图25-18 常规混合动力模式

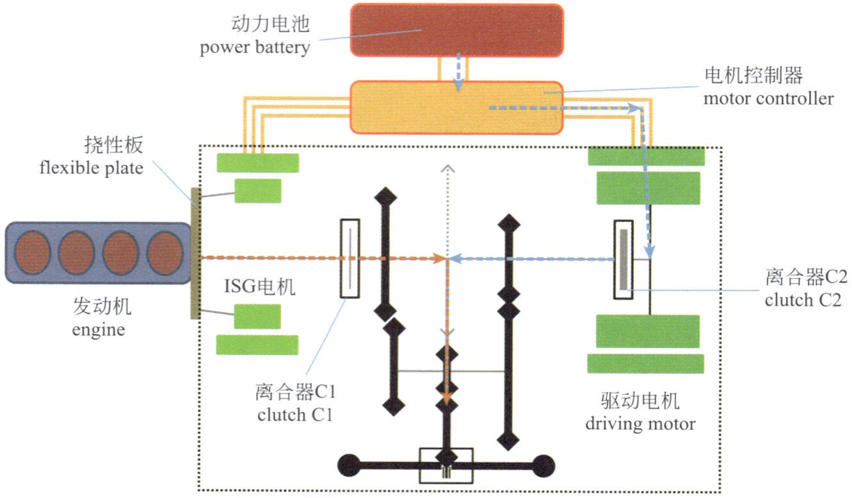

图25-19 混合动力模式全加速状态

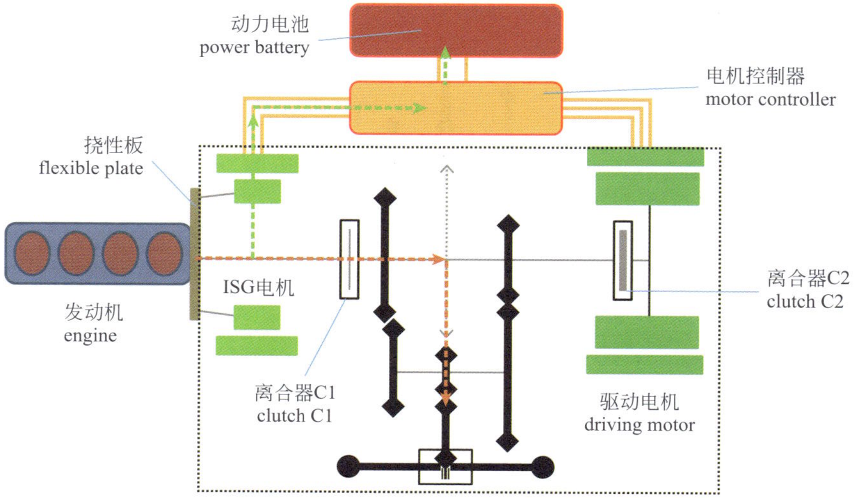

图25-20 行车充电模式

第26章 燃料电池电动汽车

26.1 概述

燃料电池电动汽车是以氢气为燃料，通过氢燃料电池产生电力来驱动的电动汽车，主要由高压储氢罐、驱动电机、燃料电池反应堆等组成（图26-1）。

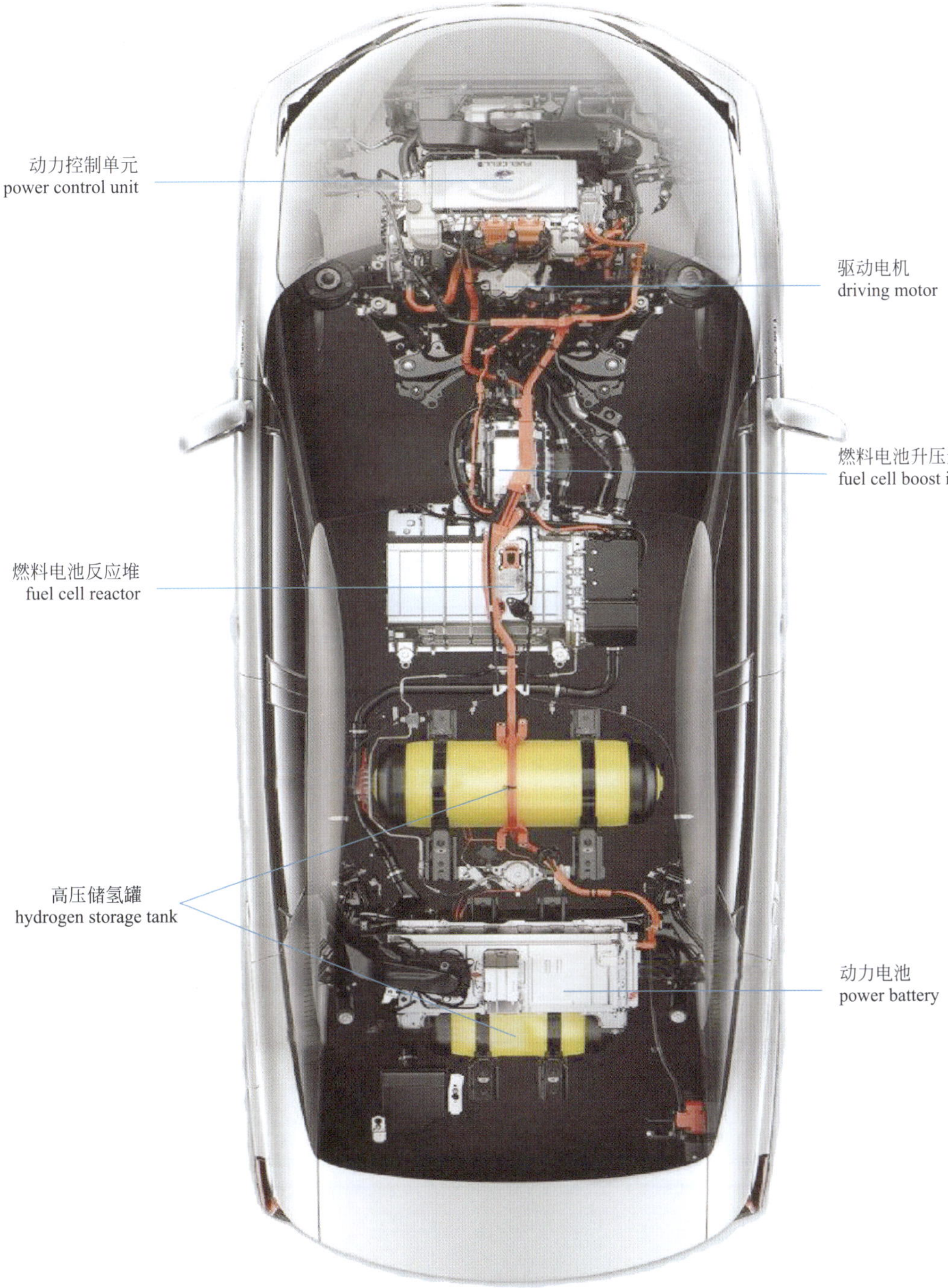

图26-1 燃料电池电动汽车基本组成

26.2 燃料电池汽车工作原理与结构

26.2.1 燃料电池汽车工作原理

燃料电池汽车利用燃料电池产生出电能来带动电机工作，由电机带动汽车中的机械传动结构，进而带动汽车的前桥（或后桥）等行走机械结构工作，从而驱动电动汽车前进。燃料电池汽车工作原理如图26-2所示。

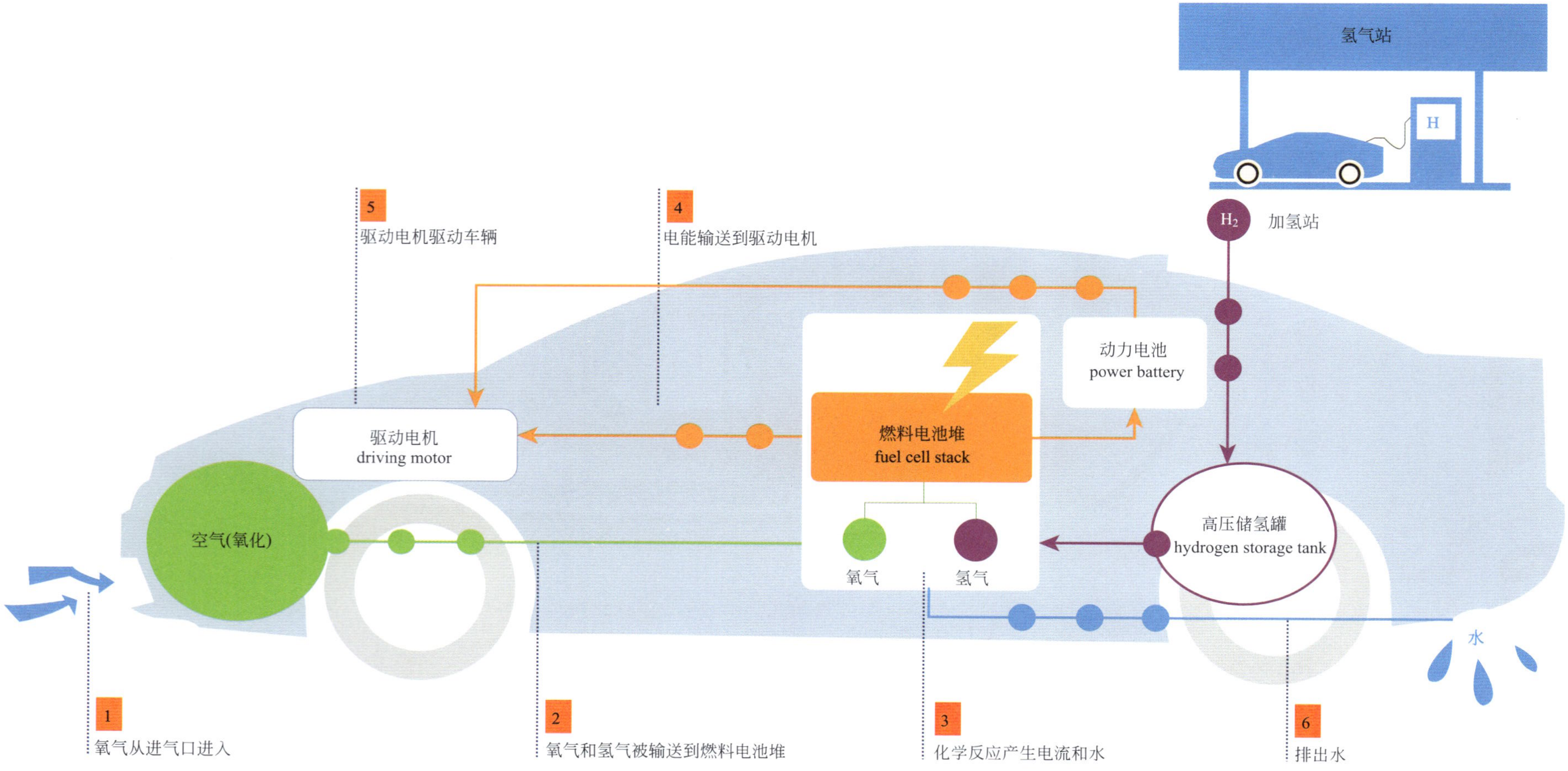

图26-2 燃料电池汽车工作原理

燃料电池汽车的动力系统有很多种，概括起来主要有纯燃料电池驱动系统和燃料电池与辅助动力源组成的混合驱动系统两种形式，可以在燃料电池汽车上应用的辅助动力源主要有动力蓄电池 (traction battery，TB)、超级电容器 (ultra-capacitor，UC)。混合驱动系统将燃料电池与辅助动力源相结合，燃料电池可以只满足持续功率需求，借助辅助动力源不仅可以提供加速、爬坡等所需的峰值功率，而且在制动时可以将回馈的能量存储在辅助动力源中，以改进车辆的经济性。燃料电池汽车动力系统结构如图 26-3 所示。

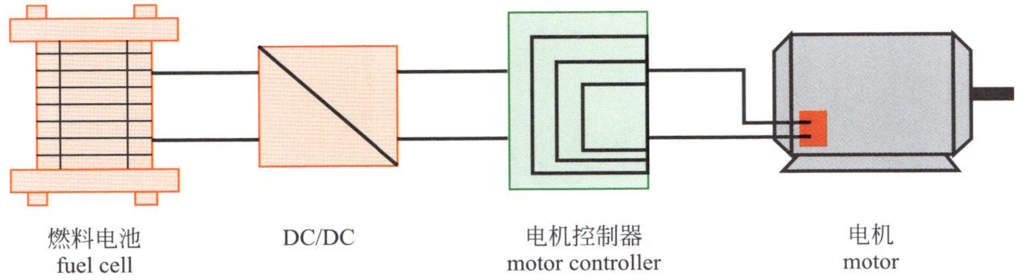

(a) 纯燃料电池动力系统

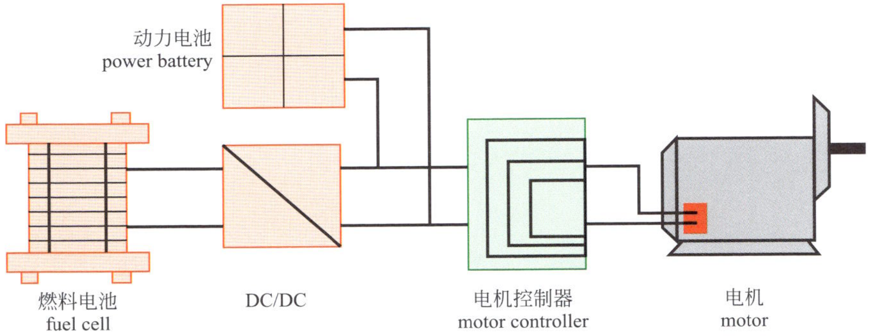

(b) 燃料电池加动力电池混合动力系统

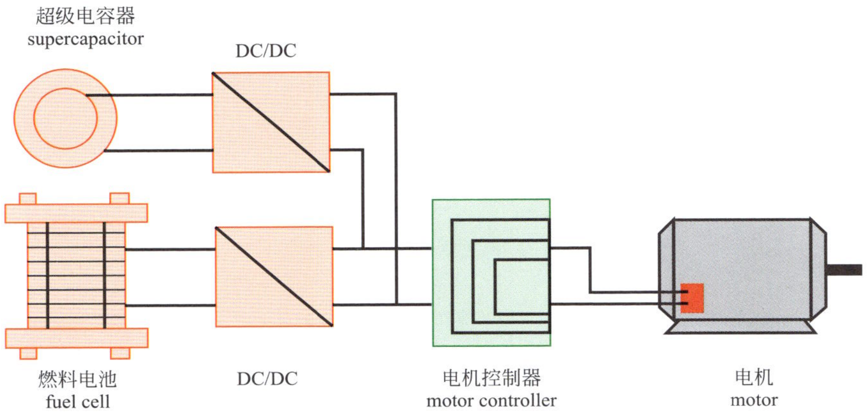

(c) 燃料电池加超级电容混合动力系统

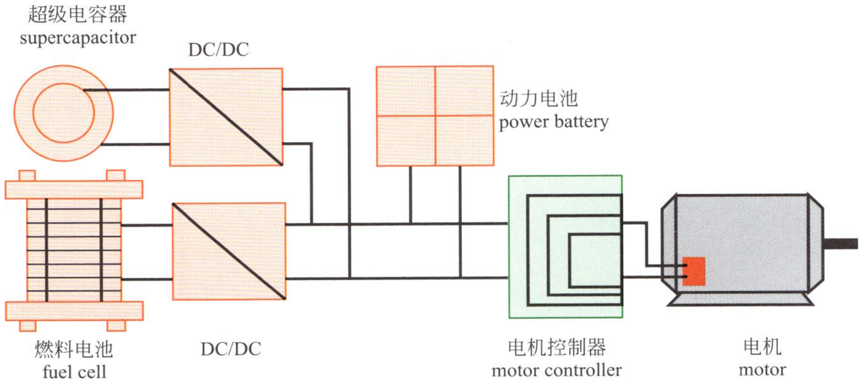

(d) 燃料电池加动力电池和超级电容器混合动力系统

图26-3 燃料电池汽车动力系统结构

26.3.2 燃料电池汽车结构组成

燃料电池汽车和电动汽车最相似，主要的不同在于用燃料电池发动机代替动力电池组，附加供氢系统、动力系统、氢安全系统。各汽车生产厂家研发的燃料电池汽车在结构上大体相同，如图26-4 ~图26-6 所示。

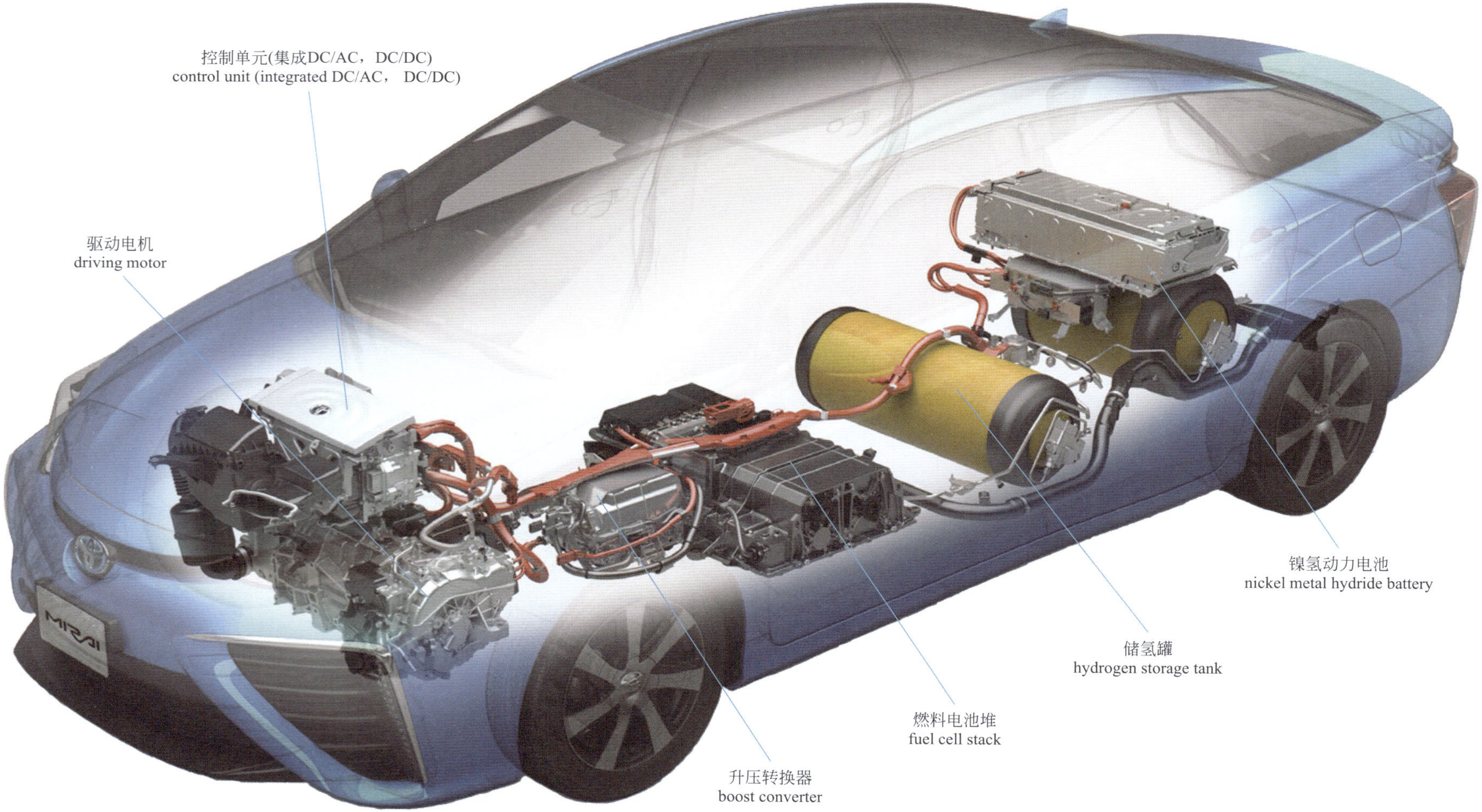

图26-4 丰田 Mirai FCV 燃料电池汽车结构

图26-5 奔驰燃料电池汽车结构

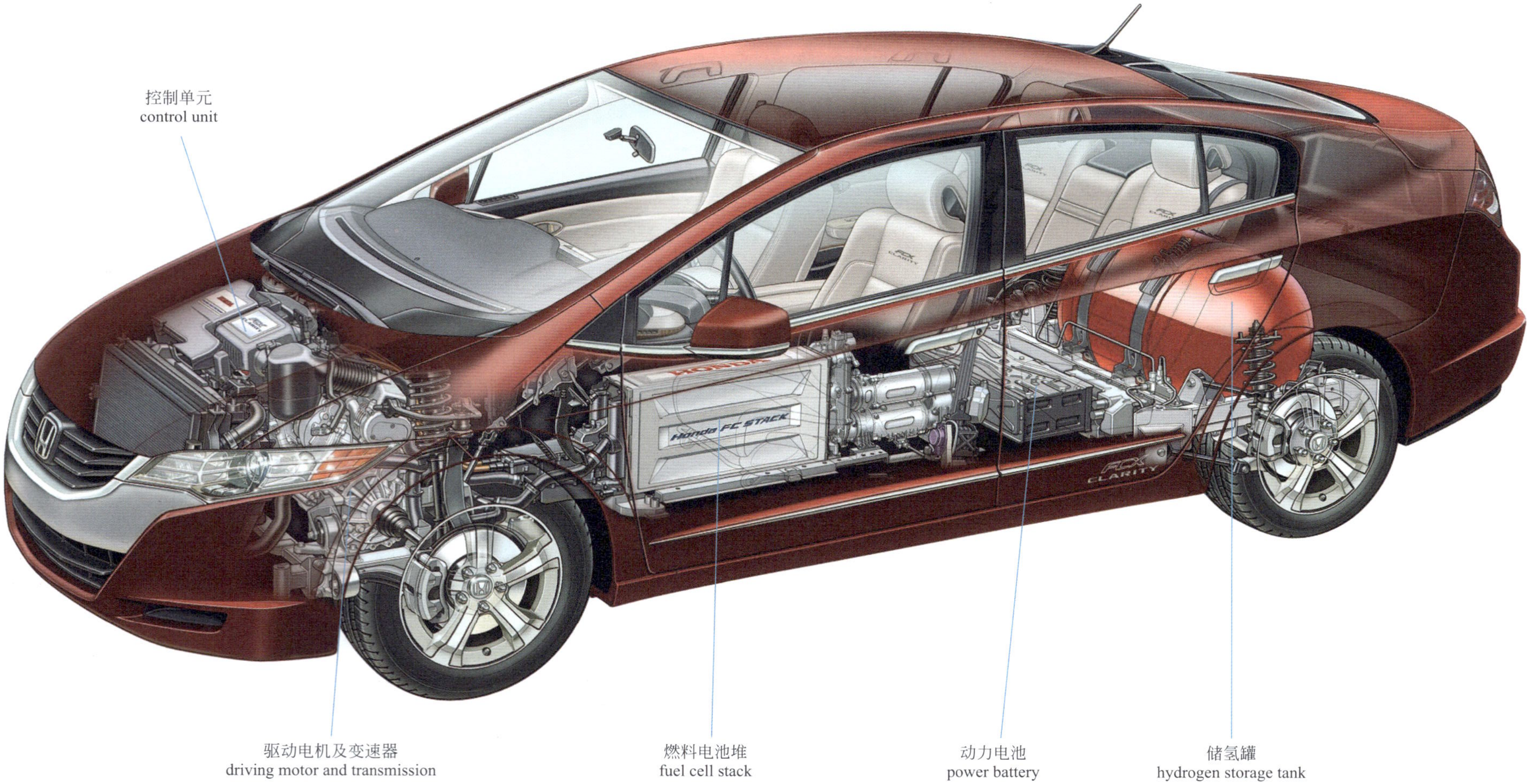
控制单元
control unit
驱动电机及变速器
driving motor and transmission
燃料电池堆
fuel cell stack
动力电池
power battery
储氢罐
hydrogen storage tank
Honda FC STACK
FCX CLARITY

图26-6 本田燃料电池汽车结构

燃料电池（FC）堆叠是将氢气和氧气的化学能直接转换成电能的发电装置。向负极（阳极）供给氢气，向正极（阴极）供给空气（氧），产生与电解相反的电力。FC 堆叠包括称为单元的数百个堆叠组件。堆叠中单体电池的电压小于 1V，因此通过串联数百个堆叠来增加电压。

FC 升压转换器是用于在较高电压（大约 650V）下升高由燃料电池产生的电力的装置。燃料电池堆和升压转换器如图 26-7 所示。

图26-7 燃料电池堆和升压转换器

第5部分 汽车电气设备

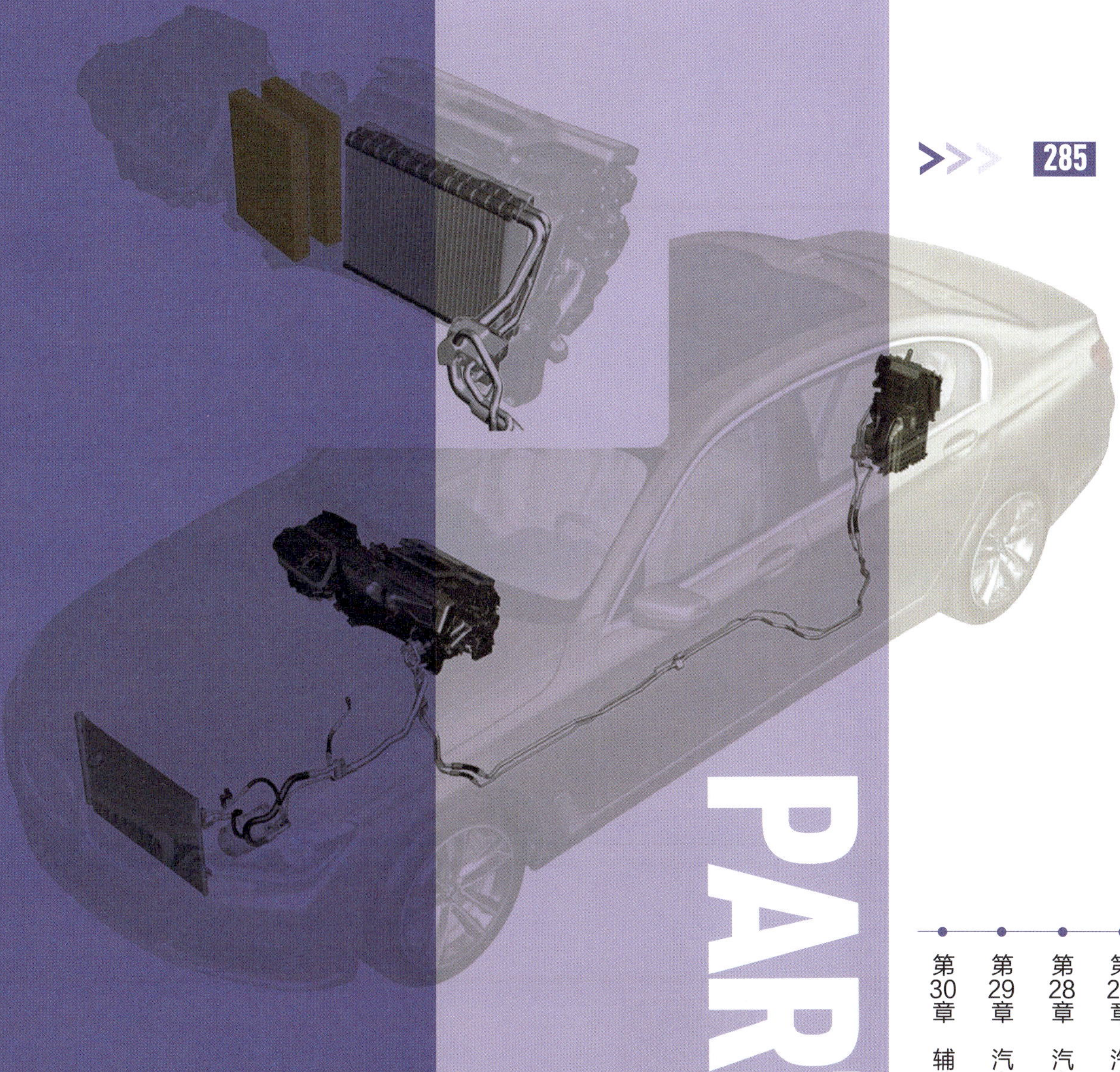

PART5

第27章 汽车电源系统
第28章 汽车空调系统
第29章 汽车照明与信号系统
第30章 辅助电气系统

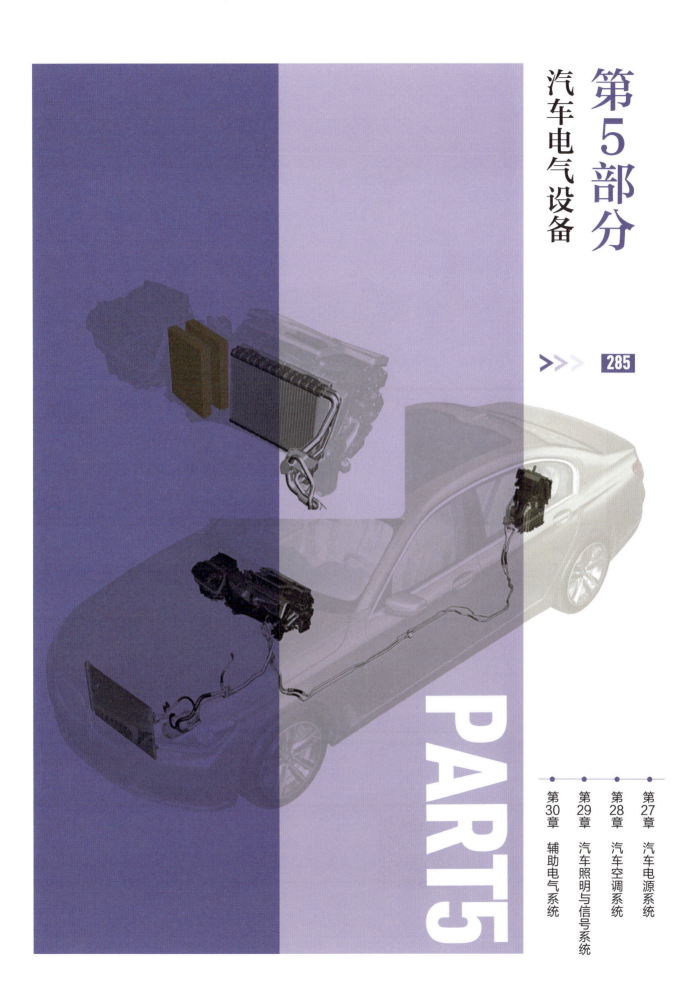

第27章 汽车电源系统

汽车电源由蓄电池（图27-1）和发电机（图27-2）并联而成，这种形式也称为双电源。汽车上全车用电设备均为并联形式，电源和用电设备串联连接。

发电机是汽车上的主电源，蓄电池为辅助电源。当发电机工作时由发电机向用电设备供电，同时在需要时给蓄电池充电。蓄电池的作用是启动发动机时向起动机供电，同时当发电机不工作时，向用电设备供电。

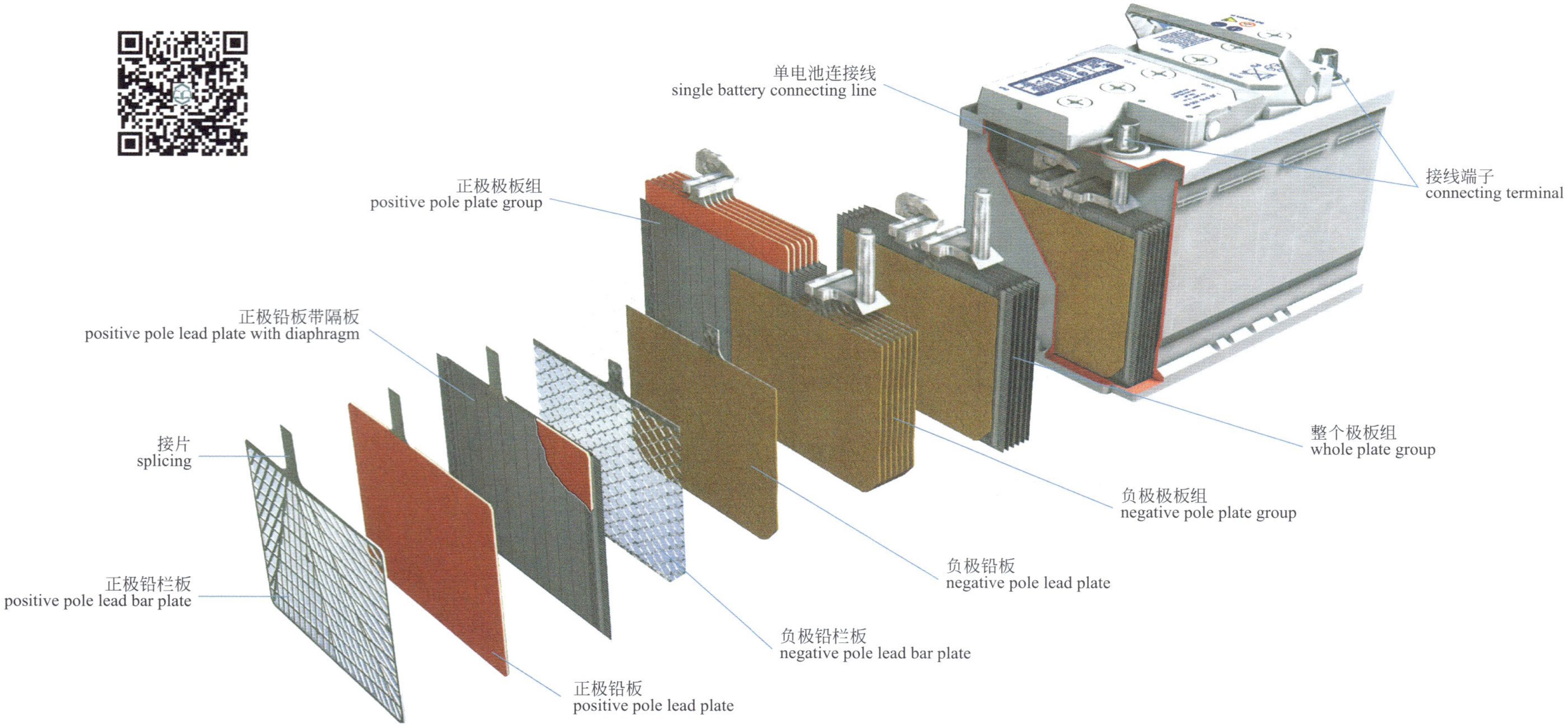

图27-1 蓄电池结构

汽车上使用的是三相交流发电机，主要由三相交流同步发电机和硅二极管整流器组成，所以又称为硅整流发电机，简称交流发电机。目前汽车所使用的发电机为内置整流器的整体式发电机。交流发电机结构如图27-2所示，交流电机分解图如图27-3所示。

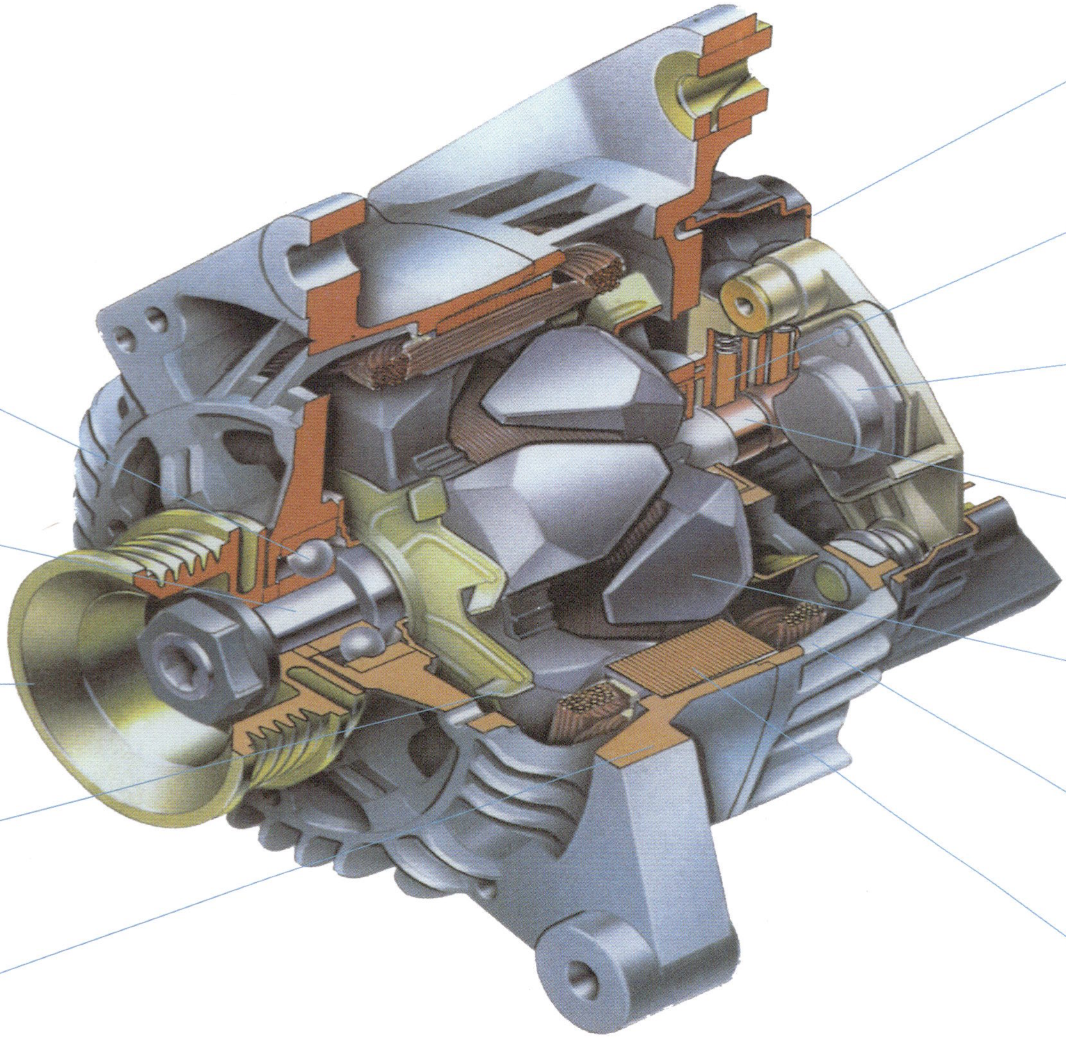

图27-2 交流发电机结构

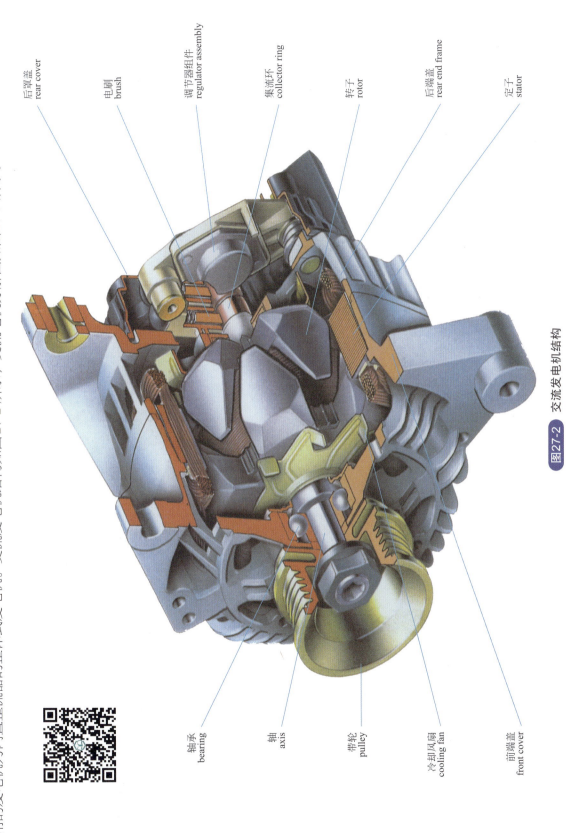

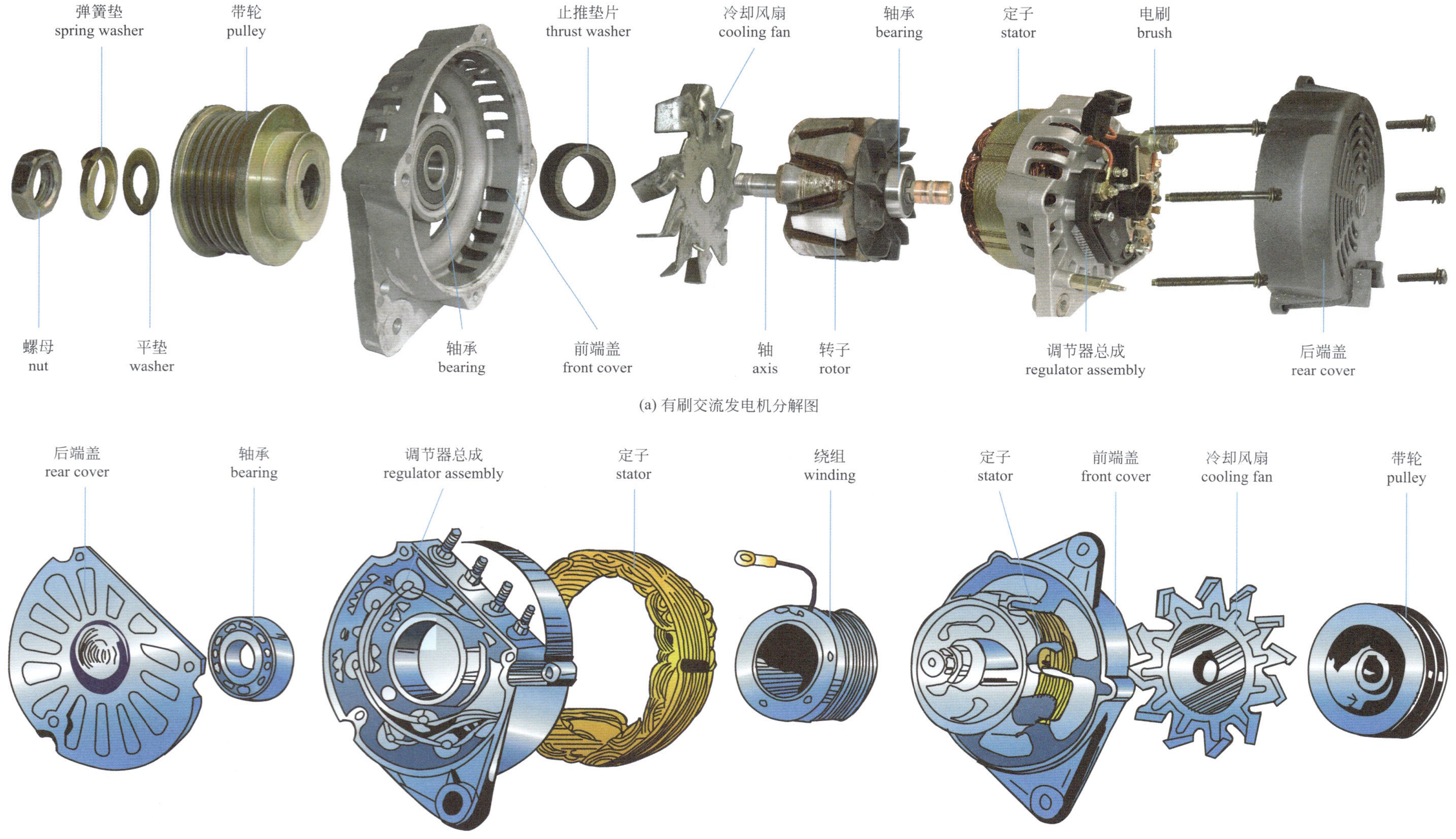

(a) 有刷交流发电机分解图

(b) 无刷交流发电机分解图

图27-3 交流发电机分解图

第28章 汽车空调系统

28.1 概述

汽车空调（图28-1）可实现对驾驶室和车厢内的温度、湿度、空气流速和清洁度的调节，使驾驶员和乘客感到舒适。

汽车空调主要由以下几部分组成。

① 制冷装置。对车内或车外流入的空气进行冷却除湿，使车内空气变得凉爽舒适。

② 暖风装置。对车内或车外流入的空气进行加热，达到取暖除湿的目的。

③ 通风装置。将车外新鲜空气引入车内，达到通风、换气的目的。

④ 空气净化装置。除去车内空气中的尘埃、异味，使车内空气变得清洁。该装置仅适用于部分高端车型。

⑤ 控制系统。对制冷装置和暖风装置的温度、压力进行控制，同时对车内空气的温度、风量、流向进行调节，保证汽车空调的正常工作。

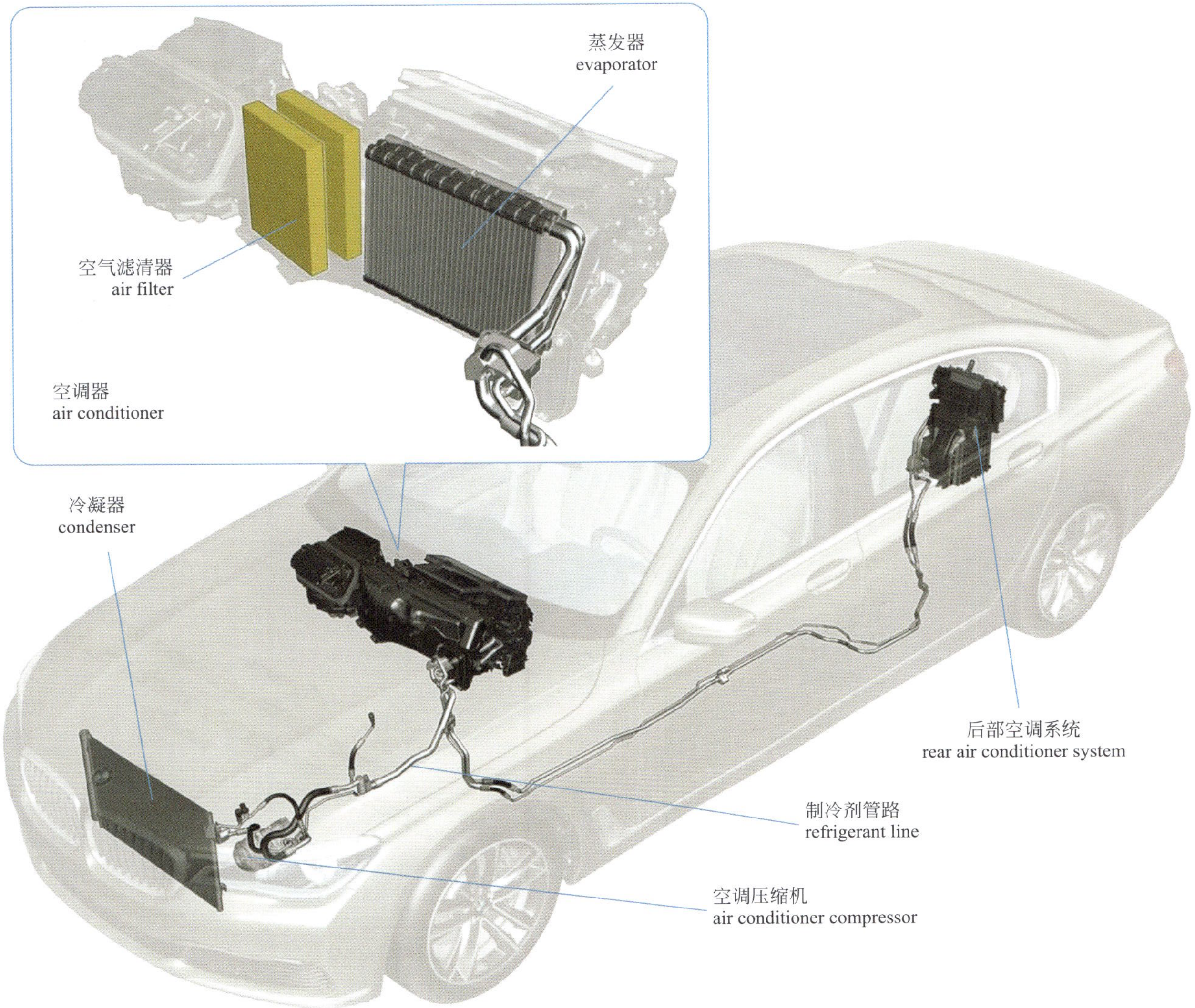

图28-1 空调系统

28.2 空调制冷系统组成与工作原理

空调制冷系统主要由空调压缩机、冷凝器、储液干燥器、高低压管路、高压压力开关等组成（图28-2）。

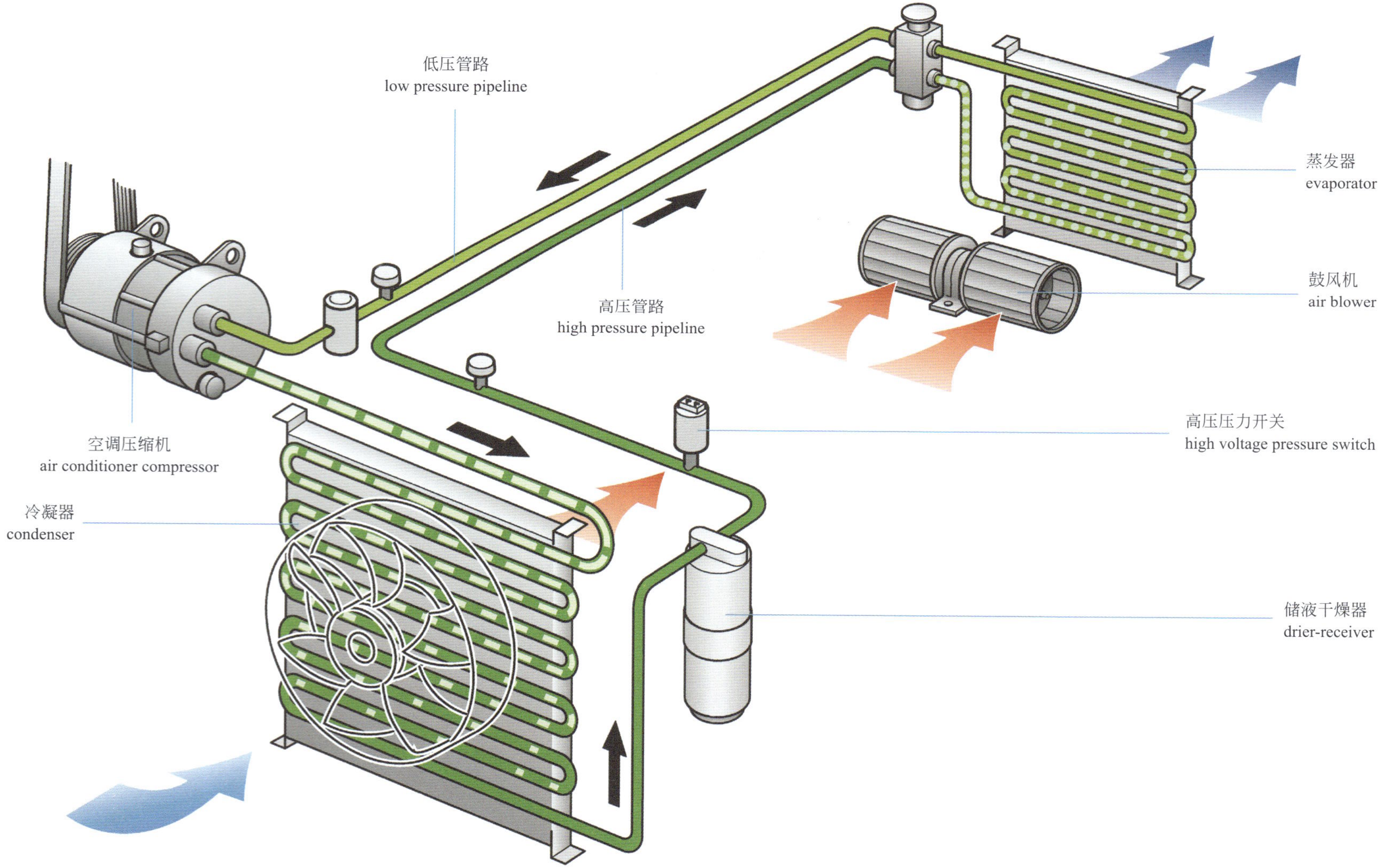

图28-2 空调制冷系统组成

空调制冷系统工作原理如图28-3所示。

压缩过程：汽车空调压缩机吸入蒸发器出口的低温低压制冷剂气体，把它压缩成高温高压气体排出压缩机，经管道进入冷凝器。

冷凝过程：高温高压的过热制冷剂气体进入冷凝器后，由于温度的降低，达到制冷剂的饱和蒸气温度，制冷剂气体冷凝成液体，并放出大量的液化潜热。

膨胀过程：温度和压力较高的制冷剂液体通过膨胀装置后体积变大，压力和温度急剧下降，以雾状排出膨胀装置。

气化（蒸发）过程：雾状制冷剂液体进入蒸发器，由于压力急剧下降，达到饱和蒸气压力，制冷剂液体蒸发成气体。蒸发过程中吸收大量的气化潜热，变成低温低压气体后，再次循环进入压缩机。

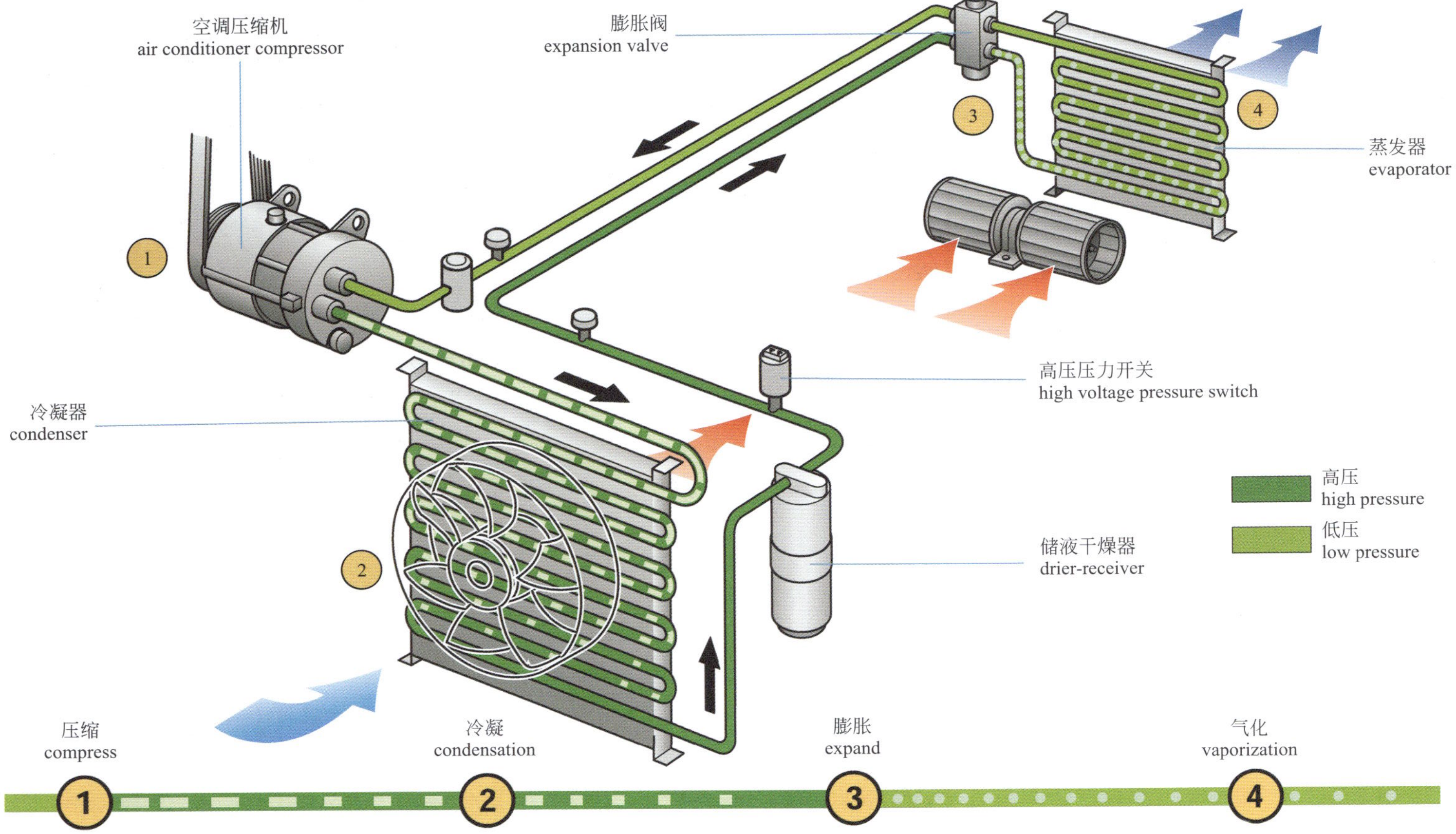

图28-3 空调制冷系统工作原理

28.3 空调制冷系统零部件

28.3.1 空调压缩机

空调压缩机的作用是使制冷剂保持循环。压缩机的吸气侧抽吸制冷剂蒸气，然后制冷剂流经压缩机的出口或排放侧，对其加压。高温高压的制冷剂被压出压缩机而流入冷凝器。

汽车上常用的斜盘式空调压缩机结构如图28-4所示。工作时驱动轴旋转，带动斜盘旋转，与斜盘连接的活塞上下往复运动，完成压缩气体工作。

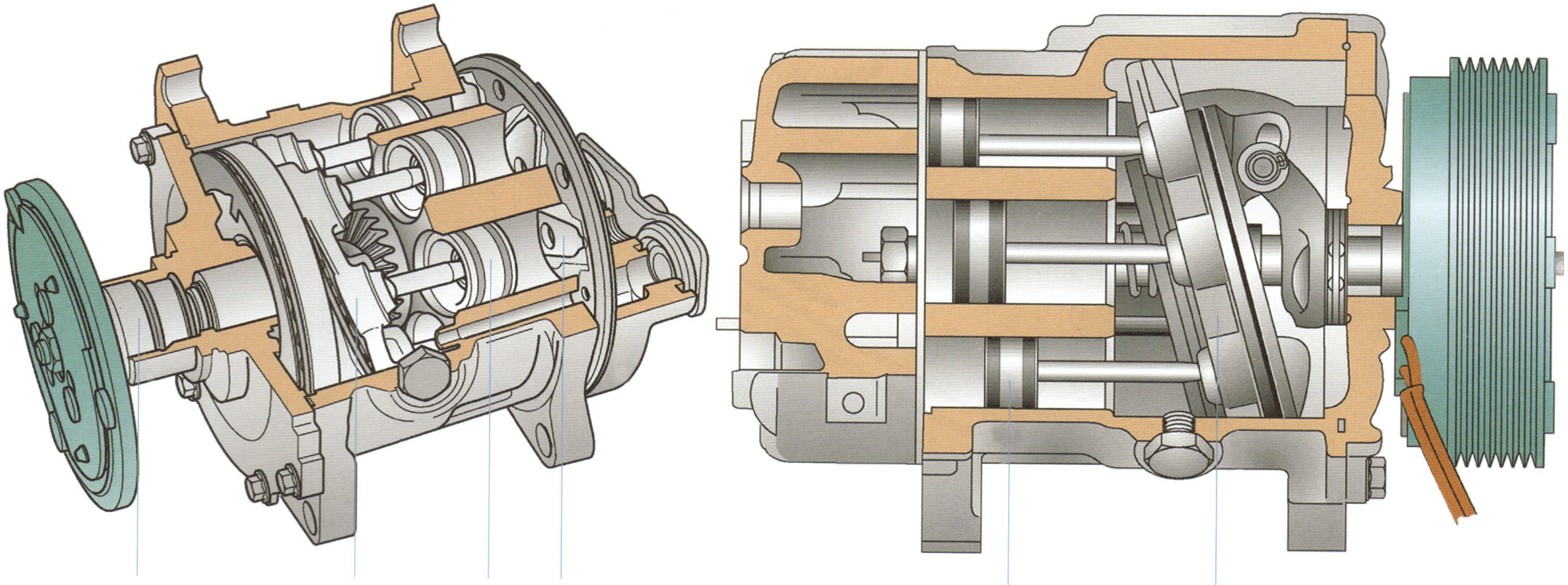

图28-4 汽车上常用的斜盘式空调压缩机结构

空调制冷系统开关闭合时，电磁离合器吸合，在发动机与空调压缩机之间建立起驱动关系。

如图28-5（a）所示，电磁离合器由带轴承的皮带轮、带有毂的弹簧片、电磁线圈等组成。弹簧片的毂固定在压缩机驱动轴上。皮带轮装在压缩机壳体上的轴输出端，并可转动。电磁线圈与压缩机壳体刚性连接在一起。弹簧片和皮带轮之间有一个间隙“A”。

发动机通过多楔皮带来驱动皮带轮［图28-5（b）箭头所示］，在压缩机关闭时皮带轮空转。

如果接通了压缩机，那么电磁线圈中就有电流流过，于是产生一个磁场。该磁场将弹簧片拉靠到旋转着的皮带轮上（这时间隙“A”就不存在了），于是就在皮带轮和压缩机的驱动轴之间建立起力的传递关系，这时压缩机开始工作。

只要电磁线圈中的电流不中断，压缩机就一直在工作。电磁线圈电流中断后，弹簧力就将弹簧片从皮带轮上拉开，这时皮带轮又开始自由转动（不与压缩机轴一同转动）。

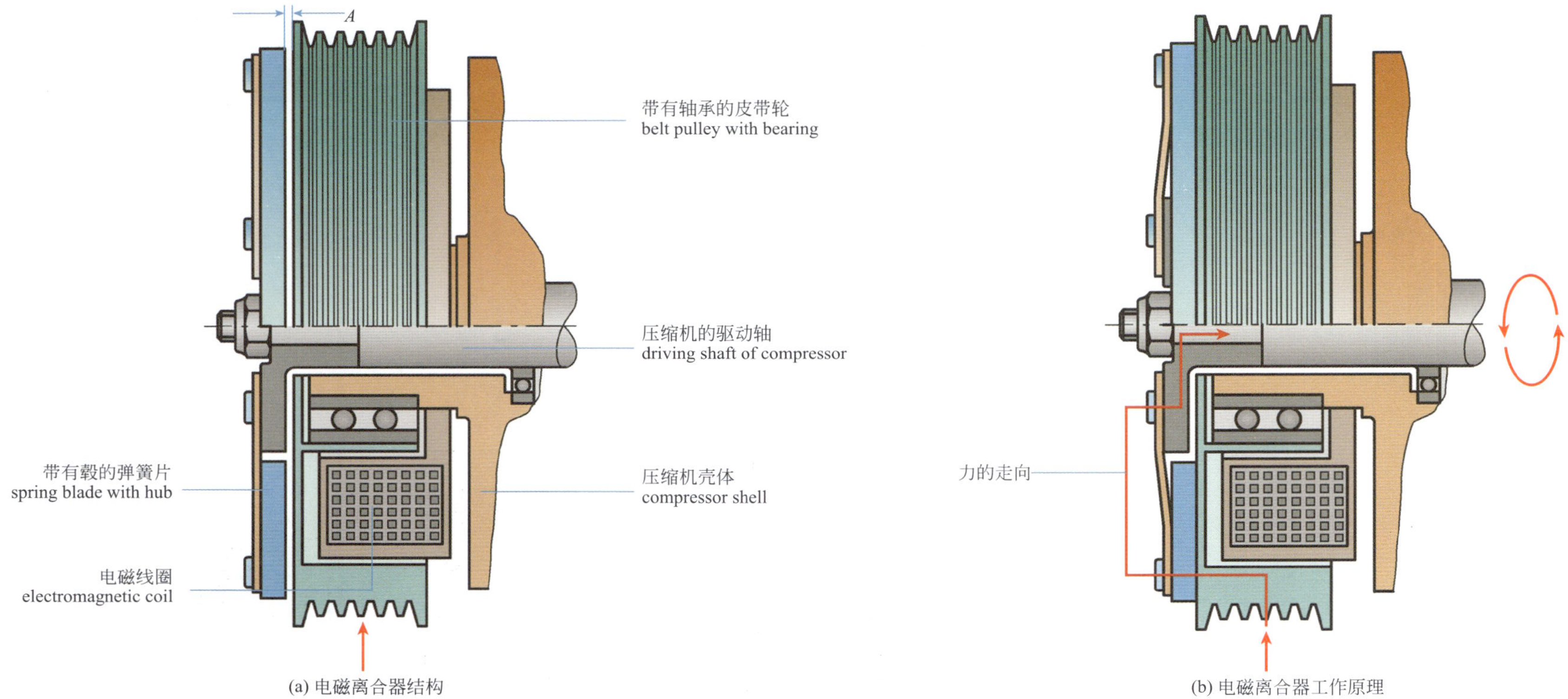

图28-5 电磁离合器结构及工作原理

28.3.2　储液干燥器与膨胀阀

从压缩机来的液态制冷剂从侧面进入制冷剂储液罐，在这里汇集并流过干燥器，再经立管以不间断、无气泡液流状态流向膨胀阀。

储液干燥器（图28-6）的作用如下。

① 储存制冷剂。可以作为储液罐使用，接收冷凝器流出的液态制冷剂，并将其保留在蒸发器中，直到需要排出时为止。

② 过滤制冷剂中的水分和杂质。

③ 防止气态制冷剂进入蒸发器。

④ 为液态制冷剂提供缓冲空间。

储液干燥器排出的制冷剂作为高压液体流入膨胀阀（图28-7）。当高压液体形式的制冷剂流经膨胀阀的节流孔时，制冷剂被强制流过此小孔并在另一侧喷出。这样就产生一个压力差，制冷剂的温度和压力得以降低，雾化的制冷剂可流过蒸发器并容易气化。

因此膨胀阀就是制冷剂循环管路中高压侧和低压侧的分离点。

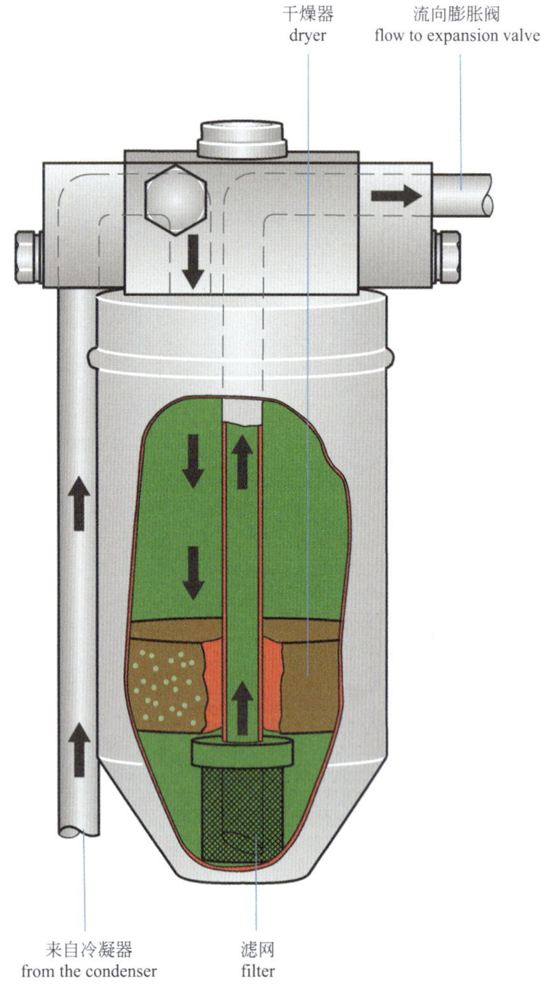

图28-6 储液干燥器

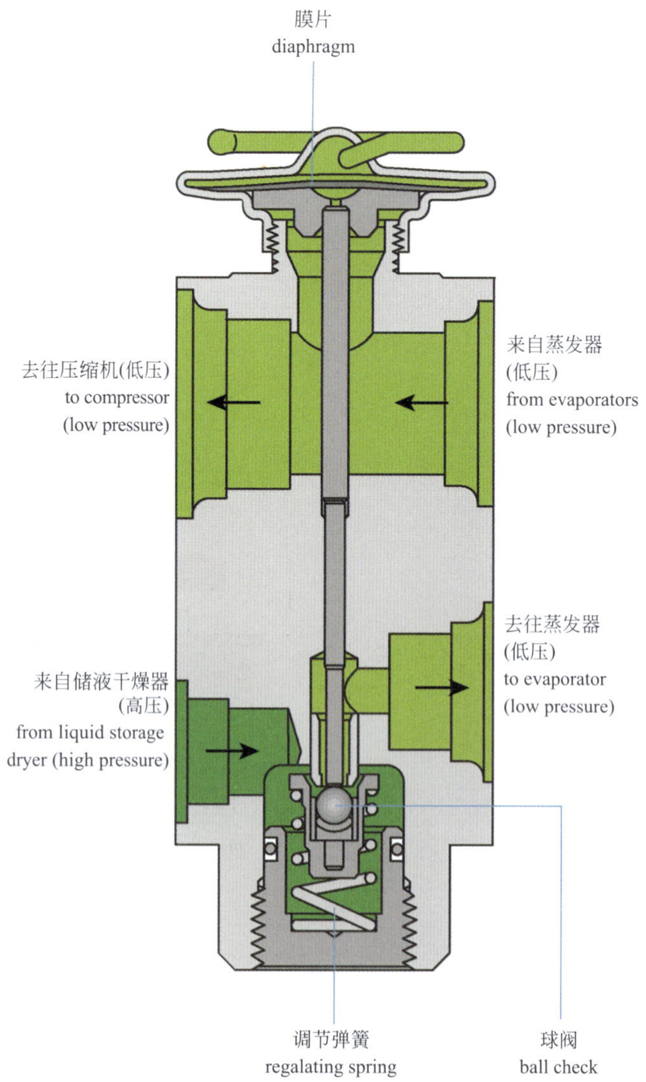

图28-7 膨胀阀

28.3.3 蒸发器和冷凝器

蒸发器（图28-8）的作用是将经过节流降压后的液态制冷剂气化，吸收蒸发器周围空气的热量而使之降温，鼓风机再将冷风吹到乘客舱内，让乘客舱内的空气冷却并去除水汽。

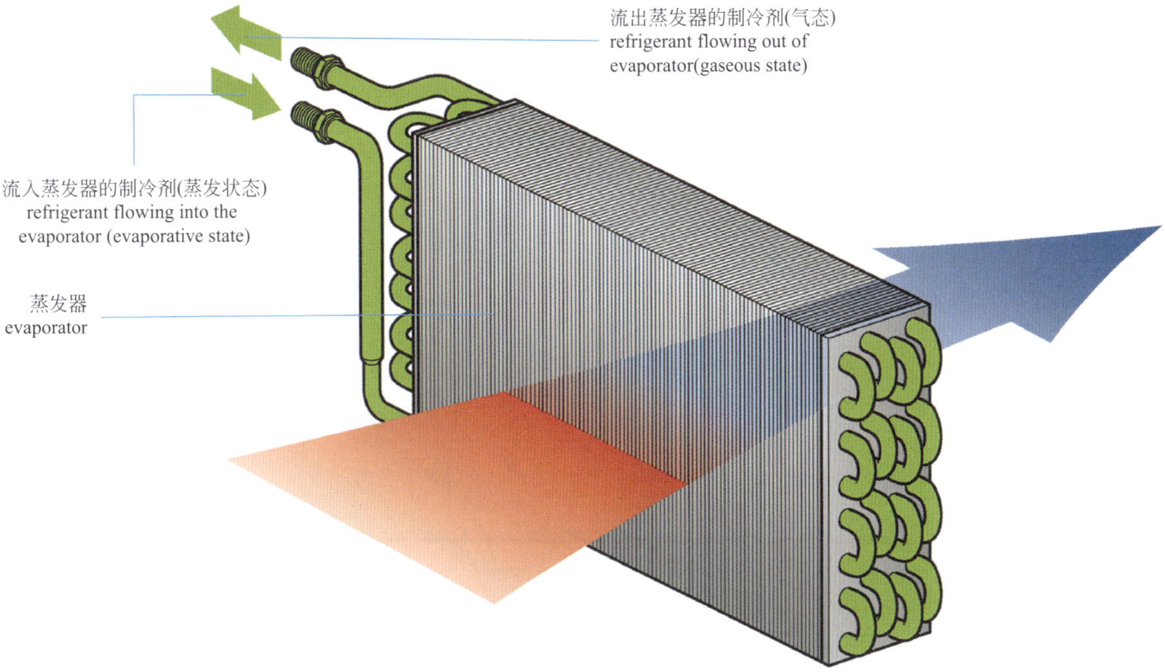

图28-8 蒸发器

冷凝器（图28-9）的作用是对压缩机排出的高温高压气态制冷剂进行冷却，使之凝结为液体。冷凝器一般安装在散热器之前，利用发动机冷却风扇放出的潜热传送到空气中去。

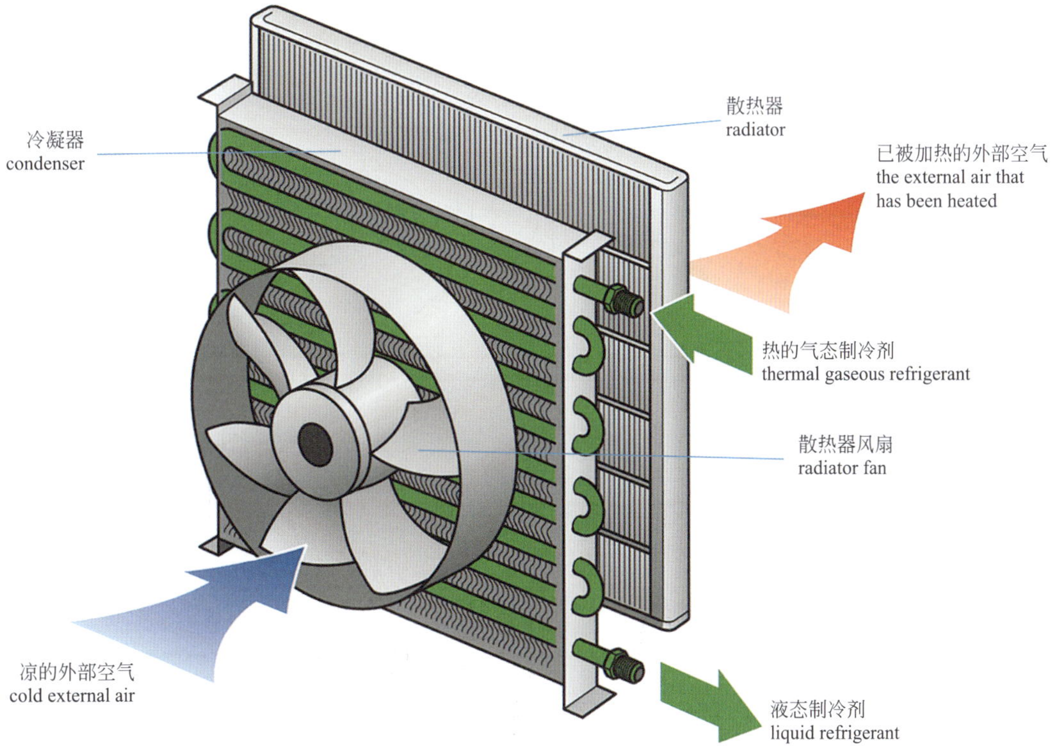

图28-9 冷凝器

第29章 汽车照明与信号系统

汽车照明与信号系统（图29-1）能够保证车辆在黑夜、恶劣天气及复杂交通状况下的行车安全。汽车照明系统是为了保证汽车在光线不好的条件下提高车辆行驶安全性和运行速度而设置的。照明系统可分为室外照明装置（前大灯、前后雾灯、倒车灯等）和室内照明装置（顶灯、阅读灯、后备厢灯等）。

汽车信号系统是用于汽车提示其他车辆或行人的灯光（声音）信号（或标志），通常由转向信号装置、制动信号装置、电喇叭等组成，以保证汽车行驶的安全性。

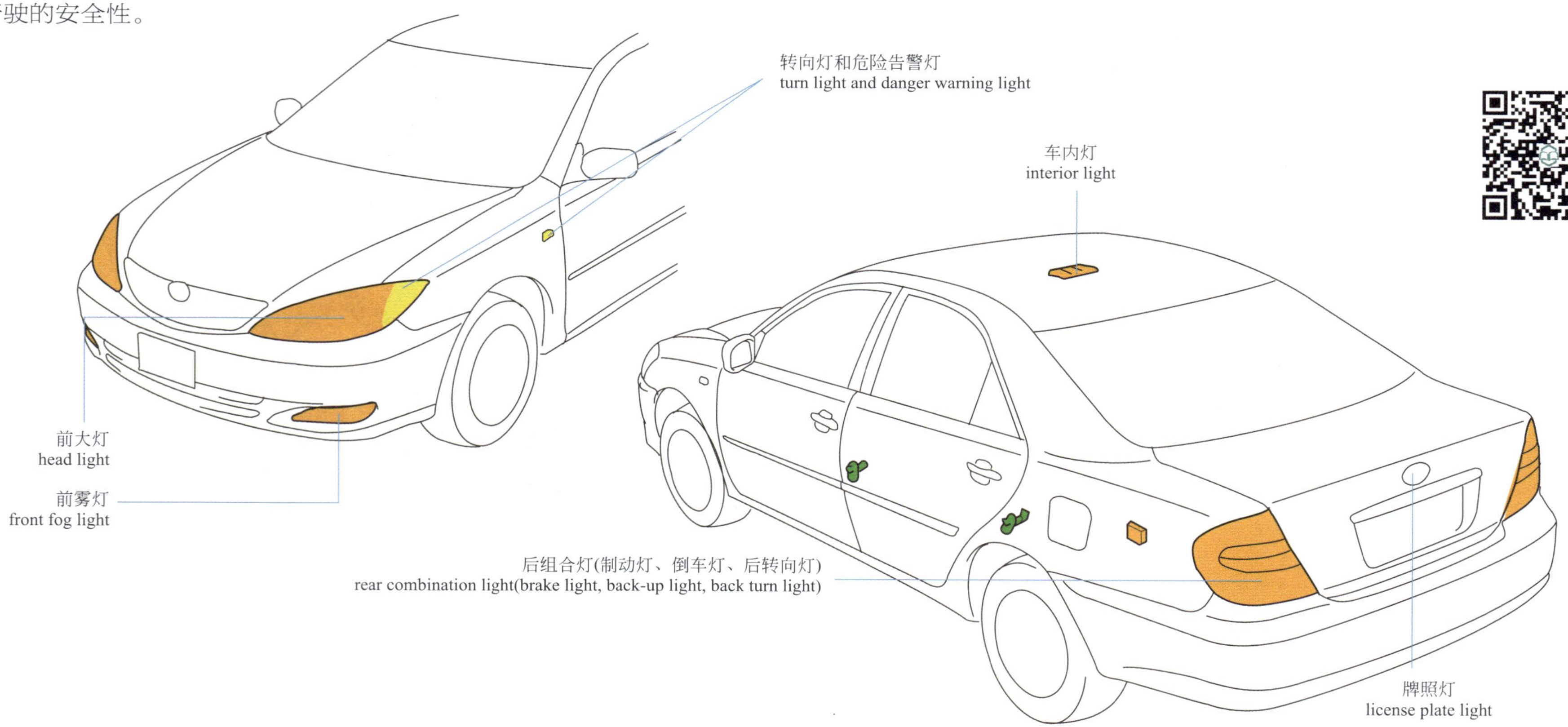

图29-1 照明与信号系统组成

汽车前大灯是用于照亮前方路面和环境，以保证汽车全天候安全行驶的照明装置。汽车前大灯最初使用较多的卤素灯，已逐渐被氙气大灯、LED大灯、激光大灯等替代。

卤素大灯（图29-2）是一种白炽灯，灯泡中掺入某种卤素（如碘、溴、氯等），工作时，利用卤钨再生循环反应延长灯泡的使用寿命。

图29-2 卤素大灯

氙气灯（图29-3）也称高压气体放电灯（high intensity discharge，HID）。其原理是在抗紫外线水晶石英玻璃管内，以多种化学气体填充，其中大部分为氙气与碘化物等惰性气体。通过升压器（安定器）将汽车上的12V直流电瞬间升压至23000V，激发石英管内的氙气电离，在两电极之间产生光源，这就是所谓的气体放电。氙气灯亮度是卤素灯的3倍以上，使用寿命是卤素灯的10倍以上，因此得到了更为广泛的应用。

图29-3 氙气灯（高压气体放电灯）

LED 大灯（图29-4）是指采用 LED（发光二极管）为光源的大灯。由于 LED 具有亮度高、颜色种类丰富、低功耗、寿命长的特点，因此LED大灯正逐渐应用于汽车领域。但目前 LED 大灯的制造成本还较高。

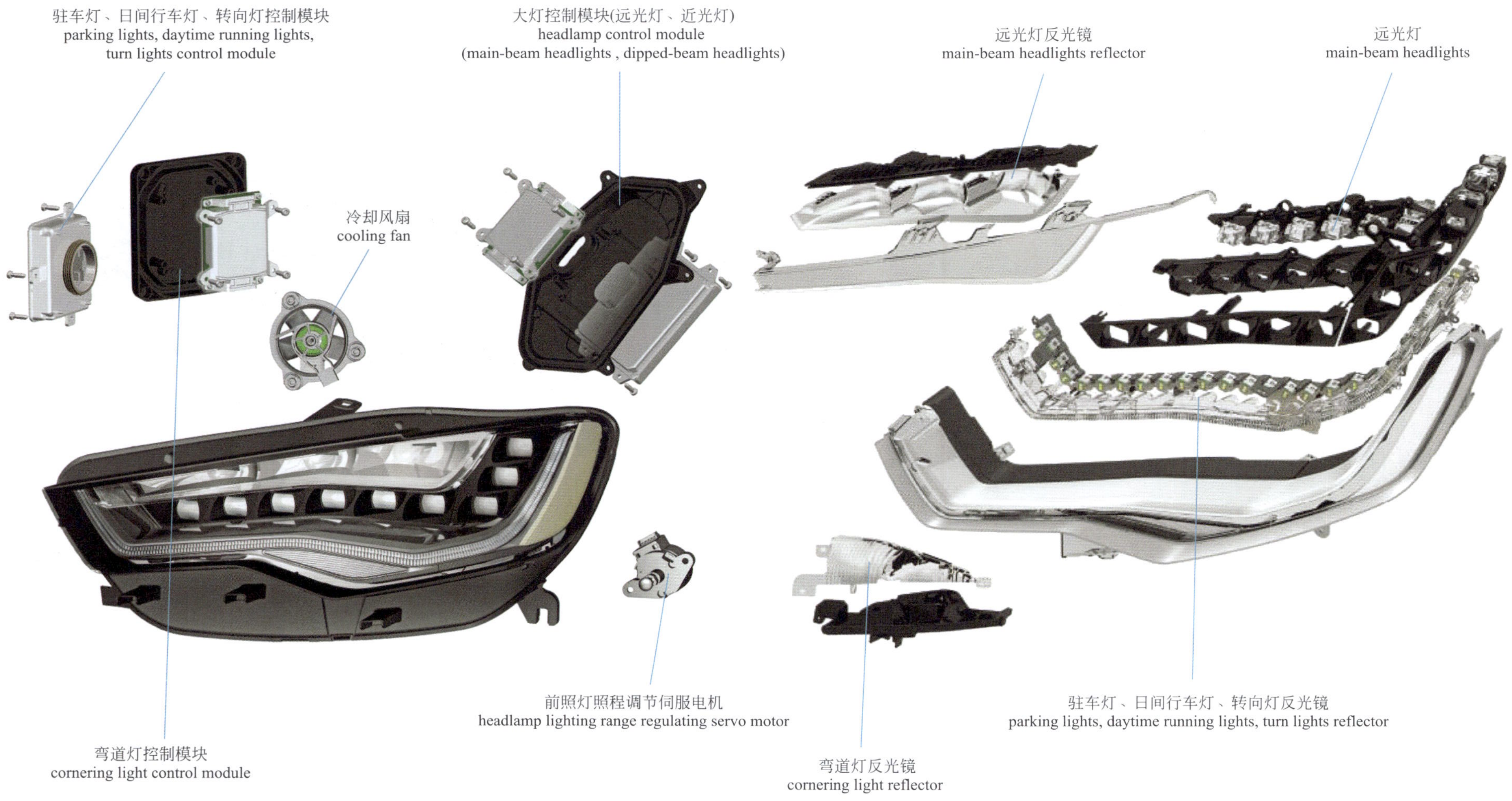

图29-4 LED大灯

矩阵式 LED 大灯（图29-5）由多个 LED 灯组成，单个 LED 发光元件均可单独打开、调暗和关闭，如果在数量足够的情况下，矩阵式 LED 灯组甚至能组合出上百万种灯光组合，这是普通 LED 大灯无法做到的。

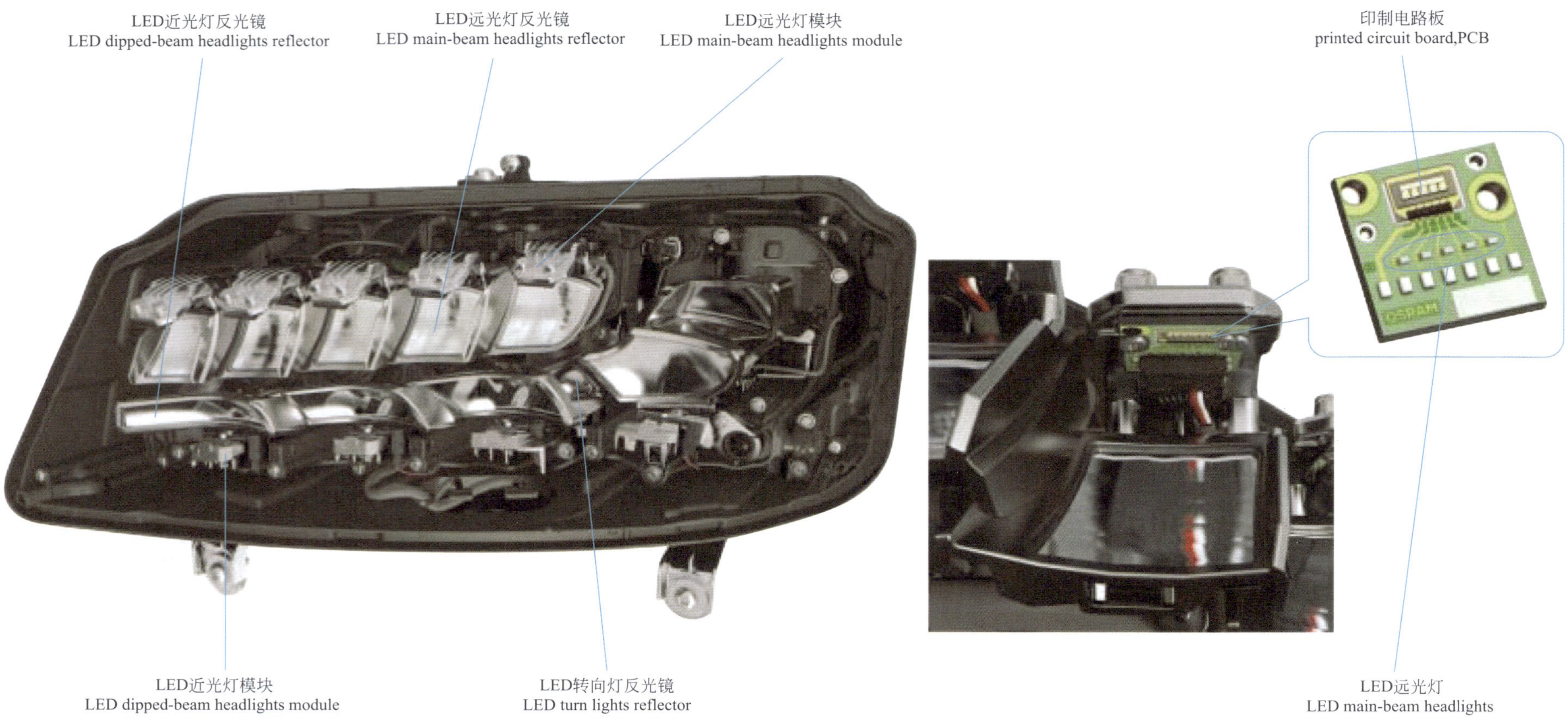

图29-5 矩阵式 LED 大灯

与 LED 发光的光源不同，激光大灯的光源是激光二极管，它与 LED 大灯相比，可以保持更好的不发散性。如果把 LED 的光线比作手电筒的话，那么激光大灯的光线就像是激光笔。

激光大灯相比 LED 大灯照明亮度更高，照射距离更远，体积更小，能耗低30%，使用寿命更长，弊端同样是成本太高。宝马激光大灯结构如图29-6（a）所示，激光产生原理如图29-6（b）所示。

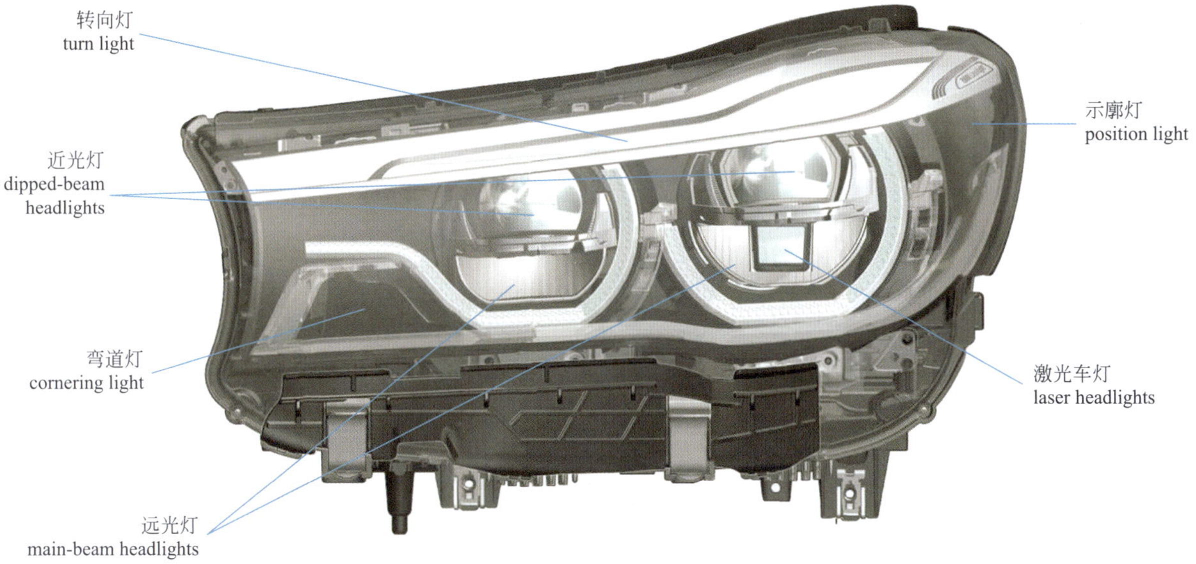

(a) 宝马激光大灯结构

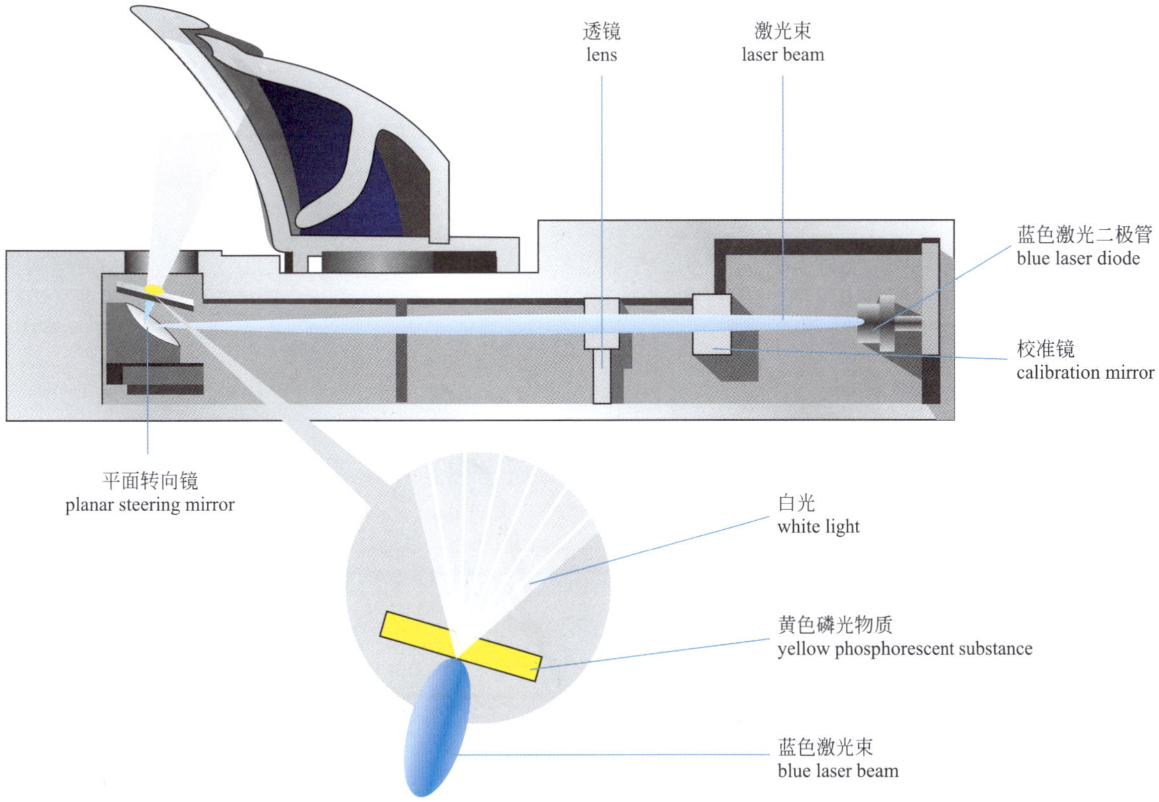

(b) 激光产生原理

图29-6 激光大灯结构及激光产生原理

第30章 辅助电气系统

30.1 电动雨刮洗涤系统

电动雨刮器与清洗器（图30-1）是汽车的标准配置，属于汽车上的辅助电气，主要用于清洗和刷除风窗玻璃上的雨水、雪和灰尘，以保证驾驶员的视觉效果。有的汽车前照灯也有雨刮器和清洗器系统，以保证雨雪天气尤其是夜间的行车安全。

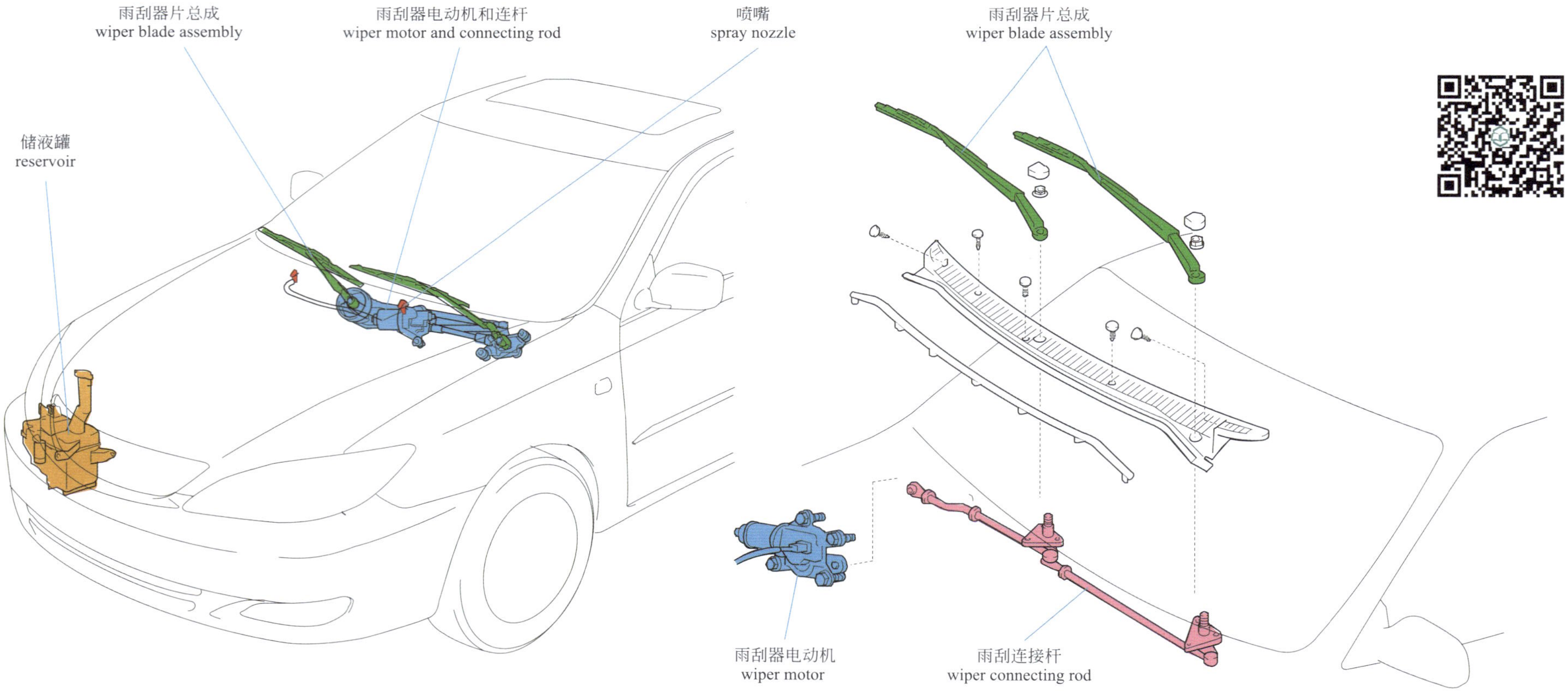

图30-1 电动雨刮器与清洗器

30.2 电动座椅

汽车座椅的主要功能是为驾驶员提供便于操作、舒适而安全的驾驶位置；为乘客提供不易疲劳、舒适而又安全的乘坐位置。作为人和汽车之间联系部件的座椅，对其装置的要求越来越高，已从过去的固定式座椅发展到今天的多功能动力调节座椅。

电动座椅一般由电动机（包含前后调节电动机、高度调节电动机、靠背调节电动机）、调节开关、调节操纵单元等组成，部分车型电动座椅还带有座椅加热及通风等功能，如图 30-2 所示。

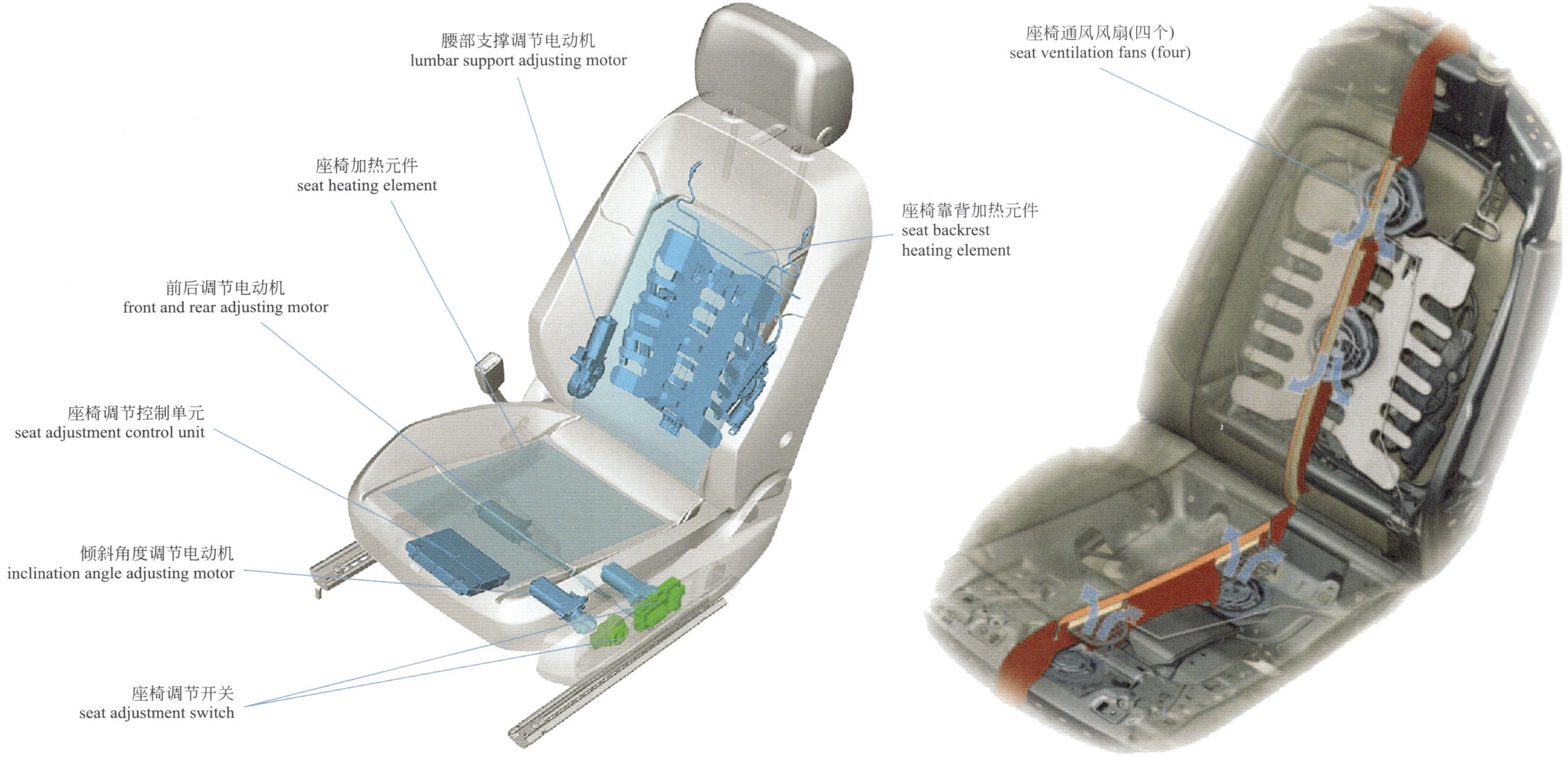

图30-2 电动座椅（带加热和通风功能）

30.3 电动车窗

电动车窗可使驾驶员或乘客坐在座位上，利用开关使车门玻璃自动升降，操作简便并有利于行车安全。

有些汽车上的电动车窗由电动机直接作用于升降器，而有些则是通过驱动机构作用于升降器，从而把电动机的旋转运动变换为车窗玻璃的上下移动。车窗升降器有两种形式：一种是绳轮式电动车窗玻璃升降器；另一种是交叉传动臂式。交叉传动臂式电动车窗玻璃升降器如图30-3所示。

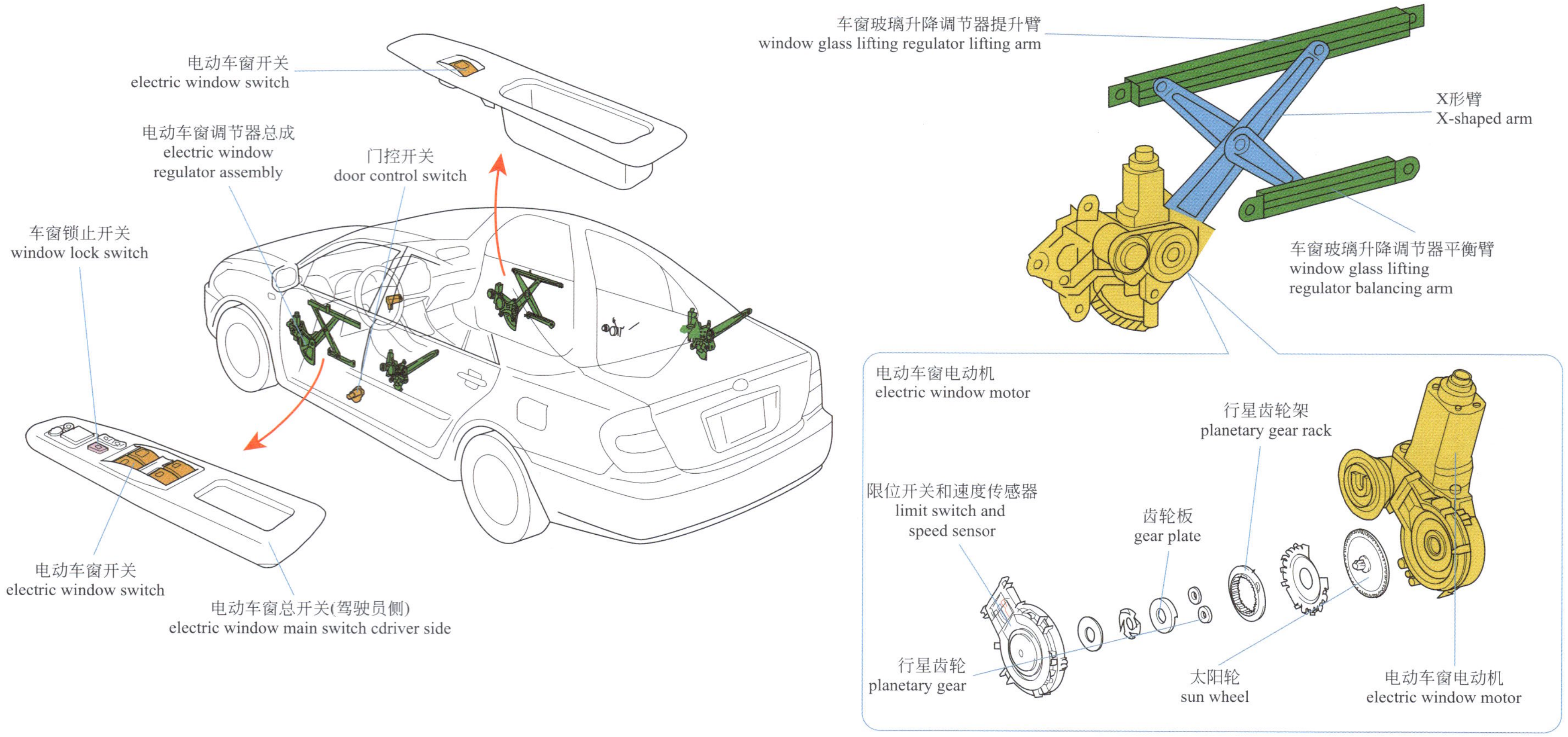

图30-3 交叉传动臂式电动车窗玻璃升降器

30.4 电动后视镜

电动后视镜（图30-4）的背后装有两套电动机和驱动器，可操纵反射镜上下及左右转动。通常上下方向的转动用一个电动机控制，左右方向的转动由另一个电动机控制。通过改变电动机的电流方向，即可完成后视镜的上下及左右调节。

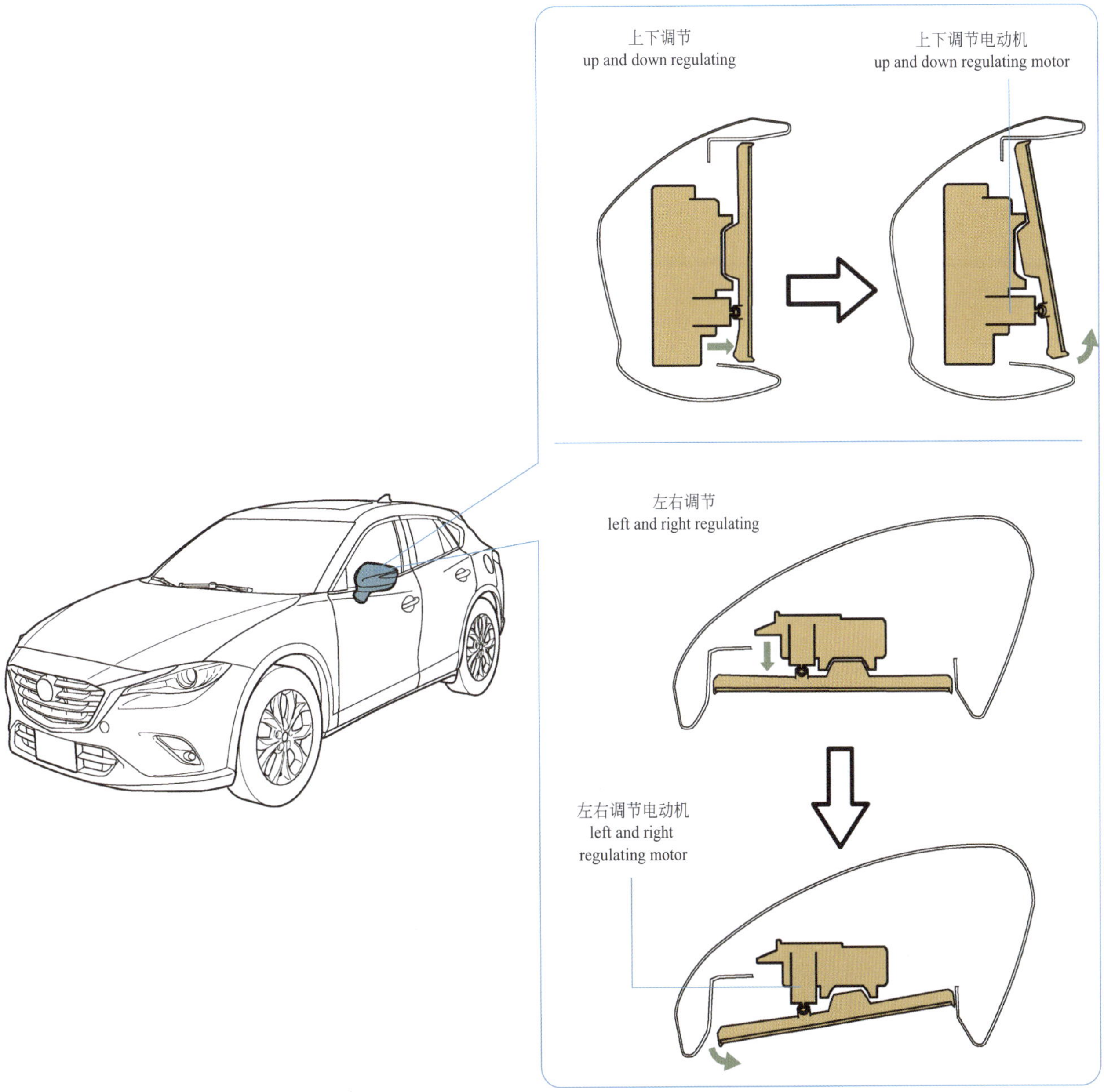

图30-4 电动后视镜

30.5 中控门锁系统

汽车中控门锁（图30-5）是中央控制门锁的简称，是一种通过设在驾驶室门上的开关来同时控制车门关闭和开启的装置。中控门锁和防盗系统是现代汽车的重要组成部分，该系统让汽车的使用更加方便和安全。中控门锁与防盗系统是既相互联系，又有区别的两个系统。

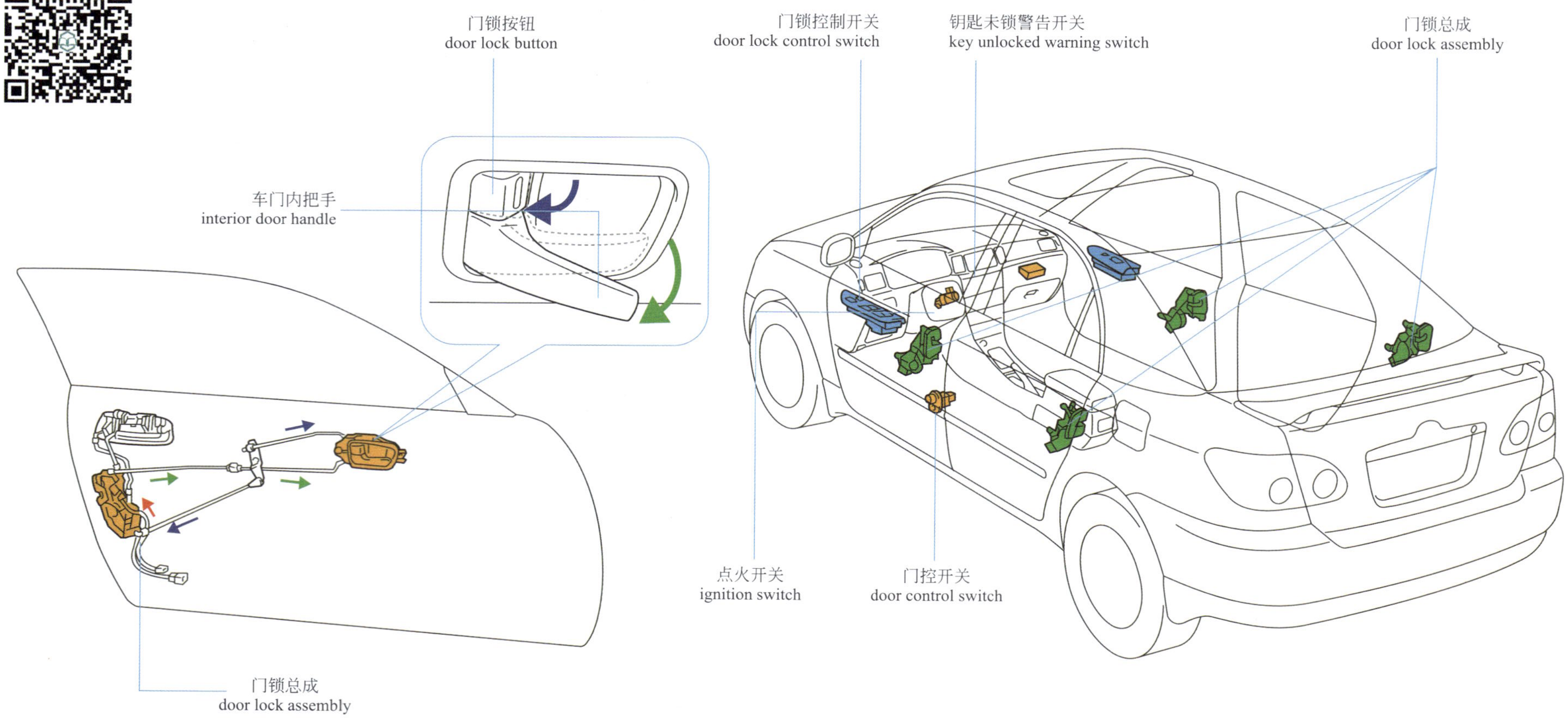

图30-5 中控门锁装置

第6部分

汽车电路识读与分析

第31章 汽车电路图种类及识读与分析一般规律
第32章 大众/奥迪/斯柯达车系电路图识读规范
第33章 宝马汽车电路识读与分析
第34章 奔驰汽车电路识读与分析
第35章 通用汽车电路识读与分析
第36章 本田汽车电路识读与分析

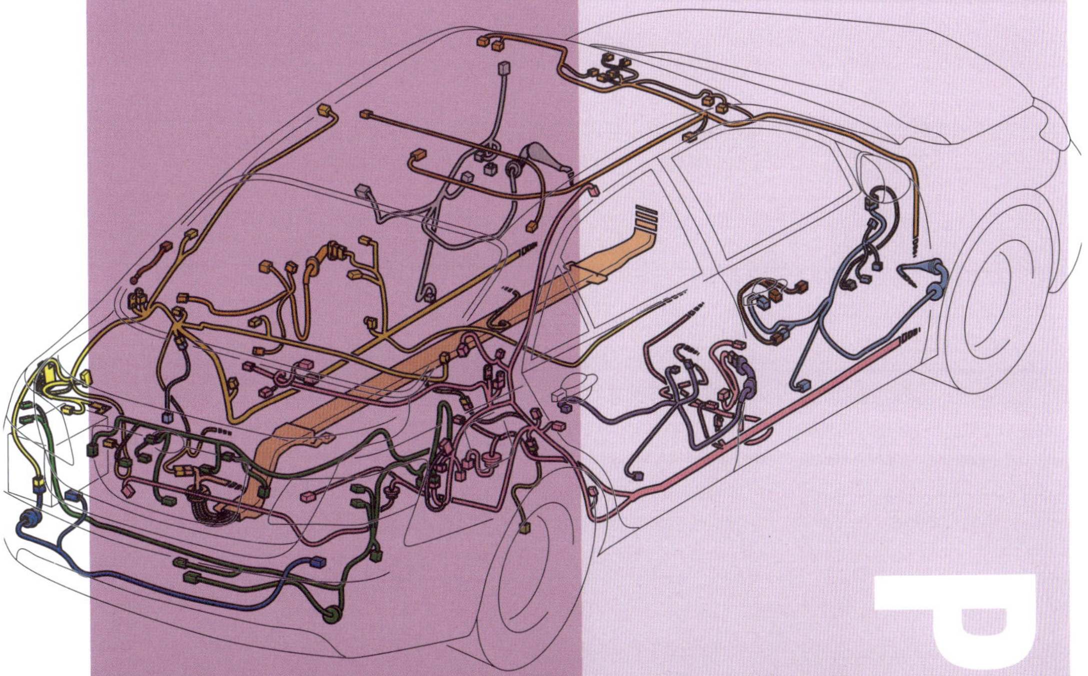

PART 6

第37章 丰田汽车电路识读与分析
第38章 日产汽车电路识读与分析
第39章 福特汽车电路识读与分析
第40章 马自达汽车电路识读与分析
第41章 现代/起亚汽车电路识读与分析
第42章 国产品牌汽车电路识读与分析

第31章 汽车电路图种类及识读与分析一般规律

31.1 汽车电路特点概述

汽车电路和一般电路一样，各电气间采用串联、并联和混联方式；具有通路、断路和短路三种基本工作状态；电路图中各电气采用专门的符号或图框加文字的标注方法。但汽车电路又有自身的一些特点，如图31-1所示。

汽车电路特点

- 低压供电：汽车电气系统的额定电压主要有12V和24V两种。小型汽车普遍采用12V电源，客货汽车多采用24V电源
- 直流电源：现代汽车发动机是靠电力起动机启动的，起动机由蓄电池供电，而向蓄电池充电又必须用直流电源。同时汽车上各用电设备也都采用直流电供电，所以汽车电气系统为直流系统
- 双电源：汽车上采用两个电源，即蓄电池和发电机，它们以并联的方式向用电设备供电。蓄电池是辅助电源，在发电机未发电或电压较低时，由蓄电池向电用设备供电；发电机是主电源，当发动机运转到一定转速后，发电机开始向车上的用电设备供电，必要时对蓄电池进行充电
- 装有保险装置：为了防止电路或元件因搭铁或短路而烧坏线束和用电设备，汽车电路中均安装有保险装置防止产生过流，如熔丝、易熔线等，如果电路出现过流，则在线束和用电设备被损坏前，这些保险装置将断开
- 用电设备并联：汽车的各用电设备均采用并联，每个用电设备都由各自串联在其支路中的专用开关控制，互不干扰。在维修汽车电路时，可以单独方便地拆装某用电设备而不会影响到其他用电设备
- 单线制：单线连接是汽车线路最大的特点。利用汽车的金属机体作为各种用电设备的公共导线，而用电设备到电源只需用一根导线连接，所以称为单线制
- 负极搭铁：采用单线制时蓄电池的一个电极需接至车架或车身上，俗称“搭铁”。蓄电池的负极接车架或车身称为负极搭铁，目前大部分汽车采用蓄电池负极搭铁
- 线路有颜色和标识特征：汽车导线的数目较多，为便于识别和检修汽车电气，汽车电路中的低压线通常采用不同颜色的导线，并在汽车电路图上用有颜色的字母代号标注出。不同车系导线颜色字母代号也不同

图31-1 汽车电路特点

31.2 汽车电路图种类

汽车电路图是用国家标准规定的线路符号，对汽车电气的构造组成、工作原理、工作过程及安装要求所作的图解说明，也包括图例及简单的结构示意图。根据汽车电路图的不同用途，可绘制成不同形式的电路图，主要有原理框图、线束图（安装图）、元件位置图、接线图、电路原理图等。

31.2.1 原理框图（系统图）

所谓原理框图（图31-2）是指用符号或带注释的框，概略表示汽车电气基本组成、相互关系及其主要特征的一种简图。原理框图（系统图）所描述的对象是系统或分系统的主要特征，它对内容的描述是概略的，用来表示系统或分系统基本组成的是图形符号和带注释的框。

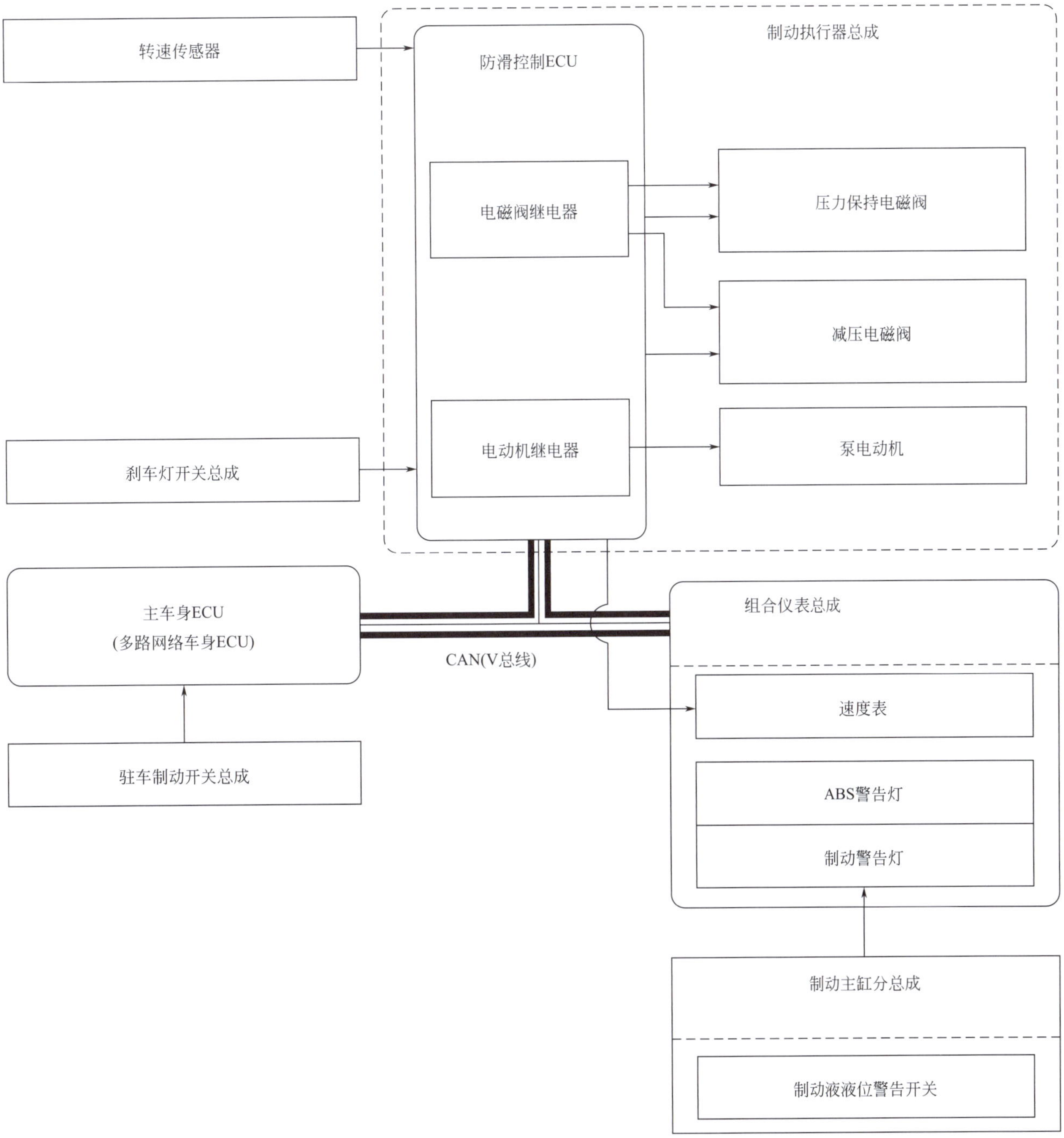

图31-2 原理框图（系统图）

31.2.2 线束图

线束图（图31-3）是根据电气设备在汽车上的实际安装部位绘制的局部电路图。线束图主要表明电线束与各用电气的连接部位、接线端子的标记、线头、插接器（连接器）的形状及位置等。这种图一般不详细描绘线束内部的电线走向，只将露在线束外面的线头与插接器进行详细编号或用字母标记。

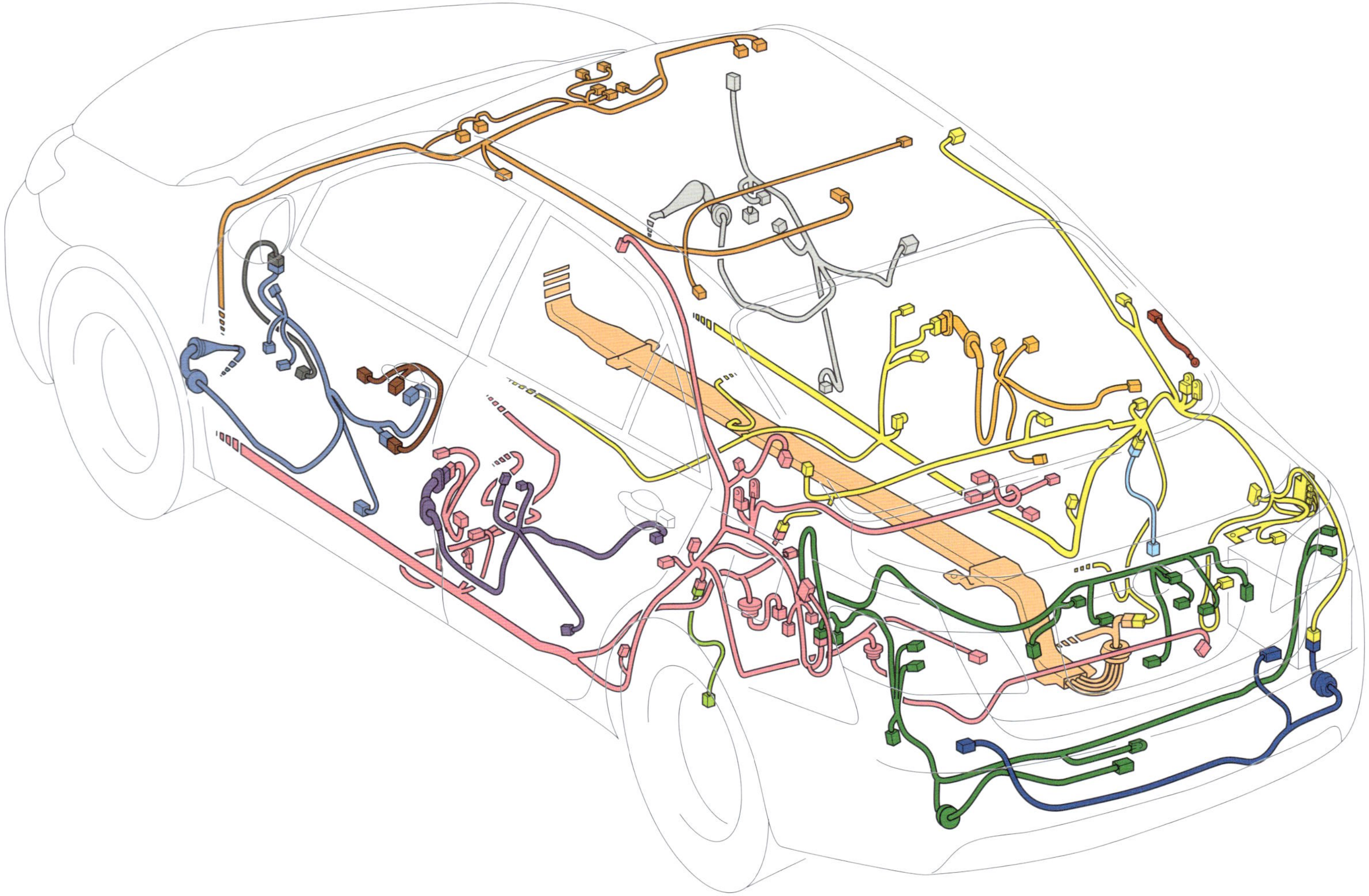

图31-3 线束图

31.2.3 元件位置图

元件位置图（图31-4）是表现汽车用电设备元件安装位置的图示。它将汽车用电设备按照系统在图上标识出来，以方便维修检测时快速定位元件位置。尤其是发动机传感器、执行器的位置在维修时经常用到。

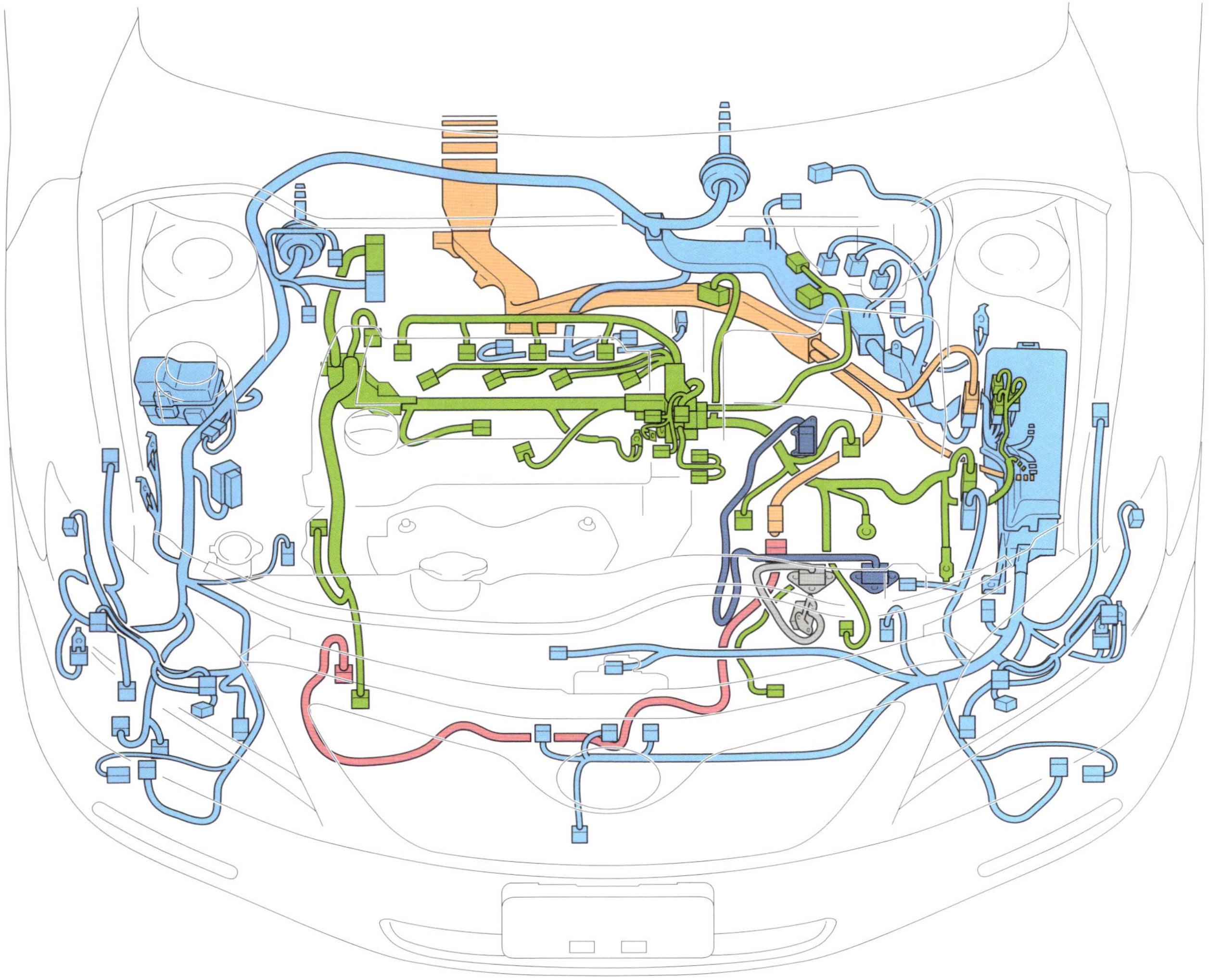

图31-4 元件位置图

31.2.4 接线图

所谓接线图（图31-5）是指专门用来标记电气设备的安装位置、外形、线路走向等的指示图。它按照全车电气设备安装的实际方位绘制，部件与部件之间的连线按实际关系绘出，为了尽可能接近实际情况，图中的电气不用图形符号，而是用该电气的外形轮廓或特征表示，在图上还应注意将线束中同路的导线尽量画在一起。这样，汽车接线图就较明确地反映了汽车实际的线路情况，查线时，很容易找到导线中间的分支、接点，为安装和检测汽车电路提供方便。

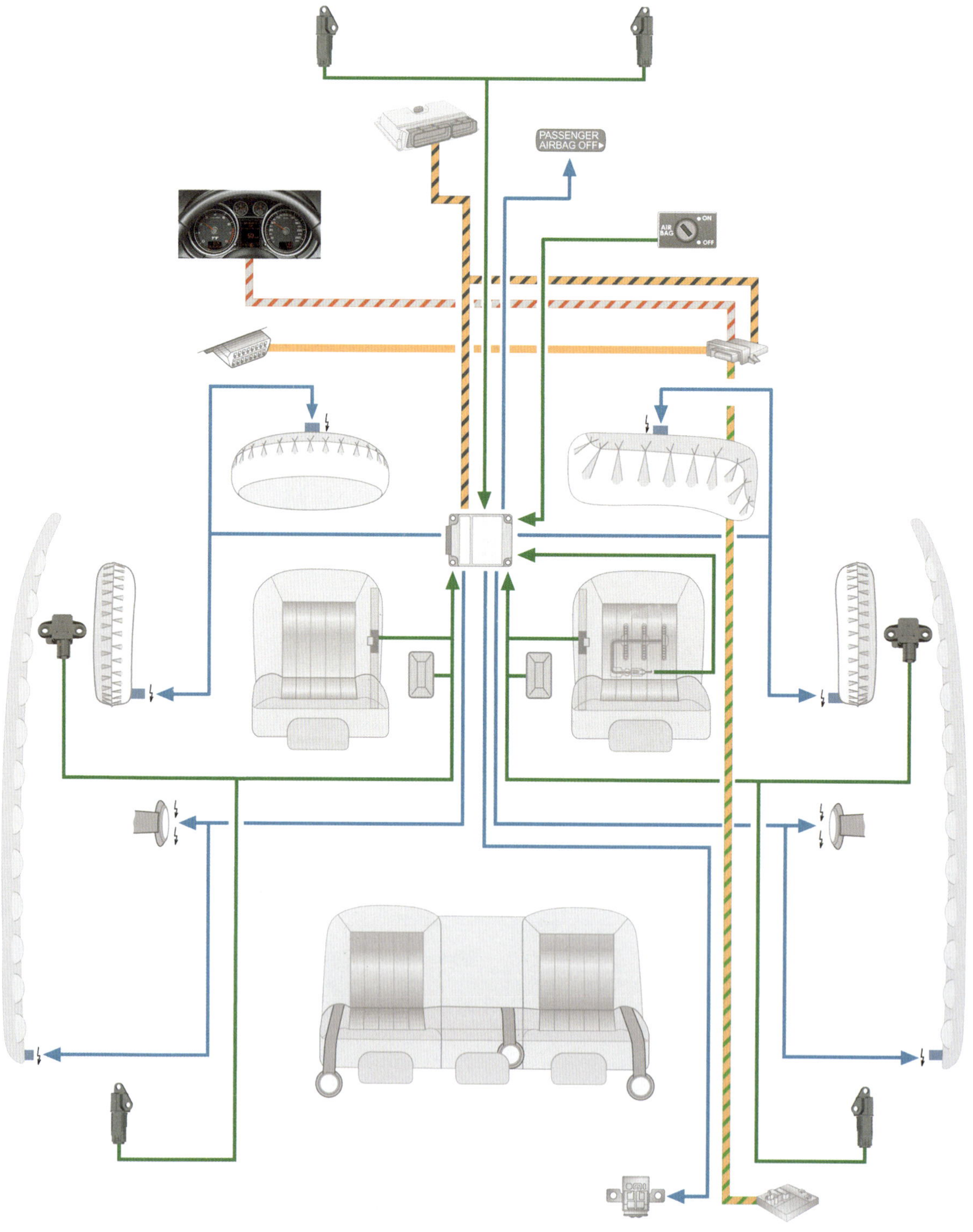

图31-5 接线图

31.2.5 电路原理图

电路原理图（图31-6）是用电气图形符号，按工作顺序或功能布局绘制的，详细表示汽车电路的全部组成和连接关系而不考虑实际位置的简图。电路原理图可清楚地反映出电气系统各部件的连接关系和电路原理。

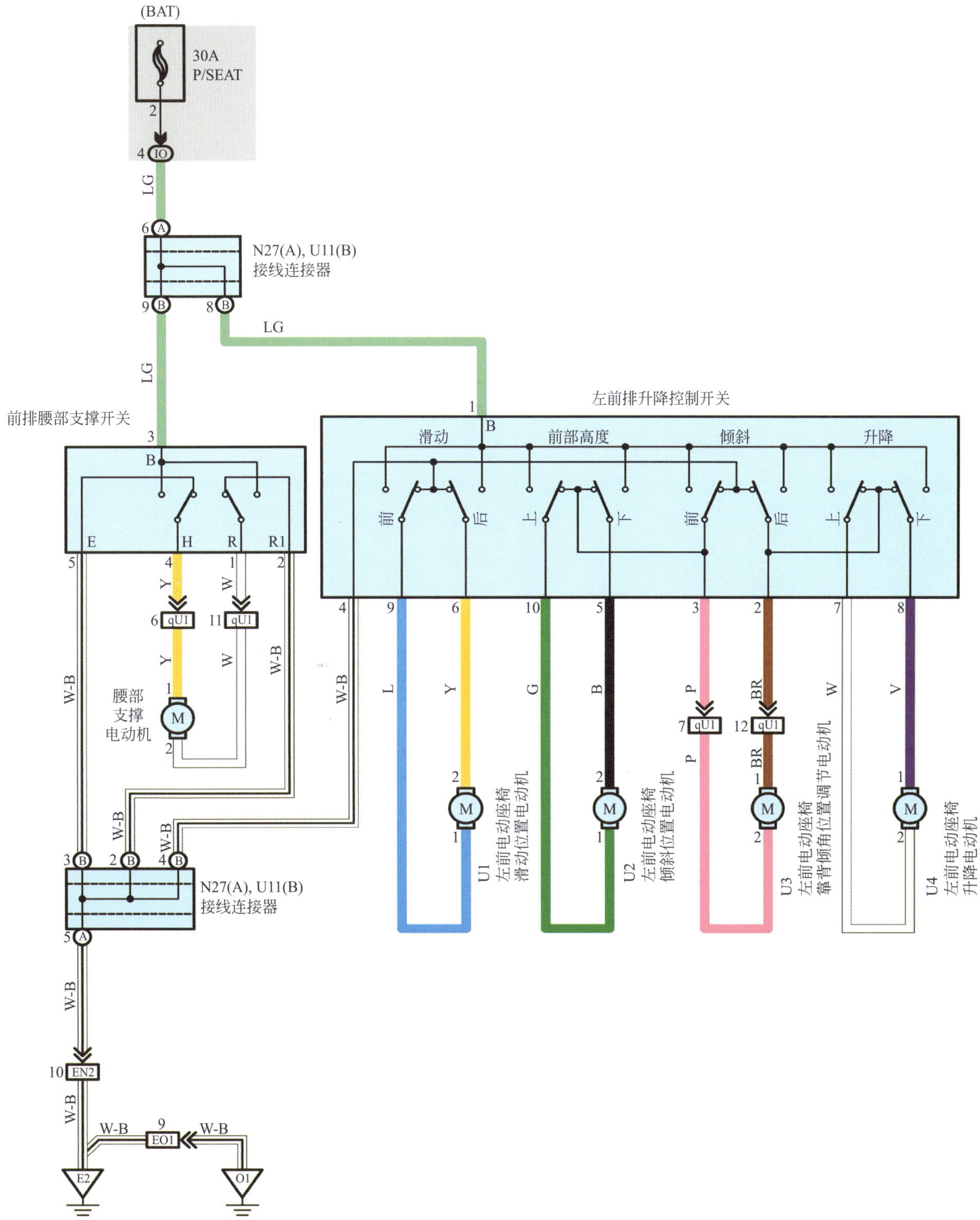

图31-6 电路原理图

31.3 汽车电路识读与分析方法

由于各品牌汽车电路图的符号标注和文字标注不同，电路图的绘制方法也有很大的差异。在进行电路图识读与分析前需要了解电路图的特点，掌握其识读的基本方法。

（1）熟悉汽车电路绘制的一般规则

用电气从左到右布置。供电电源在左，用电设备在右；信号输入在左，输出在右。

供电从上到下布置。火线在上，搭铁线在下。

相关电气系统电路尽量绘制在一起。

（2）熟悉汽车电路元件符号及含义

需熟悉电路图名称，明确电气图形符号、文字标注、代码及缩略语的含义，建立电气系统元器件与图形符号间的一一对应关系。

（3）熟悉开关、继电器、传感器和执行器的作用

开关直接或间接控制用电设备。应熟悉开关的许多接线柱中，哪些是接电源的，哪些是接用电设备的。

继电器起开关作用，利用电磁的方法控制某一回路的接通或断开，达到用小电流控制大电流的目的，从而减小控制开关触点的电流负荷。

传感器感知汽车的各种运行状况，并将运行工况转变为相对应的电信号，传送给电控单元。部分传感器经常会共用电源线、接地线，但绝不会共用信号线。

执行器负责执行电控单元发出的具体指令。执行器正常工作时需要三个信号，即电源、接地和控制信号，控制信号由电控单元发出。在汽车电路中经常会出现执行器共用电源线、接地线，甚至控制线的情况。

（4）运用回路原则识读和分析电路图

任何一个完整的电路都由电源、熔丝 / 熔断器、开关、控制装置、用电设备和导线组成。电流从电源的正极出发，经过熔丝 / 熔断器、开关、控制装置、导线等到达用电设备，再经过导线或搭铁回到电源负极，构成回路。

在进行电路识读和分析时有正向和逆向两个思路。

正向：从电源出发，沿着电流的方向，以此找到该电路的熔丝、开关、控制装置和用电设备，再回到电源的负极或搭铁。

逆向：从用电设备出发，以此查找其控制开关、连线、控制单元，到达电源正极和搭铁（电源负极）。

第32章 大众/奥迪/斯柯达车系电路图识读规范

32.1 大众 / 奥迪 / 斯柯达汽车电路符号与说明

为使大众车系电路图表现明了，使用不同的符号代表不同的元器件，还使用不同的数字和字母组合来代表配电盘上的每个接脚，如 Z2、Y13，并且在每根导线上都标注有线径和线色。电路图中的导线为经线、纬线连接，使用地址码表示连接位置。

32.2 大众/奥迪/斯柯达汽车电路特点

（1）电路图的组成

大众车系电路图分为外线部分、内部连接部分、元器件部分、继电器 / 熔断器及其连接部分。

外线部分用粗实线在电路图中画出，集中在电路图的中间部分，每条线上都有导线的颜色及线径的标注。线段都有接线柱号或插口号表示其连接关系。

内部连接部分在图上以细线画出。这部分连接是存在的，但线路是不可见的。标示线路只是为了说明这种连接关系。同时，使电路图更加容易被理解。

电气元件在电路图中是主体，用框图辅以相应的标号表示。每一个元件都有一个代号，如 A 表示蓄电池、V7 表示散热器风扇等。电气元件的接线点都用标号标出，标号在元件上可以找到。例如，起动机 B，有两个接点，一个标号 30，一个标号 50。

继电器 / 熔断器及其连接部分，在图的上部用灰色表示，灰色区域内部水平线为电源正极导线，有 30、15、X 等。反映的内容有继电器位置号、继电器名称、中央配电盒上插接件符号、中央配电盒上连接件符号、熔断器座标号及熔断器容量等。

（2）所有电路纵向排列，相互不交叉

大众车系汽车电路图采用了断线代号法来处理线路复杂交错的问题。例如，假设某一条线路的上半段电路在电路序号为 52 的位置上，下半段电路在电路接续号为 122 的位置上。这时，在上半段电路的终止处画一个标有 122 的小方格，在下半段电路的开始处也有一小方格，内标有 52，通过 52 和 122 就可以将上、下半段电路连在一起，这里以大众新捷达 2016 年款 1.6L 发动机控制系统为例介绍电路中地址码与电路续接号的连接关系，如图 32-1 所示。

（3）整个电路以中央配电盒为中心

大众车系汽车电路图在表示线路走向的同时，还表达了线路的结构情况。中央配电盒的正向插有各种继电器和熔断器。

（4）节点标记具有固定含义

在大众车系电路图中经常遇到节点标记的数字及字母，它们都具有固定的含义。如数字 30 代表的是来自蓄电池正极的供电线；数字 31 代表接地线；数字 15 代表来自点火开关的点火供电线；数字 50 代表点火开关在启动挡时的启动供电线；X 代表受控的大容量用电设备供电线（来自卸荷继电器的供电线）等。无论这些标记出现在电路的什么地方，相同的标记都代表相同的节点，具有相同的功能。大众车系节点标记及端子代号详解如表 32-1 所示。

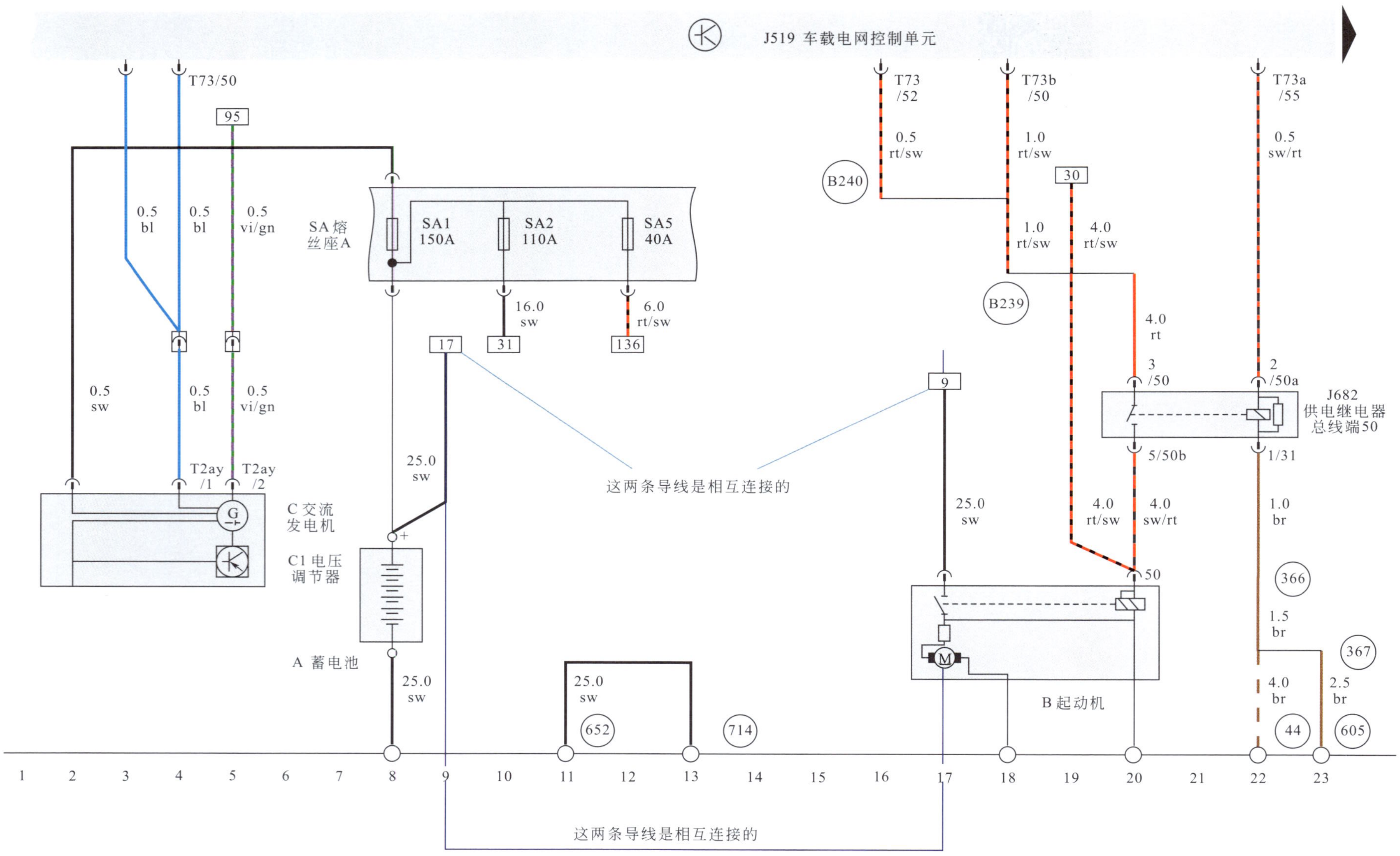

图32-1 大众车系地址码与电路续接号关系对照

表 32-1　大众车系节点标记及端子代号详解

端子	含义	端子	含义
15	蓄电池后由开关控制的正极（来自点火 / 启动开关的端子）	15a	由点火 / 启动开关控制的正极（熔丝后）
30	直接由蓄电池正极输出	30a	直接由蓄电池 E 极输出（熔丝后）
31	蓄电池负极或车辆接地	49a	警报闪光器和警报开关互相连接的接线柱
50	点火 / 启动开关用于启动电动机的输出	50a	告知车身控制器，车辆处于点火瞬间
54	制动灯	56	灯光开关用于变光和远光切换的输出
56a	远光	56b	变光
56d	变光开关上的超车接线柱	58	侧灯、尾灯、牌照灯
58d	开关和仪表板照明（照明亮度调节）	58L	左侧灯、尾灯和停车灯
58R	右侧灯、尾灯和停车灯	71a	方向盘喇叭控制的电信号
75	在启动时由点火 / 启动开关控制的用于切断用电气并保证蓄电池电流的输出端子	85	继电器上，绕组末端输出接线柱
86	继电器上，绕组始端输入接线柱	86s	将钥匙从点火 / 启动开关拔下后由点火 / 启动开关切断正极
87	继电器上常开触点输出接线柱	BBL	左转向灯
BLR	右转向灯	BLS	刹车开关信号2
BTS	刹车开关信号1	CAN-H，舒适系统 CAN-L，舒适系统	在舒适系统中央控制单元之间的舒适系统数据总线（车门控制单元、Climatic、车载电源控制单元、数据总线诊断接口……）
CAN-H，驱动系统 CAN-L，驱动系统	在驱动控制单元之间的数据总线（发动机、自动变速箱、ABS、数据总统诊断接口……）	CAN-H，Infotainment CAN-L，Infotainment	数据总线接口和收音机、放大器之间的数据总线
CAN-H-KI CAN-L-KI	组合仪表和数据总线诊断接口之间的数据总线	LIN	局域互联网
GND	接地	NL	前雾灯
K	控制单元的诊断导线	P	停车灯供电
NSL	后雾灯	PR	右侧驻车灯
PL	左侧驻车灯	Xr	雾灯供电
TK	车门触点	Xz	大灯供电

32.3 大众 / 奥迪 / 斯柯达汽车电路识读示例

大众汽车电路图结构与释例如图32-2和图32-3所示。

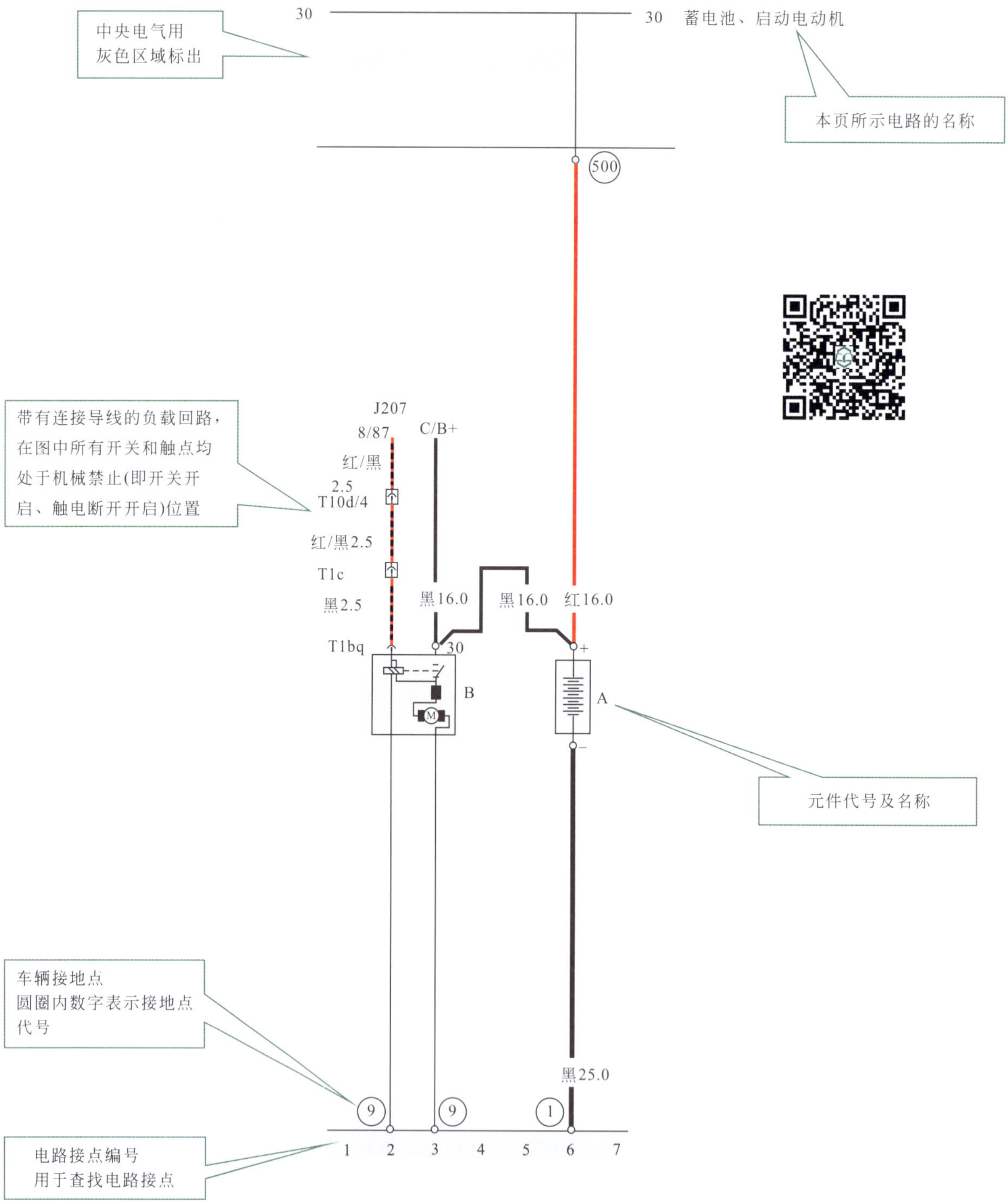

图32-2 大众汽车电路图结构

A—蓄电池，在排水槽中部；B—启动电动机，在发动机舱右侧下方；C—交流发电机，在发动机前部右侧下方；J207—防启动锁继电器，在仪表板左侧下方13位置继电器板上12号位（53继电器）；T1c—1针插头，黑色，在发动机舱内排水槽右侧；T1bq—1针插头，白色，启动电动机插头；T10d—10针插头，棕色，在发动机控制单元防护罩；①—接地点，蓄电池-车身，在排水槽右侧；⑨—自身接地；500—正极螺栓连接点（30），在中央电气板上

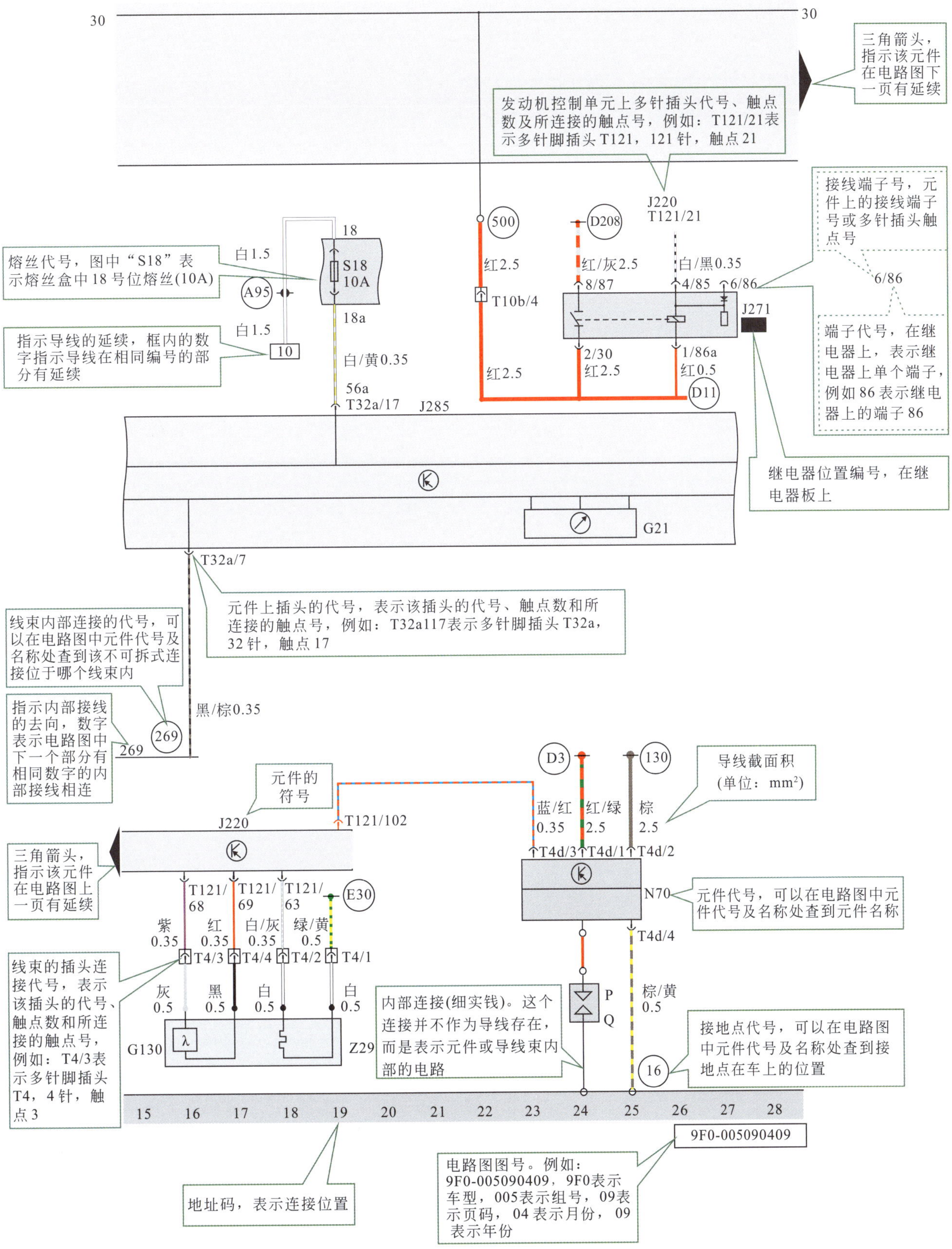

图32-3 大众汽车电路图释例

32.4 大众车系电路中的元器件符号

大众车系电路中的元器件符号如表 32-2 所示。

表 32-2　大众车系电路中的元器件符号

图形符号	电路中的含义	图形符号	电路中的含义
	线束的插头连接		按键开关
	元件上的可拆卸式导线连接		压力开关
	元件内部导线连接	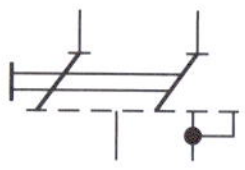	多挡手动开关
	手动开关		可变电阻
	机械开关		电动机
	温控开关		双丝灯泡
	电阻	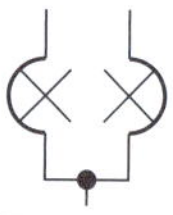	发光二极管
	温控电阻	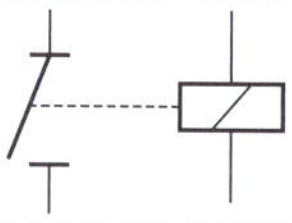	继电器
	灯泡		仪表
	二极管		点烟器
	元件上的插头连接		电子控制器
	不可拆卸式导线连接		线圈
	熔丝	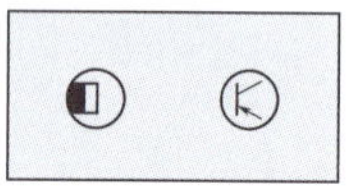	霍尔传感器

续表

图形符号	电路中的含义	图形符号	电路中的含义
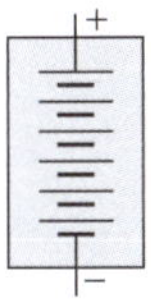	蓄电池	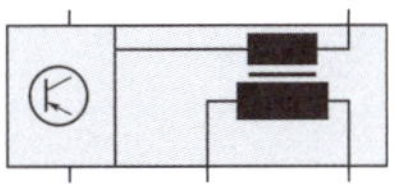	点火线圈
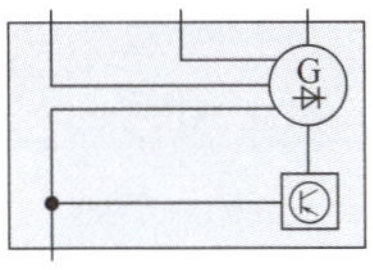	交流发电机	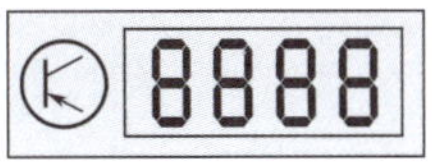	多功能显示
	数字钟	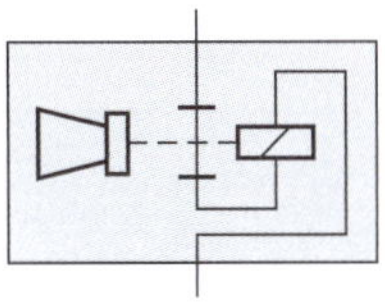	喇叭
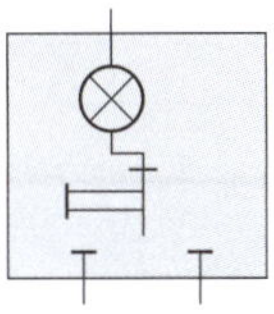	内部灯	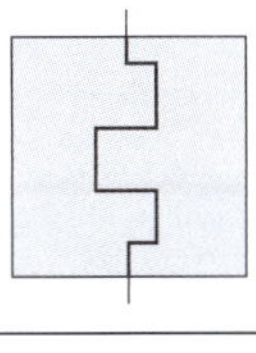	可加热后窗玻璃
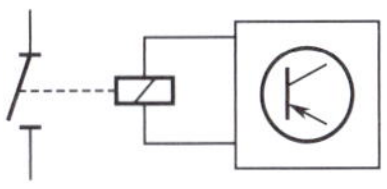	电子控制继电器	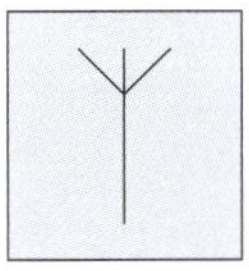	天线
	电容器	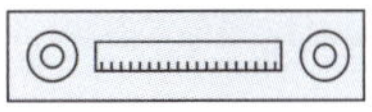	收音机
	火花塞插头		螺旋弹簧
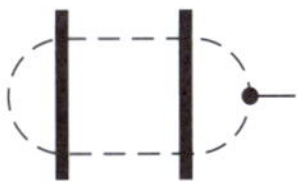	屏蔽线	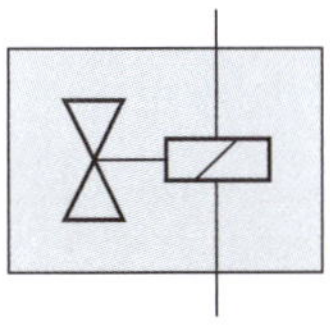	电磁阀
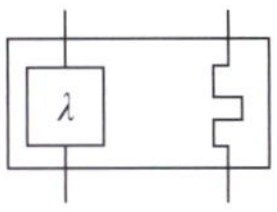	氧传感器	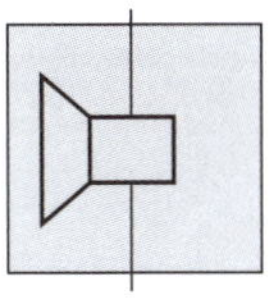	收音机喇叭
	爆震传感器	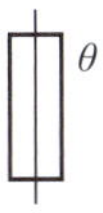	过热熔丝
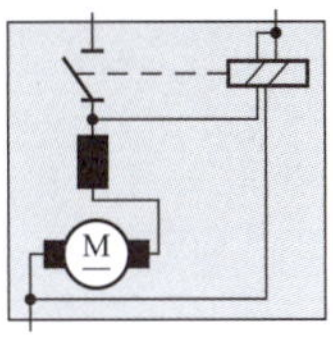	起动机	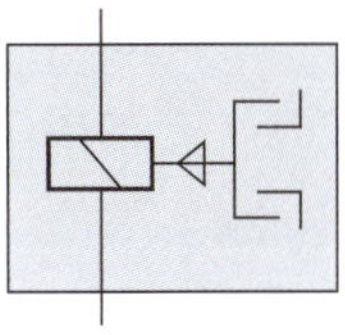	换挡杆锁电磁阀

32.5 大众车系电路图线色

大众车系电路图导线颜色与车辆中线束颜色一致，采用单色和双色（条纹色）并用的方式。双色线条前面的颜色为底色、后面的颜色为条纹色，如 bl/gn 表示蓝色底色带有绿色条纹状的导线。大众车系导线颜色中英文对照如表 32-3 所示。

表 32-3　大众车系导线颜色中英文对照

英文缩写	导线颜色	英文缩写	导线颜色
ws	白色	sw	黑色
ro/rt	红色	br	褐色
gn	绿色	bl	蓝色
gr	灰色	li/vi	淡紫色
ge	黄色	or	橘黄色
rs	粉红色		

32.6 大众车系典型电路图分析

32.6.1　启动系统电路图分析

汽车的启动系统的作用是启动发动机。启动系统主要组成是起动机，起动机由直流电动机、电磁开关、传动机构组成。电动机将蓄电池提供的电能转换为转动发动机曲轴所需的动能；传动机构在启动时可以将电动机产生的转矩传递给发动机飞轮齿圈，启动后，为防止发动机拖动电动机运转，传动机构实现自动分离，使起动机空转；电磁开关用来接通和切断电动机电路，同时操纵传动机构驱动齿轮进入和退出啮合。

大众迈腾车系汽车启动系统由蓄电池、点火开关、J519（车载电网控制单元）、熔丝（SB30）、J682（接线端 50 继电器）、J329（总线端 15 继电器）、起动机等组成，电路图如图 32-4 所示。

当点火开关处于启动位置时，继电器接通起动机主电路，此时起动机工作。起动机由直流电动机、传动结构和控制部分组成。其中控制部分即电磁开关上有三个端子：一个直接接蓄电池正极（端子 30）；一个接启动继电器的开关触点（端子 50）；最后一个接直流电动机电刷（端子 C），起动机壳体接地。

将 ID 发生器（点火钥匙）插到启动位置或按下一键启动按钮，车载电网控制单元接收到启动信号的同时确认离合器位置（手动变速器）、变速杆位置（自动变速器）、蓄电池电压等信号是否在相应位置，若在相应位置，车载电网控制单元控制 J682（接线端 50继电器）、J329（总线端 15继电器）给起动机供电使起动机工作，从而启动发动机。

电流流向：蓄电池→代码21→地址码 7→地址码21→代码7→SB30 50A 保险→代码4→地址码27→地址码4→代码27→J519 T2cp/1→J519 T2cp/1→J519 T2cp/2→J682 2/30→J682 8/87→起动机50端子，起动机内继电器闭合，蓄电池电压经过起动机30端子为起动机供电。

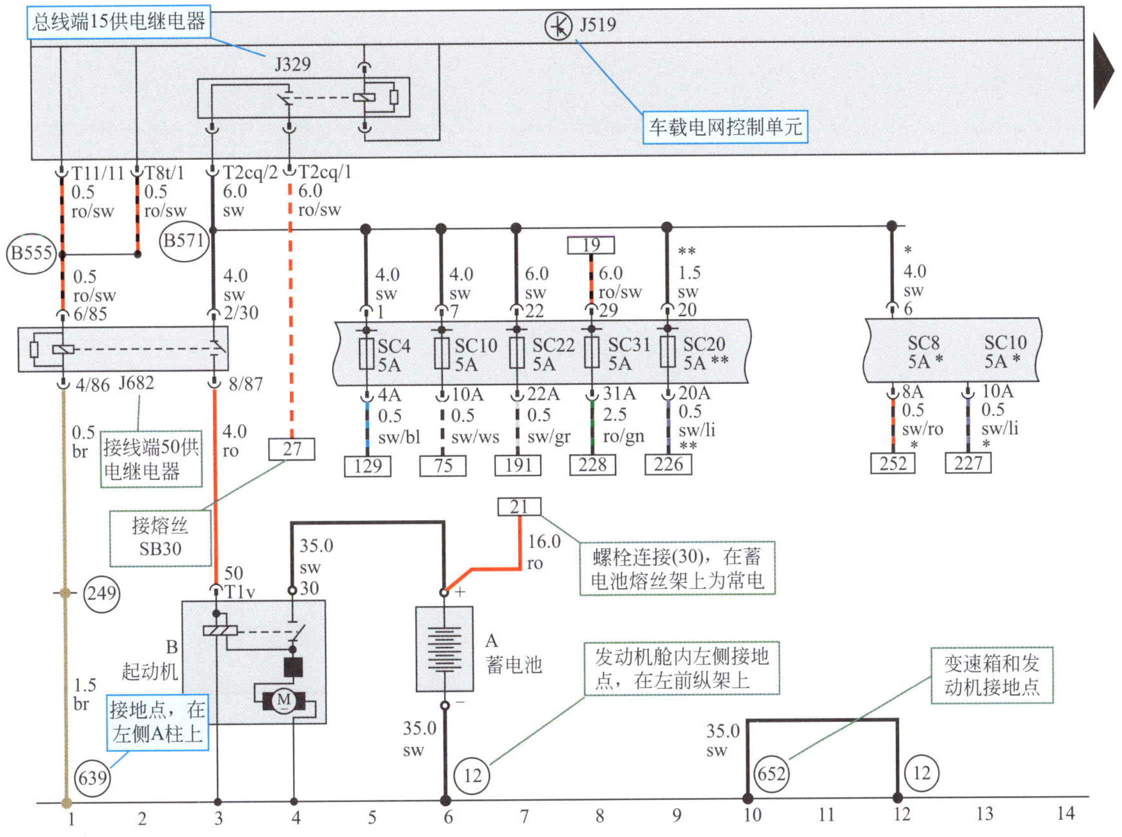

(a) 迈腾车系启动系统电路图(一)

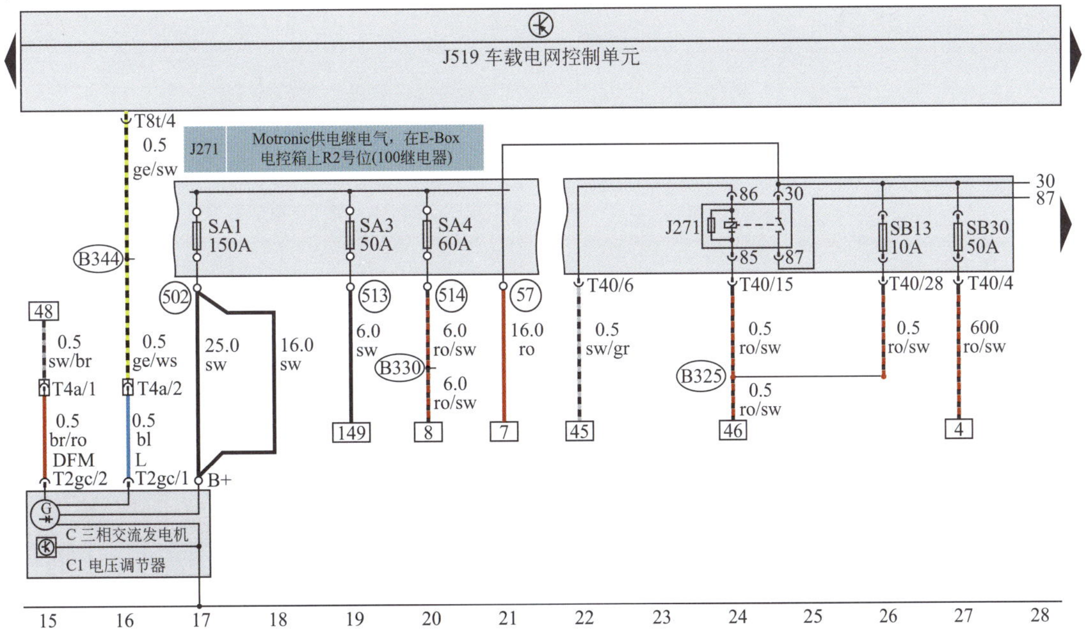

(b) 迈腾车系启动系统电路图(二)

图32-4 迈腾车系启动系统电路图

SA1—熔丝架 A 上的熔丝 1；SA3—熔丝架 A 上的熔丝 3；SA4—熔丝架 A 上的熔丝 4；SB13—熔丝架 B 上的熔丝 13；SB30—熔丝架 B 上的熔丝 30；T2gc—2 芯插头连接；T4a—4 芯黑色插头连接；T8t—8 芯黑色插头连接；T40—10 芯黑色插头连接，在 E-Box 电控箱上；514—继电器板上的螺栓连接 4（30a），在蓄电池熔丝架上；B325—正极连接 11（30a），在车身线束中；502—继电器板上的螺栓连接 1（30a），在蓄电池熔丝架上；57—螺栓连接（30），在蓄电池熔丝架上；513—继电器板上的螺栓连接 3（30a），在蓄电池熔丝架；B330—正极接线 16（30a），在车身线束中；B344—连接 1（61）， 在车身线束中；*—仅针对配备 110A 发动机的汽车；**—仅针对配备 140A 发动机的汽车

32.6.2 灯光系统电路图分析

（1）小灯电路识读

小灯也称为示宽灯或示廓灯，安装在汽车的前、后、左、右侧的边缘。小灯灯光标志在夜间300m以外可见。前小灯灯光为琥珀色，后小灯的灯光多为红色。有了小灯，汽车从岔道开进公路时更容易被行人或其他车辆驾驶员看到。夜间停放或行驶时，其他车辆驾驶员也能通过小灯判断汽车的宽度。

如图32-5所示为根据大众新朗逸原厂灯光系统电路图绘制而成的小灯系统电路图的等效电路图。

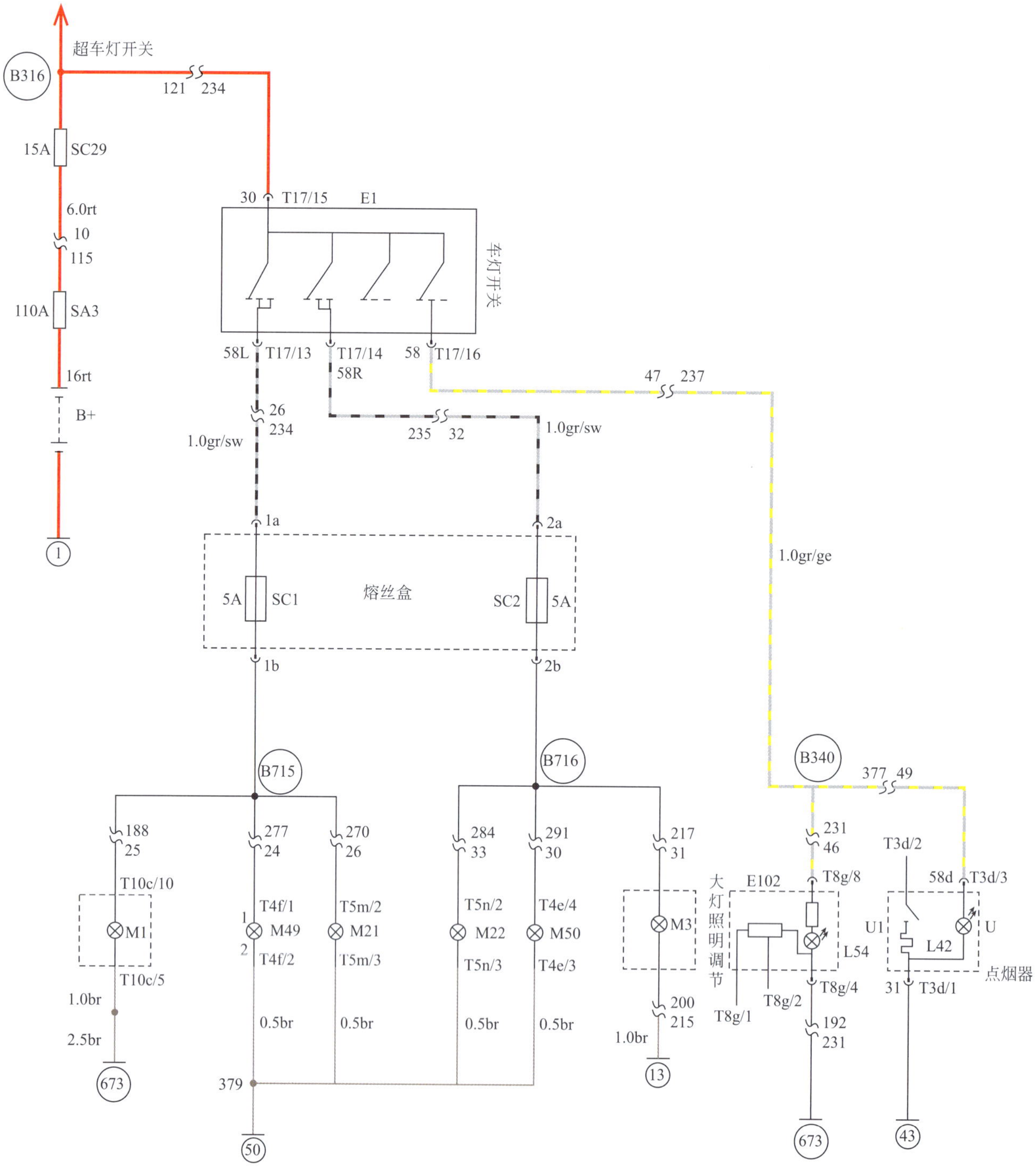

图32-5 大众朗逸小灯系统等效电路图

M3—右侧驻车示廓灯灯泡；M50—右侧尾灯灯泡；M22—右侧制动信号灯和尾灯灯泡；M1—左侧驻车示廓灯灯泡；M49—左侧尾灯灯泡；21—左侧制动信号灯和尾灯灯泡；L54—大灯照明距离调节设置器照明灯泡；E102—大灯照明距离调节器；U—点烟器照明指示灯；U1—点烟器

如图32-5所示，当车灯开关E1旋转到第一挡位时，此时车灯开关联动，使得车灯开关的T17/15（30）脚位与车灯开关E1的T17/13（58L）、T17/14（58R）、T17/16（58）脚位导通。在左右后尾灯M21和M22中，采用双灯丝灯泡，分别是制动信号灯灯丝和尾灯灯丝。

小灯电流路径：由蓄电池正极→熔丝SA3→熔丝盒的SC29熔丝→连接点B316→车灯开关E1的T17/15（30）脚位→分成三条路径。

第一条路径是车灯开关E1的T17/13（58L）脚位→熔丝盒中的第一个熔丝SC1→连接点B715，分别到左侧小灯M1的T10c/10脚位与左侧后尾灯M49的T4f/1脚位和M21的T5m/2脚位，然后输出至搭铁点673与50→蓄电池负极。

第二条路径是车灯开关E1的T17/14（58R）脚位→熔丝盒中的第二个熔丝SC2→连接器B716，分别到右侧小灯M3的T10d/10脚位与尾灯M50的T4e/4脚位和M22的T5n/2脚位，然后输出至搭铁点13和50，电流流回蓄电池负极。

第三条路径是车灯开关E1的T17/16（58）脚位至连接点B340→大灯照明距离调节器开关灯L54和点烟器指示照灯L42→右侧A柱搭铁点43，电流流回蓄电池负极。

（2）前大灯电路（近光灯、远光灯）

前照灯电路分为近光灯、远光灯和变光开关电路，如图32-6所示。近光灯由车灯开关控制。车灯开关与雾灯开关组合在一起，分别有开启行车灯、近光灯、前雾灯、后雾灯功能，当向右旋转第一挡位时，则行车灯被打开，旋转到第二挡位时，则近光灯被打开。远光灯开关与超车灯开关E4和转向柱开关EX19组合在一起，当开关向上拨动时，会使超车灯电路接通，但松开手后开关会自动断开且恢复到原位。当开关向下拨动时，远光灯电路被接通，但是远光灯必须在车灯开关E1置于第二挡位时和点火开关D接通时才能点亮，所以当远光灯点亮时近光灯也点亮。

① 近光灯电路。

a.继电器J694控制电路。当点火开关D置于ON/ST位置时，电流从蓄电池正极经过熔丝SA4进入点火开关D的T7a/7（30）端子，再从点火开关D的T7a/6（15）端子流出，传送到继电器J694的4/86端子，该端子为继电器电磁线圈绕组输入端；电流流过继电器电磁线圈，并从继电器J694的6/85端子（继电器电磁线圈绕组输出端）流出，经左侧A柱下搭铁流回蓄电池负极。此时J694继电器触点闭合，则车灯开关E1上的L54指示照明灯点亮。

b.左右两侧近光灯电流路径。当车灯开关置于第二挡位时，电流从蓄电池正极→熔丝SA4→连接点B317继电器J694的2/30→继电器J694的8/87→熔丝SC31→车灯开关E1的T17/1（XZ）→车灯开关E1的T17/4（56）→连接点B338，分成两条支路。

一条支路经过熔丝盒第4个熔丝SC4→左侧前照灯的T10C/6脚位→侧左近光灯泡→左侧前照灯T10C/5脚位→搭铁点673→蓄电池负极。

另外一条支路经过熔丝盒第5个熔丝SC5→右侧前照灯的T10d/6脚位→右侧近光灯泡→右侧前照灯T10d/6脚位→搭铁点13→蓄电池负极。

② 变光开关电路。变光开关电路不受点火开关控制。

电流路径由蓄电池正极→SA3熔丝→熔丝盒中的SC29熔丝→超车灯开关E4的T16f/10端子→超车灯开关E4的T16f/7（56a）端子→连接点B629，分成两条支路。

一条支路到仪表控制单元J285。

另外一条支路到熔丝盒的第6个熔丝SC6→左侧前照灯总成连接器T10c/8端子和右侧前照灯总成连接器T10d/8端子→左侧远光灯泡M30和右侧远光灯泡M32→左侧前照灯总成连接器T10c/5端子和右侧前照灯总成连接器T10d/5端子→搭铁→蓄电池负极。

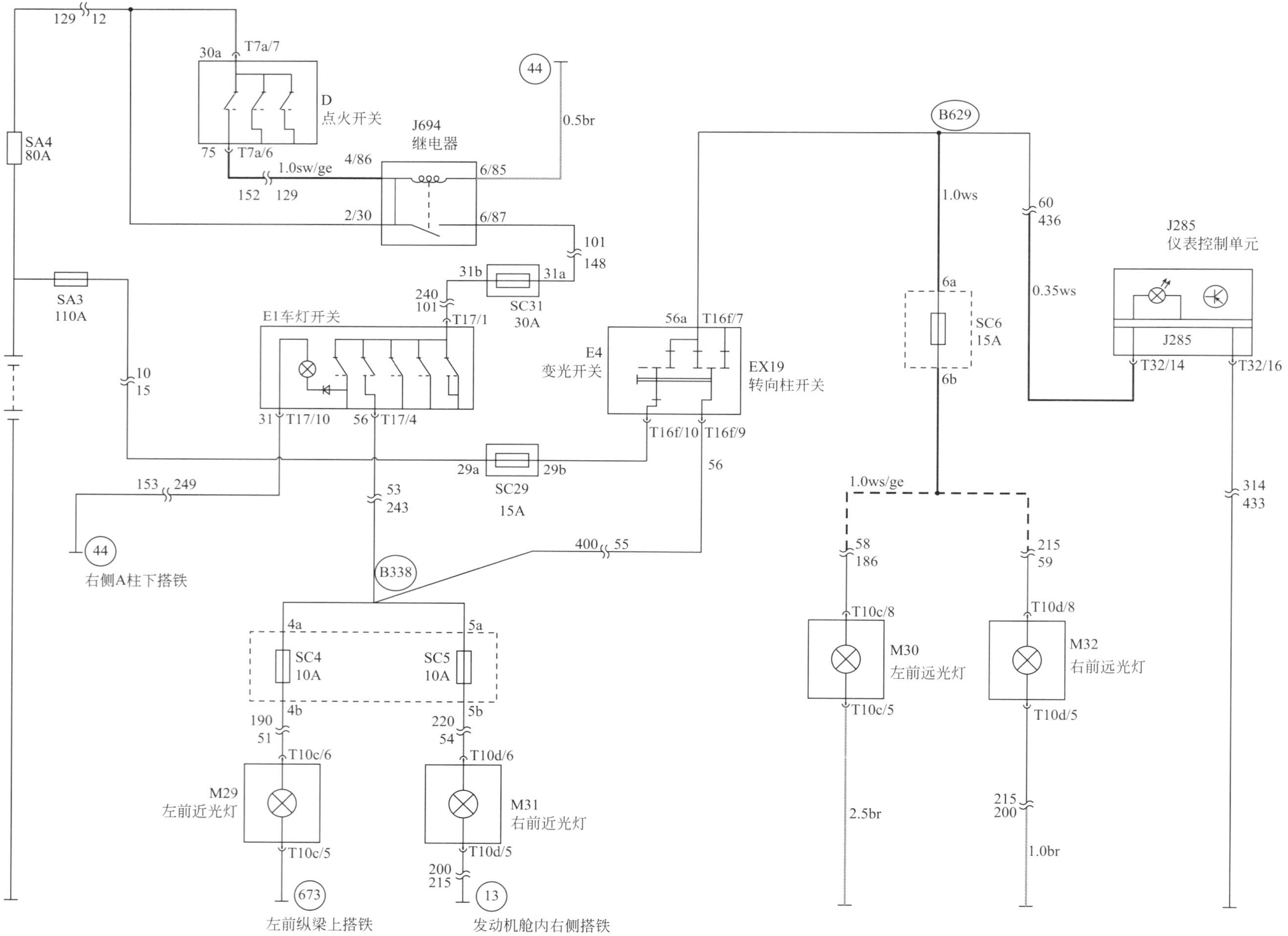
129 12
30a T7a/7
D
点火开关
75 T7a/6
1.0sw/ge
152 129
4/86
J694
继电器
6/85
2/30
6/87
44
0.5br
SA4
80A
SA3
110A
10
15
101
148
31b 31a
SC31
30A
240
101
T17/1
E1车灯开关
31 T17/10 56 T17/4
153 249
44
右侧A柱下搭铁
53
243
29a 29b
SC29
15A
56a T16f/7
E4
变光开关
EX19
转向柱开关
T16f/10 T16f/9
56
400 55
B338
4a 5a
SC4
10A
SC5
10A
4b 5b
190
51
220
54
T10c/6
M29
左前近光灯
T10c/5
673
左前纵梁上搭铁
T10d/6
M31
右前近光灯
T10d/5
200
215
13
发动机舱内右侧搭铁
B629
1.0ws
6a
SC6
15A
6b
1.0ws/ge
58
186
T10c/8
M30
左前远光灯
T10c/5
2.5br
215
59
T10d/8
M32
右前远光灯
T10d/5
215
200
1.0br
60
436
0.35ws
J285
仪表控制单元
J285
T32/14 T32/16
314
433

图32-6 前照灯电路图

第33章 宝马汽车电路识读与分析

33.1 宝马车系汽车电路图识图释例

宝马 ISTA 系统中的原版电路图与大众车系基本相同，模块采用灰色，虚线模块表示该模块在此页电路图中没有完全显示，电路走向也是从上至下相互不交叉。但线色表示方法与大众车系不同，在宝马原版电路图中只有红色、棕色和黑色三种线色，这三种线色和导线本身的颜色没有关系，而是表示信号或连接线。红色线条表示供电线路，棕色线条表示接地线路，黑色线条表示内部连接或连接到其他模块。

导线本身的颜色除了文本格式的导线线色外，还有一种矩形框中的颜色标记。矩形框中颜色标记的分布显示的是真实的导线颜色。宝马车系汽车电路图识读释例如图 33-1 所示，文本格式导线颜色缩写与对照表见表 33-1 所示。

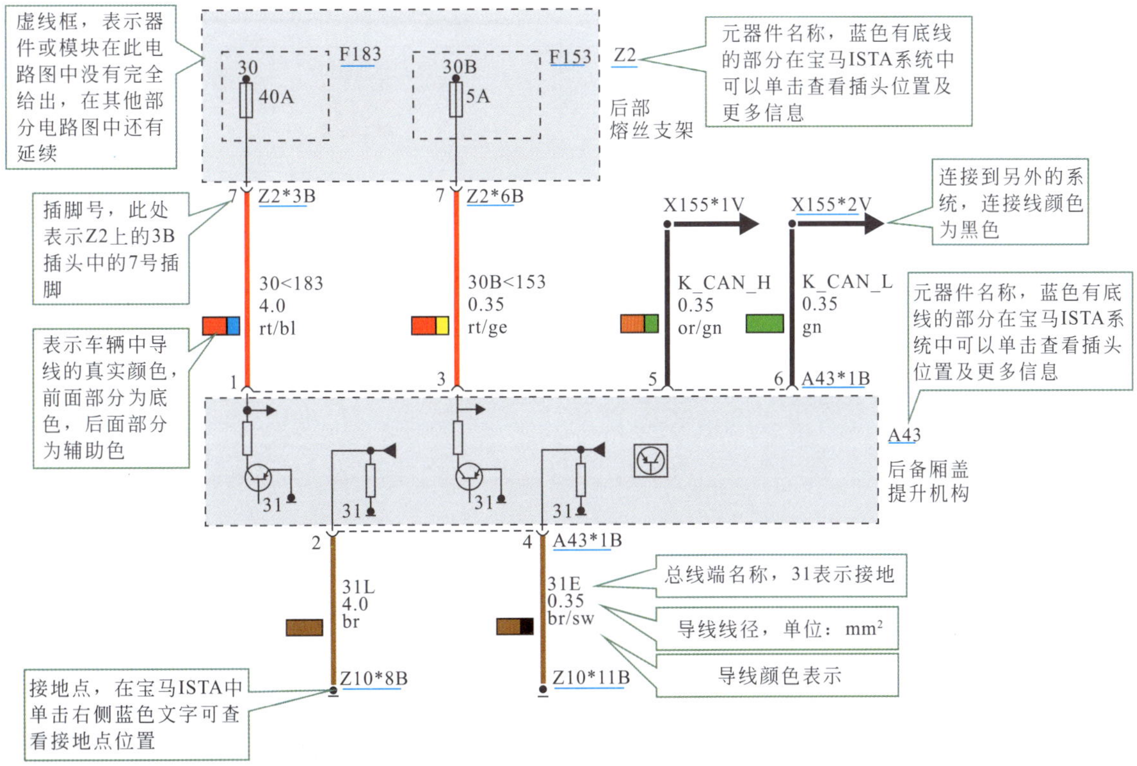

图33-1 宝马车系汽车电路图识读释例

表 33-1 文本格式导线颜色缩写与对照

缩写	颜色	色标	缩写	颜色	色标	缩写	颜色	色标
bl	蓝色		gr	灰色		sw	黑色	
br	棕色		or	橘黄色		vi	紫色	
ge	黄色		rs	粉红色		ws	白色	
gn	绿色		rt	红色		tr	透明	

宝马车系电路图中利用颜色方框及线条区分传感器的输入和执行器输出，以及车身总线和 MOST 总线。宝马车系电路图中的颜色对照如表 33-2 所示。

表 33-2　宝马车系电路图中的颜色对照

颜色	定义	颜色	定义
	输入传感器 / 开关		输出执行器
K-Bus	车身总线	K-CAN	K-CAN
MOST	MOST 总线	D-Bus	诊断总线
F-CAN	F-CAN	Lo-CAN	Lo-CAN
BSD	BSD	PT-CAN	PT-CAN
byteflight	byteflight		网管
K−Bus(protocol) LIN−Bus DWA−Bus_M−Bus TelCommander CAN	K 总线 LIN 总线 M 总线通信总线		输入输出

33.2 宝马车系汽车电路图符号与车辆端总线名称

宝马车系汽车电路图符号遵循欧洲车系标准规定，但也有不同之处。宝马车系常见电路图形符号与解释如表 33-3 所示。

表 33-3　宝马车系常见电路图图形符号与解释

颜色	定义	颜色	定义
	导线，不带或带连接的线路交叉		接地（外壳接地、车辆地线）
	机械有效连接，电气导线	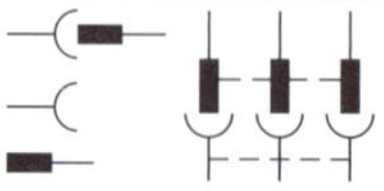	插头连接，插座、插头、3 芯插头连接
	一般连接，可松开的连接		挡位（基本位置：拉出的直线）
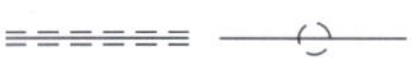	屏蔽线		手动开关，常开触点/常闭触点
	不带或带连接的交叉		带三个挡位的双向常闭触点（例如转向信号灯开关）

续表

颜色	定义	颜色	定义
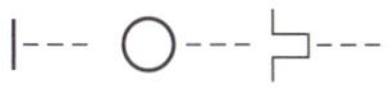	双联常开触点	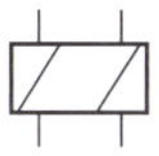	带两个同向作用线圈的驱动装置
	手工、通过传感器（凸轮）、热敏（双金属）操纵		电热驱动装置、热继电器
	热敏开关	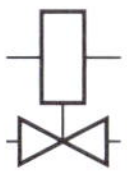	电磁阀，关闭的
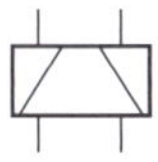	带线圈的驱动装置		电阻
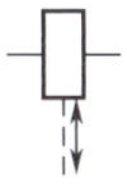	带两个反向作用线圈的驱动装置		加热电阻、加热除霜玻璃
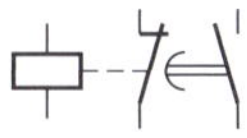	电热驱动装置，提升磁铁	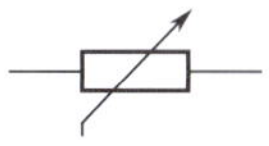	电位计
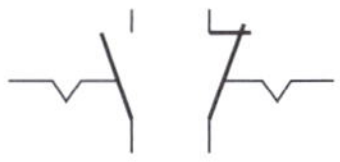	继电器（驱动装置和开关）		熔丝
	按键开关，常开触点 / 常闭触点		感应线圈
	转换触点，转换时带 / 不带中断	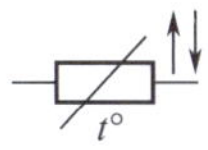	热导体
	常开触点 / 常闭触点	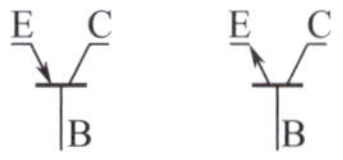	PNP 晶体管、NPN 晶体管
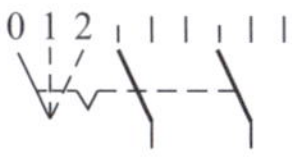	多位转换开关	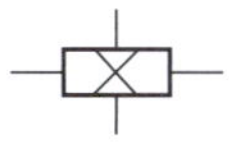	霍尔振荡器
	凸轮操纵的开关		被屏蔽的装置
	触发器		一般显示元件、电压表、时针

续表

颜色	定义	颜色	定义
	蓄电池	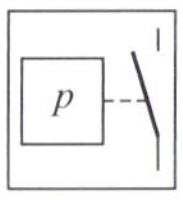	压力开关
	灯、大灯		带指示灯的 一般开关
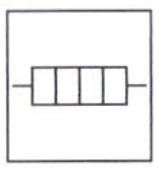	可加热式后窗	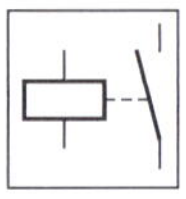	一般继电器
	永久磁铁	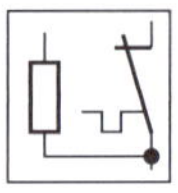	加热时间开关
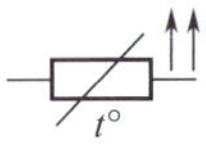	冷导体、PTC 电阻	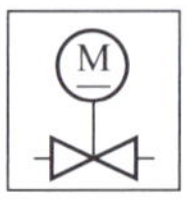	旋转调节钮
	二极管		火花塞
	发光二极管	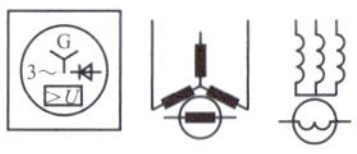	带调节器的发电机 （不带 / 带内部电路）
	定位或划框用 点划线		带风扇的电动机
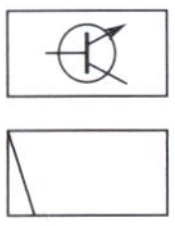	控制单元	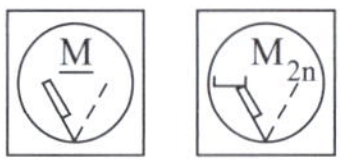	雨刮器电动机（一个/ 两个刮水速度）
	转速表、温度表、 车速表		扬声器
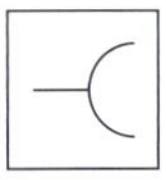	插口	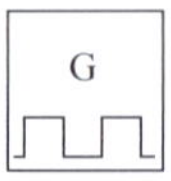	转向信号灯传感器、脉冲 传感器、间断继电器
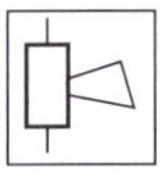	响笛、喇叭	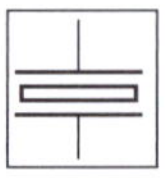	压电传感器
	一般开关	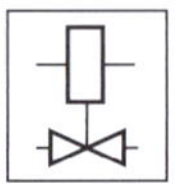	电磁阀、喷油 器、冷启动阀

续表

颜色	定义	颜色	定义
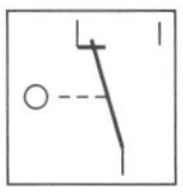	节气门开关	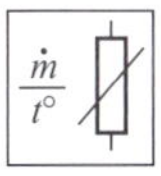	空气流量计（质量型）
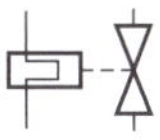	带电热驱动装置的辅助通风阀		空气流量计（体积型）
	点火线圈	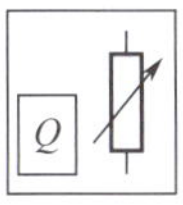	流量传感器、油液位置传感器
	电动燃油泵、液压泵电动机	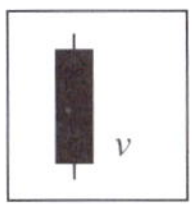	速度传感器
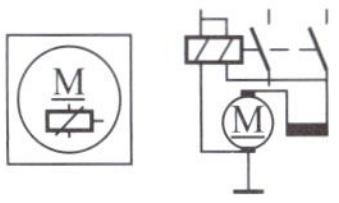	带接通继电器的起动机（不带 / 带内部电路）	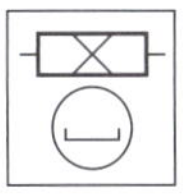	霍尔传感器
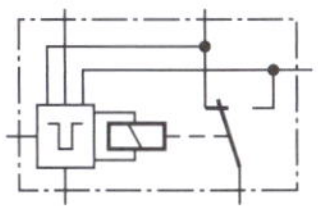	刮水间隔继电器	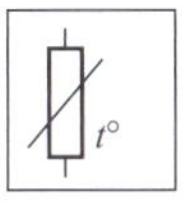	温度开关、温度传感器
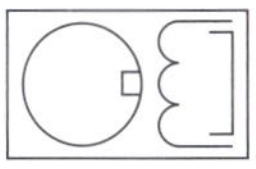	感应式传感器，用参考标记控制	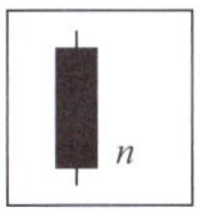	ABS 轮速传感器
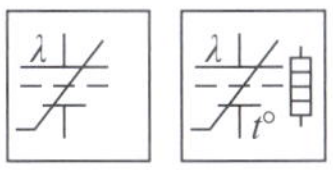	氧传感器（不加热 / 加热）	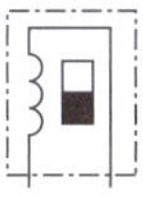	感应式传感器
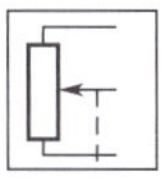	电阻位置传感器	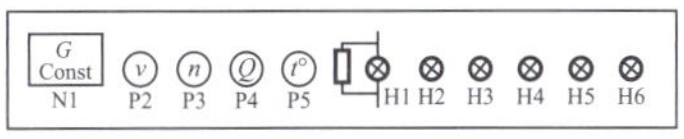	组合仪表（仪表板）

宝马车系的用电气或开关，几乎每个接头都有一个规定的总线名称，可以尽可能无故障地连接装置的导线，尤其是在维修或更换时。多芯连接的插头总线端名称不够用时就使用连续数字或字母名称。总线端名称不同时也是用导线名称，在一根导线的两端可能连接了具有不同总线名称的装置。宝马车系常用总线端名称及含义如表 33-4 所示。

表 33-4　宝马车系常用总线端名称及含义

总线端名称	含义	总线端名称	含义
点火 / 蓄电池装置			
K1.30	永久带有蓄电池电压的总线端，也称 B+。安装并连接蓄电池后，导线束的这个分支在关闭点火开关并拔下点火钥匙后仍然保持供电状态。总线端 30 负责为停车后仍需正常运行或只为保存数据而需要用电的控制单元和总成供电。例如，闪烁警告装置开关就是通过总线端 30 供电的	K1.R	只有将点火钥匙插入点火开关并转到第一个卡止位置后，一部分用电气才能通过点火开关与蓄电池正极连接并得到供电。在这种情况下，点火开关相当于一个开关。这个总线端称为总线端 R。例如，如果车载收音机通过总线端30（永久正极）连接时，则拔下点火钥匙后仍可以正常工作。如果收音机通过总线端R 连接，则只有总线端 R 接通后收音机才能运行

续表

总线端名称	含义	总线端名称	含义
点火 / 蓄电池装置			
K1.15	点火钥匙转到第二个卡止位置时，则启用总线端 15（也称为接通的正极，点火正极）。其他控制单元和电气组件也通过总线端 15 供电。例如，空调系统和驻车辅助系统（PDC）通过总线端 15 接通，总线端 R 和总线端 15 由 CAS 控制单元控制	K1.15WUP	总线端 15 唤醒 用于唤醒无法通过总线通信唤醒的控制单元
K1.50	用于控制起动机	K1.58G	用于车内可调节亮度背景照明灯供电
Kl.31	总线端 31 接地 由于所有用电气都连入一个电路内，因此除电源 B+ 外，该电路还需要必要的接地连接。通过一根单独的接地导线和车身钢板连接蓄电池的负极接线柱，这种连接也称作总线端31（接地）。由于电气系统和用电气数量不断增加，将每个接地连接都直接固定在车身上会带来许多问题。因此，宝马汽车带有中央接地点，接地点上用螺栓固定有可连接任意数量接地线的带状连接器	Kl.87	DME/DDE 通过电控箱内或集成供电模块内的一个继电器控制总线端Kl.87。一旦总线端 Kl.15 接通，总线端 Kl.87 就被接通。当总线端 Kl.15 断开后，总线端 Kl.87 被 DME/DDE 延时断开。由总线端 Kl.87 供电的控制单元是 VTC 电子气门控制单元
Kl.30g	通过接线盒内的继电器接通 Kl.30g 继电器在 30min 后关闭所连接的用电气，如果车辆装有电话，则继续运行时间延长至 60min Kl.30g 继电器由便捷登车及启动系统控制	Kl.30g-f	Kl.30g-f 继电器由接线盒控制单元控制，该继电器根据故障情况关闭所有的用电气 Kl.30g-f 接通条件如下 ① 车辆开锁 ② 总 Kl.R 或触点状态（后备厢和车门）改变 Kl.30g-f 关闭条件如下 ① 接收到“信号关闭”信息，5min 后关闭 Kl.30g-f 继电器 ② 在不存在接通条件的情况下总线启用 60min ③ 在不存在接通调节的情况下唤醒车辆 30 次
Kl.30B	运行于驾驶员驾驶汽车期间，控制各控制单元主要适用于座椅模块、数字式发动机电子系统 DME、变速箱电子控制系统 EGS、控制器和 CD 换碟机等组件	Kl.30F	总线端 30F，用于在驾驶员离开期间控制各控制单元。例如，适用于挂车模块 AHM、脚部空间模块 FRM、组合仪表 Kombi 和自动恒温空调 IHKA。总线端 30F 的继电器位于前部配电盒和后部配电盒内
Kl.15N	总线端 15N 的继电器位于前部配电盒和后部配电盒内		
电动机（起动机）装置			
32	回线	33	总接头
33a	末端切断	33b	并励磁场
33f	第 2 个较小转速挡	33g	第 3 个较小转速挡
33h	第 4 个较小转速挡	33L	左旋方向
33R	右旋方向	86	接触器输入端
行驶方向（转向）指示灯			
49	转向指示灯继电器输入端	49a	转向指示灯继电器输出端，转向信号灯开关输入端
49b	第 2 个转向信号电路的输出端	49c	第 3 个转向信号电路的输出端
C	第 1 个闪光控制灯	C2	第 2 个闪光控制灯
C3	第 3 个闪光控制灯	L	左侧转向信号灯
R	右侧转向信号灯		
交流发电机			
51	整流器上的直流电压	51e	整流器上的直流电压，带有用于白天行驶的扼流线圈
59	输出端交流电压，整理器输入端，灯开关	59a	充电电枢输出端
59b	尾灯电枢输出端	59c	制动信号灯电枢输出端

续表

总线端名称	含义	总线端名称	含义
交流发电机			
63	用于改变调节器电压的调节器总线端	63a	用于改变电流限制的调节器总线端
64	发电机控制线	61	充电检查
B+	蓄电池正极	B-	蓄电池负极
D+	发电机正极	D-	发电机负极
DF	发电机磁场	DF1	发电机磁场 1
DF2	发电机磁场 2	U、B、W	交流电端子
照明装置			
54	灯组合上的制动信号灯	55	前雾灯
56	大灯	56a	远光灯和指示灯
56b	近光灯	56d	大灯变光功能
57a	停车警示灯	57L	左停车警示灯
57R	右停车警示灯	58	示宽灯、牌照灯、仪表照明灯、尾灯
58L	可分开转换时，用于左侧示宽灯和尾灯的开关端子	58R	可分开转换时，用于右侧示宽灯和尾灯的开关端子
58d	可调的仪表板照明	58g	可转换的照明
车窗清洗装置			
53	雨刮器电动机正极输入端	53a	正极末端切断
53b	并联线圈	53c	车窗玻璃冲洗器泵
53e	制动线圈	53i	带永久磁铁的雨刮器电动机第3个电刷用于较高转速
声音报警装置			
71	音箱控制器输入端	71a	连接低音喇叭 1 和 2 的输出端
71b	连接高音喇叭 1 和 2 的输出端	72	旋转闪烁灯报警开关
85c	声音接通报警开关		
开关			
81	输入端常闭触点、转换触点	81a	第 1 个输出端
81b	第 2 个输出端	82	输入端常开触点
82a	第 1 个输出端	82b	第 2 个输出端
82z	第 1 个输入端	82y	第 2 个输入端
83	多位转换开关、输入端	83a	位置 1 输出端
83b	位置 2 输出端		
继电器			
84	驱动装置和继电器触点输入端（线圈始端）	84a	驱动装置输出端（线圈终端）
84b	继电器触点输出端	85	驱动装置输出端（线圈终端，负极）
86	驱动装置输入端（线圈始端）	86a	第 1 个线圈的输入端
86b	第 2 个线圈的输入端		
触点			
87	常闭触点和转换触点输入端	87z、y、x	有多个输入端时的常闭触点和转换触点输入端
87a	常闭触点和转换触点输出端	87b、c、d	有多个输出端时的常闭触点和转换触点输出端
88	常开触点输入端	88z、y、x	有多个输入端时的常开触点输入端
88a(87a)	常开触点和转化触点输出端	88b、c、d	有多个输出端时的常开触点和转换触点输出端

33.3 宝马汽车典型电路图分析

如图33-2所示，A149a 的 X10318-1 ~ 14端外接启动/停止按钮 S2a，启动/停止按钮安装在转向柱右侧。

启动继电器集成在便捷进入及启动系统 A149a 中，当 A149a 检测到条件满足时，将接通内部的启动继电器，A149a 的X13376-22 端输出高电压信号。

起动机控制电路（图33-3）：A149a 的 X13376-22 端→连接器 X6011-3 端→连接器 X60531-2 端（适用于 N46 发动机）或X60551-8 端（适用于 N52 发动机）→或连接器 X60551-8端，再经连接器 X60556-1 端（适用于 N54 发动机）→起动机的 X6510 接线端（即50 接线柱），之后分两路：一路经吸持线圈→启动机搭铁点→蓄电池负极；另一路经拉进线圈→启动电动机→起动机搭铁点→蓄电池负极。此时，起动机内部的电磁开关闭合。

起动机主电路（图33-3）：蓄电池正极→正极接线柱 X01195→正极接线柱 X18090→外部启动接线柱 G6430 的 X10272 端→G6430 的 X6404 端→起动机的 X6512 端（即 30 接线柱）→起动机内部的电磁开关→启动电动机→起动机搭铁点→蓄电池负极。起动机进入工作状态，带动发动机飞轮转动。

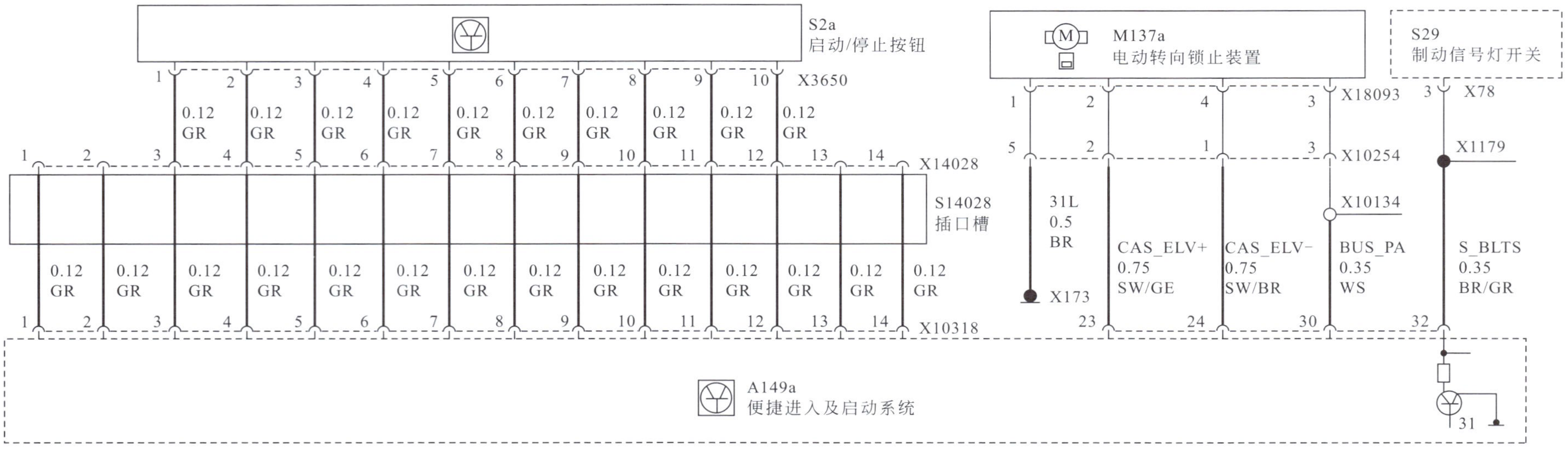

图33-2 宝马便捷进入及启动系统启动/停止按钮电路图

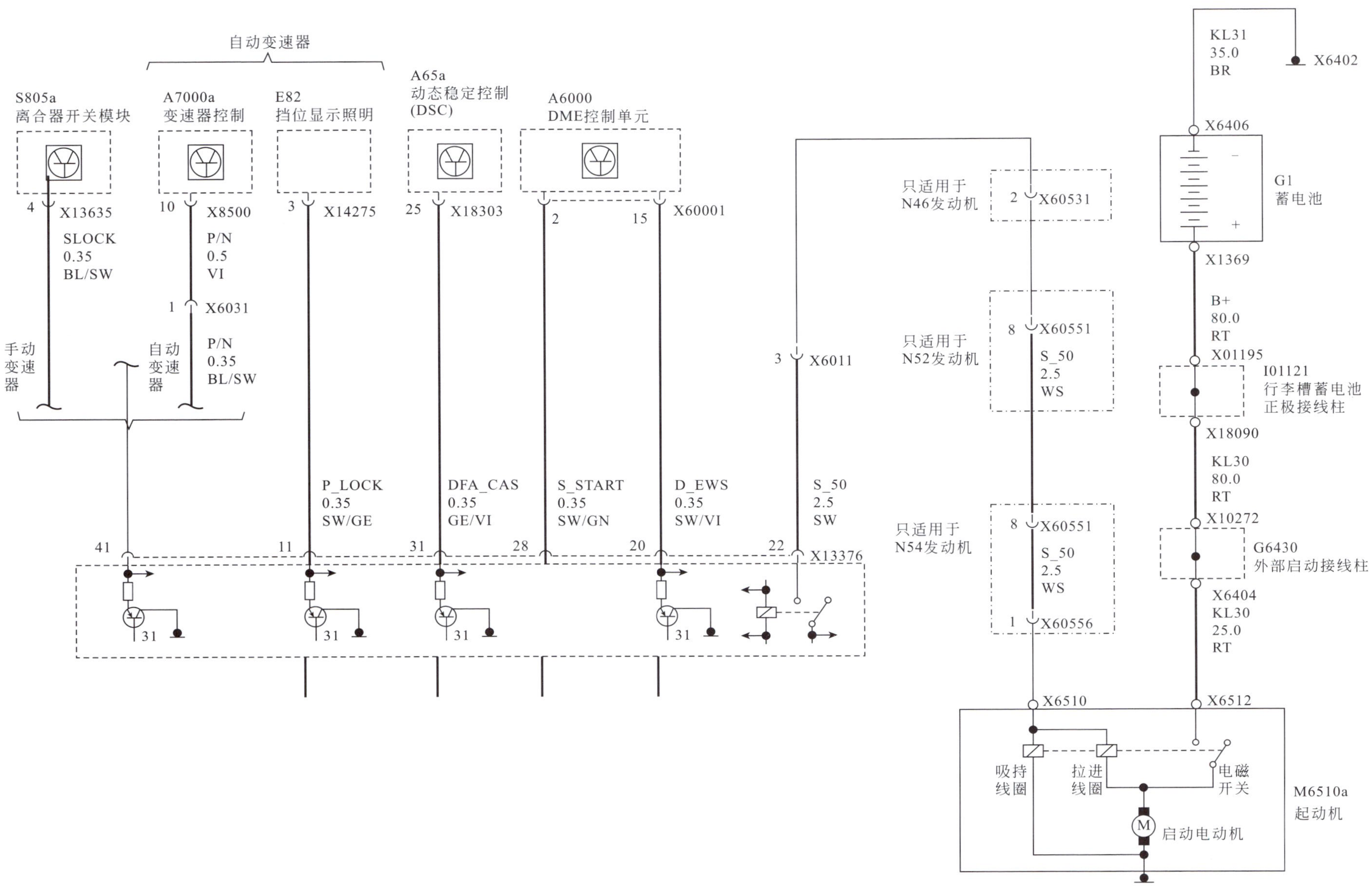

图33-3 宝马便捷进入及启动系统起动机控制电路图

第34章 奔驰汽车电路识读与分析

34.1 奔驰车系电路图特点

奔驰汽车采用横纵坐标来确定电气在电路图中的位置，其中数字作横坐标、字母作纵坐标。电气符号用代码及文字标注。代码前部是字母，表示电气种类，如A为仪表，B为传感器，C为电容，E为灯，F为熔断器盒，G为蓄电池、发电机，H为喇叭扬声器，K为断电气，L为转速、速度传感器，M为电动机，N为电控单元，R为电阻、火花塞，S为开关，T为点火线圈，W为搭铁点，X为插接器，Y为电磁阀，Z为连接套。代码后部数字代表编号，一般电气代码之下注明电气名称，在插接器（字母X）、搭铁点（字母W），仅有代码，不注明文字。

34.2 导线颜色

在早期的奔驰汽车电路图中，导线颜色符号大多采用两位大写的英文缩略语，而近些年来，广泛采用的是小写的德文缩略语，导线颜色代码含义见表34-1。

表34-1 导线颜色代码含义

缩写	颜色	缩写	颜色	缩写	颜色
BK(sw)	黑色	BR(br)	棕色	Bu(bu)	蓝色
GN(gn)	绿色	GR(gr)	灰色	RD(rd)	红色
YL(ge)	黄色	VI(vio)	紫色	WT(wt)	白色
PK(pk)	粉红色				

除单色线外，奔驰汽车还采用了双色线及三色线，在电路图中，用VI/YL、SW/WS、BK/YL RD、BR/GN WS等形式表示。

导线的标识，不仅有线色，还有线粗。奔驰汽车电路图中，导线的标称截面积写在线色符号之前，如0.75RD、2.5BD/YL等。

34.3 电路符号

奔驰车系汽车电路符号及含义如表34-2所示。

表34-2 奔驰车系汽车电路符号及含义

图形符号	解释	图形符号	解释
	手动开关		手动按键开关

续表

图形符号	解释	图形符号	解释
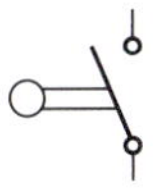	自动开关	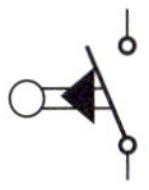	自动压簧开关
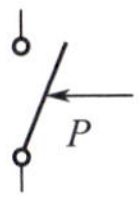	压力开关	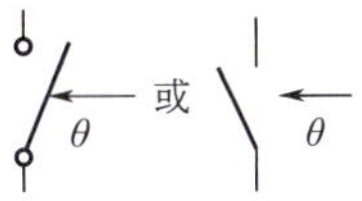	温度开关
	常开触点		常闭触点
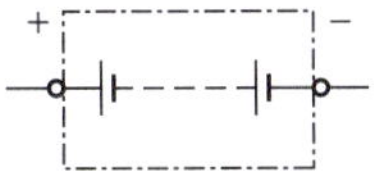	蓄电池	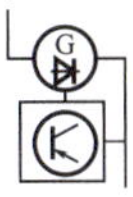	发电机
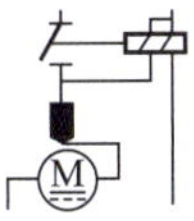	起动机		直流电动机
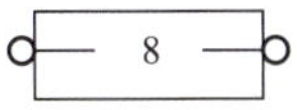	熔丝	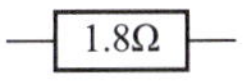	电阻
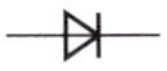	二极管		电子器件
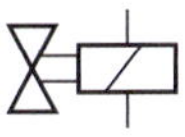	电磁阀	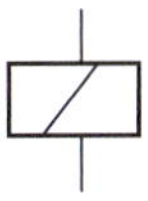	电磁线圈
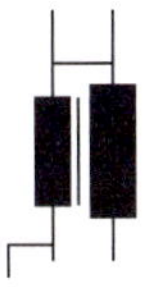	点火线圈		火花塞
	指示仪表		加热器电阻
	电位计	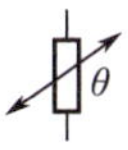	可变电阻
	平插头		圆插头
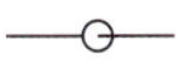	螺钉连接		焊点连接
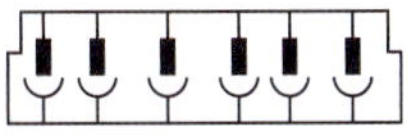	插接板		

34.4 奔驰车系电路图识读释例

奔驰车系汽车电路图识读释例如图 34-1 所示。

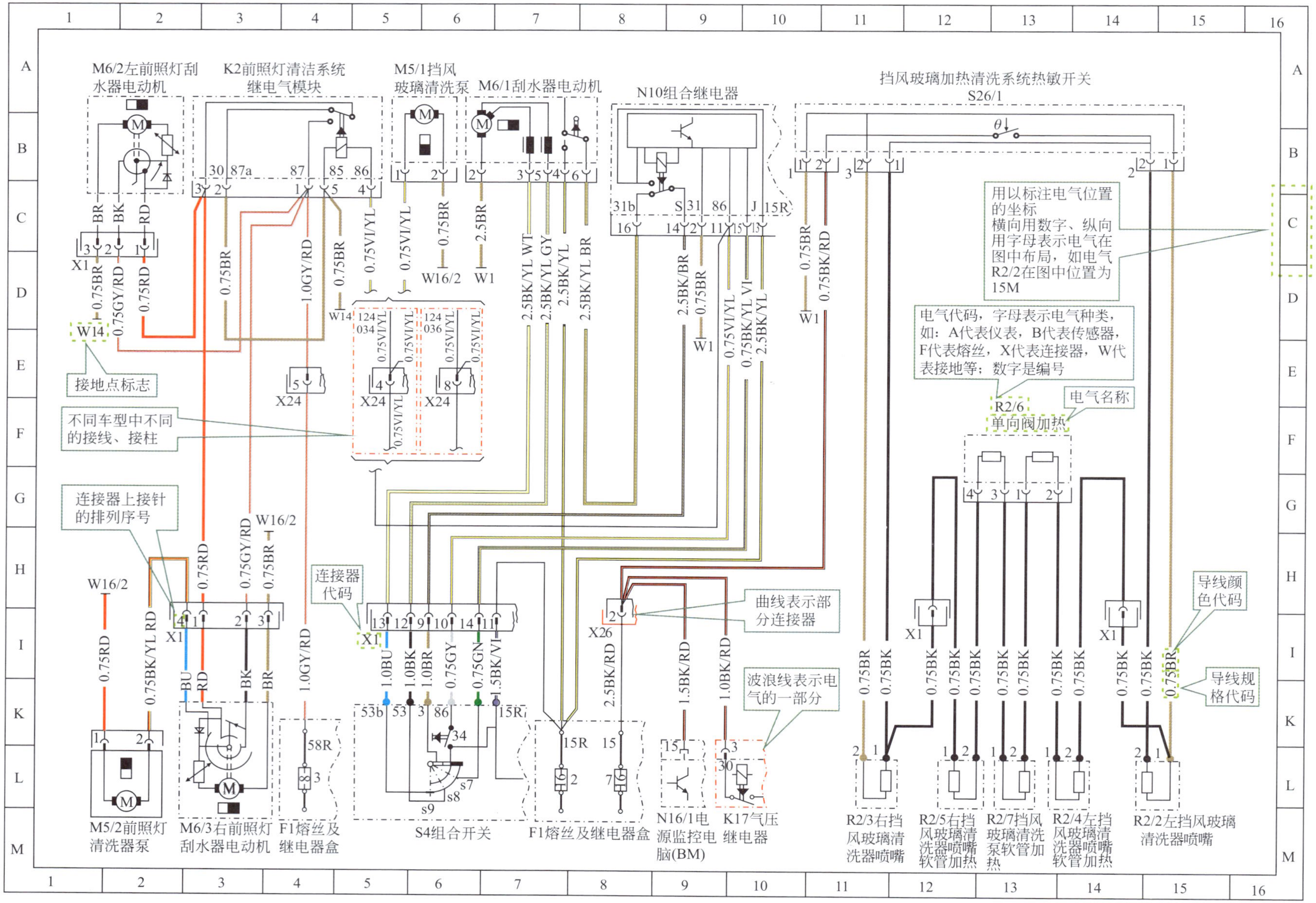

图34-1 奔驰车系汽车电路图识读释例

34.5 奔驰汽车典型电路图分析

起动机的工作受控制电路和主电路的控制，奔驰E级轿车起动机电路如图34-2所示。

① 控制电路：当点火开关位于启动位置、自动变速器的挡位开关处于 P 或 N 位置且防盗系统允许发动机启动时，发动机电子设备（ME）控制单元 N3/10 输出控制信号，控制带熔丝和继电器模块的前 SAM/SRB 控制单元 N10/1 内部的启动继电器工作。启动继电器工作后，N10/1 从其 3M-4 端输出控制电压，该电压经插接器 X26 的 1-3 端→起动机 M1 的 50 端后分两路：一路经起动机内部的吸拉线圈→起动机内部的电动机→搭铁；另一路经起动机内部的保持线圈→搭铁。此时两个线圈均得电，起动机内的电磁开关触点闭合。

② 主电路：蓄电池正极→前部备用电子熔丝的熔丝盒F32 内的 150 号熔丝→F32 的 30 号熔丝→发电机 2 端→起动机 30 端→起动机内部的电磁开关触点→起动机内部的电动机→搭铁→蓄电池负极。此时，起动机进入工作状态，带动发动机飞轮转动。

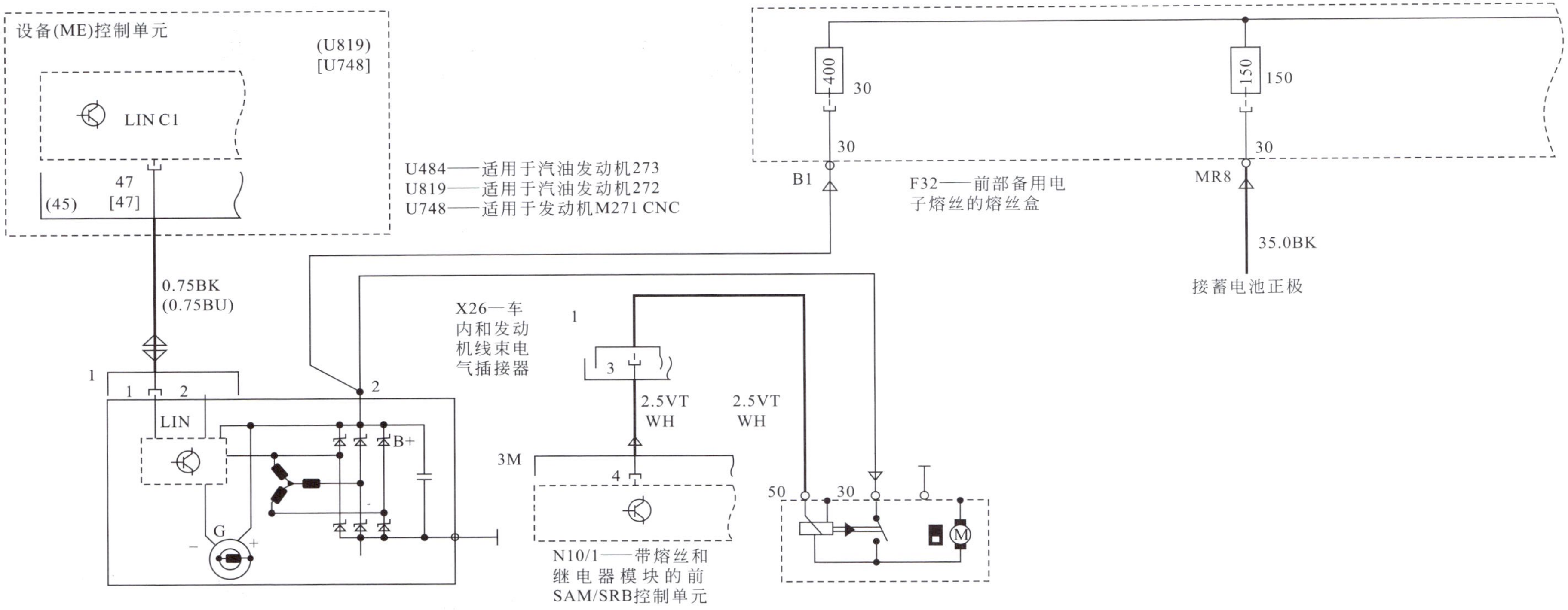

图34-2 奔驰E级轿车起动机电路

（适用于M272/M273发动机）

第35章 通用汽车电路识读与分析

35.1 通用车系电路图特点

通用车系中汽车电路图按系统可分为电源分配图、熔丝图、系统电路图和搭铁电路图。其中系统电路图又将供电、搭铁、总线、传感器、执行器等分开单独画出，可快速查找相关电路图。如 2016 年款科鲁兹发动机控制系统电路图就分为“电源、搭铁、串行数据和故障灯”“发动机数据传感器——空气流量计、压力和温度”“发动机数据传感器——节气门”等。

系统电路图中电源线从上方进入，通常从熔丝处开始，并于熔丝上方用黑线框标注此处与电源之间的通断关系；用电气在中部，接地点在最下方。如果是由电子控制的系统，电路图中除该系统的工作电路外，还会包括与该系统工作有关的信号电路（如传感器等）。

在电路图中，各导线除了标明颜色和横截面积外，通常还标有该电路的编码，通过电路编码可以知道该电路在汽车上的位置，以方便识图和故障查询。

在通用汽车电路中，黑色三角内或方框内的图案表示电路中需要注意的地方，如表35-1 所示。

表 35-1　通用车系汽车电路图中警告注意图形符号及说明

符号	说明	符号	说明
	信息图标 该图标用于提醒技术人员查阅相关的附加信息，以帮助维修技师维修相关系统		高压危险图标 该图标用于提醒维修技师该部件/系统包含300V电压电路
	高压图标 该图标用于提醒维修技师该部件包含高于42V但低于300V的高压		安全气囊系统图标 该图标用于提醒维修技师系统内安全气囊部件，在维修前需要特别注意
	告诫图标 提醒维修技师维修该部件时应小心		计算机编程图标 示意图上的图标用于链接“控制模块参考”，确定更换时需要编程的部件
	主要部件列表图表 示意图上的图标用于链接“主要电气部件列表”	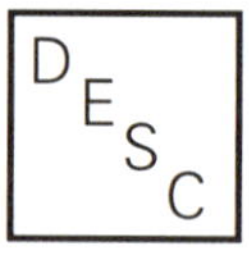	说明与操作图标 示意图上的图标用于链接“特点系统说明与操作”
	下页示意图图标 示意图上的图标用于进入子系统的下一个示意图		上页示意图图标 示意图上的图标用于进入子系统的前一个示意图
	串行数据通信功能 该图标用于向维修技师标明该串行数据电路详细信息未完全显示，也能提供一个有效链接至该电路的数据通信图标完全显示		

35.2 车辆分区策略

电路图中，所有搭铁、直列式连接器、穿线护环和星形连接器都有与其在车辆上的位置相对应识别代码，如图35-1所示。

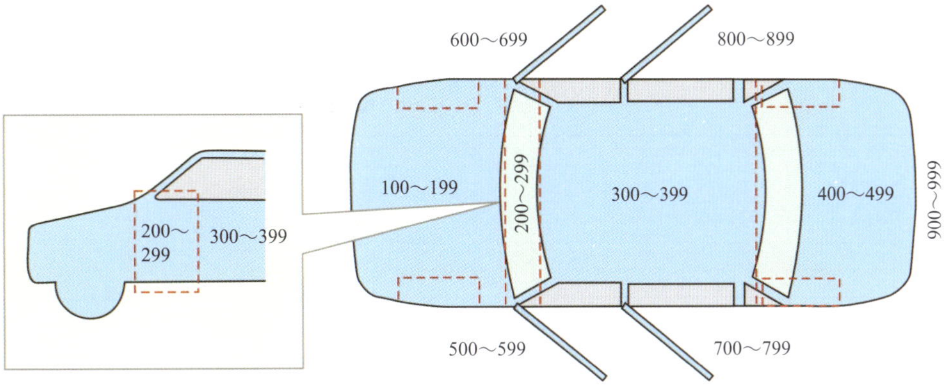

图35-1 车辆分区策略

100～199—发动机舱，前围板的所有前部区域，001～099是发动机舱备用编号，仅在100～199的所有编号已用完时才使用；200～299—仪表板区域内；300～399—乘客舱，从仪表板到后轮罩；400～499—后备厢，从后轮罩到车辆后部；500～599—左前门内；600～699—右前门内；700～799—左后门内；800～899—右后门内；900～999—后备厢盖或舱盖内

35.3 电路图形符号

通用车系汽车电路图形符号及说明如表35-2所示。

表35-2 通用车系汽车电路图形符号及说明

符号	说明	符号	说明
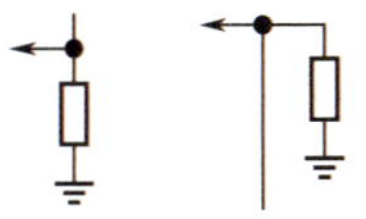	输入/输出下拉电阻器（－）	5V	参考电压
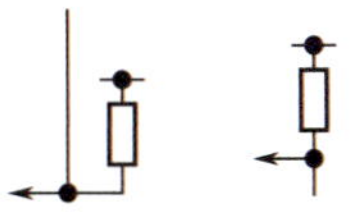	输入/输出上拉电阻器（＋）	5V AC	空调电压
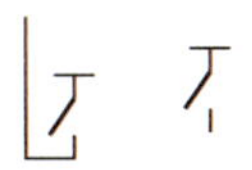	输入/输出高压侧驱动开关（＋）		低电平参考电压
	输入/输出低压侧驱动开关（＋）		搭铁
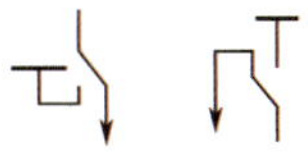	输入/输出双向开关（＋/－）		串行数据
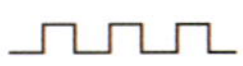	脉宽调制符号	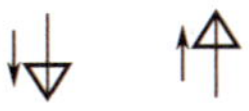	车内天线信号
B+	蓄电池电压		车外天线信号
IGN	点火电压		踩下制动器

续表

符号	说明	符号	说明
	熔丝		继电器供电的熔丝
	断路器		易熔线
	搭铁		壳体接地
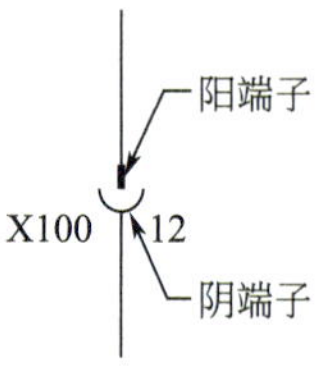	直列式线束连接器	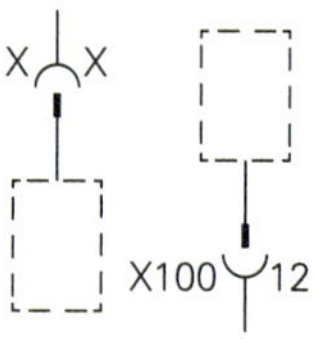	引线连接
	临时连接或诊断连接线		钝切线
	不完整连接接头		完整连接接头
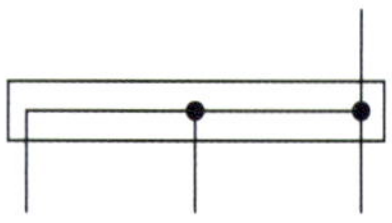	完整物理接头	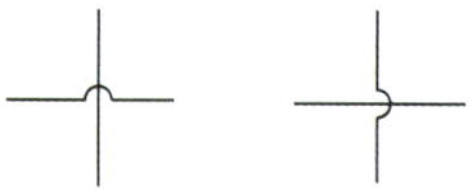	导线交叉
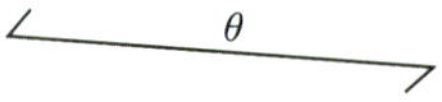	绞合线	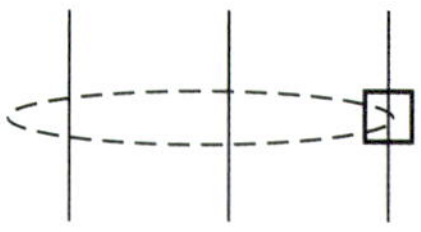	屏蔽线
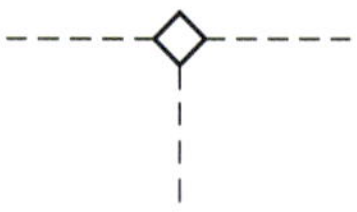	搭铁电路连接		连接器短路夹
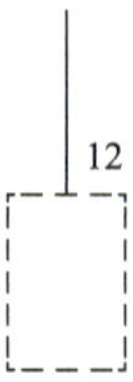	直接固定在部件上的连接器		引线连接器
	完整部件，但某个部件采用实线框表示时，表明该部件或其导线已完全显示		非完整部件，但某个部件采用虚线框表示时，表明该部件或其导线并未完全显示

续表

符号	说明	符号	说明
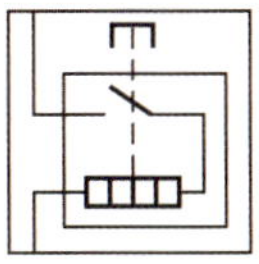	点烟器		2位常开开关
	2位常闭开关	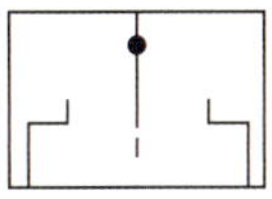	摇压式开关
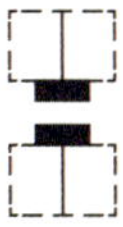	接触片开关（1根导线）	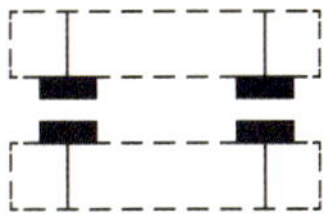	接触片开关（2根导线）
	3位开关	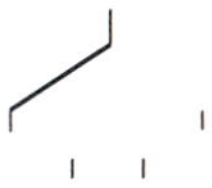	4位开关
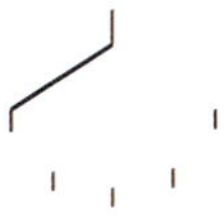	5位开关		6位开关
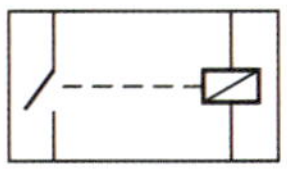	4针单刀单掷常开继电器	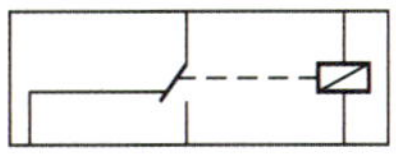	5针常闭继电器
	蓄电池	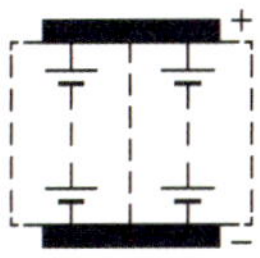	蓄电池总成（动力电池） 混合动力系统
	单丝灯泡	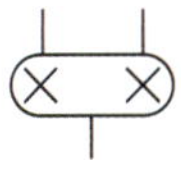	双丝灯泡
	发光二极管（LED）		光电传感器
	计量计表		二极管
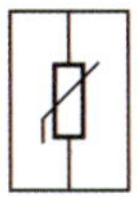	可变电阻器	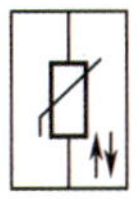	可变电阻器NTC
	加热元件	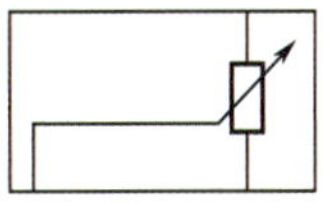	位置传感器

符号	说明	符号	说明
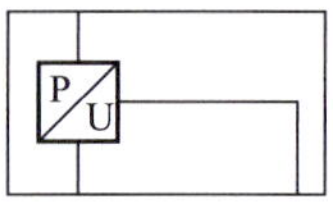	压力传感器	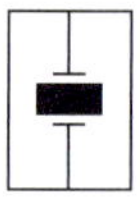	爆燃传感器
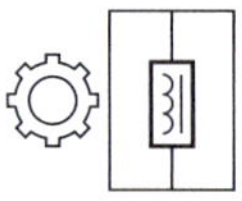	2线式感应型传感器	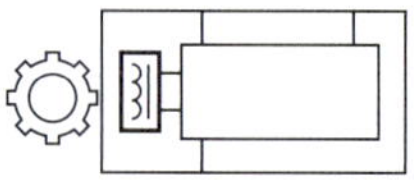	3线式感应型传感器
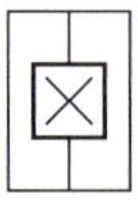	2线式霍尔效应传感器	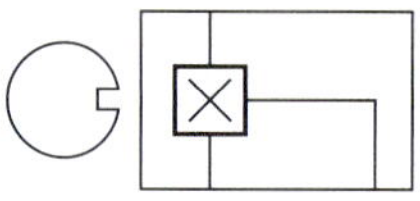	3线式霍尔效应传感器
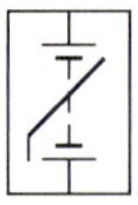	2线式氧传感器	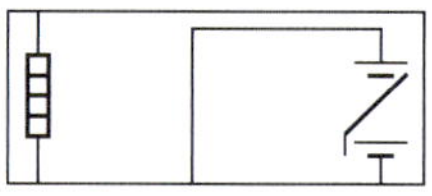	4线式加热型氧传感器
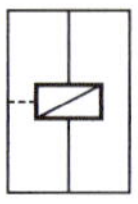	执行器电磁阀	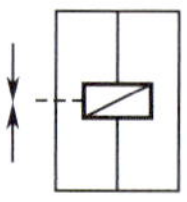	电磁阀
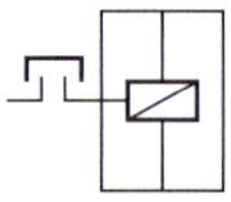	离合器	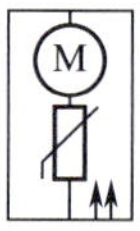	正温度系数电动机
	扬声器	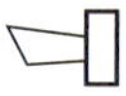	喇叭
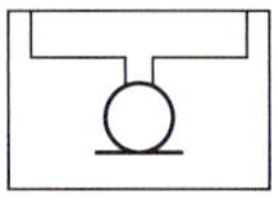	麦克风	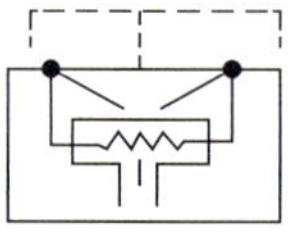	气囊
	安全气囊系统线图	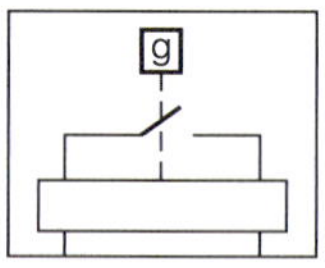	安全气囊系统碰撞传感器

35.4 电路导线颜色

通用车系电路图中导线颜色对照表如表35-3和表35-4所示。

表 35-3 通用车系电路图中单色导线颜色对照表（包含已停产车型）

颜色		通用	荣御	陆尊	新赛欧	君越	景程
黑	black	BLK	BK	BLK	SW	BK	BK
棕	brown	BRN	BN		BR		
棕黄			TN			TN	TN

续表

颜色		通用	荣御	陆尊	新赛欧	君越	景程
蓝	blue	BLU	BU	BLU	BL	BU	BU
深蓝	dark blue	DK BLU	D-BU	BLN DK		D-BU	D-BU
浅蓝	light blue	LT BLU	L-BU	BLNLT		L-BU	L-BU
绿	green	GRN	GN	GRN	GN	GN	GN
灰	groy	GRY	GY	ORA	OR	GY	GY
白	white	WHT	WH	WHT	WS	WS	WS
橙	orange	ORG	OG			OG	OG
红	red	RED	RD	RED	RT	RD	RD
紫	violet	VIO	PU	PPL		PU	PU
黄	yellow	YEL	YE	YEL	GE		
褐	brown	TAN		TAN		BN	BN
深绿	dark green	DK GRN	D-GN	GRN DK		D-GN	D-GN
粉红	pink	PNK					PK
透明	clear	CLR					
浅绿	light green	LT GRN	L-GN	GRN LT		L-GN	L-GN
紫红	purpie	PPL					

表 35-4　通用车系电路图中双色导线颜色对照表

导线颜色	示意图中的缩写	导线示例	导线颜色	示意图中的缩写	导线示例
带白色标的红色导线	RD/WH		带白色标的深绿色导线	D-GN/WH	
带黑色标的红色导线	RD/BK		带黑色标的浅绿色导线	L-GN/BK	
带白色标的棕色导线	BN/WH		带黄色标的红色导线	RD/YE	
带白色标的黑色导线	BK/WH		带蓝色标的红色导线	RD/BL	
带黄色标的黑色导线	BK/YE		带蓝色和黄色标的红色导线	RD/BL/YE	
带黑色标的深绿色导线	D-GN/BK				

35.5 通用车系电路图识读释例

通用车系电路图识读释例如图 35-2 所示。

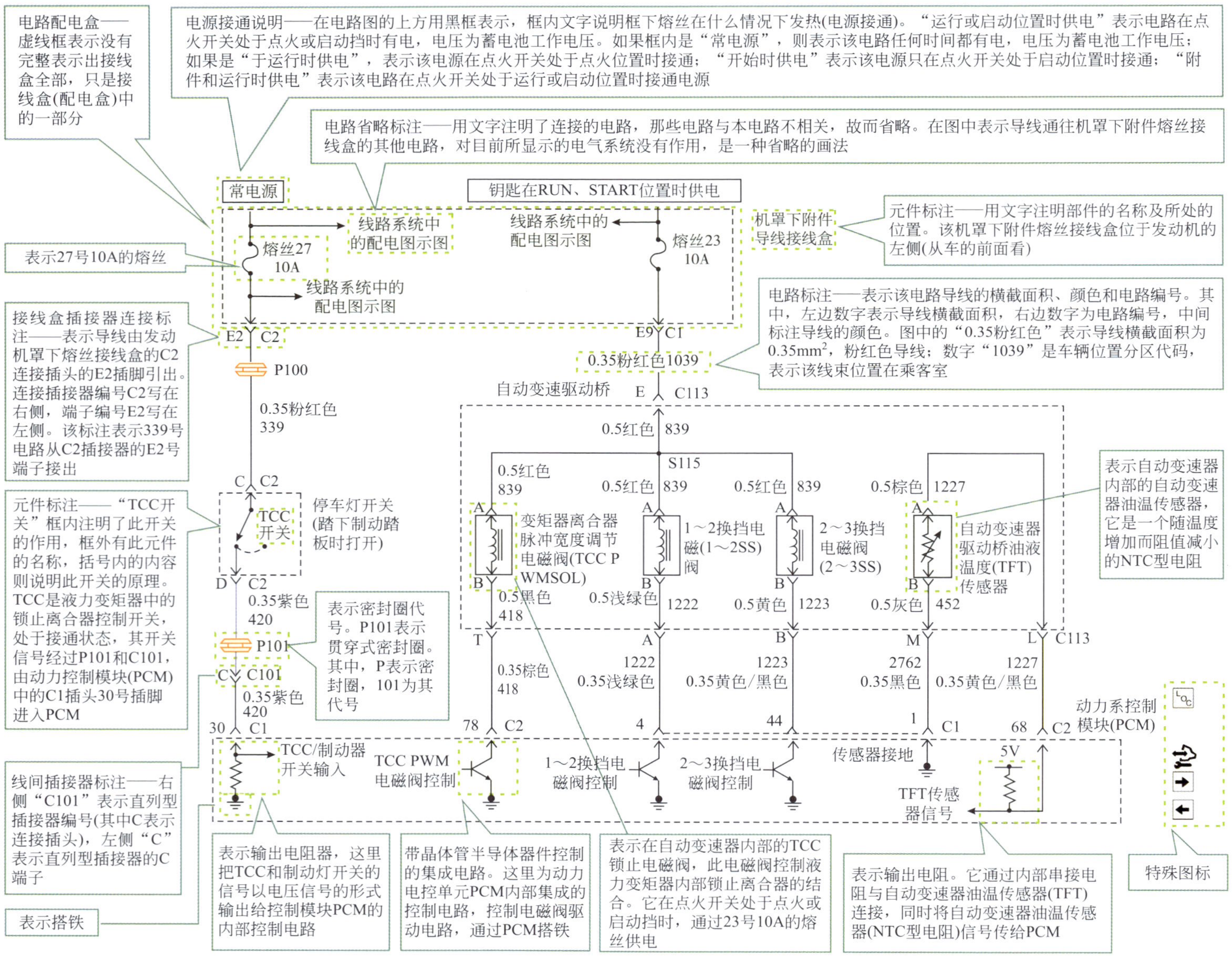
电路配电盒——虚线框表示没有完整表示出接线盒全部，只是接线盒(配电盒)中的一部分
电源接通说明——在电路图的上方用黑框表示，框内文字说明框下熔丝在什么情况下发热(电源接通)。“运行或启动位置时供电”表示电路在点火开关处于点火或启动挡时有电，电压为蓄电池工作电压。如果框内是“常电源”，则表示该电路任何时间都有电，电压为蓄电池工作电压；如果是“于运行时供电”，表示该电源在点火开关处于点火位置时接通；“开始时供电”表示该电源只在点火开关处于启动位置时接通；“附件和运行时供电”表示该电路在点火开关处于运行或启动位置时接通电源
电路省略标注——用文字注明了连接的电路，那些电路与本电路不相关，故而省略。在图中表示导线通往机罩下附件熔丝接线盒的其他电路，对目前所显示的电气系统没有作用，是一种省略的画法
常电源
钥匙在RUN、START位置时供电
线路系统中的配电图示图
线路系统中的配电图示图
熔丝27 10A
熔丝23 10A
线路系统中的配电图示图
机罩下附件导线接线盒
元件标注——用文字注明部件的名称及所处的位置。该机罩下附件熔丝接线盒位于发动机的左侧(从车的前面看)
表示27号10A的熔丝
电路标注——表示该电路导线的横截面积、颜色和电路编号。其中，左边数字表示导线横截面积，右边数字为电路编号，中间标注导线的颜色。图中的“0.35粉红色”表示导线横截面积为0.35mm²，粉红色导线；数字“1039”是车辆位置分区代码，表示该线束位置在乘客室
接线盒插接器连接标注——表示导线由发动机罩下熔丝接线盘的C2连接插头的E2插脚引出。连接插接器编号C2写在右侧，端子编号E2写在左侧。该标注表示339号电路从C2插接器的E2号端子接出
E2 C2
E9 C1
0.35粉红色1039
P100
自动变速驱动桥
E C113
0.35粉红色 339
0.5红色 839
S115
0.5红色 839
0.5红色 839
0.5红色 839
0.5棕色 1227
C C2
停车灯开关(踏下制动踏板时打开)
TCC开关
变矩器离合器脉冲宽度调节电磁阀(TCC PWMSOL)
1～2换挡电磁(1～2SS)阀
2～3换挡电磁阀(2～3SS)
自动变速器驱动桥油液温度(TFT)传感器
表示自动变速器内部的自动变速器油温传感器，它是一个随温度增加而阻值减小的NTC型电阻
元件标注——“TCC开关”框内注明了此开关的作用，框外有此元件的名称，括号内的内容则说明此开关的原理。TCC是液力变矩器中的锁止离合器控制开关，处于接通状态，其开关信号经过P101和C101，由动力控制模块(PCM)中的C1插头30号插脚进入PCM
D C2
0.35紫色 420
0.5黑色 418
0.5浅绿色 1222
0.5黄色 1223
0.5灰色 452
表示密封圈代号。P101表示贯穿式密封圈。其中，P表示密封圈，101为其代号
P101
C C101
0.35紫色 420
T A B M L C113
0.35棕色 418
1222 0.35浅绿色
1223 0.35黄色/黑色
2762 0.35黑色
1227 0.35黄色/黑色
30 C1
78 C2
4
44
1 C1
68 C2
动力系控制模块(PCM)
TCC/制动器开关输入
TCC PWM电磁阀控制
1～2换挡电磁阀控制
2～3换挡电磁阀控制
传感器接地
5V
TFT传感器信号
线间插接器标注——右侧“C101”表示直列型插接器编号(其中C表示连接插头)，左侧“C”表示直列型插接器的C端子
表示搭铁
表示输出电阻器，这里把TCC和制动灯开关的信号以电压信号的形式输出给控制模块PCM的内部控制电路
带晶体管半导体器件控制的集成电路。这里为动力电控单元PCM内部集成的控制电路，控制电磁阀驱动电路，通过PCM搭铁
表示在自动变速器内部的TCC锁止电磁阀，此电磁阀控制液力变矩器内部锁止离合器的结合。它在点火开关处于点火或启动挡时，通过23号10A的熔丝供电
表示输出电阻。它通过内部串接电阻与自动变速器油温传感器(TFT)连接，同时将自动变速器油温传感器(NTC型电阻)信号传给PCM
特殊图标

图35-2 通用车系电路图识读释例

35.6 通用车系典型电路分析

（1）车外灯开关电路分析

如图35-3 所示，车外灯开关不直接控制车灯，而是向 K9 车身控制模块输入开关操纵信号，再由车身控制模块输出控制信号。这里以转向灯开关为例进行说明。当操纵 S78 开关时，通过右转向或左转向开关电路向车身控制模块提供搭铁信号。随后，车身控制模块通过相应的电源电压电路向前转向和后转向信号灯提供脉冲电压。同时车身控制模块接收到转向信号请求时，将串行数据信息发送至组合仪表，请求各转向信号指示灯点亮和熄灭。

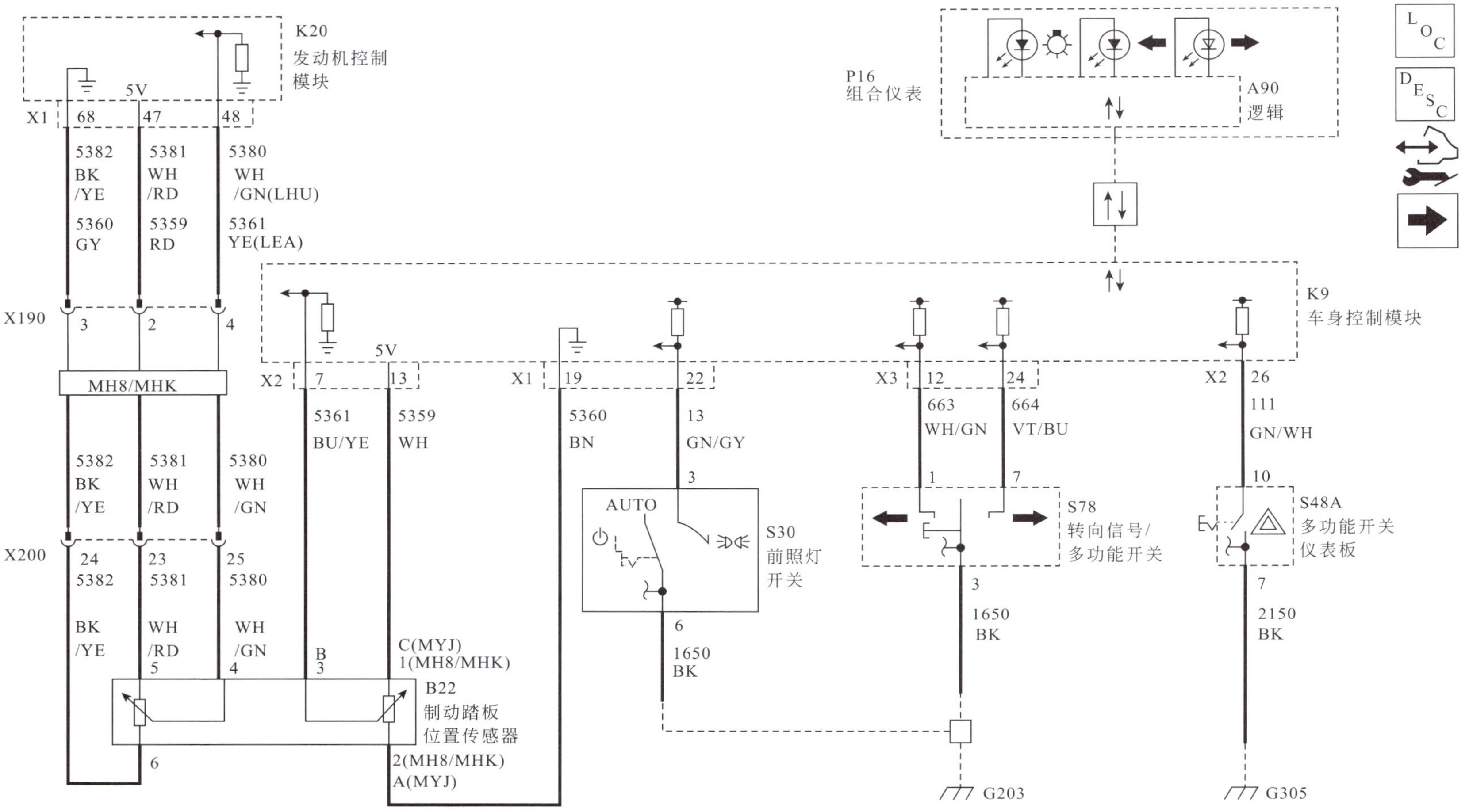

图35-3 通用某车型车外灯开关与输入电路

（2）驻车灯、尾灯、牌照灯和示宽灯

当大灯开关置于驻车灯或大灯位置时，驻车灯、尾灯/LED 和牌照灯点亮。当车身控制模块K9 接收到大灯开关点亮驻车灯的请求时，K9 的 X4-6 端（图35-4）和 X4-5 端（图35-5）发送脉宽调制信号点亮驻车灯、尾灯和牌照灯。

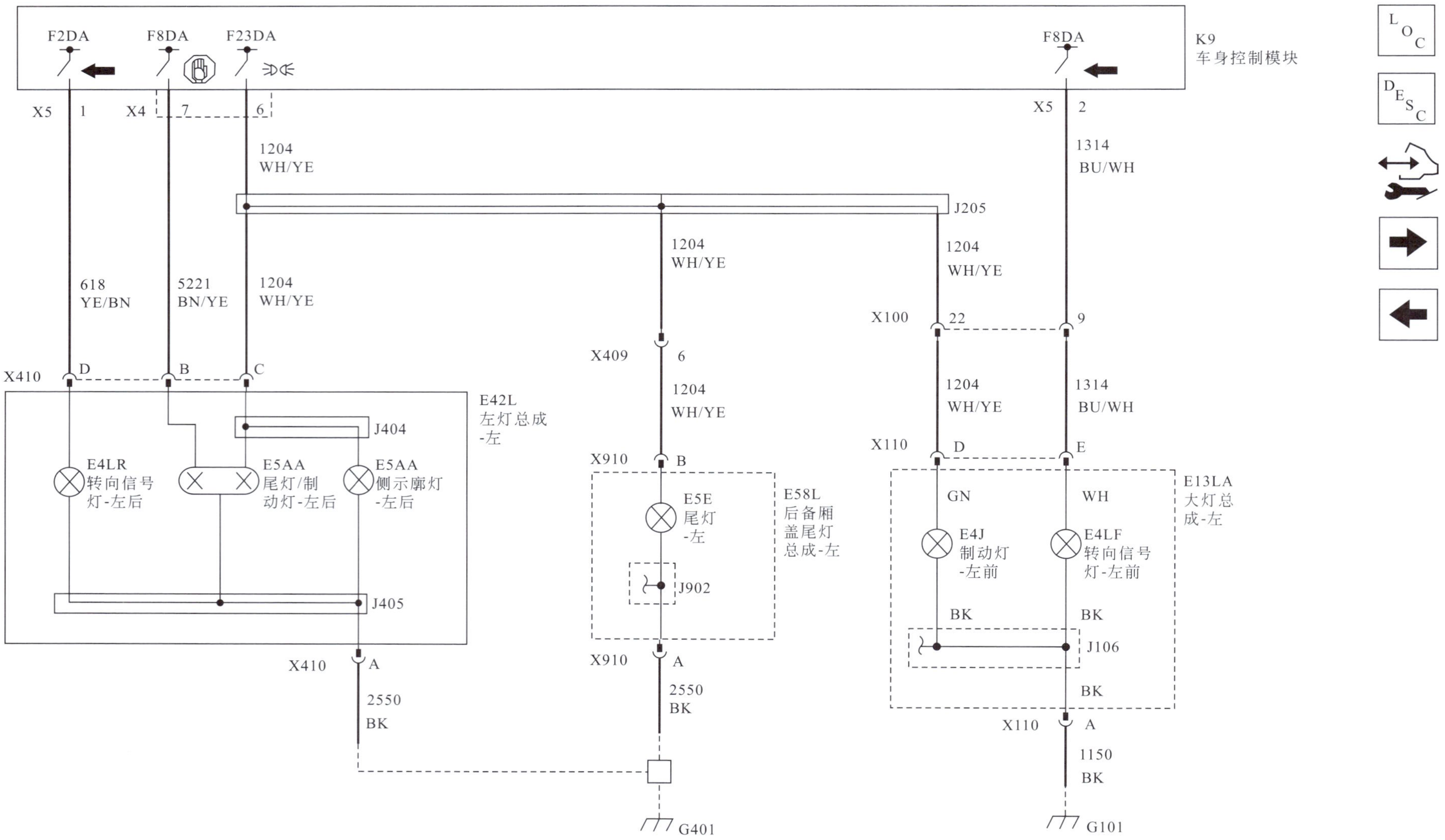

图35-4 车外灯电路（一）

（3）转向信号灯

当转向信号/多功能开关置于右转或左转位置时，K9检测到转向灯开关信号，通过相应的电源电压电路向前转向和后转向信号灯提供脉冲电压。其中K9的X5-1端（图35-4）为左后转向灯提供电源；K9的X5-2端（图35-4）为左前转向灯提供电源；X4-4端（图35-5）为右后转向灯提供电源；X4-3端（图35-4）为右前转向灯提供电源。

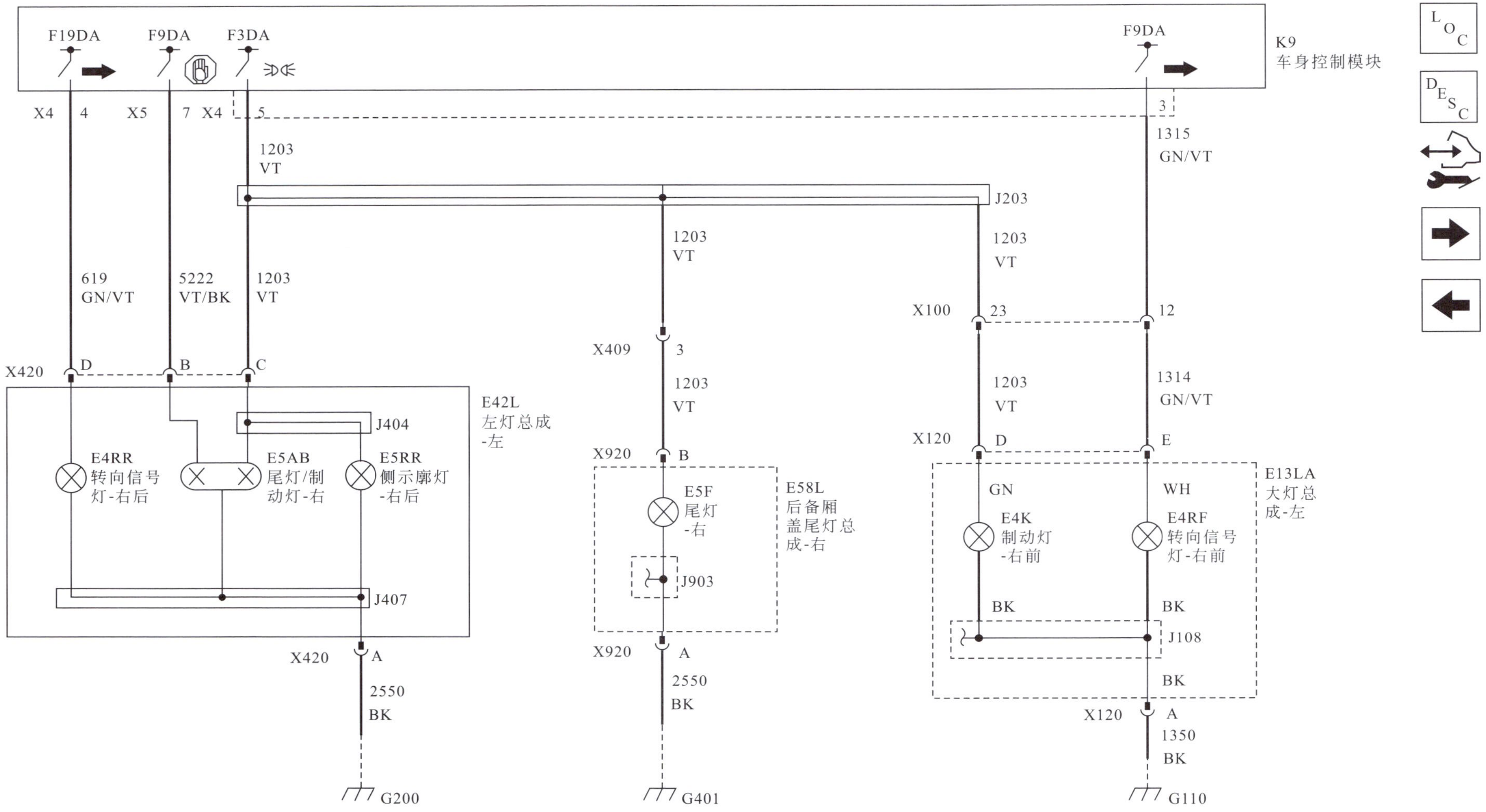

图35-5 车外灯电路（二）

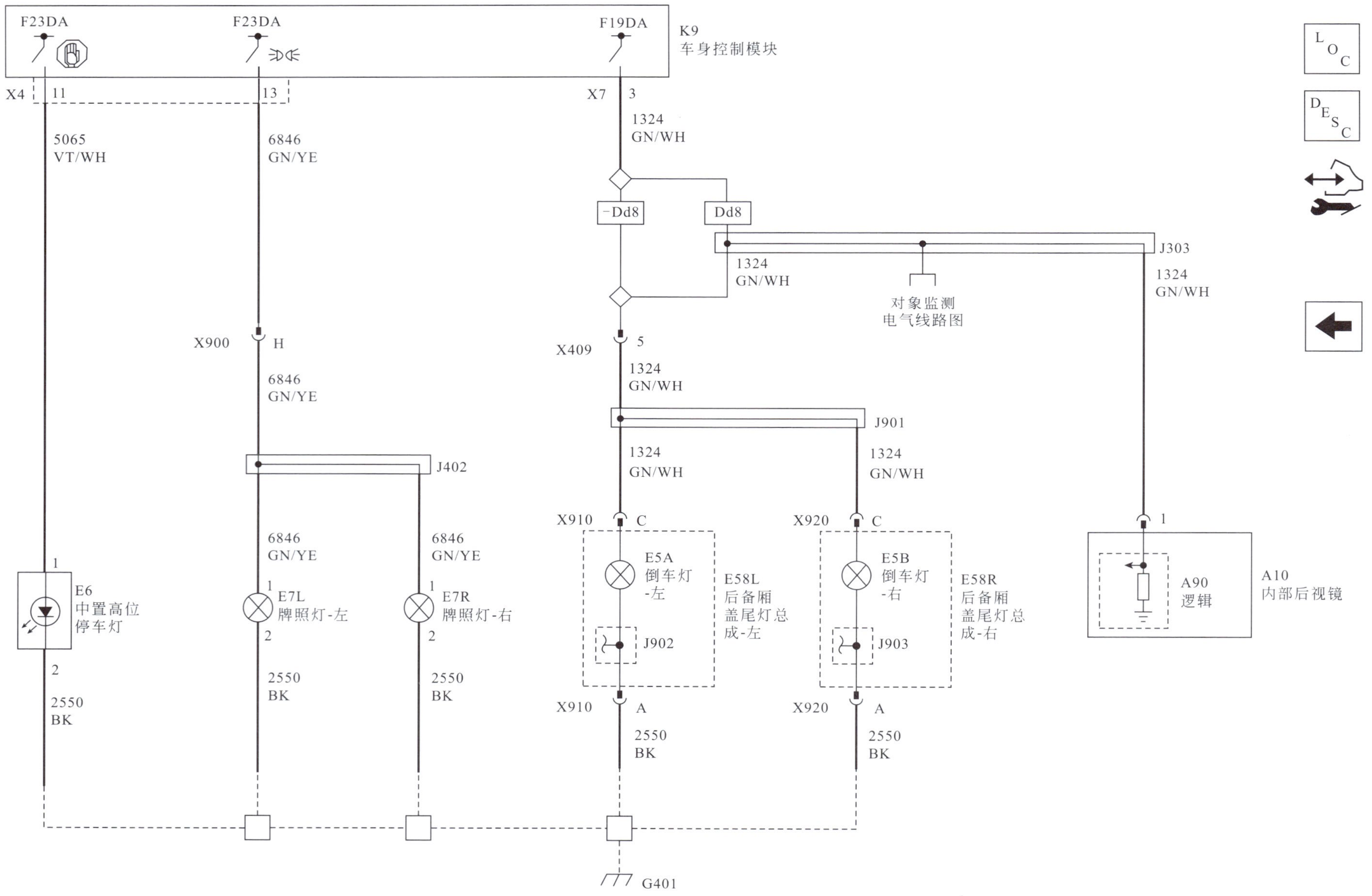

F23DA
F23DA
F19DA
K9
车身控制模块
X4
11
13
X7
3
5065
VT/WH
6846
GN/YE
1324
GN/WH
-Dd8
Dd8
J303
对象监测
电气线路图
X900
H
X409
5
J402
J901
X910
C
X920
C
1
E6
中置高位
停车灯
E7L
牌照灯-左
E7R
牌照灯-右
E5A
倒车灯
-左
E58L
后备厢
盖尾灯总
成-左
E5B
倒车灯
-右
E58R
后备厢
盖尾灯总
成-右
J902
J903
A90
逻辑
A10
内部后视镜
2
A
2550
BK
G401
LOC
DESC

图35-6 车外灯电路（三）

（4）危险警告闪光灯

在紧急情况下，可按下危险警告开关，K9 检测到危险警告开关信号，将以占空比形式从 X5-1 端（图35-4）、X5-2 端（图35-4）、X4-4 端（图35-5）、X4-3 端（图35-5）向所有转向信号灯输出蓄电池电压。同时 K9 向组合仪表发送一个串行数据信息，请求转向信号指示灯循环点亮和熄灭。

（5）制动灯

当驾驶员踩下制动踏板时，K9 检测制动信号，当可变信号达到电压阈值时（即制动器接合时），K9 将向制动灯控制电路和中置高位停车灯控制电路提供蓄电池电压。其中 X4-7 端（图35-4）、X4-6 端（图35-4）和 X4-11 端（图35-6）将提供蓄电池电压，控制电路通电时制动灯点亮。

（6）倒车灯

在变速器挂倒挡后，发动机控制模块（ECM）向车身控制模块发送串行数据信息。该信息指示换杆挡挂倒挡。车身控制模块 K9 向倒车灯提供蓄电池电压，电流回路为 K9 的 X7-3 端（图35-6）输出蓄电池电压→连接器 X409-5 端→接头 J901→分别供电给左倒车灯 E5A 和右倒车灯 E5B→G401 搭铁，此时倒车灯点亮。一旦驾驶员将换挡杆移出倒挡位置时，发动机控制模块就会通过串行数据发送信息，请求车身控制模块从倒车灯控制电路上撤销蓄电池电压。

第36章 本田汽车电路识读与分析

36.1 本田车系电路图特点

本田汽车电路图中的各类符号一般都有文字说明，当理解文字的含义后，识读电路图就比较容易了。每条导线上都标有颜色，分单色线和双色线，以英文缩写来表示。同一电气系统中颜色相同但导线不同的加上数字区别，如 BLU2 和 BLU3 表示不同的导线。

本田汽车的电路图与其他车系的不同点还在于导线并没有标出横截面积，只是根据和导线相连的熔丝的通电电流的大小来判断导线的横截面积大小。

36.2 电路图中导线颜色对照

本田车系电路图中导线颜色代码对照如表 36-1 所示。

表 36-1 本田车系电路图中导线颜色代码对照

代码	颜色	代码	颜色	代码	颜色
WHT	白色	YEL	黄色	BLK	黑色
BLU	蓝色	GRN	绿色	RED	红色
ORN	橙色	PNK	粉红色	BRN	棕色
GRY	灰色	PUR	紫色	TAN	黄褐色
LT BLU	浅蓝色	LT GRN	浅蓝色		

有的导线绝缘层只有一种颜色，有的导线绝缘层则在一种颜色的基础上加上另一种颜色的条纹。第二种颜色即为条纹颜色

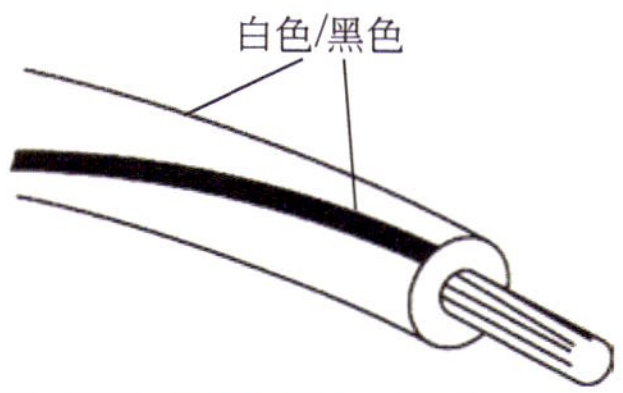

36.3 本田车系汽车电路图识读释例

本田车系汽车电路图识读释例如图36-1所示。

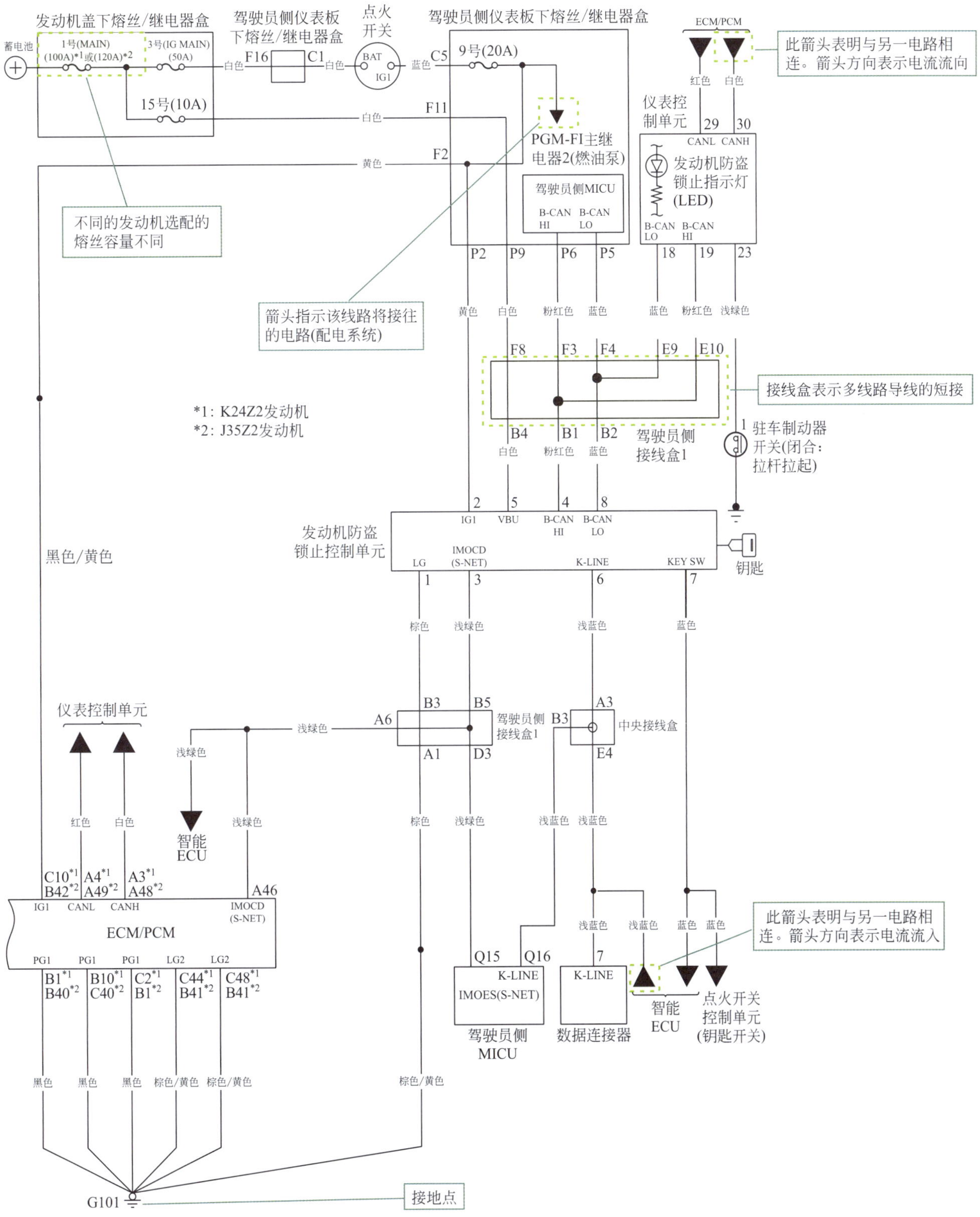

图36-1 本田车系汽车电路图识读释例

36.4 本田车系典型电路分析

如图36-2所示，发电机的B端是交流发电机电压输出端，当启动发动机或发动机正常运转时，充电系统工作。充电电路为发电机的B端→蓄电池端子熔丝盒内的1号熔丝→蓄电池正极→蓄电池→蓄电池负极→搭铁→发电机搭铁。

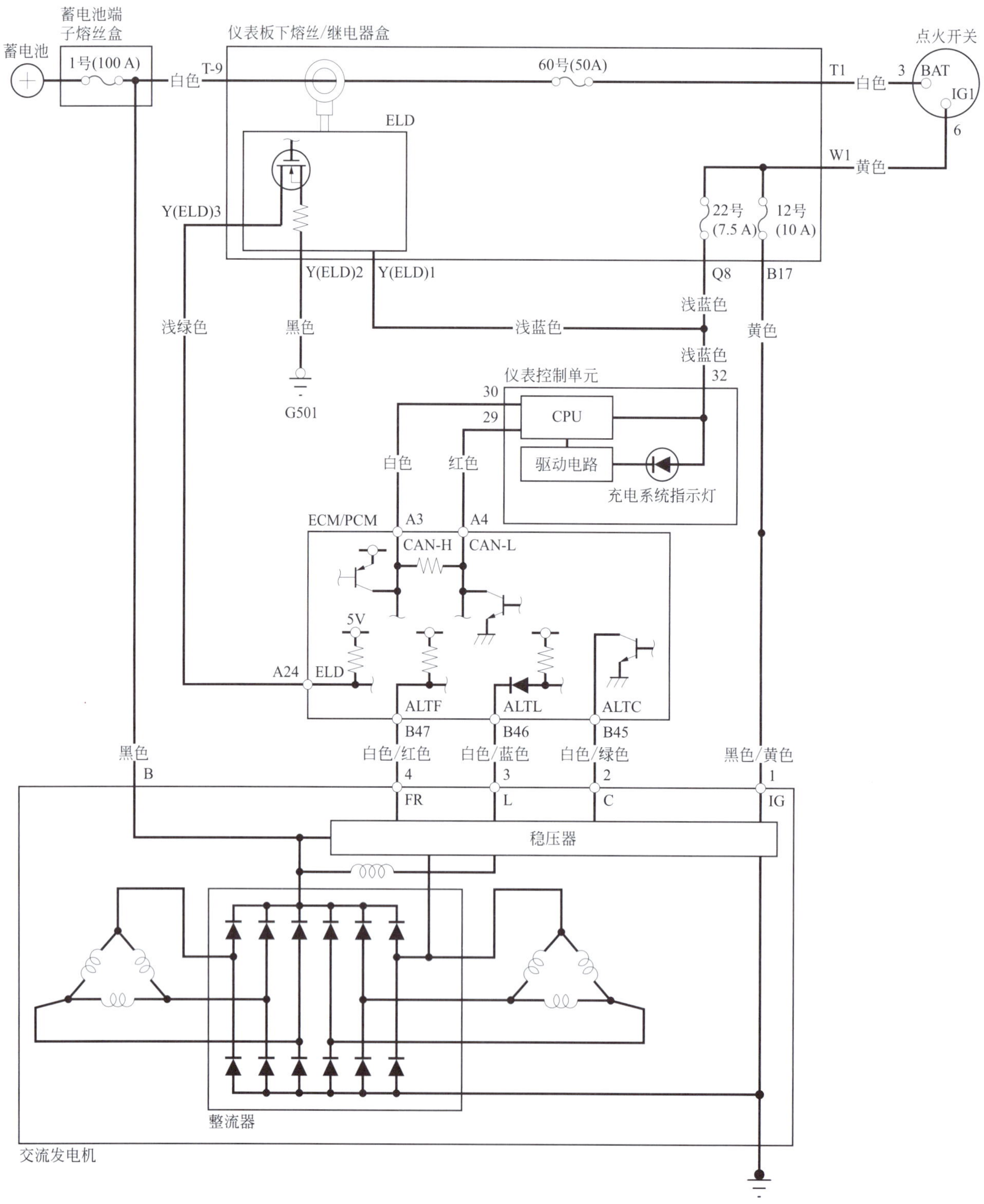

图36-2 本田车系典型的充电系统电路图

第37章 丰田汽车电路识读与分析

37.1 丰田汽车电路图特点

丰田车系电路图中的电气元件通常用文字直接标注。在电路总图中各系统电路按横轴方向逐个布置，并在电路图上方标出各系统电路的区域和代表该电路系统的符号及文字说明。电路图中绘出了搭铁点，并标注代号与文字说明，可以从电路图中了解电路搭铁点。部分电路图中还直接标出电路插接器的端子排列和各端子的使用情况，给识图和电路故障查询提供了方便。

37.2 丰田车系电路图图形符号

丰田车系电路图图形符号及含义如表 37-1 所示。

表 37-1 丰田车系电路图图形符号及含义

图形符号	含义	图形符号	含义
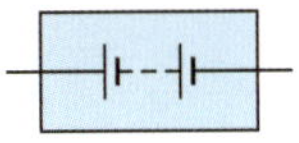	蓄电池 存储化学能量并将其转换成电能，为车辆的各种电路提供直流电	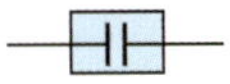	电容器 临时存储电压的小型存储单元
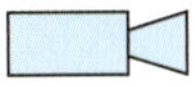	点烟器 电阻加热元件	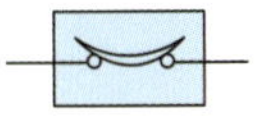	断路器 通常指可重复使用的熔丝。如果有过量的电流流过，断路器会变热并断开。有些断路器在冷却后自动复位，有些则必须手动复位
	二极管 只允许电流单向流通的半导体	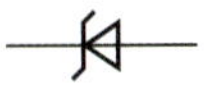	稳压二极管 允许电流单相流动，但在不超过某一个特定电压时才阻挡反向流动的二极管。超过该特定电压时，稳压二极管可允许超过部分的电压通过。可作为简易稳压器使用
	光电二极管 是一种根据光线强度控制电流的半导体		LED（发光二极管） 电流流过发光二极管时会发光，但发光时不会像同等规格的灯一样产生热量
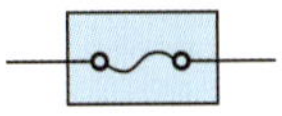	熔丝 一条细金属丝，当通过过量电流时会熔断，可以阻断电流，防止电路受损		中等电流熔断丝 置于中等电流电路中的线束，在负载过大时会熔断，因此可保护电路。数字表示线束横截面面积
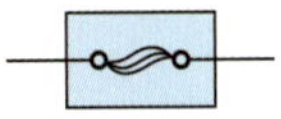	大电流熔丝或熔断丝 置于高电流电路中的线束，在负载过大时会熔断，因此可保护电路。数字表示线束横截面面积		搭铁 配线与车身相接触的点，因此为电路提供一个回路，没有搭铁，电流就无法流动
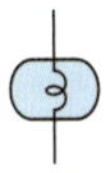	单丝大灯 电流使大灯灯丝发热并发光	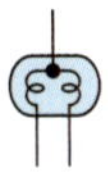	双丝大灯
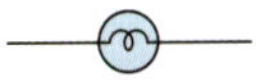	灯	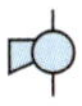	喇叭
	模拟仪表 电流会使电磁线圈接通，并使指针移动		数字仪表 电流会激活一个或多个LED、LCD或荧光显示屏，这些显示屏可提供相关显示或数字显示
	电动机 将电能转化为机械能（特别是旋转运动）的动力装置		扬声器 一种可利用电流产生声波的机电装置
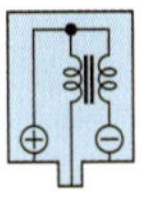	点火线圈 将低压直流电转换为高压点火电流，使火花塞产生火花	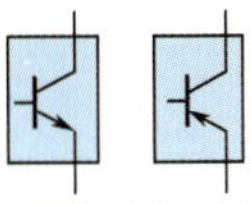	晶体管 主要用作电子继电器的一种装置；根据在“基极”上施加的电压来阻止或允许电流通过

续表

图形符号	含义	图形符号	含义
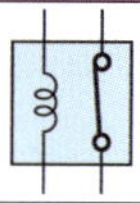	继电器（正常闭合） 电子控制开关。流经小型线圈的电流生成一个磁场，可断开或闭合所附接的开关	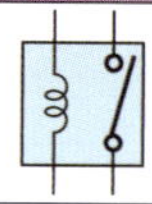	继电器（正常断开） 电子控制开关。流经小型线圈的电流产生一个磁场，可断开或闭合所附接的开关
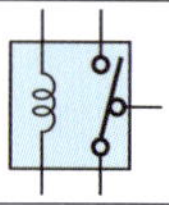	双掷继电器 使电流流过两组触点中任意一组的一种继电器	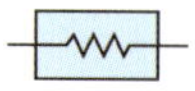	电阻器 有固定电阻的电气零部件，置于电路中，可将电压降至某一个特定值
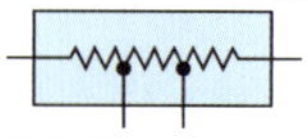	抽头式电阻器 一种电阻器，可以提供两种或两种以上不同的不可调节的电阻值		可变电阻器或变阻器 一种带有可变电阻额定值的可控电阻器，也被称为电位计或变阻器
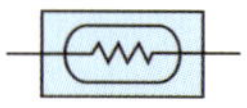	传感器（热敏电阻） 电阻值随温度而变化的电阻器		速度传感器 使用电磁脉冲断开和闭合开关，以产生一个信号，用来激活其他零部件
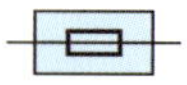	短接销 用来在接线盒内部建立不可断开的连接	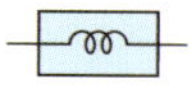	电磁线圈 一种电磁线圈，可在电流流过时产生磁场以便移动铁芯等
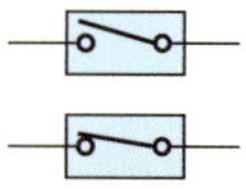	手动开关 正常断开（上） 正常闭合（下） 断开和闭合电路，从而可阻断或允许电流通过	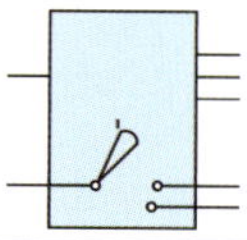	点火开关 使用钥匙操作且有多个位置的开关，可用来操作各种电路，特别是初级点火电路
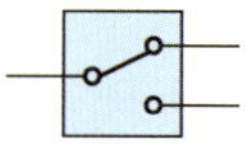	双掷开关 使电流持续流过两组触点中任意一组的一种开关	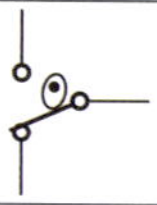	雨刮器停止开关 雨刮器开关关闭时可自动将雨刮器返回到停止位置
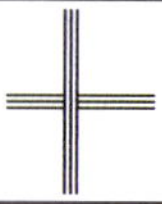	线束（未连接） 线束在线路图上以直线表示。连接处没有黑点或八角形的交叉线束表示未连接	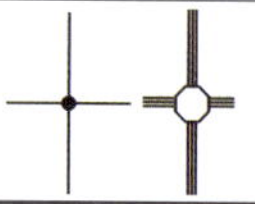	线束（连接） 线束在线路图上以直线表示，连接处有黑点或八角形的交叉线束表示为结合连接

37.3 丰田车系电路图识读释例

丰田车系电路图识读释例如图37-1所示。在图37-1中，标号A ~ O含义如下。

A：系统标题。

B：表示继电器盒。未用阴影表示，仅表示继电器盒编号，以和接线盒加以区分。

示例：表示1号继电器盒。

C：车型、发动机类型或规格不同时，用括号来表示不同的配线和连接器等。

D：表示相关联的系统。

E：表示用来连接线束的插头式连接器和插座式连接器的代码，如图37-2（a）所示。连接器代码由两个字母和一个数字组成。

连接器代码的第一个字符表示插座式连接器线束上的字母代码，第二个字符表示插头式连接器线束上的字母代码，第三个字符是存在多个相同线束组合时用来区别线束组合的系列号（如CH1和CH2）。括号表示插头式端子连接器。连接器代码外侧的数字表示插头式连接器和插座式连接器的针脚编号。

F：代表零件（所有零件均以天蓝色表示）。该代码和零件位置中使用的代码相同。

G：接线盒（圆圈中的数字为接线盒编号，连接器代码显示在旁边）。接线盒以阴影表示，用于明确区分于其他零件，如图37-2（b）所示。

H：表示屏蔽电缆，如图37-2（c）所示。

I：表示配线颜色。配线颜色以字母代码表示。丰田车系导线颜色代码对照见表37-2 。

第一个字母表示基本配线颜色，第二个字母表示条纹颜色，如图37-2（d）所示。

J：表示连接器的针脚编号。插座式连接器和插头式连接器的编号系统各不相同，如图37-2(e）所示。

K：表示搭铁点。该代码由两个字符组成：一个字母和一个数字。

第一个字符表示线束的字母代码，第二个字符是当同一线束存在多个搭铁点时用来区别各搭铁点的系列号。

L：页码。

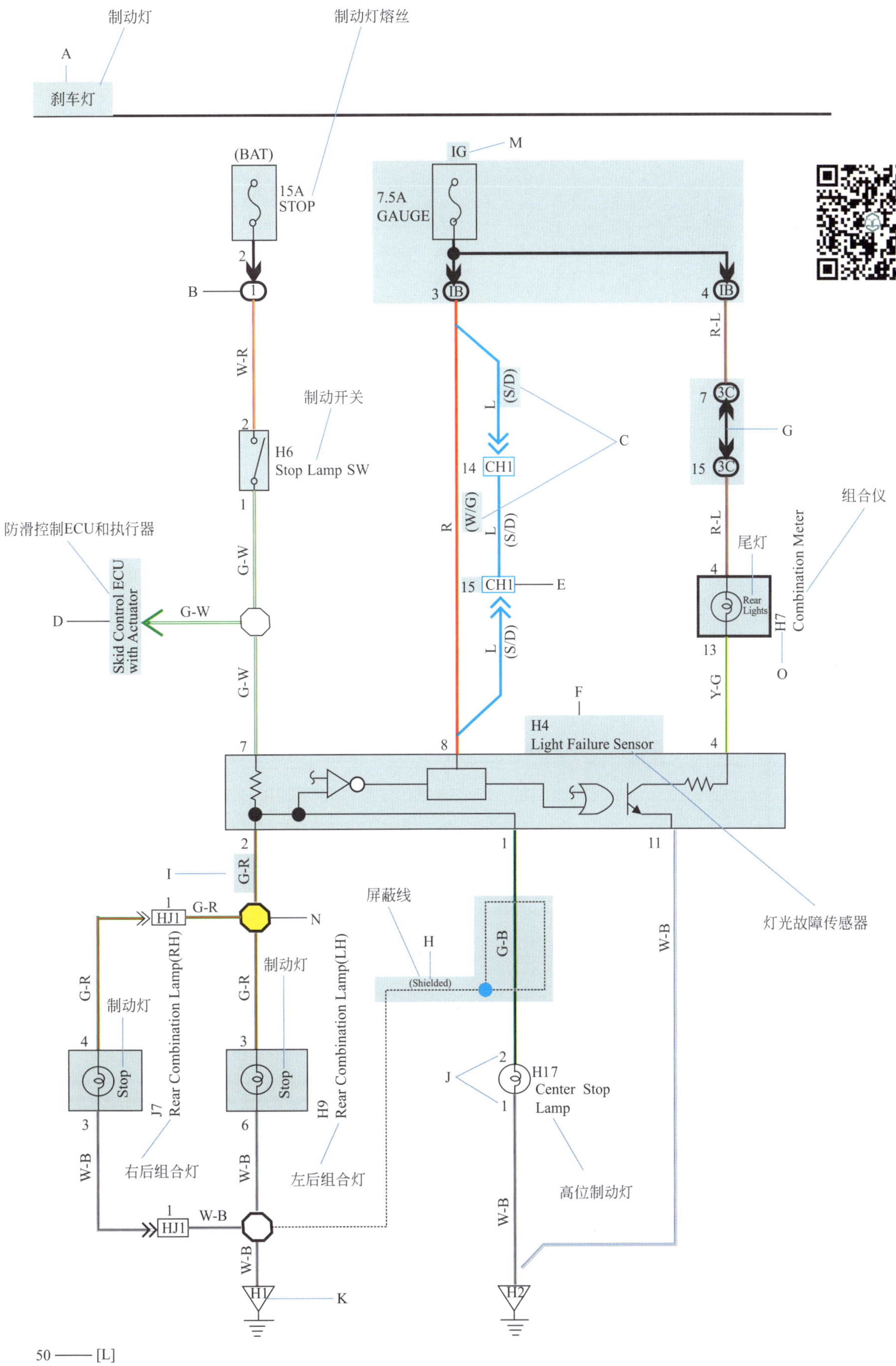

图37-1 丰田车系电路图识读释例

M：向熔丝供电时，用来表示点火钥匙的位置。

N：表示配线接合点，如图37-2（f）所示。

O：线束代码。

各线束以代码表示。线束代码用于表示零件代码、线束间连接器代码和搭铁点代码。例如，H7（组合仪表）、CH1（插头式线束间连接器）和H2（搭铁点）表示它们是同一线束“H”的零件。

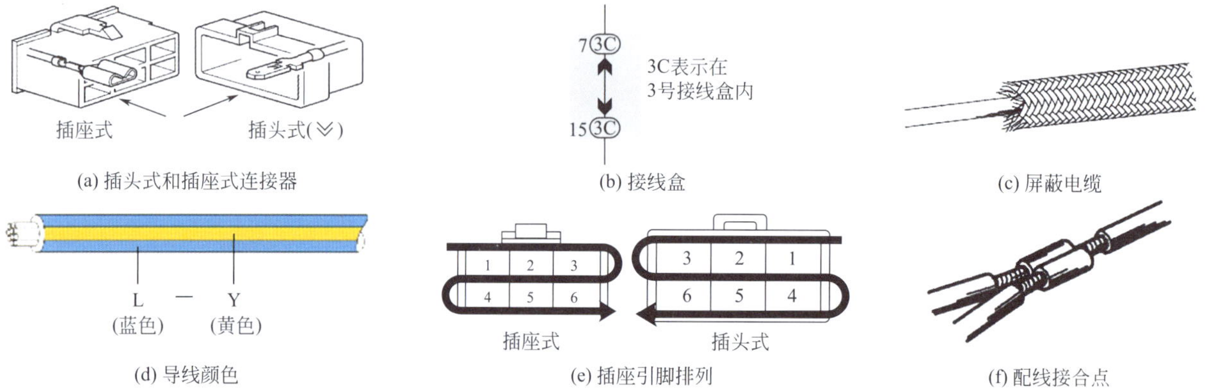

图37-2 释例说明

表 37-2　丰田车系导线颜色代码对照

代码	颜色	代码	颜色	代码	颜色
B	黑色	L	蓝色	BR	棕色
DL	深蓝色	DG	深绿色	GY	灰色
G	绿色	LB	浅蓝色	LG	浅绿色
O	橙色	P	粉红色	R	红色
SB	天蓝色	T	黄褐色	V	紫色
W	白色	Y	黄色		

37.4 丰田车系典型电路分析

37.4.1　电动车窗控制继电器电路识读

丰田车系典型的电动天窗、车窗控制继电器电路图如图37-3 所示。当主体 ECU 的端子 22（ACC）、15（IG）、6（ALTB）、26［BECU（*2）］同时得到供电时，主体ECU 控制其端子 18（PWS）端子输出正电，使电动车窗继电器（PWR 继电器）线圈始端绕组得以通电工作，使其常开触点闭合。这时电动车窗电源电路为蓄电池（BAT）直接供电端→ ALT 120A 熔丝→ PWR 继电器常开已闭合触点→分三路进行，第一路通过 RR DOOR LH 25A 熔丝→K1 电动车窗 SW（后 LH）的 B 端子，第二路通过 RR DOOR RH 25A 熔丝→ J3 电动车窗调节器电动机（后 RH），第三路通过 POWER 30A 熔丝分别到H6 电动车窗 SW（前 RH）的 B 端子和 M1 电动窗主 SW 的 B 端子。

37.4.2　电动车窗控制电路识读图

电动车窗控制电路图如图37-4所示。图37-4 中 I5 电动车窗 ECU（前 LH）的 B 端子为电源供电端，其 AUTO 端子、DWN1 端子和 Up1 端子分别接电动车窗总开关 M1 的端子，随时接收来自电动总开关 M1 的操作信号，再经过电动车窗 ECU 简单处理，进而控制电动车窗调节电动机按要求工作。其中 AUTO 为自动控制端子信号、DWN1 为车窗下降信号、Up1 为车窗上升信号。

以右后电动车窗为例，图37-4中所示的 J1 电动车窗开关（后 LH）为翘板开关并且处于初始状态，即车窗开关没有按下。车窗开关的供电来自 PWR 继电器，经过 RR DOOR RH25A 熔丝的供应。车窗开关初始状态下直接与电动机的正负极触点连线连接，没有和供电连接触点连接。车窗调节电动机的接地是在 M1 电动车窗主开关内完成的。

当向前按压右后电动车窗翘板开关 J1 时，开关内节点“U”与“上”连接，来自 PWR 继电器经过 RR DOOR RH 25A 熔丝供电→J1 电动车窗 SW（后 LH）的 3 号端子 B→4 号端子 U→J3 电动车窗调节器电动机（后 RH）→J1 电动车窗 SW（后 LH）的 1 号端子 D→2 号端子 SD→M1 电动车窗总开关 SW 的 18 号端子 D 接地，构成回路，调节电动机工作，带动车窗玻璃上升。

当 J1 电动车窗翘板开关向后抬起时，J1 电动车窗 SW（后 LH）的内部“下”与 1 号端子D 接通。这时 J3 电动车窗调节器电动机控制电动车窗下降的电路路径：来自 PWR 继电器，经过 RR DOOR RH 25A 熔丝供电→RR DOOR RH 熔丝→J1 电动窗 SW（后 LH）的 3 号端子B→1 号端子 D→J3 电动车窗调节器电动机（后 RH）→J1 电动窗 SW（后 LH）的 4 号端子 U→5 号端子 SU→M1 电动车窗总开关 SW 的 10 号端子U 接地，构成回路，调节电动机反向旋转，带动车窗玻璃下升。

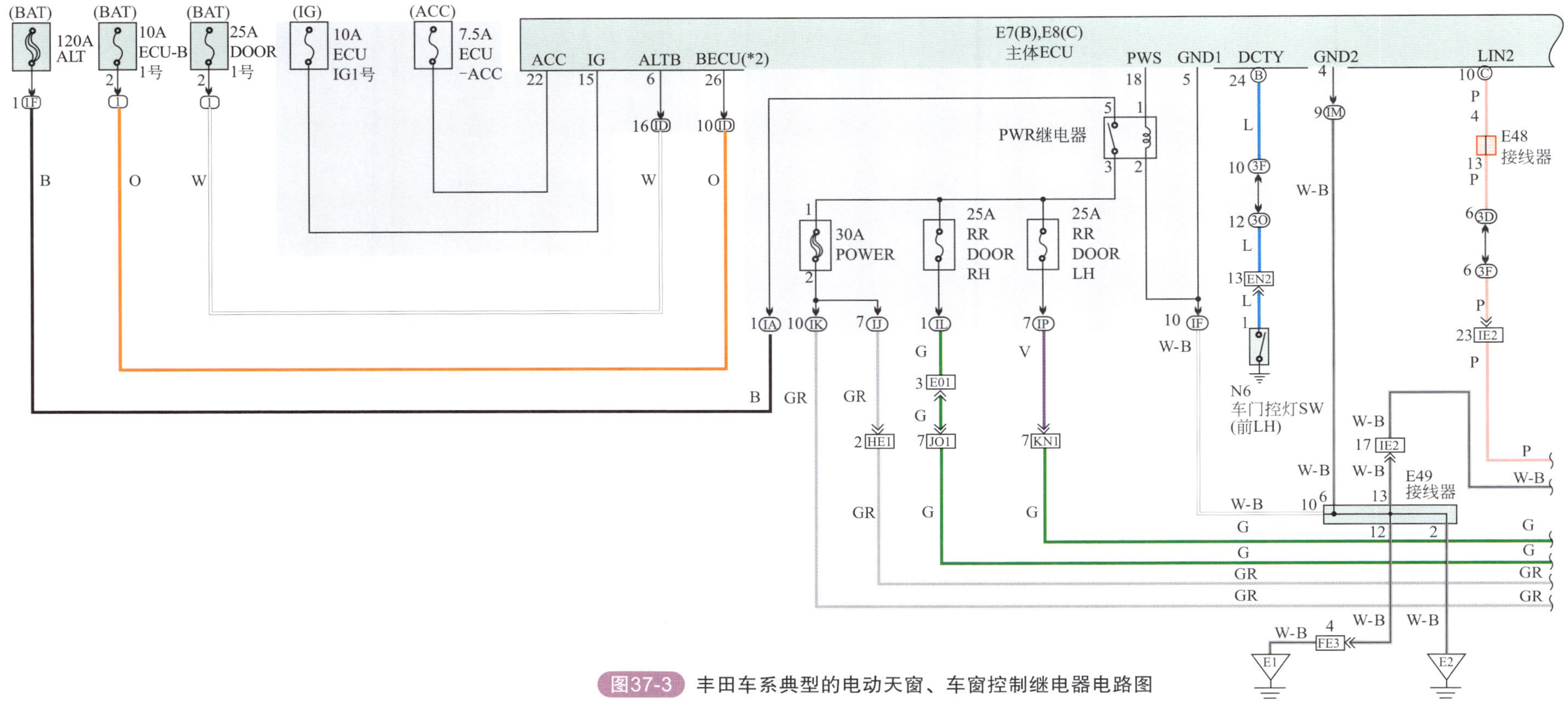

图37-3 丰田车系典型的电动天窗、车窗控制继电器电路图

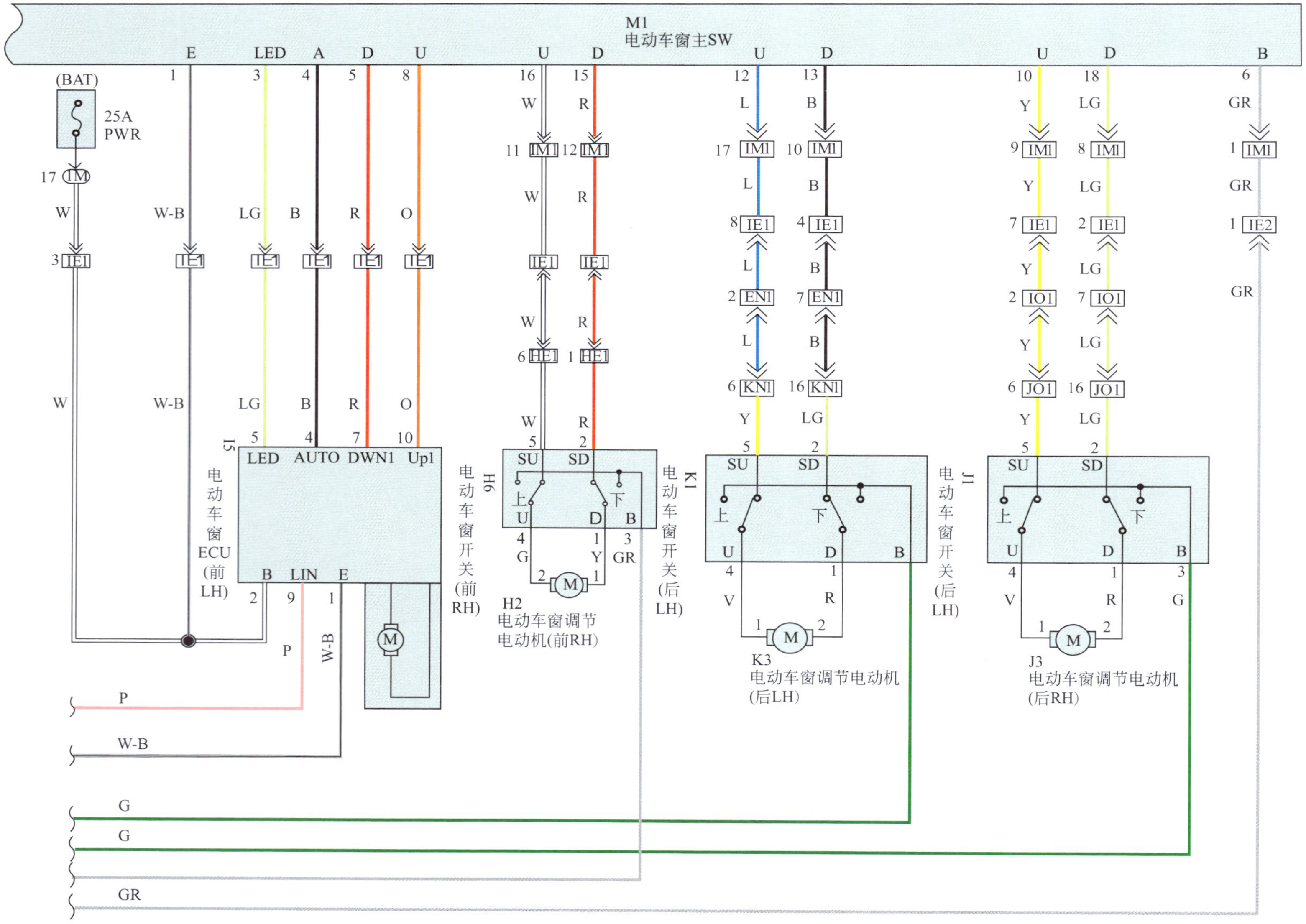

图37-4 电动车窗控制电路图

第38章 日产汽车电路识读与分析

38.1 日产 / 启辰车系汽车电路图导线颜色

日产 / 启辰车系电路图导线同样有单色导线和双色导线两种。双色导线前面的字母表示的是底色，后面的字母表示的是条纹的颜色。如 L/W 表示蓝底带有白色条纹的导线。日产 / 启辰车系导线颜色对照如表 38-1 所示。

表 38-1 日产 / 启辰车系导线颜色对照

缩写	颜色	缩写	颜色	缩写	颜色
B	黑色	BR	棕色	W	白色
OR/O	橙色	R	红色	P	粉色
G	绿色	PU/V	紫色	L	蓝色
GY/GR	灰色	Y	黄色	SB	天蓝色
LG	浅绿色	CH	深棕色	BG	米黄色
DG	深绿色				

日产 / 启辰车系中用电设备的插接器都是由字母加数字来表示的，插接器在原版电路图中都已提供，插接器的颜色、每个端口是什么功能都有详细的描述。日产/启辰车系插接器编号与所在线束的对照如表 38-2 所示。

表 38-2 日产 / 启辰车系插接器编号与所在线束的对照

编号	线束	编号	线束	编号	线束
B	车身线束	D	车门线束	E	发动机舱线束
F	发动机控制系统线	M	主线束	R	车内灯线束

38.2 日产 / 启辰车系汽车电路图识读释例

日产 / 启辰车系汽车电路图识读释例如图 38-1 所示。

38.3 电路图中的开关位置

电路图中所示的开关位置是车辆处于正常状态下的情况。所谓的正常状态，是指点火开关位于“OFF”位置，车门、发动机罩和后备厢盖 / 后背门都处于关闭状态，踏板均未被踩下。

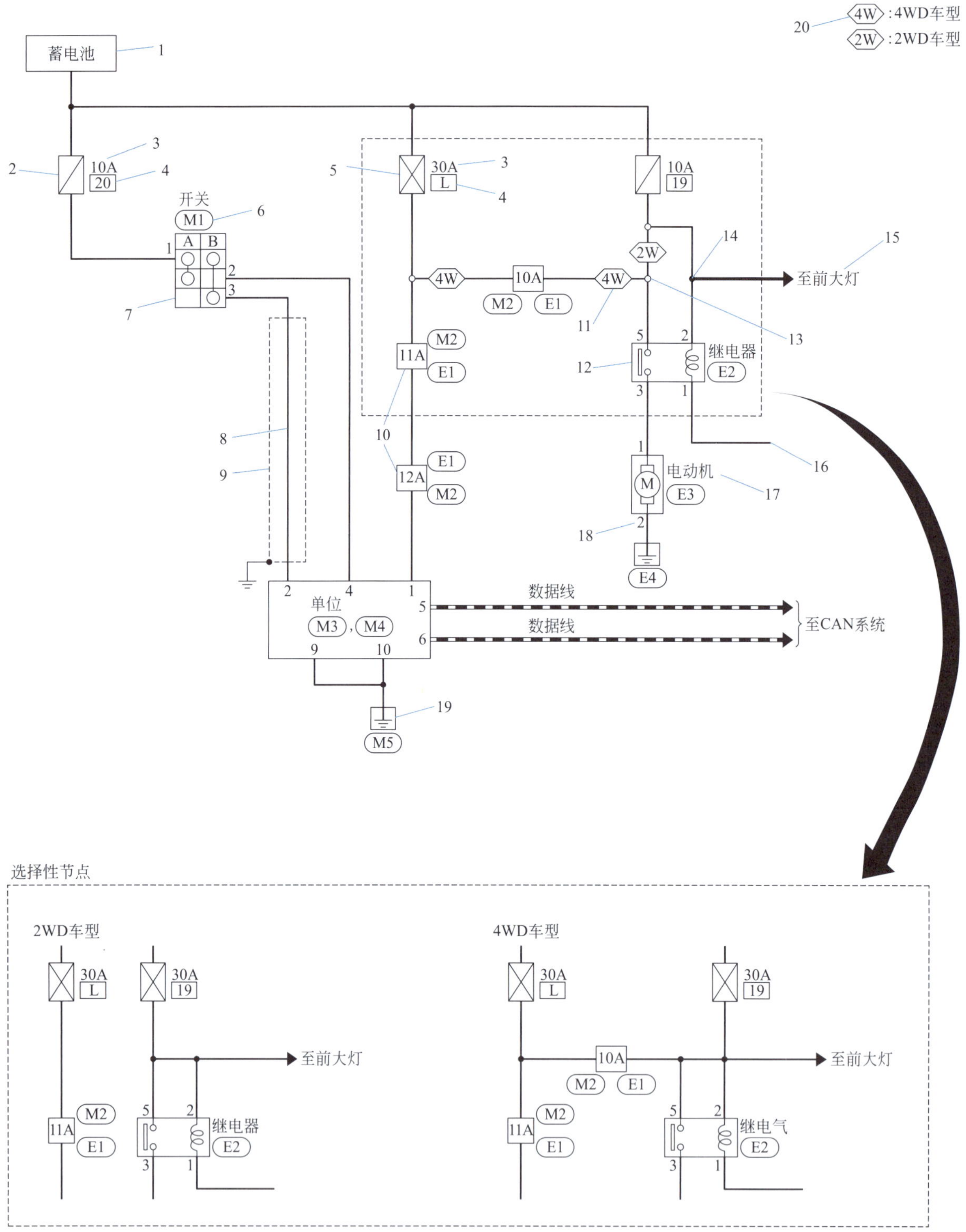

图38-1 日产 / 启辰车系汽车电路图识读释例

1—电源，指熔断线或熔丝的电源；2—熔丝，用“/”表示；3—熔断线 / 熔丝的额定电流，表示熔断线或熔丝的额定电流值；4—熔断线 / 熔丝的编号，指熔断线或熔丝位置的编号；5—熔断线，用“X”表示；6—接头编号，英文字母表示接头所在的线束，数字表示接头的识别号；7—开关，表示当开关在A 位置时，端子 1 和 2 之间导通，当开关在B 位置时，端子 1 和 3 之间导通；8—电路（配线），表示配线；9—屏蔽线，虚线包围的线路表示屏蔽线路；10—接头，指传输管路旁通两个或以上接头；11—选装缩写标记，空心圆“○”表示电路布局的车辆技术参数；12—继电器，表示继电器的内部电路；13—选择性节点，空心圆“○”表示此节点是可选的，可根据车辆用途决定是否选用；14—接合点，实心圆“●”表示节点；15—系统分支，说明电路分支到其他系统；16—跨页，该电路继续至下一页；17—部件名称，表示部件名称；18—端子编号，表示接头端子编号；19—接地（GND）；20—选装说明的解释，表示本页中出现的选装缩写标记的说明

38.4 日产车系典型电路图分析

日产车系典型的雨刮清洗系统电路图如图38-2所示。

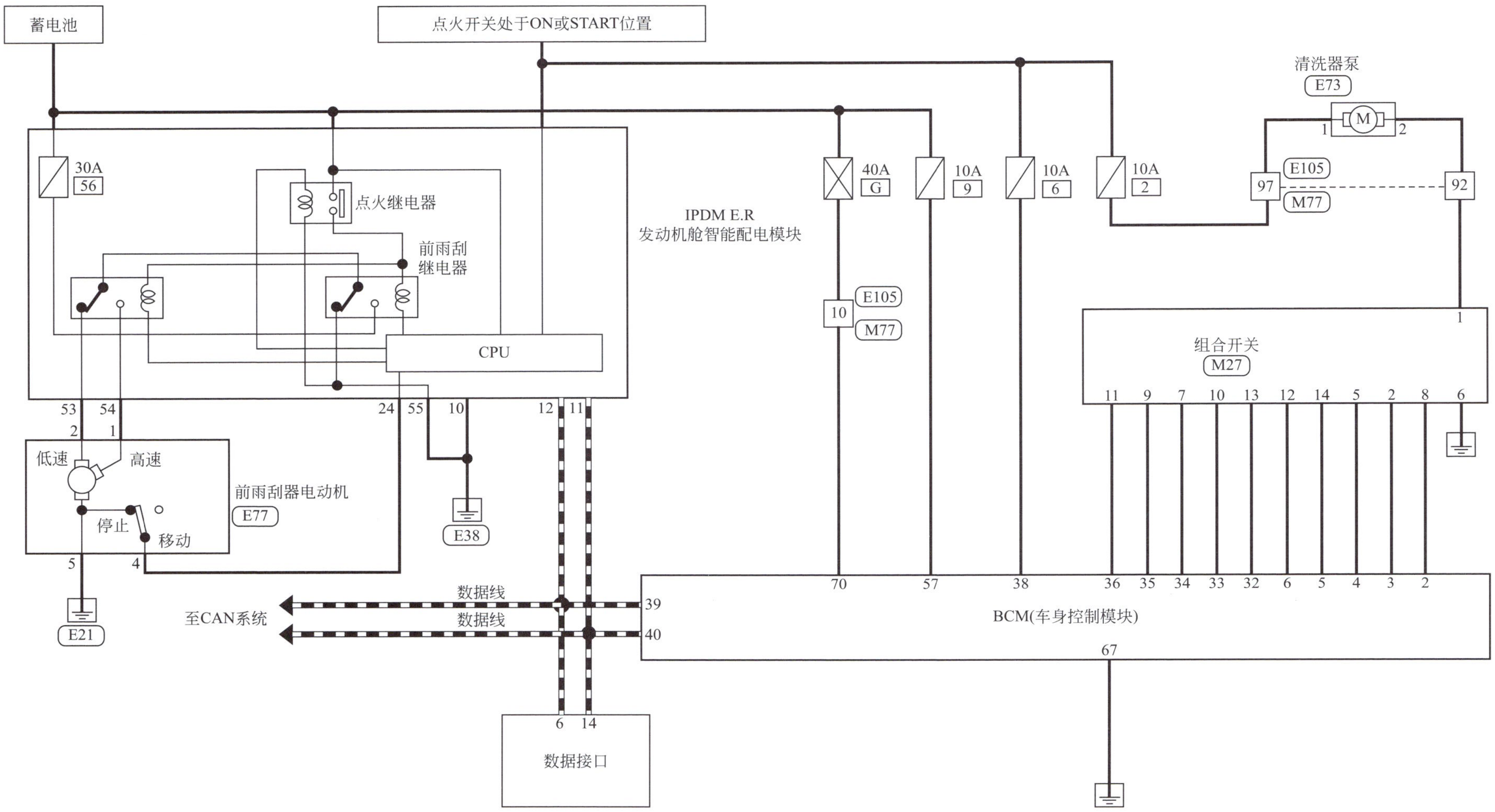

图38-2 日产车系典型的雨刮清洗系统电路图

（1）高速雨刮电路分析

当雨刮器开关位于“HI”位置时，BCM 通过雨刮器开关读取功能检测到高速雨刮器 ON 信号。BCM 从 39、40 端通过 CAN 通信线路发送前雨刮器请求信号“HI”至IPDME/R 端口 12 和 11。当 IPDME/R 接收到前雨刮器请求信号“HI”后，IPDME/R（发动机室智能电源分配模块）内的 CPU 输出控制信号，接通前雨刮器继电器和前雨刮器高速继电器线圈（位于 IPDME/R 内）电路，前雨刮器继电器和前雨刮器高速继电器的常开触点闭合、常闭触点打开，接通前雨刮器高速运行电路：蓄电池电压→30A 56 号熔丝→前雨刮器继电器常开触点→前雨刮器高速继电器常开触点→IPDME/R 端口 54→前雨刮器电动机端口 1→前雨刮器电动机端口 5→通过 E21 接地。此时，前雨刮器电动机高速运转。

（2）低速雨刮电路分析

当雨刮器开关位于“LO”位置时，BCM 通过雨刮器开关读取功能检测到低速雨刮器 ON 信号。BCM 从 39、40 端通过 CAN 通信线路发送前雨刮器请求信号“LO”至 IPDME/R 端口 12 和 11。当 IPDME/R 接收到前雨刮器请求信号“LO”后，IPDME/R（发动机室智能电源分配模块）内的CPU 输出控制信号，接通前雨刮器继电器线圈（位于IPDME/R 内）电路，前雨刮器继电器的常开触点闭合、常闭触点打开，接通前雨刮器低速运行电路：蓄电池电压→30A 56 号熔丝→前雨刮器继电器常开触点→前雨刮器高速继电器常闭触点→IPDME/R端口 53→前雨刮器电动机端口 2→前雨刮器电动机端口 5→通过 E21 接地。此时，前雨刮器电动机低速运转。

（3）雨刮器间歇功能电路分析

在每次间歇操作间隔时间之后，BCM 向 IPDMER 发送雨刮器请求信号，间歇接通雨刮器低速运行电路，使前雨刮器间歇地低速运行。

（4）雨刮器自动复位电路分析

雨刮器开关转到 OFF 位置，雨刮器电动机将继续工作，直到雨刮器臂到达挡风玻璃的底部。当雨刮器开关在 OFF 位置时，雨刮器臂不在挡风玻璃的底部时，到达 IPDME/R 端口 53 的电压→前雨刮器电动机端口 2，使雨刮器电动机继续低速工作。

当雨刮器臂到达挡风玻璃底部时，前雨刮器电动机端口 4 和 5 之间接通，IPDME/R 端口 24 的电压→雨刮器电动机端口 4 和 5→E21 接地。随后 IPDME/R 通过 CAN 通信线路向 BCM 发送自动停止操作信号。当 BCM 接到自动停止操作信号后，BCM 通过 CAN 通信线路向 IPDME/R发送雨刮器停止信号，IPDME/R 停止雨刮器电动机。雨刮器电动机随即将雨刮器臂停止在 STOP 位置。

第39章 福特汽车电路识读与分析

39.1 福特车系电路图特点

新款福特车系汽车电路图采用全新的画法，与其他车系电路图截然不同。以控制单元模块为核心，传感器执行器等用电设备分列在模块左侧或左右两侧。蓄电池供电在电路图的左上方，向上供电经过电路图中间部位的配电盒形成了自左向右和自上而下相结合的供电形式。

在福特车系电路图中，可以将控制单元看作黑匣子，不用去窥探其内部的奥秘，只需要查看外部引脚即可。

福特汽车启动系统电路图如39-1 所示。

39.2 电路图的格式及识读

福特车系汽车电路图格式如图 39-2 所示。

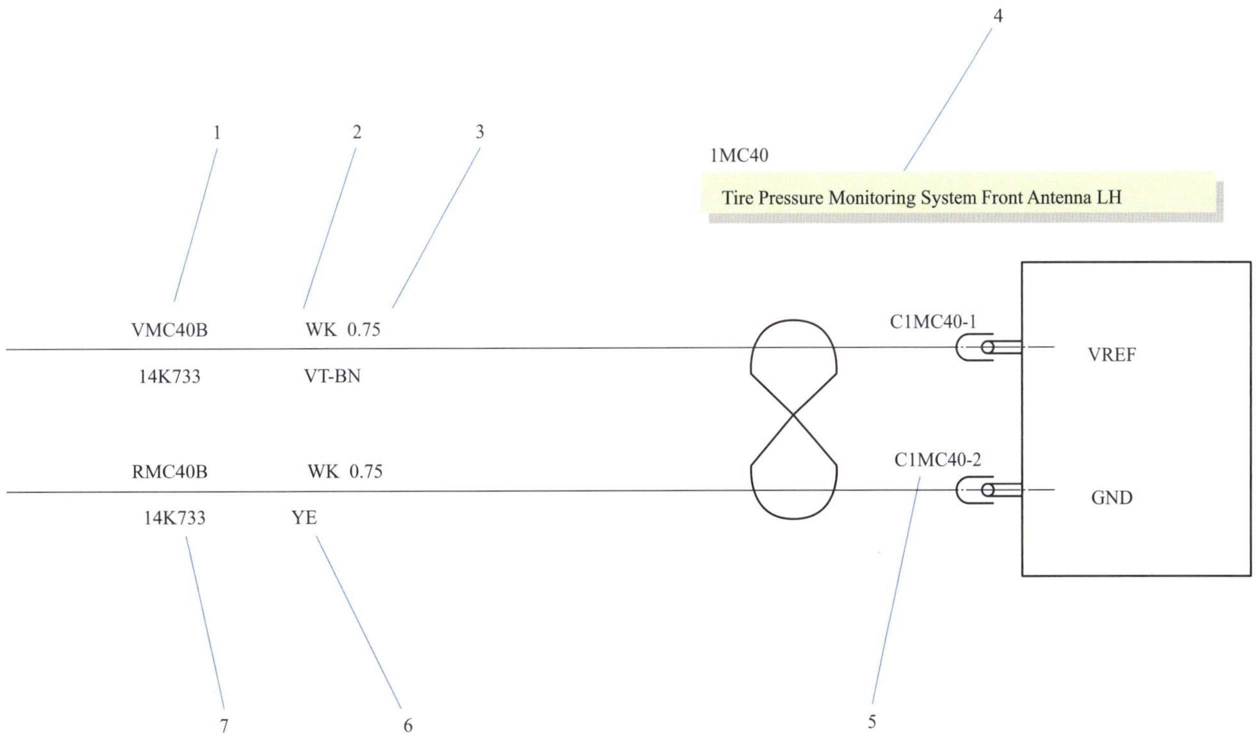

图39-1 福特车系汽车电路图格式

1—电路代码；2—线路绝缘参数（温度）；3—导线线径；4—部件名称；

5—连接器代码；6— 导线颜色代码；7—线束代码

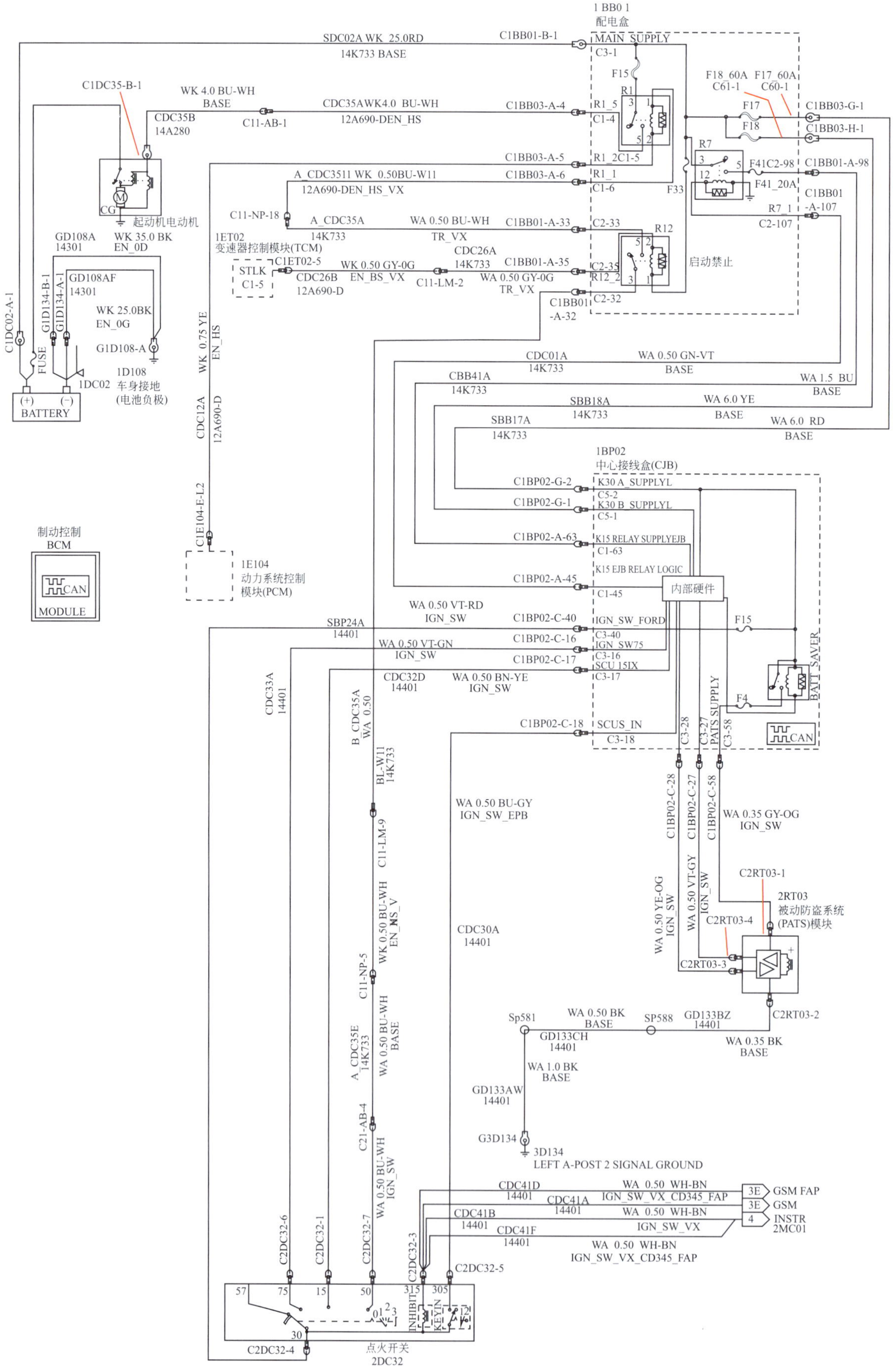

图39-2 福特汽车启动系统电路图

图39-1中标号1 ～ 7详细描述见表39-1。

表39-1　图39-1中标号1～7详细描述

标号	说明	位置	描述	代码	详细描述
1	电路代码	位置1	电位	G	GND
				S	标准电压
				H	比标准电压高
				C	更换或开关
				V	可变信号
				L	比标准电压低
				R	返回或参考
				D	加密线
				Z	上述任何一个都具有临时功能
		位置2	系统	A	专用车辆
				B	电路保护
				C	地板
				D	电压分配
				E	发动机和变速器
				H	加热
				L	照明
				M	多媒体（信息和娱乐）
				P	辅助电源
				R	辅助安全约束
				Y	混合动力
		位置3	子系统	—	
2	线路绝缘参数（温度）			WA	100℃
				WK	125℃
				WE	150℃
3	导线线径	导线的横截面面积，单位：mm^2			
4	部件名称				
5/7	连接器代码	部件		1	C=连接器，G=GND，S结合处
				2	接头位置
				3	系统
				4	子系统
				5	功能
				6	功能
				7	后缀（仅适用于多个连接器的情况）
		线束连接器		1	C=连接器
				2	插头位置
				3	连接系统的位置
				4	后缀（仅适用于多个连接器的情况）

续表

标号	说明	位置	描述	代码	详细描述
6	导线颜色代码			BK	黑色
				BN	褐色
				BU	蓝色
				GN	绿色
				GY	灰色
				LG	浅绿色
				不适用	自然色
				OG	橙色
				PK	粉色
				RD	红色
				SR	银色
				VT	紫色
				WH	白色
				YE	黄色

图39-1中标号3子系统代码见表39-2。

表 39-2　标号 3 子系统代码

系统代码	子系统代码	描述
A	1	任何子系统的临时功能
A	2	任何子系统的临时功能
A	3	任何子系统的临时功能
A	A	急救车
A	C	顾客容易进入
A	P	警车
A	T	拖车
A	X	出租车
B	1	AJB（auxiliary junction box）
B	B	BJB（battery junction box）,EJB（engine junction box）
B	F	熔丝盒
B	K	电源电路保护
C	A	防抱死控制，牵引力控制，稳定性辅助
C	B	制动系统
C	D	自适应减振
C	F	四轮驱动

续表

系统代码	子系统代码	描述
C	L	悬架
C	S	动力转向
D	1	GND点
D	9	特殊GND和回路
D	B	诊断bus网络
D	C	充电，启动，点烟器，电源输出接口
D	F	熔丝连接线路，大容量熔丝
E	1	PCM（powertrain control module）
E	2	PCM
E	3	PCM
E	4	PCM
E	5	动力控制，二极管，驾驶，监控器，泵
E	6	动力继电器，电阻器，流道
E	7	动力系统传感器
E	8	动力系统传感器
E	9	动力系统开关，转换器，阀门
E	C	发动机冷却
E	S	车速控制
E	T	变速器/传动桥，差速器，传动轴
H	1	自动空调系统模块
H	2	自动空调系统模块
H	3	温度控制
H	4	温度控制继电器，电阻器，传感器，开关，转换器
H	A	辅助温度控制
H	C	气缸体加热器
H	F	燃油中间加热器
H	P	电子中间加热器
H	S	加热式座椅
L	F	前部灯光
L	N	内部灯光，礼仪灯，仪表板照明

续表

系统代码	子系统代码	描述
L	S	后部灯光，转向信号灯
M	C	仪表，信息中心，转速表
M	E	信息和娱乐
M	F	前部避撞系统
M	M	通信，移动电话，声控
M	N	导航系统
M	P	驻车助手
M	R	后部乘客娱乐系统
M	T	信息通信
P	K	免钥匙车辆
P	L	锁
P	M	后视镜
P	P	可调踏板，转向柱
P	R	电动天窗，车门，侧门沿
P	S	电动座椅
P	W	电动车窗
R	1	RCM（restraints control module）,气囊模块，侧气帘模块
R	2	碰撞传感器，PAD（passenger air bag deactivation）开关
R	B	盲点监控器
R	D	加热式挡风玻璃，后车窗，后视镜，洗涤器喷嘴
R	H	喇叭
R	P	行人保护
R	T	防盗
R	W	前挡风玻璃雨刷和洗涤器，后挡风玻璃雨刷和洗涤器，前照灯洗涤器
Y	A	DC（direct current）/AC（alternating current）变换器
Y	B	牵引蓄电池
Y	D	DC/AC变矩器
Y	T	混合动力分离式变送器/驱动桥

39.3 电路图形符号

福特车系电路图形符号如图39-3所示。

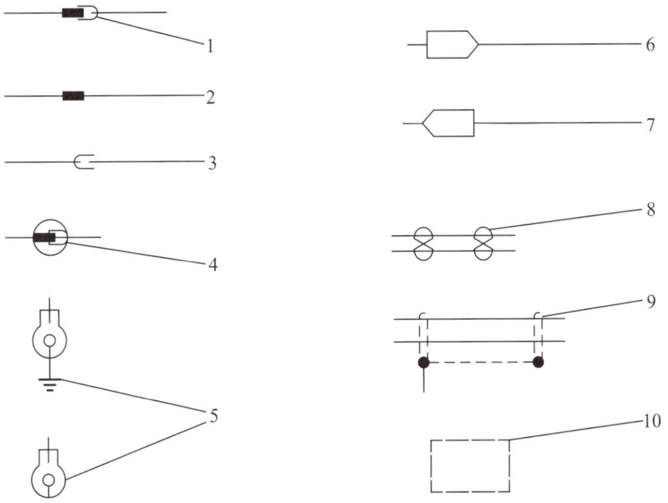

图39-3 福特车系电路图形符号

1—内嵌式连接器；2—公连接器（公子）；3—母连接器（母子）；4—有镀膜的插脚（比如黄金）；5—接地；6—离页引用（关于）；7—离页引用（来自）；8—双绞线；9—屏蔽电缆；10—组件部分

第40章 马自达汽车电路识读与分析

40.1 马自达 / 奔腾车系汽车电路图特点

马自达 / 奔腾车系汽车电路图/ 接线图给出了各个系统从电源到接地的电路，比较通俗易读。电源部分在每一页电路图的上半部分，接地部分在每一页的下半部分。如蓄电池总符号总是放在电路图的左上角，而该电路系统的接地符号总是放在左下角。每个电路图的下方放有该电路图涉及的连接器，每个连接器都有代码。

马自达 / 奔腾车系汽车电路的接地点都在电路图的下方，各接地点连接到底部一根细横线，然后同蓄电池负极搭铁。接地符号的圆圈标有数字，表示接地编号。要注意的是系统电路图中的接地连接编号必须与接地点示意图中的编号一致。

40.2 马自达 / 奔腾车系导线颜色代码及导线、连接器

马自达/ 奔腾车系导线有单色和双色两种，表现形式为“线色+（线束符号）”。单色导线为纯色线，双色导线第一个字母（即斜线前）表示导线的基色，第二个字母（即斜线后）表示条纹的颜色，如 W/R 表示带有红色条纹的白色线，BR/Y 表示带有黄色条纹的棕色线。马自达/奔腾车系电路图导线颜色对照如表40-1所示。导线颜色表示符号括号内的字母是线束符号，马自达/奔腾车系电路图线束符号如表40-2所示。

表 40-1　马自达 / 奔腾车系电路图导线颜色对照

代码	颜色	代码	颜色	代码	颜色
B	黑色	L	蓝色	R	红色
BR	棕色	LG	浅绿色	W	白色
G	绿色	O	橙色	Y	黄色
GY	灰色	P	粉红色	LB	浅蓝色
DG	深绿色	DL	深蓝色	R	红色
V	紫色	T	黄褐色	SB	天蓝色

有的导线绝缘层只有一种颜色，有的导线绝缘层则在一种颜色的基础上加上另一种颜色的条纹。第二种颜色即为条纹颜色

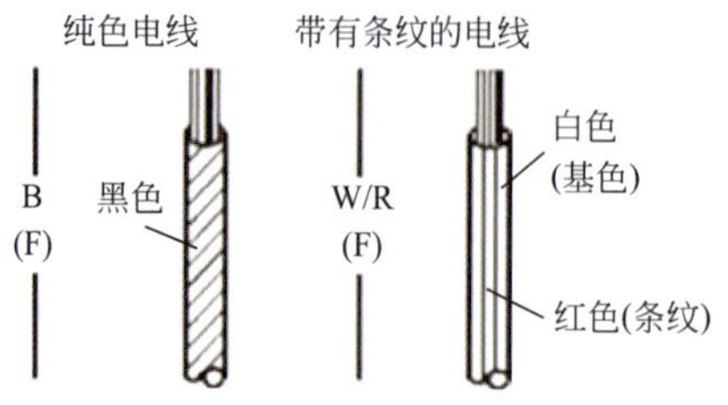

表 40-2　马自达 / 奔腾车系电路图线束符号

代码	线束名称	图标	代码	线束名称	图标
（F）	前端线束		（DR1）	车门1号线束	—
（F2）	前端2号线束		（DR2）	车门2号线束	
（E）	发动机线束		（DR3）	车门3号线束	
（D）	前围板线束		（DR4）	车门4号线束	
（R）	后端线束	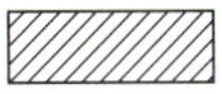	（FR）	地板线束	—
（R2）	后端2号线束		（IN）	车内灯线束	—
（R3）	后端3号线束		（AC）	空调线束	—
（I）	仪表板线束	—	（INJ）	喷油器线束	—
（EM）	排放线束	—	（HB）	驻车制动线束	—
（EM2）	排放2号线束				
（EM3）	排放3号线束				

马自达 / 奔腾车系电路图中的连接器有阳连接器和阴连接器之分，并可以根据在电路图中的形状来区分，如表40-3所示。

表 40-3　电路连接器符号

连接器类别	连接器外形	电路图中的符号	连接示意图中的符号	示例说明
阳连接器	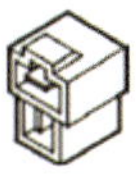		L R	●相同的连接器在连接器符号之间用短划线连在一起 ●连接器示意图所示为线束侧的连接器。接线端所示为线束侧的视图 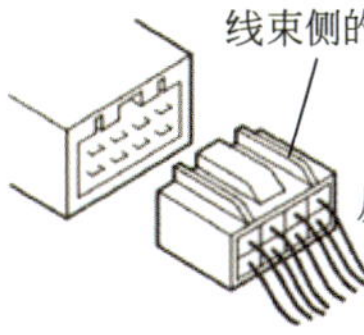 ●除白色之外的连接器颜色在其位置中标明 ●未使用的接线端用"*"表示
阴连接器	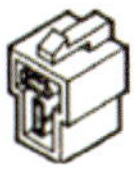		L R	

在每个连接器上都有相应的代码。如"0740-201A"，其中0740为系统代码，201A为具体的连接器。连接器代码含义如表40-4所示。

表 40-4　连接器代码含义

数字/符号	系统	数字/符号	系统
F	熔丝盒连接器	J	接线盒/接线盒连接器
C	公共连接器	D	数据线连接器
G	接地点连接器	0112	冷却系统连接器
0114	燃油系统连接器	0113	进气系统连接器
0117	充电系统连接器	0118	点火系统连接器
0119	启动系统连接器	0120	巡航控制系统连接器

续表

数字/符号	系统	数字/符号	系统
0140	发动机控制系统连接器	0212	车轮与轮胎连接器
0318	四轮驱动连接器	0413	ABS 系统连接器
0414	牵引力控制系统连接器	0415/0418	动态稳定控制连接器
0513/0517	自动变速连接器	0514/0518	自动变速器换挡机构连接器
0613	EPS系统连接器	0614	动力转向装置连接器
0740	暖风、通风与空调控制系统连接器	0810	安全气囊系统连接器
0811	座椅安全带连接器	0812	玻璃、车窗、后视镜连接器
0913	座椅连接器	0914	安全与锁连接器
0915	天窗连接器	0916	外饰连接器
0918	照明系统连接器	0919	雨刮、洗涤系统连接器
0920	娱乐连接器	0921	动力系统连接器
0922	仪表、驾驶员信息连接器	0940	控制系统

40.3 马自达 / 奔腾车系电路图图形符号

马自达 / 奔腾车系电路图图形符号与其他车系大同小异，如表40-5所示。

表 40-5　马自达 / 奔腾车系电路图图形符号

符号	含义
蓄电池 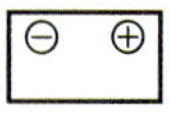	①通过化学反应产生电 ②向电路提供直流电
接地(1) 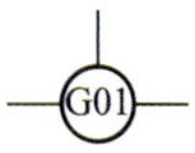	①若有电流从蓄电池的正极向负极流动，则将电流通过车体或其他接地线，再流回负极 ②接地（1）表明一个接地点通过线束与车身搭铁之间的连接 ③接地（2）表明部位直接与车身搭铁接地的点 备注：若接地有故障，则电流不会流过电路
接地(2) 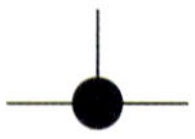	
接地(3) 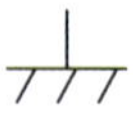	
照明灯 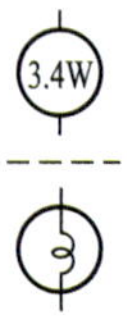	当电流流经电阻丝时发光、发热
电阻 	①电阻值恒定的电阻器 ②主要通过保持额定电压来保护电路中的电气部件

续表

符号	含义
电动机 	把电能转变成机械能
熔丝 	当电流超过电路的规定电流值时，发生熔断并中断电流 警示：不要使用超过规定容量的熔丝进行更换 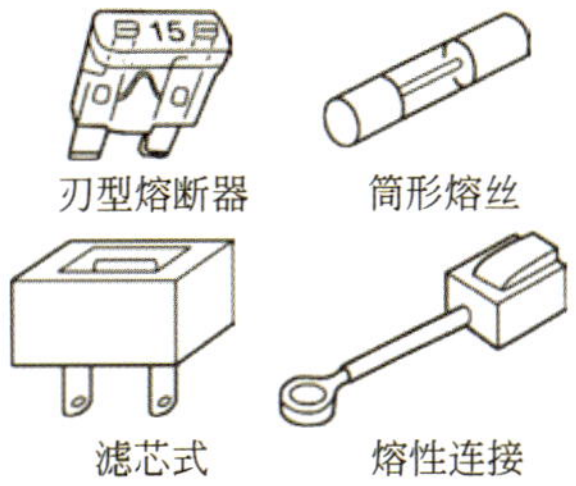
熔丝(适用于强电流的熔丝) 	
晶体管(1) 集电极(C) 基极(B)  NPN 发射极(E)	·电气开关的部件。 ·当有电压加在基极（B）上时，开关打开。 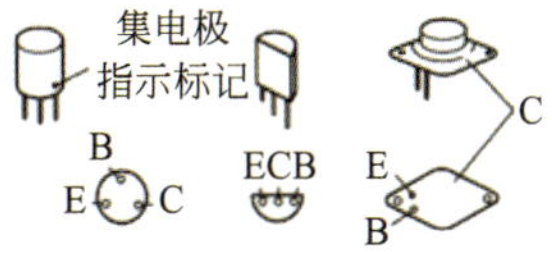
晶体管(2) 集电极(C) 基极(B)  PNP 发射极(E)	·查阅代码。 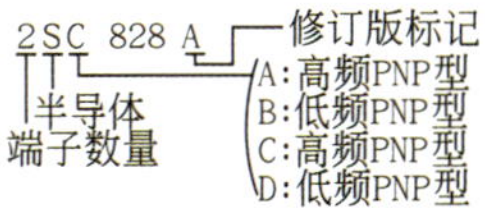
开关(1) 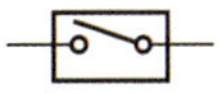 常开(NO)	通过断开或闭合电路允许或中断电流通过
开关(1)  常闭(NC)	
自动停止开关 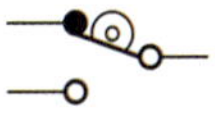	当满足某些条件时，自动切断电路
泵 	吸入、排放气体与液体
点烟器 	产生热的电线
附件插座 	内部电源

符号	含义
喇叭 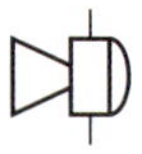	当有电流通过时发出声音
扬声器 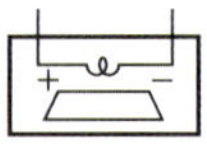	
加热器 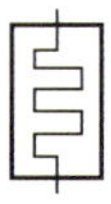	当有电流通过时产生热量
点火开关 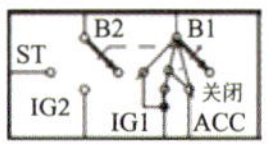	①转动点火钥匙，使电路驱动各部件（注意） ②在柴油车辆上，点火开关称为发动机开关
线束连接  若电路C-D与电路A-B相连，则用一个黑色小圆点表示连接点D 选择  根据汽车的规格，用一个白色小圆圈表示不同电路的改向点D	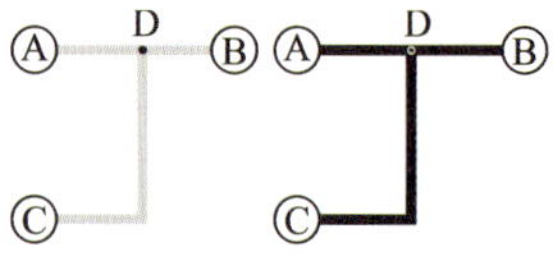 ①对于配备了防抱死制动系统的汽车，使用Q-B电路 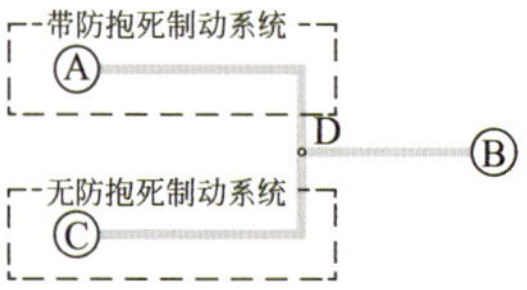 ②对于未配备防抱死制动系统的汽车，使用C-B电路
继电器(1) 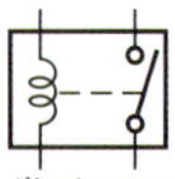 常开(NO)	流过线圈的电流产生电磁力，导致触点断开或闭合 有电流流过线圈 
继电器(2) 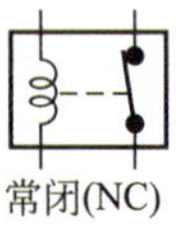 常闭(NC)	流过线圈的电流产生电磁力，导致触点闭合 
传感器(1) 	根据阻抗的变化检测某些特性，例如进气歧管真空度及空气流量
传感器(2) 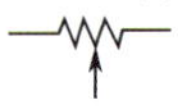	根据其他部件的操作检测阻抗的变化

续表

符号	含义
传感器(3) 	①阻抗会随温度的变化而变化的电阻器 ②当温度升高时，防护减少
传感器(4) 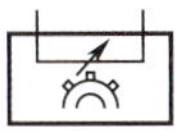	检测放置物体发出的脉冲信号
传感器(5) 	当施加张力或压力时，会产生点热差
电容器 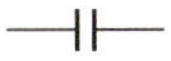	能够暂时存储电荷的部件
电磁阀 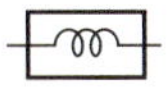	流过线圈的电流产生电磁力，由此操作柱塞
二极管 	二极管也称半导体整流器，二极管只允许电流朝一个方向流动 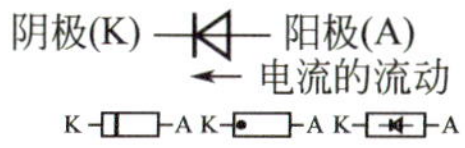
发光二极管 (LED) 	①当有电流流过时能够发光的二极管 ②二极管与普通的灯泡不同，发光时不产生热量 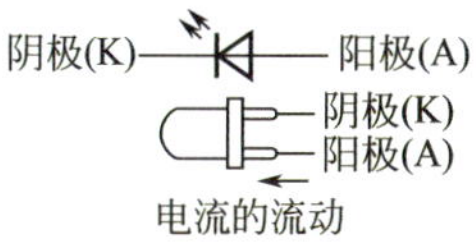
参考二极管 (齐纳二极管) 	允许电流朝一个方向流动直至达到某个电压值，一旦电压超过该电压值则允许电流朝另一个方向流动
接线位置的变化范围(1) 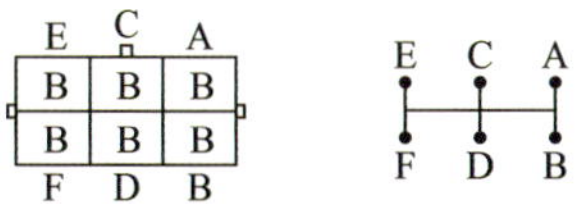	接线位置可以在连接器内自由互换
接线位置的变化范围(2) 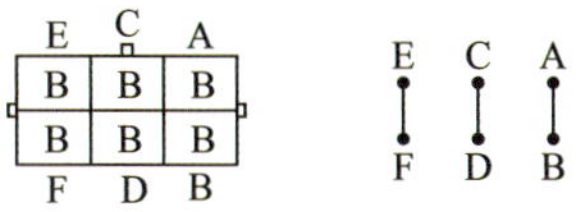	接线位置只能按照下面的组合变换位置：在A和B之间，C和D之间，E和F之间
接线位置的变化范围(3) 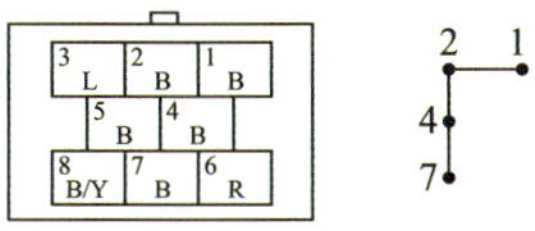	接线位置只能按照下面的组合变换位置：在1、2、4和7之间接线位置也可以用某些连接器的号码来表示

40.4 电路图识读释例

马自达 / 奔腾车系汽车电路图识读释例如图 40-1 所示。

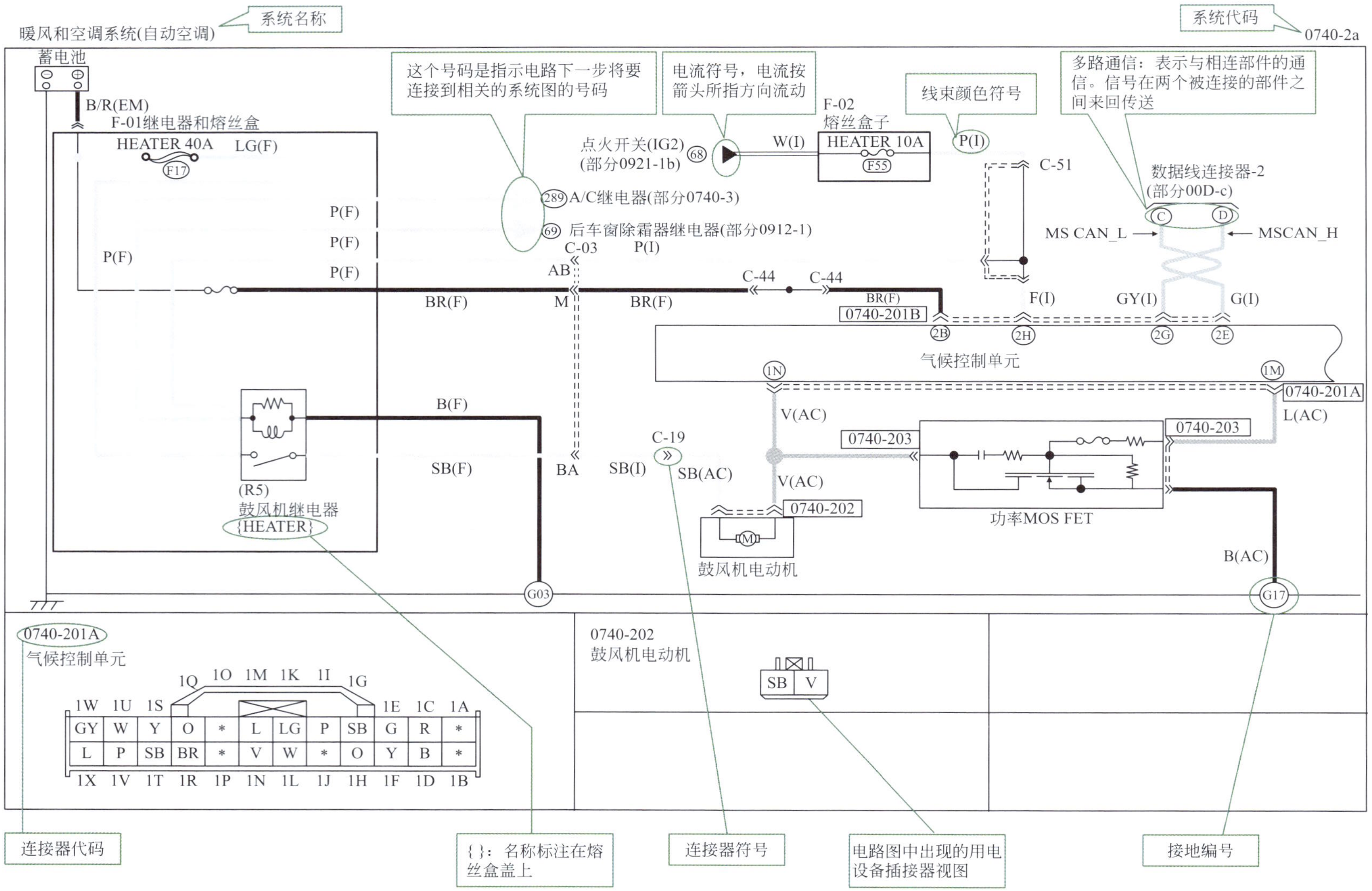

图40-1 马自达奔腾车系汽车电路图识读释例

40.5 马自达车系典型电路分析

如图40-2所示，燃油泵继电器安装在主熔丝盒内，燃油泵继电器的移动触点由蓄电池通过 F4 熔丝供应常电，开关触点为燃油泵供电。燃油泵继电器电磁线圈绕组输入端（86）供电由点火开关控制，绕组输出端（85）由动力控制单元 PCM 控制。

点火开关打开到IG1 挡位时，蓄电池供电经过F-02 熔丝盒内的F52 熔丝为燃油泵继电器电磁线圈绕组输入端提供12V 直流供电；动力控制单元得到点火开关打开的信号后，在内部接通继电器电磁线圈绕组输出端接地，电磁线圈有电流通过，继电器吸合，燃油泵得电启动，建立油压。

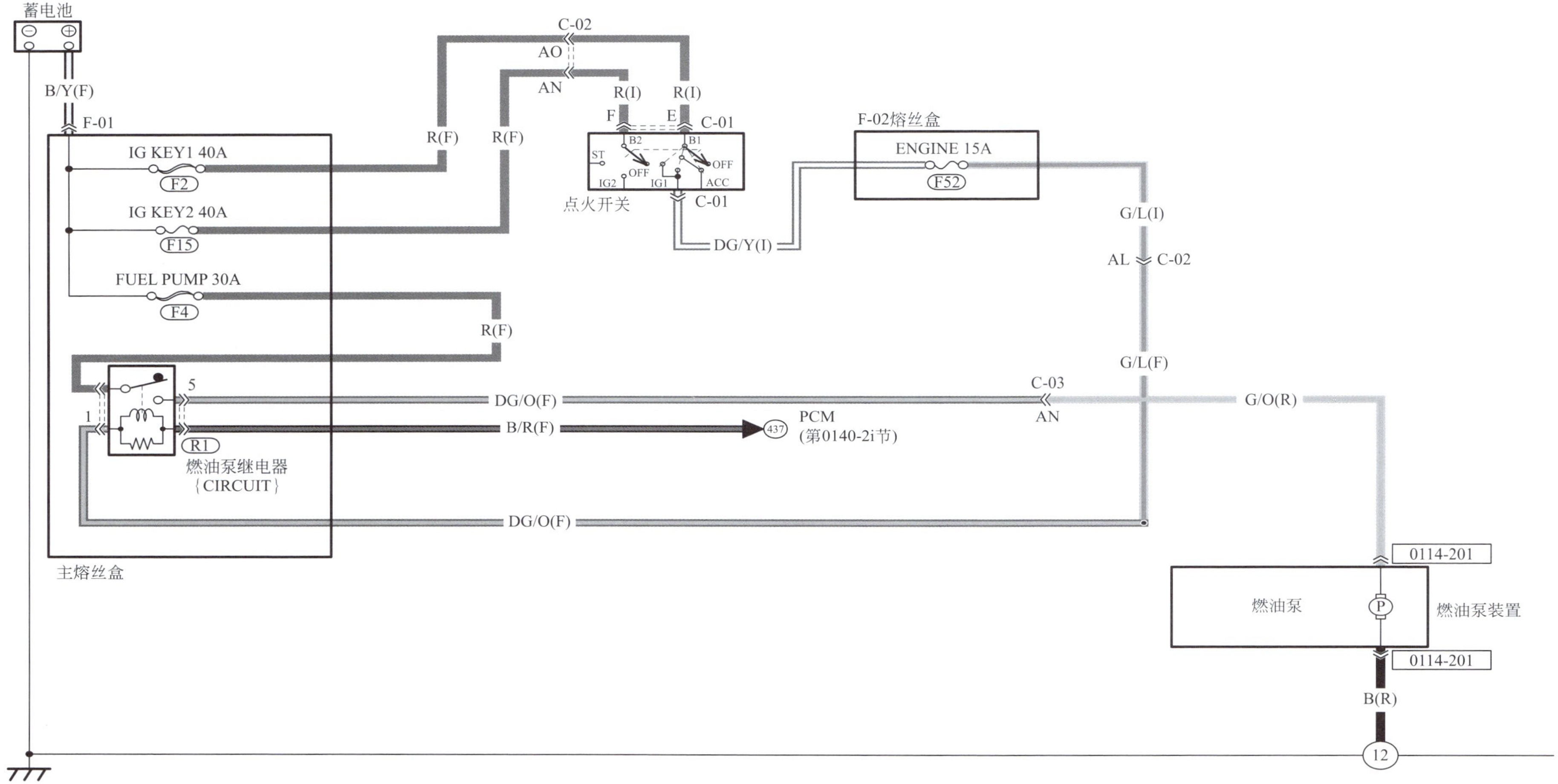

图40-2 马自达某车型燃油泵控制电路图

第41章 现代/起亚汽车电路识读与分析

41.1 现代/起亚车系汽车电路图特点

现代/起亚汽车电路中电源部分画在电路图的顶部，搭铁部分画在电路图的底部。原版电路图中导线按照实际线束颜色和线径着色，用电设备和模块采用浅蓝色背景。模块虚线框表示在当前电路中未完全显示，实线框表示在当前线路中已完全显示。导线由白、黑、红、黄、绿、棕、蓝、浅绿、橙 9 种主色加辅助颜色条纹的双色电线组成，按一定规律连接起来，构成完整的全车电气系统。

41.2 现代/起亚车系汽车电路图导线颜色

导线由单、双色两种类型组成。双色导线的表示方法：0.5R/B 表示有彩色条纹的导线，其代号中斜线前的字母表示导线的底色，斜杠后的字母表示彩条颜色，最前面的数字表示该导线的横截面面积，单位是 mm^2。

本例导线代号意义：横截面面积为 $0.5mm^2$ 的红底黑条导线。现代/起亚车系导线颜色代码对照如表41-1所示。

表 41-1　现代/起亚车系导线颜色代码对照

代码	颜色	代码	颜色	代码	颜色
B	黑色	L	蓝色	R	红色
Br	棕色	Lg	浅绿色	W	白色
G	绿色	O	橙色	Y	黄色
Gr	灰色	P	粉色	LI	浅蓝色

有的导线绝缘层只有一种颜色，有的导线绝缘层则在一种颜色的基础上加上另一种颜色的条纹。第二种颜色即为条纹颜色。

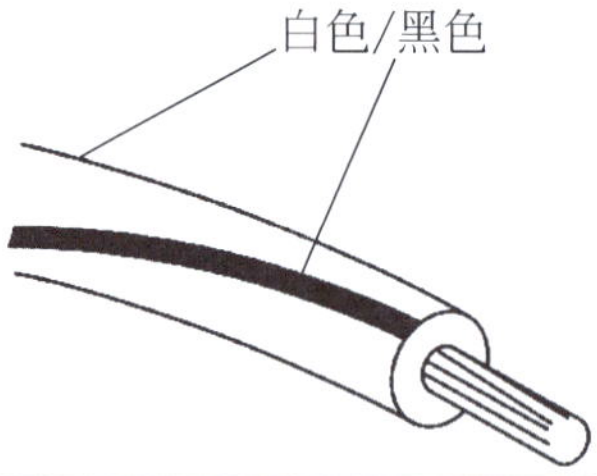

41.3 现代/起亚汽车电路图图形符号

现代/起亚车系电路图图形符号如表41-2所示。

表 41-2　现代/起亚车系电路图图形符号

部分	符号	说明	部分	符号	说明
部件		表示部件全部	部件	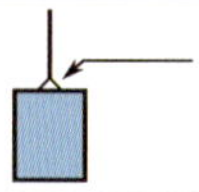	表示导线连接器在部件上
		表示部件的一部分			表示导线连接器通过导线与部件连接

部分	符号	说明	部分	符号	说明
部件	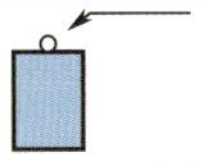	表示导线连接器用螺钉固定在部件上	导线	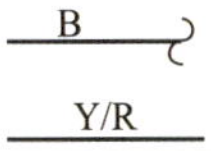	（上）表示下页继续连接 （下）表示黄色底/红色线条导线
		搭铁符号（圆点和3条线段重叠连接在部件上），表示部件的壳体连接到车辆上金属部件上			表示这根导线连接在所显示页。箭头表示电流方向。可以在标记位置看到“A”
		加热器			箭头表示导线连接到其他线路
	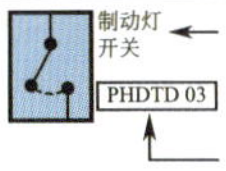	部件名称：上部显示部件名称 显示部件位置图编号		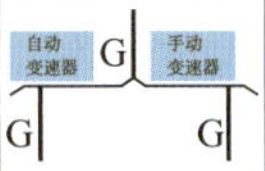	表示不同配置的不同电路连接
一般部件符号	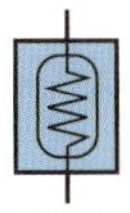	传感器	连接	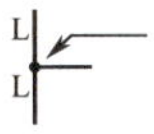	一定数量线束连接以圆点表示。精确的位置和连接根据车辆不同而不同
	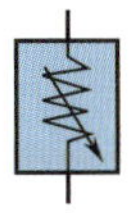	传感器	搭铁		表示导线末端在车辆金属部件上搭铁
	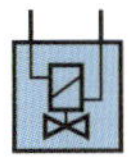	喷油器	屏蔽导线	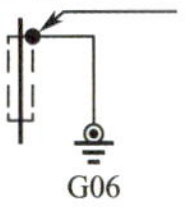	表示防波套，防波套要永久搭铁（主要用在发动机和变速器的传感器信号线上）
	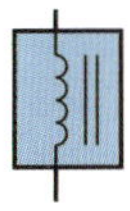	电磁阀	短接连接器	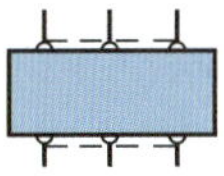	表示多线路短接的导线连接器
		电动机	二极管		二极管
	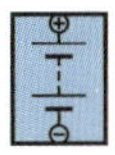	蓄电池			发光二极管
	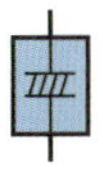	电容器			稳压二极管
	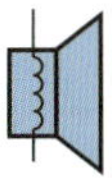	扬声器	熔丝	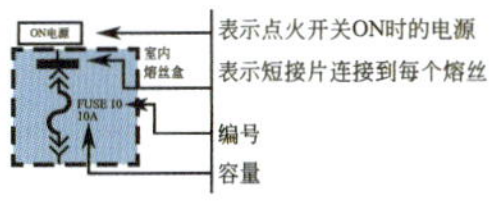	
	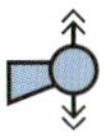	喇叭、蜂鸣器、警笛、警铃	开关	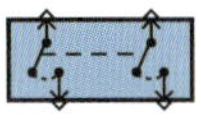	联动开关，表示开关沿虚线摆动，而细虚线表示开关之间的联动关系
连接器	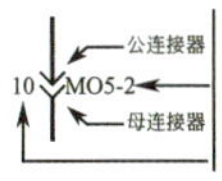	表示部件位置，索引上连接器编号表示对应端子编号（仅相关端子）			开关（单触点）
	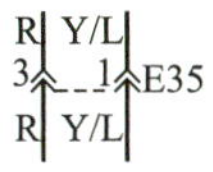	虚线表示2个导线统一在E35导线连接器上（E35）	继电器	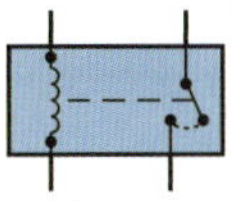	常开式
				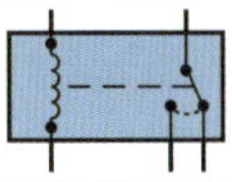	表示线圈没有流过电流时的状态。当线圈流过电流时连接转换

续表

部分	符号	说明	部分	符号	说明
继电器	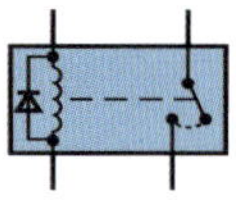	二极管内装继电器	三极管	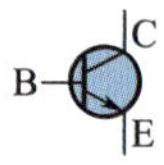	NPN型
	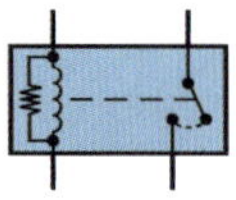	电阻器内装继电器		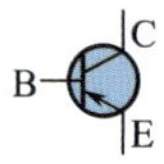	PNP型
灯泡	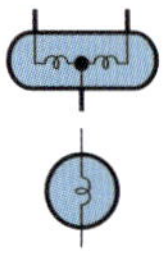	双丝灯泡 单丝灯泡	电源连接		蓄电池电源

41.4 现代 / 起亚车系汽车电路图识读释例

现代 / 起亚车系汽车电路图识读释例如图41-1 所示。

图41-1 中，标号 1 ~ 8 含义如下。

1：系统名称 / 系统代码。

每一页由系统电路组成。示意图包括电流的路径，各个开关的连接状态，以及当前其他相关电路的功能，它适用在实际的维修工作中。

在故障检修前正确理解相关电路是非常重要的。系统的电路依据部件编号并表示在电路图索引上。

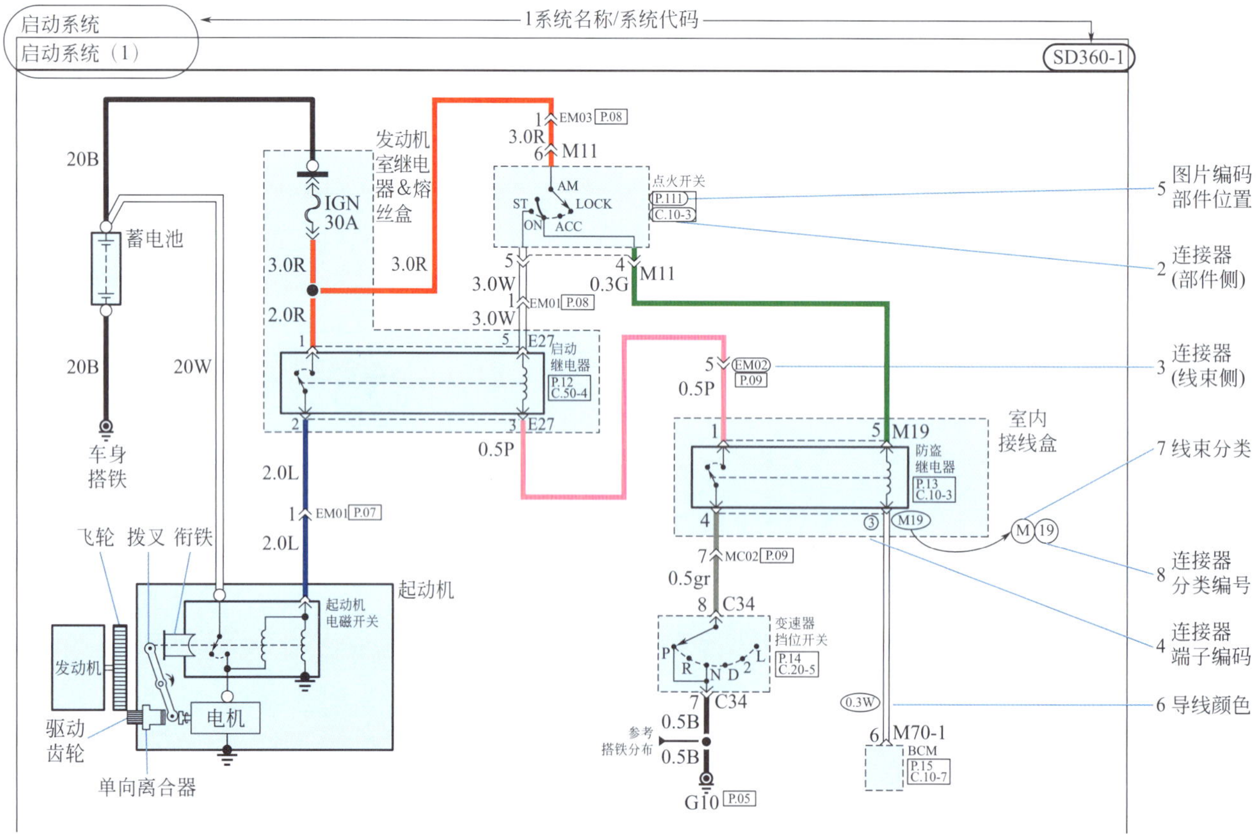

图41-1 现代 / 起亚车系汽车电路图识读释例

2：连接器（部件侧），如图41-2 所示。

① 部分显示：连接器（线束侧，非部件侧）正面图。

② 按照第 4 项的连接器视图和编号顺序，在每个连接器的端子上标记编号。

③ 没有连接线束的端子以（－）进行标记。

3：连接器（线束侧），如图41-2 所示。

① 在线束间连接的连接器，分为公母连接器，表示在连接器视图篇上。

② 按照第 4 项的连接器视图和编号顺序，在每个连接器的端子上标记编号。

③ 没有连接线束的端子以（*）进行标记。

4：连接器端子编码。连接器视图和编码顺序，如表41-3 所示。

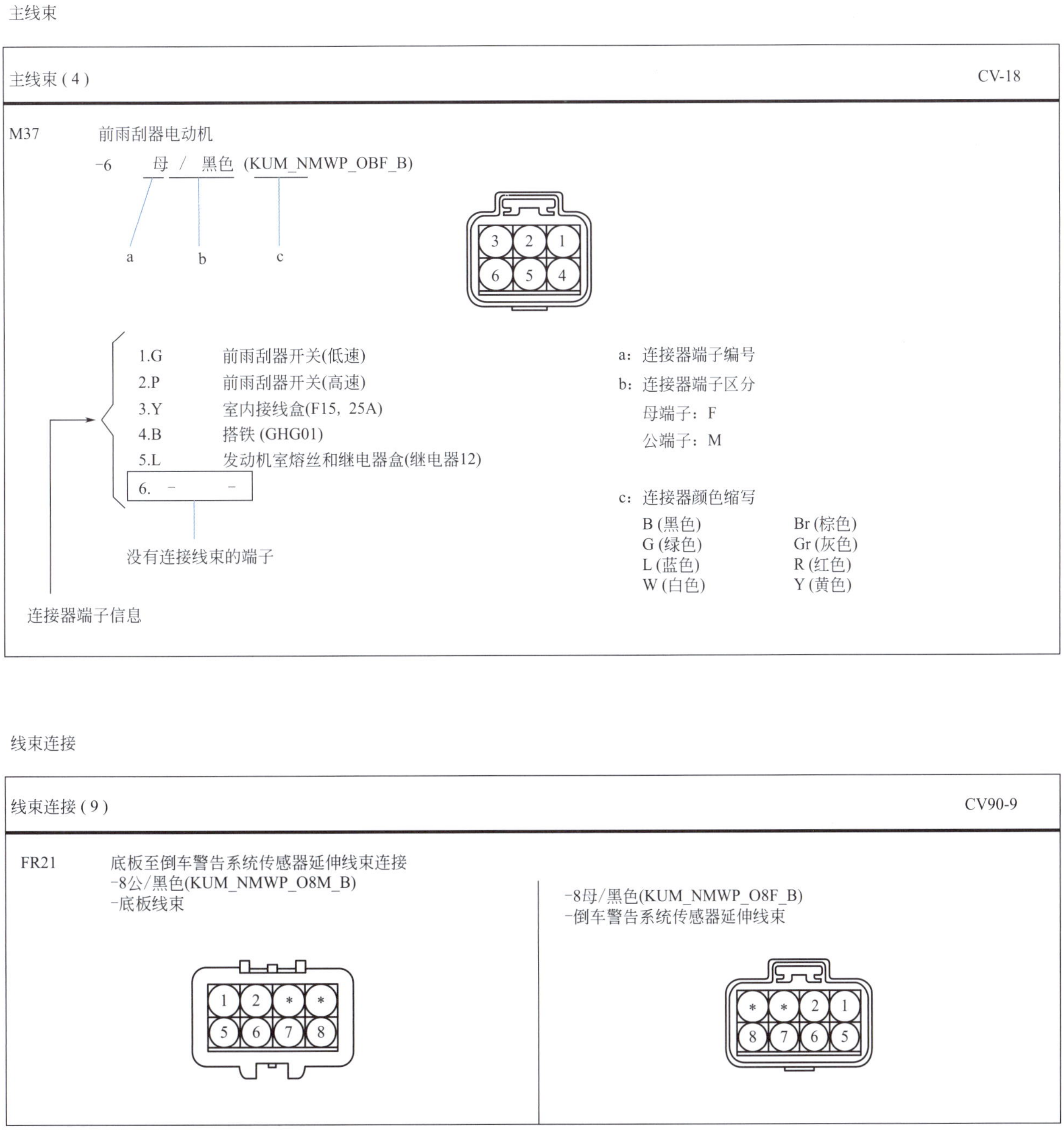

图41-2 连接器编号规则

表 41-3　连接器视图和编码顺序

母	公	备注
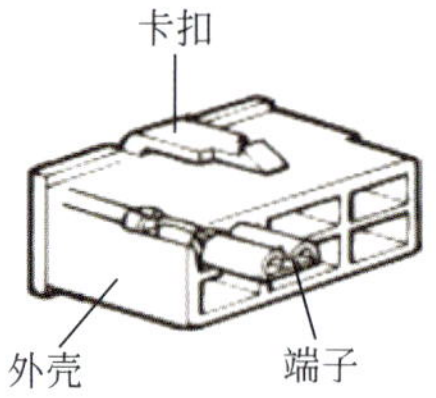	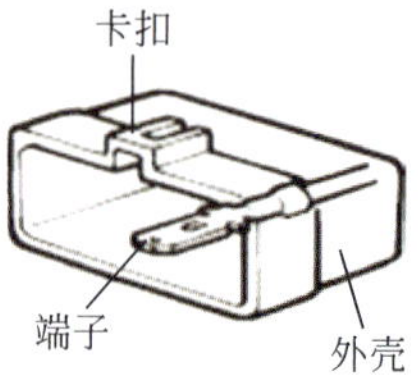	这里不是说明导线连接器的外壳形状，而是说明辨别公导线连接器和母导线连接器上的连接器端子 排列母导线连接器和公导线连接器时，参考左侧图排列顺序 某些导线连接器端子不使用这种表示方法，具体情况请参考导线连机器配置
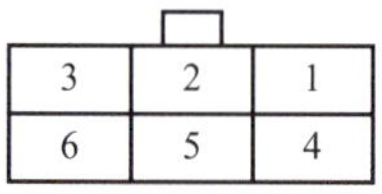	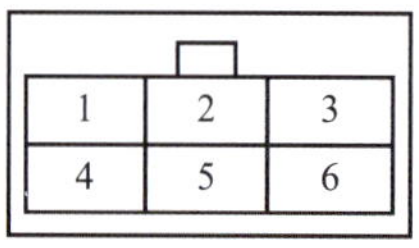	
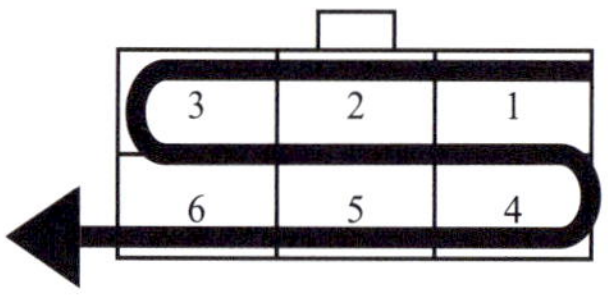	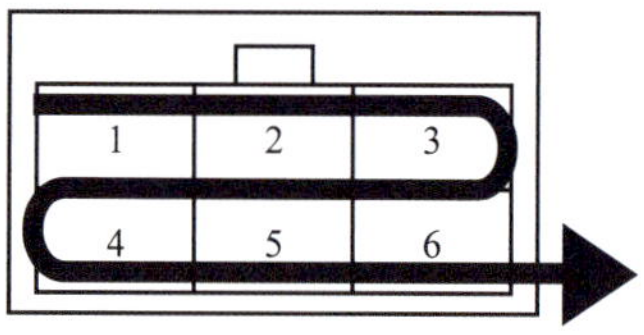	母导线连接器从右上侧开始往左下侧的顺序读号码 公导线连接器从左上侧开始往右下侧的顺序读号码

5：部件位置。

为了方便寻找部件，在示意图上用“PHOTO ON”表示在部件名称的下面。为了方便区别连接器，图片内的连接器均为正常连接状态进行表示。

6：导线颜色。导线颜色缩写，见表41-1。

7：线束分类。

根据线束的不同位置，把线束分为如表41-4所示的几类。

表 41-4　线束分类

符号	线束名称	位置
D	车门线束	车门
E	前线束、点火线圈、蓄电池、喷油嘴延伸线束	发动机室
F	底板线束	底板
M	主线束	室内
R	后保险杠、后备厢门、后除霜器线束	后保险杠、后除霜器、后备厢门

8：连接器识别。

连接器识别代号由线束位置识别代号和连接器识别代号组成。

第42章 国产品牌汽车电路识读与分析

42.1 长安汽车电路识读与分析

42.1.1 长安汽车电路图导线颜色、插头编号

长安汽车电路图中的导线颜色同样分为单色和双色导线。导线颜色如表42-1 所示。双色导线的第一个字母显示导线底色，第二个字母显示条纹色，中间用“/”分隔。例如，标注为 YE/WH 的导线即为黄色色底、白色条纹。

表 42-1 长安汽车电路图导线颜色对照

颜色代码	导线颜色	示例	颜色代码	导线颜色	示例
BK	黑色		OG	橙色	
BN	棕色		PK	粉色	
BU	蓝色		RD	红色	
GN	绿色		SR	银色	
GY	灰色		VT	紫色	
LG	浅绿色		WH	白色	
LU	浅绿色		YE	黄色	

电路图中的线束接头编号规则以线束为基础。例如，发动机线束中的 ECM 线束接头编号为 E01，其中 E 为线束代码，01 为接头序列号。长安汽车电路图线束及代码对照如表42-2所示。

表 42-2 长安汽车电路图线束及代码对照

定义	线束名称	定义	线束名称
CA	发动机舱线束	S--	地板线束接头
C--	发动机舱线束接头	DR	门线束
EN	发动机线束	D--	门线束接头
E--	发动机线束接头	RF	室内灯（顶棚）线束
IP	仪表板线束	L--	室内灯（顶棚）线束接头
P--	仪表板线束接头	X	线束与线束接头
SO	地板线束		

42.1.2 电路图图形符号

长安汽车电路图常见的图形符号如表42-3 所示。

表 42-3　长安汽车电路图常见图形符号

符号	说明	符号	说明	符号	说明
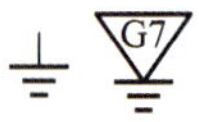	接地	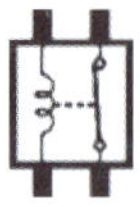	常闭继电器	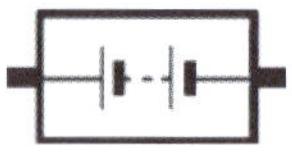	蓄电池
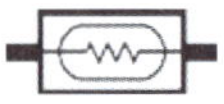	温度传感器	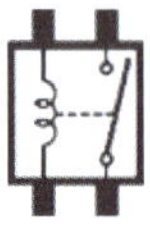	常开继电器	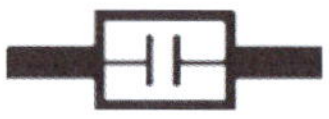	电容
	电磁阀	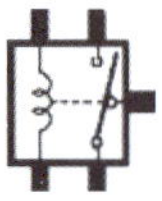	双掷继电器		点烟器
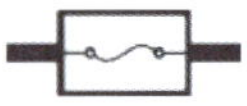	小负载熔丝	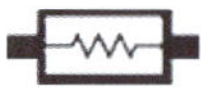	电阻		天线
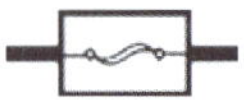	中负载熔丝	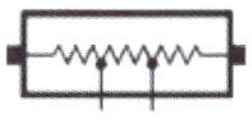	电位计	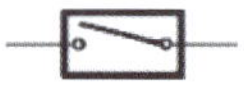	常开开关
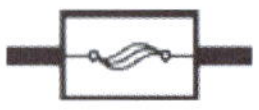	大负载熔丝	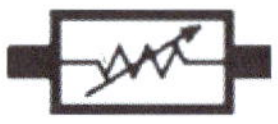	可变电阻器	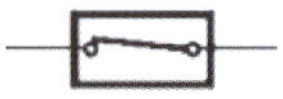	常闭开关
	加热器	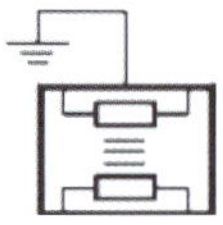	点火线圈	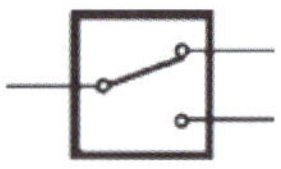	双掷开关
	光电二极管	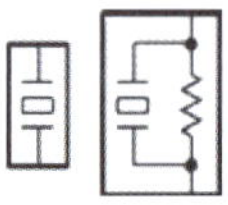	爆震传感器		二极管
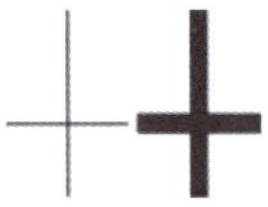	未连接交叉线路		发光二极管		电动机
	时钟弹簧	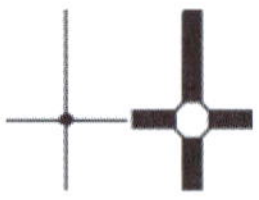	相连接交叉线路	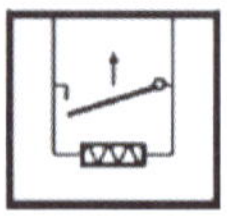	安全气囊
	喇叭		灯泡		双绞线
	限位开关	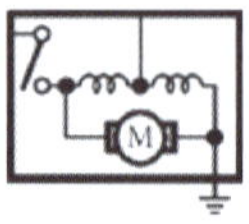	起动机	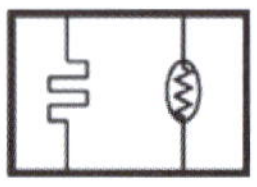	氧传感器

42.1.3　电路图识读释例

长安汽车电路图识读释例如图 42-1 所示。

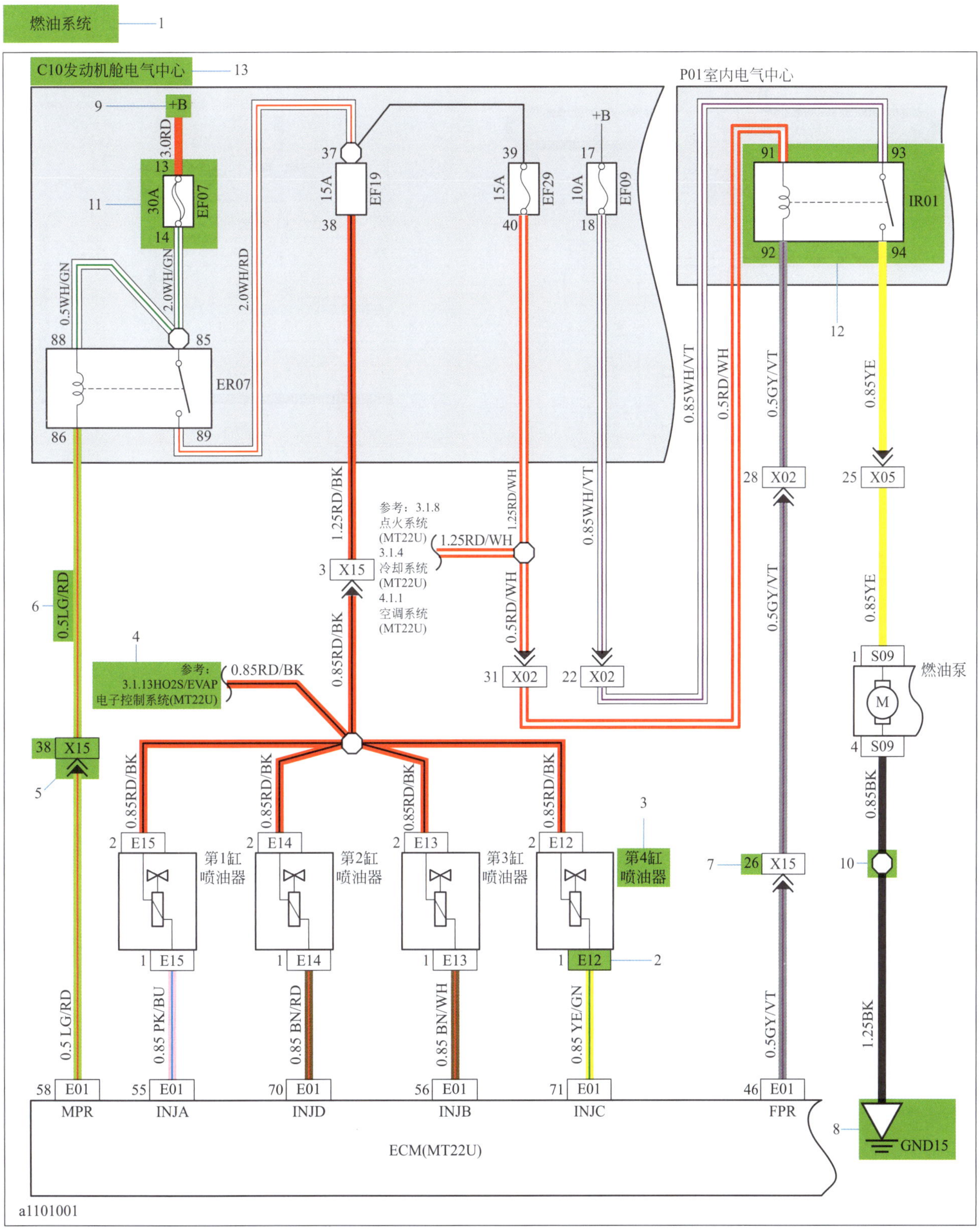

图42-1 长安车系电路图识读释例

1—系统名称；2—线束接头编号；3—部件名称；4—显示此电路连接的相关系统信息；5—线束与线束接头，黑色箭头表示该接头的阳极，方框部分表示该接头的阴极，方框内的内容表示该接头的代码；6—显示导线颜色及线径，颜色代码见表42-1；7—显示接插件的端子编号，注意相互插接的线束接头端子编号顺序互为镜像，如图42-2（a）所示；8—接地点编号以 G 开头的序列编号标识；9—供给于熔丝上的电源类型，+B 表示蓄电池电源，ACC 表示点火开关处于“ACC”时的电源输出，IG1 表示点火开关处于“ON”时的 4 号端子输出，IG2 表示点火开关处于“ON”时的 1 号端子输出；10—导线节点，不带黑色圆点或空心八边形的为未连接交叉线路，带黑色圆点或空心八边形的为相连接交叉线路，如图42-2（b）所示；11—熔丝编号，由熔丝代码和序列号组成，位于发动机舱的熔丝代码为 EF，室内熔丝代码为 IF，熔丝编号详细参见熔丝列表；12—继电器编号，用两个大写英文字母标识，位于发动机舱的继电器代码为 ER，室内继电器代码为 IR；13—灰色阴影填充表示电气中心，P01 表示电气中心线束接头代码

注：1. 如果由于车型、发动机类型或者配置不同而造成相关电路设计不同，在线路图中用虚线标示，并在线路旁添加说明，如图42-2（c）所示

2. 如果电路线与线之间使用 8 字形标识，表示此电路为双绞线，主要用于传感器的信号电路或数据通信电路，如图42-2（d）所示

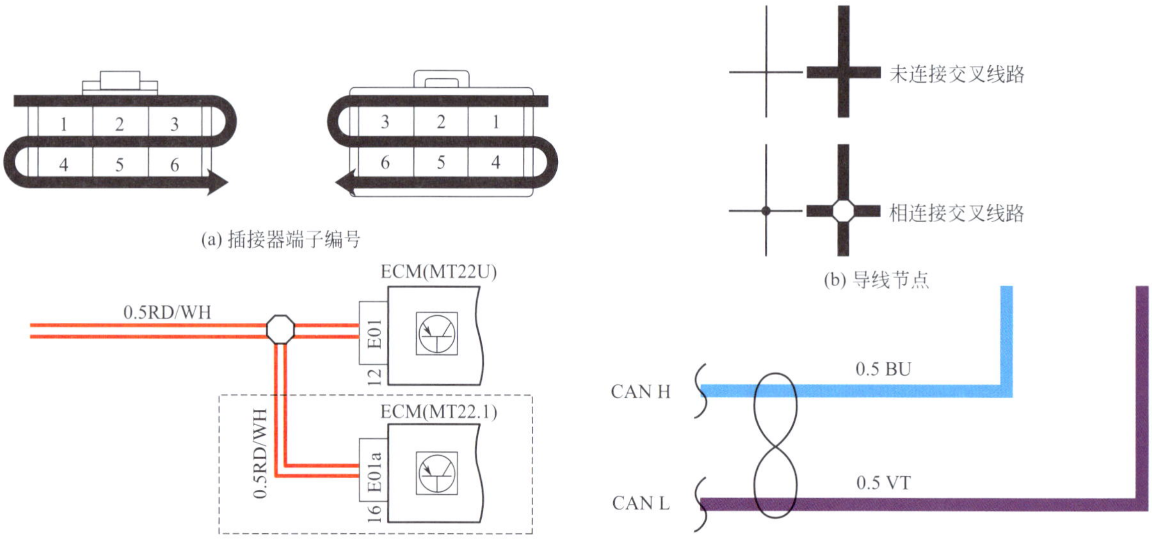

(a) 插接器端子编号　(b) 导线节点　(c) 配置不同的电路　(d) 双铰线示意图

图42-2 电路中的特殊点释义

42.2 五菱、宝骏汽车电路图识读与分析

42.2.1 五菱、宝骏汽车电路图图形符号

五菱、宝骏汽车常见的电路图图形符号如表42-4所示。

表 42-4　五菱、宝骏汽车常见的电路图图形符号

符号	说明	符号	说明
BAT+ ACC IGN1 IGN2	电压指示，表示熔丝在不同情况下的不同供电方式		发光二极管
 C202 2	直列式线束连接器	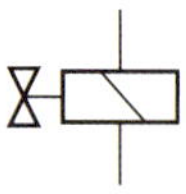	电磁阀
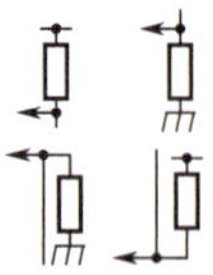	输入/输出电阻值		电阻丝
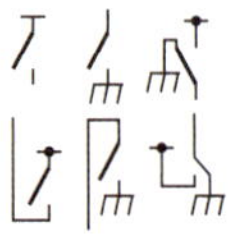	输入/输出开关		感应磁圈
	熔丝	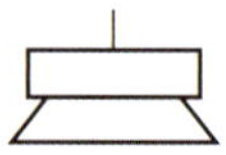	喇叭
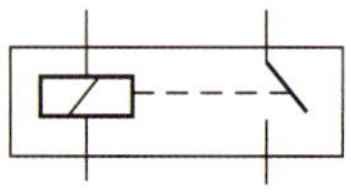	继电器		二极管

续表

符号	说明	符号	说明
	接地		灯泡
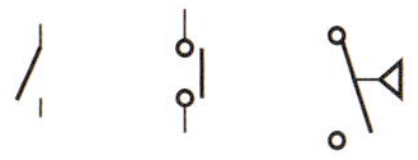	开关		电动机
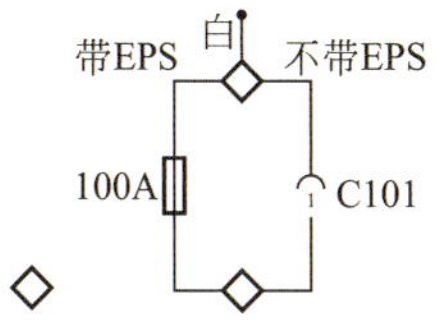	不同配置选择		点烟器

42.2.2 五菱、宝骏汽车电路图识读释例

五菱、宝骏汽车电路图识读释例如图42-3所示。

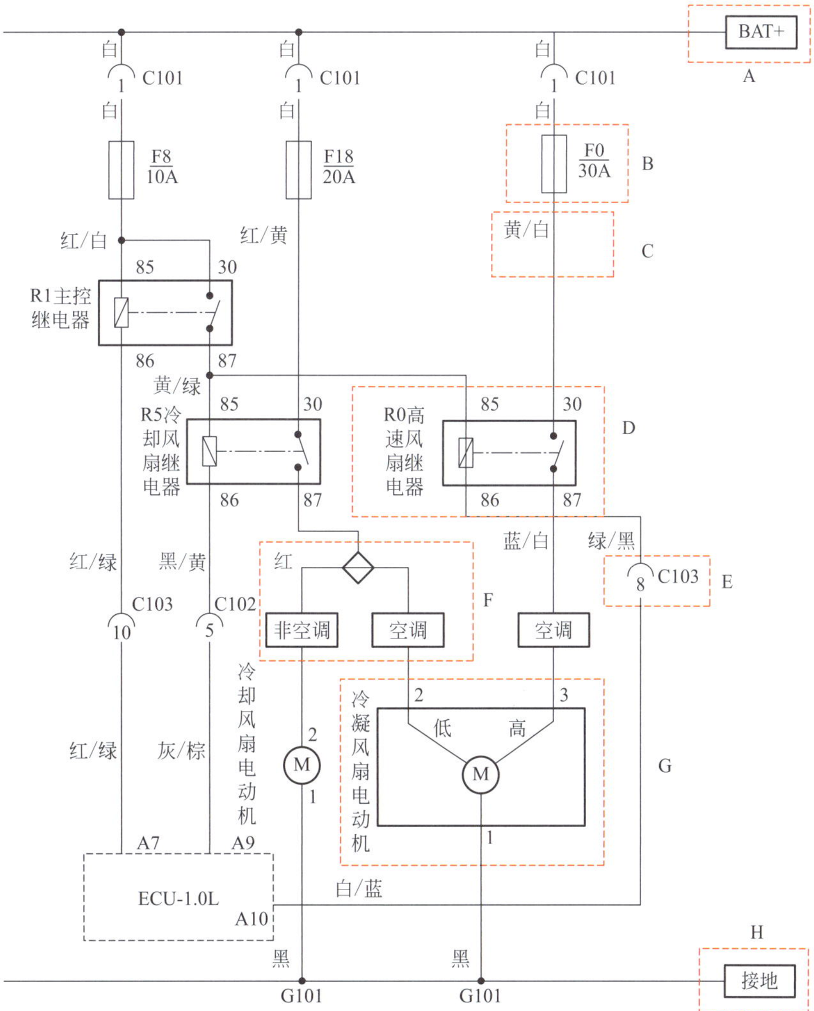

图42-3 五菱、宝骏汽车电路图识读释例

A—顶部水平线，即电源线，电源线种类有 BAT+、IGN1、IGN2、ACC，具体参考供电方式；B—熔丝规格及其名称；C—线束颜色；D—继电器及其名称；E—线束接插件（C101 ~ C401）C103 接插件的 8 号针脚，参考整车布局图；F—同一平台车型的不同配置的不同接线方式；G—各用电气（用电气名称，针脚号）；H—底部水平线，即接地线，接地位置有 G101 ~ G302，参考整车布局图；BAT+—蓄电池供电

42.3 吉利汽车电路图识读与分析

42.3.1 吉利汽车电路图中常见图形符号

吉利汽车电路图常见图形符号如表42-5所示。

表 42-5 吉利汽车电路图常见图形符号

符号	说明	符号	说明	符号	说明
	接地	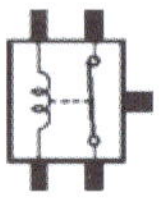	常闭继电器	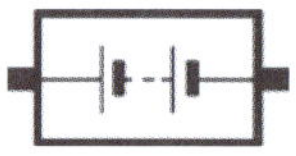	蓄电池
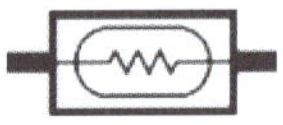	温度感应器	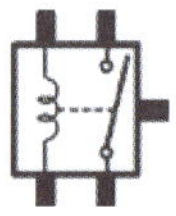	常开继电器		电容
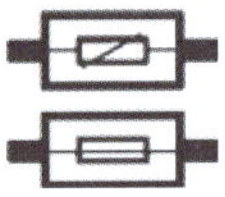	短接片	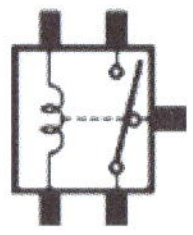	双掷继电器		点烟器
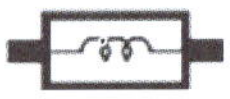	电磁阀	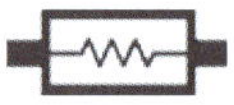	电阻		天线
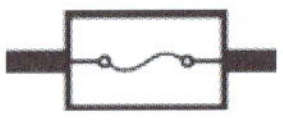	小负载熔丝	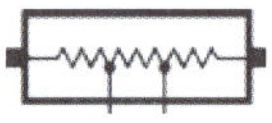	电位计	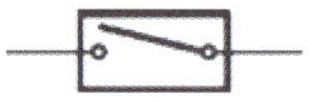	常开开关
	中负载熔丝	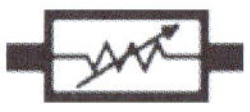	可变电阻器	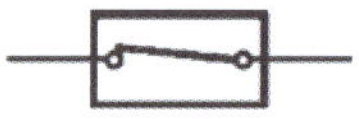	常闭开关
	大负载熔丝	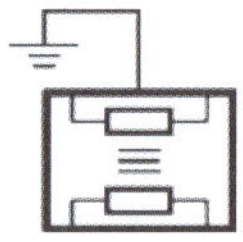	点火线圈	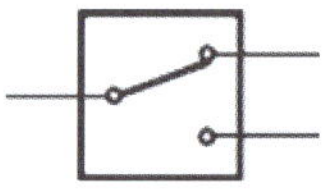	双掷开关
	加热器	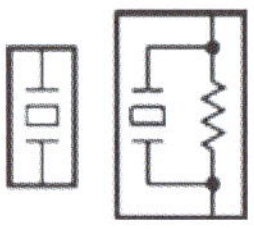	爆震传感器	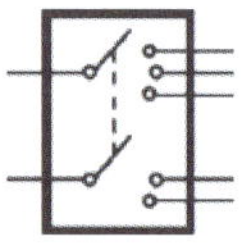	点火开关
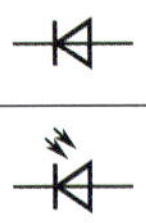	二极管	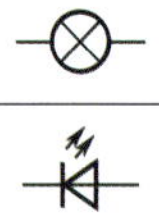	灯泡		双绞线
	光电二极管		发光二极管		线路走向
	电动机		限位开关		喇叭
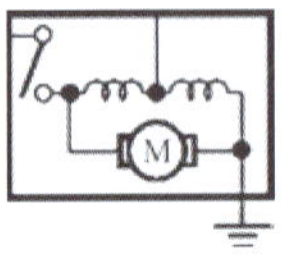	起动机	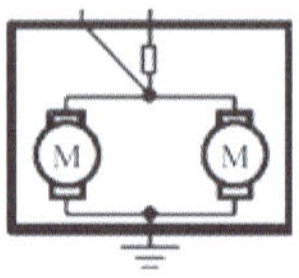	风扇总成		电磁阀
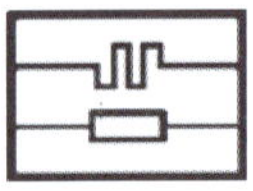	氧传感器	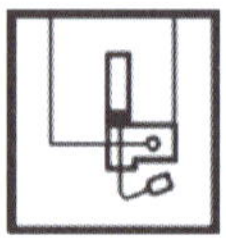	安全带预紧器	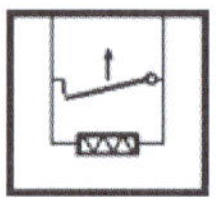	安全气囊
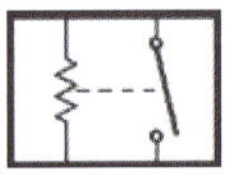	低速风扇继电器	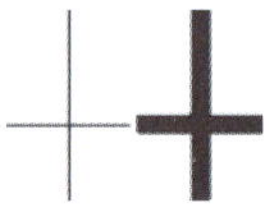	未连接交叉线路	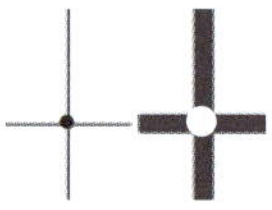	相连接交叉线路

42.3.2 导线颜色及连接器编号

吉利汽车电路图中导线颜色采用单双色。单色导线颜色对照如表42-6 所示。如果导线为双色，则第一个字母显示导线底色，第二个字母显示条纹色，中间用“/”分隔。

表 42-6　单色导线颜色对照

颜色代码	导线颜色	示例	颜色代码	导线颜色	示例
B	黑色		Y	黄色	
Gr	灰色		O	橙色	
Br	棕色		W	白色	
L	蓝色		V	紫色	
G	绿色		P	粉色	
R	红色		Lg	草绿色	
C	浅蓝色				

吉利汽车电路图中的线束连接器的编号规则以线束为基准，例如发动机线束中的水温传感器线束连接器编号为 EN23，其中 EN 为线束代码，23 代表连接器序列号。电路图中各代码与其代表的线束对照如表42-7 所示。

表 42-7　电路图中各代码与其代表的线束对照

定义	线束名称
CA	发动机舱线束
EN	发动机线束（JL4G18D+ 联电系统）
EO	发动机线束（JL4G15G，JL4G18D+ 德尔福系统）
EC	发动机线束（JL-4G18N+ 联电系统）
ED	发动机线束（JL4G18G）
EM	发动机线束（JL-4G15N）
EB	发动机线束（JL-4G18N+ 德尔福系统）
IP	仪表板线束
SO	底板线束
DR	门线束
RF	室内灯（顶棚）线束

42.3.3 吉利汽车电路图识读释例

吉利汽车电路图识读释例如图 42-4 所示。

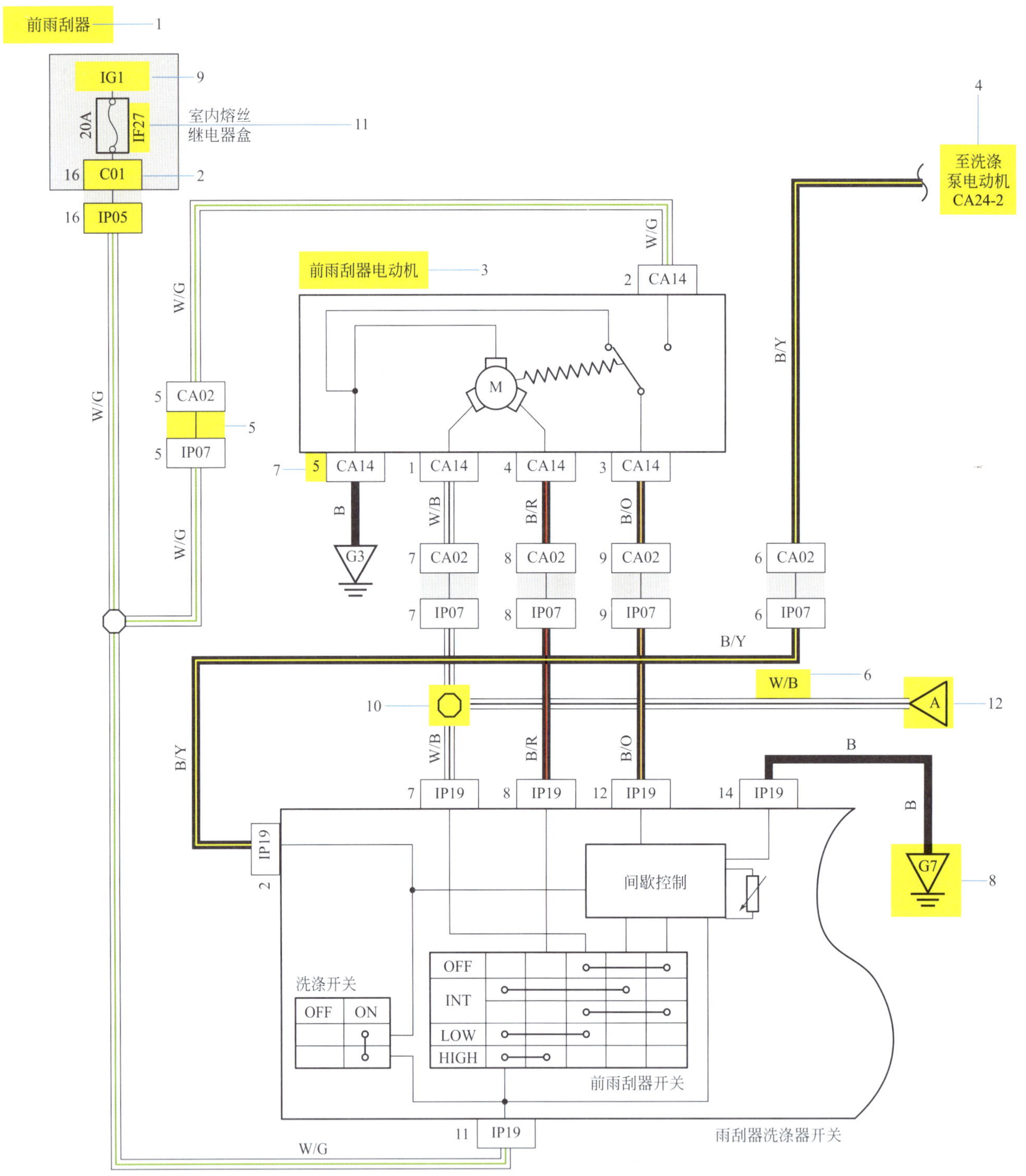

图42-4 吉利汽车电路图识读释例

1—系统名称；2—线束连接器编号；3—部件名称；4—显示与此电路连接的相关系统信息；5—插头间连接采用细实线表示，并用灰色阴影覆盖，用于与物理线束进行区别，物理线束用粗实线表示，颜色与实际导线颜色一致；6—导线颜色；7—接插件的端子编号，注意相互插接的线束连接器端子；8—接地点编号，除发动机线束接地点以P开头外，其余以G开头的序列编号标识；9—供给于熔丝上电源类型；10—导线节点；11—熔丝编号由熔丝代码和序列号组成，位于发动机舱的熔丝代码为EF，室内熔丝代码为IF；12—如果一个系统内容较多，线路需要用多页表示时，线路起点用A表示，线路到达点则用A表示，如一张图中有一条以上的线路转入下页，则分别以B、C等字母表示，以此类推

注：1.继电器编号，用单个英文字母标识

2.如果由于车型、发动机类型或者配置不同而造成相关电路设计不同，则在线路图中用虚线标示，并在线路旁添加说明

3.如果电路线与线之间使用8字形标识，表示此电路为双绞线，主要用于传感器的信号电路或数据通信电路